Colecţie coordonată de Mihai-Dan Pavelescu

MICHAEL A. STACKPOLE s-a născut în 1957, în Wassau, Wisconsin, și este un celebru autor de romane fantasy și science fiction. În 1979 a obținut diploma de licență în istorie la Universitatea din Vermont. Începând cu 1977, a lucrat ca designer pentru diferite companii producătoare de jocuri pe calculator, colaborând la multe producții de mare succes. A scris primul său roman fantasy în 1986 *(Talion: Revenant)*, care însă nu a fost publicat decât în 1997, deoarece s-a considerat că un volum de 175 000 de cuvinte este prea mare pentru un autor necunoscut. Începând cu 1987 a semnat trilogia *Warrior*, ce i-a adus consacrarea și a stat la baza unui serial de animație televizat. Datorită popularității sale ca autor, a fost selectat să scrie mai multe romane în seria SF *Star Wars*. A semnat numeroase volume ce s-au bucurat de un real succes atât în rândul publicului, cât și printre critici, dintre care amintim revoluționara serie fantasy *Dragon Crown War*. Cea mai recentă trilogie, *Epoca descoperirilor* (în pregătire la Editura Nemira), reprezintă o nouă abordare neconvențională a genului fantasy, creând un univers al magiei și fantasticului unic în întregul spațiu literar.

michael a.

stackpole

atlasul secret

Traducere din limba engleză
Silviu Genescu

SAMIRA
PETRESCU

NEMIRA

Coperta colecției: Corneliu ALEXANDRESCU
Ilustrația copertei: Stephen YOULL

Descrierea CIP a Bibliotecii Naționale a României
STACKPOLE, MICHAEL A.
Atlasul secret / Michael A. Stackpole; trad.: Silviu Genescu
București, Nemira & Co., 2008
ISBN 978-973-143-203-8

I. Genescu, Silviu (trad.)

821.111-31=135.1

Michael A. Stackpole
A SECRET ATLAS

Redactor: Florin Leodor DĂNILĂ
Tehnoredactor: Vasile ARDELEANU

Tiparul executat de Alföldi Nyomda Rt

ISBN 978-973-143-203-8

La prețul de vânzare se adaugă 2% reprezentând valoarea timbrului literar ce se virează Uniunii Scriitorilor din România.

Senatorului John McCain
Pentru curajul său, bunul-simț
și dorința de a face ceea ce este potrivit,
nu ceea ce este convenabil.

MULȚUMIRI

Cărțile, precum aceasta, au un singur nume pe copertă, însă reprezintă un efort de echipă.

Autorul ar dori să-i mulțumească lui Anne Groell, pentru intervenția sa în editare și pentru munca grea depusă; lui Howard Morhaim și Danny Baror, extraordinari agenți literari, care au făcut posibilă scrierea acestei cărți.

Două tomuri mi-au fost în mod deosebit de ajutor. *Insula hărților pierdute*, de Miles Harvey, a inspirat o parte din roman, pe când cugetam asupra unor comentarii din acest volum. *1421: Anul în care China a descoperit lumea**, de Gavin Menzies, mi-a ajuns sub ochi mai târziu și datorită ei am umplut golurile din informațiile mele, înainte să mă apuc de scris. Echipa lui de la www.1421.tv a fost destul de amabilă să-mi găsească un pasaj care mi-a permis să estimez mărimea unei nave precum *Lupul furtunii*, iar pentru asta le sunt foarte recunoscător.

---

* Editura House of Guides, 2007.

Pustietățile Turasyn
OPASLYNOTI
Ixyll
Solaeth
Dolosan
TELARUNDE
SYLLIMAK
Dreonath
EOLOT
Irusviruk
Marea Întuneca
Iireath
Lurenyon
Tejanmorek
Ceriskoron
Ummummorar
Cele Cinci Principate
Gloysan

Deseirion
FELARATI
MELESWIN
Râul Negru
(Helosunde)
DEJAROTH
RUI
FECISTOR
GRIA
HRISOTI
MORIANDE
ASATH
Râul de Aur
Nalenyr
GLOYSAN
Erumvirine
Moryth
Râul Verde
KELUWAN
Hyreoth
Marea de Răsărit
Miromil
1" = 150 mile

1

Ziua a 32-a, Luna Liliacului, Anul Câinelui
Al 9-lea an al Domniei Prinţului Imperial Cyron
Al 162-lea an al Dinastiei Komyr
Al 736-lea an de la Urgie
Drumul Imperial Sud, Nalenyr

Moraven Tolo ajunse pe coama dealului, cu câteva clipe înaintea însoţitorilor săi de călătorie. Bărbatul pe jumătate orb care gâfâia în urma sa icni fără voie. Se uită înapoi, la nepotul şi strănepotul care i se alăturară, apoi arătă spre oraşul aflat la distanţă.

– Iată-l, Moriande, cel mai mare oraş din lume.

Spadasinul dădu încet din cap, în semn de aprobare. Drumul continua în jos, pe coasta împădurită a dealului, iar porţiuni din el puteau fi văzute şerpuind prin valea Râului de Aur, spre oraş. Trecuseră ani de când nu mai văzuse capitala Nalenyrului, mai mare acum, dar încă uşor de recunoscut. Wentokikun, cel mai înalt turn dintre cele nouă ale oraşului, domina cartierul dinspre răsărit, iar folosirea lui ca reper făcea mai ușoară identificarea celorlalte locuri.

Bătrânul, cu șuvițele de păr și barba dansând în adierea ușoară, dădu din cap spre Moriande.

– Cel mai înalt dintre turnuri, cel dinspre răsărit, este Palatul Imperial. Poate că vederea mi-a slăbit, dar tot îl deslușesc limpede. Îmi amintește de ultima dată când am dat cu ochii de el.

Moraven rămase tăcut, deși priveliștea capitalei îi inspira aceeași teamă resimțită de toți pelerinii. Extinderea Moriandei ilustra foarte bine schimbările din lume. Pe măsură ce magia nestăpânită se diminua tot mai mult în teritoriile civilizate, iar comerțul aducea prosperitate, capitala devenea tot mai mult un simbol al speranței. Deși oamenii se temeau mereu de întoarcerea la Vremea Gheții Negre și la vrăjile care o răspândiseră, îndrăzneau să spere că puteau ține asta sub control. Moriande se mărise nu din cauza magiei și a superstițiilor, ci datorită izbânzii asupra lor.

Ritmul extinderii îl surprinsese și era limpede că se accelerase în ultimele decenii, sub domnia Dinastiei Komyr. De multe ori, în cursul săptămânii trecute, Moraven ascultase cum venise bătrânul la Moriande, cu optzeci și unu de ani mai înainte, pentru primul mare Festival de celebrare a Dinastiei Komyr. De atunci, sărbătoarea rezistase preț de nouă cicluri, timp de nouă ani fiecare, și încă o dată pe atât. Acesta fiind cel de-al nouălea an al Domniei Prințului, oamenii știau că Festivalul făgăduia să fie o dublă binecuvântare.

Bătrânul spera să profite de împrejurare, fapt pentru care își adusese vlăstarele în călătoria istovitoare spre nord.

Orașul era atât de întins, încât drumul până acolo părea să nu fie nici pe departe de două zile, atât cât mai aveau de mers din locul unde stăteau. Râul de Aur despărțea chiar la mijloc întinderea alburie, făcând o buclă amplă spre nord. Șase dintre cele nouă turnuri se înălțau în jumătatea de nord, iar celelalte trei la sud, inclusiv Turnul Dragonului, Wentokikun, care-i aparținea Prințului. La fel de impresionante, deși mai greu de văzut de la distanța asta, erau cele nouă poduri arcuite deasupra râului înspumat. Înălțimea lor îngăduia chiar și celei mai mari nave să treacă pe sub ele cu ușurință, iar lățimea lor făcea ca Drumul Imperial să pară o cărăruie.

Matut, bătrânul, ciufuli pletele strănepotului cu mâna deformată de artrită.

– Aveam zece ani când am venit pentru Festival. Tu ai nouă, cât domnia, o zecime din vârsta mea. Sunt sigur că zeii vor fi atenți la potrivelile astea. Micul tău necaz va fi rezolvat cu ușurință, Dunos.

Băiețelul dădu solemn din cap. Cu dreapta se freca pe brațul stâng, veștejit, privind spre Moraven.

– Spadasinule, va fi cum spune bunicul, nu-i așa?

Moraven îngenunche și făcu semn din cap spre băiatul cu părul castaniu.

– Așa este, însă Maestrului meu, Maestrul său i-a spus că „zeii îți dau uneltele și talentul, însă efortul trebuie să-l faci tu“. Zeii te vor vindeca, nu am nici o îndoială, dar va trebui să munceşti.

– Voi munci. Apoi am să pot ajunge şi eu spadasin.

– La moară s-ar putea să avem nevoie de altceva decât un spadasin, fiule.

Tatăl băiatului zâmbi şi bătu în punga de la centură, de unde răsună clinchetul înăbuşit al monedelor.

– Vom face ceea ce se cuvine, vom aduce ofrande zeilor şi apoi ne vom bucura de Festival.

– Bineînţeles, Alait, bineînţeles.

Chicotitul bătrânului se transformă într-un hârâit.

– Acolo vor fi plăceri de care tineri ca tine şi prietenul nostru se pot bucura. Ultima dată când am fost acolo eram prea fraged pentru asta, iar acum sunt prea bătrân.

Ridicându-se, Moraven zâmbi şi-şi netezi pe ceafă părul negru, lung.

– Ai o vârstă binecuvântată, bunicule. Vor fi mulţi cei care-ţi vor căuta atingerea pentru a dobândi bogăţia.

– Fie ei la fel de plăcuţi şi mătăsoşi precum Doamna de Jais şi Jad.

Bătrânul îl privi cu ochii căprui, plini de urdori şi făcu un semn cu mâna înţepenită.

– S-ar putea să nu mai văd eu la fel de bine ca pe vremuri, însă *pot* simţi.

Alait izbucni în râs, iar Moraven i se alătură. Dunos părea nedumerit, iar nevasta înveşmântată ales a unui negustor pufni. Făcea adesea aşa, când conversaţiile se învârteau în jurul relatărilor lui Matut despre Festival şi despre plăcerile carnale văzute acolo.

Fuseseră informaţi că venea în capitală la invitaţia „unora", despre care li se spusese că vor aranja o slujbă imperială pentru soţul ei, deşi fusese mereu zgârcită în detalii privind natura acesteia şi absenţa bărbatului.

Ceilalţi tovarăşi de drum erau o amestecătură de oameni din oraş şi din alte locuri. Patru erau artişti de stradă, veniţi tocmai din Erumvirine, iar restul chiar din Nalenyr. Recunoşteau cu toţii că optsprezece oameni călătorind împreună era ceva de foarte bun augur, iar în templele răspândite pe drum lăsaseră ofrande îmbelşugate pentru dobândirea bunăvoinţei zeilor. Fiecare adusese ofrandele potrivit obiceiurilor sale, ţăranii înveşmântaţi în ţesături de casă brune sau cenuşii fiind mai tăcuţi şi mai suspicioşi în timpul devoţiunii decât cei îmbrăcaţi mai extravagant. Iar mulţi aduseseră ofrande în plus pentru Dunos, ca răsplată pentru micile munci făcute în folosul lor pe drum.

Soaţa negustorului nu adusese ofrande pentru Dunos, nici nu-l pusese să facă ceva, alungându-l mereu cu semne din mână şi strâmbături. În cuvintele bunicului său, ea era „la rugăciuni zgomotoasă, în ofrande câinoasă".

Moraven Tolo se situa la mijloc între cele două grupuri, nefiind nici bogat, nici sărac. Avea pantaloni negri de lână, băgaţi în cizme de piele, iar haina-i era ţesută din lână nevopsită. Doar tunica sa matlasată de mătase albă, fără mâneci, dar scrobită pe umerii largi, cu tigri negri ţesuţi pe piept şi spate, sugera o oarecare prosperitate. Era strânsă pe trup şi încinsă cu o centură neagră.

Îşi strecurase sabia la centură, după ce tocmai o ceruse băiatului. Dunos o purtase, mândru, pentru el, iar Moraven lăsase ofrande zeilor drept mulţumire. Era singurul din grup care purta sabie, deşi nu era singurul înarmat. Doi dintre agricultori aveau bice pe care le purtau încolăcite pe umeri.

Pleoapele erau aproape coborâte peste ochii lui Matut şi bătrânul se cutremură.

– Aici e locul unde s-a întâmplat, în prima călătorie. Acum îmi amintesc.

Dunos îl prinse de mâna stângă.

– Tâlharii?

– Tacă-ţi gura, băiete. Nu le da zeilor idei, şuieră nevasta negustorului.

Moraven se uită mai departe, în josul drumului, pe când trei siluete, o femeie şi doi bărbaţi, lunecară din pădure în mijlocul drumului.

– Mintea zeilor n-a zămislit şi acest gând.

Tâlhăroaica, îmbrăcată în negru pe sub tunica purpurie cu auriu, scoase spada şi se îndreptă fără tragere de inimă, împreună cu cei doi companioni, spre grupul de pelerini. În stânga ei, un bărbat mai mic de statură, înveşmântat într-un amestec de nuanţe de verde şi brun, potrivi o săgeată în arcul încovoiat. Se trase uşor înapoi şi se poziţionă pentru o tragere lesnicioasă.

Cel de-al treilea personaj purta o robă castanie, zdrenţuită, care le-ar fi venit majorităţii bărbaţilor cam până la genunchi, însă lui de-abia dacă-i acoperea șoldurile. Pletele vâlvoi se potriveau cu barba zbârlită a uriașului. Murdăria se adunase pe fiecare crâmpei ce se vedea din pielea sa, iar sub unghii se zărea negreală. Pe cât era el de impunător, ghioaga cu mâner lung pe care o avea era și mai impresionantă. Cu o măciulie de mărimea unui pepene, acoperită cu o spuzeală întunecată și neregulată, era în mod limpede făcută să sfărâme capete.

Tâlhăroaica încercă să zâmbească, însă o cicatrice pe obrazul stâng îi strâmbă expresia.

– Vă spunem bun venit pe Drumul Imperial. Suntem slujitorii voștri, care-l țin deschis și curățat de jefuitori. Bineînțeles, acum vă veți arăta recunoștința.

Conoursai, soția negustorului, le făcu semn să se dea la o parte cu un gest nobiliar, plin de aroganță.

– Aceasta-i Calea Prințului. Trupele sale o au sub pază.

Femeia clătină din cap.

– Atunci este limpede că nu-și fac datoria și sunt neglijenți, *bunico.*

Rostise apelativul ca s-o șocheze pe Conoursai și fu răsplătită cu un șuierat revoltat.

– Însă cum nu suntem trupele Prințului, înseamnă că noi trebuie să fim tâlhari la drumul mare. Plătiți tributul și veți fi cinstiți cum se cuvine sau suferiți ca niște victime?

Matut gemu.

– Tot așa a început și prima dată.

Moraven îl bătu pe umăr.

– Se știe de multă vreme că ăsta-i un loc unde oamenii se opresc smeriți să privească orașul. Tâlharii se furișează pe lângă cei necunoscători.

Băiețelul se aplecă și luă o piatră.

– Am să lupt.

– Nu-i nevoie de asta, curajosule.

Moraven Tolo păși din nou înainte, trecând de Conoursai fără nici un efort. Le făcu semn celor doi țărani să stea în spate. Luând poziție în mijlocul drumului, se plecă înaintea tâlharilor.

– Sunt un *xidantzu*. Nu doresc ca răul să se abată asupra nimănui. Acești oameni sunt sub protecția *mea*. Nu vă costă nimic să plecați.

– *Xidantzu.*

Femeia scuipă cu dispreț și trase de cămașa de deasupra.

– Ultimul băgăreț rătăcitor care s-a aventurat pe aici mi-a lăsat asta, iar cei pe care-i proteja ne-au dat aurul lor.

Ochii lui Moraven se îngustară. Tunica purpurie avea lilieci țesuți pe laturi. Îl cunoștea pe cel căruia îi aparținuse.

– Ai furat-o, ori l-ați măcelărit pe Jayt Macyl?

Ea arătă cu sabia spre apus, apoi răsuci lama într-un cerc strâns.

– Pe-acolo sunt numai bucăți din el. Avea numai Rangul Șase. Eu sunt Pavynti Syolsar și am Rang Superior.

Chibzui o clipă. Jayt Macyl fusese într-adevăr spadasin de Rangul Șase. Faptul că-l învinsese, s-ar putea să-i fi adus femeii Rangul Şapte, ori fusese doar norocoasă. Era tentat, gândindu-se la relativa ei tinereţe, să creadă că ultima variantă era cea corectă, însă mai ştia că aparenţele puteau fi înşelătoare.

– Eu sunt Moraven Tolo, din Şcoala lui Jatan.

Tâlhăroaica pufni.

– Macyl era din *Serrianul* Jatan. Nu mă sperie.

Moraven dădu din cap.

– Macyl a studiat cu Eron Jatan. Maestrul meu era bunicul lui.

Chipul ei se destinse uşor.

– Phoyn Jatan?

– Da. De fapt, sunt mai bătrân decât par.

Moraven se străduia din răsputeri să ignore murmurul venit dinspre tovarăşii săi de drum.

– Dacă încă mai vrei să lupţi, spune în ce fel.

– Nu mi-e teamă de tine.

Ochii căprui ai lui Pavynti se îngustară.

– Luptăm până la moarte, bineînţeles.

El dădu din cap.

– Fă-ţi cercul.

Asta o făcu să încremenească pentru o clipă. De asemenea, însoţitorii lui începură să şuşotească şi smulse un ţipăt de bucurie din partea lui Dunos. Tatăl său îi puse capăt, acoperindu-i gura cu palma şi trăgându-l înapoi. Majoritatea drumeţilor se retraseră, aşezând coama dealului între ei şi luptători. Cei care nu-şi desenaseră cercuri mici în jur scoaseră la iveală talismane împotriva vrăjilor, ascunse până atunci, iar unul dintre ţărani dădu la iveală o brăţară din păr de cal, pe care o ridică la un ochi, pentru a fi în siguranță privind lupta.

– Un c... cerc?

Trăsăturile lui Pavynti se înăspriseră.

– M-ai auzit bine.

Moraven își desprinse spada de la centură, cu tot cu teaca de lemn.

– Așa ar fi cel mai bine.

Tulburată, ea începu să traseze o linie în noroiul de pe drum. Tovarășii săi, pricepând importanța cererii lui, acționară. Arcașul trase o săgeată, iar uriașul răcni și șarjă. În momentul când acesta trecu de Pavynti, cea de-a doua și a treia săgeată trase de arcaș zburau deja prin aer.

Moraven Tolo își răsuci umărul drept înapoi, lăsând prima săgeată să treacă, fără să-l lovească. Cea de-a doua sfâșie una dintre mânecile cămășii, străpungând-o, însă nu-l răni. Fandă cu jumătate de pas înainte, iar cea de-a treia săgeată îl depăși prin spate, apoi fugi spre uriaș, strângând teaca spadei de la mijloc, în mâna stângă.

Ciocanul uriașului se ridică deasupra capului, iar gura i se căscă, lăsând să i se vadă dinții strâmbi, oribili, îngălbeniți. Ochii negri i se micșorară, iar venele-i pulsau pe frunte și pe gât. Strigătul lui de luptă, incoerent, se îngroșă ca răgetul unui bivol furios. Ciocanul, cu mânerul curbându-se sub forța nemaivăzută a loviturii, se ridică și se pogorî asupra lui Moraven.

Ghemuindu-se cât putea de jos, Moraven intră în interiorul arcului de cerc descris de ciocan. Înfipse mânerul spadei în vintrele uriașului. Apucând cu mâna dreaptă partea de jos a tecii, întoarse de ea în pântecele bărbatului. Pe când răcnetul se preschimba într-un țipăt, Moraven se ridică și se răsuci, aruncându-l pe uriaș peste umăr. Omul căzu pe spate și se cutremură o dată. O altă răsucire îi permise să-l pocnească în cap, în vreme ce a patra săgeată trecu pe lângă el.

Terminându-și întoarcerea, Moraven își lăsă spada să alunece înainte, până când mânerul îi ajunse în palmă. Strânse, lăsând intenționat ca lama să fie eliberată. Teaca grea de lemn zbură cu boltă joasă și lovi mâna stângă a arcașului. Așa cum intenționase spadasinul, îi zdrobi degetele de pe arc și azvârli cea de-a cincea săgeată. Arcașul urlă, aruncând arma, și o luă din loc ținându-și mâna zdrelită sub subsuoara dreaptă.

Spada lui Moraven Tolo se înălță, cu lama argintie îndreptată spre gâtul lui Pavynti.

– Încă nu ți-ai terminat cercul?

Ea-și zvârli sabia de-o parte și se aruncă în genunchi, apoi pe burtă, cu fața în noroi.

– *Jaecaiserr*, iart-o pe nenorocită pentru înfumurarea sa.

– Despre ce înfumurare vorbești, Pavynti? Faptul că pretinzi ranguri pe care nu le ai? Că-i socotești pe toți drumeții spre capitală prada ta?

Moraven își făcu glasul mai aspru și mai rece.

– Sau despre înfumurarea lipsită de onoare de a-ți lăsa prietenii să mă atace înainte de a ne fi putut duela?

– Despre toate, Maestre.

– Ridică-te. Scoate-ţi tunica şi ia-ţi sabia.

Cu neîncrederea sălăşluind în ochi, femeia se ridică, îşi şterse tunica de praf şi apoi o scoase. Nesigură, se aplecă să-şi ia spada şi un mic talisman de argint, rotund, ieşi la iveală, agăţat de o cureluşă de piele netăbăcită. Se îndreptă încet din spate.

– Să desenez mai departe cercul?

– Forma Scorpionului, prima, dădu el din cap.

Pavynti clipi, apoi luă poziţia cerută. El încuviinţă din nou din cap şi-i ceru o altă întruchipare, apoi o alta. Ea trecu prin fiecare, destul de repede, descurcându-se cel mai bine cu Barza şi Vulturul, cel mai prost cu Lupul şi Câinele. El o ţinu tot aşa preţ de nouă minute, suficient ca tovarăşii lui de drum să ajungă din nou în vârful dealului. Cei doi ţărani se aşezară lângă uriaş, să-l pocnească vârtos dacă-şi venea în fire.

Când femeia fu leoarcă de transpiraţie, îi porunci să se oprească, iar ea căzu într-un genunchi. Putea vedea şi singur că ar fi vrut să-şi înfigă sabia în pământ şi să se rezeme de mâner, însă ştia şi ea prea bine că nu se cădea să arate o astfel de lipsă de respect pentru arma sa. Gâfâind din greu, ridică privirea.

– Ce altceva îmi vei cere, Maestre?

– Răspunsul la o întrebare.

– Da?

– Ai tunica lui Jayt, însă nu şi spada lui. Ce s-a întâmplat cu ea?

Pielea din jurul ochilor ei se strânse.

– Sunt tâlhar, Maestre, dar nu şi sălbatică. Sabia a fost trimisă familiei, pentru altar.

Moraven nu spuse nimic, dar se îndreptă spre locul unde arcaşul se ghemuise şi, cu o lovitură de picior, trimise arcul într-un hăţiş de mărăcini. Băgându-şi spada în teacă, o fixă înapoi la centura care-i încingea tunica şi-l izgoni pe arcaş din preajma armei. Când se întoarse, Conoursai înaintase şi ridicase biciuşca s-o pedepsească pe tâlhăroaică.

– Opreşte-te.

Soaţa negustorului bolborosi indignată.

– Avea de gând să ne omoare pe toţi. Ar trebui pedepsită. Ar trebui s-o omori.

Moraven clătină încet din cap.

– O viaţă frântă poate fi doftoricită, una luată, nu.

– Atunci frânge-o.

Femeia gesticulă agresivă, însă fără încrederea dinainte.

– Pune-i pe ţărani să biciuiască matahala şi pe arcaş.

– La mine s-au repezit, nu la tine. Soarta lor este în mâinile mele.

– Prin a cui autoritate?

Moraven se încruntă, apoi privi dincolo de ea, spre Dunos, care luase tunica lui Macyl şi o împăturise ordonat.

– De ce nu iei exemplul băiatului? Ştii cum se spune, „O faptă face cât zece mii de cuvinte".

– Fapta ei ar fi fost măcelărirea noastră.

– Nu, fapta ei a fost respectul pentru un duşman căzut. Vorbele ei, la fel ca şi ale tale, nu înseamnă nimic. Acum taci, altfel voi fi nevoit să iau măsuri.

Îi întoarse spatele, ignorându-i privirea încruntată şi se duse la arcaş.

– Cât de mult aţi furat de la pelerinii Festivalului?

– Nu cât răscumpărarea unui prinţ. Nici măcar cheltuielile lui mărunte.

– Tot e mult. Tu şi uriaşul să adunaţi tot ce-aţi furat şi să mergeţi la Festival. Veţi da de pomană cerşetorilor până nu vă mai rămâne nimic, apoi plecaţi spre apus.

– Dar acolo pândesc seminţiile viruk şi soth. Şi sălbaticii. Şansele să răzbatem...

– ...sunt mai mari decât dacă rămâneţi aici, spuse Moraven zâmbind. Şansele voastre sunt minunate. Dacă o luaţi spre apus, nu ne mai vedem niciodată.

Arcaşul rămase o clipă pe gânduri.

– *Aici* e cam mare înghesuiala. Spre apus, deci.

Conoursai pufni cu dispreţ, însă nu spuse nimic. Moraven continuă s-o ignore şi se întoarse spre Pavynti.

– Iar acum trebuie să hotărâm soarta ta.

– Voia stăpânului meu va fi îndeplinită.

– Vei pleca spre oraşul Derros, în sud, pe coasta Virinei. Te vei prezenta la Şcoala lui Istor. Îi vei spune Marelui Maestru că eu te-am trimis să intri în şcoala lui. Va avea grijă de antrenamentul tău. Când te va elibera, vei fi o *xidantzu* timp de nouă ani. Vei rătăci şi-i vei distra pe tâlhari, tot aşa cum ţi s-a întâmplat şi ţie.

– Da, Maestre. Se trânti din nou pe burtă, într-o plecăciune adâncă.

– Ai grijă de tovarăşii tăi la noapte, apoi pleacă mâine. Asta este voinţa mea.

Ţăranii, aflaţi între cei doi tâlhari, ridicară ghioaga şi-i frânseră mânerul. Ceilalţi din grup porniră din nou la drum, urmaţi de ţărani şi lăsând-o pe Conoursai să li se alăture. Cu toţii se ţineau departe de Moraven. El trecu de tâlhari, dar încetini, să-i aştepte pe bătrân şi pe ai lui, care veneau din urmă. Îi zâmbi băiatului.

– Când ajungi la Moriande, vei duce tunica familiei lui Macyl. Te vor onora pentru asta. Păzeşte-o bine.

– Aşa voi face, dădu Dunos din cap, apoi îşi îngustă ochii. Eşti un Mistic de-adevăratelea?

– Dunos, linişte.

Alait îşi coborî mâna pe ceafa băiatului.

– Să nu vă simţiţi ofensat, Maestre. E un băietan.

– Nu sunt.

Moraven îngenunche din nou, uitându-se drept în ochii băiatului.

– Am studiat mulţi ani şi sunt binecuvântat cu îndemânare. Sunt un *jaecaiserr*, însă nu toate istorisirile trebuie crezute.

Se întinse şi îi mângâie braţul lipsit de vlagă al băiatului.

– Dacă aş putea să folosesc vrăjile mele ca să-ţi vindec mâna cu o singură atingere, aş fi făcut asta încă de când ne-am văzut prima dată. Spre regretul meu, vrăjile pe care le știu nu sunt pentru vindecări. Alții au acest dar și-i vei găsi în Moriande.

Băiatul dădu solemn din cap.

– Mulțumesc, Maestre.

Apoi privi în sus spre tatăl său și cei doi plecară după ceilalți.

Matut își odihni mâna pe umărul lui Moraven, când acesta se ridică.

– Încă o clipă din timpul tău, Maestre.

Spadasinul dădu din cap și-i lăsă pe cei doi bărbați mai tineri s-o ia înainte, pe drum.

– Ce s-a întâmplat, bunicule?

Bătrânul vorbi cu glas scăzut.

– În acest loc, atunci când ne-au oprit tâlharii, cu nouă ani în urmă, un tânăr ca și tine i-a înfruntat. Le-a spus să deseneze un cerc și ei au făcut-o.

– Și ce a urmat?

– I-a măcelărit pe toți. O adiere de toamnă răvășește mai greu frunzele, decât i-a luat lui să-i căsăpească. Nu purta titlul tău, însă avea blazonul tigrului negru, la vânătoare.

– Asta ar fi ceva cam greu de uitat.

– Nici n-am uitat vreodată, oftă bătrânul. Dacă ochii mei ar fi fost buni, mi-aș da seama că ești același bărbat, neatins de trecerea anilor. De ce nu i-ai ucis și de astă dată?

– Așa cum spuneai, bunicule, a fost ceva greu de uitat.

Ochii albaștri ai lui Moraven cătară înspre Moriande.

– N-am uitat și *am învățat.*

2

Ziua a 36-a, Luna Liliacului, Anul Câinelui
Al 9-lea an al Domniei Prinţului Imperial Cyronis
Al 162-lea an al Dinastiei Komyr
Al 736-lea an de la Urgie
Anturasikun, Moriande
Nalenyr

Keles Anturasi se aplecă pe balustrada de marmură a grădinii înălţate din Anturasikun. Piatra era rece sub palmele sale şi ştiu, aproape numai după atingere, din ce carieră fusese adusă şi cât de mult timp trebuise până să ajungă în capitală. *Din Solaeth, adusă peste Marea Întunecată, apoi în jos, pe Râul de Aur*. Zâmbi pentru sine, cu ochii săi căprui, strălucitori pe chipul frumos, cu pomeţii de forme ascuţite, cu un nas care-i fusese rupt odată, pe când era copil. Cunoscuse multe zile fericite în grădină şi mai ştia că astăzi va fi chiar şi mai fericit.

Privi peste oraș, lăsându-și ochii să rătăcească spre partea dinspre sud-est, către Palatul Imperial. Prin minte-i năvăliră cel puțin șase rute de la fortăreața Anturasi spre domeniul Prințului. Putea merge pe străzile largi, care gemeau acum de oaspeți veniți la Festival, ori ar fi putut să-și facă drum printre chițimiile infestate de șobolani, alei și locuri în care dacă ar fi fost înveșmântat în hainele lui alese, de Festival, ar fi devenit pradă sigură. Le străbătuse pe toate, de când era copil, începând să se deprindă cu orașul, fără pic de teamă – sau mai degrabă, temându-se mai puțin de oraș, cât de mânia bunicului, dacă nu s-ar fi arătat curajos.

Acesta era destinul unui Anturasi. Familia lui dovedise un adevărat talent pentru cartografie, deloc folositor însă în Vremurile Gheții Negre. Nu conta că știai cum să ajungi de la o vale la alta, atunci când nu aveai nici o idee despre ororile pe care le-ai fi putut afla acolo. Pe măsură ce lumea lăsa în urmă anii gheții, zăpezilor și vrăjilor violente, darul familiei Anturasi dobândea o importanță tot mai mare. Oricum, până în vremea bunicului său, Nalenyrul nu avusese nici voința și nici resursele de a folosi acest dar.

În urmă cu cincizeci și șase de ani, pe când bunicul avea vârsta lui de-acum, iar lumea era mult mai mică, un lup de mărimea unui tigru dăduse iama în turmele din munții nordici. Prințul nalenian de atunci, tatăl Prințului Cyron, plecase să-l vâneze și visase că va răpune fiara. Tot încercând asta, an de an, nu reușise să-și îndeplinească visul până când Qiro Anturasi nu săvârşise un miracol minor. Acesta îşi asumase sarcina de a cerceta regiunea şi se înfăţişă Prinţului cu o hartă care-i permise acestuia să se ducă direct la pradă. Prinţul răpuse lupul şi, drept răsplată, îi permise lui Qiro o audienţă între patru ochi.

Întâmplarea devenise o parte a legendei familiei, împreună cu alte istorisiri despre călătoriile ulterioare ale lui Qiro spre apus, pentru a restabili Drumul Mirodeniilor. Deşi dăduse greş în această ultimă misiune, Prinţul dărui mari favoruri familiei. Qiro ajunse în fruntea ei, eclipsându-şi propriul tată. Îşi intimidă şi fratele, pe Ulan, aducându-l la supunere absolută. Controla întreaga familie cu o mână de fier, iar stăpânirea lui se întinse curând şi asupra tuturor descendenţilor lui Ulan, şi asupra nepoţilor săi. Keles şi rudele sale ştiau foarte bine ce aştepta Qiro de la ei şi i se supuseră mai mult sau mai puţin.

Eu îi dau ascultare, Jorim, deloc. Niruti nu poate, deşi se străduieşte. Keles se înfioră. Sora lui nu trebuia să se teamă de izbucnirile lui Qiro şi ambele rude vârstnice făceau tot ce puteau pentru a-l proteja pe Jorim. Fără eforturile lor, Qiro l-ar fi subjugat, înlănţuindu-l de masa de desen, alături de verişorii săi, izolându-l, pe el, cel făcut să exploreze lumea.

Keles ştia că, într-o bună zi, Jorim nu va mai fi protejat şi în acel moment el însuşi va cădea victimă bănuielilor bunicului său. Qiro uzurpase locul propriului său tată, Ryn Anturasi, care încercase din răsputeri să-i ţină piept, până în ultimele sale clipe. Era limpede că bătrânul se aştepta ca Jorim sau Keles să încerce să-l înlocuiască, iar dacă norocul familiei avea să se menţină, unul dintre ei va reuşi.

Nu-i ceva la care merită să mă gândesc. Nu acum. Nu înainte de Festival. Nu înainte ca ea să ajungă aici.

Keles îşi limpezi mintea de gândurile negre şi cercetă din nou oraşul. Steagurile în culori strălucitoare şi straturile de vopsea şi mai strălucitoare făceau ca totul să pară proaspăt. Fusese un an bun, iar un număr mare de corăbii se întorseseră în capitală cu calele pline. Aduceau lucruri exotice din locuri îndepărtate, precum Tas al Aud şi Aefret, între care vopsele pentru haine, mirodenii, lucrări de artă şi animale neobişnuite pentru rezervaţia Prinţului.

Trimişi ai unor ţări de la mari depărtări călătoriseră pe Lupii Prinţului, îndreptându-se spre Moriande pentru a sărbători aniversarea dinastiei.

Numai din taxele imperiale impuse asupra încărcăturilor s-ar fi putut plăti cu uşurinţă costul Festivalului. Dar şi mai important pentru familia Anturasi, din moment ce corăbiile folosiseră hărţile create de Qiro, un procent din profitul lor îi revenea lui. În vreme ce orice comerciant putea câştiga numai dacă i se întorcea corabia, Qiro câştiga dacă *orice* navă revenea. Acest lucru nu putea scăpa nimănui, mai ales Prinţului.

Zgomotul unor paşi pe pietrişul de la marginea grădinii îl aduse pe Keles la realitate. Un servitor cu capul ras, îmbrăcat în maro, făcu o plecăciune.

– Iertare, Maestre Keles, dar a sosit Lady Majiata Phoesel.

– Te rog, condu-o aici.

Invitaţia fusese cât se poate de simplă, pentru că o putea vedea pe Majiata aşteptând în umbra intrării în turn. Manierele trebuiau oricum respectate, pentru că ea făcea parte din nobilime. În pofida faptului că erau deja logodiţi şi se cunoscuseră intim, familiarismul nu era îngăduit. Făcu o plecăciune adâncă în direcţia ei şi aşteptă până când tivul rochiei sale albastre i se ivi sub ochi pentru a-şi îndrepta spatele, luptând să ascundă un zâmbet.

Ea intră în grădină cu paşi mici, trecând de ghivecele ornamentale de piatră, pline-ochi cu cele mai frumoase exemplare de *bhotri* din oraş – în afară de cele din Palatul Imperial, desigur. Câteva dintre plante fuseseră crescute de către *jaecaibhot*, a cărui îndemânare atingea limitele magiei. Pinul miniatural din stânga ei era cocoţat pe un bolovan, iar crengile îi tremurau în bătaia unei adieri imposibil de simţit. Alţi copaci pitici dădeau roade minunate indiferent de anotimp, fructe de mărimea unui bob de mazăre, la fel de suculente ca şi verii lor de proporţii obişnuite, aşa de priceput era Misticul arboricultor din slujba familiei Anturasi.

Majiata, ca întotdeauna, lăsa să se vadă puţin în comparaţie cu inflorescenţele fremătătoare din grădină. Pantaloni de mătase aurită şi o eşarfă puneau în evidenţă albastrul-închis al robei. Un safir montat în aur se odihnea în adâncitura gâtului, iar exemplare mai mici din aceeaşi piatră, prinse în cercei de aur, străluceau sub lobii urechilor. Părul închis la culoare fusese strâns și pieptănat în sus, încins cu un lănțug de aur în jurul frunții, iar un safir îi atârna pe piele. Deși trăsăturile ei nu erau atât de delicate precum cele ale majorității nobililor ereditari, aveau o frumusețe de netăgăduit. Gene grele și pleoape înnegrite cu kohl îi accentuau ochii azurii și-i reaminteau cum arăta în penumbra orelor din miez de noapte.

– Bun venit, milady Majiata.

Ea-și înclină doar ușor capul înspre el, oferindu-i primul indiciu că nu era a bună.

– Ești foarte amabil cu salutul tău, Keles.

– Ce s-a întâmplat, Mai?

Făcu un pas înainte, ridicându-și mâinile spre ea, însă Majiata nu-i întoarse gestul. Pentru o clipă, se gândi că nu-i plăcea, poate, ținuta lui, deoarece cămașa galben-deschis nu se potrivea cu auriul din roba ei, iar pantalonii și tunica, verzi, erau mult mai sărace în nuanțe decât veșmintele ei. Își lăsă mâna să cadă înapoi lângă trup și-și înălță capul, îndreptându-și postura.

În ochii ei nu fulgera mânia, dar el o aștepta din plin. Răspunsul răsună moale, dar chiar dacă erau șoapte, era mai puțin o întrebare, cât o afirmație.

– Încă nu i-ai spus.

– Nu scumpa mea, însă nu fi supărată.

Keles zâmbi larg.

– Nu-i ușor să-i spun ceva bunicului meu. Știi asta.

– Dar nici măcar n-ai încercat.

Mâna ei stângă se trase din mâneca dreaptă, lăsând ca diamantul de pe inelul pe care i-l dăruise să licărească în soare.

– Dacă m-ai fi iubit cu adevărat, i-ai fi spus ce te-am rugat.

– Mai, știi că te iubesc.

Își împreună mâinile și ar fi vrut să tresalte de bucuria din inima sa.

– M-am gândit la ceva mult mai bun, scumpa mea. Ceva perfect.

– Perfect, dragul meu, ar fi să fim împreună, nu despărțiți, când tu pleci cu *Lupul furtunii.* Știu că bunicul tău ți-a rezervat o mare onoare trimițându-te să navighezi pe Marea de Răsărit. Mai știu că sunt multe de văzut și de explorat. Știu că vrei din tot sufletul să faci asta, dar vei fi plecat timp de un an sau doi, poate *cinci!* Ce se va întâmpla cu noi în tot acest răstimp?

– Știu, știu, însă tocmai asta face ca planul meu să fie perfect, Majiata.

O privi, iar ochii săi căprui erau plini de entuziasm.

– Mi-ai acceptat inelul știind ce s-ar putea să fac, cum va fi viața mea. Iar eu vreau să fiu cu tine, așa că am descoperit soluția cea mai bună. Am și făcut aranjamentele necesare. Poți veni *cu* mine pe *Lupul furtunii.*

Privirea ei se avântă în sus, pe când șoptea cu vocea pierită, tremurând toată:

– Să vin *cu* tine?

– Da, scumpo, da, va fi perfect.

Îi luă palmele într-ale lui, strângându-le.

– Istor Araset este *bhotcaiul* care va veni cu noi și ai putea învăța multe de la el. Gândește-te la plantele noi și la locurile noi văzute! Vom ajunge acolo unde n-a mai mers nimeni până acum. Vom da cu ochii de animale și priveliști nemaivăzute. *Vei* fi de un mare ajutor pentru mine. Vom avea o cabină numai a noastră. Nu eu am să fiu la comanda navei, Anaeda Gryst o va face, însă ea este genială în postura de căpitan de navă, s-a dus până la Aefret și înapoi mai repede decât oricine altcineva. E dispusă să te ia cu noi... Dar ce s-a întâmplat?

Vocea i se stinse încet când ea-și retrase mâinile dintr-ale sale.

– *Cu* tine?

Îl privea șocată și cu durerea oglindindu-i-se în ochi.

– Atât de puțin mă iubești de-mi sugerezi așa ceva?

Keles clipi nedumerit.

– Ce... ce vrei să spui cu asta? Tocmai pentru că te iubesc atât de mult vreau să vii cu mine.

– Dar, de fapt, nu te gândești deloc la mine, nu-i așa? Îți pasă numai de tine. Ea-și deschise larg brațele. M-ai lua de lângă familie și prieteni?

– Voi fi eu familia ta.

– Și dacă mori în timpul călătoriei?

Se trase de lângă el.

– Îmi descrii toate minunățiile posibile, dar uiți de spaime. De boli. De lipsa de apă. Mâncarea râncedă. Furtunile. Furtuni suficient de puternice să rupă orice navă în două. Te vei îndrepta spre sud, poate ca să dai peste legendarii Munți de Gheață, dar ce se va întâmpla dacă dai de ei? Vei petrece luni de zile clănțănind din dinți, pierzându-ți degetele de la mâini și picioare din cauza gerului. Vrei să pățesc la fel, Keles?

– Nu, nu înțelegi...

– Iar înghețul este ultima dintre temerile tale. Nu-ți dai seama de asta? Nu-ți dai seama de ce vreau să fii aici, în Moriande, ca să înveți de la bunicul tău?

Vocea ei deveni glacială.

– Ai uitat ce s-a întâmplat cu tatăl tău? Ce i-a făcut Qiro?

– M... Majiata, știi doar că nu sunt decât niște povești.

– Iar tu denigrezi adevărul, socotindu-l „povești".

Ochii i se îngustară.

– Aveai șapte când s-a întâmplat, iar eu de-abia dacă terminasem de supt de la sânul doicii mele. Bunicul tău l-a trimis pe tatăl tău departe, într-o astfel de călătorie. Qiro era gelos pe el, iar tatăl tău sfidător, așa că bunicul tău a făcut să fie omorât. Tatăl tău, *Lupul valurilor*, toți cei de la bord, *morți*.

– Nu, nu-i adevărat. Nu-i deloc adevărat.

Keles își trecu mâna peste față, apoi îi adresă o privire imploratoare.

– Nu vezi, Majiata? Trebuie să urc la bordul *Lupului furtunii*. E datoria mea față de familie, pentru a-i asigura viitorul. De fapt, viitorul *nostru*. Nu poți înțelege asta?

– Înțeleg totul, Keles. Înțeleg cât de egoistă este iubirea ta, că pui familia Anturasi înaintea dragostei pentru mine. Te vreau aici nu doar ca să nu te poată ucide, dar şi ca să te pot ajuta.

Îşi împreună palmele, privi în jos şi rosti cât se putea de calmă, cu o voce subţire şi neajutorată.

– Ştii foarte bine că nu creşterea florilor este talentul meu real. Priceperea mea este la curte, mă folosesc de influenţa familiei mele pentru a ajuta la schimbarea modului de gândire de la curte. Pot face asta pentru tine. Vreau să-ţi fiu de ajutor, însă dacă ai de gând să mă abandonezi nu mai pot să-ţi susţin interesele. Poate crezi lucruri greşite despre mine, însă mă gândesc cu adevărat la averea familiei Anturasi. Mai sunt nave care ies în larg fără hărţile Anturasi. Dar, cu ajutorul meu, pot fi introduse legi care vor face să nu se mai întâmple niciodată aşa ceva. N-ai vrea asta?

– Sigur că da, Mai.

– Mi se pare că doreşti mai mult aventura. Vrei să fii trimis de aici, Keles. Departe de mine. De ce vrei să fii trimis departe de mine, Keles?

Scâncetul care-i înecase ultimele cuvinte îi adusese şi lui un nod în gât, iar asta-l împiedicase să vorbească. Îşi ridică mâinile şi le aşeză pe umerii ei, însă ea se zbătu să se elibereze de sub ele, plecându-şi capul, şi începu să plângă. Keles îngheţă, neştiind prea bine ce-ar fi putut face. I se strânse stomacul şi-şi tot îndoi mâinile goale.

Nici cu tot timpul de pe lume la dispoziţie, n-aş fi putut găsi răspunsul potrivit.

– Răspunsul la întrebarea ta, Mai Phoesel, ar trebui să fie evident.

Keles se răsuci spre sora sa geamănă, care tocmai intrase în grădină. La fel de înaltă ca el, avea un păr castaniu ceva mai deschis și ochii verzi, iar trăsăturile-i ascuțite îi aduseseră porecla de Vulpea, pe când erau copii. De atunci se transformase într-o frumusețe, dar natura aceea vulpească încă mai persista, și se deslușea mai mult în duritatea ochilor și în agilitatea minții, decât în orice altceva. Iar dacă cineva uitase cumva, pe roba ei neagră stăteau țesute vulpi sprintene.

Mai se întoarse și pufni iritată.

– Iar tragi cu urechea, Nirati?

– Nici n-ar fi necesar, din moment ce vorbești după mereu același scenariu. Nu i-am spus nimic fratelui meu înainte, dar acum trebuie să deschid gura pentru că tot ceea ce-i ceri îmi afectează întreaga familie. Asta nu înseamnă că te iubesc mai puțin decât restul familiei, scumpul meu frate, însă amestecul ei a ajuns prea departe.

Keles se încruntă.

– Chiar așa, Nirati, nu cred că...

– Ba să *crezi*, frățioare, gândești atunci când ai ocazia, însă nu vezi că ești folosit.

Sora lui arătă spre Mai, care părea să se fi micșorat puțin.

– Vrea să te ajute, desigur. Vorbește despre corăbii care ies în larg fără hărțile Anturasi. Ei, bine, compania de comerț a familiei sale se descurcă de multă vreme fără ele. Tatăl ei a venit la bunicul nostru, după ce voi doi v-aţi logodit şi a cerut acces la hărţi, din moment ce făceau parte „din familie". Bunicul i-a răspuns să vină înapoi după ce ea s-a căsătorit cu tine, iar pântecu-i este rotunjit de pruncul despre care putem dovedi că este al tău.

Mai icni surprinsă şi copleşită, iar Keles dori s-o liniştească.

– Nu te mai osteni, frate. Nu merită. Singura ei greşeală în întreaga poveste s-a produs din cauza vanităţii.

Ochii lui Nirati se îngustară.

– Se presupunea că deja a conceput copilul tău, însă a dat greş. Ce-a fost, Majiata, teama ta de greţurile de dimineaţă, sau spaima că vei deveni umflată şi urâtă, la fel de urâtă precum eşti pe dinăuntru?

– Nici una, nici alta, ripostă Mai, mângâindu-se cu mâna pe pântec. Eşti o smintită, Nirati. Acum două nopţi, fratele tău şi eu ne-am întins împreună. Iar de acum copilul său creşte în pântecul meu.

– Nu, micuţa mea Mai.

Nirati clătină din cap, iar pletele sale castanii căzură ca o cascadă strălucitoare pe umerii robei sale.

– Pentru cineva care se mândreşte cu talentul neînsemnat de *bhotri*, ţi-ai neglijat studiile de multă vreme. Trebuie să fi băgat de seamă unda de amăreală din paharul de vin de seară, înainte de culcare. Era tinctură de piciorul-cocostârcului.

– M-ai *otrăvit!*

Gura lui Mai se căscă de groază, apoi se întoarse spre Keles.

– Sora ta a încercat să mă ucidă.

Keles privi spre Nirati, iar furia oglindită pe chipul ei anihilă iritarea sădită înlăuntrul lui de smiorcăielile lui Mail.

– Exagerezi, Mai. Nu ți-ar face nici un rău.

– Nici nu i-am făcut.

Nirati dădu indiferentă din umeri.

– Practic, m-am folosit de un servitor de-al tău, cumpărat și plătit cu aurul familiei Anturasi, care ți-a administrat drogul, însă poțiunea a fost preparată cu mare artă... cu o pricepere mult mai mare decât a ta.

– Cel puțin eu am talent la ceva, șuieră Majiata.

Keles se băgă între ele, întorcându-se spre Majiata.

– Gata! Opriți-vă!

– Iarăși negi adevărul, Keles. Toată lumea știe că sora ta e demnă de milă. Este complet lipsită de talent. Nu se pricepe deloc la hărți, nici la plante și ierburi. Alții, care au cunoscut aceeași rușine, au avut bunul-simț de a se elimina singuri.

Keles strânse din pumni. Cuvintele sale răsunară cu precizie și greutate:

– Ți-am spus să încetezi. Există mai mult decât un singur fel de rușine, Majiata. Amintește-ți că Împărăteasa Cyrsa și-a descoperit destul de târziu talentele.

– Sora ta nu este Cyrsa.

– Dar este sora mea și o iubesc, accentuă el, cu bărbia ridicată. Dacă mă iubești, te oprești. Acum.

Majiata era descumpănită, iar ochii săi albaștri licăreau în timp ce-și căuta răspunsul. Keles voia ca mânia ei să treacă, pentru ca ea să fie în stare să-i ceară iertare. Cu fiecare clipă care trecea fără să se întâmple asta, își dădea seama că sperase în van, iar bucuria lui anterioară se spulberă în sufletul său.

– Asta-i tot, atunci? Ai ales-o pe sora ta în locul meu?

– N-am luat astfel de decizii. Te iubesc. O iubesc și pe ea. Vă iubesc pe amândouă. Nu aleg.

Se încruntă, iar vocea-i deveni înceată.

– Și nici n-ar trebui să mă faci să aleg.

– Oh, nu, Keles. Nici n-aș putea să te fac vreodată să alegi, însă este limpede că n-am avut nici o șansă aici, nu-i așa? întrebă cu ochii scăldați în lacrimi. Ți-am oferit totul. Ți-am oferit propriul tău viitor, Keles, însă îți pui singur piedici.

Nirati îi sări imediat în ajutor fratelui ei.

– Nu, Majiata, i-ai oferit doar niște iluzii. Viitorul *lui* ar fi fost viitorul *tău*, spre folosul familiei *tale*. Pentru tine, el n-a fost altceva decât un armăsar care poate desena hărți.

Mai o pălmui pe Nirati, lovitura dându-i capul într-o parte. Apoi ridică mâna să mai plesnească o dată, însă Keles o prinse de încheietură.

– Gata!

Mai țipă furioasă, își eliberă mâna și încercă să-l zgârie pe față. Keles se feri, iar ea se retrase. Degetele i se mișcau spasmodic, iar furia îi schimonosise chipul, urâțindu-l.

– Nu te vreau, Keles Andurasi. Tu și familia ta veți fi întotdeauna niște prizonieri aici. Nu vreau să fac parte din așa ceva. Logodna noastră este *anulată!*

Țâșni imediat spre turn, însă Nirati o ajunse din urmă și o prinse de eșarfa robei.

– Inelul!

– Poftim?

– Inelul! Ai rupt logodna, Majiata. Inelul rămâne aici!

Mai se întoarse și privi spre Keles, iar lacrimile-i udau obrajii colorându-i în negru.

– Nu-mi lași nimic pentru dragostea mea?

Bărbatul se uită în jos, iar în stomac parcă îi creștea, încet, un sloi de gheață.

Nirati scoase un hohot necruțător.

– Nu meriți absolut nimic, Mai.

– Prea bine atunci. Scoase inelul de pe deget și-l azvârli la pieptul lui, de unde ricoșă. Nu vreau nimic de la vreun Anturasi. Ești mort pentru mine.

Mai așteptă o clipă să audă vreun răspuns, însă Keles rămase tăcut. Tânăra dădu din cap, apoi se grăbi să se retragă într-un foșnet de mătăsuri și străfulgerări furioase ale ochilor ei albaștri, care păreau să fi înghițit toate culorile grădinii.

Nirati se aplecă și recuperă inelul. Apoi se ridică încet și-l întinse fratelui ei geamăn.

– Nu te merita.

Keles încercă să răspundă, însă avea gâtul prea uscat. Înghiți cu greu și se încruntă spre sora sa.

– Ce-ai făcut acum a fost o cruzime.

– Față de ea? A fost mai bine decât ceea ce-ar fi meritat. Se laudă de luni de zile că te are la degetul mic. Spunea că aici, în casa noastră, ești prins într-o capcană, în vreme ce ea era liberă să se bucure de viața de la curte și din oraș. Ți-ar fi făcut copii, însă familia ei s-ar fi amestecat în creșterea lor și știa că-i vei fi dat această libertate. A plănuit totul.

Keles se strădui să reziste dorinței de a-și acoperi urechile cu mâinile.

– N-ai fi putut să-mi spui toate astea?

– Aș fi putut?

Nirati își lăsă mâna pe brațul lui.

– Ai văzut în ea acel gen de femeie care *ar fi putut* să fie, curățită de egoism, lăcomie și perfect scuzabilă. Nu ai fi ascultat nimic. Nici nu ai ascultat. Mama te-a prevenit să nu te culci cu ea, dar ți-ai văzut de treabă și ai făcut-o oricum.

Bărbatul dădu încet din cap.

– Știu că a fost o prostie, încuviință oftând greu. Cred că a fost bine că mama a pregătit tinctura de piciorul-cocostârcului și a plătit un servitor să i-o strecoare Majiatei.

Nirati râse.

– N-am plătit nici un servitor și nici n-am otrăvit-o în vreun fel. Totul a fost o păcăleală. I-am spus că un slujitor din casa Phoesel i-a dat tinctura, pentru că știi că nu se va opri până nu va afla cine-a fost. Iar asta se va dovedi o imposibilitate.

– Dar... se bâlbâi, cu mâna întinsă dincolo de râu, spre domeniul Phoesel. Chiar *am dormit* împreună.

Dacă n-a fost... dacă nu te-ai băgat... *ar putea* fi însărcinată.

– Keles, scumpul meu frate, nu am doftoricit-o pe Majiata.

Nirati îl mângâie pe obraz.

– Mama-i foarte pricepută. N-ai simţit niciodată gustul ierbii-becaţei în paharul de la culcare, nu?

– Am crezut doar că vinul era puţin răsuflat, în această perioadă a anului e posibil, înainte de recolta cea nouă...

Privi în jos spre mâinile sale goale.

– Am fost un smintit, nu-i aşa? Am reuşit să mă conving pe mine însumi că va veni cu mine, că mă iubeşte.

– Poate că o parte din ea te iubea.

Nirati îl mângâie pe braţ.

– Mama şi eu n-am vrut să te rănim, însă ştiam că te-ar fi rănit mult. Ne-ar fi rănit pe toţi. Şi a fost mai bine să acţionăm noi, decât bunicul. Nu i-ar fi permis niciodată să călătorească împreună cu tine. *Ştii* doar.

– Ei, păi mă gândeam nici să nu-i spun.

Nirati îi ridică bărbia şi-l privi în ochi.

– Keles, în timpul călătoriei veţi comunica de la minte la minte. Ştiu că eu nu am acest talent, deşi ne-am străduit din greu, nu-i aşa, să vedem dacă aş putea. Însă ştiu că, deşi nu vorbeşti cu el, bunicul se poate plimba prin mintea ta. Crezi că ai fi putut să-i ascunzi prezenţa de el?

Keles tresări.

– Odată ajunşi în larg, nu ne-ar mai fi putut rechema.

– Te pui cu accesele lui de furie? Chiar crezi că n-ar fi făcut-o?

– Nu, ai dreptate, ar fi făcut-o. Sau ne-ar fi poruncit să tragem la ţărm.

Expiră încet.

– Nu cred că a fost unul dintre cele mai strălucite planuri ale mele.

– Keles, eşti deştept, disciplinat şi metodic, iar tocmai de-asta îi vei lua într-o bună zi locul bunicului. Nirati ridică inelul şi lăsă lumina soarelui să-i smulgă străluciri multicolore. Majiata te împiedica să gândeşti. Când vei avea timp, vei vedea lucrurile aşa cum le vedeam noi, ceilalţi.

– Ai dreptate, sunt sigur de asta.

Keles înghiţi cu noduri, apoi oftă.

– Sper doar că-i va fi bine.

– Majiata? clătină Nirati din cap. Nu, n-am s-o spun. Este bine că mai eşti încă preocupat de asta, deşi n-ar trebui. Cred, scumpul meu frate, că-şi va reveni.

Expresia de pe faţa surorii sale îi spuse ceea ce ea refuzase. *Crede că Majiata va avea un nou peţitor până la sfârşitul Festivalului. Poate chiar şi mai devreme.*

– Va trebui să-i spun Căpitanului Gryst că voi fi singur în călătorie.

Nirati îşi arcui o sprânceană.

– Ţi-a spus că îi dă voie Majiatei să urce la bord?

– A zis că va găsi ea o cale s-o aducă pe navă.

– Într-o ladă, fără nici o îndoială. Din ce-am auzit despre Căpitanul Gryst, n-ar fi rezistat multă vreme înaintea pretenţiilor ei. Bineînţeles, după ce-ar fi pus ceva balast în ladă, ar fi aruncat-o peste bord... încheie sora lui, cu un surâs.

– Nirati!

– Îmi pare rău!

Îi oferi un zâmbet cald.

– Pur şi simplu, nu-mi place de ea şi sunt bucuroasă că povestea s-a încheiat, deşi, fiind vorba de ea, ştiu că vor fi unele repercusiuni. Dar nimic de care să nu putem trece.

– Repercusiuni, se zgribuli Keles. La ce-ar trebui să mă aştept din partea bunicului şi a lui Jorim?

– La nimic din partea bunicului. El a rezolvat chestiunea, iar cererile formulate de tatăl ei nu-l mai pot afecta. Nu e prima dată când a avut de-a face cu negustori furioşi.

Nirati ridică din umeri.

– Jorim nu a fost de acord cu ea, însă nu a spus nimic. Ultima ciocnire de care a avut el parte a fost cu verişorul ei.

– Bunicul ştie de conflict? întrebă Keles, cu o tresărire.

– Nu încă, dar va afla.

– Nu s-ar putea...

Keles îi descifrase expresia.

– Ce-i ?

– Deseară Prinţul va veni aici, să discute cu bunicul. Tu şi Jorim veţi fi cu el, bineînţeles. Nu se va putea ascunde faptul că Jorim s-a implicat într-un nou conflict.

Keles clătină din cap.

– Este Festivalul. Lucrurile ar trebui să decurgă fără probleme, nu așa prost.

– Revino-ți, frățioare. Nu totul merge rău.

– Nu?

– Nu, deloc.

Nirati îi oferi un zâmbet larg.

– Gândește-te, de-acum înainte cupa de vin de seară va fi din nou dulce. Poate că nu-i cine știe ce, dar...

– Știu. Sunt vremuri când și asta-i de ajuns, încheie el și o sărută pe frunte.

3

Ziua a 36-a, Luna Liliacului, Anul Câinelui
Al 9-lea an al Domniei Prinţului Imperial Cyron
Al 162-lea an al Dinastiei Komyr
Al 736-lea an de la Urgie
Hanul La trei cocostârci, Moriande
Nalenyr

Când în uşă se auzi ciocănitul discret, Moraven Tolo simţi că inima-i prinse a bate chiar mai repede decât în timpul luptelor.

– Eşti binevenit!

Zăvorul se ridică, iar uşa se deschise fără zgomot, în balamalele proaspăt unse. Un tânăr cu păr negru şi ochi albaştri strălucitori se afla în prag, făcând o plecăciune adâncă, însă cam repezită. Moraven se apleacă la rându-i, pentru a răspunde, însă nu-l salută pe băiat, ci pe bărbatul care ajunsese în pragul uşii, venind din urmă.

Phoyn Jatan nu fusese nicicând înalt, iar cu vârsta se gârbovise, aşa că de-abia mai măsura un metru jumate. Părul, redus la câteva smocuri, nu se mai bucura de tratamentul cu coloranţi. Şuviţele fumurii nu reuşeau să ascundă pielea pătată a capului, aşa cum nici roba cenuşie nu-i mai ferea de priviri trupul slăbit până devenise scheletic. Paşii târşâiţi şi modul în care se apleca asupra bastonului său noduros erau o batjocură la adresa războinicului mlădios şi agil care fusese odinioară.

Moraven se lăsă într-un genunchi.

– Vizita voastră mă onorează, Maestre, mai mult decât o pot rosti cuvintele.

– Faptul că te deplasezi până aici, la cererea mea, mă onorează pe mine, *jaecaiserr.*

Glasul lui Jatan nu suferea de pe urma vârstei.

Moraven îşi îndreptă spinarea, însă rămase pe jumătate îngenuncheat şi arătă spre un pat jos, aflat în încăpere. Fusese aşezat lângă perete, iar el ceruse să i se aducă toate pernele din han înaintea vizitei.

– Dacă m-aş fi aşteptat să vă primesc în camera mea, Maestre, aş fi ales un loc mult mai potrivit.

Bătrânul îi izgoni cu un gest şuvoiul de scuze şi se târşâi spre pat, unde se aşeză. Tânărul din prag închise uşa, apoi luă bastonul şi îngenunche de-a dreapta lui Jatan.

– Ţi-am cerut să vii la mine în timpul Festivalului. Începe mâine, însă am voit să te văd mai repede. Îţi mulţumesc pentru că-mi satisfaci dorinţa.

Moraven îi descifră rânjetul și lumina care-i juca în ochi.

– De unde ați știut că sunt aici?

Jatan se sprijini cu spatele de muntele de perne.

– Mai trebuie să întrebi, Moraven? Apropo, îmi place numele ăsta. E foarte puternic, ți se potrivește mai bine decât celelalte.

– Vă mulțumesc, Maestre.

Își coborî și celălalt genunchi și se sprijini pe călcâie.

– Însă cu asta nu mi-ați răspuns la întrebare.

Jatan se întoarse spre tânăr.

– Studiază-l, Geias, pentru că reprezintă înfățișarea și esența unui Mistic. Este un exemplu mai bun decât mine.

Moraven se uită spre băiat.

– Însă Maestrul meu este un exemplu mai bun despre cum să scapi. Dacă are câte o cicatrice pentru fiecare prinț pe care l-a servit, asta numai pentru că, din neglijență, s-a lăsat zgâriat de o pisică, săptămâna trecută.

Bătrânul râse.

– Mi-a fost dor de tine, Moraven. Precum Maestrul *meu* spunea adesea, „Mai bine limba ascuțită a unui spadasin, decât un tăiș ascuțit".

– Atunci, ca să nu fiu și mai ascuțit, îmi răspundeți la întrebare?

Jatan dădu încet din cap.

– Ți-aș povesti că te-am simțit încă de acum patru zile, pe când te ocupai de tâlharii de pe drum, dar îmi vei răspunde că s-a întâmplat cu mult mai multă vreme în urmă.

Moraven nu răspunse, însă înălţă o sprânceană.

– Nu, ştiu că tu, dintre toţi învăţăceii mei, nu ai crede asta, chiar dacă ar fi adevărat.

Bătrânul fu cuprins de o tuse seacă.

– Un băiat cu braţul amorţit a venit la un *serrian*, acum două zile, aducând tunica lui Macyl. A încredinţat-o familiei, iar ei au dorit să rămână la noi. Băiatul şi familia lui mi-au mulţumit din suflet pentru elevul meu care i-a salvat, dar al cărui nume nu-l ştiam.

– A fost o chestiune simplă, Maestre, însă una care probabil va spori în poveştile din târg.

– Deja s-a şi întâmplat, însă nu-i foarte grav. Se vorbeşte despre prezenţa unui *jaedun*, din cauza manierei în care l-ai dezarmat pe arcaş. Nu sunt sigur dacă s-a greşit foarte tare, deşi nu pun nici un temei pe relatările despre trăsnete şi tunete. Nu ai devenit chiar *atât* de puternic, nu-i aşa? zâmbi bătrânul.

– Dacă trăsnetele şi tunetele ar fi fost posibile, le-aţi fi dezvăluit demult, poate nu în maniera în care ar face-o un învăţăcel neghiob ca şi mine.

– N-ai fost niciodată neghiob, Moraven, spuse Jatan şi tuşi din nou. Ai fost întotdeauna isteţ.

– Nu întotdeauna. Dacă aşa ar fi stat lucrurile, n-aş fi venit. Moraven se foi pe genunchi şi se întinse spre sacul său de călătorie. Am reuşit să găsesc nişte *wyrlu* în apus. Din ţinutul Virine, dacă poftiţi, Maestre.

– Geias, nu cred că ai vreun motiv să-i povestești asta mamei tale.

Tânărul dădu din cap.

Bătrânul zâmbi și-și frecă palmele când Moraven scoase o sticlă, o destupă și turnă în două cupe mici un lichid chihlimbariu.

– Soața lui Eron are mare grijă de el și de ceilalți elevi, însă mie-mi acordă o atenție *specială*.

– Parcă-mi amintesc de alte doamne din Casa Jatan care făceau la fel.

Moraven îi întinse una dintre cupe.

– Eu nu mă plâng, pentru că dacă nu mi s-ar fi acordat atenție nu mi-aș fi revenit.

Jatan adulmecă licoarea și apoi o dădu pe gât dintr-o înghițitură. O clipă închise ochii strâns, apoi înghiți din greu. Tuși din nou, dar ceva mai moale, apoi rosti într-o șoaptă răgușită:

– Îți subestimezi vitalitatea.

– Nu, Maestre, sunt conștient de vremelnicia mea.

Moraven Tolo dăduse ochii prima dată cu Phoyn Jatan în Moriande, la trezirea pe o saltea, în Casa Soshir. Zăcuse acolo cu fața în jos, cu pieptul acoperit de bandaje. Nu-și amintea deloc cine era sau de unde venea. Simțea că toate lucrurile din jur îi erau ciudat de familiare, dar în același timp și străine, de parcă o sută de picturi pe hârtie de orez ar fi fost făcute bucăți și apoi lipite împreună fără nici o noimă.

Singurul lucru pe care-l știa era că avea niște răni oribile, făcute cu spada. Lovitura îl nimerise în partea stângă, oprindu-se la o palmă de șira spinării. Pe piept se vedea o cicatrice de două-trei degete, iar pe lateral una mai mică. Lovitura ar fi trebuit să-l omoare, însă rămăsese în viață să se întrebe dacă fusese lovit în spate pentru că era un laș, fugind de confruntare, sau dacă nu cumva dușmanii săi, de care nu-și mai amintea nimic, chiar voiseră să-l ucidă.

Phoyn Jatan și nevasta sa, din acea vreme, Chyrynal, îl îngrijiseră, ajutându-l să se pună pe picioare. Jatan înființă o școală pentru spadasini pe proprietatea Maestrului său, pe care extinderea Moriandei o înglobase în oraș. Devenise clar că oricine ar fi fost, fusese un spadasin fără egal. Asta contrazicea ideea de lașitate, însă Moraven se strădui din greu să se asigure că o astfel de acuzație nu-i va mai fi adusă niciodată. Acesta era motivul pentru care tâlharii fuseseră răpuși pe drumul spre Moriande, cu optzeci și unu de ani înainte, iar nenumărați alții îi căzuseră sub sabie înaintea lor.

– Vremelnicia, Moraven, ne preocupă pe toți.

Jatan ridică pocalul, să-i fie umplut din nou.

– Imediat ce am aflat că se află aici un bărbat care susține că mi-a fost elev, l-am trimis pe unul dintre învățăceii mei să afle un spadasin priceput. Îl cunoști pe tânărul care-și spune Desheil Tolo și pretinde că-ți este verișor? Poartă un coif cu blana unui leopard pe care l-a vânat și vorbește într-un dialect sudic.

– Nu, însă a fost treaba aceea, în Erumvirine, care s-ar putea să-l fi forțat să aleagă acest nume.

Moraven îi mai turnă Maestrului său din alcoolul de grâne.

– Şi l-a luat în onoarea mea sau va trebui să-l scap de el?

– Eron face cercetări.

Jatan sorbi doar din licoare, de astă dată.

– Băiatul pe care l-ai trimis, spune-mi povestea lui.

– Nu l-am trimis eu.

– Moraven, te rog, insistă bătrânul, clătinând din cap. Maestrul meu mi-a spus o poveste despre cum a plecat cu şoimul la vânătoare de porumbiţe sălbatice. Şoimul a izbit şi a doborât una, care a picat şi a lovit oala de pe foc a unui ţăran, împrăştiindu-i tocana pe jos. Ţăranul a cerut să i se plătească cina risipită, din moment ce şoimul Maestrului Virisken îi provocase pierderea. Faptul că l-ai trimis pe băiat la familia lui Macyl a început un lanţ de evenimente.

Moraven se încruntă, apoi trase o duşcă şi lăsă lichidul să-i ardă gâtul.

– După cum îmi amintesc, Maestre, maestrul *vostru* i-a plătit ţăranului, apoi i-a cerut banii înapoi pentru porumbiţă, pe care familia ţăranului o prăjise. Când ţăranul a răspuns că porumbiţa era de la zei şi a refuzat să plătească, Maestrul Virisken l-a omorât pentru blasfemie.

– Adevărat, adevărat, însă pe atunci Imperiul nu era împărţit în Nouă Principate, aşa că lucrurile erau oarecum diferite. Iar încercarea ta de a scăpa de întrebarea *mea* a fost îndrăzneaţă, însă inutilă.

– Nu-i cine ştie ce de spus. Vin cu toţii din sud, la o zi de drum de Erumvirine, şi sunt morari. Băiatul s-a aventurat în sus, pe cursul râului, şi a găsit un loc unde malul era mâncat de apă. Acolo se deschidea o gaură şi el s-a strecurat înăuntru. Ceva lucea acolo, licărind albastru. Băiatul a întins mâna stângă.

Moraven se înfioră.

– Nu-şi mai aminteşte nimic altceva. Tatăl lui l-a găsit plutind în jos, pe râu, şi l-a crezut mort, însă avea numai mâna veştejită.

Pe fruntea bătrânului apărură cute.

– Bănuieşte cineva cum l-a schimbat asta?

– Cred că nu au văzut mai departe de braţul veştejit. Au încercat să găsească locul unde a fost rănit, însă cum plouase, râul a ieşit din matcă şi toate semnele au dispărut. Totuşi, se ştie că locul se afla la un kilometru în amonte şi au pus pe seama zeilor faptul că nu s-a înecat, a fost un miracol. Nu prea vor să vorbească de toate astea, iar mie mi-au povestit ce s-a întâmplat numai după ce au aflat ce sunt eu.

– Ei singuri s-au alăturat ţie odată ce s-au lămurit în privinţa statutului tău?

Moraven dădu din cap.

– Nu-i nici o surpriză.

– Nu, amintirea Vremii Gheţii Negre rămâne vie, chiar şi în mintea celor care nu au trăit acele timpuri.

Jatan ceru cu un semn mai mult *wyrlu*, iar mâna-i tremură când Moraven îi umplu din nou cupa.

– Într-un fel, port cu mine mânia Maestrului meu. S-a dus cu cei mai buni dintre războinicii săi să i se alăture Împărătesei Cyrsa în Campania din Turasynd. A fost ideea lui să transporte întreaga trezorerie imperială în căruţe şi să le ducă spre nord-vest, de-a lungul Drumul Mirodeniilor, pentru a-i atrage pe barbari de la teritoriile civilizate. El și mulți alții s-au dus acolo să moară, însă pe mine m-a lăsat în urmă, să protejez Nalenyrul. Nu cred că știa unde va duce socoteala lui.

Moraven dădu încet din cap. Cei mai buni războinici ai Imperiului plecaseră cu Împărăteasa să-i împiedice pe barbarii din Pustietățile Turca să distrugă totul. Războinici suficient de bine antrenați - cum erau el, Maestrul Jatan și Virisken Soshir - pentru a accede la *jaedunto*. Pregătirea lor le permitea să fie conectați la *jaedun*, vraja care curgea în toate. Când au luptat, în special împotriva altor *jaecai*, surplusul de magie s-a împrăștiat. În apropierea satelor au fost trasate multe cercuri, unde s-au purtat dueluri, pentru a stăpâni vrăjile, însă efectele au fost din cele mai ciudate. În acele locuri zăpada nu se topește niciodată, nici chiar în verile cele mai fierbinți, sau cad ploi fără să fie nici un nor pe cer. Oamenii creșteau cai și câini în acele cercuri, în speranța că vrăjile sălbatice vor crea animale mai falnice; însă o făceau întotdeauna în puterea nopții, altfel vecinii lor ar fi aflat că se jucau cu magia.

Turasynzilor, locuitorii deșertului din nord, le păsa prea puțin de consecințele vrăjitoriilor. Tărâmului lor pustiit nu-i puteau face mare lucru și era foarte bine dacă le făcea cirezile mai fertile sau recoltele mai bogate. Când se înmulțiră peste măsură, un șaman aduse toate triburile împreună și invadară Imperiul. Împărăteasa îi ademeni în nord și în apus, la distanță de centrele civilizate, apoi îi atacă într-o mare bătălie, cum nu mai fusese văzută până atunci ori de atunci încolo.

Ochii lui Jatan scrutară depărtările.

– Vrăjile violente au sosit cu norii tumultuoși, care au acoperit cerul și au ascuns soarele. A venit zăpada, o zăpadă neagră, ciudată, adusă de vânturi crâncene, care puteau smulge carnea de pe om și animal. Mai bine moartea așa, decât ceea ce te aștepta dacă vrăjile din furtunile acelea te atingeau. Poate că băiatul a schimbat un braț care i s-a veștejit pe puterea de a respira sub apă sau poate că nu mai trebuie deloc să respire, dar asta s-a întâmplat pentru că vrăjile sunt slabe acum.

Privi spre Geias.

– Pe atunci, sătenii dispăreau în furtuni, iar ghețarii scrijeleau pământul până la rocă. Mai sunt încă locuri în munți unde poți vedea sate înghețate. Case, oameni, căruțe, animale, toate acolo, înghețate pe loc, așa cum erau când le-a lovit furtuna.

Moraven dădu din cap.

– Am văzut asta, Maestre, deși acum mare parte din gheață s-a topit. Vrăjile violente se mai adună și bolborosesc uneori, dar rareori în cele Nouă Principate. Doar în Pustietăți, în Dolosan și Ixyll, sau cel puțin așa mi s-a povestit.

– Însă teme-te de rămășițele lor. De asta, Geias, trebuie să înveți din greu.

Jatan tuși din nou, însă nu mai bău.

– Pe vremurile Imperiului, oamenii au devenit tot mai nepăsători. Studiam arta luptei cu sabia să ajungem la *jaedunto,* însă alții voiau să ajungă mai repede la vrăji. Prințul Nelesquin și *vanyeshii* săi au studiat *xingna* pentru a o stăpâni și pentru a deveni *jaeduni.* Odată ce au dobândit puterile magice, au găsit calea de a le folosi pentru a-și îmbunătăți priceperea. Au încercat calea simplă, însă prostia lor a dus la Urgie.

Moraven dădu din cap, mai mult din respect pentru Maestrul său, decât din credință. Maestrul Jatan fusese unul dintre cei câțiva *jaecai* rămași în cele Nouă Principate în care Împărăteasa împărțise Imperiul, pentru siguranță. Avusese un rol crucial în a-l convinge pe Prințul nalenian că toți *vanyeshii* trebuiau eliminați. Mai mult chiar, studiul magiei trebuia să fie interzis. Din punctul său de vedere, războinicii imperiali și-ar fi putut controla magia și ar fi evitat Urgia, însă un *vanyesh* indisciplinat nu putea.

Dar asta numai pentru că Prințul Nelesquin și Maestrul tău se urau unul pe altul. Tu ești Maestrul meu, însă pot vedea cum te-a marcat ura lor.

În ajunul declanșării Urgiei, pe când furtunile magice bântuiau furioase, după ani fără vară și după ce nenumărați oameni muriseră de foame, sistemul școlilor unde se predau diferite discipline a fost consolidat. Oamenii de rând nu aveau încredere în vrăjitorii, însă erau asigurați că oricine reușise să învețe suficient de mult ca să aibă acces la practicile magice putea fi considerat sigur. Și era perfect adevărat că numai puțini ajungeau la un asemenea nivel. Chiar și acum, când populația se apropia de numărul de dinaintea Urgiei, acest lucru nu se schimbase. Totuși, frica avea forța ei, iar dacă n-ar fi fost Dunos și familia lui, Moraven ar fi călătorit singur în ultimele două zile de drum spre Moriande.

Sistemul de școli, cel puțin cele de arte marțiale, a început să lucreze în tradiția *xidantzu*. Cei mai buni războinici urmau să călătorească prin cele Nouă Principate și chiar mai departe, ca să lupte împotriva nedreptăților și corupției fără să le pese de naționalitate sau politică. Nu-i putea comanda nici un nobil și în vreme ce mulți dintre învățăceii foarte buni sfârșiră în garnizoane și miliții, cei mai buni își păstrară libertatea. Punerea temeliei *xidantzu* însemna că nici un lord nu putea aduna o armată similară cu a Împărătesei, așa că șansele ca o altă bătălie crâncenă să declanșeze încă o Urgie deveniseră minuscule.

– Este nebunia, Moraven, care m-a făcut să-ți cer o întrevedere.

– Ascult, Maestre.

– Ceea ce i s-a întâmplat copilului s-ar putea întâmpla și celor Nouă Principate. Jatan se aplecă înainte și o pernă alunecă în jos ca să-l susțină. Așa cum ai spus, vrăjile sălbatice s-au diminuat. Iar pentru alții, tot astfel a făcut și frica de ceea ce le-a provocat. Sunt unii care se duc în Pustietăți. Caută arme din vechime, jefuiesc mormintele, mai noi și mai vechi, căutând acele lucruri care i-ar putea ajuta să-și adune armate.

Moraven se încruntă. Armele și relicvele celor pregătiți n-ar putea transmite altora pricepere, dar vrăjile folosite înainte i-ar putea prinde și le-ar permite să se antreneze mai ușor. Întrebase de spada lui Macyl, pentru că fusese în sânul familiei timp de câteva generații și era foarte puternică. Stăpânul ei se străduise din greu să atingă nivelul la care ajunsese, însă nu lăsase ca spada să-l ducă spre vârf mai repede decât ar fi putut ajunge el singur. Însă astfel de cazuri erau rare.

– Maestre, aveți dovezi privind prezența acestor relicve în Moriande?

– Am găsit câteva, vândute drept curiozități sau antichități, însă erau niște exemplare foarte fine. Una sau două mai purtau semne care arătau că făcuseră Campania din Turasynd. Se presupune că undeva în Ixyll există un câmp de bătălie unde au pierit o mulțime de suflete, spuse, cu ochii îngustați. Probabil că armele rămase acolo sunt vrăjite și ar convinge pe cineva că poate fi din nou Împărat.

Moraven își arcui o sprânceană.

– Nu-i Prințul Cyron. Poate că fratele lui mai mare ar fi tentat de asta, însă zeii au alte planuri cu el. Prințul Pyrust?

– Pyrust, bineînțeles. Deseirionul ar vrea să consolideze cuceririle din Helosunde, apoi să ia și Nalenyrul. Însă mai sunt și alții care ar vrea o altă dinastie în Moriande, dădu Jatan din umeri. Eu aș vrea doar ca mormintele camarazilor mei și al Maestrului să rămână netulburate, dar sunt prea bătrân ca să mă aventurez în Pustietăți și să mă asigur de asta. Așa că doresc s-o faci tu pentru mine.

– Să merg la Ixyll?

În Moraven se cuibăriră temerile. Pentru el, Ixyll fusese întotdeauna un tărâm îndepărtat, scăldat în farmece dezlănţuite. Nu credea nimic din cele auzite, dar încercase să afle câte ceva. Dacă era să se gândească la neprevăzut, îşi exila gândurile la Ixyll şi se simţea scăpat de-a binelea de ele.

– Faci asta pentru mine, Moraven Tolo?

– Maestre, aş porni un asediu şi asupra celor Nouă Iaduri pentru tine. Voi pleca de îndată.

Jatan înălţă mâna şi întinse cupa încă o dată.

– Dacă pleci acum, n-ai să mă mai vezi în timpul Festivalului. Şi nici nu mai terminăm acest minunat *wyrlu* al tău. Sarcina asta pe care ţi-o dau *este* una serioasă, dar chiar şi cei implicaţi în ea vor sărbători Festivalul. Tot aşa şi tu.

– Mestrul meu este prea îngăduitor.

– Nu, Moraven, departe de asta.

Ridică pocalul, apoi sorbi.

– Te trimit acolo să salvezi lumea. Bucură-te de Festival şi aminteşte-ţi de ce-i mai bun în lume. Asta nu te va pune la munci în plus, însă s-ar putea să-ţi aducă alinare când misiunea-ţi va deveni imposibilă.

4

Ziua a 36-a, Luna Liliacului, Anul Câinelui
Al 9-lea an al Domniei Prințului Imperial Cyron
Al 162-lea an al Dinastiei Komyr
Al 736-lea an de la Urgie
Anturasikun, Moriande
Nalenyr

Alteța sa Imperială Prințul Cyron aștepta răbdător, spre plăcerea lui Qiro Anturasi. Prințul sosise la turnul cartografului însoțit numai de o mână de oameni din garda personală de keru. Conform unui decret emis de tatăl său, așteptau la baza turnului, dar în afara porților care deschideau calea spre interior. Anturasikun era un labirint de locuri publice și private, însă numai câțiva aveau permisiunea de a intra în încăperile private și în atelier. Deși gărzile keru își puseseră viața în serviciul lui Cyron, nici chiar ele nu aveau permisiunea de a trece de porțile aurite.

Nu mai conta că turnul fusese ridicat de cei mai mari constructori ai naţiunii şi decorat de cei mai faimoşi arhitecţi, sau că sălile din el adăposteau minunăţii din întreaga lume. Era o închisoare. Tatăl lui Cyron îi explicase, cu douăzeci de ani înainte, de ce lui Qiro Anturasi nu i se permitea să părăsească turnul. Talentul său de cartograf şi cunoştinţele sale despre lume îl făceau mai valoros pentru Nalenyr decât toate comorile cunoscute ale celor Nouă Principate. În mintea lui Qiro se găseau informaţii care permiteau Nalenyrului să prospere, aşa că el trebuia zăvorât undeva.

Pierderea lui ar însemna să pierzi totul. Când Împărăteasa împărţise Imperiul în cele Nouă Principate, le pusese pe nevestele decedatului Împărat şi familiile lor să domnească în fiecare. Făcuse în aşa fel încât ambiţiile să se contracareze între ele şi-i luase cu ea în Campania din Turasynd pe cei mai capabili dintre Prinţi. Deşi Nalenyrul nu fusese la început cel mai puternic şi prosper dintre cele Nouă Principate, redeschiderea legăturilor comerciale cu lumea îi împluse cuferele. Cu tot aurul câştigat, Cyron putea tocmi suficiente trupe ca să-i ţină pe lorzii din Deseirion la respect.

Qiro ne-a dat totul, iar cu toate astea, noi i-am luat libertatea. Prinţului i se păruse atunci că reprezenta cruzimea supremă, însă foarte curând ajunse să-i înţeleagă necesitatea. Geniul lui Qiro Anturasi era însăşi esenţa personalităţii sale şi odată cu asta se manifesta la el imposibilitatea de a tolera prostia sau nesupunerea. Acestea-l făceau pe Qiro să fie smucit, neiertător și imprevizibil. *Ba chiar să creadă că poate face și un prinț să aștepte.*

Cyron izbucni în râs, pentru că știa că avea să aștepte. Și să aștepte...

Așteptarea făcea parte din viață, iar el își cultiva răbdarea, pentru că era greu de crezut că asta ar fi putut ucide pe cineva. Fratele său, Prințul Moștenitor Araylis, fusese destul de nerăbdător să-i vadă pe deseieni izgoniți din Helosunde și plătise cu viața. Fusese informat că Prințul Pyrust l-a ucis pe fratele său. Acesta îi condusese pe deseieni și se încumetase chiar să vină până în sud, să participe la Festival în Moriande. Deși câștigase tronul, Cyron nu se simțea îndemnat să-i mulțumească lui Pyrust, care ar fi fost mai mult decât bucuros să măcelărească întreaga dinastie Komyr și să pună mâna pe tronul Nalenyrului.

Iar atunci Qiro și-ar descoperi perechea în temperament și încăpățânare.

Qiro trimisese o cerere curții, să i se permită părăsirea turnului în timpul celebrării Festivalului și pentru sărbătorirea zilei sale de naștere. Cererea părea să fie rezonabilă, iar Cyron ar fi fost bucuros să i-o aprobe, cu tot puhoiul de oameni veniți din toată lumea ca să se bucure de longevitatea dinastiei. Însă Maestrul Umbrelor se plânsese de afluxul de spioni din timpul Festivalului, așa că nu-și putea permite luxul de a-l expune pe Qiro tuturor răpitorilor sau asasinilor.

Cyron considera că era extrem de puţin probabil ca deseienii să fi călătorit spre sud cu vreo intenţie de a-l ucide pe Qiro, sau pe oricine altcineva, însă nu voia să-i ofere lui Pyrust ocazia de a folosi o astfel de şansă. *Ar fi putut visa la nenumărate urzeli pe care să le pună în aplicare.* Pentru a limita posibilităţile de provocare a unor necazuri, pregătise locuri pentru anturajul lui Pyrust în Shirikun, la marginea de nord a oraşului.

De asemenea, aranjase ca oamenii din Erumvirine să fie găzduiţi în sud, în Quunkun, iar trimişii naţiunilor celor Cinci Prinţi fuseseră încartiruiţi în turnurile corespunzătoare zeului lor protector. Kojaikun, turnul Câinelui, nu mai servea ca reşedinţă oficială nimănui, din moment ce Helosunde era cucerită de Deseirion, iar Consiliul de Miniştri din Helosunde încă nu reuşise să desemneze un prinţ. Cyron permitea totuşi războinicelor keru să staţioneze acolo, ca gărzi de onoare. Asta le făcea pe keru fericite şi-l indispunea pe Prinţul Pyrust.

Pregătirile fuseseră făcute în mare parte de miniştrii de protocol şi de slujbaşii lor, iar Prinţul supraveghease totul doar cu numele. Garda de onoare fusese poziţionată prin ordin direct, din moment ce birocraţii şi astrologii consideraseră asta drept ceva nepotrivit. Îi explicaseră despre ocluziunile din ceruri şi despre disiparea forţei lui Kojai, însă avusese prea puţină îngăduinţă pentru demonstraţiile lor şi le ignorase.

Birocraţii încercaseră să împace cerul, iadul şi pământul, în vreme ce Prinţul se concentrase mai mult asupra pământului. Conflictul dintre Deseirion şi Helosunde avea mult mai puţine în comun cu constelaţiile şi zeii decât cu faptul că primul prinţ din Helosunde fusese zămislit de o femeie din Deseirion. Ea-şi îndemnase fiul să ia provincia ei natală ca un prim pas spre înscăunarea lui ca nou Împărat, iar războiul se învolburase la frontiera dintre ele cu mult timp înainte ca Pyrust şi tatăl său să le fi invadat cu succes. Dacă mercenarii helosundieni n-ar fi fost însă sprijiniţi de nalenieni, consolidarea cuceririi de către deseieni s-ar fi terminat de mult.

Din punct de vedere politic, era bine să-i împaci pe helosundieni, din moment ce provincia lor servea ca un tampon între Deseirion şi Nalenyr. Dar lui Cryon îi plăcea şi ideea de a-l scoate din sărite pe Pyrust. Spera că disconfortul vecinului său din nord se va manifesta şi mai mult prin visele profetice în care credea prinţul deseian, distrăgându-l de la oricare altă perfidie.

Un ministru de protocol ar fi putut transmite refuzul cererii lui Qiro, însă Prinţul anulase şi asta. În primul rând, Cyron era pe deplin conştient că un ministru nu ar fi putut ajunge niciodată în prezenţa lui Qiro şi s-ar fi ofilit de îndată sub fierbinţeala reacţiei cartografului. Şi mai important era însă faptul că Prinţul simţea că, fiind temnicer al lui Qiro, era datoria lui să-i comunice personal refuzul.

Uşile micii rotonde unde aştepta Prinţul se deschiseră scârţâind şi un omuleţ cocârjat îşi târşâi picioarele spre el. Chipul îi era luminat de un zâmbet şi-şi înălţă capul pe cât i-o permitea spatele strâmb.

– Alteţă, nouă mii de scuze pentru că v-am făcut să aşteptaţi.

Prinţul se înclină adânc, plin de respect.

– Mă onoraţi, Ulan, înfăţişându-vă în persoană. Munca voastră este mult prea importantă pentru a fi tulburată cu asemenea probleme neînsemnate.

Cyron se ferise dinadins să folosească pluralul imperial, în pofida faptului că rangul său cerea asta. Aşa, Ulan va trăncăni despre cât de familiar fusese Prinţul cu el, iar Qiro va considera respectul drept un atribut al statutului său.

Ulan îşi înlătură de pe faţă o şuviţă lungă de păr alb.

– Plăcerea-i de partea mea, Alteţă. Fratele meu spunea că oricare dintre noi va fi în stare să realizeze cea mai curată hartă a Tiratului se va bucura de această onoare, iar eu nu m-am lăsat depăşit.

– Aţi fi putut fi depăşit, Ulan, numai dacă fratele vostru s-ar fi apucat de desenat, şi tot i-ar fi fost extrem de greu să învingă.

– Nu trebuie să rostiţi aceste vorbe, Alteţa Voastră. Bătrânul clătină din cap. Iată, m-am apucat acum să vă spun ce aveţi voie şi ce nu aveţi voie să faceţi.

– În Casa Anturasi sunt mulţi cei care se supun poruncilor.

– Se supun, da, se supun.

Bătrânul se întoarse și-l invită pe Prinț să pășească înaintea sa, închizând ușile după ei și-și târșâi pașii pe coridorul care ducea, pe ocolite, până la atelierul de la etajul al cincilea. Prințul mergea înaintea lui Ulan, lăsându-și mâna dreaptă să alunece de-a lungul unei balustrade de fier martelat, urcând rampa de acces înspre lumina atelierului. Deși vizitase de multe ori atelierul Anturasi, priveliștea îl impresiona de fiecare dată.

Rampa dădea în centrul unei încăperi circulare cu un diametru de o sută de metri. În afară de galeria metalică, ieșită în exterior în partea de nord, de care atârna o draperie, încăperea era dominată de pupitre și mese de desen, dulapuri cu sertare largi și subțiri, rafturi încărcate cu hărți făcute sul. Stâlpii susțineau tavanul boltit și, de jur împrejur, ferestrele înalte permiteau iluminatul natural. De teama focului, Principatul oferea lumini magice pentru lucrul de noapte, iar la ferestre erau deseori văzute lumini albastre, spectrale, licărind în turn după apusul soarelui.

La pupitre lucrau zeci de membri ai familiei Anturasi. Cei mai tineri, nepoții și strănepoții, cu toții zămisliți dintre șalele lui Ulan, aduceau hârtie, umpleau călimările, ascuțeau penițele și presărau cu grijă pudră peste hărțile terminate. Cei mai mari copiau hărțile orășenești sau diagramele fortificațiilor, făceau orice i-ar fi putut ajuta să-și dezvolte talentul de care aveau nevoie la desenarea hărților cu adevărat importante. Adulții, coordonați de Ulan, lucrau la mesele cele mari, trasând hărți nautice de o acuratețe incredibilă. Pe măsură ce călătorii se întorceau din drumurile lor și aduceau noi detalii, hărțile erau refăcute, astfel încât următorul client să dispună de informații actualizate.

Acest haos controlat era umplut de scârțâitul penițelor pe hârtie, țăcănitul de cuțit pe pană, pocnetul ocazional al câte unei călimări care se spărgea, și chiar de mai puțin desele sudălmi. Anturasi lucrau repede, precis și pe cât se putea de în liniște, aceste trei caracteristici fiind singurele capabile să-i ferească de mânia lui Qiro.

Domeniul lui Qiro, în contrast cu restul atelierului, se întindea dincolo de draperia albastră, atârnată de la tavan până la podea. Prințul Cyron se îndreptă spre ea și, strecurându-se printre faldurile ei, zâmbi. O a doua draperie, albă, la o distanță de zece metri, garanta că secretele din interior nu puteau fi zărite din întâmplare. Se asigură că draperia din urma sa era bine trasă înainte de a o deschide pe cealaltă.

Nu-și putu înfrâna un suspin. O porțiune a peretelui curbat fusese zugrăvit în alb, iar pe el fusese desenată o hartă a întregii lumi cunoscute, de douăzeci de metri înălțime și patruzeci lățime. Cele Nouă Principate se lăfăiau în centrul hărții, potrivit locului lor în lume. Pustietățile Turca le mărgineau la nord, iar vasta Mare de Răsărit forma limita lor de la răsărit. Provinciile și teritoriile din sălbăticie erau plasate spre apus, cu coasta estică de la Aefret, în depărtare, desenând granița lor apuseană. Deasupra, desenate în cele mai mici detalii, se întindeau tărâmurile mitice ale Etrusiei.

Înainte de Vremea Gheții Negre, Imperiul purtase negoț cu popoarele din Etrusia pe cale terestră, însă Urgia care frânsese întreaga lume închisese acel drum. Expediția lui Qiro, din urmă cu cincizeci de ani, ajunsese mai departe de oricare alta înaintea ei, însă dovedise doar că drumul era tot închis. Cyron și bătrânul discutaseră posibilitatea de a încerca din nou ruta pe uscat, însă succesul explorării oceanelor o făcuse să devină o sarcină neînsemnată.

Mare parte din ocean rămăsese necunoscut, pentru că majoritatea navelor se duseseră înspre sud și apoi spre apus, pe rutele bine cunoscute. Cyron era sigur că anumite descoperiri vor fi făcute mergând spre est, iar în cele din urmă, cea mai mare dintre navele flotei sale, *Lupul furtunii*, fusese construită și era acum pregătită de plecare.

Prințul găsi imediat că harta era atât remarcabilă, cât și tragică. Toate detaliile lumii, confirmate de Anturasi, fuseseră desenate apăsat. Umpluseră multe goluri, însă mai rămăseseră multe pete albe. Chiar și unele regiuni ale Mării Întunecate rămăseseră necartografiate și de acolo atacau pirații care pândeau transporturile provinciale. Dorința dintotdeauna a lui Qiro de a umple acele goluri îl făcuse să-l trimită pe fiul său, Ryn, într-o expediție funestă. Dar nici chiar durerea provocată de moartea fiului nu-i înfrânase setea de descoperiri. Cu numai cinci ani în urmă, Cyron fusese nevoit să refuze o altă cerere a lui Qiro, de a efectua chiar el marea explorare.

Prinţul îşi desprinse privirea de pe hartă şi se pomeni cu o surpriză. Nepoţii lui Qiro, Keles şi Jorim, stăteau alături de bunicul lor, însă li se alăturase un al patrulea bărbat. Cyron consideră asta drept ceva remarcabil, pentru că nu mai văzuse pe nimeni în afară de membrii clanului Anturasi în atelier, cu excepţia lui şi a rudelor sale; decretul nalenian transformase în crimă capitală pătrunderea în atelier fără permisiunea expresă a autorităţilor. Însăşi prezenţa lui acolo spunea destule despre importanţa pe care o avea, iar faptul că era legat la ochi dezvăluia că bătrânul Qiro nu-şi pierduse cu totul minţile.

Qiro zâmbi şi se îndreptă repede spre Prinţ. Înalt şi slab, avea o chică de păr alb, mustaţă şi barbişon. Ochii săi spălăciţi păreau lipsiţi de orice culoare, cu excepţia negrului pupilelor, ceea ce-i conferea un aspect aproape inuman. Deşi era pe cale să-şi sărbătorească împlinirea vârstei de optzeci şi unu de ani în cursul săptămânii, se deplasa cu agilitatea unui om la jumătate din anii săi. Timbrul bogat al vocii sale, încă limpede, era marcat de vârstă.

– Alteţă, onoraţi cu prezenţa voastră Casa Anturasi. I-aţi cunoscut pe nepoţii mei, Keles şi Jorim?

Prinţul strânse mâna lui Qiro, apoi îi salută pe cei doi fraţi.

– Îi cunosc şi-i preţuiesc la fel de mult pe cât vă preţuiesc şi pe domnia voastră, *dicaikyr* Anturasi. Jorim, cred ai vrea să ştii că acele două pisici tărcate pe care le-ai adus din Ummummorar, anul trecut, s-au împerecheat și au făcut nouă pisoi. Sunt mândria grădinii mele.

Jorim zâmbi. Mai scund decât fratele său și mai solid, își purta perciunii împletiți și se mândrea cu o barbă deasă, după moda celor din Ummummorar. Deși purta veșminte alese și potrivite, părul și barba sa îi confereau un aer de barbar, pricina anumitor șușoteli printre nobilii nalenieni. Un ochi învinețit și o buză tăiată, precum și juliturile de pe nodurile pumnilor sugerau că nu-și abandonase pornirile belicoase, care-l menținuseră în viață prin sălbăticie.

Înainte ca Jorim să poată spune ceva, bărbatul legat la ochi începu să râdă.

– Oh, da, nemaipomenit. Pisici, *mândria* grădinii voastre. O glumă splendidă, Alteță, minunată. Va amuza pe mulți la Festival.

Cyron se încruntă.

– Cine-i ăsta și de ce-i aici?

Qiro surâse într-o manieră care l-ar fi întinerit cu vreo șaptezeci de ani, dacă în ochi nu i-ar fi licărit o lumină sălbatică.

– Acesta-i Jesbor Gryst și a adus ceva remarcabil. Am făcut deja achiziția, iar având acel lucru, cucerirea întregii lumi de către noi va fi de neoprit.

Încruntarea lui Cyron se adânci când Qiro se retrase la o măsuță și arătă spre o cutie de mahon. Capacul fusese ridicat și, când Prințul se apropie, văzu că două panouri de sticlă, separate de o bucată de lemn, fuseseră plasate în partea de jos a cutiei.

Fiecare panou dezvăluia cadranul unui ceas, iar fiecare ceas fusese reglat să arate ora corectă.

– Şi asta ne va permite să dominăm lumea? Cyron îşi încrucişă braţele la piept. Nu cred că două ceasornice vor înspăimânta legiunile Prinţului Pyrust şi ştiu deja foarte bine cât de repede sunt capabile să se pună în mişcare.

– Nu înţelegeţi, Alteţă. Qiro se răsuci îndreptându-se spre harta de pe perete. Navele noastre, Alteţă, au navigat departe de aici. Am cartografiat continentul de aici şi până la Aefret şi ne străduim din răsputeri să desenăm hărţi precise. Dacă ar fi să comparăm această hartă cu cele de acum o sută de ani, aţi vedea că există nişte diferenţe.

Arătă spre capătul de sus al hărţii şi-şi plimbă mâna în jos.

– Hărţile noastre sunt extraordinar de precise în ceea ce priveşte dimensiunile geografice de la nord şi sud. De ce asta? Latitudinea este uşor de calculat, Alteţă. Măsuraţi umbra la amiază şi oricine dispune de cunoştinţe rudimentare de geometrie poate determina cât de departe se află nordul şi sudul de Ecuator. Este o chestiune simplă să-ţi stabileşti poziţia. Estul şi vestul sunt însă mai dificil de determinat. Nordul şi sudul au un punct acceptat şi fix de referinţă: Ecuatorul. Avem Steaua Polară la nord pentru a ne orienta şi, sunt sigur, ne putem stabili la fel poziţia şi în sud, posibil deasupra Munţilor de Gheaţă, dacă aceştia există. Punctul din care sunt măsurate estul şi vestul este, oricum, arbitrar.

Cyron clătină din cap.

– Pe toate hărţile figurează Moriande ca punct de referinţă. Wentokikun, ca să fiu mai exact.

– Hărţile *noastre*, da, însă în Deseirion se foloseşte Felarati pentru hărţile lor, iar Erumvirine consideră Keluwan drept demarcator. Nu-i important care punct este folosit, problema este determinarea distanţei dintre un punct şi celălalt.

Prinţul îşi mută privirile de la Qiro la nepoţii lui, apoi la bărbatul cu legătura pe ochi.

– Dar aţi făcut multe calcule. Aţi pus oamenii să măsoare această distanţă.

Qiro se răsuci, iar mânecile şi pulpanele tunicii sale aurite fâlfâiră.

– Exact, Alteţă, însă nu avem pe nimeni care să poată merge pe apă pentru a măsura. Navele noastre, deşi îşi pot calcula viteza, au probleme la măsurarea vitezei şi direcţiei curenţilor marini. Toate hărţile, inclusiv ale mele, conţin un paradox. Dacă este să estimăm timpul necesar străbaterii drumului până la Aefret, la plecare avem o distanţă. Dacă marcăm timpul scurs la întoarcere, avem o altă distanţă. În trecut, am jonglat cu diferenţele şi am estimat viteza curenţilor, însă chiar şi aşa, totul este inexact. O simplă furtună poate face nefolositoare orice referinţe privitoare la viteză şi direcţie.

Prinţul dădu încet din cap.

– Cred că înţeleg problema. Şi care este această soluţie?

Qiro bătu din palme.

– Jesbor Gryst, te rog explică-ne acest mecanism.

– Ei, bine, Alteță, în primul rând trebuie să spun că nu este creația mea. Nu l-am inventat eu, ci fiul meu. Vedeți, eu repar tot felul de lucruri, iar fiul meu, Borosan, a studiat întotdeauna ceea ce făceam, însă el a mers mai departe. A devenit interesat în noua artă *gyanri*, deși nu există nici o școală pentru asta aici.

Cyron dădu din cap, apoi, din moment ce bărbatul nu-l putea vedea, glăsui:

– Desigur.

Gyanri era arta noii magii – vrăjitorie calculată, mecanică. Tradiția antrenării pentru atingerea gradului de *jaedunto* era respectată pe cuprinsul celor Nouă Principate, însă Nalenyr și Erumvirine dispuneau de cele mai bune școli și trăseseră cele mai mari foloase de pe urma lor. Alte națiuni începuseră însă să îmbrățișeze arta *gyanri*, prin care dispozitivele mecanice foloseau energia magică – în mare parte un reziduu al Urgiei – pentru a fi puse în mișcare. O spadă încărcată cu energie magică îi îngăduia unui soldat neantrenat să lupte cu pricepere, cel puțin până la consumarea energiei. O sută de săbii îmbunătățite erau mai ușor de obținut decât un singur *jaecaiserr*. În vreme ce nici unul dintre războinicii care ar fi folosit o asemenea spadă nu era deosebit de strălucit, doar câțiva dintre spadasini erau hărăziți să devină Mistici. Într-un război de uzură, *gyanri* îi puteau copleși pe maeștrii vechilor arte.

– Ei, bine, Alteță, lui Borosan i-a venit ideea unui dispozitiv care să îngăduie comunicarea în scris, la mare distanță. L-a pornit și mi-a spus să mă aștept la un mesaj, cât de curând, ceea ce am și făcut, însă nu a venit nimic. Fiul meu se simțea foarte frustrat, pentru că dispozitivul părea să funcționeze de la un capăt al unei încăperi la alta, însă nu și când îl ducea la mare distanță.

– Fascinant, Maestre Gryst. Acela, de pe masă, este dispozitivul?

– Nu, Alteță, din păcate, nu. Bărbatul zâmbi, băgându-și mai aprig mâinile la centură. Vedeți, fiul meu și-a dat seama că voi căuta mesajul la amiază, în capitală, însă el l-a trimis tot la amiază, de acolo unde se afla. Dacă se afla la nord sau la sud de capitală, funcționa. Așa că a pus la punct acest ceas. Este lucrat cu arta *gyanri*. Folosește *thaumston* pentru a funcționa. A făcut două ceasuri, dacă unul se defectează sau are nevoie de mai mult *thaumston*, fixându-le pe amândouă la ora capitalei. Vedeți, când a plecat, a trimis mesajul conform orei din Moriande.

Prințul rămase o clipă cu gura căscată. Se părea că Qiro făcuse, deja, o pasiune pentru cele două ceasuri, dar indiferent ce-i permiteau ele să facă, era nimic în comparație cu dispozitivul descris. Dacă Prințul putea discuta instantaneu cu cei aflați departe, cum ar fi fost comandanții militari de pe câmpul de luptă, ar fi putut coordona apărarea și opri rapid orice invazie.

– Iar acest dispozitiv funcționează?

– Ceasurile merg perfect, Alteță.

– Nu, nu, mă refer la dispozitivul de comunicare. Funcţionează?

Jesbor dădu din cap.

– Fiul meu încă nu l-a perfecţionat. Şi acum călătoreşte şi lucrează la el. Cred că a înţeles ceva din mesajul pe care am încercat să i-l trimit, pentru că ultima dată dorea ca Alteţa Voastră să vă bucuraţi de Festival.

– Foarte drăguţ din partea sa, dar dacă el se află pe undeva, ce face acest ceas dublu aici?

Tinichigiul zâmbi.

– Ei, bine, Alteţă, Borosan, sătul să tot plimbe peste tot un cufăr mare, a confecţionat unul mai mic, mult mai sigur. Intră într-un buzunar. E deştept, fiul meu.

Mult prea deştept să zburde pe coclauri. Prinţul privi spre Qiro.

– Ceasul dublu îţi este acum de ajutor?

Cyron ridică o mână şi se sforţă să gândească.

– Aşteptaţi, aşteptaţi. Dacă te afli departe de capitală şi te uiţi la aceste ceasuri pe la vremea amiezii, acolo unde eşti, vezi diferenţa orară. Acea diferenţă de timp o transformi în mile marine.

Qiro bătu din palme cu încântare, însă cutele din jurul ochilor trădau o undă de disconfort.

– Da, Alteţă, v-aţi gândit perfect. Cu acest dispozitiv putem cartografia oceanele cu mare acurateţe. Ne putem avânta în locuri unde n-a mai fost nimeni, niciodată.

Reveni la hartă şi-şi puse mâna pe vasta întindere necercetată a oceanului.

– Aici zac comori fără nume, sunt convins, iar acestea toate vor fi ale voastre. Am nevoie de permisiunea voastră, Alteță, să instalez pe *Lupul furtunii* ceasul dublu și să-l folosesc cât de curând posibil. Cu informațiile pe care le dobândim, navele noastre s-ar putea duce oriunde. Am putea coloniza noi teritorii, descoperi plante noi, animale și comori. Națiunea noastră ar deveni chiar mai măreață decât este deja, iar Domnia Voastră, Alteță, ați avea mijloacele de a reuni Principatele într-un imperiu și să ocupați pe drept cuvânt Tronul din Ceruri.

5

Ziua a 36-a, Luna Liliacului, Anul Câinelui

Al 9-lea an al Domniei Prinţului Imperial Cyron

Al 162-lea an al Dinastiei Komyr

Al 736-lea an de la Urgie

Anturasikun, Moriande

Nalenyr

Keles se lupta să-şi împiedice surpriza să i se citească pe faţă şi privi cum fratele său nu reuşise să facă la fel. Înţelesese de multă vreme problema determinării longitudinii. Deşi diferite feluri de ceasuri, de la cele solare sau cu lumânări, la cele cu apă sau cu mecanism cu resort, permiteau măsurarea timpului, nici unul nu era atât de exact pentru a fi folosit la măsurătorile cerute de marile proiecte de explorare. Qiro încerca de ani de zile să lucreze cu felurite ceasuri, însă, deşi Keles şi Jorim le purtaseră de grijă cu un devotament aproape religios, la revenirea lor în capitală diferențele de oră fuseseră inacceptabile.

Era uluit că bunicul său susținea un mecanism creat de un *gyanridin. Gyanri* reprezenta o mare noutate și era cel mai bine înțeleasă dincolo de Nalenyr, prejudecățile locale desconsiderând-o. Qiro subliniase că în vreme ce *gyanri* poate crea mecanisme care ofereau iscusință celor nepricepuți, aceștia puteau duce la bun sfârșit numai munci brute, fără efort intelectual. În concordanță cu înțelepciunea momentului, declarase că era apogeul lenevelii să te bizuiești pe mecanisme pentru ceea ce poți dobândi prin antrenament. Îi gonise, în repetate rânduri, pe cei care veniseră la el cu dispozitive care puteau copia hărțile fără efortul omului, sau care ar fi putut face măsurători după soare sau stele.

Iar acum susține acest dispozitiv. Ceasul dublu părea să fie răspunsul nenumăratelor rugăciuni, însă schimbarea de opinie a bunicului său era atât de bruscă încât aproape părea că bătrânul își pierduse mințile. Dacă ar fi fost vorba de altcineva, Keles ar fi crezut, pur și simplu, că avusese loc o revelație, iar convingerile anterioare fuseseră abandonate, însă bunicul său era prea complicat pentru ca un astfel de răspuns să-l satisfacă.

Prințul zâmbi.

– Vă aplaud această viziune, *dicaikyr* Anturasi. Bineînțeles că existența acestui dispozitiv trebuie ținută secretă. Pot conta pe cooperarea voastră, Maestre Gryst?

Bărbatul legat la ochi dădu din cap.

– Bineînțeles, Alteță! Și pe a fiului meu. Sunt sigur că a și uitat de asta, cu noul său ceas de buzunar. Așa-i zice, ceas de buzunar.

– Splendid!

Prințul Cyron își strecură mâinile în mânecile opuse ale tunicii.

– Și unde-i fiul vostru acum? Aș vrea să vorbesc cu el.

– Iar eu știu că și el ar vrea să vă vorbească, Alteță. Va fi o mare onoare pentru el, știu asta.

– Prea bine, spune-i să se prezinte înaintea mea cât de repede poate. Ar fi bine după Festival, dar și mai bine în timp ce se desfășoară.

– Oh, Alteță, aș vrea să pot face asta, dar probabil că se află acum în Solaeth, sau poate chiar la Dolosan.

Prințul își înălță sprâncenele.

– S-a dus în pustie?

– Este pe drum într-acolo. De acolo se ia *thaumston*, Alteță.

– Da, este foarte adevărat.

Prințul privi înapoi spre Qiro.

– Poate că l-ați putea conduce pe Maestrul Gryst până la poartă. Îl voi vizita acasă, dar numai după ce discut cu domnia voastră o clipă.

– Desigur, Alteță. Jorim, re rog să faci precum poruncește Prințul.

– Da, bunicule.

Jorim traversă încăperea și-l apucă pe Gryst de un cot, conducându-l prin spațiul dintre draperii.

– Ce-ați pofti acum, Prințul meu?

Qiro arătă spre o măsuță încărcată cu pahare și o carafă.

– Keles, toarnă-ne niște vin.

– Nu, mulțumesc, *dicaikyr*.

Keles privi spre bunicul său.

– Serviți?

– Nu.

Qiro își ridică bărbia și-și împreună mâinile la spate.

– Ce s-a întâmplat, Alteță?

– În primul rând, felicitări pentru descoperirea ceasului dublu și pentru faptul că i-ați recunoscut imediat potențialul. Desigur, vă dați seama că dispozitivul testat acum de Borosan Gryst este la fel de valoros. Aplicațiile sale, în special în ceea ce privește capacitatea noastră de a ne apăra împotriva deseienilor, nu pot fi ignorate.

Qiro dădu din cap cu solemnitate.

– Am văzut și eu valoarea lui, pentru propriile mele trebuințe, Prințul meu. Keles și Jorim au talentul care le permite să-mi trimită imagini și informații de la minte la minte. Deși acest mod s-ar putea să nu fie pe cât de precis mi-aș dori eu, economia de timp este neprețuită. Un astfel de dispozitiv m-ar lăsa să trimit și mai multe echipe de cercetare și ar oferi un mijloc de a verifica precizia ceasului dublu.

– Bine! Atunci avem aceleași gânduri.

– Care ar fi acestea, Alteță?

– Că plecarea lui Borosan Gryst în Pustietăți este mult prea plină de pericole. Aș vrea să-mi pregătiți hărțile necesare pentru a trimite un grup să-l găsească și să-l aducă înapoi în capitală.

– O expediție în Pustietăți, Alteță?

– Da, Maestre Anturasi. Cea de care am tot discutat va fi pusă acum la cale. Se va baza pe hărțile voastre, bineînțeles, altfel șansele noastre de reușită sunt neglijabile.

– Hărțile mele sunt cele mai bune care există, dar tot nu sunt foarte precise. Qiro își masă fruntea cu degetele. Când Urgia a eliberat magia agresivă, aceasta a schimbat fața ținutului de-acolo. Deși în decursul veacurilor s-a produs o retragere a vrăjilor, nu se poate vorbi de ceva definitiv. Furtunile sunt când puternice, când slabe și mai pot apărea schimbări. Voi face hărțile, toate pe baza călătoriilor *mele*, desigur, însă nu pot să pun mâna în foc pentru acuratețea lor.

Prințul dădu din cap.

– Ne vom descurca și așa, deși va trebui să remediem situația. Dacă *gyanri* pot crea dispozitive atât de puternice precum cel de care vorbim, iar Pustietățile sunt sursele acelui *thaumston* care le activează, atunci trebuie să găsim rezervele și să le preluăm sub control sau să le distrugem. Aceasta este o chestiune de importanță națională.

Ochii de gheață ai lui Qiro sclipiră.

– Ba chiar o chestiune de importanță *Imperială*.

– Da, într-adevăr, încuviință Cyron din cap, însă refuză să se lase copleșit de reveriile imperiale. Voi avea nevoie de aceste hărți până la sfârșitul Festivalului.

– Considerați problema rezolvată, Alteță, se entuziasmă Qiro, plin de zâmbet. Mi se acordă permisiunea de a plasa ceasul dublu la bordul *Lupului furtunii*?

– Da, bineînțeles. Cu cât mai repede, cu atât mai bine. Nava nu poate pleca decât după Festival. O plecare prematură ar atrage atenția.

– După cum vă este voia, Alteță.

Keles simți fiori de gheață alunecându-i pe șira spinării. Nu îndrăznea să miște, să nu le atragă atenția celor doi că era acolo, și-i făcu semn fratelui său, care se întorsese, să păstreze liniștea. Bunicul său și Prințul luau decizii care vor modifica viitorul. Petele albe ale hărții de pe perete vor fi completate, iar vastele resurse ale Nalenyrului vor fi chiar și mai mari, poate suficient de ample încât să oblige celelalte Principate să i se alăture, alternativa fiind ruinarea economică.

Prințul Cyron dădu din cap.

– Bine, foarte bine. Venisem aici aducând vești proaste, însă ați transformat totul într-o mare bucurie.

Qiro înclină din cap într-o parte.

– Vești proaste, Alteță?

– Da. Cererea depusă pentru plecarea din Anturasikun a fost respinsă. Bineînțeles, voi veni aici să iau parte la sărbătorirea zilei voastre de naștere.

Ochii întunecați ai bătrânului fulgerară pentru o clipă, apoi făcu un semn cu mâna.

– Considerați cererea mea retrasă, Alteță. Am atâtea de făcut încât s-ar putea să anulez și petrecerea.

Prințul clătină din cap.

– Dacă aţi face asta aţi atrage atenţia şi nu avem nevoie de aşa ceva. Nu, lucrurile se vor desfăşura aşa cum au fost planificate. Domnia voastră şi cu mine îi vom găzdui pe Virine şi deseieni. Le vom arăta cât de generoşi putem fi. În viitor îşi vor dori cu ardoare această generozitate.

Qiro rânji ca un animal de pradă, ascuţit şi cu dinţii dezveliţi.

– După cum porunciţi, Alteţă, cu înţelepciune.

– Foarte bine.

Prinţul făcu o plecăciune, apoi se pregăti să se retragă printre draperiile pe care Jorim le dăduse la o parte pentru el.

– În sănătatea voastră şi a Principatului.

Lui Keles nu-i plăcea deloc expresia de pe faţa fratelui său. Jorim aşteptă până ce draperia albă recăzu grea la locul ei, apoi gesticulă spre Qiro.

– Ipocrit bătrân ce eşti.

Ochii bunicului său se îngustară.

– Ia-o încet, Jorim. Acum sunt în toane bune. Nu-mi strica ziua.

– Nu-mi pasă în ce fel de toane eşti. Jorim parcă sufla foc pe nări. Ţi-am spus despre dispozitivul lui Borosan Gryst acum câteva *luni*, când m-am întors din Ummummorar. N-ai luat nimic în seamă. M-ai beştelit că sunt prost şi leneş. Mi-ai spus că n-aş fi în stare nici măcar să trag ceasul, aşa că ce-mi pasă mie de un asemenea mecanism. Iar *acum* descopăr că te-ai şi interesat de el. Ticălosule!

Qiro își menținu glasul scăzut, însă vorbele-i ieșiră tăioase.

– M-am răzgândit.

– Te-ai răzgândit în privința dispozitivului, da, însă pe mine cum m-ai tratat? Ce-i cu mine?

Jorim își deschise larg palmele și brațele.

– Mă crezi prost? Mă crezi... nici nu știu ce. De ce n-ai putut să-mi spui că aveam dreptate?

– Dacă ai avut și tu dreptate *o dată*, asta nu este o scuză pentru toate ocaziile când ai fost leneș și nătâng în îndeplinirea sarcinilor pentru mine și această familie.

– Oh, am mai bătătorit cărarea asta și înainte!

Jorim se lovi cu pumnul în palmă, smulgând o crustă de pe rănile uneia dintre încheieturi.

– Mă faci să mă simt rușinat și tot eu trebuie să am remușcări. Nu contează deloc că n-aveai niciodată de gând să-ți recunoști greșeala?

– Nu a fost o greșeală, Jorim. Vrei să știi la ce m-am gândit când ai venit la mine? Vrei?

Qiro își arcui o sprânceană.

– Să te gândești bine înainte de a răspunde.

Jorim își supse o clipă încheietura sângerândă, apoi dădu din cap.

– Da, vreau să știu.

– Am gândit cam așa: „Încă unul dintre tertipurile lui de puturos, să scape de muncă și să-și justifice inactivitatea." Ridicările topografice făcute de tine în Ummummorar au fost adecvate, însă nimic mai mult. Te-ai dus, ai explorat, ai descoperit unele lucruri, însă munca ta a fost una de mântuială. Te-ai lăsat distras. Ți-am văzut fața, acum, când Prințul ți-a mulțumit pentru specimenele pe care i le-ai furnizat grădinii sale. Asta-i bine pentru tine, însă nu și pentru *noi.*

Jorim își linse buza crăpată.

– Vrei să spui că pentru *tine.*

– Vreau să spun *noi.* În ce fel beneficiază de asta fratele tău? Sora ta? Dar unchii și verii? Cum profită ei?

– Fac ceea ce fac pentru întreaga *lume.*

– Smintit mic ce ești, eu *sunt* lumea!

Qiro se răsuci, iar Keles tresări când privirea bătrânului i-o întâlni pe a sa, în treacăt.

– Lumea nu există, *nu există* până în clipa când o pun eu pe hartă. Aduci cu tine animale și plante din locuri care nu înseamnă nimic și nu sunt nicăieri până când *eu* nu le așez în locul potrivit. Urgia ne-a lăsat îngropați în gheață neagră. Când a venit viscolul negru, oamenii au pierit. Lumea s-a redus doar la văi astupate cu zăpadă. Mici comunități înghesuite printre ruinele cândva mărețelor orașe imperiale. Lumea noastră s-a micșorat, până când am început eu să o extind din nou.

Qiro împinse un deget acuzator spre Jorim, însă privirea lui îl includea acum și pe Keles.

– Voi sunteți ochii, urechile, mâinile și picioarele mele. Voi existați ca să mă serviți pe *mine*, să-mi dați *mie* informații, nu să vă complaceți în mofturile voastre, culegând flori și prinzând animale! Ba chiar mai rău, să ne faceți de râs aici, în Moriande, amestecându-vă în ciomăgelile cu prostimea de pe stradă. Dovezile sângerânde sunt pe fața și pe mâinile tale.

Palmele lui Jorim se strânseră în pumni, iar fața i se împurpură. Când venele începură să i se îngroașe la gât, Keles păși între ei. Apăsă palma mâinii drepte pe pieptul lui Jorim și simți cum furia clocotea înlăuntrul fratelui său.

– Opriți-vă, amândoi.

– Nu încerca să-l protejezi pe fratele tău, Keles. A mers prea departe, pufni Qiro. Voi avea grijă să nu mai fie o problemă pe viitor. De acum înainte nu va mai pleca nicăieri.

Keles își întinse mâna cu palma ridicată către bunicul său.

– Ajunge. Doar nu vorbești serios? Nu ești chiar atât de prost.

– Poftim?

– Nu te preface că nu ai auzit ce-am spus.

Încă nu m-ai văzut vorbind așa înainte, dar poate că a venit timpul. Privi spre Jorim.

– Retrage-te și calmează-te.

– Asta nu-i treaba ta, Keles. Plutea prin aer de multă vreme.

– Cred că te-ai certat destul pentru astăzi, Jorim.

Un șoc îl străbătu pe fratele său. Lacrimile i se adunară în ochi, iar în cuvintele sale se strecură amărăciunea trădării.

– Și tu, Keles? Nimic din ce fac nu este suficient de bine. Sunt leneș, nu-mi fac treaba. Sunt distrat. Nu sunt disciplinat. Nu sunt ca tine.

– Jorim.

Fratele mai mic ezită, iar gura i se deschise și i se închise de mai multe ori înainte ca mânia să piară din el.

– N-am vrut să spun asta.

– Ar fi trebuit, Jorim. Ar trebui să fii ca fratele tău.

Keles simți cum furia începuse să-i clocotească fierbinte în piept. Se întoarse spre bunicul său.

– Nu, nu ar trebui. Eu ar trebui să fiu mai mult ca el.

Qiro își îndreptă spatele. Vocea-i deveni o șoaptă tăioasă.

– Mai precis, *cum* ai vrea să fii, *lyrkyrdin* Keles?

Simți o agitație în stomac. *Tot într-o furie rece, ca asta, l-ai trimis și pe tatăl nostru în ultima lui călătorie?* Folosirea titlului formal sublinia cât de mult mai avea de învățat și-i spuse cât de furios era acum bunicul lor.

– În pofida faptului că nu sunt decât Superior în rang, m-am dus oriunde m-ai trimis. Am învățat tot ceea ce ai binevoit să mă înveți. Am fost bun și ascultător. Răsplata mea pentru toate astea ar fi fost să mă trimiți pe *Lupul furtunii*, dar de ce nu mi-ai spus niciodată de ceasul dublu? Ai decis asta înainte să afli de ele, expunându-mă astfel riscului de a pieri, sau de a aduce informații nesigure, sau nu sunt atât de important încât să mi se spună și mie de această descoperire? Ar fi trebuit să mă ocup de calculele geometrice și să mă pregătesc să folosesc acest dispozitiv.

– Deci tu crezi că eu te socotesc neînsemnat.

– Există vreo altă concluzie pe care aş putea s-o trag de aici?

Keles inspiră adânc.

– Nu sunt convins că ai încredere în vreunul dintre noi.

– Adică?

Îi răspunse Jorim.

– Adică tu ai optzeci şi unu de ani. Asta înseamnă că Ulan nu este, prin firea sa şi pregătire, capabil să preia conducerea de la tine. Nici fiii sau nepoţii tăi. Mai înseamnă că tatăl nostru, care ar fi putut să-ţi urmeze drumul, este dus demult. Keles, care ar fi cel mai potrivit să preia ştafeta de la tine, este trimis departe şi nu este instruit să poată face ceea ce ai putea face tu. Te plângi că tot ceea ce fac eu nu este bine pentru *noi*, însă şi tu faci la fel.

– Keles nu este pregătit să-mi ia locul. Iar *tu* eşti chiar şi mai departe de asta.

– Oh, da, m-ai putea înlănţui de vreun pupitru aici, însă nu mi-am închipuit vreodată că ai putea să mă pregăteşti.

– Aha, deci *ai*, totuşi, o mică bănuială asupra limitărilor tale. Nu-i rău.

Ochii lui Qiro se îngustară.

– S-ar putea să-ţi închipui că a venit timpul pentru ca o generaţie mai tânără să mă înlocuiască, numai că eu am uitat mai multe decât vei şti tu vreodată.

– Dar dacă uiţi totul fără să ne fi învăţat ceva?

– Gata, amândoi, reveni Keles şi îi aruncă o privire fratelui său. Pot vorbi şi eu pentru mine, mulţumesc.

– Atunci vorbeşte.

Qiro şi Jorim se uitară unul la altul, când vorbele lor răsunară deodată.

– O voi face, începu Keles, îndreptându-se de spate. Este de la sine înţeles, bunicule, că Jorim este mult mai potrivit pentru expediţia *Lupului furtunii* decât mine. E adevărat, eu am petrecut mai mult pe mare decât el, însă nu cu mult mai mult. Trimiţi *Lupul furtunii* în necunoscut, unde vor fi descoperite noi plante, animale şi oameni. Nu-mi pasă că ţie nu-ţi pasă de toate astea. Prinţul însă le preţuieşte, naţiunea la fel, iar Jorim este mult mai bine pregătit decât mine să aducă aceste informaţii noi. Eu pot face ridicări topografice şi calcule, însă el poate *descoperi* lucruri. Doar nu eşti atât de smintit încât să laşi furia faţă de el să compromită ceea ce ar putea fi expediţia vieţii, pornind-o fără el, nu-i aşa? Furia ta e stârnită de faptul că voi doi sunteţi atât de asemănători, este izbitor de evident pentru toată lumea, în afară de tine.

– Chiar aşa? Tu ce ai face?

Qiro se întoarse pe jumătate şi gesticulă spre hartă.

– Ai prelua tu totul de la mine? Ai munci în locul meu, m-ai şterge la gură şi la fund, m-ai conduce prin senilitatea mea?

– Nu, *dicaikyr*. Aş învăţa de la tine. Aş face tot ce-mi ceri, asigurându-mă că munca ta va dăinui în veci.

– Oh, desigur, Keles, oare de ce m-am gândit eu altfel?

Glasul lui Qiro se înălţă dramatic.

– Ai tot învăţa de la mine până când odrasla aia de negustor te-ar îndupleca să-i dai secretele familiei noastre. Pe mine nu mă prosteşti.

Obrajii lui Keles luară foc.

– Majiata nu mai e o problemă. A fost trimisă de aici, *pentru binele familiei.*

– Chiar aşa?

– Chiar aşa!

Keles descoperi că-şi ţinea pumnii strânşi şi se forţă să-i deschidă.

– Nu am nici o intenţie să te dau la o parte. Ştiu că *nici nu* te-aş putea înlătura. Doresc numai să-ţi pot continua munca.

Bătrânul dădu încet din cap.

– Vom mai vedea, vom vedea.

Jorim voia să intervină, însă Keles îl apucă de pieptul tunicii şi-l smuci către draperii. Făcu o plecăciune adâncă, trăgându-l şi pe Jorim după el, şi rosti încet.

– Înţelepciunea ta este de necontestat, bunicule. Îţi facem poftele şi voia.

Se ridicară în picioare, iar Qiro înclină puţin din cap spre ei.

– În aceste cuvinte vei găsi împlinirea sau damnarea, Keles. Mă rog să ai înţelepciunea de a le deosebi.

6

Ziua întâi, Festivalul Recoltei, Anul Câinelui
Al 9-lea an al Domniei Prinţului Imperial Cyron
Al 162-lea an al Dinastiei Komyr
Al 736-lea an de la Urgie
Moriande, Nalenyr

Moraven Tolo se strecura printre puhoaiele de petrecăreţi cu uşurinţa cu care un fuior de fum îşi găsea drum printre frunzele unui copac. Acolo unde alţii ar fi văzut doar oameni defilând într-un exces de fineţuri, cu măşti, să le ascundă feţele, cu pene fistichii, să le coloreze costumele, şi cu straturi de machiaje, el vedea şuvoaie de energie. Uneori, gloata se mişca încet, cuprinsă parcă de un reflux puternic. Mişcându-şi umerii sau răsucindu-şi coapsele, străbătea mulţimile aproape neobservat.

Trecea printre oameni şi se afunda tot mai mult în oraş nu pentru că n-ar fi avut nici o afinitate cu cei care sărbătoreau. *Îi plăcea* Festivalul și se bucurase de el de multe ori înainte. Chiar dacă Maestrul Jatan nu i-ar fi trimis vorbă, tot ar fi făcut călătoria în acest an foarte special. În el creștea un simțământ de nerăbdare, fapt care-l fascina, din moment ce credea că izbutise să depășească astfel de stări.

Zâmbi în sinea lui. Se bucura de spectacol și avea o înclinație spre lucruri grandioase. Pe drumuri, rătăcind dintr-un loc în altul, avusese rareori șansa de a întâlni așa ceva, lucru bun, admise, pentru evoluția lui spirituală și pentru măiestria sa. Dar îi invidia pe petrecăreți și se întreba cum era, cu veacuri în urmă, pe când Imperiul încă exista. Știa, fără nici o umbră de îndoială, că Festivalurile erau mult mai ostentative și distractive pe atunci, iar dacă în loc să meargă pe străzile din Moriande s-ar fi putut întoarce înapoi în timp, în acele zile, ar fi folosit cu cea mai mare bucurie această posibilitate.

Festivalul Recoltei, cu excepția anilor de foamete, era întotdeauna un monument al excesului. Munca pe brânci din timpul primăverii și verii se transforma în burți pline cu produsele proaspăt recoltate și cufere gemând de banii proveniți din vânzarea surplusului. Vinurile, puse la păstrat cu ani în urmă, erau îmbuteliate; cei mai buni berari se străduiau să producă bere fără cusur, iar articolele de lux, aduse în capitală de navele comerciale, adăugau un element de noutate care încânta pe toată lumea. Peste toate, mai era și afluența de vizitatori exotici, saltimbanci și negustori, iar ochiul nu-și găsea odihnă în haos și zarvă.

Mulţimea se despărţi în două în preajma unui jongler, în timp ce un alt bărbat sufla flăcări lungi, aruncându-le spre cer. Copiii ţipau cu încântare, iar un căţeluş se puse pe lătrat de la picioarele stăpânului său. Mirosul de carne bine condimentată, întinsă la sfârâit, acoperea cu uşurinţă duhoarea amăruie a berii trezite, iar peste toate plutea râsul. Ici-colo, câte-o privire tăioasă mai fulgera în direcţia sa, însă nu le lua în seamă. Poate că aparţinea celui care-l rănise cu multă vreme înainte, însă Festivalul nu era un loc potrivit pentru păruieli din cauza unor vechi incidente.

Moraven îşi croi drum de-a lungul străzii aglomerate şi găsi în cele din urmă aleea căutată. La începutul ei, sus pe un perete, văzu un simbol – pentru aproape oricine altcineva ar fi părut o crăpătură triunghiulară deschisă în tencuială –, care-i spuse unde-l putea găsi pe Phoyn Jatan. Moraven nu era încă lămurit de ce nu fusese convocat mai devreme la *serrian*, dar se decise să nu pună sub semnul întrebării motivele maestrului său în această chestiune.

În timp ce unii dintre petrecăreţi mergeau în susul aleii, spre intrarea în stradă, Moraven o străbătu fără nici un incident. Aleea dădea într-o curte mică, iar o altă alee, cotind spre est, ducea spre o stradă mai mică, unde află numai câţiva amatori de festival. Spadasinul merse de-a lungul ei, apoi intră pe o poartă, într-o palisadă înaltă, de lemn.

Zidurile de lemn împrejmuiau un han mic, cu două etaje, cu o curte mărişoară în faţă. Firma pictată de la intrare înfăţişa un câine care făcea jonglerii, iar

Moraven zâmbi. Maestrul lui Jatan se referise la Prințul Nelesquin spunându-i câinele jongler. Moraven se îndoia că proprietarul hanului cunoștea semnificația numelui și aprecie umorul Maestrului.

Vreo zece tineri, bărbați și femei, îmbrăcați în pantalonii și cămășile negre de spadasini începători, se lungiseră peste tot în curte. Geias se număra printre ei, însă nu dădu nici un semn că l-ar fi recunoscut pe Moraven, în afară de o clătinare fugitivă din cap. Ceilalți se străduiră să pară că nu-i dădeau nici o atenție, însă le surprinse privirile și auzi sâsâitul care anunța începerea unor șușoteli pe când urcă cele trei trepte spre o verandă scurtă. Se așeză pe o bancă de lângă ușă, își scoase cizmele și luă perechea de papuci întinși de un slujitor. Predă sabia unui alt slujitor și apoi își coborî capul pe sub canatul jos al ușii și trecu pe sub scările care duceau la etajul al doilea.

Se îndreptă din nou de spate în sala de mese. Nu era chiar atât de înalt încât să se lovească de bârnele de lemn ale tavanului jos. Pe partea cealaltă a încăperii se afla ușa spre camerele de dormit din spate. La stânga, se vedea cârciuma; birtașul trăgea un șiroi de bere de orez într-o sticlă mică. Așeză două cupe pe o tavă și o fată tânără o duse la o masă aflată în celălalt capăt.

Cele două personaje așezate acolo îl examinară pe Moraven cu prudență. Cel mai masiv dintre ei putea trece drept fratele geamăn al uriașului întâlnit la drumul mare, dacă nu ar fi avut un plasture pe ochiul stâng. Celălalt era o femeie zveltă și slabă, cu părul negru, lung, împletit într-o coadă prinsă cu o panglică roşie. Îl privi de sus până jos, apoi îi făcu un semn rapid din cap. Le răspunse cu o plecăciune scurtă, în maniera unui *xidantzu*, recunoscându-şi astfel tovarăşii de pribegie, apoi zâmbi întorcându-se spre bărbatul aşezat la masa de la baza scării.

– Binecuvântaţi fie cei Nouă Zei, Eron, arăţi bine.

Moraven se înclină spre el şi rămase aşa până când celălalt se ridică şi-i întoarse salutul.

– Cei de afară trebuie să fie de-ai tăi.

– Cei mai buni pe care-i poate oferi *serrianul* Jatan.

– Atunci am trecut printre cei mai buni spadasini din lume, unul dintre ei fiind fiul tău.

Eron, ale cărui şuviţe albe de pe frunte îl făceau să pară cu vreo cinci ani mai în vârstă decât Moraven, zâmbi.

– Au fost cei mai buni, până în clipa când ai ajuns tu în mijlocul lor.

– Eşti prea aspru cu elevii tăi.

– Iar tu îţi subapreciezi întotdeauna iscusinţa.

– Accept *asta* cu graţie, dacă mi-o spune bunicul tău, nu şi de la tine.

Moraven reduse distanţa dintre ei şi îi strânse mâna lui Eron.

– Mai avem timp de poveşti sau ne aşteaptă Maestrul?

Eron se uită în sus spre scări.

– Şi una, şi alta. Bunicul aşteaptă, iar eu am să fiu alături de tine. Păşeşte mai cu viaţă. A cam venit vremea să vezi şi asta.

Curiozitatea sa ajunsese la apogeu, iar Moraven urcă grăbit scările. Făcu un pas lateral, la capăt, să-l lase pe Eron să treacă, apoi îi adresă o plecăciune lui Phoyn Jatan. Maestrul spadasin era așezat la o masă din apropierea ferestrei care dădea în curte. Moraven făcu plecăciunea adâncă și o menținu mult timp, până când maestrul tuși.

Moraven zâmbi și scoase dintr-o mânecă o altă sticluță de *wyrlu.*

– Este o onoare pentru mine să mă aflu din nou în prezența voastră, *jaecaiserr* Phoyn Jatan.

Bătrânul se foi în jilțul lui, reașezând pernele.

– Văd că nu-ți pierzi timpul de pomană, Moraven. Altă licoare de prin Erumvirine?

– Mi s-a spus că aceasta-i din Ceriskoron, deși clondirul are însemnele unui olar din Gria. Moraven privi spre masa unde se aflau trei cupe goale.

– Văd că mi-ați ghicit gândurile.

Bătrânul zâmbi ușor.

– „Învățăcelul înțelept intuiește dorințele maestrului său."

Eron se așeză vizavi de Jatan.

– A dormit foarte bine noaptea trecută și i-a povestit nevestei mele de tonicul magic primit de la un *bhotcai.* Dacă n-ar fi fost Festivalul, nici nu l-ar fi luat în seamă.

Moraven se așeză pe scaunul orientat înspre curte și turnă în cupe trei măsuri egale.

– Bucuria Festivalului să se scoboare asupra voastră.

– Și a ta.

Cei trei bărbați băură, apoi Moraven reumplu cupele însă rămaseră neatinse de data asta.

– Nu mă așteptam să mă convocați din nou.

Jatan dădu încet din cap.

– Mă gândeam să te chem după cea de-a patra zi, însă în dimineața asta s-a întâmplat ceva la *serrian.* S-ar putea să-ți mai adaug o povară pe umeri, Moraven.

Spadasinul își lăsă mâna pe mâneca bătrânului și fu surprins să vadă cât de slab și firav părea brațul lui.

– Așa cum a spus Maestrul vostru, „este o povară dacă nu-i privită ca o provocare, numai un smintit acceptă poveri".

Phoyn privi spre Eron.

– Vezi, își amintește chiar și de lecțiile cele mai vechi.

– A fost cel mai bun elev al tău, bunicule...

Moraven se încruntă.

– Acum cine-și subapreciază îndemânarea, Eron? Nici nu mă pot gândi că...

Mâna bătrânului se înălță spre a-l face pe Moraven să tacă.

– E bine că-ți amintești vechile lecții, pentru că nu mai predau. Eron este *dicaiserr* în *serrianul* Jatan. Geias va continua școala noastră. Ei se descurcă bine și ar fi o binecuvântare dacă ar găsi un alt elev ca tine.

Moraven ar fi protestat în alte circumstanțe, însă privirea pe care i-o aruncă Phoyn îl făcu să renunțe. Bătrânul fusese maestru spadasin mai mult timp decât vârsta Principatului Nalenyr. În venele sale curgea doar sânge, care-i oferea aceeași longevitate de care se bucurau Moraven și Eron, însă măiestria sa în arta magică a mânuirii spadei îl menținuse în timp. Oricine i-ar fi privit pe Phoyn și Eron ar fi putut crede că Eron era nepotul său, sau chiar strănepotul său, deși Moraven ar fi fost foarte surprins dacă între cei doi era o distanță mai mică de nouă generații.

Înainte ca Phoyn să fi putut continua, un tânăr îmbrăcat într-o pereche de pantaloni de mătase albi, imaculați, cu cămașă și o tunică ornată cu roșu, își făcu apariția în curte. O centură roșie îi încingea tunica și susținea o sabie băgată într-o teacă stacojie. Avea cizme de piele albă, pe care erau cusute fâșii galbene și roșii într-un model care sugera flăcările. Broderiile roșii pe mâneci și de-a lungul pieptului hainei urmau același tipar. Bine proporționat, cu un chip cu trăsături aristocratice, se opri după poarta de la intrare și-și puse pumnii în șolduri.

Se uită în jur, la elevii lui Eron care se adunau în grabă. De centurile lor atârnau săbii de lemn, pentru antrenament. Tânărul schiță un gest din cap, apoi privi în sus, spre fereastră. Ochii i se îngustară, iar vorbele-i ieșiră încărcate de dispreț:

– Iarăși dau de elevi acolo unde mă așteptam să găsesc un maestru.

Nările-i fremătară o clipă, apoi își lăsă brațele să-i cadă și făcu o plecăciune bine cumpănită, nici prea scurtă, nici prea adâncă.

– Eu sunt Ciras Dejote. Am venit din Tirat, de la *serrianul* Foachin. Am învățat acolo tot ce se putea învăța și am fost trimis la Moriande, să mă antrenez cu un maestru.

Moraven se încruntă.

– Lăsat să pribegească în căutarea altui maestru?

Jatan dădu din umeri.

– S-ar putea să fie mai înapoiați prin Tirat, nu știu.

Eron se ridică și arătă cu capul spre cei din curte.

– Mi-ai dezonorat elevii în această dimineață. N-ai catadicsit să lupți cu ei.

– Am înaintea mea niște copii.

– Nu de ei vorbim.

Eron bătu din palme.

– Dobyl, începi tu.

Unul dintre cei mai prizăriți dintre elevi părăsi șirul, trăgându-și sabia de lemn cu o mișcare fluidă și trecând în prima poziție Cobra. Sabia se ridică și apoi se abătu din flanc, într-un atac spre ochi, apoi brusc în jos, lovitură pregătită să frângă umărul stâng al lui Ciras.

Tânărul își răsuci umărul de sub lovitură, apoi fandă spre elevul lui Eron. Cotul stâng al băgărețului țâșni în sus cu o viteză uluitoare, lovindu-l pe Dobyl la baza nasului. Sângele țâșni, pătând una dintre mânecile cămășii, iar trosnetul osului îl făcu pe Eron să tresară. Preț de o clipă, Dobyl se clătină, apoi căzu acoperindu-și fața cu mâinile.

Ciras îi luă sabia de lemn și începu să atace. Pară o lovitură, apoi îl izbi în față, cu mânerul sabiei de antrenament, pe elev. Răsucindu-se, făcu un salt evitând un atac de jos, apoi, fără prea mare efort, îl păli razant peste cap. Următoarea era o fată, trecând din poziția Tigrului la Dragon, însă atacul din Scorpion al lui Ciras o izbi ascendent și i se opri în cot. Fata scânci și sabia-i căzu dintre degetele încremenite.

Următorul elev țâșni din spatele ei și se întinse pentru o lovitură joasă cu vârful spadei. Lama de lemn îl izbi pe Ciras în coapsa stângă, însă pivotă rapid pe piciorul drept, intrând în punctul mort al fandării înainte ca elevul să-și fi putut reveni. Dacă spadele ar fi fost de oțel, lovitura pe care o luase l-ar fi încetinit, însă tot ar fi putut să-și coboare tăișul peste gâtul adversarului său. Din moment ce spadele erau de lemn, Ciras se alese cu o vânătaie, adversarul rămase cu capul pe umeri, iar tiratianul putea acum să-l înfrunte pe Geias.

Fiul lui Eron făcu un pas înapoi și se lăsă în poziția Scorpion. Ciras contracară cu poziția Tigrului, așa că Geias trecu în cea de Călugăriță[1]. Ciras bătu nerăbdător din piciorul drept, cerând atacul, iar elevul se mobiliză pentru a răspunde la provocare.

Moraven se ridică în picioare și-l prinse pe Eron de mână.

– Fiul tău știe că este mai bine să nu atace.

Eron își ridică mâna.

– Fiul meu își cunoaște datoria. Privește.

---

[1] Insectă carnivoră mare, de culoare verde-cafenie, cu picioarele din față în formă de cange, care-i servesc la prinderea prăzii (*Mantis religiosa*).

Băiatul sări un pas în lateral, apoi şarjă înainte cu lovituri de la stânga sus spre dreapta, jos, apoi în cruciş şi din nou jos. Repetă tiparul atacului de trei ori, iar Moraven se pregăti să-l vadă pe Geis dat de pământ la fel de uşor ca şi ceilalţi înaintea lui. Deşi era mai bun, repetarea tacticii însemna că Ciras ştia la ce trebuia să se aştepte. *Tigrul se va transforma într-un Scorpion, iar pe Geias îl va lovi exact la coaste.*

De parcă ar fi extras strategia atacului direct din mintea lui Moraven, Ciras se deplasă spre stânga şi iniţie tranziţia formelor. În momentul când Geias îşi încheiase lovitura în diagonală, nou-venitul era în poziţie de luptă. Când sabia băiatului va aluneca de-a curmezişul pentru lovitură, lama lui Ciras se putea avânta înainte, exploatând faptul că tânărul Jatan se descoperise.

Dar şi Geias cunoştea tactica lui Ciras. În loc de lovitura în diagonală, el schimbă mâna în care ţinea sabia, din dreapta în stânga, şi pivotă pe piciorul drept. Sabia de lemn se ridică înainte şi reveni pentru o lovitură joasă, menită să-l spintece pe Ciras. Cum băgăreţul îşi iniţiase propriul său atac, nimic altceva decât un miracol i-ar mai fi permis să pareze o lovitură care l-ar fi ucis.

Ciras îşi smuci trupul, atacând sus cu călcâiul piciorului drept. Se îndreptă şi apoi se răsuci, iar abdomenul îi trecu pe sub lama lui Geias. Îndoindu-şi încheietura în acelaşi timp, reuşi să arunce sabia adversarului, apoi căzu cu toată greutatea pe spate. Înainte ca Geias să apuce măcar să-şi revină din impulsul atacului, Ciras își înfipse sabia în gleznele lui, doborându-l la pământ. De parcă ar fost îmboldit de propria sa armă, sări din nou în picioare și îndepărtă cu aroganță sabia lui Geias de lângă el.

Eron se uită spre Moraven.

– Ai văzut și tu?

În timp ce Moraven clătina încet din cap, Phoyn chicoti sec.

– *A simțit.*

– Da, am simțit.

Moraven se așeză. Atunci când Ciras lovise cu călcâiul și se răsucise. O străfulgerare, o furnicătură. Îi amorțise pielea și-i pătrunsese în carne cu înțepăturile ascuțite de membru amorțit, revenit încet la viață. Simțise, simțise din plin.

Din Ciras ieșise *jaedun*, într-un val foarte puternic. Moraven se încruntă.

– Ce grad spunea că are?

– *Lirserrdin.* Maestrul său îl considera Superior.

Phoyn expiră încet și părea să se dezumfle puțin.

– Nu cred că Maestrul său știa cât de avansat este elevul său, ci doar că era mai răsărit decât mulți alții. Dacă ar fi avut cea mai mică bănuială, nu l-ar fi trimis de acolo. Să ai pe cineva atât de versat aduce o mare onoare școlii.

– Atunci înseamnă că va aduce onoarea asupra *serrianului* Jatan.

Eron scutură din cap.

– Eu sunt un Maestru spadasin, Moraven, însă nu și Mistic. N-am ce să-l învăț.

Moraven se întoarse și privi spre bătrân.

– Doar nu vă gândiți să-l antrenez eu! Nu sunt profesor, nu am școală.

– Nu de școală are el nevoie. Fruntea bătrânului se încreți. Ai venit la mine deja antrenat, iar eu te-am condus pe calea cea bună. „Călătoria este pe răscruci alese deja, nu pe drumeaguri nestrăbătute."

Însă există drumuri pe care n-ar trebui să se aventureze. Atingerea stării de *jaedunto* avea avantajele sale, atât în privința modului de manifestare a magiei, cât și a longevității oferite. Dar putea însemna și un preț îngrozitor, pentru că avea tendința de a distila personalitatea unui *jaecai*. Dacă cineva era milos și amabil, pașnic, aceste trăsături se accentuau. *Dar dacă, pe de cealaltă parte, este arogant și doritor de faimă, îl va umple de amărăciune.*

Sabia de lemn azvârlită de Ciras pe verandă ajunse acolo păcănind.

– Am nevoie de un maestru, Eron, din *serrianul* Jatan. I-am înfrânt pe cei mai buni elevi ai tăi. Mă accepți?

Moraven privi spre Phoyn.

– Mă puneți să fac și asta, ca supliment la ceea ce mi-ați cerut deja?

Bătrânul înălță din umeri.

– Să ai un însoțitor nu poate să-ți facă prima sarcină mai grea sau mai periculoasă.

– Doar nu vă așteptați să consider această perspectivă una comodă, nu-i așa?

– Nu, sper să nu te simți deloc comod.

Bătrânul își ridică pocalul cu *wyrlu.*

– Neplăcerea pe care o simți acum ne va fi rezervată tuturor, dacă dai greș în vreuna dintre sarcini. Pacea Festivalului fie cu tine, Moraven Tolo, și fie ca zeii să se îndure de viitorul tău.

7

Ziua a 2-a, Festivalul Recoltei, Anul Câinelui
Al 9-lea an al Domniei Prinţului Imperial Cyron
Al 162-lea an al Dinastiei Komyr
Al 736-lea an de la Urgie
Anturasikun, Moriande
Nalenyr

Keles ignoră mârâitul „pleacă de-aici“ şi intră în camera fratelui său. Jorim îi aruncă o privire furioasă, însă, reflectată în oglindă, îşi pierdu o parte din forţă. Tânărul Anturasi se chinuia să-şi înnoade cravata de mătase aurie, dar nu numai asta-i alimenta proasta dispoziţie. Keles ştia asta, după cum mai ştia că trebuia să lămurească anumite chestiuni cu fratele său, altfel petrecerea din acea seară va fi un dezastru mai mare decât promitea deja să fie.

– Lasă-mă să te ajut.

– Mă descurc şi singur.

– Da, însă nu înainte de prima zăpadă, ceea ce înseamnă că vei întârzia la petrecere.

Jorim mârâi.

– Și-așa nu vreau să merg.

Keles își lăsă mâna pe umerii fratelui său și-l răsuci încet spre el.

– Dacă nu mergi, le vei dezamăgi pe Nirati și pe mama noastră. Amândouă s-au străduit din răsputeri să aranjeze compromisul care ți-a permis să-ți păstrezi barba și pletele. Știu că nu te-ar deranja să-l superi pe bunicul, însă sentimentele lor trebuie respectate.

– Desigur. Să le respectăm sentimentele, însă nu și pe ale mele.

Jorim își lăsă palmele să-i alunece de-a lungul cravatei, însă ele se strânseră încet în pumni.

– De ce întotdeauna contează sentimentele tuturor, iar ale mele nu?

Keles luă cravata și o legă la gulerul înalt și apretat al cămășii fratelui său.

– Prin asta te întrebi de ce nu-ți sunt respectate sentimentele. Îmi pare rău că te-ai simțit trădat.

– Nu, nu-ți pare rău. Știai că o să mă doară.

– Corect, dar știam și că trebuia să te împung ca să te oprești. Te-am trădat, da, însă te-am împiedicat, de fapt, să te trădezi singur.

Jorim se încruntă.

– Ai citit asta în mintea mea, nu?

– Nu glumi. Pot să-ți ating mintea numai atunci când ne concentrăm amândoi și comunicăm, știi doar.

Spre deosebire de bunicul, eu nu pot vedea mai mult decât ce ești dispus să arăți. Nici nu am această dorință. Îți respect prea mult simțămintele și te respect pe *tine* la fel de mult.

– Mă respecți, nu?

Keles oftă încet. Imediat ce plecaseră de la bunicul lor, Jorim se îndepărtase de el.

– Știu că te-am trădat, însă este ceva mai mult de-atât. Ce se întâmplă?

Jorim își ridică brațele, îndepărtând mâinile fratelui său, apoi se întoarse pe jumătate spre oglindă.

– Ți-ai bătut joc de mine în fața bătrânului.

– N-am făcut așa ceva.

– Nu, bineînțeles că nu, din punctul tău de vedere.

Jorim străbătu încăperea minusculă și se prăbuși într-un scaun care aproape se răsturnă pe spate.

– Keles cel înțelept și prudent. Bunicul îmi va lăsa *Lupul furtunii* doar pentru că *tu* i-ai sugerat asta, nu pentru că aș merita, și chiar merit.

– Atunci? Primești ceea ce voiai.

– Nu înțelegi, exclamă Jorim și lovi cu pumnul în brațul scaunului. De ce nu mă asculți? Aș face treabă bună pe *Lupul furtunii?* Bineînțeles că da. Vorbesc de două ori mai multe limbi decât tine și le învăț destul de ușor. Am un catalog al animalelor pe care le-am văzut și mă pricep foarte bine să le desenez atunci când nu pot aduce acasă exemplare. Îl cunosc pe *bhotcaiul* tău și am lucrat cu o parte din echipaj înainte. Sunt perfect potrivit pentru expediție și ar *trebui* să merg, însă am vrut ca bunicul să mi-o lase mie pentru că *eu* am pledat, nu tu.

Keles își apăsă vârful degetelor pe frunte.

– Nu are nici un sens, Jorim. Vei merge. Asta contează!

– N-ai ascultat deloc?

– Ba da, dar tu?

Keles dădu din sugestiv din cap, apoi își lăsă mâinile jos și-și deschise palmele.

– Aici se petrece cu totul altceva. Ți-e teamă, într-un fel, că bunicul te va ține aici și te va supune, cum a făcut cu unchiul Ulan? Asta-i?

Jorim dădu nesigur din umeri.

– Nu. Nu m-am gândit la asta. Mulțumesc că mi-ai spus.

– Jorim, știi că n-ar putea face asta. Ești prea puternic pentru el ca să te supună.

– Chiar crezi? Cu adevărat?

Keles dădu din cap.

– Da. Ar încerca el, dar tu l-ai sfida. Ar fi de parcă fiecare ați trăi în cele Nouă Iaduri contopite.

– Eh...

Fața lui Jorim se înseninǎ o clipă, apoi se întunecă din nou.

– Dacă nu-i asta, de ce altceva te temi?

Fratele său îi aruncă o căutătură urâtă, apoi se aplecă înainte, cu coatele pe genunchi. Mătasea tunicii și pantalonii foșniră în mișcare.

– Mă tem că dacă Qiro te trimite pe tine, te vei pierde, ca și tatăl nostru.

– Poftim?

Jorim privi în sus, iar trăsăturile i se înăspriră, în timp ce ochii i se umezeau.

– Am încercat să-ți salvez viața plecând eu în expediție.

Keles scutură din cap.

– N-ai motive să crezi că bunicul m-ar trimite departe ca să pier. Doar nu crezi că i-a făcut asta tatei.

– Am motive și chiar cred, Keles.

– Nu erai destul de mare ca să ții minte asta...

– Nici tu. Aveam doi ani, tu cinci. Nu mi-l amintesc pe tata. Tu și Nirati, da, iar ea spune că ești leit el. Și alții mi-au spus că-i semeni foarte mult, cu o singură diferență. Bine, poate două. În primul rând, tu nu te iei de piept cu bătrânul, cel puțin până acum.

Keles oftă.

– L-am mai înfruntat și altă dată.

– Bineînțeles că da. I-ai spus că o hartă desenată de tine nu-i destul de bună.

– Nici nu era.

– Spunându-i că nu era bună înainte să-ți reproșeze el nu înseamnă că l-ai înfruntat, punctă Jorim clătinând din cap. Ești mult mai talentat decât era tata. Ryn *credea* că este egalul bunicului, poate că și era. Însă tu ești mai bun. Îl poți depăși pe Qiro, iar el nu poate tolera așa ceva și are de gând să încerce să te ucidă.

– N-are nici o noimă.

Keles își trecu degetele prin părul său negru, trăgându-l spre spate. Voia să contrazică ideea că bunicul lor putea fi atât de perfid, însă modul în care-l trata pe Ulan dovedea cât de împietrit putea fi bătrânul. *L-a ucis pe tata? Va fi „precum tatăl, așa și fiul"?*

– Are noimă, Keles. Ești singurul capabil să-l înlocuiască și să mențină afacerea familiei. Dacă-l depășești, el ar putea cădea în uitare.

– Așa ceva nu-i posibil.

– Nu? Prințul Araylis ar fi trebuit să ne conducă, însă acum fratele său mai tânăr ocupă tronul. Câți oameni își mai amintesc de el, sau de tatăl lor, Prințul Jogisko? După nouă ani de prosperitate, Cyron a început să-i eclipseze pe amândoi. Se va întâmpla tot așa și cu Qiro, iar el se teme de asta.

– Uiți un singur lucru, Jorim. Ce se va întâmpla dacă Qiro ajunge în starea de *jaedunto*? întrebă cu voce joasă.

– Nu-i posibil.

– Și dacă a ajuns deja acolo? Uită-te la el. Ulan e mai tânăr, dar arată de două ori mai în vârstă. E adevărat că suntem cu toții urmașii Oamenilor Adevărați, așa că trăim mai mult decât alți muritori, dar și noi îmbătrânim. El nu.

Jorim scutură neînduplecat din cap.

– *Jaedunto* se manifestă în multe lucruri, să fie și în cartografie? Este legat de capacitățile fizice, nu de scrijelitul hârtiei. Qiro doar se menține foarte bine. Unchiul Ulan arată așa pentru că-l slujește pe bunic. Nu, bătrânul nu cunoaște secretul nemuririi magice. Va trăi ceva mai mult pentru că nu-l vor nici în

Ceruri, nici în Iaduri, însă tot va muri, iar tu vei fi mai măreţ decât el.

– Este evident că nu asta aşteaptă el, în nici un caz. Cu siguranţă, *crede* că este foarte bun în ceea ce face. Încă una dintre amăgirile sale.

Jorim ignoră comentariul.

– Mi se pare încredinţat că mai are încă optzeci şi unu de ani înainte, poate chiar mai mult.

– Să-l lăsăm să-şi închipuie ce vrea. Tot va muri până la urmă. Doar nu-i vreun viruk.

Jorim pufni.

– Prin toanele lui, este.

Chiar şi Keles izbucni în râs la asta.

– N-am să te contrazic. Dar în sinea lui tot ştie că este muritor. Dacă reuşim să fim la fel de pricepuţi ca el, putinţa noastră de a lucra îl depăşeşte, iar el înţelege. Dacă Nirati ar fi talentată, atunci...

– Dacă Nirati ar avea talent, ar distruge-o.

Keles clipi.

– Cum poţi spune aşa ceva? Este febleţea lui. Tu sau eu a trebuit să ne certăm pentru a te trimite cu *Lupul furtunii.* Dacă ea i-ar sugera asta cu o şoaptă, te-ai trezi la bord atât de repede încât ţi s-ar tăia răsuflarea.

Jorim dădu încet din cap.

– O spun, frate, pentru că ea nu-i ameninţă poziţia. Nu are nici un talent pentru topografie sau pentru cartografiere, aşa că o iartă şi-i face toate mofturile. Mulţumeşte stelelor că ea n-are şi simţul mamei, altfel ar fi o răsfățată fără de nici un folos. Asemănătoare cu Majiata.

– Nu încerca să abați subiectul.

Keles se apropie de fratele său și luă din nou cravata.

– Deseară, bunicul va anunța misiunile noastre.

– Înspre gloria lui. Hei, nu atât de strâns.

– Scuze.

Keles slăbi mai mult nodul.

– Vom anunța că pleci cu *Lupul furtunii*...

– *Știi* deja asta, sau e o speculație? Ai pus-o pe Nirati să vorbească cu el, nu-i așa? întrebă cu ochii mijiți

– Crede că-ți datora un serviciu, zâmbi Keles. Mi-a făcut și mie unul, gonind-o pe Majiata.

– Ce-a spus că te va pune să faci?

– Nimic.

Keles clătină din cap, termină de făcut nodul și-l bătu cu palma pe piept.

– Când i-a cerut un indiciu, el a devenit brusc ursuz și a refuzat să-i spună.

– Probabil că te va ține pe aici și va găsi căile de a-ți face viața amară.

– Te rog, spune-mi că nu i-ai ghicit gândurile.

– Așa cum ai spus, asta necesită cooperare, iar el și eu în mod sigur nu cooperăm.

Jorim se întoarse și se uită în oglindă. Făcu o serie de ajustări mărunte nodului legat de fratele său, apoi zâmbi.

– Mulțumesc, nu m-aș fi descurcat fără tine.

– Da, însă știi că nu-i valabil și cu *Lupul furtunii*.

– Cum ai pus asta la cale? se încruntă Jorim.

– E uşor. Ţelul este special, iar ceasul dublu este componenta-cheie. Eu aş fi puţin mai rapid la efectuarea măsurătorilor şi la calcule decât tine, însă tu ai o calitate foarte specială, care mie-mi lipseşte. Ce-ai face dacă ceasurile nu ar mai funcţiona?

Bărbatul mai tânăr îşi închise ochii o clipă, apoi dădu din cap.

– Ei, bine, aş folosi, din când în când, o clepsidră cu apă, doar ca să văd dacă ceasurile măsoară corect timpul. Aş ţine evidenţa vitezei şi direcţiei şi aş reveni cu nava pe puncte de control, să am informaţii în ambele direcţii şi să pot socoti viteza curenţilor. Apoi aş căuta un *gyanridin* care să mă ajute să le repar.

Keles zâmbi.

– Vezi, deja te-ai gândit la ce-ai putea face. Eu nu mi-aş da seama. Talentul meu funcţionează pentru calcule şi desenarea hărţilor. Nu sunt la fel de adaptabil situaţiilor ca tine. Îţi mai spun ceva. Ştiu de ce tu şi bunicul vă daţi cap în cap, de parcă aţi fi berbecii cu coarnele spiralate pe care i-ai văzut la Tejanmorek.

– Oh, chiar aşa? De ce?

– Ai spus că bunicul s-ar teme de mine pentru că-i amintesc de tata.

– Nu sunt singurul care gândeşte aşa.

Keles îl petrecu pe după umeri pe fratele său şi-l răsuci din nou.

– Voi vă luptaţi atât de mult pentru că-i aminteşti de el însuşi.

– Poftim? Te-ai smintit.

– Nu, deloc. Știi poveștile despre el la vârsta ta. A călătorit, a făcut ridicări topografice și i-a adus tatălui Prințului la fel de multe lucruri ca tine, spuse Keles cu un zâmbet ușor. Doar atât că el n-a ajuns atât de departe, n-a văzut atât de multe, n-a adus nici pe departe ce-ai adus tu. De fapt, a făcut o singură călătorie îndelungată, spre nord-vest, și a fost un eșec. Apoi a murit tatăl lui, iar bunicul a fost adus în această cușcă aurită. Libertatea pe care o avusese a dispărut de atunci.

Jorim făcu o jumătate de pas înapoi.

– Iar tu te aștepți să fii încătușat aici o viață, nu-i așa? *Lupul furtunii* ar fi fost cea mai măreață aventură a ta, marea ta evadare.

– Poate. Ar fi putut fi și cel mai mare dezastru al meu. Într-un fel, ar fi fost mai bine. După o expediție de coșmar, Anturasikun ar arăta foarte ademenitor.

– Dar nu urăști ideea de a-ți petrece restul vieții aici, închis? Nu te-ar ucide?

Keles dădu din cap.

– Nu mă va ucide. *Însă te*-ar ucide *pe tine, frățioare*.

– Ai fi ca și mort. Hărțile care le-ar permite altora să meargă mai departe decât oricine înainte ar fi creațiile tale, dar tu vei rămâne legat de peticul ăsta de pământ numit Moriande, răspunse Jorim, încruntându-se puternic.

Keles simți cum o mână îi sfâșia inima. Un prizonierat în turnul familiei îl înspăimânta. Desigur, situația aducea cu sine protecție, însă siguranța fără libertate nu era de nici un folos. *Să nu mai privești niciodată un apus de soare, la munte, sau să vezi păsările cu pene viu colorate prin junglă...*

– Va trebui să aduci tu lumea la picioarele mele, Jorim. Asta mi se va cere. Dacă avem noroc, tu și cu mine vom deveni *jaecaikyr* și vom trăi mult și bine. Poate că Prințul ne-ar lăsa să stăm aici cu schimbul, fiind fiecare ochii și urechile celuilalt prin alte părți, aducând lumea aici. Dar dacă nu va fi așa, atunci va trebui să depind de tine, de copiii tăi, de ai mei și, poate, chiar și de ai lui Nirati, să faceți asta pentru mine. Este o posibilitate pe care sunt dispus s-o accept, pentru binele familiei noastre și al nației.

– Mă cocoloșești din nou, frate? întrebă Jorim cu un zâmbet, apoi făcu din mână înspre ușă. Știu că asta s-a întâmplat în camera hărților. Dintotdeauna a fost așa. Nirati îi abate atenția bunicului, iar tu faci apel la rațiune. Mă înnebunește de-a binelea, însă știu că trag foloase.

Keles se întinse și-l apucă de o șuviță de păr.

– Da, tragi foloase și ne faci să lucrăm din greu, știi?

– La asta sunt buni frații mai mici. Așa spun toate poveștile.

– Acolo ai prefera să fii unic.

Keles ieși primul din cameră.

– Un lucru însă pentru astă seară. Te rog, fără certuri. În ochi mai ai încă sânge, iar vânătaia nu ți se potrivește cu tenul tău natural.

– Da, purpuriul nu-i foarte imperial, iar marginile galbene nu au chiar nuanța aurului.

Mâna lui Jorim coborî grea pe umerii săi și-l strânse.

– Nu te teme, frate, mă voi comporta pe cât pot eu de bine. Dacă ceea ce mi-ai spus este adevărat, nu vreau să-i dau bunicului prilejul de a se răzgândi.

– Bine, spuse Keles cu un oftat zgomotos. E seara lui. Îl vom lăsa să-și facă mendrele și va fi perfect.

8

Ziua a 2-a, Festivalul Recoltei, Anul Câinelui
Al 9-lea an al Domniei Prinţului Imperial Cyron
Al 162-lea an al Dinastiei Komyr
Al 736-lea an de la Urgie
Anturasikun, Moriande
Nalenyr

Nirati descoperi că avea dificultăţi la respiraţie şi nu era doar din pricina corsetului în care fusese legată. Era deja o femeie zveltă, iar corsetul fusese folosit să-i subţieze şoldurile într-o circumferinţă imposibil de redusă. Slujnicele i-l strânseseră tare, avertizând-o: „Domniţă, fetele nu trebuie să mai respire, din moment ce toţi bărbaţii vor crede că v-a pierit răsuflarea datorită lor." Izbucnise în râs, iar slujnica se folosise de expiraţia ei pentru a strânge şi mai tare.

Nirati privi Sala Mare de Bal din turn, numai pe jumătate plină, şi se simţi puţin ameţită. Culorile serii erau purpuriul și auriul – purpuriu pentru Prinț și auriu pentru familia Anturasi. Ea, frații ei, verișorii, mama și bunicul purtau aproape toți robe aurii, tunici și pantaloni ornamentate cu panglici purpurii. Prințul și suita lui inversaseră combinația de culori, iar ceilalți puteau îmbrăca ce pofteau ei, cu elemente purpurii și aurii, pentru a-și declara legăturile cu familia sau Coroana.

Sau în funcție de ce impresie doresc să lase.

Prințul, deși nu era încă prezent, făcuse deja senzație. Permisese unora dintre gărzile sale keru să staționeze la poarta turnului, la ușa principală și la intrarea în sala de bal. Recrutate dintre femeile care au părăsit Helosunde după ocupație, keru juraseră credință casei regale naleniene, renunțând la căsătorie și copii, ducând o viață ascetică, în antrenamente și misiuni de pază. *Și ritualuri ciudate, dacă zvonurile șoptite se adevereau.*

Fără nici o excepție, femeile își purtau părul auriu legat cu o panglică albă, jelind pierderea țării natale. Deși erau destul de arătoase, doar puține dintre ele ar fi putut fi descrise drept frumoase, pentru că trăsăturile lor erau la fel de dure ca trupurile, iar privirile lor pătrunzătoare nu aveau nici un pic de căldură. Fiecare avea o spadă și un arc, însă erau politicoase și pline de respect, deși Nirati se întreba dacă-și vor păstra atitudinea când va apărea Prințul din Deseirion.

Sala de bal dreptunghiulară avea un șir de ferestre înalte de-a lungul peretelui dinspre apus, care permiteau o priveliște minunată a cerului nopții. Pe partea opusă, la stânga intrării, fuseseră întinse mesele și încărcate cu felurite bunătăți. Negustorii și afaceriștii care voiau să obțină anumite favoruri de la Anturasi, oferiseră din belșug vinuri, brânzeturi și mâncăruri exotice. Preferințele bunicului ei pentru bucatele puternic condimentate fuseseră satisfăcute la masa din mijloc, bucătarii preparând și aducând feluri care umpleau aerul cu arome delicioase, la fel cum muzicanții din colțul sud-vestic răspândeau în aer sunete blânde.

În timp ce studia încăperea, privirile-i fură atrase de platforma care se întindea pe toate laturile, înălțată cu aproape cinci metri deasupra podelei. Era lată de doi metri, exceptând colțul din sud-est, unde se transformase într-o scenă triunghiulară, și avea balustrade aurite, care-i despărțeau pe cei de sus de restul. În colțul sud-estic se aflau un jilț și o măsuță, între două gărzi keru. Bunicul își va face apariția prin ușa din peretele estic și tot de acolo va anunța, la un moment dat, expediția *Lupului furtunii.*

Zâmbi ușor, știind că anunțul îl va bucura pe Jorim dincolo de orice închipuire. Era doar îngrijorată că bunicul, din interes, sau în mod deliberat, va face în așa fel încât să-l enerveze. Deși își iubea nespus fratele, îi cunoștea și temperamentul, iar sărbătorirea bunicului nu era locul potrivit pentru izbucniri.

Se înfioră, pentru că orice ieșire ar fi putut face mult mai mult decât să strice petrecerea. Nu-și amintea ospățul de la împlinirea de către bunicul ei a șaizeci și trei de ani, însă Qiro și Ryn Anturasi sfârșiseră prin a striga unul la celălalt. Din câte auzise, Ryn nu făcuse decât să se apere. Faptul că în ziua următoare fusese trimis cu *Lupul valurilor*, fără măcar să schimbe vreun cuvânt cu tatăl său, după care dispăruse pentru totdeauna, făcuse să circule zvonul că bătrânul Qiro îl ucisese.

Nirati privi spre mama sa și zâmbi. Siatsi Anturasi purta o robă de aur, cu fâșii largi, albe, la tiv, mâneci și margini, strânsă cu o eșarfă purpurie. Mai înaltă decât Nirati, deși nici pe departe cât vreuna dintre keru, mama ei se transformase dintr-o fetișcană zveltă într-o femeie matură fără să-și piardă nimic din frumusețe. Își purta părul negru strâns în sus și-l prinsese cu ace aurii. Fața și-o acoperise cu pudră albă și folosise aur pentru a adăuga o sclipire de pistrui pe obraji și nas. Auriul îi evidenția pleoapele și buzele, oferind-i un aspect de statuie de alabastru care prinsese viață.

Mama ei era o femeie interesantă, pentru că reușise să izbândească în interiorul a două familii dominate de patriarhi puternici. Familia sa, Isturkenii, fusese una de negustori bogați, care o măritaseră cu Ryn Anturasi în speranța că vor obține unele avantaje de la Qiro. Continuaseră să se îmbogățească până la moartea tatălui ei, când fratele ei mai mare, Eoarch, preluase afacerile. Patima lui pentru jocuri se întinsese însă dincolo de mesele de joc și pierderea încărcăturilor și a navelor adusese familia în pragul ruinei.

Când Ryn murise, se așteptaseră ca Siatsi să devină țiitoarea lui Qiro, însă ea refuzase și se întorsese la familie, punând piciorul în prag în fața lui Eoarch, pentru a salva prestigiul companiei lor de comerț. Se târguise cu Qiro pentru hărți în schimbul acordării permisiunii ca nepoții lui să-l viziteze și să fie instruiți. Nirati auzise chiar că mama ei devenise una dintre amantele Prințului Aralys, în schimbul unor taxe vamale favorabile la anumite transporturi, însă nu se apucase niciodată să verifice cât de adevărate erau aceste cleveteli.

Ea și mama ei munciseră din greu la pregătirea zilei de naștere și la aplanarea tensiunilor dintre Qiro și Jorim. Amândouă căzuseră de acord să acționeze pentru binele lui, fără să-l consulte. Uneori, Jorim nu știa ce era bine pentru el și, în cele din urmă, ajungea tot la punctul lor de vedere.

Mai multe șușoteli auzite din apropierea intrării o făcură pe Nirati să se întoarcă. Făcu asta încet, nu pentru că roba i-ar fi restrâns mișcările – în fond, mai târziu vor și dansa –, ci pentru că tratarea cu stăpânire de sine a oricărei surprize constituia atributul unei gazde bune. Se pregăti pentru orice, de la vinul vărsat din greșeală, la apariția lui Jorim, plin de sânge. Însă în pofida preparativelor ei, respirația i se opri în gât.

Gărzile keru de la ușă se traseseră în lături pentru a-i face loc ambasadoarei din Viruk și consortului ei. Era puțin probabil ca Ierariach, din Clanul Nessagia, să fi provocat doar ea șușotelile. Ochii ei, ca abanosul, atrăgeau întotdeauna comentarii, la fel și cascada de păr negru ca pana corbului, purtat despletit. Pe de altă parte, pielea ei de un verde-deschis făcea ca natura sa neomenească să fie evidentă. De înălțime potrivită, alesese să îmbrace o rochie de un verde marin, care-i împlinea înfățișarea. Concesia ei față de culoarea serii se prezenta sub forma unui ametist mare, încastrat în aur, purtat într-un pandantiv ca un păianjen, atârnat deasupra pieptului ei generos.

Însă consortul ei era *suficient* pentru a-ți tăia respirația și garanta coșmaruri. Dacă ar fi stat drept, ar fi avut cu ușurință doi metri și jumătate, iar lui Nirati i se părea că, întinzând mâna, ar fi putut atinge podeaua platformei. Purta doar pantaloni și o tunică fără mâneci care lăsa pe toată lumea să-i vadă plăcile osoase de pe mâinile lungi și subțiri. Suprafața pielii se potrivea cu a ei pe gât, piept, pântec și partea interioară a brațelor, iar pe restul corpului culoarea era de un verde-închis, inclusiv fața. Părul negru era la fel de lung ca al lui Jorim și putea fi aranjat la fel, deși asta ar fi presupus împletirea lui pe toată lungimea spatelui. Degetele de la mâini și picioare se terminau cu gheare ascuțite. Cârligele de la coate și coarnele de pe cap nu păreau la fel de tăioase ca ghearele, însă când zâmbea, un șir de dinți ascuțiți, albi ca fildeșul, accentuau impresia că, deși nu purta arme, era departe de a fi lipsit de apărare.

Nirati păși înainte cu o grabă care îi permise să ajungă la cei doi viruki în același timp cu mama sa. Siatsi se opri la trei metri de ei și făcu o plecăciune. Nirati o imită în adâncime și durată – amândouă considerabile, ținând cont de relațiile oaspeților cu oamenii. Se îndreptară de spate și zâmbiră.

– *Dicairoun* Nessagia, ne onorați cu prezența voastră.

Ambasadoarea zâmbi, dar nu fără un ușor efort.

– Am fost cât se poate de încântați să primim invitația de a sărbători viața celui care a recuperat atât de mult din ceea ce s-a pierdut din lume.

Nirati își menținu surâsul. Auzind aceste cuvinte, majoritatea oamenilor credeau că ambasadoarea se referise la Urgie și la pierderea contactului cu restul lumii după aceea, însă nepoata lui Qiro știa despre ce era vorba. Cei din Viruk domniseră, cu milenii în urmă, peste un imperiu care înglobase toate cele Nouă Principate, provinciile lor și chiar mai mult. Oamenii care trăiseră acolo fuseseră luați în sclavie, împreună cu alte rase, pentru a-i servi pe viruki.

Capitala lor, Virukadeen, se găsise în mijlocul Mării Întunecate de acum, distrusă de un cataclism declanșat de ei înșiși. Cei care trăiau departe de capitală, administrând provinciile, se pomeniseră dintr-odată fără legiunile de războinici care le asigurau pozițiile. Urmaseră numeroase revolte, iar în diferite locuri domnia lor fusese înlăturată. Libertatea oamenilor nu dura întotdeauna, însă cu două mii de ani în urmă, Oamenii Adevărați veniseră cu o armadă, invadaseră Imperiul Viruk și-i scoseseră din teritoriul unde se vor ridica Principatele. În provincii mai rămăseseră nuclee de populație virukiană, deși erau împrăștiate și izolate. Îndepărtatul Irusviruk, ținutul din care venea ambasadoarea, nu invitase și nici nu tolerase intrușii umani. În cea mai mare parte a fostului imperiu domnea pacea între rase, deși era cu atât mai greu de menținut cu cât distanța față de Principate era mai mare.

Era limpede că lui Siatsi nu-i scăpaseră aluziile din salutul ambasadoarei.

– Lumea este un loc foarte vast. Nu tot ceea ce s-a pierdut poate fi recuperat, iar alte lucruri descoperite s-ar putea să nu fi fost niciodată pierdute, cum ar fi plăcerea adusă de prezența voastră. Fie-vă vizita binecuvântată, iar pacea Festivalului să vă bucure.

Consortul dădu din cap și-și dezveli din nou dinții. Nirati simțea că nu era obișnuit să zâmbească mai mult decât Ierariach, însă-i plăcea să privească reacția oamenilor la rânjetul său. Fiori reci îi coborâră pe spinare când un fir subțire se salivă începu să-i curgă pe falcă. Din fericire, limba lui neagră și groasă o linse înainte să fi putut atinge podeaua.

Ambasadoarea dădu din cap.

– Ne vom bucura, cu siguranță, de ospitalitatea voastră. Mulțumesc.

În timp ce plecau, Siatsi o luă pe fiica sa de cot.

– Ai grijă de fratele tău când ajunge aici și ține-l departe de ei. Povestea despre cum Jorim a ucis doi viruki în timp ce era în Ummummorar le este cunoscută. Nu sunt sigură că se va ajunge la violențe în această seară, însă Jorim se va duela dacă va fi provocat.

– Dar ambasadoarea n-ar...

Mama ei scutură din cap.

– Virukii au sistem foarte puternic de caste. Consortul ei, Rekarafi, este războinic. Iar ei vor face orice pentru apărarea onoarei.

– De ce i-a mai invitat bunicul?

– Să-i aibă aici pe cei străvechi nu face altceva decât să-i mângâie orgoliul.

– Dar să-i ofere lui Jorim un prilej...

Siatsi își înălță o sprânceană.

– Poate că nu. S-ar putea ca Rekarafi să-i considere pe cei măcelăriți niște barbari provinciali, cum îi vedem noi pe sălbaticii din Pustietăți. Dacă avem noroc, morții erau dușmanii lui, însă n-aș conta pe asta. Nu uita, oaspeții noștri viruki sunt destul de în vârstă să-și amintească nu numai de venirea celor cu Sânge Adevărat, dar și de dispariția capitalei Virukadeen. O viață atât de îndelungată îi face să ne vadă insignifianți, cum și noi privim musculițele de nisip, ceva ce poți strivi fără să te gândești prea mult. Iar eu nu-l vreau pe Jorim strivit.

– Dacă l-ai fi pocnit pe când era țânc, nu ne-ar mai fi provocat necazuri acum.

– Iar dacă te atingeam și pe tine, poate că n-ai mai fi avut limba atât de ascuțită.

Nirati râse.

– Nu fac decât să-mi imit mama.

– Îți arată ea, dacă nu te comporți cum trebuie. Fii atentă și la alte încurcături, spuse Siatsi cu un oftat. Bunicul tău s-a purtat destul de nechibzuit în ultima vreme și n-aș vrea să risc nimic în fața lui. Evită dezastrul dacă poți.

– Da, mamă, aprobă Nirati, apoi făcu semn cu capul spre masa cu vinuri. Că veni vorba, poate ai grijă de unchiul Eoarch. A ajuns la a treia cupă de vin într-o oră. Dacă a aflat de poveștile despre viruki, cu siguranță va vrea să aranjeze un duel, numai ca să poată pune rămășag.

– Mulțumesc.

Mama ei o sărută ușor pe obraz, apoi plecă să-și găsească fratele.

Nirati o urmări cu privirea, apoi se întoarse să-i studieze pe următorii oaspeți care soseau. O femeie tânără, însoțită de un bărbat având cel puțin de două ori vârsta ei, iar lui Nirati îi trebui un moment s-o recunoască. Ar fi făcut-o mai repede, însă chipeșul însoțitor îi distrăsese atenția. Când pricepu cine era, își dori încă vreo câteva zeci de viruki. *Oh, bunicule, faci numai probleme.*

Nirati se grăbi să le taie calea la intrare. Își potrivi vocea pe un ton înghețat.

– Nu credeam că te voi vedea aici, Majiata. Mă gândisem că ai *oarece* respect de sine.

Majita încercă să răspundă, dar însoțitorul ei o opri.

– Sper că mă veți ierta, însă greșeala este a mea. Sunt nou-venit aici. Invitația de la bunicul vostru a fost neașteptată și s-a dat de înțeles că Lady Majiata poate veni.

Vorbea foarte precis și cu un accent deseian. Tunica sa de mătase purpurie fusese tivită cu aur, deși cămașa și pantalonii erau de un albastru-închis. Eșarfa albă, care-i încingea mijlocul, sugera doliul, însă felul în care era legată semnala că statutul său era de exilat.

Ceea ce l-ar face...

Nirati făcu o plecăciune pe măsura condiției lui, însă, din curtoazie, rămase cu capul plecat mai mult decât s-ar fi cuvenit.

– Iertați-mă, Conte Aerynnor, pentru că am fost atât de nepoliticoasă. Sunteți un oaspete binevenit. Bunicul meu va fi fără îndoială încântat că ați luat sugestia în considerare.

Bărbatul întoarse plecăciunea și o trase și pe Majiata în jos, după el. Ridicându-se, zâmbi fără grabă, dinții albi despărțindu-i barba neagră și mustața. Ochii de un albastru-deschis străluceau pe un chip plăcut. Cicatricea scurtă de pe obrazul drept nu făcea decât să accentueze trăsăturile lui aspectuoase. Faptul că pălise la reacția ei față de Majiata îi câștigase respectul lui Nirati. Mai mult, ea considerase întotdeauna accentul deseian interesant.

– Vă rog, spuneți-mi Junel. Titlul meu de-abia dacă mai contează, pentru că proprietățile familiei mele au fost confiscate de Coroană.

– Am auzit relatări despre asta, Junel.

Nirati zâmbi și-i plăcu rostogolirea pe limbă a numelui. Disconfortul Majiatei nu făcea decât să-i mărească satisfacția.

– Știți că Prințul Pyrust a promis că va veni și el?

Junel se încruntă o clipă, apoi dădu scurt din cap.

– Mi-am asumat acest risc, din moment ce-i aici, în Moriande. Dar până n-ați pomenit de asta nu m-am gândit cum m-aş putea simţi. Nu voi crea nici un fel de probleme în legătură cu această chestiune. Vă mulţumesc că m-aţi prevenit. Dacă vă pot ajuta cu ceva, nu trebuie decât să-mi spuneţi.

– Două lucruri. Ambele, simple, dacă-mi îngăduiţi.

– Fiind gazda mea, v-aş face aceste servicii chiar dacă ar fi complicate.

– Mulţumesc, îi surâse ea. Primul ar fi să o ţineţi pe Majiata departe de fraţii mei, de amândoi chiar.

Junel privi spre Majiata. Ea se înroşi, iar el dădu din cap.

– Şi al doilea?

Nirati se uită fix în ochii Majiatei.

– Să-mi oferiţi mie ultimul dans al serii, Junel.

9

Ziua a 2-a, Festivalul Recoltei, Anul Câinelui
Al 9-lea an al Domniei Prinţului Imperial Cyron
Al 162-lea an al Dinastiei Komyr
Al 736-lea an de la Urgie
Anturasikun, Moriande
Nalenyr

Primele două lucruri care se întâmplară la intrarea în Marea Sală de Bal nu-l surprinseră deloc pe Keles Anturasi. Gărzile keru îi lăsaseră să treacă, pe el şi pe fratele său, de parcă nici nu i-ar fi observat, ceea ce-l făcuse să împartă cu Jorim un mic zâmbet secret. Keru, fiind înalte, puternice şi atrăgătoare, erau de multă vreme obiectul fanteziilor multora dintre tinerii naleniení. Deşi ştiau cu toţii că femeile keru nu se lăsau atrase în aventuri carnale, poveştile despre legături nepermise abundau, întotdeauna i se întâmplase prietenului unui prieten, așa că verificările erau imposibile și visele adolescenților nu piereau niciodată.

Odată înăuntru, fratele său se pierdu imediat în mulțime, fapt anticipat de Keles. Jorim își începu explorarea închipuind o volută prin grupul marcat de prezența celor mai frumoase femei. Își devie apoi drumul spre ringul de dans din apropierea muzicanților, iar reputația sa de dansator îi făcuse pe mulți să anticipeze această alegere.

Al doilea fapt fu venirea surorii sale, umplând golul lăsat de Jorim. Îngrijorarea ei vizibilă, oglindită pe față, îl făcu să se pregătească pentru unele probleme.

– Bună seara, Nirati! Bucuria Festivalului fie cu tine!

– Și cu tine, frate.

Îl luă de braț și-l trase spre colțul din nord-vest al încăperii, acolo unde mulțimea se subția.

– Mama m-a rugat să nu-l scap pe Jorim din ochi. Ambasadorul din Viruk a venit cu consortul ei, care este un războinic. Mama se teme că el s-ar putea să fi auzit poveștile despre uciderea de către Jorim a unor viruki în călătoriile sale. Dacă se pune să-l provoace pe Jorim...

– Jorim va accepta. Și orice s-ar întâmpla, ar fi necazuri. Vrei să te ajut?

– Nu, însă mă tem că mă va ține ocupată toată seara. Trebuie să te mai previn asupra unui lucru.

– Poftim?

– Majiata este aici. A venit cu un nobil deseian exilat, familia Aerynnor. Bunicul i-a trimis o invitație și a dat de înțeles că o poate aduce și pe Majiata. El pare foarte amabil, în timp ce ea... este ea însăși.

Keles simți un șarpe ghimpat începând să i se răsucească în rărunchi.

– Vrei să mă țin departe de ea? Nu-mi pasă deloc dacă este aici.

Sublinie ultima afirmație, sperând să fie amândoi convinși că ar putea fi adevărul.

– Mă bazez pe tine că-ți vei folosi judecata și că totul va fi bine.

Nirati îl sărută pe obraz.

– De fapt, vreau să te distrezi. Am să-l feresc pe Jorim de necazuri, cel puțin în noaptea asta. Apoi va fi responsabilitatea *ta* pentru tot restul Festivalului.

– Grozav, oftă Keles, însă reuși să zâmbească. Distrează-te și tu cât poți. Am să fiu cu ochii în patru.

– Prea bine. Te iubesc, Keles.

– Și eu pe tine, Nirati. Du-te.

Sora lui plecă într-o fâlfâire de mătase aurie, însă Keles mai rămase puțin în colț. Faptul că Majiata preferase să vină la ziua bunicului său îl surprindea. În scurtul interval trecut de când fusese nevoită să-i înapoieze inelul, se gândise din nou la idila lor. Deși fuseseră logodiți de doi ani, el petrecuse o mare parte a timpului mergând spre apus, pentru a termina o ridicare topografică a brațelor navigabile ale Râului de Aur. În vremurile de odinioară ale Imperiului, se putea călători din Marea Întunecată până pe coaste, însă ghețarii apăruți la Urgie aduseseră multe aluviuni în râu. Prințul voia să știe ce trebuia făcut pentru ca râul să devină din nou potrivit pentru comerț, iar Qiro îi predase sarcina lui Keles.

Când se afla în Moriande și nu lucra, participa la evenimentele sociale. La o astfel de ocazii îl însoțise Majiata și-i fusese o companioană perfectă. Era politicoasă și isteață, salvându-l atunci când entuziasmul său îl îmboldea să intre în detalii, explicând lucruri care pe alții îi plictiseau de moarte. Când erau singuri, și fuseseră câteva momente prețioase de intimitate în afara patului, Majiata renunța la maturitatea afișată în public și devenea pretențioasă, cerând daruri și făcând crize de nervi copilărești. Avusese un sentiment de vinovăție pentru că petrecuse atât de mult timp despărțit de ea, așa că-i suportase toanele gândindu-se că va fi mai bine odată ce se vor fi căsătorit.

Însă nu cu mult timp în urmă, începuse să vadă ceea ce probabil că Nirati remarcase încă de la început: că lucrurile nu se vor îndrepta niciodată. În timp ce unii oameni sunt capabili să se schimbe, majoritatea nu pot. Majiata nu avea nici un motiv să se schimbe pentru că de la Keles obținea absolut orice. Iar familia ei avea cu siguranță grijă să-i spună că tot ceea ce făcea era bine.

Keles se înfioră. Din anumite puncte de vedere, ar fi fost mai ușor totul dacă oamenii ar fi fost așa cum se zvonea că erau sothii. Ei treceau prin fiecare stadiu al vieții cu o perioadă de hibernare între ele. La fel cum și omizile se transformă în fluturi, deși schimbările la sothi nu erau deloc atât de frumoase, ei atingeau anumite puncte în viață când erau necesare schimbări radicale. Legendele spuneau că găseau un loc de hibernare, unde petreceau luni sau chiar ani pentru a-și reorganiza modul de gândire, apoi își schimbau forma într-una potrivită și ieșeau la lumină ca niște ființe noi, înfruntând lumea cu mult mai multă înțelepciune.

Iar despre sothii gloon se spune că sunt capabili să vadă chiar și în viitor, deși să fii văzut de unul poate aduce consecințe teribile. Keles zâmbi. *Unul trebuie să mă fi văzut când i-am fost prezentat Majiatei.*

Își dori să poată să și-o scoată din minte, însă nu era chiar atât de ușor. Își amintea zâmbetele și gânguritul ei. Deși ea nu fusese prea atentă cu nevoile lui, tot își dorea o legătură. Voia pe cineva care să-l privească în miez de noapte cu ochii încărcați de dorință, iar sentimentul că nu va mai cunoaște asta îl făcu să simtă că i se strânge stomacul de teamă.

Scutură din cap, privindu-și fratele care trecea de la un grup femei la altul. Jorim era un adevărat *jaecai* în arta flirtului. Părul, vânătaia de la ochi și poveștile pe care le genera îi confereau un aer exotic. Era sălbatic și imprevizibil, iar femeile civilizate din capitală tânjeau după așa ceva.

În timp ce eu sunt doar previzibil.

Keles oftă. Femeile nu se înghesuiseră niciodată în fața lui, așa cum făceau cu fratele său, și era unul dintre motivele pentru care se îndrăgostise atât de tare de Majiata. Îl jucase bine pe degete, făcându-l să se simtă dorit. În timp ce el chiar voia pe cineva cu care să-și împartă viața, o parte din el se întreba cum ar fi putut afla vreodată dacă fusese amăgit sau interesul ei era real.

Pocnetul sec al capătului sulițelor gărzilor bătând podeaua anunța sosirea cuiva important. Privi spre intrare, așteptându-se să-l vadă pe Prințul Cyron și suita sa, însă în locul lui apăru un singur bărbat, înalt, înveșmântat complet în albastru-închis, cu excepția unei panglici aurii care se răsucea în jurul brațului stâng. Prințul Pyrust din Deseirion așteptă ca gărzile keru să-și îndrepte sulițele, să nu trebuiască să se aplece pentru a trece de vârful lor. Așteptă, însă și ele făcură la fel, îmbunându-se numai după atâta timp cât e necesar să faci o plecăciune de respect cuiva de rang imperial.

Bărbatul trecu de intrarea sălii de bal, apoi se opri, dând gărzilor posibilitatea să-i privească spatele neprotejat. Ridică mâna stângă și începu să-și mângâie barbișonul. Deși barba și părul său castaniu-deschis erau încărunțite, nu arăta cine știe cât de bătrân. Dar, chiar și de la distanță, Keles putea vedea că Prințul pierduse două degete de la mâna stângă. Un inel mare cu sigiliu se afla pe ceea ce mai rămăsese din degetul mijlociu.

Chiar și Keles cunoștea povestea inelului. Deși cucerirea regatului Helosunde avusese loc cu mult înainte ca Pyrust să se fi urcat pe tronul deseian, spița regală din Helosunde nu fusese eliminată. După ce Pyrust devenise prinț, a fost organizată o puternică incursiune în Helosunde, iar prințul însuși a fost cel care a condus armata. În timpul campaniei a fost atacat şi rănit, pierzându-şi două degete şi inelul cu sigiliul de stat deseian. A supravieţuit, iar în bătălia următoare a zdrobit forţele helosundiene, ucigându-l pe Prinţul Moştenitor. Noul inel cu sigiliu de stat pe care şi-l confecţionase era făcut din coroana pe care o luase de pe capul prinţului. Keles înaintă spre Prinţ să-l întâmpine, iar acesta, văzându-l, porni şi el în direcţia lui. Ridicase chiar şi mâna, să nu-l piardă. La distanţa de trei metri, Prinţul se opri, permiţându-i lui Keles să facă plecăciunea, apoi îi întoarse gestul într-o manieră plină de respect.

Pyrust îl examină din cap până-n picioare.

– Se vede clar că eşti un Anturasi. Eşti Keles, dacă nu mă înşel?

– Sunt onorat, Alteţă.

– Onoarea-i de partea mea. Am tot visat să ne întâlnim.

– Sper că este un vis frumos.

– Destul de frumos. Prinţul se apropie şi zâmbi cu prudenţă. Anturasikun este încântător. Am visat că mă plimbam pe aici împreună cu fratele meu, Theyral. Lui i-ar fi plăcut foarte mult acest loc.

– N-am ştiut că aveţi un frate, Alteţă. Nu v-a însoţit?

– Nu, e mort.

Pyrust îşi ridică mâna dreaptă.

– Îţi mulţumesc, deja, pentru încă nemărturisita simpatie. Uneori îi simt lipsa. Şi nu regreta că nu l-ai cunoscut, pentru că familia mea este obscură. Însă a ta este bine cunoscută în afara Nalenyrului, iar munca voastră este obiectul invidiei oricărui cartograf, de oriunde. Acum înțeleg foarte bine de ce Prințul Cyron vă păzește cu atât de multă gelozie.

– Preocupările Prințului pentru bunăstarea noastră sunt foarte apreciate. Serviți puțin vin, Alteță? Aș fi onorat să vă aduc, se oferi Keles, ca să treacă de o anumită stânjeneală.

– Mai stai puțin.

Pyrust se apropie, își coborî glasul și puse mâna pe brațul lui Keles.

– Am auzit de lucrarea făcută de tine, după ce ai studiat Râul de Aur. Știi că Râul Negru curge prin mijlocul țării mele?

– Da, milord, îl aprobă Keles, deși Râul Negru forma de multă vreme o graniță naturală între Deseirion și Helosunde. Este unul dintre cele trei mari râuri.

– Nu trebuie să fii politicos, Keles Anturasi, pentru că te văd stânjenit.

– Iertați-mă, sire.

– Poate că eu te-am făcut să te simți așa, la un anumit moment, însă stânjeneala ta este bună. Reprezintă o măsură a loialității tale.

Mâna lui Pyrust se ridică, atingând cu degetele una dintre panglicile purpurii care ornau umerii lui Keles.

– Am nevoie de un studiu topografic al Râului Negru.

– Mă tem, Alteță, că nu voi putea prelua o asemenea misiune.

– Oh, da, desigur. Nu ți-aș cere asta chiar ție, însă mă întrebam dacă nu cumva cunoști vreun alt cartograf, aici sau pe domeniul meu, în care ai putea avea încredere să ducă la capăt o asemenea comandă.

Pyrust trase de panglica purpurie, apoi îi dădu drumul.

– Bineînțeles, dacă vreodată ai ajunge să consideri Nalenyr un loc în care nu mai poți trăi, te pot găzdui oricând la mine pe domeniu.

– Alteța Voastră este foarte generos. Am înțeles că Deseirion este o țară frumoasă.

– Are farmecul ei, deși știi foarte bine că ghețarii care au îngreunat Râul de Aur au ras până la rocă porțiuni din regatul meu. De aceea suntem atât de duri, lucrăm din greu să ne câștigăm existența. Astfel, suntem foarte dornici să ne îmbunătățim situația. Așa cum am spus, ajutorul tău în privința Râului Negru ar fi foarte apreciat. Dacă *ai prelua* o expediție, sunt sigur că informațiile familiei mele despre regatul meu ar fi mult amplificate. Poate că am putea discuta asta cu bunicul tău, nu?

– După cum doriți, milord.

– Excelent, mulțumesc. Acum am să gust puțin vin, dacă nu te superi.

Keles încuviință din cap și-l conduse pe Prinț spre mesele cu vinuri. Îl îndrumă departe de unchiul Eoarch, înspre locul unde se găsea cel mai bun vin. Se servi și el cu o cupă de vin deseian, deși, de cele mai multe ori găsea vinurile lor prea seci și amare. Pyrust alese unul dintre vinurile dulci din Erumvirine și toastară fiecare în sănătatea celuilalt.

Câțiva nobili din Nalenyr se apropiară și se prezentară, scăpându-l pe Keles de îndatoririle sale de gazdă. Oricum, nu rătăci prea departe, în caz că era nevoie de el, iar Majiata și însoțitorul ei se aflau în stânga sa. Conversau cu un alt cuplu care i se părea cumva cunoscut, însă nu-și putu aminti numele lor. Lângă Majiata stătea ambasadoarea, consortul ei înălțându-se amenințător alături de ea. Atenția lui părea să fie îndreptată spre ringul de dans, și înțelese, fără măcar să se uite, în primul rând, datorită cântecului interpretat, că fratele său distra deja vreo tânără.

Din acel moment, lucrurile se precipitară, iar Keles, deși avea crâmpeie de amintiri, numai ulterior, în urma discuțiilor cu familia, a fost capabil să reconstituie evenimentele. Privind în urmă, se întrebase dacă nu existase cumva vreo prevestire, însă nu găsise nimic, nici o iritare sau vreun semn de rău augur, nimic, așa că evenimentele se desfășurară fără nici un avertisment. Și foarte dureros.

Sus, în colțul de sud-est al încăperii, gărzile keru bătură în podea cu cozile sulițelor. Acest lucru anunța sosirea bunicului său. Qiro își făcea apariția, urma să fie aplaudat și lăudat. După asta, urma să sosească Prințul Cyron, se rosteau discursuri, iar petrecerea continua.

Majiata se întorsese la auzul bocăniturilor și se trăsese înapoi, uitându-se în sus. Făcând asta, se ciocni de ambasadoarea din Viruk, care tocmai în acel moment își ridicase cupa de vin la gură. Ciocnirea duse la vărsarea vinului pe sânii și roba ambasadoarei, pătându-i-o de parcă ar fi fost sânge. Ierariach șuieră un blestem în limba maternă, care nu necesita traducere.

Și brațul Majiatei fusese afectat de izbitură, iar vinul din cupa ei se vărsase pe mânecă și rochie. Împurpurată de ofensă la auzul blestemului, se întoarse. Într-o explozie bruscă de furie și fără să se gândească, o pălmui pe ambasadoare pentru insolența ei. Avea ochii îngustați de furie și chiar deschisese gura să pretindă să i se ceară scuze.

Însă, chiar înainte să fi putut rosti un singur cuvânt, războinicul viruk o trase cu o mână pe ambasadoare în spatele său și o ridică pe cealaltă. Ghearele erau încovoiate, iar mâna înălțată tremura în aer. Keles își va aminti prea bine umbra ghearelor pe tavan. Apoi mâna coborî într-o lovitură fulgerătoare, care era menită s-o eviscereze pe Majiata. Mâna era atât de mare în comparație cu tânăra, încât lovitura ar fi putut s-o taie în două.

Contele deseian o trase pe Majiata, răsucind-o. Vinul se împrăștie ca sângele. Contele încercă să se interpună între ea și gheare, însă nici cu cel mai brav efort al său nu ar fi putut reuși. Majiata, cuprinsă de furie, chiar se opuse, pecetluindu-și soarta.

Keles, care văzuse totul desfășurându-se de parcă ar fi fost un soth gloon și citea viitorul, reacționă într-o clipită. Se aruncă și-l lovi pe viruk dintr-o parte, cu ambele mâini. Impactul îi provocă un șoc prin tot corpul și îi dădu palmele pe spate. Ar fi avut mai multe șanse dacă ar fi încercat să răstoarne un obelisc de piatră, însă efortul său nu fu chiar în van. Reuși să-l dezechilibreze pe viruk suficient, încât să-l facă s-o rateze pe Majiata.

Din nefericire, saltul său îl aduse în raza de acțiune a loviturii războinicului, care îl lovi cu podul palmei în omoplatul stâng, îndoindu-i spatele. Cartograful săltă în aer și zbură drept în mulțime, împrăștiind oamenii înainte de a se prăbuși cât se poate de dur. Căzu pe burtă și ricoșă o dată, apoi se rostogoli și alunecă. Simțea ca o piatră rece pe spate, ceea ce-i spunea că gheara sfâșiase tunica, cămașa și carnea. Privi în spate și văzu sângele împrăștiat pe podea.

Oh, asta nu-i bine deloc. Încercă să-și recapete respirația, dar nu putu. Apoi vru să se ridice, însă nu putu nici asta. Din fericire, înainte ca panica să pună cu totul stăpânire pe el, leșină când primele dureri agonizante începură să-i macine spatele.

10

Ziua a 2-a, Festivalul Recoltei, Anul Câinelui
Al 9-lea an al Domniei Prințului Imperial Cyron
Al 162-lea an al Dinastiei Koṃyr
Al 736-lea an de la Urgie
Anturasikun, Moriande
Nalenyr

Prințul Cyron așteptase, împreună cu suita sa, chiar lângă intrarea în Marea Sală de Bal. I-ar fi plăcut să intre imediat, însă Ministrul său de Protocol fusese foarte explicit, spunându-i că trebuia să intre numai după salutarea sosirii lui Qiro Anturasi. Acesta putea fi privit ca fiind mult mai important decât Prințul, ar fi fost recunoscut drept gazdă, dar subordonat Coroanei.

Deși multe dintre aceste prevederi erau considerate de Cyron drept neghiobii, se supuse. Tatăl său îi observase nerăbdarea înaintea etalării unor astfel de maniere, însă subliniase că acestea constituiau ligamentele și tendoanele societății. *Dacă le nesocotesc eu, alții vor proceda la fel, iar întreaga societate se va prăbuși.* Nu era sigur dacă lua de bune toate vorbele tatălui său, însă în miezul Festivalului menținerea convențiilor oferea anumite emoții ceremoniale.

Țipetele din interiorul sălii sugerau însă un alt fel de emoții. Cele două gărzi keru de la intrare țâșniră în încăpere și Prințul își roti privirile suficient de repede ca să poată vedea un trup inert, înveșmântat în auriu, la capătul drumului prin aer. Gărzile, strigând ordine și agitând sulițele, făcură un culoar spre punctul de plecare a traiectoriei. Cyron se îndreptă spre locul unde căzuse bărbatul. Violența îi încremenise de uimire pe mulți din mulțime, așa că drumul Prințului nu era stânjenit de nimeni și ajunse imediat lângă bărbatul însângerat.

Keles Anturasi? Prințul nu și-ar fi putut închipui ce-ar fi putut face Keles pentru a fi victima unui asemenea atac. *Jorim, da, însă Keles?*

Se lăsă într-un genunchi, în stânga bărbatului, iar o tânără îngenunche în dreapta. Prințul o recunoscu pe Nirati și observă că rochia ei se înroșise deja la genunchi. Încerca disperată să-l întoarcă pe fratele ei, iar Prințul o ajută.

Patru tăieturi zdrențuite străbăteau spatele tunicii lui Keles, în stânga jos. Se terminau înainte de șira spinării și gâlgâiau de sânge, fără să țâșnească, iar Prințul consideră asta un semn bun. Nu fusese tăiată nici o arteră, dar cantitatea de sânge care-i năclăia hainele şi băltea pe podea nu lăsa nici o îndoială despre profunzimea rănilor.

Cyron îşi trase tunica, smulgând-o din centură, şi o aşeză pe spatele lui Keles. Apăsă rănile cu mâna, iar Nirati îl imită, în pofida palorii feţei sale şi a tremurului buzei de jos. Mama ei se strecură prin mulţime şi îngenunche lângă Prinţ.

– Vă mulţumesc, Alteţă, însă voi...

– Nu, Doamnă Anturasi, nu. Cyron îşi înălţă capul. Unde-i medicul meu? *Geselkir!* Vino aici sau tu şi întreaga ta şcoală veţi fi alungaţi din serviciul Coroanei.

Un bărbat corpolent, îmbrăcat în roba purpurie oficială, cu pulpane lungi şi mâneci imposibil de largi, apăru la capătul dârei de sânge.

– Alteţă?

– Ai de lucru aici, *acum*.

Bărbatul îşi ridică mâinile, iar mânecile alungite îi atârnau moi la genunchi.

– Dar cum rămâne cu roba mea?

– Va fi giulgiul tău dacă moare Keles Anturasi.

Una dintre gărzile keru îl înghionti pe doctor la spate cu capătul suliţei. Bărbatul o luă înainte împleticindu-se, iar pulpanele robei se muiară bine în băltoaca de sânge. Se chinui să se aşeze în genunchi şi preluă îngrijirea de la Prinţ, apoi începu să dea dispoziţii, punându-i la lucru şi pe unii invitaţi.

Prinţul se ridică şi urmă gărzile în locul unde două keru îi străjuiau pe ambasadoarea din Viruk şi pe consortul ei. În timp ce se apropiau de viruki, gărzile îi povestiră în şoaptă ce se întâmplase. Războinicul îşi ţinea mâinile ridicate, iar ghearele mâinii stângi îi erau pătate de sânge. Prinţul mai observă totodată şi urma clară a unei palme pe obrazul ambasadoarei şi vinul vărsat pe pieptul ei. În stânga lor văzu o tânără femeie, cu faţa lipită de pieptul unui bărbat înalt, purtând culorile unui exilat deseian.

Ambasadoarea făcu o plecăciune adâncă, iar războinicul îşi coborî fruntea.

– Prinţe Cyron, regret profund neplăcerile create de consortul meu. Cum este tânărul Anturasi?

– Sângerează.

Cyron se întoarse şi privi spre nobilul deseian.

– Ce probleme are femeia ta?

– Era cât pe ce să ajungă la fel ca Anturasi.

– Întoarce-te, fato. Priveşte spre mine.

Femeia se răsuci, fără a părăsi însă siguranţa oferită de braţele bărbatului, apoi făcu o plecăciune foarte joasă.

– Iertaţi-mă, Alteţă.

– Să iert ce, copilă?

– Cineva m-a lovit peste braţ, Alteţă, iar vinul mi s-a vărsat pe rochie. E distrusă. Am reacţionat imediat.

Fata începu să-şi îndrepte spatele din nou, însă Prinţul mârâi.

– Ţine-ţi capul plecat. Este o petrecere unde eşti invitată, nu gazdă. Eşti mult prea tânără ca să fii o expertă în etichetă, şi, cu siguranţă, nu suficient de şcolită ca să-i disciplinezi pe cei care au greşit fără voia lor. Te-ai întors și ai pălmuit pe cineva care-ți era cu mult superior. Pricepi?

– Da, Alteță.

El privi din nou spre ambasadoare.

– Îmi revine mie îndatorirea de a stabili o pedeapsă care va fi dusă la îndeplinire dimineață. Voi accepta comentariile dumitale asupra ei, Ierariach. O condamn la cinci lovituri de bici, pentru pălmuire și ofensa adusă.

Ambasadoarea reflectă un moment, care se tot prelungi, până când un scâncet scos de fată îi oferi ocazia de a vorbi.

– Eu n-aș vrea să-i fie spatele brăzdat de lovituri, când ceea ce mi-a făcut ea mie nu va lăsa urme.

– Ești foarte amabilă, Ierariach. Compasiunea dumitale îți face cinste.

Cyron privi din nou spre fată.

– Ridică-te, copilă.

Ea se îndreptă din plecăciune, cu fața toată un amestec de farduri compromise.

– Vă mulțumesc, milady.

Prințul desfăcu centura lărgită de la șold și o azvârli.

– Ea poate că este amabilă, însă eu nu sunt atât de binevoitor. Palma ta nu va lăsa cicatrice, însă Keles Anturasi va avea patru, *dacă* trăiește. Așa că vei primi și tu patru lovituri de bici, dimineața, apoi câte patru pentru fiecare an al vieții sale, dacă moare.

Fata gemu și căzu în genunchi.

– Dar ar fi o sută de lovituri. Aș putea muri.

Prinţul se lăsă pe vine şi-i luă bărbia cu mâna stângă, ridicându-i faţa.

– Nu, copilă. Voi avea grijă să *nu* mori. Vei trăi ca o oloagă, spatele tău va fi o masă de cicatrice oribile. Să nu te îndoieşti nici o clipă că nu voi porunci asta. Îl voi pune pe cel mai mare *jaecaitsae* să te biciuiască, iar dacă ai să ajungi la optzeci şi unu de ani, vei retrăi biciuirea în fiecare zi şi fiecare clipă a vieţii tale.

Îi şterse sulimenelile împrăştiate pe robă, apoi se ridică şi privi la însoţitorul ei.

– O veţi conduce acasă. Spuneţi părinţilor ei că toate rugăminţile pentru cruţarea ei au răsunat în gol. Dacă aş mai auzi câteva, asta m-ar irita.

– După cum doreşte Alteţa Voastră.

Bărbatul o luă pe fată în braţele sale şi o conduse dincolo de raza de acţiune a războinicului viruk şi afară din sala de bal.

Ambasadoarea ridică mâna.

– Mă voi retrage şi eu, ţinuta mea nefiind potrivită acum pentru o petrecere. Îi voi cere însă Prinţului să ia o hotărâre în privinţa rănirii de către consortul meu a lui Keles Anturasi. Rekarafi va fi pedepsit.

Cyron privi în sus, uitându-se în ochii întunecaţi ai războinicului.

– Ai lovit ca s-o protejezi pe ambasadoare, nu?

Războinicul dădu din cap.

– Dacă ai fi lăsat lovitura să-şi urmeze calea, cu ghearele desfăcute, i-ai fi sfâşiat cu totul spatele, rupându-i şira spinării, da?

Războinicul dădu din nou din cap, iar ochii i se îngustară o idee.

– Ai amortizat ceea ce-ar fi putut fi o lovitură de moarte.

Ambasadoarea interveni înainte ca Rekarafi să poată da din cap.

– Cu toate acestea, acţiunea sa a fost neglijentă, Alteţă. Ar trebui precizată o pedeapsă.

– Vă voi spune doar atât, doamnă ambasador, continuă Cyron, cu ochii închişi pe jumătate. O voi pedepsi pe fata care v-a ofensat. În sarcina voastră va cădea alegerea unei pedepse potrivite pentru Rekarafi.

Ierariach făcu o plecăciune graţioasă.

– Alteţa Voastră este pe cât de înţelept, pe cât este şi drept. Dacă pot fi de folos familiei Anturasi, doar spuneţi-mi şi voi face tot ce-mi stă în putere.

– Am notat. Mulţumesc.

Prinţul îi întoarse plecăciunea.

– Mă întristează faptul că nu mai staţi.

– Da, Alteţă, şi pe mine.

Ierariach se ridică, apoi privi spre colţul superior al încăperii.

– Domniei Voastre, Qiro Anturasi, vă doresc să vă bucuraţi de Festival, sănătate, o viaţă îndelungată şi multă prosperitate. Iertaţi-ne pentru acest incident.

Interpelarea virukiană îi atrase lui Cyron, pentru prima dată, atenţia asupra prezenţei în încăpere a lui Qiro Anturasi, deşi ar fi trebuit s-o simtă numai prin fierbinţeala mâniei sale. Bătrânul îşi alesese robele din cea mai fină mătase aurită şi pusese să-i fie brodate stele purpurii. Pe piept purta un medalion solar, iar picături aurii îi luceau în păr, pe frunte și pomeți. Acolo, înspre răsărit, Qiro strălucea ca un soare, iar ochii săi spălăciți aruncau flăcări.

Cyron se plecă adânc în direcția lui, apoi se ridică.

– Pe când această dinastie avea cam vârsta dumitale, Qiro Anturasi, era un domeniu provincial, lipsit de înțelegerea adevărată a propriei sale geografii. Acum, ajuns la dublul vârstei dumitale, Nalenyr se avântă din nou spre tărâmuri care nu existau înainte să le puneți pe hartă. Sunteți cel mai important dintre toți cetățenii și prin viitorul vostru sunt asigurate prosperitatea și fericirea noastră. Vă celebrăm ziua de naștere cu întregul nostru respect și adorație.

Furia din ochii lui Qiro se mai domoli, însă Cyron știu că mai era ceva.

Nu avea nici o idee despre ce putea fi, însă simțământul că urma ceva i se accentuă când Qiro începu să vorbească. Glasul îi rămăsese tern, doar puțin mai aspru, și umplea cu ușurință vastitatea încăperii.

– Prințe Cyron, sunteți mult prea generos sugerând că s-ar putea să fi avut un rol atât de puternic și important în istoria principatului, pentru că nu sunt decât un simplu scrib de pergamente. Familia mea, fratele meu, nepoții, strănepoții și chiar strästrănepoții, a prefăcut hărțile în realitate. Unii m-ar putea considera drept o mină de aur, însă ei sunt minerii, și ce-ar putea face unii fără ceilalți? Însă nu mi-am uitat nepoții. Nirati este bucuria mea. Îmi aduce lumină în viață, cu cântecele, cimiliturile și dojenile blânde, atunci când, fiind așa cum sunt, devin aspru.

Qiro începu să pășească nervos și Cyron recunoscu într-o clipă mersul și răsucirile bruște ale unui animal de pradă în cușcă, devenind, încet, din ce în ce mai agitat.

– La vârsta mea se obișnuiește să cedezi afacerea familiei generației următoare. Fiul meu nu mai este demult, așa că ar rămâne pe umerii fiilor săi să moștenească mantia pe care o port. Oricare din ei este merituos, în vreme ce fratele meu și progeniturile sale sunt minerii care scot aurul, nepoții mei sunt prospectorii care află noi filoane pentru a fi exploatate. Fără ei, mina ar fi curând epuizată.

Gesticulă neglijent spre ringul de dans.

– Jorim este mai mult decât un cartograf. Este explorator și aventurier. Aduce cu el mai mult decât hărți. Vine acasă cu animale, flori și fructe, leacuri, mirodenii și orice altceva ar putea intra într-o cală. De asemenea, aduce cu el obiceiuri străine, care apoi devin o modă, ori ajung să scandalizeze ceea ce este deja o modă. Cred că, pentru el, oricare dintre rezultate este acceptabil.

Câteva râsete răzlețe salutară observațiile, iar Qiro le acceptă cu un gest din cap.

– Aș fi preferat să-l am pe Jorim aici, cu mine, pregătindu-l să mă înlocuiască, însă trebuie pusă la cale o expediție grandioasă. Prințul Cyron a construit și armat, în marea sa dărnicie, nava *Lupul furtunii*, special pentru această călătorie îndelungată a marilor descoperiri. Nu există nimeni mai potrivit pentru a servi pe această navă. Îi acord cinstea lui Jorim. Nu numai că nava se va întoarce în Moriande cu bogății nebănuite în cală și povești așijderea, dar informațiile despre lume dobândite astfel vor rezolva multe mistere.

Cyron își ridică fruntea și-și îndreptă spatele, auzind pocnetul vertebrelor reașezându-i-se la loc. Sentimentul său de neliniște începu să se amplifice. Prima parte a discursului fusese rostită de parcă ar fi fost pregătit dinainte, însă Qiro deviase destul de repede de la el. Prințul bănuia că bătrânul intenționa să-l supună pe Jorim la servitudine și captivitate în Anturasikun, pedepsindu-l pentru numai zeii știau ce vină. *Iar dacă Jorim nu fusese destinat de la început să plece cu* Lupul furtunii, *ar fi mers Keles.*

Qiro zâmbi cu încetineală, oprindu-și umbletul.

– Mă gândisem că, poate, Keles s-ar bucura să rămână în Moriande, să mă ajute la munca mea, însă acum văd că este un tânăr plin de fantezie și cu un simț al romantismului care conduce la aventură. Mai există ceva, îndelung contemplat de mine. Aș fi vrut să plec chiar eu, din nou, însă nu mi s-a acordat niciodată permisiunea de a face asta. Alteță, Domnia Voastră și cu mine am discutat de multe ori, însă s-a hotărât că este o expediție care n-ar putea avea loc niciodată.

Bătrânul își încleștă mâinile la spate și începu să le explice invitaților, așa cum făcuse adesea și cu Cyron:

– Așa cum știm cu toții, înainte de Urgie Imperiul făcea comerț cu națiuni apusene îndepărtate, folosindu-se de Drumul Mirodeniilor. Această rută își urma traseul dinspre Imperiu, prin provinciile Solaeth și Dolosan, prin Ixyll și mai departe. În Ixyll, Împărăteasa Cyrsa – de la al cărei nume se trage și cel al Prințului nostru – a atras hoardele de turasynzi și le-a nimicit, declanșând Urgia. După cum povestește istoria, așa s-a închis Drumul Mirodeniilor pentru totdeauna. Însă, în decursul veacurilor, haosul prea multor vrăjitorii s-a diminuat. Magia nu mai există deloc în Solaeth și este foarte rară în Dolosan. Keles, puternicul și bravul meu nepot, se va reface de pe urma rănilor. Sunt sigur de asta. Are o voință prea puternică pentru ca niște zgârieturi să-l răpună.

Qiro dădu încrezător din cap, în timp ce invitații aplaudau, politicoși și nu prea cu viață, iar Prințul nu-și putea da seama dacă aplaudau expediția, ideea refacerii lui Keles sau pentru că le era teamă să nu-i vadă Qiro că nu băteau din palme.

– Imediat ce Keles se va însănătoși, va face studii topografice pentru Drumul Mirodeniilor, cu aceeași pricepere cu care a realizat și cercetările până la cursul dinspre apus al Râului de Aur. Va pleca în ceea ce, timp ce șapte sute douăzeci și nouă de ani, a fost un tărâm al necunoscutului. Îl va cuceri sau va fi învins de el, iar eu nu am nici un fel de dubii despre ce se va întâmpla.

Bătrânul bătu din palme, apoi luă cupa de vin de pe brațul jilțului său. Ridicând-o, își îngădui o clipă să-și lase privirea să rătăcească prin mulțime.

– Știința este victoria noastră asupra lumii și merită orice preț pe care l-am putea plăti.

Prințul nu avea cupă și fu bucuros. Își încrucișă privirile cu Qiro și înțelese imediat că bătrânul îl voia mort pe Keles. Cyron spera că motivele și conflictele care ar fi putut zămisli o asemenea ură rămăseseră ascunse îndelung în interiorul clanului Anturasi, pentru că alternativa sugera o sminteală a lui Qiro, în fața căreia Cyron era dezarmat.

Dacă îl ucizi pe Keles pentru că rănile lui ți-au compromis intrarea... Prințul scutură din cap. *N-ar putea fi asta. Nici chiar zeii n-ar putea fi atât de capricioși.*

Qiro își înclină capul spre Prinț, apoi bău.

Nu, nici un zeu n-ar putea fi atât de capricios. Însă un om care se crede zeu ușor ar cădea în ispită.

11

Ziua a 3-a, Festivalul Recoltei, Anul Câinelui
Al 9-lea an al Domniei Prințului Imperial Cyron
Al 162-lea an al Dinastiei Komyr
Al 736-lea an de la Urgie
Moriande, Nalenyr

Moraven Tolo străbătu cimitirul în umbra lui Grijakun. Locul fusese amenajat cu mici dealuri și văi, crânguri și garduri vii, care ascundeau mausoleele unul de celălalt. Trecu de locurile de veci ale poeților și preoților, negustorilor, nobililor și războinicilor. Fiecare avea ofrande așezate înainte: unele erau bucate, multe aveau lumânări, altele teancuri de *faetsun* – ciudații bani de hârtie pe care preoții îi vor aduna mai târziu și-i vor arde. Se vor ridica precum fumul spre Ceruri, iar cenușa se va scufunda în Iaduri, pentru ca beneficiarii lor să-i aibă de cheltuială pe lumea cealaltă.

Ducea cu el mic urcior, înfăşurat într-o pânză, să-i păstreze conţinutul cald. Deşi vara nu păşise încă spre toamnă, noaptea fusese rece. Aşa cum se aşteptase, îl găsi pe Ciras Dejote stând cu picioarele încrucişate în faţa mormântului unde-l lăsase, cu spada băgată în teaca aşezată de-a lungul coapsei. Tânărul se pregăti să se ridice când Moraven păşi intenţionat peste un vreasc şi-l rupse, însă *serrcaiul* îi făcu semn să rămână aşezat.

– A fost o noapte lungă şi rece.

Moraven se aşeză pe vine şi puse urciorul înaintea lui Ciras. Scoase capacul şi un abur aromat de supă de pui umplu aerul.

– Vreţi să mâncăm împreună?

Tânărul clătină din cap, deşi un chiorăit de maţe îl dădu de gol.

– Vă rog, Maestre, mâncaţi. Iar dacă mai rămâne ceva, am să mă înfrupt şi eu.

– Foarte bine.

Moraven se ridică şi puse din nou capacul urciorului.

– Ai ceva să mă întrebi?

– Nu, Maestre.

– Nu? Gura ta minte mai bine decât burta ta. Ne-am întâlnit în prima noapte de Festival. Am acceptat să te iau ca elev. Erai mai mult decât doritor, dar, cu toate astea, n-ai nici o întrebare?

– Nu, Maestre.

– Iarăşi nu? Ai venit atâta cale din Tirat să găseşti un maestru spadasin. Îmi eşti încredinţat mie, deşi doreai să intri în *serrianul* Jatan. Nici o întrebare?

– Nu, Maestre.

De pe chipul şi din glasul lui Moraven se topi orice urmă de plăcere.

– Dacă nu ai nici o întrebare, nu pot să te învăţ nimic. Poţi foarte bine să te întorci în Tirat. Nu te întrebi de ce mi-ai fost încredinţat tocmai mie?

Tânărul ezită, apoi dădu din cap.

– Ba da, mă întreb.

– Şi?

– Şi am presupus că Marele Maestru Jatan a căutat ce-i mai bine pentru mine, aşa că m-a încredinţat domniei voastre.

– Foarte bine, îl aprobă Moraven sprijinindu-se cu spatele de colţul mormântului unui poet. Ai venit să-ţi lămureşti această presupunere?

– Nu. Da, se fâstâci tânărul şi-şi mişcă stânjenit umerii. Sunt sigur că ştiţi ce faceţi.

– Nu, nu eşti, dar asta-i bine. Nici eu nu-s sigur.

Ciras clipi aproape şocat, apoi privi în jos, să-şi ascundă reacţia. Moraven îi acordă o clipă să-şi refacă atitudinea. Când capul bărbatului se ridică încet, maestrul spadasin continuă, lăsând să-i scape o urmă de zâmbet în colţul buzelor.

– Dacă ai pus la îndoială voinţa *dicaiserrului* Jatan, atunci ţi-ai pus şi alte întrebări. Ce altceva ai mai cumpănit?

Ciras îşi deschise gura, apoi o închise la loc. Toropeala care-l afectase înainte dispăru.

– Maestre, nu vreau să dau dovadă de lipsă de respect.

– Dar?

– De ce mă aflu aici? întrebă Ciras și deschise brațele pentru a cuprinde întregul cimitir.

– Tu de ce crezi că ești aici?

– Nu știu. Mi-ați spus să aștept aici. Am așteptat. Nu m-am clintit nici cu o palmă. Am fost vigilent. Am pândit fantome și hoți, pe cei care fură relicve, și n-am văzut nimic.

– Nimic?

– Am văzut câte ceva, bineînțeles.

Ciras își puse spada alături și se ridică. Se clătină o clipă, sprijinindu-se cu mâna de mormânt, apoi își îndreptă picioarele și făcu vreo doi pași sacadați.

– Am văzut rubedenii și admiratori aducând ofrande celor ale căror monumente se înalță aici. Cei mai mulți erau tăcuți, însă unii râdeau.

Moraven își lăsă zâmbetul să se lățească.

– Chiar râdeau? De ce să fi făcut asta?

– Nu știați unde m-ați lăsat? se miră tânărul, cu ochii căscați.

– Spune-mi tu.

Ciras lovi în mormânt cu vârful pantofului.

– Acesta-i monumentul poetului și dramaturgului Jaor Dirxi. Știți cine era?

Moraven înălță din umeri.

– S-ar putea să-mi mai amintesc o poezie, două.

– E faimos pentru satirele sale despre războinici. Poeziile sale ridiculizează ceea ce suntem și facem. Piesele sale de teatru ne transformă pe toți în bufoni. Unii cred că sunt distractive. Ele răstoarnă ordinea naturală. Îi slăvesc pe țărani, înaintea spadasinilor, pun pe același plan combaterea lăcustelor cu apărarea Imperiului de hoardele barbare. Iar dacă o prințesă naleniană nu i-ar fi fost iubită, nici n-ar fi aici, iar scrierile lui ar fi fost uitate.

– Și nu ți-a plăcut să fii ridiculizat, un războinic de strajă la mormântul lui?

– Nu, nu mi-a plăcut. Ciras se opri din mersul în sus și-n jos și se uită spre Moraven. Însă am preferat asta decât umilirea de care-am avut parte aseară, când m-ați pus de pază în curtea de la Trei Perle.

– Nu ți-a plăcut această sarcină? înălță Moraven din sprâncene și deschise din nou capacul urciorului. Mi-am petrecut întreaga seară acolo și chiar m-am simțit bine.

– Cum ați putut? Trei Perle este unul dintre bordelurile de notorietate în Moriande, ba chiar din întregul Nalenyr.

– Mai de grabă din toate cele nouă Principate.

– Atunci e chiar mai rău, mârâi Ciras. Nu-i nici măcar local de distracții, ci, pur și simplu, tractir al curvelor, venite după ce-au fost la pescuit pe străzi, găsind bărbați și femei cu caractere dubioase, aflați într-o stare de judecată discutabilă, ușor de jumulit la pungă. M-au văzut acolo, m-au stârnit, m-au atins, mi-au șoptit tot felul de sugestii libidinoase și obscene. Una și-a servit clientul chiar acolo, în fața mea, gemând, suspinând și scoțând și alte zgomote destul de nepotrivite pentru gâtlej.

Moraven sorbi puţin din supă şi-i lăsă căldura să i se împrăştie în trup.

– Ştiu că a făcut aşa. Eu am plătit-o.

– Aţi *plătit*-o să mă umilească?

Ochii lui Ciras se îngustară şi furia i se strecură în glas.

– Care a fost scopul atunci, doar să mă umiliţi? Sau m-aţi trimis să fac de pază acolo pentru ca stăpânul bordelului să vă plătească pentru serviciu?

– Iar dacă ar fi aşa?

– Ar fi o ticăloşie.

– Chiar aşa? De ce?

Moraven ţâşni ridicându-se în picioare şi-şi lăsă mâna pe mânerul spadei.

– Dacă sunt Maestrul tău şi te năimesc pe undeva, nu mi se cuvine mie simbria ta?

Ciras ezită.

– Da, însă...

– Însă ce? E ceva rău să-mi însuşesc plata ta pentru curvele cele mai decăzute, dacă vreau eu asta? N-ai avea nimic împotrivă să primesc mâncare de la fermieri în contul muncii tale. Atunci de ce nu şi ceea ce au alţii de oferit?

– Dar, Maestre, sunteţi un *serrcai*, nu?

– Adică?

– Puteţi face mai mult de-atât! La fel cum şi eu pot mai multe decât să stau de veghe într-un cimitir, în vreme ce întregul oraş sărbătoreşte Festivalul Recoltei. Familia mea face parte din nobilimea din Tirat. Avem bani. În cea de-a doua noapte de Festival, organizăm o petrecere măreață pentru cei mai bogați, mai înțelepți și sărbătoriți. Dacă ați fi venit la Tirat, ați fi fost onorat la petrecere, Maestre. Vi s-ar fi oferit orice ați fi dorit. N-ați fi fost nevoit să căutați târfele cele mai decăzute. V-am fi adus cele mai alese curtezane de pe insulă. Am fi adus chiar și una de pe continent, pentru domnia voastră. Familia mea ar fi făcut asta. Așa ar fi făcut.

Moraven își înălță din nou sprâncenele.

– Dar acum?

– După felul în care m-ați tratat? De ce-ar mai face-o? Ia-ți dezonorat pe ei, pe mine și chiar pe domnia voastră. Nu mi-aș fi putut imagina niciodată că aș putea fi folosit într-un mod atât de jalnic. Am avut încredere în Maestrul Jatan, iar el m-a dat pe mâna voastră, un farsor care se împreunează cu târfele cele mai de jos, mâncate de boli, plătindu-le ca să mă ațâțe cu trupurile lor mizerabile. Sunteți demn de respect, sau cel puțin așa ar trebui să fie, însă nu pot să nutresc altceva decât dispreț.

Moraven bău din nou și puse urciorul jos.

– Te poți opri acum.

– Să mă opresc? De ce-aș face-o? V-ați interesat dacă am întrebări, așa că le am, continuă Ciras cu fața împurpurată. De ce m-ați pus să păzesc tractirul? La ce-a putut servi asta? Și de ce sunt aici, stând de veghe la mormântul unui poet care detesta atât de mult ceea ce sunt eu?

– Oprește-te! porunci Moraven și ridică mâna dreaptă, cu palma în sus. Șezi!

Asprimea vocii sale îl făcu pe Ciras să cadă în genunchi. Își înclină capul în jos și-și puse mâinile pe coapse.

– După cum doriți, Maestre.

Moraven se lăsă și el în genunchi și rosti cu glas coborât:

– Folosul a ceea ce ți-am cerut să faci și ceea ce-ți *voi* cere să faci este că toate aceste lucruri îmi permit să te cunosc. Cu cât aflu mai multe despre tine, cu atât mai bine. Cu cât știu mai multe despre tine, cu atât mai bine voi putea să-ți corectez greșelile și să te transform în *serrdinul* care poți fi.

Împinse urciorul cu supă mai aproape de Ciras.

– Bea. Ești flămând și însetat. Dar fă-o încet. E fierbinte.

– Da, Maestre.

– Dă-mi voie să-ți spun ce am aflat până acum, Ciras.

Moraven îl lăsă să bea și să-și șteargă stropii de supă care-i curgeau de pe buză, înainte de a continua.

– Ai o viziune romantică despre ce-ar trebui să fie un spadasin. N-am aproape nici o îndoială că ai și ucis deja, probabil tâlhari și hoți care pândeau oamenii de treabă. Probabil, chiar meritau să moară. Te vezi făcând parte din marea tradiție eroică, de genul celei preamărite în balade, poezii și povești, ilustrată prin statui și tablouri. Cunoști lucrările autorilor imperiali clasici, precum Jontze și Viron Dunnol, mai degrabă ale ultimului, din moment ce-a fost și el tot un *serrcai.* Ții la cele Nouă Virtuți, respingi cele Nouă Vicii și intenţionezi să treci cele Optzeci şi Unu de Teste pentru a fi un *serrcai* Imperial. Câte ai făcut până acum?

Ciras de-abia dacă privi în sus, însă în vorbele sale se strecură o undă de mândrie.

– Treizeci şi unu, Maestre.

– Mai mult de unul pe an, zâmbi Moraven. Şi mai multe decât am trecut eu.

– Poftim?

Ciras aproape că scăpă urciorul cu supă.

– Maestre!

Ochii lui Moraven se îngustară.

– Astâmpără-ţi limba, pentru că atunci când vorbeşte, urechile nu aud nimic.

Aşteptă până când tânărul se linişti din nou, apoi continuă:

– Te întrebi despre sarcinile pe care ţi le-am dat. Au fost exerciţii întru devenirea ta ca spadasin. Ele cuprind anumite reguli, cele pe care le-ai presupus, şi altele care există dincolo de înţelegerea ta. Au, toate, lecţii în spatele lor. Ai refuzat lecţiile şi ai urmat numai regulile ştiute de tine. Să-ţi explic. Regulile ştiute de tine sunt cele acceptate în urma lecturilor şi antrenamentelor de dinainte. Accepţi că, fiind Maestru al tău, pot să-ţi dau un ordin, iar tu să te simţi îmboldit de onoare să-l execuţi fără crâcnire. Ţi-am spus, noaptea trecută, că doresc să stai „de strajă" aici. Tu ai înţeles din asta să rămâi lipit de acest loc, unul friguros, care te expunea ridicolului şi pe deasupra ai şi flămânzit.

Ciras se încruntă, însă nu rosti nimic.

Moraven zâmbi.

– Foarte bine. Erai flămând, totuşi, ai rămas aici, într-un loc unde oamenii aduc mâncare, pomană pentru morţi. Te aflai într-un loc al belşugului, şi, cu toate astea, jinduiai.

– Dar, Maestre, mâncarea este o ofrandă pentru morţi şi pentru zei. Să ţi-o însuşeşti ar fi...

– Ar fi ce? N-ai văzut niciodată viermii ieşind şi înfruptându-se din prăjituri şi fructe?

– Da, bineînţeles.

– I-au trăsnit, cumva, zeii? S-au ridicat spiritele morţilor să le protejeze?

Moraven continuă cu glas mai scăzut.

– Preoţii din Grija sunt arareori slăbănogi, deşi-l venerează pe zeul Morţii. Tu crezi că toată mâncarea asta este arsă pentru sacrificii?

– Nu, însă... nu-i *bine*.

– Foarte bine, Ciras. Asta spune multe despre caracterul tău, că eşti dispus să înduri disconfortul când ceva se împotriveşte codului tău moral.

Moraven dădu încurajator din cap şi-i făcu semn să mai bea supă.

– Însă trebuie să-ţi aminteşti că sunt momente când circumstanţele te obligă să tratezi lucrurile în maniere diferite de cele dorite de tine. Rară este fapta rea care să nu poată fi reparată mai târziu. De fapt, toate se pot repara, în afară de una.

– Iar aceea?

Ciras închise ochii, iar roşeaţa îi aprinse obrajii.

– Iertați-mă, Maestre. Sunt aici, chiar în miezul răspunsului.

– Da. De ce crezi că te-am pus să șezi aici, noaptea trecută, când nu puteai decât să auzi zarva Festivalului și să vezi luminile lui? Pentru că toți cei care se află aici s-au bucurat, cândva, de Festival. Ceea ce tu sau eu nu le putem lua niciodată.

– Mă iertați, maestre, dar asta are înțeles. Dar de ce tocmai Casa la Trei Perle?

– Sperasem ca și asta să-ți fie ceva evident, oftă Moraven. Acolo ai putut vedea pasiunile care ard în inima tuturor oamenilor. Fiecare dintre cele Nouă Virtuți respinge o pornire aclamată de cele Nouă Vicii. Desfrânarea este una, iar ea este numită dorință într-o casă de moravuri ușoare și, astfel, devine acceptabilă. Problema este că oamenii au tot felul de porniri, simțiri pe care nu sunt capabili să și le controleze. Dacă le pot controla, asta se întâmplă numai pentru puțin timp. Tu ți le-ai înfrânat pe ale tale noaptea trecută, fără să ți se ceară. Ți-am spus doar „stai aici“, nimic mai mult. Dacă ai fi cerut un pat, ți l-ar fi așezat în aceeași încăpere mică unde am dormit și eu.

Spadasinul înălță un deget.

– La Trei Perle ai putut vedea puterea desfrânării. Aici, însă, am sperat că vei reflecta adânc la adevărurile poeziei lui Jaor Dirxi. *A ridiculizat* războinicii, dar a făcut asta din cauza spaimei față de ei. El și mulți alții au fost înspăimântați la vremea aceea că războinicii vor domina lumea și că se va declanșa Urgie după Urgie. Mulți dintre despoții războinici și prinții tâlhari s-au gândit de două ori înainte de a săvârşi ceva, asta de teamă că spiritul ascuţit al lui Jaor îi va expune oprobriului public. Aşa că aste două nopţi au fost chibzuite să poţi tu afla că oamenii ar face multe să apere sau să ajungă la obiectele dorinţelor lor, inclusiv acte de mare bravură. Toate pentru evitarea morţii. Dacă nu înţelegi aceste lecţii, nu vei înţelege oamenii. Dacă nu înţelegi oamenii, nu vei putea niciodată să faci vreo diferenţă între cei pe care trebuie să-i ucizi şi cei pe care nu vei fi nevoit.

Expresia lui Ciras se îmblânzi, apoi dădu din cap.

– Încă ceva.

– Da, Maestre.

– Ai amintit de familia ta.

– Da.

– Ai tăi sunt aici?

Ciras clătină din cap.

– În Moriande? Nu, Maestre.

– Ei ştiu că te afli aici?

– Nu.

– Au vreo influenţă aici?

– Nu chiar.

Moraven ajunse în picioare cu o mişcare mlădioasă, îşi trase sabia şi aşeză lama tremurândă sub bărbia lui Ciras.

– M-ar putea ei împiedica să te ucid în această clipă?

Tânărul înghiţi în sec.

– Nu, Maestre.

– Foarte bine.

Moraven îşi băgă sabia în teacă.

– Ciras, tot ce însemni tu stă în *ce* ești: ce poți face pentru ca lumea să fie mai bună. Banii, rangurile, familia – chiar și trecutul tău – sunt insignifiante. Fiecare dintre noi este cumplit de singur pe lume. Dacă nu putem găsi în noi înșine puterea de a ne confrunta cu provocările pe care ni le aruncă lumea, nici toată forța din afară nu ne va putea salva.

Ciras dădu din cap și păru să fie pe cale să mai întrebe ceva, când două gărzi în uniforma Prințului se apropiară de ei, însoțind un bărbat în vârstă, îmbrăcat în roba oficială și cu barba țepoasă tipice pentru un funcționar de protocol. Moraven se ridică pe când bătrânul urca delușorul.

Funcționarul făcu o plecăciune.

– Am onoarea de a mă adresa lui Moraven Tolo?

– Da, eu sunt.

Moraven întoarse plecăciunea, dându-i adâncimea și durata potrivite pentru însuși Prințul.

Bătrânul scoase din mânecă un sul de hârtie ivorie și i-o întinse maestrului spadasin. Ridică un mic sigiliu de bronz, pentru ca Moraven să-i poată verifica modelul pe pecetea de ceară roșie, apoi o rupse și începu să citească.

– Ministre, trebuie să fie o greșeală.

Bătrânul scutură din cap.

– Nu, *serrcai*, nu este nici o greșeală. Trebuie să vă prezentați la Wentokikun, în cea de-a șasea noapte a Festivalului. Acolo vă veți arăta îndemânarea într-un duel.

– Dar nu am lansat nici o provocare în acest sens.

– Nu contează. Etalarea talentelor domniilor voastre a fost oferită de Prinţ ca un dar în onoarea aniversării dinastiei.

Moraven zâmbi.

– Un dar? Cine a oferit astfel serviciile mele?

Capul bătrânului se înclină într-o parte.

– Doamna de Jais şi Jad.

– Ah, bineînţeles, zâmbi amabil. Dorinţa sa este o poruncă pentru mine.

12

Ziua a 3-a, Festivalul Recoltei, Anul Câinelui
Al 9-lea an Domniei Prinţului Imperial Cyron
Al 162-lea an al Dinastiei Komyr
Al 736-lea an de la Urgie
Wentokikun, Moriande
Nalenyr

Greutatea împovărătoare a robelor suprapuse oficiale îl făcu pe Prinţul Cyron să considere că atârnau mai mult chiar şi decât armura sa lamelară, pe care o îmbrăca în bătălii. Ar fi schimbat bucuros robele purpurii – brodate cu o întreagă menajerie a încarnărilor pământeşti ale zeilor, începând cu dragonii – cu armura. Cu masca de dragon acoperindu-i faţa ar fi avut un mare avantaj, pentru că orice expresie trădată de chipul său ar fi putut să-l nenorocească. *E mai bună o lovitură de sabie decât o asemenea greşeală.*

Ușile întinsei săli de recepții se deschiseră încet. Opt stâlpi, fiecare ilustrând unul dintre zeii Zodiacului, împărțeau clar încăperea în trei sectoare egale. Tronul Dragonului, pe care ședea, reprezenta Wentiko – cel de-al nouălea semn zodiacal – și în mod clar îi subordona pe toți ceilalți zei. Un covor lat, roșu, bătând spre purpuriu, se întindea de la marginea picioarelor tronului până la ușă. Numai celor de sânge regal li se permitea să pășească pe covorul lat dintre stâlpi. Dacă vreun muritor de rând ar fi pus piciorul pe el, ar fi fost o ofensă adusă Cerului și Prințului, cu consecințe cumplite, pe care astrologii și miniștrii le puteau defini cu mare precizie. Intrusul ar fi ucis pentru a le împiedica să se producă, iar asta în oricare din modalitățile oribile pe care tot miniștrii săi le puteau enumera.

Miniștrii urmau să fie martorii celor petrecute aici, însă din locurile lor de pe rogojinile de trestie așezate în celelalte treimi ale încăperii. Funcționari vor lua loc în partea din dreapta, iar vizitatorii vor sta în fața lor, în dreapta Maestrului lor. Vor fi egalați în număr, aranjați în funcție de vârstă, pentru ca totul să rămână în armonie și echilibru.

Cu excepția faptului că-l urăsc pe Stăpânul lor, iar el pe mine.

Cyron își menținu o expresie netulburată când Prințul Pyrust din Deseirion apăru în mijlocul intrării. Și el era împovărat de robe de ceremonie, în care predomina albastrul-închis. Ale sale fuseseră brodate cu motive mult mai simple, care invocau Șoimii și numai doi dintre zei. Câinii, simbolul Casei helosundiene, umpleau poalele veşmintelor sale astfel încât cu fiecare pas făcut, zdrobea câte unul sub picioare. Pe fustanelele robelor, pe piept şi, fără îndoială, pe spate, câte un şoim uriaş purta în ghearele sale un vierme ţepos, declarând supremaţia Deseirionului asupra Nalenyrului.

Cyron găsi că etalarea alegoriei era pe cât de grosolană, pe atât de prost-gust, însă, cel puţin, viermele nu fusese ornat cu o coamă roşie, potrivită cu culoarea părului fratelui său mort. Altcineva l-ar fi putut considera pe Pyrust drept brutal sau chiar prost pentru afişarea într-un astfel de veşmânt în timpul Festivalului, dar asta ar fi însemnat subestimarea lui. Indiferent de câţi bani şi arme ajungeau în mâinile rebelilor helosundieni, deseienii îşi menţineau controlul asupra Principatului cucerit. Cyron se îndoia, în pofida inegalabilelor sale gărzi keru, că Helosunde va mai fi vreodată liber, ceea ce însemna că Pyrust va pofti la Nalenyr mai devreme sau mai târziu.

Dar, deşi era un adversar teribil, avea şi el puncte slabe. Cel mai important dintre ele era credinţa în visele profetice. Cyron depăşise de mult astfel de prostii superstiţioase, dar tot îi mai asculta pe astrologii curţii şi pe ghicitori. Se părea că miniştrii şi aceste lucruri îi făceau viaţa mai uşoară. *Acum, dacă şi Pyrust ar face la fel ar fi minunat.*

Pe măsură ce Pyrust înainta pe covor, miniştrii săi intrară în încăpere să-şi ocupe locurile. Suita lui Cyron le urmă exemplul, de parcă fiecare dintre părţi ar fi fost o formaţie de dansatori bine instruiţi. Prinţul ştia că fiecare îl urmărea pe celălalt, evaluând, presupunând, catalogând nuanţele, lucruri care vor fi, ulterior, transformate în avantaje la masa negocierilor. Dacă s-ar fi investit o fracţiune din aceste eforturi pentru a face să funcţioneze vastul aparat birocratic, toate Principatele ar fi avansat cu ani şi ani faţă de stadiul în care se aflau.

Când Pyrust ajunse la jumătatea lungimii covorului, Cyron se ridică şi lăsă sceptrul, cu măciulia ornată cu păr de cal, pe un braţ al tronului. Unul dintre miniştri avu o tresărire când făcu asta, dezamăgindu-l. Sperase ca inima insului să plesnească şi să numească pe altcineva în locul său, pe cineva care să nu fi fost deja bătrân pe vremea domniei bunicului său.

Deşi chipul lui Pyrust rămăsese o mască de piatră, paşii săi ezitară o clipă atunci când Cyron lăsă sceptrul jos. Unul dintre miniştrii deseieni remarcă şi se îmbăţoşă, egalând scorul serii în duelul protocolului. Pyrust continuă să meargă, lungind uşor pasul, lovind câinii helosundieni din mers, apoi se opri la ultima pereche de stâlpi şi făcu o plecăciune.

– Cu ocazia aniversării dinastiei voastre, Prinţe Cyron, eu şi deseienii vă dorim numai prosperitate, longevitate şi bucurie.

Pyrust făcu o plecăciune adâncă şi îndelungată, pentru a-l impresiona pe Cyron.

Aproape că l-aş putea lua drept sincer.

Așteptă ca omologul său din nord să se ridice, apoi se plecă și el, nu chiar atât de adânc. Dacă ar fi făcut așa, ar fi fost nepotrivit cu locul și circumstanțele întâlnirii. Își menținu plecăciunea la fel de mult ca Pyrust, dar cel mai bătrân dintre miniștrii nalenieni începu să devină pământiu la față.

– Sunteți binevenit, Prințe Pyrust. Cyron privi spre miniștrii săi. Aș vrea să aduceți un scaun pentru Prinț.

Cel mai bătrân dintre miniștri se strâmbă, iar o mână i se strânse la piept. Doi dintre cei mai mici în rang dintre miniștri se ridicară și-și târșâiră pașii spre intrare să ia un scaun mic de la una dintre gărzile keru. Îl purtară până în partea din față a sălii și-l puseră pe linia stâlpilor din dreapta. Plecându-se adânc spre ambii Prinți, se retraseră cu pași mici, însă reușiră să se miște destul de repede.

Pyrust se întoarse cu spatele spre miniștrii săi și se încumetă să zâmbească.

– Un scaun de campanie. Câtă atenție.

– Se știe că Alteța Voastră se simte bine într-unul din acesta, clătină Cyron ușor din cap. V-aș fi oferit o șa, însă aducerea unui cal aici comportă anumite dificultăți.

Pyrust se așeză, însă cu un aer bățos.

– Cred că înțeleg.

Cyron luă loc și își aranjă roba la picioare astfel încât pieptarul plat să fie foarte vizibil. Înfățișa un șoim hărtănit de un câine. Continua insulta pe care o conținuse remarca sa despre cal, din moment ce legenda spunea că bunicul lui Pyrust, atunci când cucerise capitala helosundiană, intrase călare în sala tronului și se lovise cu fața de o grindă, zburând de pe șa. Întâmplarea devenise o prevestire nefastă pentru ocupanți.

– Am fost încântat că ați acceptat invitația mea de a ne vizita în timpul Festivalului din acest an. Am nădejdea că o veți considera o experiență plăcută.

– Chiar mai mult decât altele, însă sunt bucuros că vă puteți distra la propriul Festival.

Prințul nalenian se încruntă, ceea ce adânci geamătul ușor al miniștrilor săi.

– Nu sunt sigur că am înțeles bine.

Pyrust rânji lupește.

– În mod evident, v-ați distrat înspăimântând-o pe fata aceea, seara trecută. Și ați pus să fie biciuită de dimineață.

– M-a distrat prima întâmplare, dar nu și ultima.

Ochii lui Cyron se strânseră.

– Ați mai văzut genul ei și înainte, născută într-o familie privilegiată, însă fără nici un simț al responsabilității. Cum ați fi rezolvat lucrurile?

– Cunoașteți deja răspunsul. Aș fi pus să fie biciuită chiar acolo, pe loc. Fără nici o șansă de apel. I-aș fi făcut pe toți să înțeleagă gravitatea ofensei aduse de ea și justețea pedepsei administrate. Pedepsele întârziate au efecte neînsemnate.

– Poate că da, însă eu nu la asta mă gândeam.

– Dar la *ce* vă gândeați?

Bărbatul mai tânăr zâmbi.

– Mă gândeam să-i ofer şansa de a învăţa din întâmplare. I-am acordat opt ore să se gândească la biciul care-i va muşca din carne. Dacă s-ar fi pocăit sincer, dacă şi-ar fi cerut iertare, dacă ar fi ajuns să-şi accepte pedeapsa, în această dimineaţă, şi să-i recunoască justeţea, s-ar fi putut s-o iert, în spiritul Festivalului. Nu s-a pocăit, dădu el din umeri. Au venit rudele ei şi mi-au cerut s-o iert în numele Festivalului. Le-am oferit şansa de-ai lua locul, însă nici una n-a vrut.

Prinţul deseian se încruntă.

– S-ar putea să vă considerăm pe voi, nalenienii, nişte degeneraţi, însă nu mi-aş fi închipuit că simţul vostru moral a decăzut atât de mult încât nici măcar tatăl să nu ia locul fiicei.

– Nu, însă am precizat că *jaecaitsaeul* meu a adăugat o lovitură pentru fiecare dintre anii ei de viaţă, iar asta ar fi făcut totalul inacceptabil. Însoţitorul ei a acceptat însă oferta. Este unul de-al vostru, aşa că poate că aveţi dreptate în privinţa noastră, sau poate ne sunteţi superiori doar moral.

Pyrust pufni.

– Spuneţi asta numai pentru că este vorba de un exilat, deci nu mai este unul de-al meu. Dacă ar fi fost, aţi fi spus că este un semn de morbiditate intelectuală.

– Sau dragoste adevărată.

– Adesea, înseamnă acelaşi lucru.

– Vai! exclamă Cyron, permiţându-şi să zâmbească. A fost dusă într-o piaţă publică, dezbrăcată până la brâu, ceea ce cred că a deranjat-o mai mult decât pedeapsa, şi apoi biciuită. *Jaecaitsaeul*, acţionând la ordinele mele, i-a provocat atâta durere la prima lovitură, încât a leşinat. Celelalte trei au fost mai blânde şi numai una a lăsat o mică urmă, pe conturul omoplatului. N-o va vedea niciodată, însă slujnicele ei, da.

– Şi credeţi că asta se cheamă dreptate?

– Mie mi se pare că da. Nu există nimic care ar putea-o transforma într-un cetăţean folositor, aşa că a servit drept exemplu. Speram la mai multe, însă va trebui să fiu mulţumit cu atât. Ştiu că aţi fi fost mai neîndurător, însă eu am procedat cum am crezut că este mai bine. Opiniile noastre diferă în mod limpede asupra acestei chestiuni. Pe viitor va fi la fel, sunt destul de sigur.

– Vorbiţi fără ocolişuri.

– La curtea mea, acest lucru este bine-venit.

Prinţul Pyrust dădu din cap, apoi pocni cu mâinile pe braţele scaunului de campanie.

– Din moment ce m-ai făcut să mă simt atât de confortabil şi mi-ai permis unele familiarităţi, frăţioare, propun să renunţăm la orice preţiozităţi. Ştii că nu am avut de ales, decât să vin la sărbătoarea dinastiei voastre, pentru că tatăl tău a venit la Felarati să celebreze o aniversare asemănătoare, acum douăzeci de ani.

– Fratele meu l-a însoţit.

– Îmi amintesc că l-am întâlnit, spuse Pyrust, iar ochii i se îngustară uşor. Un om curajos, fratele tău.

Dar nu-ţi era superior. Mă evaluezi, comparându-mă cu el şi descoperi lipsuri. Ar fi periculos să-ţi deslușesc adevărul, însă cu mult mai periculos să nu.

– Să dăm la o parte orice prețiozități, zâmbi Cyron. Aș vrea să știi că nu înțeleg prin prezența ta aici o recunoaștere a superiorității națiunii mele, deși dinastia mea este de două ori mai veche decât a ta. De asemenea, vreau să-ți mulțumesc pentru darul constând în lemn fin și sculpturi pe care ni l-ai trimis.

– Nădăjduiesc să nu înțelegi greșit simplitatea darului nostru, se încruntă prințul din nord.

– Deloc.

Deseienii trimiseseră un lemn de esență tare excelent, numai bun pentru ca artizanii Prințului să se poată ocupa de el, iar obiectele lucrate care sosiseră stârniseră admirația tuturor celor care le văzuseră. Cyron păstrase pentru el un mic set de șah, pentru călătorie, înainte de a distribui restul lucrurilor printre miniștri și prieteni. Singura problemă cu darurile deseiene fusese amploarea lor, pentru că ar fi trebuit să ofere mult mai mult decât trimiseseră.

Cyron se aplecă în față.

– Ești la curent cu faptul că Erumvirine ne-a trimis în dar un milion de *quori* de orez?

Ochii lui Pyrust se oțeliră.

– Vestea largheței lor bântuie peste tot în Moriande. Chiar și surzii și morții au aflat de asta.

– Dar și vestea recoltei voastre slabe este la fel de cunoscută.

Cyron alesese în mod voit cuvântul „slab“, pentru că adevărul era atât de crâncen încât ar fi putut smulge carnea de pe oase. Fusese un an secetos, iar Râul Negru nu ieșise din matcă, așa că recolta de orez pierise în Deseirion. Cum un *quor* era suficient pentru hrana unui om, timp de un an, recolta îi lăsase cu de-abia jumătate de *quor* de cap de om.

– Prinţe Pyrust, am intenţia de a onora darul din Erumvirine oferind orezul negru poporului meu.

– Atunci ai tăi vor fi graşi şi fericiţi.

– Fericiţi, într-adevăr, asta le şi doresc.

Cyron îşi împreună mâinile, palmă peste palmă, şi-i rezemă bărbia de vârful degetelor.

– Intenţionez să iau un milion de *quori* din orezul nostru auriu şi să-l trimit în nord, în Deseirion.

Pyrust îşi ascunse bine surpriza, însă fu imediat suspicios.

– De ce ai face tu asta?

– Credeam că motivele mele sunt evidente.

Cyron expiră zgomotos, îndreptându-şi spatele.

– Oamenii tăi vor suferi în această iarnă şi unii vor muri. Dacă recolta voastră de anul viitor este tot proastă, ceea ce astrologii mei spun că este posibil, vei avea o singură posibilitate. Şi anume să-ţi aduci trupele în sud şi să iei ceea ce vrei şi-ţi trebuie de la ai mei. Problema este că, după un an de foamete, trupele tale vor fi mai slăbite, aşa că va trebui să faci asta acum, în acest an, chiar de luna viitoare, altfel dezastrul nu mai poate fi evitat. Numai un prost ar aştepta până anul viitor, iar tu nu eşti prost.

– Spui că nu sunt prost, însă încerci să mă mituieşti cu mâncare.

– Nu cred că un lup este prost, dar dacă-i dau de mâncare să nu-mi intre în casă, atunci am să-l hrănesc.

Fața lui Pyrust se întunecă o clipă, apoi dădu din cap.

– Mă pui într-o situație dificilă. Națiunea mea are nevoie urgent de hrană, iar tu o oferi. Nu pe gratis, mă aștept să existe un anumit preț. Din moment ce nici tu nu ești prost, știu că prețul va fi ridicat. Dar știi la fel de bine că inegalitatea rezervelor de hrană nu este diferența cea mai copleșitoare dintre națiunile noastre. M-am tot gândit la asta. În timp ce tu explorezi restul lumii și faci comerț, te îmbogățești tot mai mult. Dacă te las să mă corupi cu mâncare și aur, voi deveni tot mai dependent de tine; iar când te decizi să mă scoți din porție, națiunea mea se va prăbuși.

– Nu pun în discuție varianta ta pentru descifrarea viitorului, Prințe Pyrust, însă susțin că este doar o versiune dintre cele multe.

– Ha! Dorești să reunești Principatele într-un singur imperiu, la fel ca oricare dintre ceilalți prinți. Numai că tu vrei să ne cumperi, în loc să iei cu forța.

– Consolidarea pașnică a unui imperiu să fie, oare, un viciu? întrebă Cyron cu o sprânceană ridicată.

Prințul din nord ezită.

– Nu așa stau lucrurile. Fratele tău știa asta. Acțiunile tale ne reduc pe noi, ceilalți, la starea de sclavi. Ne distrug spiritul.

– Iar dacă ești cucerit, nu?

– Cei care supraviețuiesc unui război de cucerire sunt lașii. Cei curajoși vor fi murit apărându-și țara.

Prințul nalenian dădu din cap.

– Atunci, lasă-mă să-ți explic cu grijă totul. Voi trimite grâne în nord, însă numai la anumite intervale. Dacă armata ta ne invadează, depozitele și centrele de etapă vor fi arse. Te voi târî până în sud, cu armata mea, în timp ce flota va incendia Felarati. Helosundienii au mult mai mulți oameni sub arme decât îți imaginezi, iar în timp ce tu avansezi în sud, ei îți vor sări în spate, tăindu-ți liniile de aprovizionare. Armata ta va flămânzi. Odată ce ți-am zdrobit-o, voi veni în nord cu mâncare și-i voi câștiga pe ai tăi de partea mea, voi stabili o regență helosundiană pentru Deseirion, unind cele trei domenii sub sceptrul meu.

– Nu sună rău, când o spui așa, fratele meu prinț, însă zdrobirea armatei mele îți va lua mai mult decât un marș îndelungat, iar rebelii sunt pierduți prin munți. Însă viitorul pe care-l descrii *este* posibil, recunoscu Pyrus, ridicând din mâini. Nu va profita nici unul dintre noi. Asta mă face să mă întreb ce vei cere pentru orez.

– Miniștrii mei vor vorbi cu ai tăi, însă eu vreau încetarea campaniei din Helosunde. Vreau să-ți retragi trupele de acolo.

Liderul deseian se gândi o clipă, apoi acceptă din cap.

– Ai fi putut obține mai mult de la mine. Un pact de neagresiune pe cinci ani.

– Nu-l vei onora, iar eu n-aș avea încredere că ai face-o, scutură Cyron din cap.

Amândoi prinţii tăcură, însă ecoul suspinelor miniştrilor umplea aerul. Asta-i făcu pe cei doi să zâmbească.

– Apărarea teritoriului tău va funcţiona, chiar dacă ai sau nu intenţia de a-mi trimite hrana. Atunci de ce nu mă laşi, pur şi simplu, să flămânzesc? se încruntă Pyrust.

– Pentru că *nu* vei flămânzi, frate. Cyron dădu uşor din cap. *De ce nu pricepi?* Ai tăi vor flămânzi. Dorinţa mea este de a-i salva de durere şi moarte.

– Dar nu înseamnă nimic pentru tine.

– Dar ar trebui, nu?

– Da, da, sunt unii care ar fi de acord cu acest punct de vedere, spuse Pyrust şi se ridică încet. Eu nu sunt unul dintre ei. Puterea pe care o avem este de a lupta pentru gloria dinastiilor noastre. Nu este suficient doar să supravieţuieşti. Trebuie să prosperăm, iar ceilalţi trebuie făcuţi să se încline în faţa superiorităţii noastre.

Astea ar putea fi cuvintele pe limbă de moarte ale fratelui meu. Cyron se ridică şi el.

– S-ar putea să fie adevărat, Prinţe Pyrust, însă dacă este aşa, nu se va întâmpla anul acesta.

– Nu, dar mai sunt mulţi ani înainte, zâmbi Pyrust.

13

Ziua a 3-a, Festivalul Recoltei, Anul Câinelui
Al 9-lea an al Domniei Prinţului Imperial Cyron
Al 162-lea an al Dinastiei Komyr
Al 736-lea an de la Urgie
Anturasikun, Moriande
Nalenyr

Când îşi reveni, Keles Anturasi deveni conştient de murmurul unor voci şoptite, mai mult din încetarea lor bruscă, atunci când se mişcase. Mirosul pătrunzător al sărurilor încă-i mai umplea nările şi strănută violent, stârnind din nou durerile de spate. Simţea o încordare, acolo unde carnea-i fusese închisă prin cusături, însă avea senzaţia că fusese folosită sârmă înroşită în foc. Pe răni i se presărase sticlă pisată.

Icni şi-ar fi vrut să strige, însă gâtlejul uscat şi limba umflată îl împiedicară. Stătea culcat pe burtă şi încercă să-şi ridice capul, însă şi cea mai simplă mişcare îi trimitea valuri de durere prin trup. Mușcă din pernă și reuși să scoată un geamăt, când o mână grăsulie îi aduse din nou săruri mirositoare sub nas.

Glasul bărbatului se auzi rece și disprețuitor.

– Trebuie să rămână nemișcat, altfel rănile i se vor deschide. A dormit suficient, ca mare parte din otravă să fi fost suptă de cataplasme și ca toate rănile să se vindece, însă situația este încă delicată.

Keles nu putu recunoaște vocea, dar cea a mamei sale urmă imediat.

– Ești sigur că se va face bine?

– Milady, *sunt* medicul personal al Prințului.

– Știu asta foarte bine, Geselkir, însă problema este cât de mult vrei să-mi exercit influența în sânul casei regale pentru binele tău?

– Chiar așa?

Keles zâmbi, în pofida faptului că-și simțea organele interne plutind într-o cochilie de durere. Mama sa nu-și dezvăluia prea des duritatea. Iar atunci când o făcea, obținea invariabil ceea ce voia.

– Ești încă de părere că mâine seară nu poate fi dus la ședința de tămăduire?

– În nici un caz. Am fost foarte ferm, de la bun început, asupra acestei chestiuni, și nu m-am răzgândit, susținu medicul, în cuvinte năpădite de dezgust. Tămăduirile sunt niște superstiții prăpăstioase și, pe deasupra, periculoase. Poate că răsfățatul Prințului este docil, însă n-a fost așa întotdeauna. S-ar putea schimba în orice moment, iar să lași un *vanyesh* să trăiască este de neconceput.

– Nu de viaţa acelui *vanyesh* îmi pasă mie acum, Geselkir.

– Keles ar trebui lăsat în tihnă mai multe zile. Voi reveni să desprind copcile. Ţineţi rănile curate, schimbaţi cataplasmele frecvent şi o va duce foarte bine. Dacă apare vreo roşeaţă, şi mai ales dacă se împrăştie, să mă anunţaţi.

– Vei vedea şi singur la vizită.

– Milady, dacă credeţi... da, desigur, cum doriţi.

Inspirând pe cât de adânc putea, Keles studie senzaţiile oferite de spinare. Descoperi o durere surdă în coaste, care pândea sub urmele arzătoare de pe piele. Durerea ascuţită pulsa, erau patru ritmuri distincte, fiecare în ritmul său, ca şi cum o coardă de lăută ar fi fost ciupită la întâmplare. Expiră încet, sperând ca o parte din durere să cedeze, însă în loc de asta, se înteţi, ca o melodie sacadată.

Deschise ochii şi surprinse o parte dintr-un bărbat corpolent, încă înveşmântat în roba pentru Festival. Petele maronii de la genunchi şi de pe mâneci erau, evident, sânge uscat, al lui, fără nici o îndoială. Keles îşi amintea vag unele fragmente din conflict, însă pulsul dureros al ţestei îl împiedica să reconstituie cele întâmplate.

Îşi îndreptă bărbia spre piept şi privi spre mama sa. Şi ea purta ţinuta din noaptea trecută. Ştia că nu dormise deloc, însă arăta mai frumoasă ca niciodată. Dincolo de ea, se afla sora lui, şi ea la fel de arătoasă, însă îmbrăcată în hainele de fiecare zi. Nici ea nu dormise prea mult, însă Keles era sigur că mama lor o trimisese la culcare la un moment dat.

Încercă un rânjet și reuși. Avea și glas, deși se auzea ca un croncănit.

– Cât timp am dormit?

Geselkir interveni de lângă căpătâiul său:

– Nu destul de mult.

Siatsi îi zâmbi fiului ei.

– Vei dormi și mai mult, însă era important să te trezim acum. Mulțumesc, *dicaifixtsi*, poți să pleci.

– Dacă vă închipuiți vreun moment că vă aprob intențiile, greșiți cumplit, Doamnă Anturasi.

– Apreciez preocuparea dumitale.

– Nu cred că ați înțeles. L-ați făcut să fie responsabilitatea mea. Prințul mi l-a încredințat pe Keles. Ceea ce sunteți pe cale să faceți...

– ...este absolut necesar, completă mama, cu voce neutră, însă cu o expresie necruțătoare. Nu-mi dai de ales. Ai spus că nu poate merge la tămăduire, așa că trebuie să aduc tămăduirea la el.

– Este o prostie periculoasă, ceva mai rău decât decât dacă l-ați expune unui *vanyesh*. Riscați viața fiului.

– Ți-ai schimbat părerea despre tămăduire?

– Nu, și resping punerea la îndoială a judecății mele în această manieră.

– Chiar așa? Vreau să știu exact câte răni provocate de ghearele unui războinic viruk ai tratat până acum? întrebă Siatsi, cu bărbia ridicată.

– Păi...

– Asta să însemne că *nici una?*

– Am mai văzut așa ceva. După moarte, încheie cu glas scăzut.

– Așteaptă afară.

– Bucuros. Nu vreau să fiu părtaș la așa ceva.

Keles așteptă ca medicul să iasă, apoi privi spre sora lui.

– Apă.

Mama lor o opri.

– Nu încă.

– Dar îmi trebuie apă.

Keles se lupta să vorbească limpede, însă gâtul i se uscase.

Siatsi se lăsă în jos, până când fața ei ajunse la același nivel cu a lui.

– Îți trebuie altceva, prima dată. Nirati, invită-l pe oaspetele nostru.

Sora lui plecă imediat și se întoarse repede, aducând-o pe ambasadoarea din Viruk. La vederea ei, în stomacul lui Keles se porni o frământare. Se apropiase suficient de el ca să-i simtă ceva din miros, iar pe frunte și deasupra buzei de sus îi înfloriră broboane de transpirație. Respirația i se îngreună și aproape că nu-și mai putu controla vezica.

Ierariach se dădu înapoi.

– În el e *nesginesfal.* Îl pot împiedica să facă vreo vătămare, dacă vreți.

Mama lui dădu din cap.

– Vă rog.

– Depărtați-vă de el.

Ambasadoarea nu se apropie mai mult, însă când mama lui se ascunse în spatele ei, își lipi strâns palmele, cu degetele orientate spre el. Își încrucișă degetele mari, nu era sigur de ce remarcase tocmai asta, dar o făcu. Apoi, mâinile ei țâșniră, desprinzându-se una de alta precum cerbii care fugeau de câinii de vânătoare.

Aerul dintre palme licări, la fel cum se întâmplă deasupra unei stânci pârjolite de soare. Forma se ondulă și se modifică, apoi un val de aer cald îl izbi. Intră în el de-a lungul dârelor de pe spate, lichefiind sticla pisată și cauterizând rănile. Din stomac îi urcă pe gât fiere încinsă, arzându-l, și nu știa cum reușise să se abțină să vomite. Durerea, care fusese una ascuțită, se topi într-o unduire moale, care dură doar o clipită sau două. Fierbințeala se înteți și-l duru atât de tare încât urlă, apoi deveni inert. Toată puterea se scurse din el, iar o răceală se prelinse dintre așternuturile umede și-i pătrunse în piele.

Keles se chinuia să respire. Tremura puțin și ar fi vrut să se întoarcă pe-o parte, să-și ducă genunchii mai sus, însă nu putu. Fiecare inspirație se simțea de parcă ar fi ridicat cu ea turnul familiei, iar expirația-i răsuna de parcă era ultima suflare.

S-ar fi temut că asta ar fi urmat, dacă nu ar fi auzit întrebarea șoptită a mamei sale:

– Iar acum ce facem?

Ambasadoarea glăsui clar, însă pe un ton coborât.

– Cataplasmele nu-i fac nici un rău. Curățarea rănilor va fi și ea bine-venită. Ar trebui să rămână în pat câteva zile. Știu că bunicul lui n-ar vrea asta, însă eu am o veche hartă care i-ar putea oferi răgazul necesar. Mese ușoare, dar fără carne, pentru a nu-i mânia sângele.

Mama lui dădu din cap.

– Farmecele voastre l-au vindecat?

– Întru câtva.

Ambasadoarea făcu un semn din cap spre el.

– Veninul ar mai putea avea unele efecte secundare.

– Ce vreți să spuneți?

– Am să vă arăt. Scoase o batistă din mâneca robei și o folosi să-și șteargă transpirația de pe frunte. Apoi păși spre el și-i puse batista la nas.

– Îmi poți simți mirosul, Keles?

Trase aer pe nas, dar nu foarte adânc, de teamă să nu stârnească din nou focul din spate. Oricum, la prima boare a mirosului ei i se întoarse stomacul pe dos și nu se mai putu înfrâna. Vomită peste batistă și în mâna ei. Mai rău, intestinul îl lăsă, iar vezica îl trădă și ea. Trupul îi intră în convulsii. Vomită din nou, apoi aspiră puțin din ea și începu să se înece.

Ambasadoarea șterse perna și-i ținu capul până mai vomită încă o dată. Tuși din nou, tare, iar durerea-i explodă în spate. Se înecă, tuși și nu mai putu să respire. Se lupta pentru aer, dar fără spor, iar când agonia-l strivi încă o dată, lumea se îngustă și se întunecă.

14

Ziua a 4-a, Festivalul Recoltei, Anul Câinelui
Al 9-lea an al Domniei Prințului Imperial Cyron
Al 162-lea an al Dinastiei Komyr
Al 736-lea an de la Urgie
Ministerul Armoniei, Liankun
Moriande, Nalenyr

Pelut Vniel privi în sus de la măsuța la care îngenunchease. Pe ea zăcea un dreptunghi lung de hârtie de orez. Conul negru de pin, pictat rapid, licărea umed. Puse pensula jos și zâmbi la plecăciunea lui Kan Hisatal.

– Vă mulțumesc că ați venit atât de repede, Ministre.

– A fost plăcerea mea să răspund în grabă chemării voastre, Ministre.

Bărbatul masiv rămase plecat o clipă mai mult decât era prevăzut de protocol, apoi făcu un pas înainte și se lăsă în genunchi, la marginea podelei.

– Cum v-aş putea servi?

Pelut nu răspunse, lăsându-l pe funcţionarul său, Iesol Pelmir, să îngenuncheze şi să-şi vadă de treabă. Slujbaşul, un bărbat slab şi chel, trase măsuţa la o parte cu supuşenie şi precizie, fără a clinti pictura, apoi se duse spre Hisatal şi-i dădu o pernă pe care să poată îngenunchea. Se retrase în colţul său, unde se lăsă în genunchi, direct pe podeaua de lemn. Ezitarea lui Hisatal îi trădă surpriza de a constata că funcţionarul rămânea în încăpere.

Asta-l încântă pe Pelut. Hisatal venise aşteptându-se la o discuţie între patru ochi, la fel cum fuseseră cele de până acum, înainte de plecarea pe *Lupul furtunii.* Nici unul dintre ei nu voia un martor. Prezenţa lui Iesol sugera însă ori că funcţionarul mărunt urma să fie avansat, ori că tot ceea ce urma să se discute era puţin important, pentru urechile oricui. *Nici o variantă nu-i cea adevărată, însă dacă presupune că este, va căuta sensuri ascunse. Va fi pe picior greşit, iar eu vreau asta.*

Pelut privi în sus.

– Avem de discutat unele lucruri privitoare la viitor. Al domniei voastre şi influenţa lui asupra viitorului naţiunii.

– Să fie spre binele nostru, al amândurora.

Iar tu îţi închipui că nu am surprins toate nuanţele afirmaţiei tale. Pelut rezistă pornirii de a zâmbi, iar în loc de asta îşi strecură mâinile în mânecile robei, subliniind astfel statutul său superior. La fel ca oricare alt membru al aparatului birocratic, purta o robă albastră, cu o eşarfă aurie. Ceilalţi doi aveau robe de bumbac, însă Pelut era înveşmântat în mătase, iar manşetele şi poalele erau decorate cu benzi late, ţesute cu fir de aur. Toţi trei aveau dragonul nalenian, purpuriu, brodat la capetele eşarfei, dar Pelut îl avea şi pe benzile aurii de la mâneci. În aparatul puterii ocupa funcţia după care jinduiau ceilalţi doi, iar lui Hisatal trebuia să i se reamintească aspectul acesta în mod special.

– Cel mai important lucru este...

Hisatal dădu din cap, trădându-se.

– Nu cred că absenţa lui Keles Anturasi de la bordul *Lupului furtunii* ar putea afecta în vreo măsură expediţia. Rezultatele vor fi aceleaşi.

Pentru tine, da. Pelut îşi înălţă capul spre dreapta.

– Nu, Ministre, să începem cu lucrul *cel* mai important.

Gura bărbatului corpolent se închise brusc, iar guşa dublă îi tremură. Îşi coborî repede privirea, iar obraji-i fură cuprinşi de roşeaţă.

– Iertaţi-mă, Ministre.

– Eroarea voastră este de înţeles, Ministre. Pelut îşi îndreptă capul, însă nu mai zâmbi. Lucrul cel mai important este ideea Prinţului de a trimite grâne deseienilor. A mai făcut asta, în pofida celor mai abile încercări ale noastre de a-l face să renunţe. Marele Ministru Lynesorat a stăruit din toate puterile înaintea Prinţului. Asta ne lasă într-o mare dilemă.

Hisatal dădu din cap cu gravitate.

– Helosundienii au început să protesteze pe lângă multe dintre legăturile noastre ministeriale. M-au abordat și pe mine, deși se știe că voi pleca. Sunt de părere că Prințul susține inamicul și nu-i încântă deloc.

– Am auzit, însă este o problemă pe care și-au creat-o singuri. Mențin un Consiliu de Miniștri, deși nu are nici o întrebuințare practică.

– Dar fără o conducere, Helosunde se va prăbuși în haos. Iar scopul nostru este menținerea ordinii, spuse Hisatal încruntat.

– Însă dorim să facem asta în cadrul structurilor de stat. Conducătorii, prinții, ei iau *deciziile*, însă noi le prezentăm opțiunile, dintre care ei pot alege. Conducătorii vin și pleacă, însă birocrația este eternă. Pentru cei din afară, noi suntem un instrument al statului, îndeplinind poruncile date de lideri. Pentru conducători, suntem ochii și urechile, mâinile și picioarele, dându-le posibilitatea să-și administreze națiunile. Înainte de domnia Împăratului Taichun, Imperiul era cufundat în haos, căpeteniile militare se luptau între ele, iar stăpânirea Împăratului se întindea până acolo unde ajungeau armatele sale. Ochii albaștri ai lui Pelut se îngustară. Consiliul Helosundian guvernează numai de formă, permițând dirijarea resentimentelor către miniștri. Nici Prințul Cyron, nici Pyrust n-au nevoie să țină seama de el, din moment ce nu pot discuta cu ei ca de la egal la egal. Dacă miniștrii se tem de o conducere greșită, susținerea lor este de înțeles, însă ei se tem să nu piardă puterea și bogăția aduse de ea.

Lăsă ca vocea să-i dobândească o undă de asprime, iar Hisatal găsi înlăuntrul său un dram de demnitate să roșească în grabă. Nu fusese deloc dificil pentru agenții lui Pelut să afle că se implicase într-o serie de înțelegeri cu case de navigație și cartografi pentru a le furniza informații despre descoperirile făcute de *Lupul furtunii.* Acestea l-ar face pe el și familia sa foarte bogați, iar averea putea fi folosită pentru a-i asigura accesul în eșaloanele superioare ale Ministerului.

– Aveți dreptate spunând că trebuie să menținem ordinea, însă *cum* o facem este la fel de important. Cele două aspecte nu pot fi separate.

Pelut își scoase mâinile din mâneci și le ridică, ținând palmele în sus.

– Oamenii apreciază stabilitatea și se agață de speranțe. Ei speră că le va merge mai bine. Cred că dacă lucrează din greu și sunt harnici, ar putea fi, într-o bună zi, binecuvântați cu *jaedunto.* Odată cu asta vin faima, averea și multe alte avantaje. Fiind mult mai realiști, știm că *jaedunto* este mai mult o iluzie pentru majoritatea oamenilor. Deși suntem pe cât putem de buni și studiem și lucrăm din greu, un astfel de lucru nu este posibil pentru noi. Există și zvonuri, da, iar Marele Ministru al lui Taichun, Urmyr, s-ar putea să fi dobândit asta. Însă el fusese un războinic venerat înainte de a deveni ministru, iar viața lui a fost, în mare parte, transformată într-un mit. A existat cu adevărat, iar preceptele sale sunt încă respectate.

Pelut privi spre Iesol.

– Care dintre pildele sale s-ar putea aplica și aici?

Tânărul își plecă fruntea.

– Cartea a Şaptea, Capitolul Patru, Versetul Douăzeci şi Şapte. „Şi ridicând o nucă, Maestrul spuse: ne hrănim cu miezul şi aruncăm coaja.“

Pe chipul lui Hisatal apăru o expresie batjocoritoare.

– Da, examinarea adevărului lucrurilor este importantă, însă spuneţi că noi ascundem adevărul de conducător şi de cei conduşi.

– Asta pentru că pildele lui Urmyr erau pentru *noi*, nu pentru ei, spuse Pelut, cu un zâmbet în colţul stâng al buzelor. Orezul este o problemă din pricina protestelor helosundienilor, dar şi a protestelor nobililor noştri, care tot vor trebui să trimită orez la Moriande. Este o problemă şi pentru că armata lui Pyrust nu va flămânzi. Vom fi nevoiţi să iniţiem o acţiune de dirijare a opt la sută din cantitate în depozite de unde să putem distribui orezul după cum va fi necesar.

– Este o precauţie înţeleaptă, Ministre, aprobă Hisatal din cap.

– Şi o preluare forţată. Voi face ca livrarea orezului să devină problema *dumitale*, Ministre.

Capul bărbatului se înălţă brusc, cu ochii holbaţi de uimire.

– Dar, Maestre, sunt pregătit de călătorie. Bagajele mele sunt la bordul *Lupului furtunii.*

Pelut clătină din cap.

– Când veţi ajunge acasă, veţi vedea că v-au fost deja returnate.

– Nu puteţi...

– Ba pot. Am fost silit pentru că ați nesocotit pilda lui Urmyr, accentuă Pelut, cu glasul plin de dezgust. Iesol, pasajul despre pericolele lăcomiei. Prima parte.

– „Iar Maestrul spuse: Drepții doar sorb din râul Răsplății, lacomii se îneacă în el."

– Dar, Maestre...

– Ești un prost, Hisatal, iar dacă aș fi știut cât ești de prost, în primul rând nu te-aș fi trimis pe *Lupul furtunii*. Te așteptai să găsești o cale de a te îmbogăți? Bineînțeles. Mă aștept să deturnezi un procent din orez înspre propriile tale cufere și mă împotrivesc eu la asta? Nu. Știu că o vei face, mai știu că-ți vei împărți bogăția cu mine și cu cei potriviți. Așa merg lucrurile. Îi răsplătim pe cei care ne ajută. Însă ai greșit pentru că te-ai lăsat fascinat de coajă și ai neglijat miezul. Te-am trimis pe *Lupul furtunii* ca să te poți împrieteni cu Keles Anturasi. Urmai să-i câștigi încrederea și să devii omul său. Nu pentru ca tu să-i poți fura secretele, ci ca să-l poți influența pe viitor. Bunicul său nu va trăi veșnic, iar Keles îi va lua locul. Mai contează cât aur ai în pungă acum, când lumea ar putea fi a ta mâine?

– Nu m-am gândit, Maestre.

– Greșit. Te-ai gândit, însă ai făcut-o fără nici o disciplină. Iar dacă nu există disciplină, nu există nici ordine, ci doar haos. Haosul a distrus lumea și numai noi, birocrații, am fost capabili s-o refacem, stabilind ordinea.

Hisatal făcu o plecăciune adâncă, lipindu-și fruntea de podea.

Pelut îl lăsă să rămână așa până când transpirația începu să-i curgă pe podea.

– Ajunge.

– Mulțumesc, Maestre.

Pelut dădu din cap.

– Ai Rangul Cinci, Hisatal, și ai uitat tot ce-ai învățat pe când nu aveai decât Rangul Trei, ca prietenul nostru de acolo. „Casa rămâne în picioare, însă temelia putredă invită la dezastrul adus de simpla mângâiere a unei adieri." Știi asta?

– Da, Maestre.

– N-ai ascultat, sau ai devenit cu adevărat prost? Iesol, citatul.

– Cartea a Treia, Capitolul Opt, Versetul Patru din *Meditații despre prăbușire*.

– Știam asta, Ministre. Sunt doar confuz.

Pelut își închise ochii pe jumătate.

– Limpezește-ți mintea, Ministre, altfel voi găsi eu mijloace de a te face să te concentrezi. Te-aș trimite să i te alături lui Keles Anturasi, în Ixyll, însă ești la fel de nepregătit pentru astfel de expediții ca și el. E trimis acolo ca să moară. Deși m-ai indispus, nu văd nici un motiv pentru care ar trebui să-ți dai obștescul sfârșit atât de curând.

– Vă mulțumesc, Maestre!

Gura lui Hisatal rămase deschisă cu o clipă mai mult și Pelut știu că-și scotocea memoria în căutarea unui citat potrivit din Urmyr.

Pelut nu se putu abține.

– „Înțeleptul este mulțumit să fie luat drept prost, decât să vorbească și să confirme impresia."

Hisatal dădu doar din cap, o dată, scurt, fără să spună nimic.

– Avem o problemă urgentă: trebuie să trimitem pe cineva la bordul *Lupului furtunii.* Cum Jorim nu va conduce niciodată Casa Anturasi, nu trebuie să fie cineva important. Cine-i priceput și viclean trebuie păstrat, pentru că următorii doi ani se vor dovedi a fi și mai spinoși. Ai vreun candidat care s-ar potrivi? Cineva care-ți este loial?

Hisatal se așeză, însă, înainte de a fi putut răspunde, Iesol își drese glasul.

Pelut îl privi cu colțul ochilor.

– Ai vreo propunere?

– „Iar Maestrul spuse: Deși poamele vecinului par mai rumenite, înțeleptul își culege doar propria recoltă."

Un zâmbet înflori încet pe fața venerabilului ministru.

– Iar cu asta vrei să spui?

– Maestre, Ministrul Hisatal va avea nevoie de subordonații săi pentru a se ocupa de transportul orezului. Aveți la curte pe cineva care ar putea fi agentul vostru pe *Lupul furtunii.*

– Și la cine te-ai gândit?

– M-aș propune pe mine însumi, Maestre.

Bărbatul făcu o plecăciune adâncă și rămase așa.

Pelut își mângâie falca. Iesol era folositor și chiar foarte competent într-o mare varietate de sarcini obscure, la care puţini se pricepeau şi chiar şi mai puţini îşi aminteau că se pricepuseră la aşa ceva. Ar fi putut ajunge departe, însă îi lipsea dinamismul. Nu putea nici să comande, nici să inspire acţiuni, iar până când nu se oferise acum, nu dezvăluise nimic altceva decât ambiţii mărunte.

– N-ai făcut nici un aranjament ca să profiţi de pe urma expediţiei?

– Nu, Maestre.

– Nu fugi de nici o încurcătură sentimentală sau conflict?

– Nu, Maestre.

– Ridică-te, Iesol. Uită-te la mine, îi ceru Pelut, şi se răsuci pentru a fi cu faţa la el. De ce vrei să pleci?

– Am văzut nava, Maestre. Ştiu ce glorie îi va aduce Nalenyrului. În sufletul meu, ştiu că n-aş putea face un serviciu mai mare naţiunii mele decât contribuind la succesul expediţiei.

– Crezi că ai putea contribuit cu ceva?

– „Fără iască nu faci foc."

Folosirea pildelor lui Urmyr îl indispuse profund pe Pelut, şi l-ar fi sfâşiat pentru grosolănie, însă n-o făcu, ştiind că omul nu era grosolan, ci mai degrabă cinstit; iar răsplătirea lui cu serviciul pe care şi-l dorea Ministrul ar fi constituit un imbold pentru ca Hisatal să adere la codul oferit de Urmyr. *În afară de asta, pot scăpa de el mai târziu.*

– Doar nu-ţi imaginezi, Iesol, că acţiunile tale vor face acest Minister să te proslăvească la întoarcere?

– Îndatorirea mea este să servesc, Maestre, nu să visez.

– O răsplată ar putea fi luată în considerare *numai dacă* sunt încântat de munca ta.

Pelut sublinie cuvintele, astfel încât Hisatal să priceapă că fuseseră rostite şi pentru el.

– Slujiţi-mă bine, amândoi. Viitorul este cunoscut numai zeilor. Dacă voi fi binecuvântat, tot aşa veţi fi şi voi. Prin mine, serviţi naţiunea. Să nu fiţi o dezamăgire.

15

Ziua a 5-a, Festivalul Recoltei, Anul Câinelui
Al 9-lea an al Domniei Prinţului Imperial Cyron
Al 162-lea an al Dinastiei Komyr
Al 736-lea an de la Urgie
Xingnakun, Moriande
Nalenyr

Nirati se înfioră în timp ce se îndrepta spre uriaşul dom Xingnakun. Structura, construită în cartierul din partea de nord-vest a oraşului, fusese cândva un amfiteatru un aer liber. Construcţiei i s-a adăugat demult o cupolă ca pălăria unei ciuperci, iar opt pilaştri trimiteau braţe arcuite unite în centru. Un catarg înalt se ridica la intersecţia lor, iar acolo în vârf ardea o lumină albastră, *gyanri.* De-abia vizibilă în timpul zilei, noaptea rivaliza cu luminile de sus, de pe cele nouă poduri, şi majoritatea oamenilor îşi mângâiau talismanele când dădeau cu ochii de ea, chiar și din întâmplare.

Fiorii ei nu aveau nimic în comun cu ziua, pentru că zorii erau strălucitori și calzi. Izvorau din această experiență matinală – plecarea din Anturasikun și plimbarea pe străzi. Deși erau aglomerate în perioada Festivalului, oamenii se fereau din calea ei. Unii își căutau talismanele, iar alții desenau cercuri mici prin praf, iar aceia care-o cunoșteau preferau să privească dincolo de ea, de parcă nici n-ar fi existat.

În alte circumstanțe s-ar fi simțit ofensată, însă cercurile o puteau răni, chiar și cercurile sociale, așa că văzându-și prietenii ocolind-o era acum mai mult o binecuvântare decât un blestem. *În afară de asta, n-aș putea suporta mila din ochii lor.*

Nu era greu de înțeles că ea și alții se îndreptau spre Turnul Magiei și tămăduirii. Pentru că cercurile puteau fi paveze împotriva vrăjilor, robele lor fuseseră special țesute din pânză aspră, erau găurite și cu franjuri care atârnau. Nu erau încinse cu centuri, aveau în loc nasturi pătrați sau sfori scurte, cu noduri mari, fără bucle. Mânecile erau despicate de la umăr până la șold și nici unul dintre cei aflați în drum spre nord-vest nu purta găteli. Inelele, brățările și lănțișoarele formau cercuri și acestea trebuiau evitate.

Mult mai evidente decât robele fuseseră eforturile pentru ascunderea cercurilor de pe față. Peste ochi i se întretăiau oblic cruci negre, iar o alta, roșie, îi decora gura. Unii oameni strângeau nările și-și băgau câlți în urechi, însă Nirati se gândise că aceasta era o precauție inutilă.

Apropiindu-se și mai mult de dom, intră într-un tărâm bizar, unde negustorii ridicaseră mici tarabe ori vindeau mărfuri la capătul căruțelor. Abundau cercurile, mari sau mici, de la mici talismane, de purtat în fiecare zi, până la cercuri suficient de mari ca să cuprindă talia. Un bărbat oferea cercuri de cristal, prin care lucrurile puteau fi privite în siguranță, în vreme ce alții lăudau poțiuni și unguente care promiteau să-i ferească pe oameni de vrăji sau să aibă asupra lor același efect ca farmecele și fără să mai aștepte. Un alt bărbat se oferea să păstreze el banii celor care veniseră cu pungile pline de monede circulare. Ea se îndoia însă că insul și căruța sa vor mai fi pe acolo la sfârșitul ceremoniei, însă îi admiră neobrăzarea.

El își pierdu însă întreaga afacere când un alt bărbat, înarmat cu un ciocan și o nicovală, făcea monedele pătrățoase, pentru o para de fiecare.

În alte locuri, pâlcuri de indivizi sănătoși și voinici îi arătau cu degetul și râdeau de cei bolnavi și ologi care se împleticeau în mers.

„Noroc, schilodule“ sau „Nu-s destule vrăji pe lume să te vindece“, strigau, iar vorbele piereau apoi în gâlgâitul râsului. Unul merse la pas cu un om jalnic, sprijinit într-o cârjă, imitându-i, în batjocură, șchiopătatul. Nirati spera ca bietul om să fie vindecat, să se întoarcă și să-l bată măr pe neisprăvit.

Dacă o recunoscuse cineva, probabil se întrebase la ce-i trebuia vindecare. Nu era ceva evident, însă avea nevoie de cea mai importantă tămăduire dintre toate. Nirati nu avea talent, deşi toată lumea îi spusese că era o chestiune de timp până să şi-l descopere, însă ea îşi pierduse demult puterea de a-i mai crede. Chiar şi Majiata avea un talent, iar risipa ei o înfuria pe Nirati. Nepricepută la plante cum era, Majiata tot l-ar fi putut ajuta pe Keles mai mult decât ea.

Pufni şi refuză să se lase târâtă în sentimentul de autocompătimire. Făcuse tot ce-i stătuse în putere. Îl veghease pe Keles în timpul somnului, citindu-i cu voce blândă poveştile lui Amenis Dukao. Lui îi plăcuseră întotdeauna poveştile, încă din copilărie – la toţi trei le plăcuseră –, şi dormi mult mai uşor cât timp îi citise. Faptul că se ocupase de el îi permisese mamei lor să doarmă, o altă binefacere. Însă Nirati şi-ar fi dat şi mâna să fi putut face mai mult.

Pe chip i se aşternu roşeaţa când ajunse în apropiere de Xingnakun şi văzu un băiat cu braţul stâng veştejit. *Cel puţin, eu am o mână de dat.*

Cineva, probabil tatăl, se ghemui lângă el, la marginea primului cerc de piatră care înconjura domul. Bărbatul ciufuli părul băiatului.

– Dunos, ştii că nu pot să vin cu tine, dar ai să mă găseşti aici. Nu-ţi fie teamă.

– Nici nu-mi este, Tată.

Însă tremuratul din glas îl dădu de gol.

Nirati se îndreptă spre ei şi făcu o plecăciune.

– Pacea Festivalului fie cu voi. Aş putea să vă rog ceva?

Bărbatul se ridică, apoi făcu o plecăciune, imitat de fiul lui.

– Pacea fie şi cu domnia voastră. Ce-aţi dori de la noi?

Ea-i zâmbi tatălui, apoi arătă curtea mare şi goală din jurul domului.

– Xingnakun se află încă la mare distanţă şi mi-e teamă să merg până acolo singură. N-aş cere prea mult dacă v-aş ruga să-l lăsaţi pe băiat să mă însoţească?

Bărbatul dădu din cap, apoi şterse o pată neagră de pe obrazul băiatului, păstrându-şi privirea semeaţă.

– Dunos va fi încântat să vă însoţească.

Băiatul dădu din cap, iar Nirati îi luă mâna într-a ei.

– Mulţumesc. Am să-l conduc înapoi. Eu mă numesc Nirati.

– El este Dunos, iar eu Alait. Am să vă aştept aici. Mulţumesc!

– Rămâi cu bine, Tată.

Nirati şi băiatul traversară curtea împreună. Câte un cerc de granit rupea linia pavelelor la fiecare o sută de metri. Negre în exterior, apoi cenuşii şi albe, cercurile îi avertizau pe oameni să se ţină departe. În vreme ce alte străzi şi curţi din capitală gemeau de oameni, curtea Xingnakunului rămăsese goală, cu excepţia ologilor care mergeau spre ea. În inima unui Festival plin de bucurie şi speranţă, deznădăjduiţii şi nenorociţii se scurgeau încet în interior.

Dunos își ridică privirea către ea.

– De ce mergeți să fiți tămăduită, milady? Îmi păreți a fi teafără.

– Nu toți dintre noi au rănile la vedere.

– Vorbiți de problemele femeiești? Așa zice mama mea, înainte de a-mi spune să merg să-l ajut pe tata.

Nirati zâmbi.

– Poate. Eu doar sper să-mi pot purta necazurile la fel de bine ca și tine.

Dunos dădu din cap, apoi își lăsă brațul veștejit să se legene înainte.

– Odată ce m-am vindecat de asta, am de gând să devin spadasin.

– O ambiție foarte frumoasă.

Mâna lui fu străbătută de un tremur ușor.

– L-ați mai văzut pe Kaerinus înainte?

Ea clătină din cap.

– Nu poți face asta decât o singură dată, Dunos.

Auzise și ea de la mai mulți că anul era de bun augur, se mai adăuga și apogeul unei activități magice ciclice, așa că se așteptau multe de la ritual. Dacă un mort ar fi putut merge în acest an până în curtea de la Xingnakun, Kaerinus l-ar fi putut aduce la viață. Așa credeau oamenii.

– De ce întrebi asta, Dunos?

Băiatul ridică din umeri.

– Păi, știți, nu mă tem, însă am auzit tot felul de povești. Că a fost cu Prințul Nelesquin în Ixyll și este ultimul *vanyesh*. A supraviețuit Urgiei. Este foarte bătrân și este un monstru.

– Şi eu am auzit lucrurile astea.

Îl împinse uşor înaintea ei, când începură să urce una dintre rampele înguste care duceau spre intrare. Toate intrările erau cercuri, neîntrerupte, cu un prag jos, aşa că erai nevoit să treci peste el. Deşi nu văzuse niciodată, auzise relatări despre energii magice adunându-se în aceste ochiuri, în timpul ceremoniei.

El păşi primul, apoi o ţinu de mână când trecu şi ea.

– Dunos, s-ar putea să fie un monstru, dar dacă este dispus să-i vindece pe oameni atunci nu-i în întregime rău.

Băiatul dădu din cap, apoi se uită din nou înapoi.

– Pentru tămăduire nu trebuie să te dezbraci de tot, nu?

– Nu, îi zâmbi ea.

– Atunci e bine. O să-mi scot doar roba, să-mi poată vedea braţul.

– Bine.

Traversară un tunel şi se opriră la capătul treptelor abrupte. Pe vremurile Imperiului, zona mai apropiată de cercul de pământ era rezervată nobilimii. Dunos o trase spre stânga, pregătindu-se să urce spre părţile mai de sus, acolo unde se agitau săracii, însă ea scutură din cap.

– Vom merge jos şi ne vom apropia.

– Dar tata mi-a spus...

– Eşti însoţitorul meu, îţi aminteşti? Ea-i făcu cu ochiul. Ne ducem mai aproape, ca să ne tămăduim mai bine.

Nirati o luă în jos, intenţionând să ocupe un loc la marginea cercului, dar se crispă imediat. Majiata i-o luase înainte şi acum stătea acolo, cu capul sus, părul negru lucindu-i. Roba ei, deşi croită şi cusută prost, era de mătase. Nedorind să-i vorbească, însă interesată s-o urmărească, alese un loc mai sus cu câteva rânduri, exact în spatele ei.

Înăuntru veneau tot mai mulţi oameni, iar Dunos aruncă o privire în jur, cu ochii mari. Îşi trase mâna dintr-a ei şi făcu semn unui bărbat. Nirati se întoarse şi-l privi, întrebându-se de ce venise, din moment ce nu arăta mai beteag decât ea. Coborî cu uşurinţă către ei, venind dinspre primul rând.

Dunos zâmbea larg.

– De ce aţi venit aici, Maestre?

– Cu toţii avem răni, Dunos.

Băiatul încuviinţă din cap.

– Ea este Nirati. A venit pentru probleme femeieşti.

Bărbatul zâmbi.

– Eu sunt Moraven. Pacea Festivalului fie cu tine!

– Şi cu tine!

Nirati zâmbi, însă-şi păstră vocea scăzută. La pomenirea numelui ei, capul Majiatei se întoarse puţin. *Nu mă băga în seamă, Majiata, altfel cobor la tine şi-ţi fac nişte vânătăi numai bune de tămăduit.*

De undeva, din măruntaiele clădirii, începură să bată tobele. Nirati simţi vibraţia înainte de a le auzi, dar pe măsură ce mulţimea făcea linişte, ecourile umplură domul. Cu fiecare sunet care străbătea gloata, valuri de frică îi măturau pe toţi. În unele locuri, oamenii începuseră să se grăbească spre ieşiri. Spaima lor devenise contagioasă şi fugeau destui.

Nirati se aştepta s-o rupă la fugă şi Majiata, însă ea nu se clinti. Aruncă o nouă privire în spate şi pricepu ce se întâmpla. *Câtă vreme sunt aici, nu va fugi.* Numai acest motiv n-ar fi putut-o opri pe Nirati, însă, dacă pleca, băiatul va trebui s-o urmeze. *Iar el are nevoie de asta mai mult decât mine.*

Totuşi, fermitatea cu care se decisese să rămână se confrunta în acest moment cu o împotrivire aprigă, pentru că a rămâne aici, şi atrăgând atenţia magicianului, fusese considerată, de la Urgie şi chiar mai înainte, o imprudenţă prostească. Kaerinus era ultimul dintre *vanyeshi*, şi cum vieţuia de atât amar de vreme, era evident că atinsese o măiestrie în vrăjitorie care-i permitea să facă minuni. Se mai spunea că zeii rămăseseră în Ceruri de frică să nu-i găsească el şi să-i trimită înapoi.

Puterea pe care o controla distrusese o lume. Declanşase Vremea Gheţii Negre, ucigând milioane, retezând munţii, ştergând de pe faţa pământului oraşe şi târguri întregi, ameninţând cu dispariţia întreaga omenire. Poveşti despre *xingnaridinii* rătăcitori înfricoşau copiii, făcându-i să se poarte cuviincios, iar zvonurile despre ei îi făceau pe bărbaţi să se adune în mulţimi. Domul fusese construit pentru a pune sub zăgaz puterea lui Kaerinus, de teamă să nu se dezlănţuie cumva o altă Urgie.

O ceaţă uşoară, cenuşie, începu să se scurgă dinspre o intrare circulară, răspândindu-se în arenă. Mici tentacule de lumină albastră intensă dănțuiau în ea – când flăcări, când trăsnete –, pocnind când scânteiau. Lui Nirati i se făcu pielea de găină. Ceața se îndesi, umplând deschiderea, apoi o lumină albastră se mări înlăuntrul ei. Focul licări mai repede și apărură mici străfulgerări, ca niște plase de păianjen.

Peste tot în jur, oamenii își expuneau beteșugurile. Dunos trase neîndemânatic de nasturii robei sale. Se aplecă să-l ajute și observă fulgerările albastre jucându-i sub piele, în sus și-n jos, scoțând în evidență venele și arterele. Sub ochii lor, Moraven își smulse roba și dezvălui o cicatrice hidoasă, întinsă pe partea stângă a pieptului. O clipă, Nirati și Dunos se holbară amândoi la ea, iar ea se întrebă cum se făcea că un bărbat atât de puternic încât supraviețuise loviturii își putea imagina că avea nevoie de tămăduire.

Dincolo de el, Majiata își lăsă roba să alunece până sub omoplați. Asta-i accentua linia sânilor și Nirati clătină din cap. *S-a format un cerc, fată proastă ce ești.* Dacă ar fi fost vorba de altcineva, Nirati i-ar fi atras atenția, însă viermele roșiatic al cicatricei de pe spatele Majiatei o dezgusta. Prostia îi adusese stigmatul și tot prostia va face ca urma să rămână acolo.

Se auzi un suspin general la ieșirea lui Kaerinus din tunel. Purta o mantie purpurie, cu guler înalt care-i ascundea partea de jos a capului. O glugă îl acoperea și-i umbrea chipul, însă nu putea ascunde vederii focul albastru aprins în ochi. Nici un ornament nu decora mantia, deși fulgere azurii se rostogoleau în jos, pe umeri.

Două lucruri i se părură imediat evidente lui Nirati și simți cum i se strânge stomacul. Primul era faptul că la ieșirea din tunel Kaerinus nu-și aplecase capul și nici nu-și strânsese umerii, deși măsura cel puțin trei metri în înălțime. Umerii săi, era sigură, ar fi trebuit să se frece de marginile tunelului. Pe când se gândea la toate acestea, el se mări într-atât, încât și un războinic viruk ar fi părut un pitic pe lângă el.

Descoperi că al doilea lucru era și mai înspăimântător. Se deplasa înainte mai încet decât un om mergând la pas, însă nu exista nici un semn că s-ar fi mișcat. Nu putea vedea piciorul sau vreun genunchi atingând mantia. În loc de asta, plutea înainte pe cețurile cenușii. Putea fi personajul sculptat de la prova vreunei corăbii care naviga senină în aval, pe Râul de Aur.

Se opri deodată în centrul cercului de pământ. Norul din jurul lui nu se mai rostogolea, se oprise și el. Rămase neclintit preț de o clipă, apoi începu să se rotească încet. Unii oameni se feriră din calea privirii sale, câțiva cedară, alții leșinară. Dunos își strecură mâna într-a ei și i-o strânse, chiar și Moraven se foi tulburat. Când privirea ei o întâlni pe a magului, avu senzația vagă că fusese recunoscută, însă numai în treacăt. *Ca un negustor care cercetează vitele.* Nimic mai mult.

Sunetul tobelor scăzu, iar fulgerele încetară să mai pulseze prin ceață sau pe mantie. Lumina din ochi se modifică, din albastru în purpuriu. Văpăile care se zbăteau în ceață se schimbară și ele, potrivindu-și culoarea cu a ochilor lui. De undeva din adâncimea glugii – sau din *el* – se înălţară cuvinte. Nirati nici măcar nu credea că-l auzea vorbind, iar ideea de cuvinte părea nelalocul ei.

Asta-i ceea ce se întâmplă între fraţii mei şi bunicul.

Mintea ei era străbătută de imagini repezi. Văzu o mână de băiat trecând printr-un cristal strălucitor. Simţi pe spate greutatea unei lovituri de bici. Durerea arzătoare, fierbinte, a unei săbii sfârtecându-i carnea îi străbătu coastele. Aceste senzaţii, credea ea, proveneau de la Dunos, Majiata şi Moraven, aşa că presupunea că celelalte le simţea dinspre mulţime. În urma lor venea un cor de urlete – bărbaţi, animale – cu toţii în dureri, dureri cumplite.

Nirati se trezi şi ea urlând, la fel ca toţi ceilalţi, umplând domul cu o zarvă oribilă, care se amplifica de la sine, crescând şi pulsând, trecând prin ea mai puternic decât vibraţia tobelor.

O zguduise fizic, dar senzaţiile pătrunseră înlăuntrul ei atingându-i durerea şi spaima. Înainte, fusese diferită de ceilalţi, pentru că nu avea nici un talent, însă aici era la fel ca toată lumea, era zdrobită şi se temea că nu mai putea fi tămăduită.

Ceaţa din jurul lui Kaerinus se îngroşă, transformându-se în tentacule biciuitoare, sfârâind de electricitate. Ceva ca o funie groasă lovi o bătrână oloagă, ridicând-o în aer. Fulgere purpurii îi înconjurară membrele, îndreptându-le. Capul îi căzu pe spate, iar ghebul îi dispăru, în vreme ce spinarea răsucită se îndreptă. Țipă, iar ceața o părăsi, lăsând-o ca o grămadă informă, din care se ridicau aburi.

Tentaculele se zbăteau iar și iar, răsucindu-se spre stânga. Un strat jos, de ceață, se răspândi în afară, umplând arena. Kaerinus se ridică odată cu el, iar tentaculele se rotiră și mai repede, învolburând ceața atât de tare încât se revărsă peste marginile arenei. Un val se izbi de Majiata arzându-i cicatricea atât de intens încât Nirati nu mai putu s-o privească. Majiata țipă, își lăsă roba să cadă, spatele i se încovoie, apoi întregul ei tors se smuci înainte. Pentru un moment, păru că se va arunca în vaporii opaci clocotitori, însă se prinse de margine și se lăsă jos, pe jumătate goală. Focul purpuriu îi lucea din ochii goi pe când ea se întinse moale, arătând de parcă ar fi fost beată și violată de o hoardă de turasynzi.

Nirati avu doar o clipă la dispoziție să vadă cât de răvășită era Majiata, înainte ca un val mai mare de ceață să se ridice și să o înghită cu totul. Pentru un moment, i se păru că era goală, sub o ploaie biciuitoare de oțel. Privi în jos, așteptându-se să-și vadă carnea năclăită de sânge, însă ochii ei nu mai percepeau realitatea. Se văzu din nou copilă, privindu-se atât de la distanță, cât și din propria ei piele. Mergea de mână cu bunicul ei, prin grădinile din Anturasikun. Soarele strălucea deasupra, iar înțepăturile se topiră sub căldura lui.

Își amintea incidentul doar pe jumătate, însă acum se târa din amintirile ei cu repulsia cu care un soth își sfâșia coconul. Qiro îi dădu drumul la mână și se întoarse spre Ulan. Unchiul ei era mult mai tânăr, însă bunicul era tot bătrânul puternic, albit de ani. Ulan despături o hartă, ca s-o cerceteze Qiro. Ea nu avu suficient timp pentru a recunoaște cel puțin contururile, și din gura lui Qiro ieșiră ocări furioase.

Nu auzea cuvintele, însă le vedea zburând prin aer, săgeți care se înfigeau drept în unchiul ei. Îi sfâșiară pieptul și sângele țâșni. Una îi străpunse țeasta, alta se afundă în ochiul strâng. O săgeată mică îi fixă limba de falcă, iar o alta îl jugăni. Ulan se mototoli precum hârtia din mâinile lui Qiro.

Cu ochii înotând în lacrimi, privi în sus, la bunicul ei. Se aplecă după hartă, s-o netezească, însă Qiro i-o luă și o azvârli. Apoi îi zâmbi, se întoarseră cu spatele la Ulan și o conduse în adâncimea grădinii. Din gura lui curgeau flori, deși erau doar nălucile celor care străluceau în jurul ei.

Iar împrejurul inimii sale se așeză o platoșă oțelită. Nu o spusese atunci, nu cunoscuse cuvintele pentru a o spune, dar acum înțelese. *Am hotărât atunci că n-am să-l las să mă rănească, așa cum a făcut cu unchiul Ulan. Nu sunt lipsită de talent. M-am ferit de el.*

Cunoașterea explodă în mintea ei. Tot ce încercase să facă fusese sortit eșecului. Lucrase cu sârguință, însă nu se legase de nimic. *Nu m-am lăsat legată. Nu voiam să am nici un talent. Nu voiam să fiu judecată, să fiu străpunsă și mototolită. Poate că nici n-am avut nevoie de tămăduire.*

Vederea îi reveni și percepu, în marea cenușie, lumina purpurie arzând în mijlocul arenei. Kaerinus se ridicase suficient de mult încât ceața să umple domul și să atingă pe toată lumea. *Asta-i tot? Nici n-am avut, vreodată, nevoie de vindecare, sau asta a fost vindecarea de care am avut nevoie?*

Simți spiritul lui trecând de ea, fără a primi nici un răspuns. Însă se simți plutind în sus. Privi în jos și își văzu trupul. În jurul ei, ca niște fantome, îi zări pe Dunos și Moraven și chiar și pe Majiata. De ceilalți era numai foarte vag conștientă. Când privi din nou în sus, Kaerinus devenise o perlă neagră cu un foc purpuriu învârtejindu-se în mijloc. Se răsuci și păru un ochi cu o pupilă învăpăiată în care se oglindea haloul. O văzu. O văzu, iar ea se văzu la rândul ei, reflectată distorsionat pe suprafața întunecată a sferei.

Întinse mâna și puse un deget pe glob. Simți ceva străvechi și înțelese că trebuia să se teamă, însă nu o făcu. Îl mângâie din nou, iar iluzia netezimii suprafeței dispăru. Mici dinți de sticlă îi rupseră din carne. Fulgere violete o biciuiră. Își smuci mâna și țipă la întreruperea contactului.

Ochii i se deschiseră brusc, iar Moraven și Dunos se lăsară pe vine lângă ea. Începu să tremure, apoi își mușcă buza de jos.

– Ce... ce s-a întâmplat?

Moraven zâmbi stânjenit.

– Presupun că a fost ceva diferit pentru fiecare dintre noi. O clipă am fost prinși în vrajă, pentru ca în momentul următor ea și Kaerinus să dispară.

Nirati îi lăsă s-o ajute să se așeze. Privi spre locul unde căzuse Majiata.

– Ce-i cu femeia aceea?

– Şi-a pierdut cumpătul, copleşită.

Dunos dădu din cap şi-i ridică roba cu mâna dreaptă.

– A uitat asta.

Nirati zâmbi pe jumătate, însă se opri imediat. Braţul lui Dunos rămăsese veşted. Privi spre Moraven şi văzu un capăt al cicatricei.

– Îmi pare rău.

– Pentru ce, Domnişoară?

– Încă mai ai cicatricea, iar Dunos...

Băiatul se încruntă şi ochii i se umplură de lacrimi, însă nici una nu i se rostogoli pe obraji.

– Este în ordine.

Moraven se aplecă peste Nirati şi-l mângâie pe Dunos pe braţul stâng.

– Ai uitat ce ţi-am spus pe drum?

– Mi-aţi spus că voi fi vindecat, răspunse, iar buza de jos îi tremura. Nu puteţi avea întotdeauna dreptate, Maestre.

– N-am greşit, afirmă bărbatul, cu glas blând, care transmitea încredere. Magul ne-a promis că ne va vindeca, nu şi că ne va da ceea ce dorim. Ne-a dat ceea ce aveam nevoie.

– Dar eu am vrut să devin spadasin.

– Şi s-ar putea să devii, spuse Moraven zâmbind, apoi îl bătu pe băiat pe cap. Prima dată însă, trebuie să afli ce s-a vindecat. Acel lucru îţi va dezvălui adevăratul tău destin.

– Da, Maestre. Mulţumesc!

Nirati privi spre Moraven.

– Ţi s-a dat ceea ce aveai nevoie?

El înălţă din umeri.

– Poate că da.

– Asta nu sună foarte promiţător.

Moraven zâmbi, se ridică şi o ajută să se scoale în picioare.

– Tămăduirea este întotdeauna un proces, magic sau nu. Va trece o vreme până îmi voi da seama ce s-a schimbat. La fel şi Dunos. Domnişoară, ştiţi deja sau mai aveţi nevoie de timp?

– Cred că *voi avea* nevoie de timp.

Nirati tăcu o clipă, apoi dădu din cap.

– Timp să mă vindec, apoi timp să descopăr ce-mi va permite vindecarea să fac.

– Mult noroc în căutările voastre.

Spadasinul îşi înfăşură din nou roba.

– V-aţi îmbarcat într-o călătorie de care majoritatea nici nu-şi dau seama că ar avea nevoie. Dacă această conştientizare a fost singurul lucru primit astăzi, aţi fost cea mai norocoasă dintre noi toţi.

16

Ziua a 6-a, Festivalul Recoltei, Anul Câinelui
Al 9-lea an al Domniei Prinţului Imperial Cyron
Al 162-lea an al Dinastiei Komyr
Al 736-lea an de la Urgie
Anturasikun, Moriande
Nalenyr

Când se trezi din nou, Keles descoperi că se afla într-un pat mare, într-o încăpere slab luminată. Cearşafurile erau proaspete, aidoma paielor din saltea. Putea mirosi cataplasmele şi celelalte ierburi de leac. Izul lor nu-l mai sufoca. Se simţea întru câtva mai întărit şi întărirea cărnii în jurul rănilor începuse să înlăture durerea, deşi mai persista.

Întorcând capul, îşi găsi mama stând pe un scaun de lângă pat, concentrată la brodarea unei embleme pe o haină. Aşternutul foşnind trădă mişcările şi ea îşi ridică privirea.

– Cum te simţi?

Îi turnă o cupă mică de apă, apoi îl ajută să stea cu capul sus şi, ridicând vasul spre buzele lui, îi permise numai înghiţituri mici. El ar fi vrut s-o soarbă imediat pe toată, însă ştia că ar fi vomitat-o imediat, aşa că se mulţumi cu un şuvoi rece şi subţire alunecând pe gâtlej. Bău cât putu de mult, apoi dădu din cap, iar ea retrase cupa aproape golită.

– Cât am dormit?

– Multă vreme, ceea ce-i foarte bine. Este cea de-a şasea zi a Festivalului.

Keles se concentră.

– Balul Prinţului este deseară.

Siatsi izbucni într-un râs uşor şi-i dădu pe spate părul căzut pe frunte.

– Fratele şi sora ta ne vor reprezenta cu cinste.

– Ar fi trebuit să te duci, mamă.

Ea clătină din cap.

– Da, iar toate babele din ţară să mă întrebe cum te simţi sau ce cred că s-a întâmplat? Nu, asta nu. *Eşti* subiectul principal de discuţii pe durata Festivalului, dar n-am poftă să le dau apă la moară.

Keles dădu din cap, sau, cel puţin, aşa credea. Auzi fâşâitul feţei de pernă frecându-i-se de obraz.

– Mi-o amintesc pe ambasadoare. Ce s-a întâmplat?

Siatsi oftă.

– Sunt sigură că fratele tău ţi-a vorbit de broaştele râioase din Ummummorar, care secretă otravă. Barbarii o folosesc pentru a vâna, însă ea le protejează pe aceste creaturi de animalele de pradă.

Keles încuviință.

– Se pare că și la viruki se întâmplă la fel. Așa cum năduşeala noastră e acră atunci când suntem nervoși, umorile lor se schimbă și ele. Când războinicul te-a tăiat, ghearele lui te-au otrăvit. Ușor, bineînțeles, însă ai fost, fără nici o îndoială, otrăvit. Vrăjile ambasadoarei au putut lupta cu cele mai virulente acțiuni ale veninului, însă altele au nevoie de timp pentru a lucra. Ar putea trece un an și mai mult. Până atunci, și mirosul unui viruk te-ar putea îmbolnăvi.

– Din fericire, nu vor fi viruki pe *Lupul furtunii.*

– Din fericire pentru unii, Keles, dar nu și pentru tine.

Siatsi îi explică pe un ton jos ce se întâmplase în seara aceea și care fusese decizia bunicului. Lui Keles i se strânse pielea în timp ce o auzea vorbind. Nu se temea atât de călătorie, cât de furie. Călătoria cu *Lupul furtunii* putea fi *plănuită* să-l ucidă, însă explorările în inima Ixyllului în mod sigur l-ar termina.

Chiar și în lumina scăzută văzu cum pălise mama sa și că degetele-i tremurau în timp ce-i mângâia părul.

– Am vorbit cu Qiro, însă este neînduplecat. Nu-l pot face să se răzgândească, indiferent cât de mult încerc.

– Lasă să mai treacă timp, mamă.

– Dragul meu, nu mai avem chiar tot timpul de pe lume, spuse încruntată. Aș putea să-ți spun despre toate căile în care mă simțeam îndemnată să acționez, însă toate se lovesc de faptul că anunțul a fost făcut la petrecerea de ziua lui. Prințul l-a auzit. Să dea acum înapoi ar însemna o dezonoare pentru el. Ar sugera că unul dintre voi, sau amândoi, sunteţi slabi, şi nu ar tolera asta.

– Crezi că vrea să mor?

– Ar fi posibil.

– A dorit şi moartea tatei?

Siatsi se încruntă o clipă, apoi oftă.

– Timpul şi zvonurile au făcut ca răspunsul simplu să fie mai uşor de acceptat, însă Qiro şi Ryn erau mult mai complicaţi. Tatăl tău l-a înfruntat puternic pe tatăl lui. Ryn avea un dar, unul mai măreţ decât Qiro, dacă poţi crede asta, iar Qiro şi-a dat seama că tatăl tău ar fi putut consolida rolul casei Anturasi în istorie, dacă se va concentra asupra acelui dar al său. Însă nu era un om răbdător. La fel ca şi fratele tău, altele îl interesau. Qiro a încercat să-l atragă pe tatăl tău în cartografie, şi asta a dus la ultima expediţie. O parte din el probabil că-l *voia* pe tatăl tău mort, pentru că s-au luptat cu ferocitate. Iar o altă parte l-a jelit cu pioşenie când a murit. Şi acum îl mai plânge.

– Mă vrea mort şi pe mine?

– Nu. Vrea să te întorci după ce-ţi faci treaba, îl linişti zâmbitoare. Bunicul tău nu este cu totul lipsit de inimă.

Keles se încruntă.

– M-a condamnat la o expediţie de mai bine de trei mii de kilometri, de parcă am zbura precum şoimii. Voi trece prin teritorii unde vrăjile violente au pus stăpânire şi unde până şi eroii refuză să meargă. Singurii care se aventurează pe tărâmul Ixyll sunt nebunii sau *gyanridinii*, care *acționează* nebunește. Va trebui să traversez Marea Întunecată, înfruntând furtunile și pirații, și voi trece destul de aproape de Irusviruk pentru a vedea și mai mulți dintre războinicii lor. Unii vor fi rubedeniile celor răpuși de Jorim, iar toți mă vor îmbolnăvi. S-ar putea ca bunicul să nu fie cu totul cu inima împietrită, așa cum spui, însă mie îmi arată prea puțină căldură.

Ea izbucni în râs.

– Nu cred să fi spus ceva atât de distractiv.

– Nu, Keles. Știu asta.

– Atunci?

– Zvonurile susțin că Majiata ar fi descris la fel călătoria ta, însă fără nici un regret, îl lămuri Siatsi, cu un zâmbet.

– Așa a făcut? întrebă cu o ușoară strângere de inimă. Nu mi-ai spus dacă Prințul a pus s-o biciuiască.

– A biciuit-o. A leșinat și poartă o cicatrice urâtă, dar destul de mică, pe spate. Sora ta a văzut-o la ceremonia de tămăduire.

– A fost Nirati acolo? Ai lăsat-o? se miră, clipind nedumerit.

– Pentru ea era important să meargă, spuse ea cu un oftat. Nirati a stat aici, la căpătâiul tău, mult timp. A ajutat din răsputeri, dar simte lipsa talentului. Mă urmărește cum amestec ierburile și rădăcinile pentru cataplasmele tale și văd cum ar da orice să fie și ea capabilă de așa ceva. S-a dus în speranța că-și va găsi talentul.

– Iar eu tot îi spun că-i la fel ca Împărăteasa Cyrsa. Își *va* găsi talentul.

– Știu, Keles, însă povestea Cyrsei este un balsam doar pentru rănile copiilor.

– Și ce s-a întâmplat?

Mama lui dădu din umeri.

– Mi-a spus că a fost bine, însă a vorbit mai mult despre un băiețel din sud. Discută tu cu ea, să vezi ce poți afla.

– Am să discut. Deci, nici o schimbare?

– S-ar putea să fie ceva, dar spunea că va trebui să treacă timp. O cunoști pe sora ta. La fel ca și tine, n-are răbdare cu majoritatea lucrurilor. De fapt, este nerăbdătoare în toate chestiunile, ca bunicul tău.

– Asta așa-i, dar aș fi vrut, mai degrabă, să-ți calce ție pe urme, decât lui.

– Și eu la fel, însă ar încânta-o să fie cartograf. Va trebui să fii blând cu ea. Cred că dacă și-ar fi descoperit vreun talent la hărți s-ar fi oferit să meargă în locul tău.

– Întreabă-mă de cineva mai nepotrivit să plece decât mine și-ți răspund că e Nirati.

Mama lui zâmbi.

– De acord, însă fratele tău nu este de aceeași părere.

– Nu?

– Spunea că ești la fel de prost pregătit ca ea. După el, dacă expediția nu te va omorî sau mutila, te va duce la nebunie. Atunci mi-a spus că ar da orice să meargă el în locul tău.

Keles reuși să scoată un chicotit.

– Ar pleca, nu-i așa?

– Da, însă era conștient că n-ai fi de acord, deși a pus la cale un plan prin care să vă puteți schimba rolurile.

– N-ar funcționa. De vreme ce trebuie să-i trimit bunicului informații, și-ar da seama de înșelătorie.

– A înțeles și Jorim, dar credea că înșelătoria ar rămâne în familie.

– Nu. Ar ști mult prea mulți, de la echipajul de pe *Lupul furtunii,* până la cei care mă însoțesc, spuse cu un oftat. Voi pleca spre Ixyll, dacă nu cumva se răzgândește Qiro sau ordonă Prințul altceva.

Mama lui dădu solemn din cap.

– Jorim zicea că vei face din plecare o datorie de onoare.

– Mă cunoaște bine. *Dar mă cunoaște suficient de bine? Nu crede că voi supraviețui. Câtă dreptate ar putea avea?*

Keles plecase ani de zile în expediții, făcuse studii topografice, însă întotdeauna aproape de Nalenyr sau în interiorul principatului. Nu se gândea nimeni că n-ar fi putut merge mai departe. Ridicările topografice de pe cursul superior al Râului de Aur erau vitale, iar Keles se concentra asupra sarcinii imediate. Fiind capabil să lucreze astfel, avusese succes, dar se tot întrebase cât de folositoare i-ar fi fost această capacitate într-o expediție în locuri unde magia putea fi și adesea *era* parte din peisaj.

Râse. Chiar și faptul că își *punea* problema arăta că se putea concentra, dar și problemele care decurgeau.

Vrăjile scăpate de sub control corupseseră *totul*, plante, animale, relicve, iar el era concentrat asupra aspectelor geografice. Nu vreun munte transformat în câmpie l-ar putea omorî, ci bizareriile mai puţin previzibile ale teritoriului.

Îi zâmbi mamei sale.

– Jorim va pleca într-o expediţie care-i va solicita la maximum aptitudinile, pentru că va face lucruri la care se pricepe el cel mai bine, dar şi la care sunt eu cel mai iscusit, ambele în acelaşi timp. Va trebui să învăţ să supravieţuiesc şi eu la fel, să fac schimbări şi să mă adaptez cu rapiditate, în aceeaşi măsură cu tărâmul în care mă aventurez, ba chiar mai repede. Nu-i o treabă uşoară pentru nici unul dintre noi.

– Într-adevăr, nu-i, consimţi Siatsi zâmbind, apoi îi sărută fruntea. Dormi. Vindecă-te. Asta trebuie să faci acum, dacă vrei să ai vreo şansă de succes mai târziu.

– Crezi că voi reuşi, mamă?

Ea consimţi din cap.

– Mai mult chiar decât am putea să ne închipuim.

17

Ziua a 6-a, Festivalul Recoltei, Anul Câinelui
Al 9-lea an al Domniei Prinţului Imperial Cyron
Al 162-lea an al Dinastiei Komyr
Al 736-lea an de la Urgie
Kojaikun, Moriande
Nalenyr

– Surioară, te îngrijorezi prea mult.

Jorim Anturasi dădu încet din cap, în timp ce treceau printr-un grup de gărzi keru, să ajungă în sala de recepţii din Kojaikun.

– Tămăduirea ar fi trebuit să te vindece şi de asta.

Nirati scoase repede limba la el.

Cea de-a şasea zi a Festivalului era întotdeauna dedicată celebrării eroilor. Pentru a transmite un mesaj şi pentru a-l enerva pe Prinţul Pyrust, Prinţul Cyron decisese să o ţină în turnul cel mai asociat cu

Helosunde. Prinţul Pyrust îşi exprimase regretele, iar helosundienii văzuseră în asta o mică victorie.

Nirati, înveşmântată într-o rochie verde de mătase, cu păsări galbene, roşii şi albastre brodate pe ea, îşi privi cu severitate fratele mai mic.

– Nu există nici o seară a eroilor, din câte-mi amintesc eu, pe care tu să n-o fi terminat cu o ciomăgeală.

– Nesăbuinţe tinereşti.

– Aş vrea ca o tămăduire să te scape de toate astea.

Expresia ei se îndulci uşor.

– Mama ne-a încredinţat prezentarea onorurilor familiei, aşa că, te rog, fii prudent.

– Da, Nirati, voi fi.

Jorim se opri odată cu ea în pragul uşii sălii lungi, dreptunghiulare. Fusese lambrisată în întregime cu lemn deschis la culoare, iar lumina venea prin panourile tapetate cu hârtie ivorie de orez. Culoarea lemnului amintea tuturor de gărzile keru şi de devotamentul lor în serviciul Prinţului.

Cercetă încăperea şi oaspeţii îmbrăcaţi în culori vii, apoi îi zâmbi surorii sale.

– Nu văd nici un viruk, deci nu cred să fie probleme.

Ochii verzi ai lui Nirati se îngustară.

– Îţi mai aminteşti ce explicaţii trebuie să oferi despre întâmplare?

Jorim oftă.

– Keles se odihneşte confortabil şi ne aşteptăm la o refacere totală, nu-i în pericol, nu vor fi nici măcar urme, aşteptăm cu nerăbdare plecarea sa în expediţie, despre care el nici măcar nu ştie, dacă nu şi-o fi revenit cumva în ultima oră.

– Jorim!

– *Ştiu*, Nirati. N-am să spun ce nu se cuvine.

– Să nu intri în vreun bucluc!

De data asta îi aruncă el o privire severă, însă amândoi deprinseseră destule de la mama lor. *Iar eu am fost întotdeauna fratele ei mai mic, ceea ce-i conferă un avantaj pe care nu-l pot anula.* Deşi putea fi aspră cu el, îl şi proteja, iar el nu era dispus să renunţe la asta, indiferent de preţ.

– N-am să intru în bucluc.

– Mulţumesc!

Se apleacă şi-l sărută pe obraz.

– Acum, hai să ne distrăm.

– De parcă ar fi posibil. Gata, am plecat!

Îi pară privirea dojenitoare cu un alt zâmbet, apoi păşi în sală şi se pierdu în mulţime. Nu era pentru prima dată când studia o asemenea adunare cu ochii cu care-i vedea pe barbari. Nu o făcea dintr-un acces de superioritate, ci din curiozitate.

Pun rămăşag că nici măcar nu au habar câte dezvăluie despre ei, atât sunt de ocupaţi cu jocurile lor. Jorim înţelegea despre ce-i vorba dintr-o privire. Oamenii cei mai importanţi se aşezaseră în jurul încăperii, unde puteau fi văzuţi cu uşurinţă, fără a fi izolaţi. Rareori cineva de vază se refugia într-un colţ, deşi câţiva indivizi care voiau să fie luaţi ca atare se retrăseseră acolo.

Personajele mai puţin însemnate aveau întotdeauna pe cineva în apropiere, cineva cu statut social mai ridicat, care le împrumuta ceva din legitimitatea jinduită. Dacă Jorim ar fi fost dispus să trimită invitaţia unora dintre femeile din grupul său de cunoscuţi, ar fi avut şi el pe cineva la braţ.

Femeile s-ar fi luptat pentru această onoare, nu pentru a fi văzute cu el, ci pentru a intra în atenţia unor bărbaţi mai vârstnici, care le-ar fi putut lua ca amante, sau a unor matroane, aflate în căutarea uneia capabile să le zămislească nepoţi. Privind scena, acest scenariu se derulă de cel puţin zece ori.

Politica şi politicienii urmau un circuit prin sală. Aşa cum presiunile sociale provocau valuri, tot aşa goneau şi bârfele pe această temă. Curteni şi linguşitori se străduiau să ocupe poziţii favorabile în aşteptarea Prinţului, sperând că vor putea schimba o vorbă cu el sau, cel puţin, să fie băgaţi în seamă.

Deşi prietenii se întâlneau la astfel de adunări, saluturile erau scurte şi îndeplineau cerinţele minime ale interacţiunilor sociale. Era timp şi pentru adevăratele relaţii amicale, mai târziu, la Festival, după ziua de Doliu şi înainte de celebrarea gloriei Prinţului. În noaptea eroilor, toţi cei adunaţi acolo voiau să fie luaţi drept eroi, aşa că acţionau într-o manieră pe care şi-o închipuiau încărcată de aluzii mitice.

Jorim nu se considera un erou, deşi spera ca unii să-l considere unul, şi înţelese paradoxul izvorât din propria sa subapreciere chiar în momentul când se gândi la asta. Fusese în tot felul de locuri, făcuse şi văzuse lucruri pe care puţini dintre cei aflaţi aici le-ar fi putut pricepe. În vreme ce mulţi dintre ei se declarau încântaţi de faptele sale şi pretindeau că, într-o bună zi, ar putea face şi ei ceva asemănător, preferau siguranţa căminului şi a vieţii stabile. Nu-i putea condamna şi nici nu-i dispreţuia.

Ştia doar că o astfel de viaţă nu era pentru el.

Mai erau şi alţii, care susţineau că ura sau teama de bunicul său îl determinau să se aventureze atât de departe, însă greşeau. În primul rând, nu înţelegeau că expediţiile îl obligau să fie foarte apropiat de bătrân. Talentul pentru cartografie era foarte pronunţat în familia Anturasi, iar odată cu el venea, prin antrenament şi studiu, şi abilitatea lui Jorim şi Keles de a intra într-o uniune mentală cu bunicul lor. Concentrându-se foarte tare şi menţinând, o vreme, informaţia în mintea lor, puteau schimba date fundamentale cu el. Bunicul adăuga informaţiile pe hărţile lumii. Schiţele teritoriilor vaste trebuiau să aştepte până la întoarcere, însă distanţele străbătute, înălţimea munţilor şi alte informaţii de acest fel puteau fi transmise de la depărtare.

Keles era mult mai bine pregătit pentru asta decât Jorim pentru că se străduise atât de mult să-l antreneze pe fratele său geamăn. În cazul lui Nirati, antrenamentul nu dusese la nimic, pentru că ea nu avea acest dar. Nu era ceva rău. Însemna că bătrânul Qiro nu vedea în ea nici o ameninţare, aşa că nu avea nici un motiv s-o împingă spre pericole. Jorim, deşi era capabil să-i transmită informaţii bunicului, nu era atât de precis ca fratele său și ori de câte ori revenea la Moriande se pregătea pentru măsuri disciplinare.

Nu, Jorim nu fugea în lume ca să scape de bunicul său, îi plăcea doar diversitatea lucrurilor. Își lăsa curiozitatea să-l stăpânească și se baza pe norocul său pentru a rămâne întreg. Indiferent cât de aproape se aflase de moarte, dorința lui de a vedea mai multe nu se diminuase.

Iar acum ajung pe Lupul furtunii. Carena vasului fusese reparată înainte de plecarea sa în ultima expediție. Jorim se așteptase ca fratele său să aibă onoarea de a pleca, iar asta îl făcuse pizmaș. Din acest motiv îi pomenise lui Qiro de dispozitivul lui Gryst, în speranța vagă că ar fi putut primi și el o cușetă pe navă.

În privința expediției, Jorim era entuziasmat și temător în același timp. I-ar satisface curiozitatea. Vor merge într-o parte a lumii despre care nimeni nu știa nimic, în afară de povești și legende, de la Munții de Gheață, până la tărâmurile de dincolo de Marea de Răsărit. Ar putea face descoperiri, aduce acasă specimene și adăuga detalii lumii cunoscute, prin conturarea și definirea ei, cu fiecare milă străbătută. Zvonurile s-ar preface în fapte, iar legendele s-ar adeveri sau ar fi dovedite ca mincinoase, necunoscutul ar deveni cunoscut. Ar fi acolo pentru a face toate astea, spre mărirea gloriei națiunii și a familiei.

În același timp, Jorim sperase că bătrânul îl va ține pe Keles aproape și-l va instrui ca să poată prelua ștafeta. De fapt, de-abia aștepta să-i poată comunica informații fratelui său în locul bunicului, fiind sigur că legătura ar fi fost mult mai strânsă și ar fi permis un schimb mai rapid de cunoștințe. Iar în cursa pentru descoperirea lumii, viteza nu trebuia să fie subestimată.

Călătoria lui Keles în pustie îl speria pe Jorim, pentru că se avântase destul de departe în sălbăticie ca să vadă locuri unde Urgia schimbase totul, cu veacuri în urmă. Magia agresivă, scăpată din zăgazuri când trupele Imperiului se ciocniseră de hoardele de turasynzi, izbucnise în Ixyll și măturase jumătate de lume. Cerul se întunecase, zăpezi negre căzuseră degrabă și din greu. Legendele pomeneau de ani întregi trecuți fără veri, iar atunci începuse decimarea populației. Înainte de Urgie, în Imperiu trăiau zeci de milioane de oameni. În zece ani, Principatele aveau o populație redusă la câteva sute de mii de locuitori. Majoritatea erau adunați în văile centrale ale râurilor din cele trei Principate mai mari, în vreme ce restul se cramponau de viață cum puteau.

Vremea imprevizibilă, dinspre nord-vest, unde bântuiau furtuni magice apocaliptice, măturase Principatele preț de încă un veac, cele nouă zile de Festival al Recoltei fiind cea mai apropiată idee de vară. Civilizația imperială suferise un colaps total, iar haosul ar fi domnit peste tot, dacă birocrații nu ar fi menținut ordinea. Deși poveștile despre vremurile cumplite îi slăveau pe miniștri și funcționari, Jorim își dăduse seama că ei nu fuseseră departe de confrații lor din vremurile moderne. Cu toate că erau enervanți, avuseseră o menire, aceea de a-i ține pe oameni în viață suficient de mult pentru începutul unei refaceri.

Jorim știa că negându-le eforturile era o grosolănie. Și-a dat seama de greșeală în urma discuțiilor avute cu Keles, pe când erau mai tineri. Fratele său afirmase că menținerea ordinii și organizarea transporturilor de hrană au fost eforturi eroice. Jorim răspunsese că miniștrii fuseseră mult prea mulțumiți de sine, căutând ordinea, mai presus de toate, și înăbușind astfel inițiativele care le-ar fi permis Principatelor să se refacă mai repede. Fiecare dintre frați trebuise să admită că dreptatea putea fi de partea celuilalt, dar cum nu exista nici o cale de a-și dovedi argumentele, rămăsese o divergență de opinii de care erau amândoi conștienți și o considerau, cumva, ca pe o consolare.

Jorim se servi cu o cupă de vin și sorbi, mișcându-se prin mulțime. Îi căuta pe ceilalți la fel ca el, adică singuri. Câțiva, după îmbrăcăminte, erau străini care nu cunoșteau pe nimeni. Alții erau faimoși ori infami, în funcție de cum preferai să-i consideri. O găsi pe Doamna de Jais și Jad cu spatele la un perete îngust, înconjurată de câțiva dintre protejați.

Își ascunse un zâmbet în spatele cupei. Era încă foarte atrăgătoare, în pofida anilor. Auzise povești care sugerau că fusese concubina prinților încă dinainte de apariția Dinastiei Komyr. Se întrebă dacă era adevărat ori dacă femeia care trona în Casa Plăcerii de Jad moștenise titlul și își asumase rolul pentru a nu contrazice legenda. Nu înțelegea de ce era considerată o eroină, însă destui eroi adevărați îi călcaseră pragul casei de plăceri.

Mă întreb dacă Prințul mă va trimite la ea când s-o întoarce Lupul furtunii? O clipă îi trecu prin minte s-o abordeze și să se prezinte, însă trepădușii ei păreau foarte selectivi, așa că se ținu la distanță și se puse la adăpost de umilința de a fi dat de-o parte.

Rătăcind mai departe prin sală, remarcă în mulțime doi bărbați, cel mai tânăr ținând în mână o cupă cu vin, însă fără să bea, în vreme ce vârstnicul privea totul cu ochi neobosiți. Centura tânărului era înnodată în maniera spadasinilor, însă nici unul dintre ei nu avea spadă. Nimănui nu i se permitea asta în prezența Prințului, așa că nu era o surpriză, însă cel tânăr părea să nu fie în largul său. Cu tot disconfortul afișat, părea mult mai obișnuit cu un cadru atât de somptuos decât companionul său.

Jorim privi din nou prin mulțime și mai descoperi câțiva indivizi care păreau și ei spadasini, dar se aflau în compania celor care-i angajaseră. Nici unul nu era atât de scrutător ca bătrânul, însă el puse asta pe seama obișnuinței cu asemenea adunări și încrederii că nu se va petrece nimic neprevăzut. Oricine destul de smintit să provoace necazuri s-ar fi pomenit eliminat de gărzile keru.

Nimeni din oraș nu-i atât de nebun, poate cu excepția lui Kaerinus. Jorim, la fel ca oricare alt copil din Nalenyr, crescuse cu teama de ultimul *vanyesh*. Odată îl întrebase pe Keles de ce i se permisese vrăjitorului să trăiască, dacă toată lumea se temea atât de mult de el, iar fratele său se mulțumise doar să-i arunce o privire grea. Apoi își coborâse vocea și spusese: „Dacă l-ar *putea* ucide, nu crezi că ar fi făcut-o deja? Nu poate fi omorât."

Asta-l înfricoșase și mai tare, iar descrierea făcută de Nirati nu-i adusese nici o ușurare. Povestea oficială, cunoscută de toți, însă fără a fi crezută de nimeni, era că se întorsese dinspre apus, cu mintea rătăcită, redusă la cea a unui copil. Deși era incredibil de puternic, nu dorea altceva decât să vindece și să facă lucruri bune. *Dacă ar fi fost adevărat, de ce-l țineau prinții nalenieni captiv în Xingnakun?*

Nu era pentru prima dată când asemănările dintre soarta lui Kaerinus și cea a bunicului său îl frapau pe Jorim. Vrăjitorul fusese închis din cauza răului pe care l-ar fi putut face, iar libertatea lui Qiro ar fi putut fi într-un mod similar vătămătoare. Dacă hărțile sale ar fi căzut în mâinile celor din Virine sau ale deseienilor, ar fi putut începe să concureze cu Nalenyr. Economia lor s-ar prăbuși, însă înainte de asta Prințul Cyron ar fi nevoit să înceapă un război, căutând să-și distrugă adversarii.

Luă o înghițitură zdravănă din cupa cu vin. Probabil Keles nu greșise. Deși Jorim s-ar putea să trebuiască să facă eforturi mari pentru a-și croi drum prin mlaștini, să captureze vreo șopârlă și s-o aducă înapoi la Nalenyr, era nevoie de un efort cu adevărat eroic pentru ca să existe un Nalenyr unde să se întoarcă. *La întoarcerea* Lupului furtunii, *cât de mult din Moriande, câți dintre oamenii aceștia vor mai fi?*

Privi în jur, nesigur de răspuns. Își alungă gândurile negre. Se putea gândi la ele și mâine, în Ziua Doliului. Noaptea aceasta era un moment al sărbătorii, de care trebuia să se bucure. *Pentru că ar putea fi ultima noapte a eroilor pe care o celebrăm, am să mă bucur din plin de ea.*

18

Ziua a 6-a, Festivalul Recoltei, Anul Câinelui.
Al 9-lea an al Domniei Prințului Imperial Cyron
Al 162-lea an al Dinastiei Komyr
Al 736-lea an de la Urgie
Kojaikun, Moriande
Nalenyr

Nirati îl lăsă să plece pe fratele ei cu inima neîmpăcată. Era sigură că se va ține departe de belele, dar mai știa că erau momente când ele îl căutau pe el. Totuși, la această adunare era mult mai probabil să fie ovaționat ca un erou și întrebat de expedițiile sale, decât să fie provocat de cineva cu prea multe cupe de vin la bord. Îi dorea o seară liniștită, pentru că apropiata expediție nu părea să-i îngăduie prea multe asemenea.

Intră în sală, unde o luă spre stânga, urmând un traseu care să o aducă în apropierea lui Jorim doar în partea cealaltă. Roba pe care o alesese avea toate ornamentele purtate la petrecerea bunicului, însă nu și croiala formală. Pantalonii de mătase de dedesubt îi ofereau acea libertate care făcea din dans o plăcere, nu o luptă cu gravitatea și constrângerile presupuse de o robă mai lungă. Unele dintre broderii fuseseră făcute chiar de ea, și se mândrea cu asta.

Își examină broderia cu grijă și încercă să-și aprecieze priceperea. De la tămăduire, își reevaluase viața, privind lumea cu alți ochi. *Talentul meu este în mine, sunt sigură. Acum nu mai trebuie decât să-l descopăr. Dar cum?*

O zări pe Doamna de Jais și Jad și îi veni în minte talentul acesteia. Existau atâtea posibilități. Nirati ar fi putut face *orice*. *Aș putea fi o concubină?* Cum ar fi fost dacă se număra printre elevele Doamnei de Jais și Jad. Ar fi fost, oare, posibil să ajungă atât de pricepută în arta dragostei încât asta să devină o trăire magică? Lui Nirati, a cărei experiență carnală era redusă la pipăielile nătânge ale servitorilor și nobililor beți, ideea i se părea pe cât de hazardată, pe atât de îndepărtată.

Cunoștea istorisirile despre cei care erau *jaecai*, maeștri legendari ai disciplinei. Se spunea că viața lor se prelungea, iar vitalitatea le creștea pe măsură ce-și perfecționau abilitățile. Privind frumusețea fără cusur a Doamnei, seninătatea delicată cu care se sprijinea de perete sorbindu-și vinul, Nirati se întrebă cât de bătrână era de fapt. Fusese într-adevăr concubina prințului a cărui dinastie căzuse sub cohortele neamului

Komyr? Femeia de-abia dacă arăta puţin mai în vârstă decât ea, cu excepţia ochilor de-un gri strălucitor, care exercitau o atracţie străveche şi seducătoare.

– Aş spune că are unsprezece eneade, nu credeţi?

Nirati îşi întoarse capul, având o admonestare pe buze, rămasă nerostită când recunoscu vocea.

– Conte Aerynnor, mă credeţi atât de vulgară încât să fac presupuneri despre vârsta unei femei?

– Vă cer iertare, milady Anturasi, se scuză deseianul cu păr negru, plecându-şi fruntea. Îmi trădez natura rustică prin astfel de gânduri şi lipsa de maniere sugerând că aţi putea face la fel.

– Dacă prin a-mi oferi o cupă de vin am spune că vă cereţi iertare, sire, atunci aş fi fericită să vă pot absolvi de vină.

Nirati zâmbi şi acceptă cupa întinsă.

– Aţi venit singur? Sărmana şi fragila Majiata nu şi-a revenit încă?

– N-aţi vrea să bem în sănătatea ei? întrebă bărbatul, zâmbind larg,

– Pentru Doamna de Jais şi Jad? Vă rog...

Zâmbetul lui Junel Aerynnor se lăţi şi mai mult.

– Observ că a vă face faţă nu este un lucru simplu.

– Oh, vă refereaţi la Majiata?

Nirati înălţă cupa.

– Să se simtă, cât mai repede, ea însăşi din nou.

– Aşa să fie! consimţi, apoi bău. Ar fi trebuit să mă însoţească, însă a auzit un zvon despre acel *jaecaitsae* care i-a aplicat pedeaspa, cică va veni să-şi demonstreze talentele. A considerat că ar fi prea mult pentru ea.

Nirati zâmbi.

– Nu cred să ceară voluntari. Aţi văzut pedepsirea ei?

Faţa nobilului deseian se întunecă.

– Da. Am considerat că este de datoria mea. Fratele vostru a încasat loviturile destinate mie. Recunosc, m-am pierdut cu firea când virukul a lovit. Atât de rapid şi atât de uriaş.

– Poate că v-a fost frică, milord, însă am fost şi eu acolo. V-am văzut cum aţi procedat şi nu am observat nici o ezitare. Aţi răsucit-o pe Majiata şi aţi protejat-o cu trupul. Dacă fratele meu nu ar fi intervenit, loviturile v-ar fi nimerit, într-adevăr.

– Voi face totul ca să-i mulţumesc. Se însănătoşeşte, din câte am auzit.

– Da, aşa este, mulţumesc. S-ar bucura dacă aţi veni într-o vizită. Stau adesea cu el şi astfel mama se poate odihni.

– Atunci am să-i aduc respectele mele, spuse Junel şi mai sorbi din vin. Prinţul n-a permis ca altcineva să accepte pedeapsa Majiatei, însă *jaecaitsaeul* n-a lovit-o decât o dată. Totuşi, familia ei face tot ce-i stă în putinţă să nu-i rămână urme. A lăsat-o să meargă până şi la *vanyesh*, poate se vindecă.

– Şi a ajutat?

– Nu am privit-o atât de aproape, însă nu am remarcat nici o desfigurare. Dar Majiata şi familia sa privesc totul prin prisma dezonoarei, explică Junel, şi se strâmbă. Nu mi-a făcut nici o plăcere s-o văd pedepsită, însă o parte din mine crede că trebuia să fie tratată astfel de multă vreme.

Nirati surâse.

– Aveţi, cumva, percepţii ieşite din comun, sau este vorba de o caracteristică a poporului vostru?

– Nu fac decât să învăţ, milady, răspunse cu un zâmbet stânjenit. Ar fi trebuit să fac eforturi teribile ca să nu aud poveştile despre Majiata de după petrecere. Ceea ce sugerează zvonurile am văzut cu ochii mei. La ultima mea vizită m-a întrebat doar dacă cicatricea o face hidoasă. Când i-am pomenit de faptul că fratele vostru e mai bine, însă va rămâne cu cicatrice, a răspuns că se bucură.

– Îl voia pe fratele meu ca să-şi înalţe familia pe scara socială. Lui i-a trebuit mai mult timp până a înţeles. Sunteţi atât de norocos că v-aţi dat seama aşa de repede.

– Familia ei s-a oferit cu amabilitate să mă găzduiască. Doar orb să fi fost să nu pricep.

Junel privi de jur împrejur prin încăpere.

– Văd multe lucruri noi. Venind din Deseirion, remarc aici unele nevăzute de mine mai înainte. Nu sunt sigur că le înţeleg.

– Cum ar fi?

Înclină din cap spre Doamna de Jais şi Jad.

– Deşi avem şi noi astfel de specimene în Deseirion, nu cred că vreunul ar fi bine-venit la o asemenea celebrare. Nu neg că este frumoasă şi că mulţi dintre cei prezenţi i-au călcat pragul, bucurându-se de farmecele ei, însă până la a-i oferi onoruri?

Nirati sorbi din vin, savurându-i dulceaţa.

– În Nalenyr avem ceva mai multă libertate. Ne hrăneşte.

Contele se încruntă.

– Asta poate fi luată în multe feluri. Vă rog să-mi explicaţi.

– Dorinţa carnală, milord, poate fi tratată în două moduri. Unul ar fi să-i negaţi existenţa, să pretindeţi că fidelitatea reprezintă cel mai înalt standard posibil şi să vă faceţi că nu vedeţi cedările secrete de care se bucură toţi. Prin interzicerea ei, nu faceţi altceva decât să amplificaţi tentaţia, iar aceasta-i conferă influenţa atât de destabilizatoare. Majorităţii oamenilor nu le pasă dacă cineva se bucură de legăturile dinafara căsătoriei, cu condiţia ca mariajul să nu fie pus în pericol de ele.

Din moment ce atât de multe căsătorii sunt, de fapt, alianţe dinastice, cei implicaţi în ele nu prea au multe în comun. Acestea sunt atitudinea şi realitatea din cadrul naţiunii mele.

Aici totul este privit drept ceea ce este: o experienţă senzuală. Cu toţii ştim că este de dorit să fie varietate. Dacă mâncăm doar un singur fel de mâncare, bem acelaşi vin, ascultăm numai un cântec, sau mirosim o singură floare, acestea toate devin foarte repede lipsite de interes. Din această cauză, nimeni nu se limitează la nimic, mai ales în ceea ce priveşte atracţia fizică şi dorinţa, contrar felului în care funcţionăm noi, ca oameni. Păstrând-o pe Doamna de Jais şi Jad ca pe un obiect al unor asemenea dorinţe, toată lumea ştiind la ce să se aştepte, se evită plictisul, o influenţă destabilizatoare.

Nirati îl privi pe conte de peste buza cupei sale.

– Dacă veţi aranja o alianţă cu familia Majiatei, sunt sigură că veţi avea nevoie de o asemenea eliberare.

Junel înălţă o sprânceană.

– Sunteţi o mai bună observatoare decât m-aş fi gândit, Domnişoară Anturasi. Lămuriţi-mă, vreţi să sugeraţi că nu a existat niciodată o căsătorie distrusă din pricina dragostei ivite între un client şi o curtezană?

– Deloc, însă schimbarea afecţiunii se poate întâmpla indiferent cine este implicat, pentru că legătura sentimentală dinlăuntrul căsătoriei a pierit, altfel nu s-ar manifesta dorinţa şi nevoia unei împliniri emoţionale.

– Sunt foarte impresionat de argumentele voastre.

Dădu respectuos din cap.

– Gândiţi profund şi vă exprimaţi foarte bine.

– Anii de discuţii cu fraţii mei, cu care am dezbătut toate aspectele şi punctele de vedere posibile. E foarte distractiv.

Nirati legănă vinul în cupă şi privi în jos.

– Nu sunteţi de mult timp aici, dar deja ştiţi de Doamna de Jais şi Jad. Nu aţi luat în considerare recurgerea la serviciile ei?

– Eu? Ei, bine, nu, însă...

Nirati îşi ascunse zâmbetul, văzându-l cum roşea.

– Ce s-a întâmplat?

El îşi strânse brusc buzele, apoi privi în jos.

– Aş minţi dacă aş spune că nu mi-a trecut prin minte. Poate mă veţi considera provincial, însă asta ne duce înapoi la punctul de pornire a conversației noastre. M-aș simți stânjenit alături de cineva care e posibil să-l fi cunoscut pe stră-străbunicul meu.

Ea ezită o clipă, apoi dădu din cap.

– Înțeleg, deși unii susțin că vinurile cele mai bune sunt cele învechite pentru a ajunge la perfecțiune.

– Foarte adevărat, dar sunt destui și cei care preferă producțiile mai noi.

Nirati sorbi din nou din vin și înțelese că se simțea relaxată în prezența contelui deseian. Îi cunoștea pe foarte puțini dintre oaspeți și părea încântat să poată discuta cu ea. Prezența lui îi ținea pe alții la distanță, iar asta era cât se putea de bine. N-o deranja faptul că toți cei care-i vedeau împreună ar fi putut s-o acuze că-l seducea pe pețitorul Majiatei. Jumătate dintre ei ar gândi că era o lecție pentru Majiata, iar cealaltă jumătate ar putea căuta tâlcul acestei întâlniri speculând în jurul hărților Anturasi, a deseienilor și a averii Casei Phoesel.

Ea găsi în conte o companie plăcută. Îl conduse încet prin încăpere, spunându-i cine și ce era. Se feri să bârfească, însă-i preciză cine cu cine se avea la cuțite. Singura dată când lăsă să-i scape detalii lubrice se întâmplă atunci când privirile păreau să-i devină distrate, iar ea-și imagină că tot ce-i spusese se transformase într-o harababură în mintea lui.

Înainte de a-l întâlni pe fratele ei, răsună un gong, iar în încăpere se așternu liniștea. Șase gărzi keru, cu sulițe lungi, purtând flamurile cu dragonul purpuriu, făcură o cărare prin mulțime. Prințul Cyron păși printre ele şi urcă pe un mic podium aflat la capătul celălalt al sălii. Gărzile ocupară poziţii în jurul lui, iar Prinţul făcu o plecăciune spre toţi cei de faţă. Plecăciunea fu repetată de toată lumea. Nirati îşi menţinu plecăciunea pe durata impusă de politeţe, cincisprezece secunde, apoi o extinse la douăzeci, din moment ce era vorba de aniversarea dinastiei şi ar fi continuat la treizeci, pentru pedeapsa dată Majiatei de către Prinţ. Însă când ajunse la douăzeci şi cinci, unul dintre verişorii Prinţului se ridică, iar ceilalţi din încăpere îi urmară exemplul cu un oftat desluşit.

Prinţul îşi îndepărtă braţele în semn de salut.

– Bun venit tuturor! Aceasta este seara eroilor, sărbătorită în mod deosebit într-o naţiune de eroi. Toţi cei prezenţi sunteţi demni de acest titlu sau îl veţi câştiga. Naţiunea noastră cere mult de la eroi, însă îi şi răsplăteşte. Ştiu că nici unul dintre domniile voastre nu s-ar feri de chemarea patriei.

Doi funcţionari de protocol aduseră un scaun pentru Prinţ şi-l aşezară în centrul podiumului. Un ministru de protocol – un subsecretar cu rang înalt, după croiala robei – înaintă şi se adresă mulţimii.

– Pentru această seară au fost pregătite distracţii spectaculoase.

În timp ce vorbea, intră în mulţime, unde îşi mută bastonul de ceremonii din poziţia verticală pe orizontală. Invitaţii se retraseră încet după ce apucă bastonul de un capăt cu mâna dreaptă şi începu să se învârtă, descriind un cerc.

– Dacă veţi fi amabili să respectaţi cercul trasat acum, veţi putea vedea lucruri la care majoritatea doar visează.

Contele, privind încruntat şi refuzând să-i înţeleagă pe cei care vorbeau cu accent nalenian, nu se retrase odată cu ceilalţi. În loc de asta, îşi puse mâinile pe umerii lui Nirati şi o trase în faţa lui, plasând-o înaintea tuturor celorlalţi privitori. Ea zâmbi, dându-şi seama că ultima dată când avusese parte de o privelişte atât de clară avea pe umeri mâinile tatălui.

Distracţiile se dovediră mai mult decât fabuloase. Începură cu patru gărzi keru interpretând un dans ritualic, folosind suliţele. Flamurile pocniră, capetele suliţelor bocăniră ascuţit pe piatră, iar vârfurile vâjâiră prin aer în timpul răsucirii. Femeile se mişcau cu atâta precizie, forţă şi fluiditate încât păreau mai mult animale decât oameni. Când celelalte keru aruncară în sus mere şi alte fructe, lamele vârfurilor le străpunseră sau le îmbucătăţiră, umplând aerul cu arome dulcegi.

Urmară jonglerii, apoi acrobaţii, a căror abilitate de a se aşeza unii peste alţii, tot mai sus, părea să fie limitată doar de tavan. Contorsioniştii îşi încolăciră membrele în poziţii ce păreau că nu vor mai putea fi niciodată desfăcute, iar dansatorii se unduiră pe muzică până ce trupurile deveniră pete vibrante.

Fiecare spectacol îl depăşea pe precedentul, oricât de imposibil părea. Ministrul îi indica pe cei care oferiseră spectacolul, iar aplauzele îi răsplăteau. Dacă rosteau mai mult de câteva cuvinte de laudă pentru Prinţ, ministrul îi întrerupea, anunţând următorul act.

Își păstră vocea neștirbită până când ultima trupă de dans se topi de pe scenă.

– În finalul spectacolelor noastre, vă prezentăm ceva pe cât de special, pe atât de potrivit cu seara eroilor. Avem printre noi doi *dicaiserri*. Vă vor prezenta o demonstrație a îndemânării lor în lupta cu spada, așa cum n-a mai fost niciodată până acum. Prințul îi salută pe Moraven Tolo și pe turasyndul Chyrut Scok.

Nirati zâmbi. De la întâlnirea lor la tămăduire știa că Moraven era spadasin. Considerase laudele aduse lui de către Dunos drept o exagerare copilărească, însă acum era limpede că băiatul avusese dreptate. *Să fii ales să te înfățișezi aici înseamnă că ești foarte bun. O fi chiar* jaecaiserr.

Mâinile lui Junel fură străbătute de un fior. Nirati se întoarse cât să-i privească fața.

– Ce s-a întâmplat?

– De Moraven Tolo n-am auzit, însă de turasynd da. Cei de față cred, probabil, că a venit să-și demonstreze priceperea. Așa este, dar nu cum se așteaptă toți.

– Ce vreți să spuneți?

Dădu din cap, în timp ce un bărbat înalt, sfrijit, cu părul întunecat, intră în cerc.

– Își va da cămașa jos și veți vedea semnul vulturului negru. Face parte dintr-un cult barbar. Indiferent ce i s-a spus, atunci când trage sabia din teacă, luptă până la moarte.

19

Ziua a 6-a, Festivalul Recoltei, Anul Câinelui

Al 9-lea an al Domniei Prințului Imperial Cyron

Al 162-lea an al Dinastiei Komyr

Al 736-lea an de la Urgie

Kojaikun, Moriande

Nalenyr

Prințul Cyron se apleca înainte, în scaunul său, în vreme ce luptătorii își făceau loc prin mulțime. Turasyndul era ușor de localizat, pentru că se înălța cu un cap deasupra tuturor. Hainele îi trădau originea din Pustietățile Turca, deși Chyrut se născuse în Solaeth. Cu membre bine proporționate și foarte slab, purta o cămașă de piele cu mâneci scurte, care-i dezvăluiau brațele crestate în lupte. Cicatricele albe contrastau cu pielea roșie. O fâșie de piele îi trecea peste sprâncene, apoi peste părul lung și negru.

Invitații începură să șușotească în momentul când turasyndul intră în cerc. Pentru majoritatea întruchipa teroarea. Poporul său declanșase Urgia, iar mulți dintre cei de față fuseseră crescuți sub amenințarea năvălitorilor turasynzi, care ar fi putut veni să-i fure. Chiar și Prințul auzise povești despre nelegiuirile lor, care-l făceau să fie precaut, în pofida faptului că Deseirion și Helosunde izolaseră Nalenyrul.

Deși Chyrut nu părea să aibă mai mult de cincizeci de ani, ceea ce însemna că era tânăr pentru un turasynd, Prințul se întrebă care era adevărata sa vârstă. Că era un maestru spadasin era deja bine știut, iar unele surse sugeraseră că s-ar putea să fie un *jaecaiserr*. Dacă așa stăteau lucrurile, însemna că era cu mult mai bătrân decât arăta. Prințul se întreba dacă nu cumva era vreunul dintre barbarii supraviețuitori ai Urgiei, zvonurile spuneau că mai rămăseseră, dar se credea că erau malformați îngrozitor. Oricum, putea fi destul de bătrân ca să fi deprins arta de la vreunul dintre supraviețuitori.

Câțiva din mulțime începură să murmure, știind că turasyndul lucra pentru Myrian cel Negru, unul dintre personajele din umbră care profita de pe urma activităților criminale din Nalenyr. Căpetenia lumii interlope făcea, câteodată, servicii Coroanei, cum ar fi depistarea sau lichidarea spionilor deseieni, așa că Prințul nu vedea nici un rost în a-l elimina. În schimb, Myrian cel Negru își menținea activitatea pe cât se putea de nevătămătoare, cel puțin până în punctul când se ajungea la confruntări.

Sunt vremuri ciudate, când trebuie să te înhăitezi cu criminalii pentru a proteja societatea. Nu exista nici o altă cale, iar Cyron se resemnase demult. Vor exista întotdeauna indivizi în afara legii, iar dacă vreunul putea menține ordinea, erau de folos. Myrian stabiliza o situație altcumva haotică, iar miniștrii Prințului prețuiau stabilitatea mai mult decât orice.

Bărbatul care intră în cerc pentru a se confrunta cu turasyndul se deplasa cu gesturi fluide și fără risipă de energie, ceea ce părea o probă de smerenie, foarte potrivită pentru o seară destinată să-i onoreze pe eroi. Purta o tunică albă, tivită cu verde, pantaloni verzi și cizme negre. O cămașă neagră și o centură completau ținuta, iar părul negru, nu atât de lung ca al barbarului, era despletit. Făcu o plecăciune scurtă spre adversar, apoi se întoarse și se plecă adânc în direcția Prințului.

Cyron își îngustă ochii, pentru că bărbatul mai scund părea dezavantajat, ceea ce însemna că nu era deloc așa. Veșmintele negre și verzi dezvăluiau că prezența lui se datora Doamnei de Jais și Jad, adică nu venise să-și arate doar iscusința. Tunica lui nu avea nici un însemn de lealitate națională, impresionându-l pe Prinț, pentru că în Moriande, în timpul Festivalului, cineva putea fi ori din Nalenyr, ori mândrul purtător al însemnelor unei nații. Pe tunică fuseseră brodați tigri, ca un blazon personal, iar Cyron îl recunoscu, deși numele purtătorului nu-i spunea nimic.

Este *acel* xidantzu *pe care mi-l amintesc.* Prințul zâmbi și-și plecă fruntea spre spadasin. Compania

Liberă nu avea nici căpetenie, nici lealități. Membrii săi puteau fi mercenari sau vânători de recompense, iar în orice conflict îi găseai în ambele tabere. Mai mult decât eroi de închiriat, se deplasau unde pofteau, atât timp cât nu încălcau legile, și făceau de pofteau. *Ocazional se pun în serviciul Coroanei, atât timp cât le convine.*

Cyron se întrebă de ce Moraven Tolo călătorea sub acest nume nou și-i fusese prezentat ca un dar oferit de Doamna de Jais și Jad. Dacă Prințul ar fi știut de prezența lui în Moriande, l-ar fi convocat de mult, însă nu puteai fi niciodată sigur dacă un *xidantzu* se supunea ordinelor. Privi spre Doamna de Jais și Jad, întrebându-se dacă prezența lui Moraven nu era, cumva, un dar pentru el, cu demonstrația talentului ei ca un premiu în plus.

Îmi va fi de folos, dacă *supraviețuiește luptei.*

Turasyndul își scoase vesta de piele și până și Prințului i se tăie respirația. Se părea că pe pieptul, umerii și spatele său fusese tatuat un vultur negru. Conturul era adecvat, însă din desen izvora lumina. Nici o cerneală din lume, nici chiar cea folosită de un tatuator Mistic, n-ar fi putut-o reflecta astfel.

În măruntaiele lui Cyron își făcu loc o senzație de răceală când își dădu seama de adevăr. Desenul nu fusese realizat prin tatuare, fusese *inserat.* Pene, sute de pene fuseseră smulse de pe vulturi negri. Vârfurile lor fuseseră ascuțite și apoi înfipte în carne. Era parte dintr-un ritual turasynd, executat într-un cerc unde – zile la rând – Chyrut se duelase cu alți războinici.

Lupta lor eliberase energie magică, pe care ritualul o capturase și o transformase într-o forță capabilă să topească penele în carne.

Cyron mai auzise de astfel de lucruri și le ridiculizase, socotindu-le povești din Pustietăți, dar să te supui de bună voie unui asemenea tratament magic... Prințul clătină din cap. El considera și că riscul ceremoniei de tămăduire era inacceptabil, însă această tradiție data de dinaintea dinastiei sale și, fără îndoială, va continua și după ea.

Două gărzi keru se apropiară de marginea cercului. Fiecare avea câte-o sabie, care fu înmânată celui mai apropiat combatant. Barbarul folosea o sabie turasyndă, ușor încovoiată. Era ascuțită la vârf și putea străpunge, însă fusese concepută mai mult pentru lovituri laterale, zdrobitoare, administrate cel mai bine de pe șaua calului. O pereche de corzi verzi, terminate cu niște ciucuri de satin, atârnau de mâner, însă teaca uzată sugera că lama era veche și fusese folosită din greu.

Moraven Tolo își acceptă propria sabie, care ceda în fața lungimii și lățimii armei adversarului. Își băgă teaca subțire la centură, astfel încât mânerul sabiei se ridica la șoldul său stâng. Mânerul nu era ornamentat. Felul în care manevrase sabia, fără măcar să se uite, arăta cât era de familiarizat cu prezența ei.

Ambii luptători făcură o plecăciune în fața Prințului. În timp ce se ridicară, Chyrut își trase sabia și azvârli teaca într-o parte. Scoase un răget și tăie aerul. Cei aflați la marginea cercului se dădură îndărăt, iar un bărbat leşină. Ura schimonosea chipul turasyndului, şi chiar şi Prinţului i se opri respiraţia în gât pentru o clipă.

Moraven Tolo nu făcu nimic. Nu-şi trase nici sabia. Nu zâmbea, însă Prinţul putea vedea că asta nu însemna că-şi neglija adversarul. Nu se clinti, însă ochii albaştri îl cântăreau pe barbar, măsurându-l, descifrându-l.

Turasyndul se aruncă, lovind din lateral spre capul scundacului. Dacă nimerea, i-ar fi retezat lui Moraven craniul la nivelul urechilor, însă nici măcar nu trecu pe-aproape. Bărbatul mai mic de statură îşi trase capul şi păşi înainte, pe sub tăişul sabiei. Dacă şi-ar fi tras sabia şi ar fi pivotat pe piciorul drept, ar fi putut să-l taie pe barbar de la mijloc, din spate spre faţă.

Chyrut îşi răsuci încheietura mâinii drepte şi pivotă pe piciorul drept. Penele-i săltară pe umărul drept, ajutându-l în mişcare. Roti sabia cu o lovitură de revers care i-ar fi tăiat spinarea lui Tolo. Însă Moraven îşi scosese, în acel moment, sabia şi-o împinsese în jos, în spate, parând lovitura. Săbiile zăngăniră, iar spadasinul mai scund se azvârli înainte, rostogolindu-se şi ridicându-se la limita cercului, în punctul cel mai îndepărtat faţă de cel de plecare. Se răsuci repede, cu sabia ţâşnind în sus, blocând orice lovitură de la vintre până la creştet.

Barbarul scoase un alt răget şi şarjă, însă Moraven nu-l mai aştepta. Se întâlniră în centrul cercului, fără să aibă timp să schimbe lovituri, însă urmând o serie de hărţuieli complicate.

Prințului i se încreți pielea scalpului, iar firele de păr de pe brațe i se ridicară când cei doi combatanți se avântară, blocară lovituri, parară, se răsuciră și apoi săriră. Trupurile luptătorilor erau ca o ceață nedeslușită, iar săbiile lor deveniseră fantome argintii-cenușii, apărând și dispărând aproape dincolo de puterea ochiului de a le urmări.

Prințul studiase, așa cum era și de așteptat, lupta cu sabia. Deși nu era atât de priceput ca și fratele său, știa destule încât să înțeleagă ceva din ceea ce vedea acum. Cei doi *erau* maeștri ai spadei, poate chiar mai mult. Acțiunile lor necesitau mai mult talent decât văzuse el vreodată. Păreau să se anticipeze unul pe altul, Moraven Tolo răsucind din nou și din nou sabia, sau evitând o lovitură cu o clipă înainte să-l despice.

În timp ce privea, Cyron își mai dădu seama de prezența altui factor în luptă, care o făcea și mai spectaculoasă. Turasyndul, indiferent la faptul că era vorba doar de o demonstrație, lupta fără teama că adversarul l-ar fi putut răni. Amândoi aveau un asemenea control încât singura șansă ca sângele să înceapă să curgă ar fi fost numai printr-un accident, iar Chyrut se lăsa frecvent descoperit în fața loviturilor rapide ale lui Moraven. Acesta para, bloca și evita loviturile, însă nu riposta niciodată, indiferent cât de vulnerabil se lăsa barbarul.

În turasynd începeau să fiarbă frustrările. Mârâi și-și dublă eforturile. Sabia lui vâjâia prin aer, iar metalul răsuna cu un zgomot care ar fi copleșit și un gong de semnalizare. Ieșiră scântei când încercă să-și facă loc prin garda lui Moraven. Mărimea lui, greutatea sabiei şi furia dezlănţuită a atacurilor ameninţau să-l doboare pe adversar.

Moraven ceda teren, însă nu părea decât să-l stârnească şi mai tare pe turasynd. Loviturile sale deveniră din ce în ce mai sălbatice şi hotărâte, fiind cât pe ce să rănească spectatorii, care se apropiaseră din nou de cerc. Lamele se răsuceau prin aer, părând să-şi fi pierdut rigiditatea.

Barbarul urlă triumfător când lovi cu sabia prin diagonală. O bucată triunghiulară de stofă pluti o clipă prin aer, apoi căzu la podea. Provenea de la mâneca dreaptă a lui Moraven, iar turasyndul scoase un răget, de parcă inima *xidantzului* fusese străpunsă.

Nu mai mişca nimeni. Toate privirile studiau bucata de stofă zdrenţuită. Zăcea acolo, uşor mototolită, întunecată pe lemnul decolorat. Pentru toţi cei din sală, cu excepţia turasyndului, părea o prevestire sumbră a reîntoarcerii hoardelor şi distrugerea vieţii, aşa cum o cunoşteau.

Apoi, vârful unei singure pene pluti în jos, aşezându-se pe bucata de stofă.

Prinţul îşi frecă încheieturile pumnilor de braţul scaunului. Ministrul de protocol îl privi, îi surprinse clătinarea din cap, apoi bătu din palme.

– Spectacolul s-a încheiat.

Dacă turasyndul a putut să audă asta peste aplauzele izbucnite, nu a luat în seamă comanda. Moraven Tolo sări peste lovitura de jos care desprinse aşchii de lemn, apoi blocă lovitura din rever. Reveni pe podea, arcuindu-se lent, spre marginea cercului. Turasyndul îl urmă, apoi încetini în apropierea ministrului de protocol.

Acesta anunță din nou că demonstrația se încheiase.

Mâna stângă a lui Chyrut se răsuci, administrându-i o lovitură cu dosul care-l răsuci pe ministru înainte de a-l proiecta în interiorul cercului. Înainte ca trupul să atingă podeaua, turasyndul se repezi din nou la Moraven Tolo. Ridică sabia pentru o lovitură cu ambele mâini, menită să-l taie în două, însă își descoperi abdomenul.

Prințul se chirci, nedorind cu adevărat să vadă urmarea atacului evident lansat de Moraven. Deși n-avea nimic împotriva morții turasyndului, să-l vadă îngenuncheat, bocind în timp ce încerca să-și bage intestinele înapoi în burtă, ar fi aruncat o umbră peste toate festivitățile. Însă Moraven Tolo nu avea altă alegere. *Trebuie doar să aleagă felul în care va proceda.*

Sabia turasyndului își începu coborâșul. Moraven își inversă priza pe sabie, lăsând lama să se sprijine de tot brațul. Dănțui, parcă, înaintând în interiorul arcului loviturii lui Chyrut. Încă un pas înăuntru și unul lateral spre stânga i-ar permite să lovească direct de-a curmezișul burții barbarului. Trupul lui Tolo ar împiedica mare parte din public să vadă spectacolul. *Dacă aș avea eu priceperea lui, așa aș face.*

Nici chiar bufnitura zgomotoasă a sabiei lui Chyrut, lovind în podeaua de lemn, nu reuși să acopere pocnetul ascuțit al mânerului sabiei lui Moraven zdrobind falca barbarului. Capul uriașului zvâcni înapoi,

apoi genunchii i se muiară. Moraven Tolo ieşi din raza de acţiune a braţului adversarului şi ridică tăişul sabiei la umărul stâng. Turasyndul se clătină o clipă, aproape oferindu-se pe tavă, pentru că Moraven l-ar fi putut descăpăţâna cu uşurinţă.

Încercă să spună ceva, însă maxilarul său rupt nu-l slujea prea bine. Căzu înainte, cu faţa în jos, iar penele de pe spate i se unduiră puţin. Respiraţia turasyndului era greoaie, însă adversarul său de-abia dacă părea să gâfâie.

Din afara cercului apăru un tânăr şi luă sabia barbarului. Moraven se încruntă un moment, apoi se lăsă într-un genunchi înaintea podiumului Prinţului.

– Spectacolul s-a terminat, Alteţă.

Cyron se ridică şi dădu din cap spre el.

– A fost un adversar redutabil?

– Unul dintre cei mai buni cu care mi s-a dat vreodată ocazia să lupt.

– Ai fost cu adevărat în pericol?

Spadasinul îşi înclină uşor capul.

– În cerc eşti întotdeauna în pericol. Dar adversarul te poate răni atât cât îi permiţi. Iar orice greşeală poate fi ultima.

Prinţul zâmbi.

– Îţi mulţumesc, *dicaiserr* Moraven Tolo. Înainte să pleci din Moriande, ţi-aş rămâne foarte îndatorat dacă m-ai căuta la Wentokikun.

– Mă onoraţi.

Moraven Tolo se întoarse şi privi la tânărul care se ocupase de sabia lui Chyrut.

– Dacă ajutorul meu deprinde bunele maniere până atunci, aş putea să-l prezint Alteţei Voastre?

– Da, sigur.

Cuvintele lui Moraven îl făcură pe ajutorul său să-şi ridice capul. Tânărul îngenunche repede şi lăsă sabia la podea. Făcu o plecăciune, însă nu-şi ridică fruntea până când Moraven nu-i făcu semn cu o mişcare din călcâi. Tânărul se îndreptă din spate, însă rămase tot în genunchi.

Prinţul îşi deschise braţele.

– Vă mulţumesc tuturor pentru că v-aţi dat atâta stăruinţă pentru desfătarea noastră. V-aş invita să vă bucuraţi în continuare de belşugul recoltei aduse naţiunii noastre. Aţi văzut eroi în această seară, iar de la ei putem doar învăţa. În primul rând, ştim că rezultatele cele mai bune pot fi atinse numai prin dăruire şi mult exerciţiu. În al doilea rând, să nu reuşim să dăm tot ce-i mai bun din noi înseamnă să fim înfrânţi înainte de a apuca să acţionăm.

20

Ziua a 6-a, Festivalul Recoltei, Anul Câinelui

Al 9-lea an al Domniei Prințului Imperial Cyron

Al 162-lea an al Dinastiei Komyr

Al 736-lea an de la Urgie

Kojaikun, Moriande

Nalenyr

La cuvintele Prințului, muzicanții atacară o melodie, iar cercul care-i înconjurase pe executanții spectacolelor din această seară se umplu încet cu petrecăreți care dansau. Gărzile keru intrară și luară ambele săbii și pe spadasinul turasynd. Moraven Tolo își îngădui un zâmbet la auzul felicitărilor primite, apoi se pierdu în mulțime, urmat de Ciras.

Când Moraven se opri, Ciras se așeză înaintea lui, făcând o plecăciune adâncă.

– Vă cer iertare, Maestre! Nu am vrut să fiu o pacoste.

– Înțeleg. Până la urmă poate te îndrepți.

Moraven vorbi cu glas șoptit, apoi arătă spre un colț liber. Fără nici un cuvânt, Ciras i-o luă înainte. Când tânărul se poziționă în așa fel încât să țină încăperea sub observație, Moraven îl luă pe după umeri și-l întoarse cu fața spre el, inversând poziția.

– Iertați-mă, *serrcai* Moraven Tolo!

– Poate. Spune-mi pentru ce trebuie să fii iertat și de ce ai făcut-o.

Sprâncenele tânărului se strânseră.

– Am fost destul de îngâmfat încât să presupun că mă veți prezenta Prințului.

– De ce?

– În Tirat, fac parte din nobilime. Am crezut că mă veți prezenta, la fel ca pe oricare alt nobil, mărturisi Ciras, apoi își ridică fruntea. Iar acest lucru contrazice lecția pe care mi-ați dat-o la cimitir. Aici sunt nimeni.

Moraven zâmbi.

– Asta-i foarte bine și tocmai nimerit, din punctul tău de vedere, însă trebuie să-l înțelegi și pe al meu. Mă crezi atât de nemanierat încât să nu te fi prezentat Prințului?

– Nu, Maestre, dar...

O mână ridicată-i tăie vorba.

– Atunci, ce motiv aș avea să nu te prezint?

Fruntea tânărului se încreți de atâta concentrare.

– Mă tem că nu înțeleg, Maestre.

– Nu te cred.

Moraven se sprijini cu spatele de perete.

– Ai văzut tot ce trebuia să vezi și știi tot ce trebuie știut ca să descifrezi cimilitura. Concentrează-te. Deci, ce ai văzut?

– L-ați învins pe monstrul turasynd, dar era evident încă de la bun început.

– De ce?

Ciras își holbă ochii.

– Ați avut vreun moment de îndoială? Omul era puternic, rapid și imens, însă nu avea antrenamentul *clasic*. Nu a fost deloc organizat, nu a trecut de la atac la apărare. A atacat doar, fără nici un răgaz. Așa cum ați spus, știa că vă veți apăra și nu-l veți ucide, așa că n-a trebuit să se îngrijoreze.

– Dar crezi că a încercat să mă ucidă?

– Nu. Așteptați... nu cumva a vrut?

Moraven dădu încet din cap.

– A fost intenția sa. Vulturii Negri și *xidantzu* nu se iubesc prea mult.

– Asta se cunoaște chiar și în Tirat, adăugă Ciras cu un zâmbet.

– De obicei, conflictele se desfășoară în provincii. Nu m-am luptat cu ei, însă am discutat cu cei care au făcut-o. Ai putea să-l iei drept un războinic nedisciplinat – Moraven își ridică mâna dreaptă, arătând unde-i fusese tăiată mâneca –, însă a fost bun. Mai bun decât majoritatea.

– Dacă spuneți, Maestre.

– Nu mă crezi?

– Nu-i vorba de asta. A fost bun, însă nu destul de bun să se descurce așa cum a făcut-o.

– E-adevărat. Atunci, ce-ți spune ție asta?

Ciras își acoperi pumnul drept cu mâna stângă și își lipi gura de ele gândindu-se. Moraven îi văzu ochii îngustându-se și mărindu-se la loc pe când revedea lupta în minte. Pe față începu să i se oglindească o înțelegere treptată a tâlcului, apoi puse cap la cap alte câteva lucruri.

– Oh, Maestre, îmi pare foarte rău.

– Povestește-mi.

– Sabia. Trebuie să fi fost una dintre acelea descântate de un *gyanridin.* Am atins-o, vă temeați că s-ar putea să mă afecteze, așa că m-ați făcut s-o las jos și v-ați folosit de încălcarea etichetei de către mine pentru a-mi distrage atenția de la ea.

Își frecă palmele de robă de parcă ar fi vrut să și le curețe de murdăria armei.

– Așa-i, Maestre?

– Ești foarte aproape, Ciras, chiar foarte aproape.

Moraven își lipi palmele una de alta, deget peste deget.

– Foarte mulți războinici valoroși au urmat-o pe Împărăteasă în Pustietăți, să-i distrugă pe turasynzi. Iscusința lor a dus la Urgie. Au fost uciși cu toții.

– Nu credeți că Împărăteasa și gărzile ei se vor întoarce când vom avea nevoie de ei?

– Poate, dar dacă nu s-au întors vreme de șapte veacuri, de ce-ar mai face-o acum?

Moraven nu-i permise elevului său să răspundă.

– Deși o armă nu devine mai bună când este folosită de cel mai bun dintre spadasini, una care a trecut prin mâinile unui maestru îl poate ajuta pe altul să atingă mai degrabă un nivel superior de pregătire. Este un ajutor în ajungerea la *jaedunto.*

– Știu, Maestre. Am folosit o asemenea sabie când m-am antrenat.

– Excelent. Atunci vei înțelege importanța a ceea ce-am văzut aici. Există un zvon, pe care Maestrul Jatan mi l-a împărtășit și mie, că în Pustietăți s-ar fi găsit câteva ascunzători cu asemenea arme. Am studiat destul arma turasyndului ca să-mi dau seama că datează de dinaintea Urgiei. Cineva a căutat aceste arme.

– Deseienii?

– Poate că da, poate alții. Dar ce anume din ce ți-am spus eu nu înțelegi?

Ciras căzu o clipă pe gânduri.

– Nu ar trebui să existe ascunzători cu multe astfel de arme. Ar trebui să fi fost îngropate alături de stăpânii lor, ori trimise înapoi familiilor. Nu au fost, pur și simplu, aruncate la grămadă.

– Iar asta înseamnă că...?

– Multe lucruri, răspunse Ciras și se încruntă. În cel mai rău caz, cineva s-a dus acolo și sapă prin morminte. Iar asta înseamnă că...

– Spune mai departe.

Ciras scutură din cap.

– E o nebunie dincolo de orice închipuire.

Vrilxingna, cea mai întunecată dintre arte și cea mai periculoasă. Deși nici cei mai pricepuți dintre dintre vrăjitori nu puteau învia morții, nu însemna că răposații erau cu totul nefolositori. *Vrilxingnardinii* localizau și profanau mormintele celor cunoscuți pentru multele lor virtuți sau abilități din timpul vieții. Luau cadavrul și îl măcinau, transformându-l într-o pulbere pe care o vindeau pentru a fi inhalată. Se credea că putea oferi măiestria celui mort. Alte practici *vrilxingna* erau și mai înfiorătoare, însă ideea că trupurile celor mai mari eroi ai lumii puteau fi transformate în praf, administrat apoi unei armate, era suficientă ca să îngrozească pe oricine.

– Făpturile Morții sunt sinistre, însă gândește-te la ce-ai văzut aici. O căpetenie a lumii răufăcătorilor i-a anunțat pe toți cei prezenți că are la dispoziție mijloacele de manufacturare a eroilor. Helosundienii vor dori asemenea marfă, să-i ajute la recucerirea țării. Nobilii nalenieni ar putea vedea în asta o cale de a-și aduna o armată cu ajutorul căreia să-l alunge de pe tron pe propriul lor prinț.

– A fost bine că prințul deseian nu a fost aici.

O altă voce, ușoară, răspunse comentariului lui Ciras.

– Nu credeți, *Liserrdin* Dejote, că Prințul Pyrust ne-a arătat ce are el de vânzare?

Moraven se întoarse spre dreapta și făcu o plecăciune.

– Ne onorați, milady.

Doamna de Jais și Jad zâmbi cu ușurință, dar nu fără o anumită reținere.

– Domnia voastră sunteți cel care mă onorați, după ce mi-ați reprezentat darul. Sper că nu ați considerat oferta mea drept insultătoare?

– A fost o altă onoare.

Își ridică mâna stângă spre el, iar Moraven o luă cu dreapta.

– Să mergem. *Liserrdin*, vei fi bine întreținut. La cuvintele ei, două dintre ajutoare îl luară pe Ciras de brațe și-l conduseră spre dansatori, în vreme ce alții îi înconjurară pe Moraven și Curtezană.

– Să mă supăr că nu ați venit să mă vedeți sau v-ați închipuit că având un nou nume nu v-aș recunoaște?

Cuvintele ei susurau dulci și cu blândețe, învăluindu-și cu un aer de glumă duritatea.

– M-am întrebat, adesea, dacă nu cumva ați evitat Moriande din pricina mea.

Moraven îi duse mâna pe antebraț și o conduse printr-o serie de uși duble spre o mică grădină din curte. Îi urmau crâmpeie de muzică. Grădina, întunecoasă și pustie, era plină de mireasma florilor de noapte. Parfumul lor îl completa pe cel ales de ea pentru ocazie.

– Tragedia petrecută la ultima mea vizită este cauza. Ori de câte ori m-am gândit să mă întorc, vreun semn îmi reamintea de ea. Eram convins că zeii au hotărât să ne țină departe unul de celălalt, îi spuse zâmbind.

– Deci ca să vă feriți de zei ați petrecut nopțile în Casa celor Trei Perle, după sosire?

– Nu folosiți acest ton afectat în fața mea, milady.

– Așa de rece și formal.

– Iar acum încerci să mă abați, spuse, apoi închise ochii. Există vreun nume familiar pe care ai vrea să-l folosesc?

– Pentru tine există mereu unul.

Mâna ei se ridică și-i mângâie delicat obrazul.

– Nu lipsești aproape niciodată din gândurile mele. Îmi place noul tău nume. Am să-l folosesc, Moraven. Ți se potrivește mult mai bine. Sugerează mai multă profunzime, o pasiune subsumată, dar încă disponibilă.

– Iar numele tău, Paryssa, a însemnat întotdeauna pentru mine simbolul pasiunii.

Moraven îi privi fața perfectă, dominată de ochi luminoși, infiniți. În decursul anilor, fuseseră câteva mii cei care se uitaseră așa, însă câți dintre ei văzuseră ce vedea el? Ademeniți de frumusețea ei, seduși de anumite mișcări, se folosea de farmecele ei cu aceeași dezinvoltură ca el de spadă.

Se înfioră, amintirea primei lor împreunări aducându-i roșeața în obraji. Fusese un tinerel, nu atât de tânăr ca învățăcelul său, dar pe-aproape, la fel și ea. Se duelase pentru onoarea ei, mai puțin pentru că ar fi îngrijorat-o soarta ei, și mai mult pentru că bărbatul implicat în luptă merita să moară. Nu fusese pentru prima dată când simțise magia sabiei, însă era pentru prima oară când își amintea să fi rămas cu el atât de mult și prima oară când era sigur că nu-l va părăsi niciodată.

Ea ajunsese pe aceeași treaptă cu el când se acuplaseră. Împreună, atinseseră o intensitate a simțirii pe care n-o mai întâlniseră nicicare până atunci, și-i surprinsese pe amândoi. De fiecare dată după aceea, experiența survenea mai repede și cu mai multă putere, înfiorându-i. Pentru oricare alt cuplu care ar fi ajuns aici din întâmplare, extazul ar fi devenit o dependență. I-ar fi consumat cu totul, însă ei posedau disciplina artei și se retrăgeau la timp. În același fel în care le deschisese noile posibilități, le dicta și cum să evite căderea.

Degetele ei i se plimbară pe față, apoi le coborî să-i desfacă roba și își lăsă obrazul pe pieptul său.

– Știm amândoi de ce te-ai ținut departe și de ce nu te-am căutat. Într-o noapte ca asta, a răsplătirii eroilor, n-ar fi mai bine să fim împreună decât separați?

– Da, așa ar fi, însă statutul meu de erou s-ar putea să-mi pretindă să mai fac unele lucruri în această seară.

– Cum ar fi?

El îi atinse bărbia cu mâna și-i trase fața în sus.

– Jatan mi-a povestit de zvonurile despre Pustietăți. În mod sigur m-ai ales să lupt împotriva campionului lui Myrian cel Negru ca să mă pui în gardă asupra a ceea ce se întâmplă. Tu și Jatan nu colaborați?

– Nu, Moraven. Am fost lăsată să cred că te-ai dus la el să-ți prezinți învățăcelul.

Mâna ei se strânse și mai tare pe robă.

– Am colaborat cu Myrian cel Negru. I-am returnat un serviciu, însă aș fi cerut mult mai mult dacă aș fi știut că barbarul avea de gând să te omoare.

– Myrian cel Negru voia să le arate tuturor ce poate obține, însă a făcut asta sub ochii Prințului, chiar în această noapte, să-l înștiințeze pe Cyron că se putea conta pe el în preîntâmpinarea necazurilor.

– Însă pentru un anume preț. Loialitatea lui are un preț.

– Prințul Cyron știe asta.

Doamna de Jais și Jad îl sărută pe gât.

– Myrian cel Negru a avut de-a face cu mulți dintre nobilii din provincie. Negustorii din capitală își măresc profiturile, însă la nobilimea măruntă ajung foarte puțini din acești bani. Inițial, au ezitat să investească în comerț, iar acum negustorii nu prea sunt dispuși să-i răsplătească pentru că și-au ținut banii la teșcherea. Boiernașii vor mirodenii și alte mărfuri care sosesc, însă nu au și aurul cu care să plătească. Mai mult de atât, ei cred că Prințul este prea preocupat de Helosunde și de problema cu deseienii. Recolta din acest an a fost destul de abundentă, însă Prințul n-a redus impozitele. Dacă nobilii de la țară ar fi păstrat mai mult din grâne, ar fi putut să vândă mai mult. În loc de asta, Prințul le ia recolta și le mai și cere trupe de apărare împotriva Deseirionului. Unii dintre ei au convingerea că o armată proprie i-ar putea apăra, dacă se declanșează invazia. Alții cred că ar fi necesară o armată să-l răstoarne de la putere pe Prinț, dacă nu devine mai realist.

Moraven dădu încet din cap.

– Îmi închipui, sunt și în oraș negustori care nu au un profit atât de gras ca al altora și cred că o armată angajată de ei ar fi de folos la perturbarea afacerilor altora. Singura care împiedică tensiunile să devină incontrolabile pare să fie prosperitatea generală adusă de comerț, nu?

– Da. Prințul este la curent cu nemulțumirile și-i obligă pe unii negustori să-i angajeze pe investitorii rurali, dacă vor să aibă acces la hărțile Anturasi. Cei care nu au acceptat s-au lovit de un ghinion înfiorător, până într-atât încât mai multe case de cartografie au fost falimentate. Mai trebuie doar dezastrul expediției pregătite de stat. Economia se va prăbuși, iar săbiile vor ieși din teacă.

– Iar asta este expediția *Lupul furtunii?*

Ea-i trimise un zâmbet.

– Pentru cineva care n-a mai călcat prin Moriande de atât timp, deslușești foarte bine politica locală.

– Azi Moriande, Kelewan cu mult timp în urmă, își aminti Moraven încruntat. Diferența atunci a fost că au adus spadasini și concentrarea de forțe s-a văzut mai ușor. Aici, vor fi armele și praful, așa se pot ascunde armate întregi în depozite, fără guri de hrănit, și nimeni nu intră la idei.

– Ai posibilități de a face față problemei?

– Nu, deocamdată nu.

Se apleacă și o sărută pe frunte.

– Mai sunt multe de aflat, însă am prea puțin timp. *Lupul furtunii* nu poate da greș înainte de a fi lansat.

– Dar ai răgaz să petrecem ceva timp împreună?

Moraven își coborî gura spre a ei.

– Cum aș putea, oare, să-l petrec mai bine decât cu tine?

21

Ziua a 6-a, Festivalul Recoltei, Anul Câinelui.
Al 9-lea an al Domniei Prinţului Imperial Cyron
Al 162-lea an al Dinastiei Komyr
Al 736-lea an de la Urgie
Shirikun, Moriande
Nalenyr

Prinţul Pyrust înălţă capacul cutiuţei de abanos de pe masa din salonul apartamentului. Acolo, odihnindu-se pe un culcuş de catifea roşie, găsi nouă figurine de metal, dintre care cea mai înaltă măsura şase centimetri. Erau vopsite în culori vesele, cu excepţia uneia. Pe această piesă, vopsită în negru, în afară de faţă şi vulturul alb inscripţionat pe platoşa armurii, o extrase din cutie şi o ridică la lumina celei mai apropiate lumânări. O răsuci spre stânga şi spre dreapta, minunându-se mai mult de fineţea modelării, decât de pictarea ei pentru că, era evident, fusese executată rapid.

Zâmbi.

– Sunt mult mai binevoitori în felul în care mă tratează în acest an, decât în trecut. Asta pentru că m-am arătat pe-aici sau este un edict de-al lui Cyron?

Cealaltă persoană din încăpere stătea într-un colț, învăluită în umbră, cu gluga trasă atât de mult peste față încât nu puteau fi văzute decât niște șuvițe de păr lung. Vocea sa, deși așezată, purta oboseala vârstei.

– Nu suntem siguri de asta, Alteță. Cyron nu este atât de pornit pe emis edicte pe cât era tatăl său.

Pyrust își puse pe masă copia miniaturizată și scoase piesa care-l reprezenta pe Cyron. Roba pe care o purta fusese vopsită cu o pricepere deosebită și arăta chiar mai bine decât veșmintele cu care se înfățișase la întâlnirea lor. Aurul din ea ar fi fost, fără îndoială, orbitor într-o lumină mai puternică. Artizanul avusese foarte mare grijă la desenarea șoimului de sub dragon, înfățișându-l într-o zbatere aprigă, cu penele zburând.

– Ciudată senzația de a-l ține acum în mână cu atâta ușurință, iar în viața reală să-l controlez cu atâta dificultate.

Invitata sa clătină încet din cap, însă lumina nu-i atinse trăsăturile.

– Controlul este o iluzie. Crede că el vă controlează.

– Chiar așa?

Pyrust îl așeză și pe el pe masă, simțind o mică satisfacție că figurina sa era mai înaltă decât cea a Prințului nalenian.

– Oferta sa de hrană a fost una pe care n-aș putea s-o refuz. Împreună cu ea au fost sugerate și condițiile privind comportamentul meu. Le pot încălca numai spre ruinarea națiunii mele.

– Și o faceți, milord?

– Nu-i deja evident, Delasonsa? Doar agenții tăi mi-au oferit imaginea exactă a stării națiunii mele. Birocrații ascund adevărul prin statistici și în modul în care filtrează rapoartele trimise curții. Administrează veștile rele cu picătura.

– Așa mențin ei ordinea, pentru că birocrația cedează în fața haosului. Se consideră adevărații păstrători ai ordinii în lume, moștenitorii Imperiului pe care Împărăteasa l-a abandonat cu atâta amar de vreme în urmă. Ea a împărțit puterea politică între nouă prinți, însă mecanismul pentru menținerea Imperiului a căzut în sarcina birocraților. Dacă n-ar fi însemnat venirea haosului, s-ar fi scăpat de prinți de mult.

Făcu un gest, iar vârful degetului, cu unghia lungă și încovoiată, de-abia dacă ieși din mâneca grea.

– N-ați fost surprins de faptul că Prințul Cyron știa de recoltă. Ați presupus, fără a greși, că agenții helosundieni i-au adus informația. Oricum, birocrații au confirmat asta, încercând să înceapă negocieri în numele vostru cu birocrații lui. Informațiile curgeau prin aceste canale cu mult înainte de prăpădirea recoltei.

Cu stânga sa betegită Pyrust își mângâie ciocul.

– Tot aceste canale ar fi purtat informații despre orice invazie aș fi pus la cale. Aceste canale îi dezvăluie încercările mele de a-i nimici pe rebelii helosundieni.

– În parte, da, însă ne-am ocupat noi de aceste probleme. Este atât o binecuvântare, cât și un blestem să-i avem pe birocrați. Ai domniei voastre sunt extrem de eficienți, dublând și triplând fiecare raport, expediindu-le prin mai mulți curieri, cerând procese-verbale de primire, datate, pentru ca lucrurile să poată fi urmărite. Când doriți ceva dus la îndeplinire, se face.

– Da, și eu folosesc același sistem cu trupele, pe teren.

– Bineînțeles, Alteță, și din acest motiv campaniile voastre au fost victorioase și vor fi tot așa în viitor.

– Nu-i nevoie să mă flatezi, Mamă a Umbrelor. Mă bazez pe alții pentru asta. Pyrust reveni la cutie și scoase figurina lui Qiro Anturasi. O ținu în sus și se întoarse. Aici este cheia viitorului.

– Vreți să-l omor?

Pyrust se concentră dincolo de figurina în roba albă spre mormanul de zdrențe de pe scaun.

– Mi-ai cerut adesea să-ți dau mână liberă să-l lichidezi. Ce-i cu ura asta personală pe care i-o porți?

– Nu-i nici un fel de ură, Alteță, îi răspunse cu un ușor chicotit. Doar o provocare. Anturasikun este închisoarea cea mai sigură pe care au putut-o face Prințul Cyron și tatăl său. Pătrunderea acolo nu este deloc o treabă ușoară, iar ieșirea chiar și mai mult.

Pentru mine, pătrunderea, uciderea lui, într-o manieră care să pară moarte naturală, și evadarea de acolo reprezintă, probabil, cea mai grea misiune cu putință de imaginat.

– În afară de evadarea din cele Nouă Iaduri.

– Sau cele Nouă Ceruri. Da, Stăpâne.

Pyrust o studie o clipă. În cele mai timpurii amintiri ale sale ea-i apărea tot așa: o babă turtită de greutatea veacurilor. Tatăl său spunea că și lui i se părea la fel, așa că Pyrust se îndoia că arăta într-adevăr așa. Pe de altă parte, mai însemna și că era, fără doar și poate, o *jaecaivril* atât de măiastră în artele umbrelor, încât o simplă atingere a ei putea ucide. Conducea de multă vreme mecanismul siguranței statului în Deseirion, atât forțele vizibile, cât și pe cele ale umbrelor, majoritatea sânge din sângele ei. Generații întregi.

*Sunt sigur că l-*ai putea *ucide pe Qiro Anturasi.* Lăsă figurina să-i alunece în pumn și-l strânse.

– Detest să-ți interzic să răspunzi provocării, însă atât timp cât are vulnerabilitățile lui, ne este mai util în viață decât mort. În afară de asta, el are o contribuție minoră la problemele cu care ne confruntăm. Ar trebui ștearsă de pe fața pământului întreaga sa familie, iar toate hărțile lor distruse, iar asta de-abia dacă ar încetini Nalenyrul, darmite să-l oprească. Explorările aduc relații comerciale, iar de aici rezultă aur, cu care Prințul poate antrena și menține o armată de mercenari helosundieni care să mă hărțuiască și să-i apere țara. Îi oferă posibilitatea de a tocmi o armată chiar și mai mare, dacă este nevoie. Indiferent ce atac lansez eu, aş fi ţinut pe loc în Helosunde, luptând cu mercenarii lui. Intervine cu trupele naleni, iar ale mele crapă de foame înainte să punem măcar piciorul pe pământul Nalenyrului.

– De unde şi finanţarea expediţiilor voastre din Pustietăţi şi studierea artei *gyan*. Dacă poţi recupera destule artefacte sau maşinării care să fie perfecţionate, ai putea crea o armată în stare să-l copleşească. Devine o cursă. Vrea şi mai mult aur, tu cauţi mijloacele prin care să i-l iei.

– Nu-mi plac astfel de impasuri.

Îl aşeză pe Qiro pe masă, lângă celelalte două figurine din set.

– Îmi plac chiar mai puţin decât Cyron când trage de lesă, de parcă aş fi vreo javră.

– *Există* un avantaj şi în asta, Alteţă.

– Da?

Cotoroanţa gesticulă vag în direcţia Kojaikunului.

– Se crede un fel de erou în această seară a eroilor şi îşi închipuie că sunteţi o javră bine priponită, la capătul lesei. V-a spus că dacă-i sunteţi ostil, veţi flămânzi. Chiar credeţi că-i pasă dacă vă continuaţi campaniile în Helosunde?

Pyrust se încruntă.

– Aşa e. Acest război prin procură din Helosunde mă face să sângerez, însă nu şi pe el. Nu poate decât să-i fie de folos dacă vom continua luptele.

– Iar dacă veţi continua să luptaţi, va crede că sunteţi prost, din moment ce riscaţi să opriţi grânele destinate nordului. Ştiţi că va întârzia transporturile spre noi, însă nu va îndrăzni să le facă la fel și aliaților săi. Dacă reușiți să le furați grânele, va direcționa transporturile spre ei, însă veți avea, fără îndoială, hrană.

– Asta nu-mi aduce nimic.

– Din contră, vă aduce foarte multe.

Capul lui Pyrust se ridică.

– Nu-i arată decât că sunt previzibil și prostănac.

– Ceea ce el ar fi mai mult decât bucuros să accepte. În definitiv, el crede tot timpul că fugiți după himere.

Arătă înspre cutia cu figurine.

– Scoateți două dintre figurinele gărzilor, Dragonul Norilor și Dragonul Râului.

Știind că avea ceva de demonstrat și presupunând că era ceva de valoare, se întoarse spre cutie și scoase două figurine care reprezentau elita elitelor trupelor naleniene. În afară de culorile și emblemele pictate pe armurile lor, piesele erau identice. Fuseseră turnate în aceeași matrice și deosebite numai prin culoare.

– Sunt la fel.

– Într-adevăr, așa este. Nu există nici un mod pentru a le deosebi, în afară de uniforma lor.

– Exact, Prințul meu. Operând în Helosunde îi aveți pe Șoimii Umbrelor și Șoimii Munților. Ei trec râul și atacă din diverse poziții, în expediții de pedepsire. Ce-ar fi dacă ați folosi aceleași trupe, dar în alte uniforme? Ce-ar fi dacă birocrații ar trimite aceleași rapoarte, indicând unde se află unitățile, forța și desfășurarea lor? În esență, ați putea elibera una dintre unități pentru recunoaștere.

– Iar o singură unitate consumă numai jumătate din pulberea pentru două, deci aş putea aduna ceva din ce capturez. Asta înţeleg, însă cu ce scop, totuşi?

– Mă gândisem că este atât de simplu, Alteţă.

Râsul ei îl ustură.

– Nalenienii îşi închipuie că nu-i veţi putea învinge niciodată pentru că pot tocmi trupe bine antrenate, care să vă înfrunte. E limpede că aveţi nevoie de săbii tratate *gyan*, ca să le puteţi face faţă, de relicve, trupe alimentate cu praf de mort sau alte lucruri de prost-gust. Aşa cum am mai discutat, astfel de trupe ar fi de folos la început, la atacarea trupelor naleniene şi ţinerea lor în loc pentru ca forţele voastre mai bine antrenate şi disciplinate să treacă de ele şi să captureze obiective de valoare.

– De acord.

Cotoroanţa se ridică şi o luă înainte şontâcăind, cu capul aplecat, iar cocoaşa ei de vrăjitoare era vizibilă deasupra umerilor.

– Ce-ar fi dacă v-aţi trimite trupele să se antreneze oleacă? Suficient cât să băgaţi disciplina în ele? În loc să-i trimiteţi să moară în luptă, îi trimiteţi în bătălie cu o oarecare şansă de supravieţuire. Apoi îi puteţi lua şi antrena pentru a deveni o forţă eficientă. Nu trebuie să vă îngrijoraţi că vreunul dintre ei ar deveni prea bun, din moment ce nu i-aţi învăţa altceva decât cum să mărşăluiască şi să execute ordinele.

Pyrust se încruntă o clipă, apoi dădu încet din cap.

– Cei care promit ar putea fi trimişi în şcoli şi antrenaţi mai departe. Da, asta ar putea să meargă.

Disciplina de bază ar putea fi mascată de efortul de a încropi miliţii locale pentru protejarea satelor împotriva jefuitorilor care caută de mâncare pe timpul foametei. Cyron ar lua asta drept un semn în plus al haosului şi l-ar face să mă subestimeze şi mai mult.

Delasonsa trecu pe lângă el şi ciocăni cu degetul în capul figurinei Anturasi.

– În vreme ce Prinţul Cyron vă crede orientat spre interior, să faceţi faţă dezastrului, vom găsi căi de a-i zdruncina monopolul asupra cunoaşterii lumii. Aşa cum ştiţi, există planuri în desfăşurare. Aţi vorbit cu nepotul lui, Keles?

– Da, însă a fost doar o discuţie preliminară. N-am simţit nici o dorinţă de a ieşi de sub umbra bunicului său.

– Nu, acesta-i cel loial. Celălalt este mai incontrolabil şi ar putea fi supus tentaţiei, deşi trimiterea lui cu *Lupul furtunii* îl va scoate din sfera mea de influenţă.

Pyrust zâmbi şi aşeză gărzile pe masă.

– Eşti încă frustrată în urma încercărilor tale de a infiltra unul din agenţii tăi pe navă.

– Oricum, ar fi fost o pierdere de timp. Cineva cu suficiente abilităţi ca să poată copia după Jorim Anturasi ar fi fost uşor de recunoscut. Abilitatea lui de a ne comunica ce-a aflat ar fi îndoielnică, iar deconspirarea lui, un dezastru. În loc de asta, mă gândesc să mă folosesc de timpul cât nava este plecată să-i compromit pe cei care au informaţiile, lucru care la revenirea ei ne-ar putea răsplăti mult mai bine eforturile.

– Ce-i cu încercările noastre de a pune mâna pe hărțile Anturasi sau ale altor case?

Ea izbucni în râs.

– Hărțile Anturasi sunt mai bine păzite decât trezoreria naleniană, așa că nu am avut nici un succes. Celelalte hărți ne-au parvenit, însă oamenii noștri au mai văzut așa ceva și înainte. Au remarcat însă ceva interesant.

– Adică?

– Avem propriile noastre hărți ale țărmului pentru majoritatea apelor revendicate, cândva, de Imperiu. În decursul anilor, au apărut unele schimbări, cum ar fi mutarea bancurilor de nisip, care provoacă riscuri de navigație. Curios este că ultimele hărți ori nu le arată, ori indică pericole acolo unde ar trebui să fie curat. Concluzia este inevitabilă: Anturasi au propriii lor agenți în interiorul celorlalte case, producând hărți care-i duc la dezastru pe toți cei care le folosesc.

Prințul deseian ridică din nou figurina lui Qiro.

– Mai meșteșugit decât mi-am imaginat, deci.

– Și, așa cum ați spus, Alteță, este vulnerabil.

Se răsuci și-și îndreptă un deget spre apus.

– Keles Anturasi va călători spre Pustietăți. Voi pune agenții pe urmele lui. Voi încerca să-i strecor unul în anturaj, dacă se poate. Sunt mai puțin preocupată de descoperirile expediției, decât de situațiile care ni l-ar putea face îndatorat. Dacă i-am putea câștiga încrederea, salvându-l de la moarte, atunci e splendid. Dacă va trebui să punem mâna pe el și să-l reţinem, putem face şi asta. În cel mai rău caz, l-am avea sub control, iar acest lucru ne-ar permite să ţinem sub control Casa Anturasi.

Pyrust dădu încet din cap.

– Mai există, desigur, ceva ce-am putea face.

– Spuneţi numai un cuvânt, Alteţă, şi se va face.

– Nu încă.

Pyrust puse jos figurina Anturasi, apoi o lovi cu unghia pe cea a Prinţului Cyron, azvârlind-o pe spate.

– Voi amâna uciderea lui pentru un moment mult mai important. Nu-i ceva de hotărât cu uşurinţă.

– Asasinii n-au mai luat un cap încoronat de la destrămarea Imperiului.

– Asta din câte ştii tu, Mamă a Umbrelor.

Îl surprinse fulgerarea albă a dinţilor în adâncul glugii.

– Nimeni altcineva nu ştie asta mai bine, Alteţă. Nici un asasin n-a mai făcut asta până acum. *Aş fi aflat.*

– Da, ai fi aflat. Pyrust aprobă repede din cap. Este ciudat că toate pot să-şi facă lucrarea numai când va veni timpul potrivit. Un moment când multe lucruri vor depinde de el, când îl vor apăsa toate, asta-l va termina. Nu va mai conta dacă este sau nu eroul eroilor. Va conta doar moartea sa, iar în haosul care va urma, spada unui războinic, nu tocul unui birocrat, va instaura ordinea.

22

Ziua a 8-a, Festivalul Recoltei, Anul Câinelui
Al 9-lea an al Domniei Prinţului Imperial Cyron
Al 162-lea an al Dinastiei Komyr
Al 736-lea an de la Urgie
Anturasikun, Moriande
Nalenyr

Când fratele său intră în camera pentru băi de soare, Keles Anturasi puse cartea de-o parte şi se ridică încet din scaun. Surpriza care se putea citi pe faţa lui Jorim îl bucură şi-l făcu să decidă să nu arate nici cea mai mică urmă de suferinţă. Se forţă să zâmbească şi se îndreptă de spate, deşi simţi muşcătura durerii.

– Te refaci mai repede decât s-ar putea crede. Eşti sigur că-i înţelept?

– Da, mă simt minunat. Mulţumesc de întrebare, răspunse Keles, cu un zâmbet larg. Magia ambasadoarei din Viruk a avut un efect strălucit asupra spatelui meu. Trebuie să fiu în picioare şi activ pentru că altfel aş rămâne aici, să-şi reverse bunicul furia asupra mea.

– A trecut să te vadă?

– Nu, însă l-a trimis pe Ulan, cu mai multe dictate decât are Urmyr pentru birocraţi. M-am săturat până peste cap.

Jorim dădu din cap şi trase de centura neagră a robei sale verzi.

– Înţeleg. Deşi îmi pare rău de oamenii care trebuie să lucreze în timpul Festivalului pentru aprovizionarea *Lupului furtunii*, de-abia aştept să o iau în jos, pe râu, cât mai departe. Expediţia nu poate începe prea curând.

– Mai dă-mi vreo două zile şi voi putea să o iau şi eu în sus pe râu, tot mai departe.

– Bucuros.

Jorim trecu de el şi ridică volumul legat într-o copertă de piele scorojită, pe care-l citea Keles.

– *Memoriile lui Amenis Dukao?* Doar nu studiezi asta pentru călătorie?

– Nu, însă are o anumită valoare.

Keles se făcu din nou comod în scaun şi-i indică să ia loc pe un taburet.

– Ne plăcea când eram copii. Nirati mi-a citit din carte, şi mi s-a părut liniştitoare. De asemenea, mai găseşti şi adevăruri acolo. Dukao a călătorit prin Pustietăţi şi a luptat împreună cu Împărăteasa împotriva turasynzilor.

– Adevăr? Zeii să aibă milă.

Jorim își trase un alt scaun și se așeză, punându-și picioarele pe taburet.

– Keles, Keles, ce mă fac eu cu tine?

Lovi cu pumnul în coperta cărții.

Keles își ridică mâinile.

– Știu ce ai de gând să-mi spui. Volumul este o compilație din legendele anterioare, toate incluse într-o poveste despre cum sălbaticii au găsit un manuscris în Pustietăți. L-au dus unui scrib care l-a transcris, după care manuscrisul original a dispărut în mod misterios.

– Corect. Kyda Jameet este pseudonimul unuia dintre nobilii din Virine, care n-a călătorit mai departe, în nord, de munți, și nu s-a apropiat de Pustietățile din Ixyll dincolo de țărmul Mării Întunecate, iar numele de Dukao și l-a însușit din istorie, să nu știe nimeni prea multe despre el.

– Ne-am mai contrazis despre astea și înainte, spuse Keles, oftând. Totuși, unele din observațiile despre condițiile din Pustietăți sunt adevărate.

Jorim oftă la rândul său, iar sprâncenele i se arcuiră avântându-se spre nas.

– Există regiuni din Ummummorar și Tejanmorek care au simțit adierea Urgiei. S-au întâmplat lucruri destul de ciudate acolo. Iar acolo unde te duci este și mai rău.

– Este exact ceea ce se spune și aici.

– Dar nu prea bine, scumpe frățioare. Acolo pe unde am ajuns eu și unde am văzut efectele, s-au întâmplat lucruri la care Jameet nici n-a visat. Am văzut un copac, unul singur în inima unei păduri, transformat în cristal. Frunzele, atunci când se desprind, se transformă în materie normală. Dă fructe, dar când sunt culese, putrezesc imediat. Florile au un miros dulceag, dar dacă le culegi, pier într-o clipită.

– Dar şi el vorbeşte aici despre astfel de lucruri.

– Însă insuficient de mult. Eu am văzut un copac, el pomeneşte de un crâng, dar vei trece printr-o pădure de cristal şi chiar mai rău.

Jorim deschise cartea la o imagine care-l înfăţişa pe erou în armură.

– Amenis Dukao a avut noroc. A murit într-o bătălie măreaţă. Şi-a croit drum spre Kianmang cu mult înaintea fraţilor săi, şi i-a întâmpinat în Paradisul Războinicilor, atunci când au pierit. N-a apucat să vadă niciodată ce-a făcut Urgia din Ixyll, cu atât mai puţin să supravieţuiască.

Keles dădu din cap, ascunzându-şi un zâmbet în faţa furiei crescânde, mocnite, a fratelui său. Ştia că se putea juca cu el pe tema asta o bucată de vreme, însă nu voia să declanşeze o izbucnire de furie.

– Consideraţiile tale sunt bine gândite. Totuşi, aceste poveşti s-ar putea să mă pregătească pentru ce-mi va fi dat să văd.

Jorim, din câte se părea, era şi el în toane conciliante.

– Este adevărat. Ca s-o spun pe-a dreaptă, aş vrea să ai vreun erou precum Amenis Dukao care să te însoţească.

– Mă pot descurca şi singur.

Jorim puse cartea de-o parte, își lăsă picioarele pe podea și se aplecă în față. Își rezemă coatele de genunchi și își împreună palmele.

– Keles, sunt două lucruri adevărate pe care trebuie să le știi. Primul este că am cel mai profund respect pentru tot ce-ai făcut. Ridicările topografice ale cursului superior al Râului de Aur sunt impecabile. Te invidiez pentru capacitatea de a vedea astfel de detalii și de a fi atât de precis. În al doilea rând, trebuie să știi că sunt sigur că vei fi la fel de sârguincios, dacă nu chiar mai mult, și în această expediție. Munca pe care o vei face acolo va fi admirabilă, nu am nici un fel de îndoială.

– Dar?

– Dar sunt îngrijorat pentru tine.

– Jorim, sunt fratele tău mai mare, este de așteptat să mă îngrijorez eu pentru *tine.*

Mezinul Anturasi zâmbi scurt.

– Ești cartograf. Eu sunt aventurier. Studiile pe care le vei face în Pustietăți necesită un aventurier.

Keles arătă spre râu.

– Iar călătoria *Lupului furtunii* nu?

– Ba da, așa este, însă nu într-o asemenea măsură. Jorim se ridică și începu să măsoare încăperea la pas. Am trecut prin sălbăticie, Keles. Nu poți să fii sigur de nimic, absolut nimic, iar acolo, în Pustietăți, va fi și mai rău. Ești un spadasin mediocru. Cândva, ai fost un arcaș acceptabil, însă ai lăsat acest talent să se atrofieze. Acolo, vei fi lipsit de apărare.

Keles se lăsă pe spate, împreunându-și mâinile și lipindu-și degetele arătătoare de buze. Îngrijorarea sinceră a fratelui său reflecta temerile care-i colcăiau în suflet. În afară de ceea ce se găsea în cărți, precum volumele de memorii, sau în oricare dintre suratele lor apropiate, care erau încântarea copiilor și-i dezgustau pe majoritatea adulților, nu știa nimic despre ce-l aștepta acolo. Comentariile fratelui său erau în mare parte adevărate, în privința priceperii la lupta cu spada și notă în minte să includă un arc și săgeți în lucrurile pe care la va lua cu el.

Deși Jorim avea dreptate, Keles nu voia să se confrunte cu această chestiune imediat, așa că făcu ceea ce putu: pară atacul.

– Greșești, Jorim, atunci când spui că expediția mea ar necesita mai mult un aventurier decât a ta. Cel puțin, știu la ce să mă aștept. Pe când tu nu ai nici un indiciu. Acolo ar putea fi orice, sau nimic. Ai putea să cazi de pe marginea lumii.

Jorim izbucni în râs. Cei care nu erau familiarizați cu hărțile și lumea adesea credeau în viziunea superstițioasă că lumea era plată și avea margini. Însă ei știau că era ca o minge, de o anumită dimensiune. Bunicul lor reușise să o și calculeze și, pe baza acestor calcule, *Lupul furtunii* fusese pregătit pentru o călătorie de doi ani.

– Ar putea fi orice acolo și probabil că așa-i.

Keles căscă intenționat ochii.

– Canibali. Demoni. Monștri. Ar fi mai bine să fii un spadasin mai bun decât te-au făcut toate istorisirile.

Jorim rumegă un răspuns, apoi dădu încet din cap.

– Știi, m-am gândit la asta. Orice-ar fi acolo, a fost destul să-l omoare pe tata. Nu cred că-mi va veni și mie de hac, dar sunt conștient de pericole. Cât despre canibali, monștri și demoni, mi s-a povestit că dau târcoale prin Ummummorar și alte locuri. N-am reușit niciodată să verific dacă-i adevărat, așa că nu sunt prea îngrozit.

– Nu ești? se încruntă Keles. Atunci de ce-ai mai venit aici să mă vezi?

– Cred că sunt mult prea aventurier pentru *Lupul furtunii*. Mă pricep să-mi conduc oamenii în necunoscut, citind terenul, vânând animale.

– Ceea ce vei face.

– Însă nu câtă vreme suntem pe mare. Corabia are căpitan o femeie, foarte pricepută, așa că n-aș fi de nici un folos. Tu ai găsi o cale să faci ceva util.

– Vino aici, șezi.

Keles își mută picioarele de pe taburet, iar de data asta fratele său îl acceptă.

– Vei face ceea ce ți se va cere în timpul călătoriei. Treaba ta va fi să urmărești longitudinea și latitudinea, apoi să conduci expediții prin locurile descoperite de tine. Acesta-i rolul tău, și trebuie să fii pe cât poți de aprig și de uluitor pentru a-l duce la bun sfârșit. Asta se așteaptă de la tine. Ești trimis în cea mai măreață aventură din vremurile noastre. În ochii mei, tatăl nostru este un gigant. L-am iubit din tot sufletul, însă chiar și el s-ar pleca înaintea ta în această călătorie.

Jorim se încruntă și-și șterse o lacrimă.

– Alergiile.

– Desigur.

– Iar această înțelepciune provine din faptul că ești cu doi ani mai mare?

– Asta și faptul că am un frățior care are nevoie de ea.

– Uahh... Dacă ai fi fost *atât de înțelept*, ai fi evitat marginea tăioasă a ghearei virukului.

Keles râse.

– Foarte adevărat. Am ascultat ce-ai spus, am să iau cu mine un arc și am să exersez.

Zâmbetul lui Jorim se lăți.

– Mă bucur să aud asta. Mi-am luat deja libertatea de a pune în bagajele tale cel de-al doilea arc al meu. Ți l-aș fi dat pe cel mai bun, dar nu vei fi în stare să tragi de el o vreme. Cel pe care ți-l dau străpunge orice armură de la patruzeci și cinci de pași.

– Îmi dai arcul ăsta numai ca să trebuiască să mă apropii și să-mi folosesc spada, nu-i așa?

Jorim se aplecă în față și-l bătu pe genunchi.

– Keles, lasă-mă să-ți explic pe îndelete. Te descurci atât de prost cu spada încât un măr n-are de ce să se teamă când te apropii cu cuțitul.

– Nu sunt chiar *atât* de jalnic.

– Pe-aproape. Oricum, nu contează.

Jorim își strecură mâna în mâneca dreaptă și scoase un inel de jad cu o flanșă curbată în interior, spre partea opusă.

– Am găsit acest inel aici, în Moriande. I-a aparținut, cândva, lui Panil Ishir. Este menționat chiar și în volumul de memorii, deși, probabil, este singurul lucru adevărat din carte. A fost unul dintre cei mai buni arcași ai Imperiului. Exersează cu el și vei trage mai bine ca niciodată, în cel mai scurt timp.

Keles luă inelul neted de jad și-l potrivi pe degetul mare. Flanșa proteja pielea și era subțiată acolo unde fusese folosită din greu, pentru a trage coarda arcului. Jadul rece nu vibra încărcat de farmece, trădând altfel devotamentul pentru străvechiul erou. Însă nu avea nici o îndoială că-l va servi așa cum spusese fratele său, ajutându-l să-și perfecționeze talentul, și mai știa că fratele său plătise scump pentru el.

– Este un dar prea prețios să-l iau cu mine prin Pustietăți, Jorim, iar tu vei avea mai mare nevoie de el acolo unde mergi.

– Prostii.

Jorim închise palma fratelui său.

– Vei avea nevoie de el, sunt sigur de asta.

Keles oftă.

– Am să-l iau, dar numai pentru că am un alt motiv. Panil Ishir a fost unul dintre cei despre care se crede că a supraviețuit bătăliei. Este acolo, pe undeva, împreună cu Împărăteasa Eternă, gata s-o servească la întoarcerea ei, dacă vreodată cele Nouă Principate vor avea nevoie de ajutor.

– Chiar așa? izbucni Jorim în râs. Ar trebui să te întorci la citirea volumului de memorii, chiar dacă sunt vai şi amar. Sunt mult mai credibile decât poveştile despre Împărăteasa Adormită.

Keles îşi mişcă anevoie umerii şi simţi o înţepătură la spate.

– Nu-l evaluezi corect. Poveştile au miez.

– Delirezi, însă mi-ar plăcea să-ţi aud argumentele şubrede.

– Nu sunt deloc şubrede. Forţele Imperiale trebuie să fi învins, altfel barbarii ar fi cucerit demult Principatele. Ea şi ceilalţi erau înconjuraţi în acest loc nou, care s-a schimbat din cauza bătăliei, de monştri şi alte lucruri mai ameninţătoare pentru Imperiul ei decât fuseseră vreodată barbarii. Ea şi ceilalţi supravieţuitori au rămas acolo, eliminând aceste creaturi, şi încă mai sunt acolo. Dacă nu ar fi aşa, monştrii ar fi copleşit de multă vreme Principatele. Este totul foarte logic.

– Aşa ar fi, dacă nu ţi-ai baza argumentele pe aberaţii. Presupui că monştrii nu sunt aici, veniţi din Pustietăţi, pentru că au fost ucişi. *Dacă* monştrii au existat vreodată, *dacă* au fost căsăpiţi în Pustietăţi, nu rezultă de niciunde că Împărăteasa şi trupele ei au făcut-o. Deşi sunt cu toţii mari eroi, nu prea cred că mulţi dintre ei au supravieţuit secolelor trecute de atunci, dacă o fi supravieţuit vreunul.

– Kaerinus a reuşit.

– N-a fost un erou.

– Nu contează.

Keles zâmbi timid.

– Dacă vreunul dintre ei a supraviețuit și acesta-i tocmai Pamil, n-ar fi grozav să-i returnezi bunul?

– Dacă nu te ia drept un jefuitor de morminte și te omoară imediat, da.

Jorim clătină din cap.

– Sunt momente când mă mir de tine. Poate că veninul acela de viruk ți s-a urcat la cap.

– Hei, tot timpul obișnuiai să crezi că mi s-a urcat oareșice la cap.

– Da. Apoi am mai crescut. Unul dintre motivele pentru care sunt invidios pe expediția ta este că știu că vei vedea acolo lucruri mult mai fantastice decât Împărăteasa Adormită.

– Poate că am s-o văd și pe ea.

– Poate că da. În sălbăticie auzi tot felul de scorneli. Sunt de nouă ori mai aiurite decât memoriile.

Jorim se încruntă o clipă.

– Totuși, e ciudat că a fost *ceva* care i-a împiedicat pe viruki să se folosească de Urgie să-și refacă Imperiul. Rezistă la frig mai bine decât noi și au supraviețuit mai bine vrăjilor. S-ar fi putut întoarce, însă n-au făcut-o.

– Vezi? S-ar putea să fi fost ea.

– Sau s-ar putea să-i fi omorât *ei* pe monștrii pe care spuneai că i-a măcelărit ea.

– S-ar putea. Mi-ar conveni și dacă ar fi așa.

Mintea lui Keles se aruncă asupra unei probleme și mai acute decât cele ridicate de comentariile fratelui său. Simți un gol în stomac, de frică.

– Bătălia a eliberat suficientă magie ca să schimbe întreaga lume. Şi dacă a făcut mai mult?

– Adică?

– Să deschidă o gaură spre o altă lume, iar de acolo să se scurgă aici tot felul de lucruri. Ce-ar fi dacă virukii şi-au petrecut anii întunecaţi luptând pentru supravieţuire, cu orice-o fi venit de dincolo de lume?

– Păi, Keles, dacă s-a întâmplat *asta*, am numai două lucruri să-ţi spun. Primul, învaţă să tragi cu arcul foarte, foarte bine.

Ochii lui Jorim se îngustară.

– Al doilea lucru, păzeşte-ţi spatele. N-ai *vrea* să se ia ceva după tine până acasă.

23

Ziua a 9-a, Festivalul Recoltei, Anul Câinelui
Al 9-lea an al Domniei Prinţului Imperial Cyron
Al 162-lea an al Dinastiei Komyr
Al 736-lea an de la Urgie
Wentokikun, Moriande
Nalenyr

Prinţul Cyron îşi concedie slujitorii şi pe ministrul cu rang minor dintr-un gest al mâinii.

– Voi continua să mă îmbrac singur. Ministre Delar, vei aştepta pe coridor până când Maestrul Anturasi şi eu vom fi terminat, apoi îl vei conduce înapoi la bal.

Ministrul făcu tăcut o plecăciune, aşteptă plecarea slujitorilor înaintea lui, apoi se strecură pe uşă afară, închizând-o după el.

Prinţul trase de umerii tunicii sale, apoi privi spre Keles Anturasi. Tânărul arăta palid şi puţin temător, ambele stări fiind absolut de înțeles. Cyron zâmbi, mișcă din umeri și-și coborî mâinile.

– Îmi stă bine?

– Da, Alteță.

Keles, înveșmântat cu o tunică simplă, neagră, ornată cu blazonul familiei, pe alb, peste o haină verde, cu pantaloni verzi, își drese glasul.

– Da, Alteță, arată spectaculos.

– Dar nu te-ai fi așteptat s-o port, nu-i așa?

Prințul se îndreptă spre o pereche de scaune, așezate lângă o măsuță rotundă. În centrul măsuței se afla o cutie făcută din lemn închis la culoare. Îi făcu semn cartografului să ia loc. Keles făcu o plecăciune, apoi se așeză, destul de stânjenit.

– Te rog, Keles, simte-te bine. Nu te-am chemat aici ca să te disciplinez. Te consider un prieten și am fost îngrijorat pentru tine. Doctorul meu m-a ținut la curent cu starea ta. Lui nu-i place magia virukilor, însă a fost nevoit să asiste la eficiența ei.

Prințul se așeză și continuă atât de mult cu încălcarea etichetei încât își întinse picioarele, punându-și cizmele una peste alta.

– Mă onorezi venind acum, aici, împreună cu familia ta. Am înțeles chiar că te vei duce pe râu în sus, pe când fratele tău pleacă în jos, cu *Lupul furtunii.*

– Da, Alteță.

Keles se încruntă și se făcu comod în scaun.

– Alteță, sunt onorat că mă considerați prieten, însă asta mă nedumerește. Îl cunoașteți pe fratele meu mult mai bine şi m-aş fi aşteptat să fie el aici, în locul meu.

– A şi fost, însă nu în noaptea asta. Aceasta este noaptea *ta.*

Cyron îşi deschise braţele pentru a cuprinde camera sa de îmbrăcat. Predomina lemnul scump, auriu, cu excepţia unor fâşii de lemn întunecat, care decorau uşile şi pereţii cu un model geometric. Panouri mobile blocau uşi, paravane acopereau colţuri, iar uşi bine fixate ascundeau spaţiul unei debarale. În afară de măsuţă şi de scaune, încăperea conţinea foarte puţin mobilier, iar mare parte din el erau piese practice, precum garniturile pentru atârnarea robelor şi un mic cabinet pentru păstrarea vinului şi vaselor pentru băuturi.

– Te-am invitat aici să-ţi spun că apreciez cu adevărat eforturile pe care le-ai făcut pentru Nalenyr, şi pe care le vei face. Pot să vorbesc direct?

Keles clipi, cu ochii mari.

– Dar nu trebuie să-mi cereţi mie permisiunea pentru asta, Alteţă.

– Dar nici un cuvânt despre această întâlnire nu trebuie să plece de pe buzele tale.

Cartograful îşi uni palmele pe inimă şi ar fi căzut şi în genunchi, dacă nu l-ar fi reţinut efectele stăruitoare ale rănii sale.

– Niciodată, Alteţă.

– Bine.

Prinţul se aplecă în faţă, sprijinindu-se pe braţul stâng al scaunului.

– Am fost uluit când bunicul tău te-a trimis în această expediție spre Ixyll. Este adevărat că el și cu mine am discutat necesitatea de a trimite pe cineva acolo. Era o regiune prin care se desfășura comerțul cu Apusul Îndepărtat. Acum, să nu știm noi care este situația acolo ar fi o prostie. Dacă această cale ar fi redeschisă, expediția *Lupului furtunii*, și informațiile pe care le aduce, ar putea fi inutilă. Cu toate astea, ținând cont de cele câteva rapoarte provenite de acolo, am fost siguri că acest drum va rămâne închis pentru încă nouăzeci de ani sau așa ceva. Acest lucru ne-ar oferi răgazul necesar ca să profităm de comerț și să găsim o altă cale de a reunifica Imperiul. Decizia de a te alege pe tine și invocarea numelui meu cu această ocazie mă pun într-o situație dificilă. După cum știi, bunicul tău poate fi... *dificil* uneori.

Keles începu să râdă și atitudinea sa se relaxă.

– Sunteți foarte diplomatic, Alteță.

– Încerc să fiu, însă față de tine pot fi deschis. Bunicul tău mă sfidează din timp în timp, cu o frecvență tot mai mare, iar dacă nu ar fi atât de important pentru Nalenyr aș fi pus să fie biciuit în public. Nu ți-ar plăcea să vezi așa ceva?

– Să văd? Sunt momente, uneori, când mi-ar plăcea s-o fac eu însumi.

– Ei, nu prea cred să ai șansa, însă mă poți ajuta în alt mod.

Glasul lui Cyron coborî, obligându-l pe tânăr să se aplece și el.

– Misiunea pe care o efectuezi este de o importanță vitală și vei auzi zvonuri despre asta. Zvonuri lansate de mine. Acestea vor pretinde că tu ești mult prea valoros să ți se permită plecarea în Pustietăți și asta chiar e adevărat. Oamenii vor fi făcuți să creadă că vei fi rechemat aici în secret.

– Nu sunt sigur că înțeleg tot, sire.

– Este ceva aranjat pentru siguranța ta. La plecarea ta va avea loc un adevărat spectacol. Am găsit, deja, pe cineva care să te înlocuiască. Am adunat un întreg anturaj pentru călătoria în susul râului, atât ca să mențină atenția asupra dublurii tale, cât și pentru a-i împiedica pe ceilalți să se apropie prea mult de ea. Trupa va înainta încet și va face multă vâlvă. Dușmanii noștri vor fi cu ochii pe acel grup. Iar tu, deghizat, pe aceeași ambarcațiune, vei trece neobservat.

– Iertați-mă, Alteță, dar n-ar fi mai prudent să mă trimiteți cu o altă ambarcațiune?

– Nu. Dușmanii vor încerca din greu să afle tot ce pot despre actor, vor avea prea puțin timp ca să studieze și altceva. Mai mult chiar, concentrându-se asupra dublurii tale le vor permite altora să-i identifice.

– Înțeleg, Alteță.

Keles își lăsă mâinile jos și le strânse în jurul abdomenului.

– Credeți că va fi vreun pericol în timpul călătoriei? Vreau să spun, în afară de pericolele de acolo?

Cyron râse zgomotos.

– Ești un Anturasi. Vei fi considerat o cheie spre bunicul tău. De asemenea, ești de neprețuit pentru valoarea ta intrinsecă. Știu că Prințul Pyrust a vorbit cu tine în legătură cu un serviciu pentru el.

– Am refuzat, Alteță, imediat și fără nici un fel de ezitare.

– Liniștește-te, Keles. Știu asta. Știu că-ți iubești familia și țara și mai știu că pot avea încredere în tine.

Glasul lui Cyron deveni din nou mai moale.

– *Pot* avea încredere în tine, nu?

Keles se strâmbă, însă își coborî un genunchi și își plecă fruntea atât de adânc, încât aproape că lovi masa.

– Oricând, Alteță.

– Așa cum m-am așteptat. Îți mulțumesc. Am știut că încrederea mea nu-i în van. Acum trebuie să înțelegi ceva din ce-ți voi spune.

Prințul se trase înapoi, iar privirile îi deveniră tăioase.

– Voi avea grijă de siguranța ta. Trebuie să ai încredere în mine, indiferent ce spun aparențele. Te voi ține în siguranță, iar tu vei aduna informațiile pe care le vrea bunicul tău. S-ar putea să mai am nevoie de unele servicii, iar dacă se va ivi ocazia, îți voi comunica dorințele mele.

Cyron își săltă în sus mâna dreaptă, iar Keles se ridică, așezându-se apoi pe marginea scaunului. Prințul își lăsă mâna pe cutia de lemn de pe masă.

– Cunoști legenda stră-străbunicului meu, care, pentru că-i plăceau jocurile strategice cu soldați de jucărie când a fost copil, a putut să pună mâna pe tron și să pună bazele dinastiei? În vreme ce alții se antrenau și învățau să lupte cu sabia, un copil bolnăvicios punea în mișcare armate întregi, purtându-le prin bătălii și deprinzând talentul de a-i face pe spadasini mult mai eficienți în luptă.

– Da, Alteță. Fratele meu și cu mine obișnuiam să dăm multe bătălii cu soldații, când eram mici. Tata și, uneori, bunicul ne arătau figurine de Festival, deși nu ni se dădea voie niciodată să ne jucăm cu ele.

Cyron zâmbi.

– Nu cred că s-a jucat vreodată cineva cu ele, ceea ce-i păcat.

Deschise cutia pentru a dezvălui nouă figurine, așezate pe o căptușeală de catifea.

– Atunci știi că Prințul dăruiește câte un set fiecărei familii invitate la ceremonia finală. În afară de sculptori, pictori și eu însumi, ești primul om care vede figurinele din acest an. Am făcut numai atâtea seturi câte sunt necesare pentru această seară, iar cele nereclamate vor fi distruse.

– Sunt minunate, Alteță.

– Și eu cred asta.

Cyron zâmbi pe îndelete.

– În fiecare an eu stabilesc cine va fi turnat în figurine.

– Este o mare onoare să primești un set, Alteță.

Keles clătină încet din cap, fără să-și poată dezlipi privirile de pe figurine.

– Iar să fii reprezentat printr-una este ceva de neimaginat.

– Lasă frâu liber imaginației, Keles Anturasi.

Prinţul ridică figurina lui Qiro Anturasi.

– Bunicul tău, fiind nepreţuit pentru noi, a fost turnat în set în onoarea celei de-a optzeci şi una zi a sa de naştere. Tu şi cu fratele tău veţi fi turnaţi după întoarcerea din misiunile voastre. Contribuţia ta faţă de Nalenyr va fi cu atât mai mare cu cât o asemenea onoare îţi va fi foarte la îndemână.

Expresia îngrijorată a lui Keles se dizolvă încet când întâlni privirea Prinţului.

– Dacă bunicul meu ar putea ghici că aşa ceva ar fi posibil, ar face lucrul acela de neimaginat.

– Aşa-i, iar noi n-o să lăsăm să afle asta.

Cyron îl puse pe Qiro înapoi în cutie şi închise capacul.

– Secretul va rămâne în siguranţă, precum figurinele. Şi pe tine te voi ţine tot în siguranţă.

– Da, Alteţă. Vă mulţumesc!

Prinţul îşi deschise braţele.

– Te vei întoarce acum la petrecere şi te vei bucura de ea. Spune celor din jur că am auzit povestindu-se de pisica de junglă, de culoarea nisipului roşu, cu dungi negre, şi am vrut neapărat să capturezi şase exemplare pentru grădina mea, deşi nu eşti la fel ca fratele tău. Aşa ceva va fi suficient pentru a le satisface curiozitatea, iar cei care nu vor crede povestea sunt destul de deştepţi să ştie că nu poţi spune, oricum, nimic.

– Da, Alteţă.

Keles se ridică de pe scaun şi făcu o plecăciune. Înainte să apuce să-şi îndrepta spatele, Prinţul se ridică şi-l luă de umeri.

– Faptul că te pleci, în pofida rănii tale, dezvăluie profunzimea sufletului tău, Keles Anturasi. Viitorul tău şi cel al naţiunii noastre se împletesc. Ne vor duce pe calea prosperităţii. Să nu uiţi niciodată că eşti iubit şi respectat, iar întoarcerea ta este aşteptată cu nerăbdare.

Keles dădu din cap, se ridică, şi se retrase din cameră.

Când uşa se închise în urma sa, Prinţul Cyron se întoarse spre un paravan care ascundea un colţ al încăperii.

– Acum nu ne va mai deranja nimeni.

Moraven Tolo, îmbrăcat în negru şi alb, cu tigri negri brodaţi pe tunică, ieşi din spatele paravanului.

– Am ascultat, aşa cum mi-aţi cerut, Prinţe Cyron.

– Vă cer iertare, *serrcai*, pentru că v-am făcut părtaş la această stratagemă, însă am vrut să auziţi două lucruri. În primul rând, trebuie să fiţi de acord că nu are nici o idee despre dificultăţile cu care se va confrunta. Este naiv şi are nevoie de protecţie.

Spadasinul îşi plecă fruntea.

– Doriţi să fac asta?

– Nu intenţionez să vă reduc la rolul unui mercenar, *serrcai*. Veţi descoperi că în misiunea voastră pentru *decaiserr* Jatan, a avea un cartograf alături se va dovedi de mare ajutor.

– Înţelepciunea vorbelor voastre nu poate fi ignorată, Alteţă.

Moraven se întoarse şi privi spre uşă.

– Nu voi fi singurul care se va îngriji de supravieţuirea sa?

– Îl aveţi pe elevul vostru.

– Adevărat, Alteţă, însă vă rog nu-mi evitaţi întrebarea.

– Nu va călători singur. Prinţul scoase la iveală din tunică o bucată de hârtie împăturită, sigilată cu ceară roşie. Mai există un serviciu pe care vi-l cer amândurora. Veţi deschide asta numai după ce-l reîntâlniţi la Gria.

Ochii spadasinului se îngustară.

– Nu vă refuz un serviciu, Alteţă, pentru că amândoi ştim că am o datorie de onoare faţă de familia Domniei Voastre. De la mine doriţi două lucruri, măreţe şi dificile. Presupuneţi multe.

Cyron reteză zâmbetul care începuse să-i înflorească pe la colţurile buzelor.

– Aseară aţi făcut un hatâr unui prieten venind aici să mă distraţi. Acum vă cer să vă plătiţi datoria către Casa Komyr. Iar apoi Casa Komyr vă va fi îndatorată.

Moraven îşi plecă uşor capul, însă şi-l îndreptă mult prea repede.

– Va trebui mult mai mult decât turnarea mea într-o figurină pentru plata acestei datorii.

– Unele datorii nu pot fi plătite niciodată, Moraven Tolo, dar întâi să ne preocupăm de serviciul ce trebuie îndeplinit.

Prinţul se căzni să-şi îmblânzească expresia.

– În peregrinări aveţi avea ocazia să-i feriţi pe unii de dezastru. În această călătorie veţi găsi mijloace de a evita ca războiul să-i distrugă pe alţii. Voi suporta datoria, însă amândoi ştim că nu voi fi singurul care va trage foloase din acţiunile voastre.

– Dacă mi-aţi fi cerut asta pentru motive mai puţin importante, v-aş fi refuzat, Prinţe Cyron.

Moraven se plecă plin de respect.

– Nădăjduiesc într-un succes al eforturilor mele.

– La fel şi eu.

Pe Cyron îl trecură fiorii pe şira spinării.

– Dacă rataţi, nu va mai fi nici o Casă Komyr care să-şi onoreze obligaţiile.

24

Ziua a 9-a, Festivalul Recoltei, Anul Câinelui
Al 9-lea an al Domniei Prințului Imperial Cyron
Al 162-lea an al Dinastiei Komyr
Al 736-lea an de la Urgie
Wentokikun, Moriande
Nalenyr

Keles nu era deloc surprins că sora lui îi ieșise prima în cale după ce se întoarse la celebrarea Festivalului. Mulți alții îl văzuseră tras de-o parte și, fără îndoială, se întrebaseră dacă fusese ales pentru vreo onoare sau pentru vreun perdaf. Când revenise fără vreun semn vizibil al favorului Prințului, majoritatea se deciseră să-l ignore.

– De ce ești atât de îngrijorat?

Nirati îl luă de braț și-l frecă cu mâna pe spate.

– Ești speriat.

O privi, dându-și seama că avea dreptate.

– Credeam că nu-mi poţi citi gândurile.

– Numai faţa.

Îi adresă un zâmbet încurajator.

– Şi chiar dacă am putea comunica astfel, ştii că nu aş putea să-ţi citesc gândurile, ci numai ceea ce-ai vrea tu să ştiu.

– N-aş vrea să-ţi trimit nimic din toate astea.

Keles o conduse la o masă lăturalnică, unde slujitorii îi turnară vin dulce într-o cupă mică, de porţelan. Îl bău, apoi dădu dinadins din umeri şi încercă să-şi lase încordarea să-i părăsească trupul.

– Prinţul n-a făcut ceva care să mă sperie. De fapt, a făcut tot ce-i posibil ca să fie liniştitor şi pun foarte mult la suflet tot ce mi-a spus; şi tu ar trebui, Nirati. Nu te teme pentru mine.

Ochii albaştri ai surorii sale se îngustară în timp ce accepta o cupă de vin.

– Dacă-ţi promit că n-o să-mi fac griji, îmi spui ce-aţi vorbit?

– Nu pot. Mi-a interzis să dezvălui cuiva ce mi-a spus. Am să-ţi povestesc însă ceea ce mi-a zis că pot spune şi celorlalţi, însă tu ai să vezi dincolo de asta de îndată.

Nirati îl privi o clipă peste marginea curbată a cupei.

– Atunci spune-mi de ce eşti aşa de înspăimântat.

– Asta-i ceva mai dificil.

Keles bău din nou, gândindu-se că sorbind zdravăn din vin ar putea să se euforizeze puţin. Dar îşi dădu seama că era ultimul lucru de care avea nevoie.

Asta nu i-ar fi îmbunătățit situația; ar fi amânat doar lucrurile cu care trebuia să se confrunte.

– Discutând cu Prințul, nu am făcut decât să pricep enormitatea misiunii care mă așteaptă, Jorim mi-a atras atenția asupra pericolelor cu destulă acuratețe, când am vorbit alaltăieri. Mi-am închipuit că nu pot fi decât lucruri pe care o săgeată sau două le-ar putea rezolva.

Sora lui izbucni în râs.

– Ținând cont de asta, să tragi bine nu poate să-ți strice.

– De acord, însă Prințul a sugerat că ar fi mult mai multe lucruri. Misiunea mea nu este doar o cale prin care bunicul mă pedepsește pentru că i-am stricat petrecerea de la ziua de naștere. De fapt, are însemnătate și ar putea fi crucială pentru Nalenyr. S-a folosit de ceva ce considerasem drept o ciorovăială de familie și a extins perspectivele.

Ea dădu din cap.

– A ridicat ștacheta, făcând ca prețul eșecului să fie mult mai mare.

– Da, de parcă posibilitatea de a-ți lăsa oasele pe acolo n-ar fi fost de ajuns.

– Și tu vrei să nu mai fiu îngrijorată?

Keles se apleca spre ea și își săruta sora geamănă pe frunte.

– Nu, fac și așa destule pentru asta. Vreau să te știu aici, în Moriande, distrându-te, frângând inimi și găsind pe cineva care ar putea fi o completare strălucită pentru familia noastră.

Ochii lui Nirati scăpărară.

– Cred că am lucruri mai grele de făcut, ținând cont de faptul că mama și bunicul nu mă vor scăpa din ochi. Totuși, mai există unele posibilități.

Keles se întoarse și-i urmări privirea. Tocmai își făceau apariția în sală Majiata Phoesel și familia ei. Împreună cu ei era un bărbat înalt, care, prin îmbrăcăminte și atitudine, își dezvăluia originea deseiană. Bărbatul era chipeș și mai mult ca sigur acel gen care o atrăsese pe sora sa în trecut. Când contele îl vizitase, Keles descoperise că era și foarte inteligent, ceea ce era bine, pentru că sora lui nu-i suferea pe idioți.

– Spune-mi, Nir, îl vrei pe deseu pentru că este cum este sau pentru că o însoțește pe *ea?*

Simți șocul care o străbătu pe Nirati.

– Buzele tale sunt cele care se mișcă, dar îl aud pe Jorim vorbind.

– Nu mi-ai răspuns la întrebare.

– Oricare dintre aceste motive este suficient, însă unul face ca totul să fie mult mai distractiv, dragă frate.

Ochii ei se îngustară când Majiata se desprinse de grup și se apropie de ei.

– Te las să vorbești singur cu ea.

– S-ar putea să vină ca să te prevină.

– Mi-ar putea trimite o scrisoare, asta dacă reușește să învețe să scrie.

Nirati îl sărută pe obraz și se duse de acolo, fără s-o ia măcar în seamă pe Majiata printr-o clătinare din cap, când trecu pe lângă ea.

Keles dădu din cap când Majiata ajunse lângă el.

– Plăcerea Festivalului fie cu tine.

– Şi cu tine.

Majiata îşi puse mâinile pe şold.

– Mă bucur să văd că ţi-ai revenit de pe urma rănilor.

– Încă mai trebuie să mă refac, dar mă aştept să-mi revin complet.

Ea avu o clipă de ezitare, aşteptând în mod clar ceva, apoi privi în jos.

– Şi eu mă vindec de rănile mele.

– Rănile tale... ah, da, am auzit că ai fost la tămăduire. Eu eram încă inconştient.

Keles îşi imagină o cicatrice roşie pe ceea ce fusese o piele moale şi sidefie. Îşi aminti cum ea aproape că intrase în panică, odată, când pe obraz îi apăruse o pată. I se păru ciudat că nu simţea nici un imbold de a-i oferi compasiune sau simpatie, însă voia să-i vadă cicatricea pentru a-şi şterge din minte, o dată pentru totdeauna, viziunile despre frumuseţea ei.

Privirea ei reveni sus, iar chipul ei deveni o mască netedă, sidefie, cu o pată de culoare pe buze, obraji şi ochi.

– Tot în spiritul Festivalului aş vrea să ştii că nu-ţi port pică pentru ce mi s-a întâmplat. Te absolv de orice vină în această chestiune. N-a fost vina ta.

– Vina mea? întrebă Keles şi se încruntă. Mă tem că nu înţeleg.

– Nu trebuie să te prefaci că nu știi. În pofida faptului că m-ai respins, te cunosc intim, la fel și tu pe mine. Știu ce simți înlăuntrul tău.

– Și ce-ar fi asta, mai precis?

– Multe lucruri. Regret și furie mai presus de toate.

Majiata își menținea o voce neutră și calmă, făcându-i pe amatorii de scandaluri din mulțime să se apropie mai mult pentru a trage cu urechea.

– Regreți că m-ai gonit și regreți că nu ai fost în stare să mă protejezi.

– Eu credeam că te-am *protejat*.

Keles înălță cupa să-i fie reumplută de un servitor.

– Altfel ar însemna că m-am ales cu rănile astea pentru nimic.

– Oh, nu *asta*.

Tonul distant din glasul ei, împreună cu disprețul și strâmbătura gurii, n-o mai făcea deloc atractivă.

– Ci faptul că n-ai fost în stare să-i spui Prințului să mă scutească de biciuire.

– Poftim?

– Nu ești atât de crud încât să fi vrut să fiu vătămată, deși tu ești cel care mi-a frânt inima.

– Ți-am frânt inima?

Keles bău din vin ca să-și dea timp de gândire, încercând să-i descifreze logica.

– Tu ești cea care-a venit să mă facă fărâme, îți amintești? Tu ești cea care a refuzat să mă însoțească pe *Lupul furtunii*.

– Vezi, dacă eram de acord, acum porneam spre Ixyll.

El strânse o clipă din ochi, sperând să deslușească sensul spuselor ei în vreme ce le relua în minte.

– Dar dacă ai fi fost de acord să mi te alături, n-aș fi fost trimis în Pustietăți.

– Vezi, deci e greșeala ta, Keles.

– Însă ai spus că nu-i vina mea.

– Nu, eu te *iert*.

În vocea ei creșteau frustrările, însă reuși să și le țină sub control.

– Vreau să știi că te voi iubi mereu.

El își goli vinul și, într-un moment de singurătate pe care i-l dărui cupa care-o ascundea privirii lui, lucrurile dobândiră un înțeles brutal. Majiata fusese întotdeauna egocentrică, însă nu se aventurase niciodată atât de adânc în fantazări. Ar fi putut crede că menționase biciuirea ca să-l umilească, dacă n-ar fi întrevăzut calculele pe care și le făcuse spunând-o.

Pur și simplu, ea și familia ei își pregăteau miza. Lăsând lucrurile pe făgașul unor termeni amiabili în ceea ce-l privea, ar fi făcut posibilă menținerea, în continuare, a relațiilor cu bunicul lui. Asta mai putea fi considerat și ceva care să-i facă plăcere Prințului. Mai mult de atât, când s-o întoarce, Keles refuza să se gândească *dacă* s-o întoarce, se putea să fi găsit o cale terestră pentru comerțul de pe vremuri. În acest caz, fiind prieten cu el, tot i-ar fi îmbogățit familia.

Își coborî din nou cupa, iar un slujitor zâmbitor i-o umplu din nou.

– Majiata, trebuie să-ți spun ceva.

– Da?

Răspunsul ei veni cu glas șoptit, ca o șușoteală, reminiscență a cuvintelor rostite după consumarea pasiunilor, în întunericul nopții.

– Povestește-mi, Keles Anturasi.

– Acum văd multe lucruri. Lucruri despre tine și despre mine. Adevăruri care nu pot fi negate. Spui că mă iubești, că mă vei iubi mereu. Își puse mâna stângă în dreptul inimii. Și eu simt ceva.

– Da, Keles?

Cuvintele ei veniră pe nerăsuflate, iar expresia ei se schimbă într-una de așteptare.

– Ce simți?

– Drept să-ți spun, începu el, mi-e silă.

– Oh, sărmanul de tine.

– Nu, cred că m-ai înțeles greșit. Mi-e silă pentru că am fost înșelat atât timp de tine în privința sentimentelor tale, a scopurilor tale. Este limpede că te-ai gândit, poate chiar de la bun început, că m-ai putea folosi ca pe o jucărie. Te jucai cu simțămintele mele, chiar și acum încerci același lucru. Cu o mângâiere și o șoaptă sau un sărut și depărtându-ți coapsele, ai putea câștiga un premiu de la mine. Adorația mea eternă? Bogăția familiei mele și cunoștințele geografice? Averea câștigată? Nu știu ce credeai că ai putea obține. Ceea ce-ți ofeream eu *era* inima mea, devoțiunea mea, *dragostea* mea, iar tu le-ai respins. Iar acum vii la mine și-mi spui că *mă ierți* și că n-ar trebui să mă simt *vinovat* pentru că ai fost biciuită? Chiar acum, Majiata, chiar acum? Vocea lui începu să urce și nu se mai controlă. Aș vrea să fi avut parte de întreaga măsură a pedepsei Prințului. Aș fi fost mort, însă ar fi fost bine. Mai bine mort, iar tu cu inima sfâșiată decât să crezi în propriile tale înșelătorii.

De pe chipul ei pierise orice urmă de culoare.

– Nu ți-e bine. Este clar că veninul virukului te-a vătămat de tot.

Se întoarse să plece, însă el o prinse cu mâna stângă și o răsuci spre el.

– Nu atât de repede!

– Dă-mi drumul!

– Nu încă, pentru că, în Spiritul Festivalului, aș vrea să-ți spun ceva.

O ținu strâns cu mâna, sigur că degetele sale îi vor lăsa vânătăi pe braț.

– *Aș fi* tentat să te iert pentru rănile de pe spate și pentru că sunt trimis în Pustietăți, însă ca să fac asta, trebuie lămurite câteva lucruri. Primul ar fi o declarație că *tu* ești responsabilă pentru tot ce ni s-a întâmplat amândurora. Da, am acționat ca să te apăr, nu neg, însă nu ar fi trebuit niciodată să fac asta dacă tu n-ai fi fost necugetată și irascibilă, atât de absorbită de sine încât să crezi că lumea se învârte în jurul tău.

Ochii ei se goliră de expresie și înțelese că-și răcea gura de pomană. Însă nu mai conta, pentru că avea în jur destule urechi ciulite.

– Ei, bine, Majiata, noi, Anturasi, știm, mai bine decât oricine pe lumea asta, că întreaga creație *nu* se învârte în jurul tău. Noi explorăm lumea. O extindem. Cei care sunt capabili să vadă dincolo de ei înțeleg ce minunăție este. Noi facem lumea mai mare, iar asta te face pe tine tot mai mică. Desigur, să fii mai mică decât te crezi nu-i plăcut, dar știi ceva?

Bău ultima înghițitură de vin plin de ușurare și-i puse cupa goală în mână.

– Plec în Pustietăți... fericit... cu bucurie... asta pentru că voi fi foarte departe de *tine*.

25

Ziua a 3-a, Luna Câinelui, Anul Câinelui
Al 9-lea an al Domniei Prinţului Imperial Cyron
Al 162-lea an al Dinastiei Komyr
Al 736-lea an de la Urgie
Lupul furtunii, Moriande
Nalenyr

Urcând pe puntea *Lupului furtunii*, Jorim Anturasi îşi propti pumnii în şolduri. Nava uriaşă se ridica şi cobora uşor sub tălpi. Curenţii leneşi ai Râului de Aur o împingeau, însă mărimea şi tonajul îi permiteau să reziste eforturilor râului. Deasupra lui stăteau pânzele purpurii, strânse pe crucetele[1] fiecăruia dintre cele nouă catarge. Pe alte nave, unele dintre cele nouă

[1] Platformă orizontală mică fixată deasupra arborelui gabier, servind la prinderea sarturilor arboreţilor (din it. *crocetta*).

catarge erau pur ornamentale, însă pe această corabie nu exista ceva care să nu fie perfect funcţional.

– Mă iertaţi, se auzi o voce subţire din spate, însă blocaţi culoarul.

– Se pare că da.

Jorim se dădu la o parte şi privi cum un bărbat pirpiriu, urcat la bord, se aplecase aproape până la jumătatea unei genţi supraîncărcate. Purta o robă albastră, de bună calitate, şi arăta încă tânăr, deşi nu mai avea mare parte din podoaba capilară. Cu siguranţă, nu era marinar sau soldat. *Ce treabă are pe aici?*

Reprezentantul familiei Anturasi apucă geanta cu o singură mână şi o ridică din spinarea omului.

– Aveţi vreo concubină ascunsă aici?

Omuleţul îşi îndreptă spinarea, iar pe faţă i se lăţi o expresie de surpriză.

– Nu, doar cele necesare. Vocea lui dobândi o oarecare duritate. N-am nevoie de ajutor.

Jorim se abţinu de la ripostă. Roba albastră era încinsă cu o centură galbenă, fapt deloc neobişnuit pentru cineva cu rang de funcţionar mărunt în vreun minister, însă la capetele ei fusese brodat câte un dragon încolăcit. Asta însemna că bărbatul avea o anumită misiune de curte, iar dacă cineva, atât de nepotrivit pentru o astfel de călătorie, urcase la bord prin decizia curţii, nu era cineva pe care-ai fi putut să-l iei în râs până nu te dumireai în privinţa lui.

Jorim puse geanta pe punte.

– Vă cer iertare. Sunt Jorim Anturasi.

– Iar eu... aţi spus *Anturasi?*

– Da.

Bărbatul făcu o plecăciune adâncă.

– Vă rog să mă iertaţi că am vorbit atât de aspru cu domnia voastră, Maestre.

Jorim îl luă de umeri şi-l obligă să se ridice.

– Nu-i nevoie să vă scuzaţi. Spuneţi-mi doar numele.

– Iesol Pelmir.

Vocea îi aparţinea unei femei înalte, cu părul negru şi ochii căprui. Deşi era zveltă, nici glasul, dar nici atitudinea nu sugerau slăbiciune. În pofida relativei sale tinereţi, purta o robă de căpitan. Aceasta şi înfăţişarea ei nu făceau decât să-i sublinieze tăria personalităţii.

– Aş vrea să veniţi amândoi în cabina mea, *imediat.*

– Cum doriţi, Căpitane Gryst.

Iesol se grăbi în urma ei, apoi ezită şi se întoarse pe jumătate spre geantă.

Jorim o înşfăcă din nou şi o luă cu uşurinţă pe umăr. Privirea înspăimântată a lui Iesol era ea însăşi o răsplată, aşa că-i urmă pe cei doi spre pupa şi cabinele de sub puntea timoneriei. Lăsă sacul de voiaj pe podeaua coridorului îngust din faţa cabinei căpitanului şi-l urmă pe Iesol.

Se aşteptase la o cabină înghesuită, însă descoperi că era plăcut surprins de ceea ce vedea. Panoul despărţitor din spate fusese făcut din jaluzele şi când erau deschise, cum se întâmpla să fie acum, lăsau să pătrundă lumina şi aerul proaspăt, oferind şi o privelişte minunată a capitalei Moriande şi a râului. De grinzile din tavan atârnau lămpi, agăţate de lanţuri, încadrând de sus un pupitru antic. La dreapta, se aflau cuşeta căpitanului şi un şifonier. Pe partea din stânga pupitrului fusese aşezată o masă cu scaune, servind în mod evident ca spaţiu rezervat pentru cină şi relaxare.

Căpitanul Gryst nu-i invită să şadă, nici pe Iesol şi nici pe Jorim. Omuleţul se uita nervos de jur împrejur, însă Jorim se opri calm, ducându-şi mâinile la spate. Avea o oarecare idee despre ce urma şi se pregăti pentru asta.

Anaeda Gryst se aşeză în spatele pupitrului, conturându-se pe fondul peisajului urban. Se sprijini cu mâinile de pupitru şi începu să studieze hârtiile umplute cu coloanele lungi ale unor calcule. Începu să vorbească cu o voce joasă, însă Jorim putu simţi tonul de comandă al unui conducător.

– Aceasta-i o discuţie pe care mă aşteptam s-o am cu fratele tău numai o singură dată, Jorim. Tu s-ar putea să ai nevoie de două astfel de întrevederi, însă nu vei avea parte şi de o a treia. În loc de asta, am să te las pe cea mai apropiată stâncă, cu ceva apă de băut. Cât despre dumneata, Ministre Pelmir, nu m-am aşteptat deloc să trebuiască să discut cu dumneata. Înţeleg că Ministrul Hisatal are nişte îndatoriri noi, care-i cer să rămână pe uscat, de aceea ne-ai fost trimis dumneata.

– Da, Domnişoară.

Ea-şi ridică dintr-odată privirile, iar omuleţul se cutremură.

– Când doresc să te ascult, Ministre, te voi invita să vorbeşti. Nu te-am întrebat nimic, nici nu ţi-am cerut să-mi confirmi ceea ce știu deja. Nu am nici o idee de ce ai fost ales tocmai *tu* pentru a-l înlocui, însă... indiferent de ce rău aparent sau real ai comis ca să ajungi într-o cușetă de aici, însă... Da, dorești să-mi spui ceva?

– Aceasta a fost o întrebare?

Privirile ei se înăspriră, iar Jorim începu s-o găsească atrăgătoare. Cu cel puțin zece ani mai mare ca el, pielea ei se închisese la culoare din cauza vântului, soarelui și mării. Ochii căprui puteau fi considerați atrăgători în cercurile aristocratice, iar forța caracterului izvorâtă din ei era copleșitoare. Spre deosebire de celelalte femei din clasa și cercurile lui, ea avea oțel în șira spinării și o minte indiferentă la nuanțările artificiale, însă toate acestea puteau și reușeau să facă diferența dintre viață și moarte.

– Vorbește, Ministre.

– Eu... eu am cerut să fiu trimis pe *Lupul furtunii*.

Ea-și răsuci ușor capul spre stânga și, pe moment, nu spuse nimic. Apoi, dintr-odată, își înfipse privirea în el.

– Interesant. Asta te recomandă și mai mult drept candidat al acestei întrevederi, așa că am să încep. Suntem pe nava *Lupul furtunii*. Eu sunt căpitanul ei. La bord, cuvântul meu este legea. Dacă un eveniment se consemnează în jurnalul de bord, avem un fapt. Dacă nu, înseamnă că nici nu s-a întâmplat vreodată. Cer ca jurnalului de bord să-i fie acordată toată atenția, la fel și registrelor de socoteli, însă am să le revizuiesc și modific după cum cred eu de cuviință.

Prinţul, în marea sa înţelepciune, doreşte să ştie tot, însă nu vrea să se încarce cu detalii fără relevanţă.

Privirea ei alunecă de la funcţionar spre Jorim şi acesta simţi şi el şocul.

– Eşti un aventurier. Pasiunea ta, viaţa ta, vocaţia îţi cer să-ţi încerci norocul, iar eu mă aştept să faci asta. Pe uscat. Dacă faci aşa ceva pe nava mea, te pun în fiare şi te arunc sub punte, împreună cu şobolanii şi alte vieţuitoare. S-a înţeles?

– Da, Căpitane.

– Această navă are un echipaj de peste o mie de oameni, plus o sută optzeci de concubine şi nouăzeci de distinşi învăţaţi, oaspeţi şi alte personaje. Pentru a putea *naviga*, am nevoie de patru sute cincizeci. Pot apărea pierderi şi se vor întâmpla, dar intenţia mea este de a le ţine la minimum. La întoarcere vreau să am cel puţin nouăzeci la sută din oamenii cu care plec, iar dacă mă întorc cu mai mulţi, voi fi foarte încântată. Această navă este ca un orăşel. Marinarii au fost aleşi dintre cei mai buni din întreaga flotă naleniană. S-au oferit cu toţii voluntari. Cu toţii nădăjduiesc să se îmbogăţească şi să se acopere de glorie, însă fiecare ştie că obţine cu siguranţă doar hrana, apa şi anii. Nu ştiu cum vă gândiţi voi la bogăţii şi glorie. Nu-mi pasă. Mă interesează doar să nu vă apucaţi să răspândiţi poveşti care promit câte-n lună şi-n stele, dar nu aduc nimic.

Arătă spre Jorim.

– Tu, în mod special, vei fi o problemă. Ai foarte puţine de făcut cât te afli la bord. Îţi sugerez să-ţi găseşti ceva de făcut. Învaţă să cânţi la vreun instrument. Mergi pe la toate concubinele de aici. Alătură-te învăţaţilor în discuţiile lor intelectuale. Fă *ceva*, pentru că dacă voi constata că eşti o pacoste, îţi voi găsi eu ceva de făcut. Îţi garantez că nu va fi plăcut. Pe dumneata, Ministre, te voi munci din greu. Dacă vei avea vreo şansă să-ţi mai tragi sufletul, asta va însemna că te eschivezi de la îndatoriri. Vei fi la dispoziţia mea tot timpul. Îmi vei raporta tot, vei scrie ordine, vei executa ordine şi vei raporta de executare imediat şi precis. Nu se admit scuzele, întârzierile, lenea.

Isol dădu din cap.

– Are vreunul din voi ceva de spus?

Jorim făcu semn cu capul.

– Cer permisiunea să vorbesc, Căpitane.

Ea-l măsură din cap până-n picioare.

– Se acordă.

– În primul rând, îmi cer iertare pentru că n-am raportat mai devreme. Ştiu că plecăm cu fluxul din această noapte, însă am petrecut mult timp studiind împreună cu bunicul meu şi am cu mine cele mai bune hărţi.

– Foarte bine.

– În al doilea rând, vă consider pe deplin Comandantul acestei nave şi mă voi supune întru totul, cu o singură excepţie.

Ochii Anaedei Gryst se îngustară.

– N-ai auzit ce-am spus?

– Vă rog, Căpitane.

Jorim ridică o mână.

– Nu am nici o intenţie de a nu vă respecta, însă am ordine din partea Prinţului să mă îngrijesc de dispozitivul din cabina mea fără nici o întârziere. Obligaţia mea de a mă ocupa de el este, în opinia mea, mai importantă decât ordinele voastre, şi îmi voi îndeplini datoria faţă de Coroană.

– Vom mai discuta despre acest aspect, Maestre Anturasi. Ea-şi încrucişă braţele sub sâni. Iar dumneata, Ministre? Ce ai de spus?

Iesol făcu o plecăciune spre ea.

– Am înţeles tot ceea ce-aţi spus şi mă voi supune ordinelor. Nu eu sunt cel care trebuia să fie aici, însă voi lucra din greu să vă arăt că soarta a fost blândă prin numirea mea la bord, în această ipostază. Dacă este ceva ce veţi dori să fac, Capitane, voi face asta fără nici o ezitare.

O umbră de zâmbet curbă capătul buzelor ei.

– Cărui Minister îi aparţii?

– Am studiat pentru Protocol, Etichetă şi Diplomaţie, la fel şi Regulamente, am şi instruirea necesară pentru Contabilitate şi Economie, iar cel mai recent, am servit Armonia.

– Nu mi-ai răspuns la întrebare.

Umerii lui se pleoştiră puţin.

– Până acum, Căpitane, încă nu am fost numit la nici un Minister.

Jorim simţi o strângere de inimă pentru omuleţ. Ca în orice domeniu, cineva trebuia să studieze şi să muncească din greu ca să fie acceptat într-o comunitate ocupaţională. Căpitanul Gryst dovedise, prin călătoriile ei din trecut, că era demnă de comanda măreață care i se încredințase. Deși bunicul lui Jorim era, adesea, nemulțumit de el, și el fusese acceptat cartograf pe merit. În ambele cazuri, legile pământului dictaseră plata minimă, felul în care vor fi tratați, statutul social și altele.

Iesol nu fusese acreditat nici unei comunități. Deși putea și chiar lucra funcționar sau amploaiat, probabil, chiar pentru Ministerele care nu-l vor acredita, fără binecuvântarea lor avea, dacă avea, puține drepturi. Cu un patron puternic, poziția sa în Minister ar fi putut fi asigurată și i-ar fi deschis calea spre un viitor solid și sigur. Fără asta, era la cheremul celorlalți și putea fi folosit ca pion în orice situație politică posibilă.

– Ți s-a promis o acreditare la întoarcere?

– Nu chiar, Căpitane, însă sugestiile în această direcție au fost foarte consistente.

Ea dădu din cap.

– Așa cum am mai spus, cuvântul meu este legea aici. Slujește-mă bine, iar dacă această călătorie durează doi ani, înseamnă că ai servit suficient de mult în Ministerul Maritim ca să fie *obligați* să te acrediteze. Au înțelegeri de reciprocitate cu alte Ministere. Se pare că acela care ți-a oferit șansa asta nu crede că vei supraviețui. Dacă reușești, înseamnă că i-ai păcălit.

Iesol dădu încet din cap, de parcă nu i-ar fi venit să creadă ce-i auziseră urechile.

– Asta-i foarte frumos din partea voastră, Căpitane.

Jorim zâmbi senin și-i făcu un semn cu capul.

Ea se întunecă la faţă.

–Ţi-am dat permisiunea să comentezi?

Jorim făcu o plecăciune.

– Nu, Căpitane.

– Foarte bine, să ţii minte, Maestre Anturasi. Se răsuci şi ciocăni în stâlpul pupei. *Lupul furtunii* este cel mai măreţ dintre Lupii nalenieni. Expediţia pe care o vom face va dăinui pe veci în analele istoriei. Faceţi ce v-am spus, când vă spun, şi ne vom întoarce teferi la Moriande. Înfruntaţi-mă şi nava *se va întoarce*. Nu-i sigur că şi voi. M-am făcut înţeleasă?

– Da, Căpitane.

– Bine. Ministre Pemir, te rog să-ţi iei efectele şi să te prezinţi sub punte. Vei fi condus la cabina dumitale, pe care o vei împărţi cu doi tineri elevi-marinari. Mă îndoiesc că vreunul dintre ei va fi bun la ceva, fiind încă nişte copii, dar poate că reuşeşti să-i înveţi unele lucruri folositoare, cum ar fi scrisul şi adunările.

– Da, Căpitane.

Iesol făcu o plecăciune şi continuă să rămână aşa în timp ce-şi târşea paşii, părăsind cu spatele cabina.

Căpitanul Gryst ieşi din spatele pupitrului, apoi se aşeză pe el.

– Maestre Anturasi, *ai* de gând să provoci necazuri, nu-i aşa?

– Mă voi strădui cât pot de mult să n-o fac, Căpitane.

– Sper şi eu.

Îşi îndreptă un deget spre punte şi, pentru o clipă, se gândi că poate-i făcea semn să îngenuncheze, ceea ce nu intenţiona deloc.

– Ştiu ce este dispozitivul instalat în cabina ta.

– Cum aşa?

– Nu te teme. Secretul de stat se află în siguranţă. Borosan Gryst, inventatorul său, este verişorul meu. Mi-a povestit de visul său de a crea un astfel de dispozitiv. Unchiul meu l-a instalat aici. Ştiu ce-ţi va permite să faci şi de ce. Prinţul ţi-a dat ordinele pe care le-a dat.

Jorim zâmbi.

– Sunt bucuros că înţelegeţi importanţa lui.

– Da, însă am o problemă.

Îl privi fix.

– Aşa cum am spus, cuvântul meu are valoare de lege aici, pe navă, poate chiar să-l anuleze şi pe cel al Prinţului. Nu pot şi nici nu vreau să i te supui lui atunci când am nevoie să mi te supui mie. Dacă nu faci asta, nu numai că expui nava unui mare risc, dar te-ai putea trezi tu însuţi la strâmtoare. În acest echipaj sunt mulţi oameni care au navigat cu mine ani de zile. Sfidează-mă, înfruntă-mă şi într-o noapte s-ar putea ca vreunul să ia în mâna sa decizia de a te disciplina într-o manieră care-ţi va arăta cât de mult respect au pentru mine.

– Nu m-am gândit... da, nu mi-aţi solicitat nici un comentariu.

– Începi să înveţi.

Ridică un deget.

– Nu mi te vei supune mie, ca să te supui Prinţului, ştiu asta, aşa că trebuie să rezolv problema. De aceea, îţi dau acum un ordin: fără nici o întârziere te duci și te ocupi de toate cele necesare privind acel dispozitiv. *Fără întârziere, ai priceput?* Acest ordin suprem le anulează pe toate celelalte pe care le-ai primit.

Cartograful zâmbi încet.

– Vă înțeleg perfect, Căpitane.

– Bine.

Ochii ei întunecați deveniră necruțători.

– Ceea ce-am spus mai înainte rămâne perfect valabil. Îți voi reaminti încă o dată că nu trebuie să fii un element perturbator în echipajul meu. După aceea, te las în urmă. Singurul lucru pe care ești calificat să-l faci aici sunt hărțile și comunicarea informațiilor către bunicul tău. Și eu pot să fac hărți; mă pot folosi și de dispozitivul realizat de verișorul meu. Dacă Prințul va trebui să aștepte ca să-și primească hărțile, sunt sigur că nu se va supăra, atâta vreme cât le va primi și vor fi precise.

– Și dacă nu reușiți să i le trimiteți, Căpitane?

Ea zâmbi brusc.

– Asta s-ar putea întâmpla numai pentru că Marea de Răsărit ne-a înghițit cu totul, Jorim Anturasi. Este singura șansă ca noi să nu ne mai întoarcem. Ascultă-mă și vei fi cu noi când vom reveni.

26

Ziua a 3-a, Luna Câinelui, Anul Câinelui
Al 9-lea an al Domniei Prințului Imperial Cyron
Al 162-lea an al Dinastiei Komyr
Al 736-lea an de la Urgie
Dracul-de-mare, Moriande
Nalenyr

Keles Anturasi ședea rezemat de balustrada navei fluviale *Dracul-de-mare*, pe când aluneca în apropierea *Lupului furtunii.* Corabia înaltă și lungă, cu multele ei catarge și echipajul în plină activitate, făcea ca mărunta navă cu fundul plat, împinsă în amonte de câte trei vâslași pe fiecare bord, cu lovituri largi din vâslele lungi, să pară o glumă în comparație cu ea. Mai departe în amonte, vor propulsa corabia cu prăjinile, prin apele scăzute, însă acum vâslitul era singura metodă de înaintare contra curenților din canalele adânci, potrivite pentru nave precum *Lupul furtunii.*

Soarele se pregătea să apună și știa că fratele său era deja la bord. Simți o împunsătură de invidie și senzația de înfrângere, iar ambele îl surprinseră. Plecarea cu *Lupul furtunii* fusese ceva așteptat cu nerăbdare, însă nu-și dorise asta atât de mult ca fratele său. Chiar și atunci când își luaseră rămas-bun în turnul familiei, surescitarea lui Jorim îl acaparase.

Keles ar fi preferat să-și vadă fratele pe *Lupul furtunii* sau ca Jorim să-i facă o vizită pe *Dracul-de-mare*, însă nu li se permisese. Prințul îi ordonase lui Keles să-și vopsească părul în blondul helosundian și să-și lase barbă. Una de trei zile nu era mare lucru, însă îi modifica întru câtva aspectul. De asemenea, îmbrăcase robe de pânză aspră și își redusese conversația la mormăieli și propoziții scurte.

Ținându-se de cuvânt, Prințul găsise un actor care îi semăna destul de bine s-o facă pe Siatsi să rămână mută. Nirati urcase la bordul *Dracului-de-mare* să-l conducă pe actor și jucaseră foarte convingător scena înlăcrimată a despărțirii. Când venise la bord, de-abia dacă-l învrednicise pe adevăratul Keles cu vreo privire.

Nu-i prea băga în seamă pe cei despre care se presupunea că ar fi trebuit să-l însoțească, însă înșelătoria îl fascina. Actorul i se părea prea pompos, interpretându-l ca pe un nobil decăzut. Falsul Keles ținea prelegeri despre râu, citând fraze întregi din rapoartele scrise de el, însă punea accentul pe alte lucruri decât ar fi trebuit. Îl enerva, însă trebuia să recunoască faptul că toată lumea îi lua dublura în seamă, în vreme ce el se putea pierde în mulțime fără să fie remarcat.

De asemenea, era cu ochii-n patru după orice agenți deseieni care puteau fi prin preajmă, dar până acum singurul om din nord pe care-l văzuse era Contele Aerynnor, care o condusese pe sora lui înapoi la Anturasikun. Cu toate astea, deși încercase să nu mai pară nalenian, știa că deseienii vor încerca să pară orice altceva decât ceea ce erau, așa că eforturile sale erau inutile.

Pe când *Dracul-de-mare* se opintea în amonte împotriva curentului, își dădu seama că viața lui devenise foarte complicată. Fusese la fel și înainte, dar complexitatea era *controlată*. I se dăduseră sarcini, precum studiul topografic al Râului de Aur, care avuseseră atât părțile lor de succes, cât și elemente de eșec. Chestiunea era rezolvabilă și se descurcase foarte bine.

Problema cu care se confrunta acum nu era deloc controlabilă. De-abia dacă ar fi putut s-o definească. Se îndrepta spre necunoscut, va da piept cu forțe necunoscute, ajutat de forțe necunoscute, cu perspectiva unei viitoare-însă-necunoscute misiuni pentru Prinț. Singurele lucruri pe care le cunoștea proveneau din presupunerile sale, bazate pe zvonuri și povești, iar acestea erau fără nici o valoare. Putea fi sigur că avea dușmani, iar aceștia i-ar fi făcut probleme dacă identitatea i-ar fi fost descoperită.

Se uită în jos, spre apa verde-închis, și cugetă la ideea de a se arunca în ea, dar nu fu mai mult de un gând trecător. *Ar simplifica lucrurile, însă ar însemna că am pierdut. Iar eu nu vreau să pierd.*

– E bine să dai peste unul de-al tău pe nava asta.

Keles se întoarse și ridică privirea. Femeia care vorbise avea părul lung, în bucle blonde. Nasul subțire, frumos profilat, și pomeții ridicați, în combinație cu bărbia voluntară și ochii de un albastru-deschis, reușeau să o facă foarte atrăgătoare, însă expresia ei insipidă nu i se potrivea cu fața. Văpaia care-i ardea în ochi o contrazicea, iar masca evidentă îl puse pe Keles în gardă. În plus, roba simplă, cu un număr mai mare, de lână maro, menită să-i ascundă formele, nu reușea să-i mascheze umerii lați.

– Da, te liniștește.

– Eu sunt Tyressa Joden.

Keles se zgribuli.

– Sunt Kulshar Joden.

Își spusese mecanic numele oferit de miniștrii Prințului, neplăcut surprins că ea-și rostise întâi prenumele.

– Știu.

Ea zâmbi ușor, apoi privi spre apă.

– Ah, Wentokikun. Crezi că omul de acolo, de la fereastră, ar putea fi chiar Prințul? Poate îl privește pe Keles Anturasi plecând, nu crezi?

– Poate.

Mintea-i lucra cu febrilitate.

– Sau pe vreuna dintre keru.

Zâmbetul ei se lăți puțin.

– Poate. Avem același nume. Nu cred în asemenea coincidențe, dar tu?

– Nu, nici eu.

Se uită în jur și nu văzu pe nimeni prin apropiere.

– Ești keru?

– Da, am grijă de siguranța ta. Ea continuă să vorbească cu glas scăzut. Trebuie să fii discret, pentru că accentul tău nu va trece niciodată drept helosundian. Stai la cușetele de jos, cu majoritatea celorlalți pasageri, iar dublura ta va primi aproape cea mai bună cabină de la bord. Va trebui să fii foarte prudent.

– Sunt agenți dușmani la bord?

Ea pufni.

– Dacă sunt activi, am să-i depistez și îi elimin. Trebuie să fii precaut, să nu se vadă nimic ciudat la tine. Pentru că dacă își împărtășește cineva nedumeririle, partenerul de discuție sau altcineva care aude ar putea fi în legătură cu dușmanul.

Înainte să poată rosti întrebarea, ea adăugă:

– Iar dușmanul ar putea fi oricine.

Keles zâmbi strâmb.

– Mă bucur că ai reușit să mă pui în temă.

– Fac tot ce pot.

Îi arătă cu degetul malul sudic al râului.

– Cât de departe crezi că este până la mal?

Keles dădu din umeri, însă își îngădui o clipă să aprecieze distanța, apoi răspunse:

– Aproximativ șaizeci de metri.

– Exact, acum te-ai demascat.

– Poftim?

– Nimeni, în afară de un cartograf sau topograf n-ar putea estima distanța așa cum ai făcut-o tu. Majoritatea ar răspunde că e la „la cât duce un arc“ sau „ceva mai mult de o aruncătură de piatră“.

– Dar tu ești aici ca să mă protejezi.

– De unde știi?

Keles revăzu rapid discuția lor și simți un gol în stomac. Începu să se retragă de-a lungul balustradei, depărtându-se de ea.

– Păi nu știu.

Tyressa îl apucă de umăr, iar el încercă să-i înlăture mâna, însă nu se putu desprinde din strânsoare. Ar fi vrut să considere asta drept o confirmare că *era* o keru, aflată aici să-l protejeze, însă singurul lucru convingător era că dăduse de necaz.

– Ajunge, Kulshar. Își slăbi strânsoarea, dar numai cu o idee. Mi s-a ordonat să-ți spun că sculptorii nu vor pune și barba, iar pictorii vor folosi culoarea maro.

Un semn din partea Prințului. Îl trecură alți fiori, iar mâna ei se desprinse de pe el.

– Va trebui să lucrezi din greu cu mine, nu?

– Da, așa voi face, însă există și avantaje. *Știu* că poți învăța. *Cred* că vei asculta de ordine.

– Da, ambele sunt valabile.

– Bine. Ești ca Prințul la prima lecție și aș fi vrut ca el să fi fost ca tine la a doua.

Keles zâmbi.

– De-asta ești aici?

– Ce vrei să spui?

– Eu am ajuns aici pentru că am abătut asupra mea mânia bunicului meu.

– Eu n-am nici un bunic. A murit în Helosunde.

– Îmi pare rău.

Tyressa se întoarse și se sprijini de balustradă.

– De ce ți-ar părea? Nu l-ai cunoscut. Din ce se spune în familia mea, pe lângă el, bunicul tău ar fi chiar simpatic.

– Totuși, n-aş spune că mă bucură să aud asta.

Se întoarse şi se sprijini şi el cu cotul de balustradă.

– Însă ştii ce-am spus şi-mi eviți întrebarea.

– Ce întrebare a fost?

– De ce-ai venit în expediția asta?

Nu spuse nici un cuvânt, însă făcu semn din cap spre Wentokikun.

– Mi s-a dat un ordin, am venit aici.

– Asta-i tot?

Ea-i aruncă o privire piezișă.

– Asta-i tot ce trebuie să știi.

El se încruntă.

– Poate că ar trebui să știu mai mult.

– Asta-i tot ce vreau eu să-ți spun.

– Dar dacă trebuie să mă încred în tine...

Tyressa scutură din cap.

– Nu trebuie să te încrezi în mine. Trebuie doar să crezi că știu ce să fac și cum să fac și că-mi voi îndeplini datoria. Tot ce-i dincolo de asta nu mai contează. Prințul are încredere în noi. De ce-ai fi tu mai altfel?

– Dacă te-ar fi întrebat așa ceva, i-ai fi răspuns?

– Asta, Kulshar, a fost o întrebare retorică, fără nici o validitate, aşa că nu i se va răspunde.

– Înţeleg.

Rămase tăcut, iar fumul încărcat de mirosurile de la bucătărie acoperi miasmele grele ale râului.

– Îmi pare rău, n-am vrut să te enervez.

Aşteptă un răspuns şi când văzu că nu venea nici unul, după un moment se uită spre ea şi văzu că plecase. Keles se gândi să meargă după ea, însă nu era sigur. Probabil, era cel mai bine să n-o facă, din moment ce ar fi putut atrage atenţia. Mai mult, s-ar putea ca ea să fi plecat să verifice ceva ce el nu remarcase. Se simţi frustrat şi neajutorat şi asta-i readuse în minte seara de la petrecerea Prinţului.

Îi azvârlise Majiatei tot ce avusese de spus şi aşteptase replica ei. Sperase că-l va pălmui, ar fi meritat-o. Într-o clipită însă văzuse cât de meschin se purtase cu el, iar resentimentele sale fuseseră imediate şi puternice. Se pregătise pentru lovitura ei de răspuns, arţăgoasă şi buimăcită.

În loc de asta, ea doar îl privise şi începuse să plângă. Ochii-i erau umeziţi de lacrimi, apoi alunecaseră pe obraji, amestecând sulemenelile într-o dâră întunecată. Pentru o clipă, îşi imaginase că atât era, dar apoi lacrimile se prelinseră pe rochie murdărind-o. Buza ei inferioară tremura, iar nasul începuse să-i curgă. Îl privise, iar în ochii umezi se adunaseră valuri de vinovăţie.

Nu-i spusese nimic.

Keles se trezise imediat împărțit în două. Primul gând fusese că-l manipulaseră. Cum ar fi putut cineva, care se folosise de el atât de nemilos, să fie atât de vulnerabil? Știa că era doar o altă stratagemă, o metodă nouă de a i se băga sub piele și a-l răni.

Cealaltă parte din el se topi. Era femeia pe care o iubise, iar el fusese atât de crud cu ea. O făcuse să plângă, ceea ce era deja destul de rău, și chiar acolo, la festivalul Prințului, unde cu toții văzuseră cum o pedepsise.

Ar fi vrut să se întindă și s-o îmbrățișeze, să-i ofere consolare, însă nu-și putuse controla mâinile. Arăta atât de mică și fragilă, atât de afectată de ce-i spusese, încât își pusese la îndoială justețea vehemenței, certitudinile sale. *Să fi greșit eu cu totul? Poate că mă iubește.*

Cele două părți ale minții sale se luptau, lăsându-l frustrat și neputincios. Nefăcând nimic era mai rău decât să faci ceva greșit, dar cum ar trebui să acționeze? Să-i întoarcă spatele și să plece ar fi fost ceva și mai dur și nemilos. Totuși, stând acolo, situația era din ce în ce mai stânjenitoare, înrăutățind lucrurile.

Keles decisese să se îndrepte spre masa cu vinuri și întinsese cupa, să-i fie reumplută. Intenționase să-i ofere ei vinul, însă când se întorsese, ea se retrăsese deja, făcându-și repede drum prin mulțime, cu un smiorcăit însoțindu-i lacrimile. Oamenii priveau de la ea spre el, unii destul de surprinși, însă cei mai mulți cu o expresie de mânie. Păreau să spună toți, ca unul: „Știa și ea că se va întâmpla, dar de ce tocmai *acum?*“

Îl salvase Jorim. Fratele său mai mic se apropiase, luase o cupă cu vin și apoi îl trăsese de-o parte.

– Ești bine, Keles?

El băuse, dând din cap.

– Da.

– Ce s-a întâmplat?

– A venit să mă ierte. Mi-a spus că n-a fost vina mea.

Jorim râsese din toată inima, vorbind apoi ceva mai tare decât ar fi fost necesar.

– *Ea te-a iertat?* Pe tine, care ai ferit-o să fie sfâșiată în bucăți? Ea *te-a iertat* pe tine?

Efectul cuvintelor spuse de fratele său fusese instantaneu, atât în ce-l privea pe Keles, cât și pe cei din jur. Bârfitorii îi repetară imediat vorbele, contrazicând ceea ce spuseseră pe când priveau desfășurarea dramei. O întâlnire emoțională deveni încă o distracție a serii.

Privind înspre apă, măsura acum schimbarea petrecută în el. Se îmbărbătase singur să accepte că nimic din ceea ce simțeau cei din sală despre el nu conta. Nu făcuse nimic rău. Ea alesese confruntarea, iar el o tratase după cum putuse mai bine. La fel și aici, ce credea el despre păzitoarea sa și ce credea ea despre el, la fel, nu conta. Amândoi aveau o misiune de îndeplinit și vor face ce trebuia. Tyressa îi va păzi spatele, el își va termina studiul topografic pentru Prinț, și cu asta se sfârși totul.

I se părea corect, însă, după o clipă de gândire, depistă hiba din raționament. Ce gândea Tyressa despre el și despre cum se descurca erau lucruri foarte diferite. Erau aspecte din care putea învăța, ar fi putut prinde câte ceva de la ea, în special despre cum era să fii observator. Deși era însărcinată cu asigurarea pazei sale, nu-i putea ceda această responsabilitate. Nu numai că era obligat față de el însuși să fie un observator, dar mai trebuia să se gândească la momentul când ea nu va fi aici să-l ajute.

Până la acest punct al vieții tale, Keles, ai fost cocoloșit. Doar pentru că învățase să se descurce cu bunicul, nu însemna că o putea face și cu lumea. Vor apărea oameni, precum Majiata, care vor dori anumite lucruri de la el, cum ar fi cunoștințele sale, sau poate-i vor vrea chiar moartea. Trebuia să fie prudent față de ei.

Fă mai puțin de-atât și nu vei valora nici cât plumbul necesar turnării tale. Zâmbi. *Mai puțin și nu vei valora nici cât zgura care se desprinde dintr-o formă mult prea plină.*

27

Ziua a 14-a, Luna Câinelui, Anul Câinelui
Al 9-lea an al Domniei Prinţului Imperial Cyron
Al 162-lea an al Dinastiei Komyr
Al 736-lea an de la Urgie
Hanul Jandetokun, Moriande, Nalenyr

Când păşi în Hanul Jandetokun, Nirati îşi lăsă gluga pe spatele mantiei albe, de doliu. Cei adunaţi în sala de mese de la primul etaj tăcură unul după altul, când îşi dădură seama că o persoană în doliu era printre ei. Din moment ce îşi lăsase gluga şi nu purta pe obrajii albiţi dârele lacrimilor, desenate cu negru, ceilalţi ajunseră imediat la concluzia că persoana îndoliată nu jelea un membru al familiei. Taifasul reîncepu, dar ca un murmur difuz, rămânând aşa până la plecarea ei.

Ea admise că grija lor era ceva liniştitor, pentru că era încă şocată. Moartea fusese cumplită, cel puţin asta era impresia pe care i-o lăsaseră șușotelile și bârfele. Verișorii care vorbeau despre asta nu credeau că era genul de subiect pe care o tânără femeie se cuvenea să-l asculte, așa că o lăsaseră în deplină ignoranță. Asta permisese imaginației sale să caute tot felul de idei. Deși ar fi vrut să poată presupune că tot ceea ce-și imaginase era mult mai cumplit decât realitatea, cumva reușise să se convingă că nu putea fi așa.

Nirati mai descoperi și că se simțea vinovată. Poate că o considerase, cândva, pe Majiata o prietenă. Majiata fusese mai tânără și întotdeauna puțin cam distantă. Încercase s-o placă atunci când Keles începuse s-o curteze, însă nu stabiliseră niciodată relații de prietenie profundă. Speranțele lui Nirati că puteau fi ca niște surori se năruiseră destul de repede, oferindu-i o viziune limpede a ceea ce voia femeia de la fratele ei geamăn.

Că bietul Keles rămăsese cu totul neștiutor asupra felului oribil în care-l trata nu o surprinsese deloc. Fratele ei avea tendința de a vedea numai partea cea mai bună din oameni, purtându-se de parcă trăiau îndeplinindu-și rolul idealizat pe care-l stabilise el pentru ei. Realitatea era, adesea, cu totul alta.

Cel puțin a învățat să se descurce cu Majiata. Confruntarea de la serata Prințului o încântase pe Nirati. Marcase o schimbare în atitudinea lui Keles. Spera că-i va prinde bine în mijlocul sălbăticiei, deși presimțea deja conflictul inevitabil pe care-l va provoca asta la întoarcere, când va trebui să se confrunte direct cu Qiro.

Oricât de mult încerca, nu reuşea să prevadă care va fi reacţia lui Keles la aflarea veştii despre moartea Majiatei. Înainte de a fi început să se maturizeze, şi-ar fi putut imagina că-l va durea profund. Oricum, ar fi considerat că era vina lui şi ar fi încercat să compenseze. Odată cu moartea ei, familia Phoesel ar fi putut obţine hărţi şi concesii pe care nici chiar măritişul ei cu Keles nu le-ar fi garantat.

Acum însă, reacţiile lui erau cu totul imprevizibile. Era posibil ca el să revină la vechile stări şi să devină exagerat de amabil cu familia ei, însă Nirati se cam îndoia. La fel de bine, nu credea că l-ar putea pufni râsul la aflarea veştii sau că s-ar grăbi să ridice paharul în sănătatea ucigaşului. Nu credea nici că va jura răzbunare pentru ce se întâmplase, Jorim ar fi făcut-o, nu şi Keles. Însă indiferent cum alegea să trateze vestea, era decisă să fie acolo ca să-l ajute.

Şi-l scoase pe fratele ei din gând începând să urce treptele spre camerele de închiriat de la nivelul principal al hanului. Deşi nu mai fusese pe aici înainte, ştia fără nici o îndoială spre ce cameră trebuia s-o ia. Unii ar fi putut considera că asta se datora abilităţii familiei sale în materie de orientare, însă acum era ceva mult mai simplu. Informatorul ei fusese foarte precis în instrucţiuni, precum şi în a o atenţiona că locatarul camerei nu voia să fie deranjat.

Urcând treptele, o luă la stânga şi înaintă spre partea din faţă a clădirii. Ciocăni încet în uşa din mijloc şi aşteptă. Nu auzi nimic, aşa că mai bătu o dată, dar ceva mai tare. Când nici asta nu stârni vreun răspuns, bătu cu pumnul în ușă, apoi glăsui cât se poate de clar:

– Sunt Nirati Anturasi. Nu plec de aici până nu vă vorbesc și am să bat în ușă până-mi umplu pumnii de sânge.

Cuvinte provocară mișcare în interior. De sub marginea ușii izbucni o geană de lumină, indicând faptul că perdelele grele fuseseră trase de-o parte. Geamătul sfâșietor care acompanie izbucnirea de lumină sugera o persoană care se bucurase de prea multă băutură și de prea puțin somn.

– Ușa-i deschisă.

Nirati trase zăvorul, însă ezită în prag. Deși lumina năvălea prin fereastră, încăperea mai păstra încă mirosul de transpirație nocturnă și trupuri nespălate. Se așteptase să dea peste o cameră vraiște, însă cu excepția cizmelor înalte, aflate în mijlocul încăperii, mănușile aruncate în colțuri opuse și o găleată de bere răsturnată lângă pat, lucrurile erau într-o relativă ordine.

Aspectul camerei contrasta puternic cu Junel Aerynnor. Zăcea la marginea patului, cu umerii lăsați, purtând o cămașă de noapte murdară și o barbă de două zile. Părul avea nevoie să fie pieptănat, iar ochii adânciți în orbite erau tiviți cu negru și injectați. Pielea părea destul de palidă, așa că dacă s-ar fi aplecat și ar fi vomitat în găleată n-ar fi fost deloc surprinsă. De fapt, aproape că se aplecase s-o îndrepte, ca s-o împingă spre el. Închise ușa și se duse spre scaunul de lângă măsuța așezată la fereastră.

– Nu doresc deloc să vă deranjez acum, la necaz, Conte Aerynnor, dar nu mai aveţi pe nimeni aici, din câte ştiu eu.

El îi aruncă o privire, cu buzele strânse într-un rictus sumbru.

– Familia Phoesel nu doreşte să mă vadă. Eu am fost cel care le-a adus vestea cea rea. Când tatăl ei mi-a cerut să-i spun, n-aveam nici cea mai mică idee că voia să-l mint. În nord, ar fi aşteptat de la mine sinceritatea absolută.

Nirati se aşeză fără să mai aştepte să fie invitată.

– Am auzit de reacţia lor. Jandarmeria v-a cerut s-o identificaţi în locul familiei?

El se frecă la ochi cu mâna dreaptă.

– Sună atât de oficial aşa. Unul dintre jandarmii care au asistat la pedepsirea ei a recunoscut-o. Pe când se îndrepta spre casa lor, s-a întâlnit întâmplător cu mine. Am căzut de acord să-l însoţesc, însă acum aş vrea să n-o fi făcut.

Mâna lui Junel părăsi ochii şi el privi dincolo de Nirati.

– Există lucruri pe care bărbaţii nu trebuie să le vadă.

Nirati dădu din cap, în vreme ce o trecură fiori pe şira spinării.

– Cu ce vă pot ajuta, milord? Dacă aţi dori să-mi spuneţi...

El pufni.

– Această ofertă, venită din partea altcuiva, ar fi o invitaţie la bârfă. Nu-i cazul tău, Nirati. Tu nu vorbeşti cu nimeni de asta.

– Aşadar, spuneţi-mi.

Junel dădu din cap.

– Nu, ai purta asta în tine, la fel ca şi mine. Asta nu-i o povară pe care ar trebui s-o mai poarte şi altcineva.

Nirati desfăcu catarama mantiei, lăsând faldurile să alunece pe scaun.

– Eu cred, milord, că voi fi mai puternică decât vă închipuiţi. Dacă este aşa o povară, imaginaţi-vă ce uşurare veţi avea dacă o împărţiţi cu mine. O voi purta şi nu mă voi plânge.

El îi adresă un început de zâmbet.

– Vă cunosc, voi, Anturasi, sunteţi mult mai viguroşi decât Phoeselii, dar chiar şi aşa...

– Cred că vă simţiţi vinovat pentru că nu aţi împiedicat această tragedie. N-a fost vina voastră.

– Cum poţi spune asta?

– Vă cunosc. Aţi salvat-o o dată de ghearele virukului. Aţi fi făcut-o din nou.

– Asta se spune, că un viruk a făcut-o? Un viruk. *Virukul?* Ochii lui Junel se îngustară. A făcut întreaga porcărie de care era capabil.

Nirati dădu din cap. Cele mai intense bârfe din Moriande dădeau de înţeles că virukul Rekarafi o ucisese pe Majiata ca să-şi cureţe petele de pe onoarea sa. Autorităţile îi ceruseră să le stea la dispoziţie pentru a fi examinat, însă ambasadoarea declarase că al ei consort părăsise de mult oraşul. Chiar se oferise să le permită să caute în ambasadă, însă poliţia nu-l putuse găsi.

Unii colportori mergeau atât de departe încât sugerau că după ce o ucisese pe fată, plecase în urmărirea lui Keles. Nirati se cutremură. Văzuse urmele de pe spatele lui și nu avea nici o îndoială că Rekarafi l-ar fi sfâșiat pe Keles, bucată cu bucată, dacă ar fi dat de el. *Poate că tactica Prințului îi va da lui Keles suficient timp să ajungă acolo unde virukul nu mai poate veni după el.*

Clipi și se concentră asupra lui Junel.

– Virukul este unul dintre principalii suspecți, însă circulă și alte zvonuri. Unul sugerează că unul dintre frații mei ar fi făcut-o.

– Keles sau Jorim?

– Keles. Se spune că plecarea lui pe râu este un truc și că s-ar fi străduit din răsputeri ca să se alăture expediției după ce a săvârșit fapta.

Nirati scutură din cap.

– Acum spuneți-mi ce s-a întâmplat.

Junel oftă, iar umerii-i căzură și mai mult.

– A fost o mare încurcătură. Locuiam cu familia Phoesel, însă știam că Majiata și cu mine nu ne potriveam. Tatăl ei era încă supărat pentru că pusese familia într-o situație stânjenitoare și că-l pierduse pe fratele tău. Eu eram o alternativă nevrednică și, în pofida faptului că tatăl Majiatei era politicos, nu se ferea să împărtășească această opinie. Totuși, eram mai bun decât nimic. Eu îmi exprimasem față de Majiata rezervele față de uniunea noastră și i-am spus că aveam intenția să plec. Acum trei zile, când m-am trezit, am găsit un bilet scris de ea, strecurat pe sub ușa mea. Mă implora să nu fac nimic pripit și să ne întâlnim în oraș, după lăsarea serii, departe de familie. Îmi cerea să ard biletul, ceea ce-am și făcut. El se încruntă. Știam că n-ar fi trebuit să fiu de acord să ne întâlnim, însă ceva din biletul acela m-a impresionat. Fusese întotdeauna imatură și egoistă, însă în mesajul acela era ceva diferit. Am aranjat să ne întâlnim și am plecat de la ea de-acasă mai devreme, pentru ca ai ei să nu aibă vreo bănuială. M-am dus spre locul de întâlnire, însă am întârziat. Cred că am sosit acolo cu un sfert de oră mai târziu, dar nu m-am gândit la asta.

Nirati se strâmbă.

– Majiata nu era niciodată punctuală. Cred că ați sosit destul de devreme.

– La asta mă gândeam și eu. Am așteptat o oră, convins că se hotărâse să revină la ceea ce avea de gând să facă. M-am întors acasă și m-am dus la culcare. În dimineața următoare m-am trezit devreme, să mă întâlnesc cu cei din pricina cărora întârziasem în noaptea precedentă, și astfel am dat de jandarm.

– Ce s-a întâmplat după aceea, milord?

El clătină din cap.

– N-ai vrea să știi.

Ei i se făcu pielea de găină auzind tonul vocii lui.

– Trebuie să știu. Nu sunteți singurul care se simte vinovat.

– Nu cred că știi ce-mi ceri.

– Dar, totuși, v-o cer.

– Prea bine.

Își îndreptă spinarea, dar evită să se uite spre ea, în timp ce începu să vorbească cu un ton neutru.

– Indiferent ce sau cine i-a făcut-o, a întâlnit-o pe stradă. Probabil că-l cunoștea și l-a însoțit de bună voie, ori el era destul de puternic s-o care după el. A dus-o pe un acoperiș, de unde ea putea vedea cu ușurință cerul dinspre sud și cele trei luni urmărindu-se una pe alta printre constelații. Trebuie să fi fost ceva frumos. Îmi tot reamintesc asta, sperând, într-un fel, ca frumusețea aceasta să fi fost ultimul lucru pe care l-a văzut.

Încordarea din glasul lui sugera că Junel știa că speranța lui era deșartă.

– Adusă pe acoperiș, i-au fost sfâșiate hainele. Nu s-a luptat defel. Polițaiul spunea că ar fi avut tăieturi pe brațe dacă ar fi făcut-o. „Leziuni defensive“, așa le numesc ei. A mai spus că s-ar putea să-l fi zgâriat pe atacatorul ei pentru că s-ar găsi urme de țesut sub unghiile ei. Avea unghii foarte lungi.

Pufni.

– Desigur, pentru a putea verifica asta, vor trebui să-i găsească întâi mâinile.

Nirati rămase cu gura căscată. Nu auzise nimic despre lipsa mâinilor Majiatei. Nu cunoștea nici un motiv pentru care cineva să fi făcut așa ceva. Stomacul ei începu să se revolte.

– I-a tăiat gâtul, frumos și precis, aproape retezându-i capul. A luat-o prin surprindere, pentru că a murit cu o expresie de șoc întipărită pe față. Apoi a spintecat-o, de la gât până la vintre, și a jupuit-o cum ar face un vânător cu o căprioară. A golit-o de măruntaie și i-a împrăștiat organele în jur. Așa cum am mai spus, i-a luat brațele.

Nirati își strânse mâinile la gură.

– Nu, asta-i mult prea oribil.

– Oribil. Ce ciudat cum un asemenea cuvânt nu-i suficient, nu?

Junel expiră încet.

– Polițaiul zicea că i-ar fi trebuit o secure pentru a-i reteza mâinile în așa fel. Sau o mușcătură. Iar spintecarea, cu un cuțit sau chiar două. Sau gheare. Cred că s-au gândit la viruk imediat. Când am văzut-o, am căzut în genunchi și am vomitat. Dacă aș fi sosit la timp, poate că n-ar fi pus mâna pe ea. Dacă n-aș fi hotărât că uniunea noastră era fără viitor, poate că n-ar mai fi simțit nevoia de a ne întâlni departe de casă. Dacă, dacă, dacă...

Trupul său slăbit se aplecă din nou în față. Își acoperi ochii cu podul palmelor și începu să plângă, repetând la nesfârșit cuvântul.

Nirati se ridică și se îndreptă spre pat, luându-l în brațe. El se prăbuși în poala ei, cu trupul zguduit de un plâns mut. Nirati-l îmbrățișă tare, în pofida duhorii. Îi mângâie părul năclăit și încercă să-l liniștească, ținându-l în brațe până când trupul i se relaxă și respirația-i deveni mai regulată.

Apoi îl mută de pe ea și-l puse înapoi în pat. Se ridică și-i așeză picioarele, apoi îl acoperi cu pătura subțire și-l mângâie pe față. În somn, părea ceva mai pașnic, iar asta o făcu să zâmbească.

Bietul Junel. O cuprinse compasiunea pentru el, însă furia simțită pentru Majiata o combătea. Moartea ei îl tortura pe Junel și nu era corect. Majiata nu merita astfel de simțăminte sincere, iar dacă ar mai fi trăit nu s-ar fi gândit decât cum să profite de pe urma lor. Dacă era să fie ceva bun în moartea ei, asta ar fi fost tocmai faptul că nu se mai afla aici, să-l chinuie pe Keles.

Nădăjduiesc să nici nu afle prea curând de moartea ei. Am să vorbesc cu bunicul despre asta. Oricum, Keles nu-i problema mea cea mai acută.

Aplecându-se, înșfăcă găleata de bere și o duse jos, în sala mare. Nevasta hangiului, o femeie rotofeie, cu obrajii rumeni, i-o luă.

– Să i-o umplu, ca până acum?

– Nu.

Nirati folosi un ton ferm.

– Să-i aduceți o supă, când se trezește, ceva ușor, și vin îndoit cu apă. Vreau să te duci sus și să-l îmbăiezi.

Femeia se încruntă.

– E adult. Poate să se îngrijească și singur.

Nirati simți că ia foc.

– Ai vreo idee cine sunt?

Femeia lansă o replică rapidă.

– Nu cred că ar avea vreo importanță dacă aș ști.

– S-ar putea să aibă. Sunt nepoata lui Qiro Anturasi. Dacă fac să se afle că Hanul Jandetokun are stăpâni binevoitori, veți prospera. Dacă însă spun că ne-ați iritat, acest loc va avea de suferit. Dacă va trebui, aș putea să-l rog pe Prinț să vă închidă cu totul.

Văd că ai priceput deja, însă nu trebuie să te temi, pentru că dacă-ţi cer un serviciu, am să-ţi fac şi eu unul la schimb.

– D... da, milady?

– Fă cum te-am rugat cu contele deseian şi vei avea de câştigat. Orice ar fi de plată, plăţi *rezonabile*, va fi achitat pe loc şi în aur.

– Sau poate mirodenii?

– Dacă doreşti, se poate, avem o oarecare influenţă şi în privinţa asta.

Nirati se abţinu să zâmbească, deşi era limpede că ea şi hangiţa se înţelegeau acum de minune.

– Vreau fie treaz, hrănit, spălat şi ferchezuit. Am să mă întorc aici în fiecare zi pentru a vedea cum merg lucrurile. Atunci voi face plăţile.

Femeia dădu din cap.

– Am înţeles, milady Anturasi. Mă ocup de asta de suficient timp ca să ştiu cum să pun pe cineva pe picioare.

– Bine. Încă ceva.

– Da?

– Dacă întreabă cineva de el, nu ştii unde-a plecat. Ba chiar ai să te plângi că n-a plătit nimic.

– Păstrez banii dacă-mi sunt daţi pentru asta?

– Da. Şi am să te plătesc să-mi spui cine a întrebat de el.

Nirati îi făcu un semn din cap şi acceptă plecăciunea ei.

– Cooperarea ta va fi răsplătită.

– Vă mulţumesc, milady. Vocea femeii coborî până la şoaptă. Voi face tot ce-mi cereţi, dar de ce faceţi asta? E doar un deseu. De ce-l ajutaţi?

Nirati lăsă ca întrebarea să-i răsune în minte, însă nu află nici un răspuns pe care să-l fi putut pricepe şi femeia. De fapt, nici ea nu-şi înţelegea primul imbold. Se mulţumi să zâmbească şi răspunse tot în şoaptă.

– Este o investiţie de viitor. Îmi datorează un dans sau trei, iar eu nu accept să nu-şi plătească datoriile.

28

Ziua a 20-a, Luna Câinelui, Anul Câinelui
Al 9-lea an al Domniei Prinţului Imperial Cyron
Al 162-lea an al Dinastiei Komyr
Al 736-lea an de la Urgie
Lupul furtunii, Nysant, Cartayne

Jorim Anturasi se folosi de tangajul uşor al *Lupului furtunii* ca de un mijloc de a-şi limpezi mintea. Stătea pe punte, în cabina înghesuită, cu picioarele încrucişate şi spinarea dreaptă. Jurnalul său personal, care conţinea măsurători şi hărţi schiţate în grabă, precum şi notiţe orare, zăcea deschis înainte. La lumina slabă a unei singure lumânări, putea scrie suficient cât să-şi stimuleze memoria, însă majoritatea datelor le păstra în minte, acolo unde îi şi erau necesare pentru a le putea trimite bunicului.

Îşi potrivi respiraţia şi se relaxă, ceea ce se dovedi a fi mai greu decât îşi imaginase, din cauza nerăbdării transmise neîncetat de Qiro. În fiecare zi, pe cât se putea la vremea amiezii în Nalenyr, Jorim se pregătea să trimită informații. Experiența nu fusese niciodată o plăcere, iar nerăbdarea bunicului era chiar și mai puțin plăcută. Qiro se schimbase, și nu în bine.

Când Jorim învățase pentru prima dată comunicarea telepatică cu bunicul său, totul se întâmplase la fel de cursiv precum modul în care masiva navă *Lupul furtunii* se balansa ritmic în sus și-n jos, când era la ancoră. Bunicul fusese binevoitor și plin de blândețe, stimulându-l să-și amintească detaliile fără nici un cuvânt. Jorim încercase întotdeauna să comunice pe cât putea de mult. Fusese nerăbdător să-i facă pe plac și se bucura de orice încurajare primită.

Acum însă, Qiro considera orice lipsă de informații ca pe-o uneltire. Atenționările sale blânde deveniseră admonestări tăioase. În cele câteva ocazii când Jorim fusese prea obosit ca să-și încropească o apărare, bunicul său îi cutreierase mintea, lăsând în urmă o migrenă cumplită.

Chiar și când bunicul îi invadase mintea, Jorim nu se îngrijorase aproape deloc că secretele sale ar putea fi dezvăluite. Cifrele se puteau comunica foarte ușor. Conceptele subiective, precum frumusețea, sau chiar ideea de culoare, nu puteau fi accesate atât de lesne. Și când lucrase cu Keles se comiseseră greșeli, în pofida apropierii lor. Prăpastia emoțională și cea dintre generații aflată între el și bunicul lui însemna că se smulgea mai puțin de la el, și mai însemna că bătrânului îi păsa mai puţin de aventurile personale ale lui Jorim.

Bătrânul nu voia decât mai multe informaţii pentru hărţile sale.

Cu această flotă va merge destul de repede. *Lupul furtunii* nu călătorea singur. Îl însoţeau o duzină de alte nave, care transportau apă şi hrană; furaje pentru caii cavaleriei aflaţi la bord, precum şi alte rezerve necesare, cum ar fi cherestea, frânghii şi material pentru pânze. Apropiindu-se de insula Cartayne, flota fusese împărţită în două, iar cartografii mai neînsemnaţi făcuseră măsurători în timp ce navigau spre nord şi sud. Cele două părţi ale flotei convergeau spre portul Nysant, din vest, iar Jorim lucrase întreaga noapte compilând informaţiile într-o hartă precisă a insulei, cu tot cu împrejurimile portului din sud şi calea spre el printre recife.

Plecând de aici cu puterea minţii, prin vizualizarea Anturasikunului şi a sanctuarului bunicului, intră nesperat de uşor în legătură cu bătrânul. Qiro începu să devoreze informaţiile cu fervoarea omului flămând, care dăduse peste o pulpă de căprioară. Preţ de o clipă, Jorim văzu cu adevărat imaginea hărţii lumii şi privi cum Cartayne îşi rafina contururile.

Se pregăti pentru asaltul mental, însă bunicul întrerupse legătura cu o grabă neaşteptată. Jorim căzu cu spatele pe peretele despărţitor şi se lovi la cap, nu îndeajuns de tare încât să se rănească, dar suficient cât să revină brusc la realitate. Ridicându-se, se frecă pe partea din spate a capului.

Sper că totul este în ordine. Încetarea bruscă a legăturii putea însemna și că bunicul cedase. Poate că-l lăsase inima, sau poate suferise un șoc cerebral. *Putea fi chiar și ucis.* Jorim alungă imediat gândul, din moment ce unchiul Ulan nu ar avea în nici un caz nervii să facă așa ceva și n-ar permite nimănui să se apropie atât de mult încât s-o poată face. Pe deasupra, precauțiile Prințului îi țineau la distanță pe asasini, așa că bătrânul era în deplină siguranță, în afară de dezastre naturale sau de răzbunarea zeilor.

Renunță și la ideea că bunicul său ar fi fost bolnav. Jorim era sigur că ar fi primit un semnal dureros, șoc sau panică, înainte ca legătura să se fi întrerupt. Egoul bunicului său era de o asemenea natură încât n-ar fi fost capabil să-și ascundă dezgustul că ajunsese pradă unor asemenea suferințe pământești.

L-a surprins că prima reacție a fost una de îngrijorare pentru bătrân. Se așteptase să se simtă mult mai ușurat, sau chiar vesel, pentru că încetase de multă vreme să-i mai placă de bunicul său. Nici nu-l mai respecta prea mult, în afară de planul strict profesional al cartografiei. În afara ei, Qiro Anturasi rămânea o creatură demnă numai de dispreț.

Un ciocănit în ușa cabinei îl împiedică să continue cu examinarea simțămintelor sale.

– Nu m-am lovit, izbitura pe care-ai auzit-o n-a fost nimic.

Ușa se deschise și Anaeda Gryst i se înfățișă înaintea ochilor.

– Mă bucur să aud asta. Plecăm pe țărm.

– Mă gândeam... Jorim ţâşni în picioare şi înşfăcă jurnalul sub privirile ei asprite. După cum aţi ordonat, Căpitane Gryst. Daţi-mi voie să încui undeva asta mai întâi.

– Grăbeşte-te, şi să-ţi iei spada.

Îşi deschise cufărul marinăresc şi lăsă jurnalul acolo, apoi scoase o sabie simplă. Cu un singur tăiş, lama se avânta cu timiditate pe o lungime de o sută de centimetri doar de la mâner până-n vârf, adăpostită într-o teacă modestă de lemn. Mânerul era destul de lung să-i permită folosirea sabiei cu ambele mâini, însă era suficient de uşoară ca să se poată duela lesne. Jorim nu studiase arta luptei cu spada la un *serrian*, însă Prinţul avusese grijă ca moştenitorii Casei Anturasi să ştie destul cât să se poată apăra. Jorim se descurcase mai bine şi ar fi putut ajunge la Rangul Cinci, dacă l-ar fi evaluat vreo şcoală din capitală.

– Vă aşteptaţi la probleme, Căpitane?

– Dacă ar fi aşa, ai vedea cavaleria pe cai, gata să ne escorteze.

Jorim închise cufărul şi-l încuie.

– Am remarcat că sunteţi neînarmată.

Ea-şi îngădui să zâmbească încet.

– Cei pe care-i vom vedea ştiu, deja, cât sunt de periculoasă. Sabia ta le va insufla şi un dram de respect. Pentru moment, este suficient. Vino, nu mai avem nici o clipă de pierdut.

O urmă, ieşind din cabină, până pe puntea principală, apoi jos, coborând pe plasa bordajului până la o barcă mică, aflată la remorcă în spatele *Lupului furtunii.* Cinci marinari, patru vâslași și un cârmaci, îi așteptau. Căpitanul Gryst se așeză la pupa, lăsându-i lui Jorim bancheta de la prova, iar el nu se supără deloc pentru acest aranjament. Vâslașii împinseră barca de lângă navă, apoi începură cursa de aproape un kilometru spre țărm.

Nysant fusese, cu secole în urmă, un avanpost virukian. Doar foarte puțin mai rămăsese din puternica fortăreață de odinioară, pentru că pietrele fuseseră furate din metereze, iar cocioabele de lut erau acum lipite de ziduri precum cuiburile de viespi. Bordeiele pricăjite ale oamenilor ridiculizau gloria trecută a lucrărilor de apărare. Laturile lor aproximative și formele pleoștite se scurgeau pe lângă arhitectura virukiană, aproape la fel cum se târâseră sclavii umani în urma ultimilor lor stăpâni viruki.

Când inima imperiului virukian se scufundase în Marea Întunecată, colonia Cartayne începuse să se spulbere. Virukii aduseseră sclavi dintre oameni și nația soth pentru a popula teritoriul și pentru a lucra. Minele de pietre prețioase și plantațiile din interior furnizaseră multe bogății Imperiului, însă fără piața capitalei, economia se prăbușise. Virukii se retrăseseră, fără să le mai pese ce se întâmpla cu sclavii lor.

De-a lungul secolelor, Nysant devenise un centru comercial. Vântul care bătea în regiune ușura navigația navelor venite dinspre est, spre oraș, iar curenții de coastă le permiteau întoarcerea în siguranță acasă. Pe drum, își umpleau cala cu o varietate de mărfuri, foarte prețuite în porturile de origine. Până în momentul când flotele naleniene începuseră să călătorească și ele spre vest, Nysant fusese o sursă de comori apusene. Încă mai juca acest rol pentru o serie de Principate, iar corăbiile celor Cinci Prinți încă mai navigau una lângă alta.

Jorim și Căpitanul Gryst urcară scara unui debarcader și porniră spre interiorul insulei. Imediat după o adunătură de depozite de pe chei intrară într-o piață liberă, unde mărfuri din toată lumea erau lăudate de sute de voci. Textile și mirodenii, animale exotice și sclavi erau oferite spre vânzare. Căpitanul Gryst se ținu departe de țarcurile cu sclavi, unde bărbați cu pielea ca abanosul, pe jumătate goi, din Aefret, stăteau înlănțuiți în șir pe un podium de licitații. Vânzătorul, o corcitură oacheșă cu trăsături amestecate, cerea licitări folosindu-se de o combinație de lingușeală și insulte, în limba locală. Jorim prinse câteva cuvinte, ici-colo, și îi plăcea fluența muzicală a vocii, deși nu agrea deloc practicarea negoțului de carne vie.

Continuară să meargă printre standurile cu fructe și legume, trecând prin sectorul de păsări cârâitoare și fleacuri ieftine și bizare. Căpitanul Gryst îl conduse prin partea estică a bazarului și apoi o coti spre nord. Se pomeniră în lumea întunecată a unor alei întortocheate. În pofida abilităților sale de cartograf, Jorim simți destul de repede că se rătăcise și avu impresia că ea asta și dorea.

În cele din urmă, se opriră lângă un mic magazin, cu o pătură zdrențuită atârnată la intrare. Se trezi într-o încăpere minusculă, cu podeaua acoperită de un covor pe care fuseseră împrăştiate perne groase. Covorul provenea din Tas al Aud şi valora o avere în Moriande, la fel ca pernele frumos brodate.

Faptul că şedea în mijlocul unei averi n-o impresiona deloc pe femeia zbârcită şi mică de statură care-i privea. Trăgea dintr-o pipă lungă, exalând un fum dulceag adunat într-un norişor plutind la joasă înălţime. Căpitanul Gryst făcu o plecăciune, apoi se lăsă în genunchi, trăgând după ea fuioarele de fum. Jorim se plecă şi el, menţinându-şi instinctiv postura destul de mult încât să afişeze un respect profund, apoi îngenunche în urma Căpitanului Gryst, în dreapta ei.

Bătrâna le oferi un zâmbet ştirb.

– Mă bucur că te-ai întors, Anaeda. Absenţa ta a fost deplânsă aici.

– Şi pe mine mă întristează, bunico.

Îşi plecă din nou capul.

– Am venit îndată ce am aflat că vrei să mă vezi.

– Ar fi trebuit să te gândeşti să vii mai curând, pentru că locuinţa mea îţi aparţine, dar se vede că *Lupul furtunii* necesită mai multă atenţie din partea ta decât mine.

Bătrâna îl arătă cu ţeava pipei pe Jorim.

– Nu-i păzitorul tău. O fi iubitul tău atunci?

– Un asociat, bunico.

Femeia scoase un vălătuc de fum pe nas, apoi strânse bine pipa între dinţi.

– Vei fi mai prevenitoare pe viitor, ştiu.

Mişcă o pernă şi trase de sub ea o cutie de bambus, cu dopuri la fiecare capăt. O deschise la un capăt şi trase un sul, desfăşurându-l pe covor. Ca să-i ţină colţurile jos, se folosi de tălpile goale, lăsându-i pe Anaeda şi Jorim să se ocupe de colţurile apropiate de ei.

Jorim se strădui să-şi ascundă reacţia, însă Anaeda nu făcu nici un efort. Icni, apoi chicoti.

– Este minunat, bunico!

Se întoarse spre Jorim.

– Ce spui?

Jorim îşi frecă bărbia cu mâna liberă. Sulul de hârtie de orez măsura şaizeci de centimetri pe o sută douăzeci şi descria clar suprafaţa sudică a Principatelor, întinzându-se până la vest, spre Aefret. Cartayne era marcată proeminent, în centrul hărţii; din călătoria lor de până acum, ştia că se întindea cu aproape cinci sute de kilometri prea mult spre vest. Oricum, la sud se curba un şir de insule, la est de legendarii Munţi de Gheaţă, în străfundul lumii. Insulele acelea nu apăreau pe nici o hartă din câte văzuse. Pe una dintre ele era marcat un oraş. Celelalte erau ornamentate cu imagini fanteziste de oameni ciudaţi şi creaturi aşijderea, la fel şi interiorul Aefretului, pe partea stângă a hărţii. Bănui că erau mai mult decorative decât orientative, însă nu mai văzuse niciodată aşa ceva şi-l intrigau.

Bineînţeles, sunt la fel de legendare precum Munţii de Gheaţă.

Privi spre bătrână.

– Unde a fost găsită?

– A fost desenată prin călătorii.

Jorim ştia că era mai bine să n-o contrazică.

– A fost desenată pe parcursul multor călătorii. Expediţii care au durat ani de zile.

Anaeda se uită spre el.

– De unde ştii?

Urmări cu degetul conturul coastei continentului, spre nord.

– Aceasta este o reprezentare destul de recentă a ţărmurilor. Probabil, provine dintr-o hartă deseiană, din cauza conturului golfului de aici, la sud de Ummummorar. Acum două sute de ani, scurgerile de lavă dintr-un vulcan au extins marginea de la stânga, făcând portul mai mare decât era. Coasta Aefretului a fost desenată după o hartă folosită de navigatorii lor. Bătu cu degetul peste Cartayne. Amplasarea ei în centrul hărţii au făcut-o sothii. Insula este mai mică decât ar trebui. Sothii au procedat aşa pentru a arăta cât era de insignifiantă în comparaţie cu Virukadeen. Au desenat hărţi să-i flateze pe stăpânii lor viruki, aşa că partea aceasta a hărţii are peste o mie de ani. Acum problema este dacă acest arhipelag apare pe hărţile sothilor, sau au navigat alţii la sud de Munţii de Gheaţă?

Bătrâna scoase un cloncănit şi ochii începură să-i lucească.

– Ia-l ca iubit, Anaeda. Fă-i copii, pentru că vor fi iuţi la minte.

– Asta-i ceva la care-am să mă mai gândesc, bunico. Acum, ce zici de întrebare?

Bătrâna își trase din nou picioarele sub ea și strân-se genunchii la piept. Partea de sus a hărții se înfășură singură în timp ce se apucase să tragă din pipă. Din gură-i ieșeau fuioare de fum, ascunzându-i chipul pentru o clipă, apoi dădu din cap.

– Cred că a fost desenată după o hartă străveche.

Jorim interveni cu voce scăzută.

– Mai aveți harta aceea?

Bătrâna își înclină capul și închise ochii. Umbra întunecoasă din căușul pipei sale se însufleți de licăriri roșietice.

– Cred că originalul ar mai putea fi găsit. Ce-mi oferi?

Anaeda nu avea nevoie să se uite spre el, pentru că Jorim nu avea de gând să răspundă provocării, deși prin minte-i umblau o mie de gânduri cu privire la ce-ar putea să-i ofere. Căpitanul se aplecă adânc, își lipi fruntea de hartă și vorbi șoptit, de-abia auzit.

– Oferta noastră ar fi modestă. Cum harta ta s-ar putea să ne fie de ajutor, ți-am putea da în schimb una asemănătoare. La sud și spre est se află un alt port. Avem o hartă a sa și ar permite navelor să navigheze chiar și noaptea. Un loc, despre care se crede că nu permite transportul mărfurilor la țărm, ar fi la dispoziția ta.

Jorim o examină pe bătrână, însă nu surprinse nici un indiciu despre cum primise oferta. Nu-l uimea aproape deloc că ar fi putut avea legături cu contrabandiștii, pentru că și harta compozită scoasă de ea la iveală ar fi fost neprețuită pentru tot felul de oameni.

Însă oferta dezvăluia că s-ar fi putut să profite mult mai direct de pe urma operaţiunilor de contrabandă.

În cele din urmă, bătrâna dădu din cap.

– Asta ar fi ceva acceptabil, Anaeda.

Căpitanul Gryst se ridică.

– Eşti prea bună, bunico.

– Sunt, copilă, dar îmi place mai ales să fiu aşa cu tine. Bătrâna se întoarse pentru a-l privi direct pe Jorim. Mai ai ceva ce vrei să mă rogi?

– Da, bunico. Unde-ai găsit harta?

Ea zâmbi.

– Pe insulă sunt multe locuri unde-au locuit virukii. Într-unul din ele, pe un perete, era pictată lumea cunoscută pe atunci. Mare parte din vopsea era distrusă de licheni şi ciuperci, dar partea asta a rămas. Am să pun să fii condus acolo şi poţi să-ţi faci propria ta copie.

Jorim se plecă adânc.

– Generozitatea voastră mă îndatorează.

– Accept această datorie, Anturasi.

Bătrâna râse.

– Da, ştiu cine eşti, şi de asta ţi-am făcut oferta. Numai un Anturasi care a răpus un viruk ar îndrăzni să se aventureze între ruinele alea. Dacă n-ai să dai înapoi, harta şi poate şi altele vor fi ale tale.

29

Ziua a 20-a, Luna Câinelui, Anul Câinelui
Al 9-lea an al Domniei Prințului Imperial Cyron
Al 162-lea an al Dinastiei Komyr
Al 736-lea an de la Urgie
Asath, Nalenyr

Keles țâșni din transă când Tyressa îl trase de picioare. Îl sărută apăsat pe buze, trimițându-i fiori prin tot trupul și lăsându-l năucit și surprins. Apoi își desprinse gura de a lui, întrerupând sărutul cu zgomot, și-l îmbrățișă strâns cu brațul stâng, petrecut pe după umeri.

Vocea ei se ridica puternică deasupra hohotelor de râs ale celor din sala mare a hanului.

– M-am săturat de marinarii ăștia de râu. Mi-e dor de casă. Tu vii cu mine.

Mai multe huiduieli și strigăte le acompaniară plecarea, pe când ea-l conduse spre treptele de lemn negeluit, care duceau spre camera pe care o luaseră. Îşi întări îmbrăţişarea, împiedicând orice încercare pe care-ar fi putut-o face de a dispărea de lângă ea şi, din reflex, el îi cuprinse mijlocul cu mâna dreaptă. Dintr-odată, ştiu că fratele său, menţinând orice stratagemă considera Tyressa că era necesară, şi-ar fi pus o mână pe fundul ei rotund şi tare, însă el nu putea. *Îmi place să rămân cu mâna întreagă.*

Scutură din cap, înlăturând şi ultima urmă de buimăceală şi încercă să-şi imagineze ce-o făcuse să procedeze aşa. Nu descifră nimic, însă profită de ocazie să alunece din nou în sine însuşi şi să-i trimită un mesaj bunicului. *Dracul-de-mare* urcase pe râu cât se putea de repede, însă întârziase apoi din cauza furtunilor care aduseseră tot felul de resturi pe râu. Continuându-şi călătoria, ajunseseră la Asath, aflat pe partea cea mai de jos a cursului râului, unde depunerile de gheaţă opreau înaintarea. Încărcăturile erau lăsate la mal şi transportate pe uscat, spre Urisoti, pentru reluarea călătoriei spre portul Gria.

Sosiseră pe la mijlocul amiezii, iar Keles observă imediat că drenarea şi curăţirea râului nu erau nici pe departe atât de avansate precum se anunţase în Moriande. Citise diferite rapoarte şi văzu că situaţia se schimbase doar foarte puţin faţă de ultima dată când fusese aici. Banii puşi deoparte pentru proiect erau aruncaţi în vânt. Comunicarea adevăratei stări de lucruri de aici era vitală şi i-ar fi luat doar câteva momente.

Intră în transa necesară pentru a-l contacta imediat pe Qiro și-l găsi pe bunicul său treaz. Prin intermediul legăturii avu o anumită percepție a lucrurilor pe care nu o mai încercase înainte. Senzațiile transmise de bunicul său fuseseră întotdeauna puternice și, așteptându-se la o reacție mânioasă, nu se întâmplă așa ceva. Senzațiile erau vagi și-l făcură să nu se simtă în largul său, însă Keles nu-și putu da seama de ce. În afară de asta, izbutise să comunice informațiile înainte ca Tyressa să-l fi adus atât de brusc la realitatea din Asath.

Nu-i spuse nici un cuvânt, deși-l împingea pe ușă în camera lor. Se trezi la capătul patului și țipă când se lovi cu genunchiul de tăblie.

– Ce înseamnă...

Tyressa îl răsuci spre ea și-i puse mâna pe gură. Șoapta ei răzbătu aspră și încordată.

– Vorbește încet și adună-ți lucrurile. Plecăm.

Își smuci fața, eliberându-și gura de sub palma ei, însă glăsui pe un ton coborât:

– Ce-i asta?

– De *tine*-i vorba.

Îi dădu drumul și începu să-și strângă bagajele, rucsac ticsit, o saltea făcută sul sub el, o geantă de umăr și spada.

– Cred că transa ta a fost considerată somn. Nimic ciudat, deși este puțin cam devreme. Dacă nu și-au imaginat că dormeai, s-ar putea să-și fi dat seama cine ești.

El se frecă la genunchi, apoi își luă bagajul, arcul și tolba cu săgeți, apoi se încinse cu pumnalul.

– Despre ce tot vorbești?

– Patru bărbați. Doi localnici, doi de pe navă. Se prefăceau că nu ne văd, dar s-au străduit mult prea tare pentru asta.

Un fior nou îl cutremură pe Keles, diferit de ceea ce simțise când îl sărutase.

– Agenți deseieni?

– Poate. Este bine știut că traficul de pe râu se oprește aici și apoi se circulă pe uscat, spre Urisoti. Ar fi normal să pui oameni pe aici.

Se duse la fereastra încăperii și deschise jaluzelele.

– Acum ieși. Fii prudent și du-te în stradă. Mergem la grajduri să tocmim niște cai. Vom pleca la drum la noapte și o luăm înaintea celorlalți de pe *Dracul-de-mare*.

El se încruntă.

– N-ar fi mai sigur să călătorim împreună cu ceilalți?

– Nu și când sunt porniți să pună mâna pe tine.

– Bine zis.

Keles șontâcăi până la fereastră și se cățără peste pervaz. Se ghemui, fără să mai aștepte să-i spună ea, și se strecură pe sub tenda acoperită cu țiglă, până în spatele clădirii. Se lăsă în jos, apoi sări la pământ și ajunse în siguranță pe sol.

Orice stânjeneală simțise pentru că fusese atât de neîndemânatic pieri pe când o stea metalică în patru vârfuri șuieră prin noapte și se înfipse vibrând pe o latură a hanului. Keles se rostogoli și se ridică în picioare, apoi sări lateral când un bărbat mic de statură încercă să-l înjunghie cu un pumnal. Keles se izbi de unul din stâlpii de susținere ai tendei și încercă să se retragă spre stânga, însă un cui înfipt în stâlp i se prinse de rucsac și rămase bine priponit de stâlp.

Zâmbetul proprietarului pumnalului pieri când Tyressa sări de la fereastră și ateriză cu ambele cizme pe fața lui. Bărbatul căzu pe spate, izbindu-se dur de pământ, iar pumnalul său zbură în noapte. Ea ajunse pe sol într-o poziție ghemuită, dar se ridică într-o clipită. Își trecu sabia din mâna dreaptă în cea stângă și-l smulse pe Keles din cui.

– Fugi.

O zbughi pe alee, spre grajdurile cu cai de închiriat. Nu avu nici un moment de ezitare în a-și alege direcția; instruirea și intuiția îi permiseseră să-și configureze o hartă a Asathului. Deși vizita din noaptea trecută nu-l adusese în acea parte a orașului, plimbările fixaseră toate detaliile necesare. Încă trei alei mai jos, apoi la stânga și încă două străzi.

În urma sa se auzeau zgomote de luptă și câte un zăngănit ocazional stârnit de oțelul lovit de oțel. Ascultă, așteptând țipătul Tyressei sau vâjâitul stelelor de oțel, fără a auzi nimic asemănător. În timp ce larma luptei crescu, fu din ce în ce mai tentat să se întoarcă și să-și încordeze arcul, însă știa că pe întuneric ar fi fost mai mult o pacoste decât de vreun ajutor.

Depăși un colț, și din alee nimeri într-o stradă. Direct înaintea sa, o stradă și jumătate mai încolo, doi bărbaţi stăteau în mijlocul drumului. Tâlhari cu cuţite la vedere sau spade alunecând din teci năvăliră în stradă între Keles şi cei doi bărbaţi. Se opri locului şi se întoarse, însă văzu alţii în urmă. Tyressa provocase destule pierderi să-i ţină la respect pe cei care o vânau, însă tot mai veneau.

Ea-i aruncă o privire rugătoare şi-i făcu semn, dar ieşi de după colţ, dându-şi seama de ce se oprise Keles. Imediat se lăsă într-un genunchi, să-şi tragă răsuflarea, apoi sabia-i zvâcni, parând o stea de oţel.

Unul dintre bărbaţii care o atacaseră făcu un pas spre ea.

– Nu ni s-a spus să te ucidem.

Tyressa se ridică din nou în picioare.

– Nu treceţi de mine altfel.

Bărbatul dădu din umeri.

– Ucide-o. Seceraţi-l şi pe el.

Bandiţii începură să strângă cercul. Tyressa se apropie de Keles.

– Fii pregătit s-o iei din nou la goană. Mergem spre grajduri. Acum! Fugi!

Cei doi începură să alerge. Picioarele ei mai lungi îi oferiră un mic avans. Briganzii dintre ei şi grajduri se avântară s-o atace. Cu o lovitură de rever, înlătură sabia unuia dintre bărbaţi şi-i zdrobi craniul. Pe celălalt îl izbi cu pumnul în faţă, azvârlindu-l la pământ, însă nu avea cum să treacă de opozanţi, nu după ce perechea din mijlocul străzii alergă să-i ajute pe cei care încercau s-o oprească. Cei doi ajunseră cu săbiile scoase și se mișcau cu o precizie neîntâlnită la tovarășii lor.

Mergând întins înainte, cel mai tânăr dintre ei lovi în față, cosindu-l pe unul dintre tâlhari. Un altul se întoarse pentru a-l înfrunta, însă bărbatul lovi atât de repede încât sabia-i străpunse pieptul și se retrase înainte ca el să-și fi terminat răsucirea. Pară și lovi, ucigând un al treilea brigand și, dintr-odată, calea spre grajduri era deschisă.

Keles țâșni prin culoar, iar Tyressa i se alătură. Amândoi se întoarseră pentru a-i vedea pe spadasini cum îi măcelăreau pe urmăritori. Vârstnicul glăsui foarte calm:

– Te-ai descurcat bine, Ciras. Condu-i până la grajduri.

Căpetenia cuțitarilor păși înainte și de-abia dacă-i învrednici cu o privire pe ciracii lui răniți sau pe moarte.

– Vă băgați acolo unde nu vă fierbe oala.

Spadasinul zâmbi.

– Deci știi care-i oala mea?

– Păi... nu, însă... Căpetenia se încruntă. Cară-te din drumul mea, să nu fiu obligat să te ucid.

– Din câte se pare, intențiile noastre coincid. Spadasinul dădu din cap, apoi puse un picior în față și luă poziție. Ciras, ar trebui să fii mai aproape de grajduri decât ești acum.

– Da, Maestre. Ciras îl trase pe Keles de umăr. Maestrul mi-a ordonat să vă duc la grajduri. Să mergem.

– Nu-l putem lăsa singur. Mai sunt şapte, ba nu, opt. Keles scutură din cap. Şapte. Cel de colo s-a prăbuşit din nou.

– N-au decât să fie şi nouă, sau de nouă ori câte nouă. Veniţi, trebuie să dispărem de aici.

Keles se îndepărtă, mergând împreună cu Ciras, iar Tyressa li se alătură, deşi la fel de în silă ca şi el. Cuţitarii începură să se adune într-o haită compactă, pregătindu-se să se repeadă la bărbatul rămas singur să li se împotrivească. Mulţi dintre ei erau mai masivi decât el şi aproape toţi erau la fel de bine înarmaţi. Tâlharii îşi şterseră palmele transpirate de haine, apoi îşi încleştară pumnii de mânerul săbiilor. Unii îşi schimbară poziţia, avansând într-o formaţie prudentă, în vreme ce alţii înaintară suspicioşi, mârâind. Se apropiau din ce în ce mai mult, pas cu pas, o gloată pregătită să-l sfârtece pe bărbatul din faţa lor. Cum nu-i mai despărţeau decât câţiva paşi, căpetenia slobozi un strigăt gutural de luptă, iar furtuna umană se aruncă asupra spadasinului singur.

Cuţitarii formau o semilună strânsă, cu conducătorul lor în mijloc. Cei doi, aflaţi pe fiecare flanc, se desprinseră brusc şi goniră după cei trei care se retrăgeau. Cei cinci rămaşi deveniră un zid compact de muşchi, oţel şi mârâieli. Keles privea fără să-şi fi dorit să vadă, absolut sigur că Maestrul lui Ciras va fi mort peste câteva clipe.

Spadasinul se răsuci spre dreapta şi străbătu ca o nălucă linia adversarilor. Săbiile lor fulgerau în noapte, iar, de la o asemenea apropiere, părea imposibil să nu-l poată lovi. În mod ciudat, nu răsună nici un zăngănit de sabie contra sabie, iar strigătele de luptă înghițiră sunetul pașilor de pe stradă.

Apoi, unul dintre urletele războinice se transformă într-un gâlgâit. Modificarea sonoră oglindea ceea ce se petrecea cu căpetenia, care se încovoie cu burta sfârtecată și se prăbuși. Spadasinul reapăru în spatele semilunii ținând sabia adversarului în cealaltă mână, făcu un pas și se trase rapid înapoi. Două lovituri fulgerătoare îi cosiră pe cei doi din centru, pe când se întorceau să-l înfrunte. Săbiile lor căzură, iar ei se surpară, cu gâtul și, respectiv, pieptul deschise.

Pe când trupurile lor căzură grămadă la pământ, ultimii doi din cvintet se întoarseră să-l atace. Cel din dreapta făcu o fandare înainte, însă maestrul spadasin se strecură fără efort dincolo de sabia tremurândă. O lovitură rapidă îl despică de la vintre până la coșul pieptului, iar o alta, din rever, îi reteză capul, amuțindu-i urletul, însă fără a-i șterge expresia de groază de pe față.

Ultimul dintre ei își compuse o atitudine care trăda un oarecare antrenament. Se sprijini pe piciorul din față și încercă o fandare. Apoi se retrase, revenind din fandare, cu sabia ridicată protejându-l de la șold în sus. Ieșiră scântei când pară o lovitură frontală. Chiar începuse să și zâmbească pe când maestrul spadasin își împinse brațul înainte, într-o reluare a atacului. Reuși s-o pareze din nou.

Cea de-a doua sabie a maestrului țâșni din lateral și jos, în spatele blocajului, retezându-i mâinile. Sângele țâșni, iar sabia bărbatului căzu la pământ, apoi o a treia lovitură aproape că-i reteză gâtul. Cu un oftat gâlgâit, cuțitarul se prăbuși.

Ultimii doi cuțitari își încetiniră șarja când Tyressa și Ciras luară poziție ca să-i respingă. Cum tovarășii lor erau morți, atacul își pierdu cu totul tăria. De parcă ar fi gândit la unison, cei doi preferară să o zbughească la adăpostul umbrelor, unul fugind la stânga, iar celălalt la dreapta. Goneau de parcă aveau pe urme toți demonii din al cincilea Iad.

Numai că erau fugăriți de ceva mult mai rău.

Spadasinul țâșni spre stânga și lovi, iar cuțitarul se prăbuși rostogolindu-se la pământ, cu spinarea frântă. Fără să mai zăbovească, se răsuci și aruncă sabia capturată. Lama zbură cu boltă joasă și-l nimeri pe ultimul în picioare. Rămase acolo, fără să i le reteze, însă-l împiedică. Căzu cu fața înainte, lovindu-se de pereții unei clădiri și ricoșă, surpându-se în capătul aleii.

Fără un cuvânt, spadasinul scoase un cuțit mic și tăie gâtul ultimilor doi oameni. Se lăsă pe vine și curăță lama sabiei și a cuțitului de tunica celui căruia îi pusese piedică, apoi se apropie cu armele în mână. Se opri la zece pași de ei și făcu o plecăciune adâncă și îndelungată.

– Vă rog să-mi iertați graba și isprava stângace.

Keles, căruia aproape nu-i venea să creadă ce văzuse cu puțin înainte, îi întoarse plecăciunea. Ar fi potrivit-o, ca durată, după cea a spadasinului, însă Tyressa rămăsese cu capul plecat mai mult timp și preferă să se inspire din gestul ei. Avea impresia că ar fi rămas așa chiar și mai mult, dar să te apleci spre cadavrele întinse pe stradă nu era o idee prea bună.

Când își îndreptară spatele, spadasinul își băgă armele în teacă.

– Eu sunt Moraven Tolo. El este însoțitorul meu, Ciras Dejote. Nu trebuie să ne spuneți numele voastre. Rostirea lor nu ar fi o idee potrivită acum.

Keles își deschise gura, o închise, apoi își mișcă stânjenit umerii.

– Cum ne-ați găsit?

– Prințul Cyron a făcut în așa fel încât să vă însoțim până la Ixyll. Tyressa, cred că ai instrucțiuni din partea Prințului care nu trebuie citite înainte de Gria, nu?

Tyressa dădu din cap.

– Am primit așa ceva.

– Conține scrisoarea noastră de prezentare. Plănuisem să ne dezvăluim prezența acolo, însă au intervenit aceste circumstanțe.

– Înțeleg și vă mulțumesc.

Tânăra keru își băgă sabia în teacă.

– Am bănuit eu că Prințul va mai trimite pe cineva.

Keles se încruntă.

– Ai bănuit? De ce nu mi-ai spus?

Ea preferă să-l ignore.

– Ați fost pe *Dracul-de-mare*?

Moraven arătă spre grajd.

– Vom avea timp pe drum să ne explicăm totul. Acum ar trebui să ne grăbim.

Alergară toți patru spre grajduri. Tyressa și Keles așteptară afară în timp ce Moraven și Ciras aleseră caii. O parte din banii plătiți pentru închirierea lor le va fi înapoiată la Urisoti, după ce vor lăsa caii agentului de acolo. Plata depășea valoarea unui animal, așa că orice motivație pentru furtul lor dispăruse.

Spadasinii fuseseră foarte chibzuiți și obținuseră câte doi cai pentru fiecare. Acest lucru le va permite să se miște repede și să încheie deplasarea în mai puțin de cinci zile, cât dura în mod normal drumul până acolo. Keles își legă bagajele în spatele șeii, apoi încălecă și se alătură celorlalți.

Nici unul dintre ei nu spuse nimic până la ieșirea din Asath și o bună bucată de vreme după aceea, când Tyressa repetă întrebarea despre corabie.

Moraven dădu din cap.

– Am fost și noi acolo.

– Nu v-am văzut.

– Îți amintești de tânărul preot care o conducea pe mătușa sa, fecioară, înapoi la Gria? Nu și-a exprimat ea zgomotos părerea despre minunile Festivalului?

Keles clipi nedumerit. Și-o amintea destul de bine pe doamna aceea, pentru că vocea ei răzbătea prin pereți de parcă ar fi fost făcuți din hârtie de orez, iar ea repetase fiecare istorisire de cel puțin zece ori. Chiar și actorul care se prefăcea a fi el începuse să fie tot mai nervos din cauza ei. Era grasă și înceată, plângându-se neîncetat de gută și de alte boli, care, potrivit spuselor ei, puteau fi tămăduite numai prin băi în apa fierbinte a unui izvor mineral de pe înălțimea munților din Gria.

– Domnia voastră ați fost?

Spadasinul zâmbi.

– Eu am fost. Ciras a jucat rolul preotului care suferea în tăcere.

Tyressa se întoarse să-l privească pe Ciras, apoi înapoi la Moraven.

– Dacă v-ați deghizat la bord, de ce ați renunțat în Asath?

Îi răspunse Ciras:

– Maestrul m-a însărcinat cu îndatorirea de a trage cu urechea la toți, în afară de el. Pe *Dracul-de-mare* erau doi oameni din Asath, iar ei l-au supravegheat foarte îndeaproape pe Keles Anturasi. Nu eram siguri de ce, însă când nava a acostat, o delegație oficială s-a prezentat la Keles și l-a însoțit pe țărm, să-l cazeze la reședința Lordului Primar Yiritar. Am presupus că s-a întâmplat acolo ceva care l-a ajutat pe primar să dea de capătul înșelătoriei.

– Nu ce-a făcut l-a dat de gol, ci ceea ce n-a făcut.

Keles speră ca bezna să-i ascundă roșeața.

– Când am fost ultima oară aici, am pierdut un rămășag făcut cu Lordul Primar. A trișat, amândoi o știam, așa că i-am promis o duzină de sticle din cel mai bun rachiu pe care-l are Moriande. I-am spus că i-l voi aduce personal, știind amândoi că mințeam, pentru că urma să nu mă mai întorc niciodată. N-am pomenit vreodată de incident și chiar uitasem de el.

Dublura mea nu avea de unde să știe de asta și cu siguranță nu a reacționat corect.

Tyressa clătină din cap.

– Dar de ce au trimis oameni să ne caute?

Moraven se foi în șa.

– Lordul Primar, înțelegând că a fost înșelat, a pus să fie cercetați toți cei de pe *Dracul-de-mare.* Voia să afle dacă Prințul n-a trimis, cumva, spioni în sus pe râu. S-ar putea să fi presupus chiar, aflând nu erați în pielea actorului, că sunteți spionul.

Keles aprobă din cap.

– Cine altul ia banii Prințului fără să facă nimic din ce i s-a cerut? Bineînțeles, dacă s-ar afla, râul ar fi curat-curat, iar orașul lui ar înceta să existe.

Spadasinul vârstnic dădu din cap.

– Se potrivește perfect. Vă mulțumesc că ați rezolvat șarada.

– Plăcerea a fost de partea mea. Dacă nu vă supărați, puteți dezlega una pentru mine?

– Da?

– Îmi puteți spune ce scrie în ordinele sigilate pe care le are Tyressa?

– Nu știu. Cunosc doar ceea ce cred eu că spun aceste ordine, însă sunt pure speculații.

Keles zâmbi.

– Dați-i drumul, presupuneți.

Moraven clătină încet din cap.

– Nu, nu prea cred. S-ar putea ca între noi și Gria să fie multe pericole. Să încep să fac speculații ar însemna să distrag atenția tuturor. Prințul vrea ca noi să aflăm când ajungem la Gria.

– Și dacă nu ajungem atât de departe?

– Atunci, indiferent ce ne-ar fi cerut să facem, ar deveni nesemnificativ, nu-i așa Maestre Anturasi?

Moraven râse repezit.

– Să mergem la Gria și să ne dovedim nouă înșine că suntem demni de poruncile Prințului.

30

Ziua a 27-a, Luna Câinelui, Anul Câinelui
Al 9-lea an al Domniei Prințului Imperial Cyron
Al 162-lea an al Dinastiei Komyr
Al 736-lea an de la Urgie
Thyrenkun, Felarati, Deseirion

Prințul Pyrust își strânse mai tare pe trup mantia neagră și mârâi. O privire aruncată într-o oglindă îi reaminti cât de mult semăna acum cu modelul soldatului de plumb care-l înfățișa, creat de nalenieni. Deși maestrul său spion îi spusese că nu-l jucau pe degete și că era bine că Prințul Cyron îl subestima, faptul că era văzut ca o jucărie pentru copii îl scotea din sărite.

Însă nu numai asta-l rodea, întunecându-i gândurile, făcându-le la fel de sumbre precum capitala sa. La întoarcere, îi convocase pe toți mai-marii lui miniștri și le ceruse o socoteală exactă și deplină a recoltei. Ezitaseră într-o asemenea măsură, încât trebuise să le explice că deși fiii și fiicele Deseirionului vor continua să intre în aparatul birocratic, fiii și fiicele *lor* s-ar putea să nu se numere printre ei. Nu intrase în detalii, lăsând ca temerile fiecăruia să-i mobilizeze.

Raportul complet dovedise că situația era mai gravă și decât sugerase Prințul Cyron. În vreme ce Pyrust era nevoit să admită că recolta fusese subevaluată, chiar și cele mai generoase estimări ale rezervelor arătau că poporul său va fi forțat să mănânce orezul pregătit pentru a fi însămânțat primăvara următoare. Nu exista nici o șansă ca toți ai lui să supraviețuiască fără orezul nalenian.

Miniștrii estimaseră o rată a deceselor în rândurile populației între cinci și zece la sută. Își permiseseră chiar să aprecieze că majoritatea victimelor vor fi bătrânii și cei foarte tineri, însă făcuseră predicția dându-i forma unei tragedii. Și Cyron văzuse lucrurile la fel, când spusese că Pyrust nu va flămânzi, însă poporul său da.

Prințul deseian chicoti, pentru că nici vecinul din sud, nici birocrații deseieni nu înțelegeau adevărata bucurie a deținerii puterii și cum putea fi folosită. Dacă ar fi considerat necesar, i-ar fi putut menține pe copii în viață, ba chiar și pe bătrâni. Ar putea ordona ca hrana să le fie distribuită lor în mod preferențial, iar dacă un copil sau un bătrân ar fi murit de malnutriție, familiile lor ar fi căsăpite, bunurile lor împărțite, iar osemintele strămoșilor risipite. Nici măcar nu trebuia să formuleze o asemenea amenințare, ci să împrăștie povestea despre unul sau două locuri unde se întâmplase asta, iar zvonurile o vor duce mai departe în lumea largă, fiind mereu localizată într-un sat, oraș ori vale aflate nu prea departe și toată lumea ar trage concluzia că localitatea lor ar fi următoarea la rând.

Problema era că Pyrust nu vedea nici o dificultate în a-și duce intenția la îndeplinire. Ar putea selecta o familie complet nevinovată, sau poate două, și acuza de moartea unui copil, din cauza subnutriției, punând să fie nimicite. În afară de faptul că era un mijloc subtil de eliminare a opozanților politici, un singur act real de acest fel era mai bun decât o sută de zvonuri fabricate.

Totuși, pierderea a cinci sau zece la sută din populație, cu condiția ca victimele să provină de la marginea societății, din segmentul neproductiv, părea mai mult o binecuvântare decât o tragedie. Supușii săi erau ca o turmă care-și depășise teritoriul pășunatului, o reducere a populației părea inevitabilă și se va scăpa de cei slabi. Supraviețuitorii vor fi mai puternici și nu se vor osteni cu îngrijirea celor nevolnici. Întreaga încercare îi va face nația mai puternică.

Deși era pe deplin pregătit să accepte o astfel de purificare a neamului, se împotrivea acestei soluții dintr-un singur motiv: detesta situațiile care-i erau impuse, de oameni sau de zei. Dacă putea găsi o cale să-i înfrunte pe toți, îi convenea de minune. Imediat după revenirea la Felerati, demarase mai multe planuri, capabile să schimbe lucrurile, atât pe termen scurt, cât și pe termen lung.

Sugestia făcută de Delasonsa privind împărțirea unor unități militare în două, una dintre ele pentru antrenarea țăranilor în vederea constituirii de miliții, începuse să fie aplicată imediat. Pyrust poruncise sătenilor să ofere oameni pentru serviciul în miliția locală. Îi va hrăni pe cei care se ofereau și va trimite câte un *quor* în plus de orez satelor din care proveneau. Aceste transporturi vor fi, desigur, întârziate pentru ca satele, cu mult mai puține guri de hrănit acum, să nu consume rezervele aflate la dispoziția Coroanei. Soldații vor fi hrăniți din livrările naleniene. Nu numai că potriveala era o ironie, dar orezul auriu provenit din sud era mult mai hrănitor decât sortimentul local.

Va lăsa milițiile să se antreneze timp de o lună, apoi le va pune la lucru, conform celei de-a doua părți a planului. Ca răspuns la vremurile grele și pieței restrânse, cum se întâmpla întotdeauna, contrabanda și neplata taxelor înfloriseră. Va trimite milițiile în orașele mai mari și le va folosi pentru încolțirea și neutralizarea elementelor criminale. Ele vor elibera din marile depozite grânele dosite, dintre care vor putea duce acasă unele cantități. Milițiile vor dobândi experiență de luptă, iar oamenii se vor bucura să fie primiți ca niște eroi acasă. Vor fi aclamați pentru că au adus servicii Coroanei, ceea ce-i va face să se simtă ca făcând parte din structura statului. Odată ce vor începe să se identifice cu el și cu națiunea, îi vor aparține spre a-i folosi.

Rapoartele de pe câmpurile de instrucție dădeau de înțeles că exista șansa ca unul din cinci recruți să fie suficient de dotați încât să fie pregătiți ca războinici. Acest lucru aproape că nici nu-l surprinsese, pentru că se făceau frecvent recrutări, iar cei care supraviețuiau bătăliilor fără să fi fost aproape deloc antrenați aveau din start un talent nativ. Uneltele pentru tăiat sau treierat erau, în esență, săbii și buzdugane. Activitățile normale ale unui țăran necesitau priceperi transformabile în ceva ce avea o mai mare însemnătate practică pentru Pyrust. Dacă recruții acceptau chemarea la instruirea suplimentară, le plătea câte-o primă, lor, satului din care proveneau și starostelui satului, care-i ajutase să-i convingă pe tineri și tinere să accepte onoarea de a fi instruiți mai departe.

Foarte recent, miniștrii îi raportaseră iritarea nalenienilor, pentru că trupele sale continuaseră atacurile în Helosunde. Protestele parveniseră prin canalele diplomatice neînsemnate, deoarece atacurile Șoimilor Munților fuseseră o replică la raidurile helosundienilor. Pentru că raidurile fuseseră ușor de provocat, iar răspunsul lui, aprig, nici Cyron și nici ai lui nu se lăsaseră prostiți. Totuși, era destul de sigur că, să fi fost forțat să oprească toate operațiunile, helosundienii făceau la fel, iar asta îi servea de minune scopurile.

Pyrust își strânse ciocul în pumn și trase de el fără să-și dea seama.

Apăruseră amenințări privind întârzierea livrărilor de orez sau oprirea lor totală, așa cum prevăzuse Delasonsa, însă Pyrust știa că nu putea abandona toate presiunile exercitate asupra Helosundiei. Chiar Cyron spusese că mai degrabă va arunca el un ciolan lupului, să-l țină departe de ușă. *Dacă nu-mi arăt colții, va uita că sunt lup.*

Prințul deseian traversă podeaua scârțâitoare de lemn de cedru, trase la o parte ușa balconului de sud al turnului său și ieși în crepusculul amurgului. Deja Fryl – luna mare, albicioasă – începuse să se înalțe deasupra mării. Lumina ei dezvăluia contururile neregulate ale acoperișurilor orașului. Ceața se ridicase să muște din debarcaderele din Swellside. Un tentacul masiv își făcea drum spre molcomul Râu Negru, în vreme ce altele mai mici umpleau străzile și aleile. La ferestre ardeau lumini gălbui, la fel și în lămpile de pe stradă, însă cețurile le vor înghiți, curând, pe toate. Numai luminile *gyanri*, de pe cel mai mare dintre cele trei poduri, țineau ceața la respect. Luceau precum safirele și modelul după care fuseseră aranjate îi dezvăluia forma constelației Shiri, șoimul.

Mâinile lui Pyrust ieșiră la iveală de sub mantie, când se aplecă peste balustrada de piatră. La ridicarea turnului fusese folosită piatra neagră, capabilă să ascundă murdăria și jegul orașului. Altfel, contrasta foarte viu cu albeața turnurilor din Moriande, sfidându-le. Felarati înfrunta și provoca Moriande, așa cum făcea de secole, deși sudul rareori percepuse vreo amenințare reală din partea sa.

Deseirionul fusese întotdeauna o provincie de frontieră a Imperiului. Inițial, singura sa valoare fusese ca loc unde erau cantonate trupele trimise să-i încetinească pe barbari. Primii împărați construiseră o rețea de fortărețe pentru a menține trupele și, încet, încet, orașele se dezvoltaseră în jurul lor. Felarati fusese cel mai mare dintre ele și cel mai important, din moment ce proviziile treceau prin el, în sus pe Râul Negru și afluenții săi, spre celelalte fortărețe.

O molimă dezlănțuită printre turasynzi ucisese destui dintre ei pentru a le reduce forța timp de câteva secole, înainte de Vremea Gheții Negre. Interesul imperial pentru Deseirion pierise când pacea și prosperitatea începuseră să sporească. Sprijinul imperial se diminuă, însă, în loc să bată în retragere, oamenii aspri care făcuseră din Deseirion căminul lor se hotărâseră să rămână. Prospectorii descoperiră filoane de fier, cupru, cositor și cărbuni. Bogăția minerală dusese la apariția turnătoriilor, iar fierul, bronzul și oțelul începură să curgă spre sud, în schimbul aurului și orezului. Viața în Deseirion nu era atât de ușoară precum în sud, însă deseienii se obișnuiseră cu asta. Împărații și alți nobili s-au mai folosit de Deseirion și ca de un ținut unde și-au expediat odraslele nedisciplinate și generalii rebeli. Deseienii i-au primit pe acești proscriși în inima lor, instruindu-i și modelându-i să poată supraviețui în nordul neiertător. Oamenii de la frontierele Imperiului știau că trebuiau să fie mai uniți decât cei din provinciile decadente din sud. Dacă nu erau cei mai puternici și cei mai puri dintre seminţiile Imperiului, barbarii ar fi putut răzbate dincolo de ei şi distruge Imperiul.

Când Împărăteasa a plecat să lupte cu turasynzii, auncându-i în Ixyll, şi-a adunat trupele dintre deseieni. A predat controlul provinciei unui bărbat mic de statură, însă deştept, care a ferit Deseirionul de cuceririle helosundiene, înaintând rapoarte constante despre bătălii sângeroase în care oamenii săi au fost singurii care au împiedicat hoardele barbare să dea năvală peste malurile Râului Negru. Deşi aceste lupte erau la fel de mitice precum Munţii de Gheaţă, omologul său helosundian, un verişor, mare războinic, însă destul de prost încât să nu poată deosebi ziua de noapte, a luat seama la ele şi n-a mai nutrit niciodată alte ambiţii.

Iar la producerea Urgiei, ambiţiile au fost măturate de pe faţa pământului, împreună cu mare parte din populaţie. De atunci, Deseirionul a schimbat dinastiile la fiecare nouăzeci până la o sută douăzeci de ani. Ca întotdeauna, percepţia în regiunile limitrofe era că viaţa la oraş îl muiase pe Prinţ, transformându-l într-un sudist. Tatăl lui Pyrust ştia că lucrul acesta ar fi dus la distrugerea dinastiei sale, aşa că lansă un atac asupra provinciei Helosunde. Nu numai că invazia avu succes şi făcuse ca mândria să înflăcăreze şi mai tare spiritele şi să pătrundă mai adânc în inimile compatrioţilor săi, dar fiind prinşi constant între ameninţările turasynzilor şi helosundienilor, nu mai aveau suficient timp să se gândească şi la slăbiciunea din Felarati.

Pyrust chicoti și își privi mâna zdrelită, cadaverică pe piatra rece și neagră. Degetele lipsă îi dovediseră cât putea fi de greu. Șoimul rămânea un simbol al Deseirionului, dar blazonul său personal avea două pene retezate din aripa stângă a șoimului. Patru dintre cele mai bune unități ale sale se lăudau că dețineau oasele degetelor sale la comandament, unde erau respectate și venerate precum moaștele marilor războinici.

Felarati, Orașul Întunecat, se întindea sub ochii săi. Fabricile și forjele azvârleau în aer nori plini de scântei roșietice. Duhoarea lor se impregna în toate, copleșind chiar și cele mai îmbătătoare arome din sud. Otrăveau aerul, mâncarea și acreau vinul. Înnegreau zăpada ca se așternea peste oraș și făceau ca Râul Negru să fie și mai întunecat, la revărsarea în mare.

Pyrust nu găsea nici o virtute în starea în care se afla orașul, dar nu vedea nici o cale de a ieși din asta. Acolo, în fabrici, *gyanridinii* lucrau la invențiile lor. Poate că doar unul din o sută de dispozitive *gyanrigot* va funcționa și numai unul din o sută se va dovedi folositor. Revăzuse planurile pentru toate, de la ambarcațiuni fluviale care puteau vâsli singure, până la tripoduri gigantice care puteau transporta trupe și distruge zidurile de apărare ale orașelor, rezistând oricărui atac. Nici unul dintre aceste planuri nu dăduse roade până acum, însă vor da.

Numai dacă-mi permit să le finanțez în continuare. Deseirion avea stare de spirit, așa cum Nalenyrul avea aur, însă nu cheltuia atât de ușor și nici nu mergea atât de departe. Pyrust avea o mulțime de oameni care se aventuraseră spre apus, să aducă *thaumston* pentru alimentarea dispozitivelor, însă apusul nu era deloc darnic, iar livrările făcute capitalei erau costisitoare şi pe sponci.

Prinţul surprinse un hârşâit de cizmă pe piatră şi pricepu imediat de unde provenea. Mai ştiu că nu l-ar fi auzit dacă Delasonsa n-ar fi dorit să-şi anunţe astfel prezenţa. Nu se întoarse spre ea, însă îşi schimbă poziţia şi se sprijini în coate.

– Ce ai pentru mine, Mamă a Umbrelor?

Cotoroanţa rămăsese în umbra mantiei cu glugă şi în ascunzişul pasajului întunecos de la intrare.

– De toate, Prinţul meu. Campania noastră de zvonuri lansată printre helosundieni dă roade. Ei cred că veţi fi forţat să vă retrageţi oamenii şi adună trupe pentru a vă pedepsi. Vor să serbeze Festivalul de Anul Nou la Meleswin. Vor ataca şi-i vor masacra pe toţi cei lăsaţi în urmă de noi, apoi vor jefui oraşul.

– Asta-i foarte bine de ştiut. Vom avea încă două luni ca să ne instruim soldaţii şi să organizăm recuperarea teritoriului. Voi conduce personal contraatacul. Vreau să afli cine-i va conduce pe helosundieni la Meleswin. În ajunul atacului nostru, vreau să fie ucis cel mai popular dintre liderii lor, iar vina să cadă asupra unuia dintre ceilalţi. Vreau să-şi sară la gât unul altuia. De asemenea, te vei asigura că depozitele de *wyrlu* şi bere de orez sunt bine aprovizionate, pentru a le istovi trupele.

– Bineînțeles, stăpâne. Aș mai putea aranja să apară și o molimă, sau ciuperci printre grâne, care să le ia mințile.

– Nu, trebuie să fie propria lor sminteală și certurile dintre ei care să ne permită să-i zdrobim. Le va slăbi alianțele. În plus, avem nevoie de o victorie militară, altfel Cyron va uita că suntem lupi.

– Da, Alteță. Mai am și vești despre Keles Anturasi. A ajuns la Asath și se îndreaptă spre Gria. Însoțitorii lui sunt destul de vizibili și se mișcă încet.

– Este o înșelătorie.

– Fără nici o îndoială. În momentul în care au sosit acolo, autoritățile locale au pierdut vreo doisprezece oameni într-o încăierare de noapte. Patru dintre pasageri nu și-au mai continuat călătoria împreună cu ceilalți de pe navă. Două perechi, Keles și o luptătoare keru, se dau drept helosundieni, sau Keles și un *xidantzu*, un preot și mătușa sa bogată. Le-am pierdut urma, însă vor fi regăsiți la Gria.

Pyrust dădu din cap.

– Dacă Keles s-a despărțit de dublura sa, înseamnă că nu are nici o cale de comunicare cu Moriande, decât prin bunicul său.

– Iar transmiterea de informații în acest fel este limitată și nu se poate ști cât îi va spune Qiro Prințului. Iar dacă transmite mesaje prin intermediul agenților de pe cursul râului, vom afla, Alteță. Până acum n-a mai făcut asta.

– Bine. Asta înseamnă că Cyron nu știe precis în ce situație se află și nu poate trimite sprijin. Faptul că pune în pericol o persoană atât de importantă este ceva neaşteptat, ceea ce înseamnă că rezultatele pe care le aşteaptă merită orice risc.

Prinţul deseian se întoarse.

– Trimite un grup dintre cei mai buni agenţi ai tăi. Îl vreau pe Keles Anturasi viu şi aici, în Felarati, în cel mult un an.

– Dar nu asta aţi dorit înainte.

– Ştiu, dar trebuie să mi-l fac mai mult decât îndatorat mie. Îl vreau la cheremul meu. Dacă *Lupul furtunii* va izbândi în misiunea sa şi Keles poate fi oferit la schimb pentru hărţile acelea, va valora pentru noi mult mai mult decât colaborarea lui benevolă. Cu cât stă mai mult timp cu noi, cu atât mai mult va deveni asemenea nouă. S-ar putea să ajungă să nu mai vrea să plece niciodată.

– După cum doriţi, milord. Vocea ei se înveseli puţin. Vreţi să fac o investigaţie discretă asupra celor mai arătoase dintre fiicele nobililor şi să găsesc vreo şase care să se ocupe de el şi să-i sucească minţile?

– Asta ar fi drăguţ, însă numai ca plan de rezervă.

Pyrust zâmbi pe îndelete.

– Odată ce-l am aici, am să-i arăt că poate face pentru noi mai mult decât poate bunicu-său pentru Nalenyr. Bunicul lui e măreţ, însă eu am să-l fac şi mai şi. Măgulirea, lăcomia şi desfrânarea sunt cele trei arme pe care le vom folosi noi şi *va fi* câştigat pentru cauza noastră. Ori aşa, ori va fi un Anturasi mai puţin care să mă indispună.

31

Ziua a 36-a, Luna Câinelui, Anul Câinelui
Al 9-lea an al Domniei Prinţului Imperial Cyron
Al 162-lea an al Dinastiei Komyr
Al 736-lea an de la Urgie
Lupul furtunii, Archurko, Ethgi

Jorim Anturasi privea cum marinarii aflaţi într-una dintre bărcile *Lupului furtunii* vâsleau din greu spre navă. Aşa cum se vedea de aici, expediţia care debarcase pe ţărm şi localnicii avuseseră o întâlnire paşnică. Însă graba cu care reveneau la bord marinarii sugera ceva neobişnuit. Aceeaşi adiere care răzbătea dinspre ocean îl împiedicase să audă discuţiile de pe insulă şi ducea departe şi vorbele marinarilor, pe când vâsleau cu grabă.

La o zi după ce i se arătase harta copiată la Nysant, fusese condus la locul unde apăruse desenul original. Călăuza sa ştia foarte bine drumul prin jungla verde, iar Jorim avea vaga bănuială că băiatul îşi agonisea traiul căutând și jefuind vechile ruine al virukilor. Timp de câteva sute de ani, în Erumvirine fusese o piață foarte înfloritoare pentru astfel de lucruri, însă gusturile se modificaseră nu cu mult timp în urmă. Totuși, pieselor cât se putea de bizare li se atribuiau, adesea, puteri magice, în pofida dovezilor care arătau contrarul.

Ultima parte a expediției îi obligase să se strecoare printre ruine, până ajunseseră într-o încăpere care supraviețuise veacurilor aproape intactă. Călăuza, un băiat zvelt și oacheș, cu un nas mult prea mare pentru a-i fi în armonie cu chipul, ținu torța, astfel ca Jorim să poată studia harta de pe perete. Cea pe care o văzuse deja era o schiță a desenului și nu fusese copiată cu prea mare acuratețe, pe când originalul fusese pictat ca o frescă, în tonuri bogate de albastru. Mucegaiurile îi mâncaseră marginile, însă ceva din vopseaua albă folosită pentru a zugrăvi Munții de Gheață făcuse ca aceasta să reziste asaltului. Șirul de insule, deși pictate în alb, se contura pe albastrul oceanului.

Jorim o studiase cu atenție, apoi făcuse un desen detailat. Afișă însă un ușor dezinteres, pentru a tempera entuziasmul tot mai mare al călăuzei. Menținerea acestei atitudini nu fusese însă ceva ușor, deoarece detaliile prost ilustrate pe hartă se păstraseră cu o claritate vie pe perete, iar el se străduise din răsputeri să le reproducă în desenul său cu toată acuratețea. Liniile trasate de desenatorul celeilalte hărți pentru a indica munți sau dârele întortocheate prezentate drept râuri erau, de fapt, simboluri ale sothilor pentru limbajul virukian, iar Jorim le cunoştea prea bine. Insula Ethgi, lângă ţărmul căreia ancoraseră, fusese cea mai mare din lanţ, pe harta originală şi singura unde era indicată existenţa unei aşezări. Pe hartă apăreau munţi care înconjurau un golf. Pictura murală înfăţişa altceva, un atol plat, cu recife circulare. Simbolul sothilor, luat drept munţi desenaţi la repezeală, reprezenta vechiul cuvânt *eshjii*. Pentru viruki, asta însemna că insula era locuită de demoni şi trebuia evitată cu orice preţ.

Călătoria până acolo fusese relativ lipsită de evenimente, în afară de faptul că vântul bătuse aproape fără vlagă. Căpitanul Gryst îşi muncise echipajul fără încetare, punându-i pe oameni să ridice şi să coboare pânzele, degajând punţile pentru bătălie şi decizând o serie de reparaţii minore. Îi interzisese lui Jorim să pronunţe cuvântul „demon" şi să explice marinarilor ce i-ar putea aştepta pe insula Ethgi, chiar dacă numele folosit de ei pentru ea era cea mai recentă pronunţie a variantei virukiene.

Ceea ce *eshjii* însemna cu adevărat în limba virukiană era fennych. În decursul tuturor expediţiilor sale, Jorim nu întâlnise mai mult de unul sau doi dintre aceştia, ceea ce era cât se putea de bine. Singuri sau câte doi, putea fi inteligenţi, amuzanţi, chiar fermecători, dovedindu-şi priceperea la jocuri, cântat, dansat şi chiar în mici concursuri de dexteritate şi forţă. Adesea, apăreau ca personaje hazlii în istorisirile despre eroi, iar oamenii aveau tendinţa de a considera apariţia lor drept un semn de bun augur.

Pentru viruki, fennii nu erau deloc amuzanți. Deși cel mai înalt dintre ei nu depășea un metru, trupurile lor rotofeie ascundeau o forță disproporționat de mare. Aspectul lor umanoid ascundea dinți ascuțiți, gheare lamelate, retractabile, văz și auz foarte ascuțite și un mănunchi de păr scurt pe cap, de obicei cărunt, cu fâșii întunecate sau pete, strecurate printre șuvițe. Aveau abilitatea de a-și schimba înfățișarea într-o varietate de animale mici sau de mărime medie, fără să semene întru totul cu un câine, lup, pisică-de-munte ori viezure, ci cu o corcitură între două dintre acestea. Și cel mai important lucru pentru viruki, aveau o poftă de nestăvilit pentru carnea de viruk și o duritate care făcea extrem de dificilă uciderea lor, iar când erau în haită, deveneau animalici, cruzi și cu totul de neoprit. Deși scotoceau cu bucurie printre morminte să mănânce morții, nu se dădeau îndărăt de la vânarea și uciderea unei prăzi vii. Pentru ei nu conta dacă era vorba de bărbați, femei, adulți sau copii.

Jorim își explica simpatia cu care oamenii îi priveau pe fenni prin dușmănia cu neamul viruk. Altfel, adunați în haită, adoptau cea mai bestială dintre formele lor și orice afecțiune pe care o aveau pentru omenire dispărea și ea. Deveneau doar o hoardă feroce, care putea să-și croiască drum printr-o pădure mestecând-o, devorând orice nu putea fugi din calea lor, fie că era plantă, animal sau orice altceva.

Barca ajunse la *Lupul furtunii* și locotenentul Geressa Toron urcă la timonerie să-i raporteze Căpitanului Gryst. Deși era total diferită ca statură și culoare de

Anaeda, ele împărtăşeau acelaşi devotament pentru navă şi pentru mare, ceea ce le făcea să pară foarte asemenea, deşi nu era cazul. Geressa privi spre Jorim, de parcă s-ar fi aşteptat să-l vadă plecând, însă Anaeda clătină din cap.

– Raportează, locotenent. Maestrul Anturasi este interesat şi el de asta.

Femeia suplă dădu din cap, iar soarele îi aprinse văpăi aurii în părul castaniu-deschis.

– Am fost salutaţi cu prietenie de localnici, sunt aproape rupţi de foame. Majoritatea sunt pescari, îşi lasă plasele în largul golfului, însă nu părăsesc niciodată vecinătatea insulei. Alţii cultivă pământul la marginea junglei. Defrişează o zonă şi o cultivă până când nu mai produce nimic, apoi defrişează alta. Lasă ofrande de mâncare şi peşte spiritelor pădurii. În ultimii ani, insula şi marea le-au dat de mâncare, dar nu şi în acest an. Plasele de pescuit au rămas goale, iar grădinile nu au primit destulă ploaie. Acum afirmă că spiritele pădurii sunt supărate şi au ucis oameni care încercaseră să mai defrişeze din pădure. Am fost bine primiţi pentru că ultima dată când au trecut printr-un ciclu asemănător, nu vă pot spune cu cât timp în urmă, însă cea mai bătrână dintre persoanele de pe insulă spune că s-au scurs o sută trei ani, iar asta a fost înainte de naşterea ei, un preot a prezis că la următoarea perioadă de teroare va sosi o navă pentru a-i lua de aici. Ei cred că *Lupul furtunii* este acea navă.

Anaeda se duse până la balustradă și privi spre insulă.

– Cât de mulți spun ei că sunt?

– Cinci sute, dar cred că mint. Am văzut foarte puțini copii și chiar și mai puține femei de vârsta la care ar putea zămisli.

Anaeda se întoarse spre Jorim.

– Ce crezi?

– Am bănuiala că anii de belșug au dus la creșterea rapidă a populației fennych. Dacă este vorba de un ciclu, au mai trecut prin asta. Dacă fennii atacă în haită, așezarea ar putea fi rasă de pe fața pământului, continuă Jorim cu un oftat. Chiar dacă numărul indicat de ei este cel adevărat, flota nu poate îmbarca un asemenea grup. Subnutriți, lipsiți de orice educație sau abilități, în afară de cele de bază, necesare supraviețuirii, înseamnă că șansele lor în altă parte a lumii ar fi extrem de reduse.

Căpitanul înălță din sprâncene.

– Îmi sugerezi să-i lăsăm să moară?

– Nu v-am sugerat nimic în acest sens, însă nu putem permite ca o profeție mitică să devină o obligație. Căpitane, dacă vă gândiți mai bine, oamenii au ajuns pe mare acolo fie prin propriile lor mijloace, fie în cala navelor virukilor. Știu că pot părăsi insula, însă nu au încercat. Am plecat din Nysant de o săptămână și jumătate, pe mare calmă. S-ar fi putut salva deja și singuri, dacă ar fi vrut. În loc de asta, ei așteaptă să fie salvați, iar dacă nu am fi plecat în expediție și nu ar fi fost harta aceea, nici n-am fi ajuns pe aici vreodată.

Anaeda zâmbi cu încetineală.

– Punctul tău de vedere a fost însușit, însă nu rezolvă problema cu care se confruntă ei. Nu-i putem lua cu noi, nici nu-i putem trimite în nord, spre Nysant, cu una dintre navele noastre de bază. Dacă i-am lua la bord, echipajul i-ar considera piază rea. Ba chiar mai rău, ar putea fi purtători de boli și, în cel mai bun caz, ar putea mânca mai mult decât ne-am permite noi să le oferim. Pe de altă parte, dacă i-am lăsa în urmă, ar face echipajul să dea vina, pentru orice nenorocire care ne-ar lovi, pe spiritele lor. Trebuie să-i ajut cumva. Ai vreo propunere?

Jorim făcu un semn din cap.

– Am. N-am văzut niciodată o haită de fenni în plin atac, însă sătenii din Ummummorar povestesc adesea cum reușesc ei să-i țină la respect. Vom folosi unele dintre rezervele noastre și cred că echipajul va înțelege.

Aruncă o privire spre cer.

– Cred că avem destul timp până la asfințit să ne punem planul în aplicare. Căpitane, dacă ordonați *Lupului furtunii* să intre în golful Ethgi, cred că rezolvăm problema în cel mai scurt timp.

Jorim aștepta pe una dintre laturile insulei, la Archurko, împreună cu un grup de soldați de pe *Lupul furtunii*. Așezarea nu era mai mult de o îngrămădeală de colibe de lut și case alungite, construite din bambusul local. Mai de mult, localnicii săpaseră șanțuri și ridicaseră linii de apărare, deși se mai vedeau și țepușe noi de bambus așezate acolo. N-ar fi fost însă suficient nici măcar să-i încetinească pe fenni, din moment ce mulți dintre ei puteau sări cu ușurință pe coama oricărei ridicături, însă aspectul mândru al zidului de protecție îi încuraja pe oameni.

Fusese de-a dreptul încântat când Căpitanul Gryst îi permisese să însoțească forța expediționară debarcată pe insulă. În vreme ce soldații și marinarii își vedeau de treburile lor, el discută cu bătrânii satului pentru a afla mai multe despre istoricul așezării. Nu-l surprinse să audă că starostele satului fusese și preotul lui Quun, Ursul. Adoratorii acestui zeu prețuiau statornicia și continuitatea mai presus de toate, așa că erau legați prin tradiții de apariția ciclurilor.

Însă mai multe lucruri îl surprinseră. Ceru să i se arate și i se oferiră sortimente din peștii prinși de ei. Îi recunoscu ușor, însă remarcă faptul că erau mult mai puține specii decât s-ar fi așteptat. Totalul varietăților pe care le văzu reprezentau o treime din ceea ce se vindea la Nysant și când întrebase de ce nu consumau și alți pești, curiozității sale i se răspunse cu un simplu „este împotriva rânduielilor noastre".

Vorbind cu mai mulți localnici, descoperi că multe alte lucruri erau „împotriva rânduielilor". Să se avânte dincolo de vederea insulei constituia o încălcare a regulilor religioase. Producerea și consumul de băuturi alcoolice erau interzise și ele. Legile religioase nu permiteau multe lucruri, dirijându-le foarte strict traiul spre ceea ce era important și le permitea supraviețuirea.

Jorim începu, încet, încet, să-și contureze o imagine în minte a ceea ce se petrecuse aici de-a lungul vremurilor. Mica așezare conta pe liderii săi religioși pentru îndrumare în momente de restriște. Unul sau mai mulți preoți interziceau unele lucruri. Se putea întâmpla ca, într-un an cu recoltă proastă, să interzică fabricarea berii. În același fel, orice sărbătoare la care bărbații beau peste măsură și se încăierau putea aduce același fel de interdicție. Cazurile de intoxicare din pricina consumării unui anumit fel de pește putea aduce interzicerea pescuirii lui, iar temerile privind pierderea unor ambarcațiuni, pe vreme de furtună, dacă navigau prea departe de sat, ar fi putut aduce reglementări în acest sens.

În loc să se extindă și să se dezvolte, așa cum face orice societate, aceasta s-a strâns în sine. Numai gândindu-se la așa ceva, simți cum îl treceau fiorii. Întreaga lui existență, chiar vocația familiei, era dedicată *extinderii* societății și a orizonturilor sale. Mutarea oamenilor de pe Ethgi nu numai că era imposibilă din punct de vedere logistic, dar i-ar fi distrus. Ar fi privit Nysantul drept un cuib al depravării și viciilor, și înclina el însuși să le dea dreptate, și ar fugi înapoi pe insulă cât de repede puteau.

Se lăsase întunericul, și liniștea se pogorî în jur, de se auzeau pocnetul flăcărilor care ardeau pe torțe și fâlfâitul aripilor liliecilor care zburau în noapte.

Toţi soldaţii rămăseseră nemişcaţi, cu ochii şi urechile încordate. Briza le purta uşor mirosul înspre junglă, dar mai ducea şi alt iz.

Iar acel iz atrăgea fennii precum focul insectele.

Soldaţii şi marinarii nu fuseseră deloc încântaţi când butoaie nenumărate de bere de orez fuseseră încărcate în bărci şi cărate la ţărm. Sătenii le purtaseră prin Archurko până la marginea junglei, unde fură îngropate până aproape de capac, apoi destupate. Jorim nu avea nici o idee cât de mulţi puteau fi fennii, aşa că aduseseră douăzeci de butoaie, iar participanţii la expediţie îl jeliseră pe fiecare de parcă ar fi fost o iubită pierdută.

Spera că trucul cu berea de orez va funcţiona, pentru că în Ummummorar adăugau mai multe feluri de fructe şi rădăcini la fermentaţie, pregătind sezonul principal al fennilor, cum îl numeau ei. Dacă momentul trecea fără să se fi întâmplat nimic, sătenii consumau amestecul, dedându-se unei orgii de băutură şi bucurie. Însă dacă se arăta pericolul, năprasnica licoare era turnată în troace confecţionate din buşteni tăiaţi şi scobiţi.

La fel ca în legendele din Ummummorar, fennii din insulă se apropiau prudenţi de alcool. Jorim de-abia dacă-l zărea pe primul, târându-se înspre cel mai apropiat butoi. De dimensiunile unui urs mic, dar cu coadă lungă şi urechi moţate, îşi scufundă laba în berea de orez şi apoi o linse. Mârâi şi încercă să ia mai mult, înainte de a se apuca de buza butoiului cu ambele labe şi a-şi scufunda capul în bere.

În mai puțin timp decât le trebuiră stropilor să se înalțe după scufundarea fennului în bere, ceilalți năvăliră din pădure și se repeziră la băutură. Unii se aruncară cu totul, alții se înghesuiră în jurul butoaielor, cu boturile adânc scufundate, în vreme ce alte exemplare săreau și se împingeau precum cățelușii luptând pentru sfârc de supt. Câțiva se încăieraseră pentru a înșfăca un butoi, apoi se desprinseră din încleștare, fără să se fi rănit, pentru a-i goni pe alți băgăreți departe de prada lor.

Aerul se umplu de zgomotul mușcăturilor și de mârâieli, urmate de urlete prelungi, încărcate de jale. Când toată zarva se stinse încet și fața rotundă a lunii se ridică deasupra scenei, creaturile îmblănite, cu burțile rotunjite, zăceau prăvălite în jurul butoaielor, tresărind și sforăind, altele clătinându-se pe picioare și căzând. Unii își înghionteau tovarășii inconștienți, împungându-i să se ridice în picioare, însă și aceștia cedară, rând pe rând, băuturii și forței gravitației.

La un moment dat Căpitanul Gryst consideră că nu mai era nici un pericol, iar oamenii de pe *Lupul furtunii* părăsiră liniile de apărare și se apropiară de hoarda de bestii răpuse de alcool. Jorim se asigurase că se afla în fruntea tuturor și ajunse primul. Fennii nu începuseră încă să revină la forma lor docilă, însă nu mai păreau amenințători. Îl cercetă pe cel mai apropiat, apoi altul, verificându-le dinții și labele. După ce examinase șase dintre ei, se opri la cel de-al treilea pe care-l inspectase.

Îl rostogoli pe tânărul mascul pe burtă, apoi îl ridică de ceafă.

– Acesta va fi suficient, Căpitane.

Anaeda dădu din cap.

– Omorâţi-i pe ceilalţi şi întoarceţi-vă la navă.

Un sergent din Dragonii Marini se uită la ea.

– Vă cer iertare Căpitane...

– Da, sergente Solok?

– Uciderea lor este o treabă care provoacă sete, Căpitane.

Bărbatul zâmbi în timp ce oamenii lui se apucaseră să-i căsăpească pe fennii adormiţi.

– Ar fi păcat să risipim ce-a mai rămas din bere.

32

Ziua a 4-a, Luna Șobolanului, Anul Câinelui.
Al 9-lea an al Domniei Prințului Imperial Cyron
Al 162-lea an al Dinastiei Komyr
Al 736-lea an de la Urgie
Telarunde, Solaeth

Dacă situația peste care au dat în orășelul Telarunde nu ar fi fost atât de încordată, Moraven Tolo ar fi izbucnit în râs. Însă felul în care se prezenta, necesita temperarea lui Ciras. Tyressa avu bunul-simț de a se uita spre el înainte de a decide să facă ceva. Keles Anturasi se mulțumi să strunească bidiviul, oprindu-l, apoi aruncă o privire prin piața orașului, încercând să-și limpezească mintea de ceața în care se pierdea uneori.

Deplasarea de la Asath până pe coasta Mării Întunecate se desfășurase rapid. Hotărâseră să evite Gria, așa că Moraven îi condusese spre nord-est, într-un golf unde-şi vindeau nişte contrabandişti mărfurile. Traficanţii nu făceau mofturi şi le acceptară caii drept plată provizorie pentru trecerea lor. Îi transportau adesea pe *xidantzu* şi nu-i deranja să aibă unul care să le rămână îndatorat. Moraven se mai folosise de această familie şi înainte, descoperind că una dintre virtuţile lor era faptul că nu prea aveau ţinere de minte, reţinându-i numai pe prietenii foarte buni.

Trecerea spre Eoloth decurse repede şi neobişnuit de lipsită de probleme. Nu dădură cu ochii de piraţi, iar vremea se abţinuse de la ciudăţenii. Mâncarea servită, foarte sărată şi rece, îi făcuse să-şi dorească raţiile râncede de pe *Dracul-de-mare*, însă după trei zile debarcară de pe navă, intrând în cel mai mare oraş din Solaeth.

Casele din Eoloth aveau câte două, trei etaje, în pofida faptului că erau construite din cărămizi de lut, tencuite apoi şi văruite. Locuitorii se şi mândreau cu casele lor şi le decorau frecvent cu citate scrise cu vopsea strălucitoare, inscripţionate în jurul uşilor şi geamurilor, sau le ornau cu iederă pictată, care nu ar fi putut supravieţui într-un climat rece şi uscat. Cu cât erau mai strălucitoare culorile şi mai exotice imaginile pictate, cu atât mai bogaţi proprietarii, deşi nici Keles şi nici Ciras nu prea dădeau doi bani pe ceea ce însemna chiverniseală pentru eolothieni.

Ei doi aveau în comun multe lucruri, dobândite prin faptul că avuseseră parte de o viaţă privilegiată din primii ani. Ciras rămânea foarte precis în acţiuni şi ritualuri. Continuase să-şi păstreze bunele maniere, chiar dacă era nădușit, obosit și flămând, stări devenite o constantă în compartimentele înghesuite și umede ale navei. Moraven îi admira încăpățânarea și refuzul de a face compromisuri, dacă acestea nu reprezentau un avantaj tactic.

La fel, Keles descoperi că problemele erau copleșitoare, dar înfruntă totul cu bravură și făcu tot ce-i stătea în putință. Moraven fusese lăsat să creadă că era deștept, însă tânărul comisese o serie de greșeli. Nu erau grave, însă erau cam după același calapod. O bună parte din timp părea încețoșat, iar timp de mai multe zile se plânsese de dureri de cap la trezire, de parcă și-ar fi petrecut nopțile de dinainte bând vârtos.

Tyressa îl intriga pe Moraven, pentru că avea o disciplină care-i sfida vârsta, fusese în mod clar bine antrenată, însă era foarte doritoare să-i asculte părerile despre cum și-ar putea îndeplini misiunea. De obicei, războinicii unei națiuni sau asociați unei case nobiliare, îi priveau de sus pe *xidantzu*, considerându-i prea independenți pentru a putea fi angajați. Tyressa părea că ignora toate astea, în afară de circumstanțele în care siguranța lui Keles ar fi fost în pericol.

Odată ce trecuseră de Gria, Tyressa deschise ordinele sigilate pe care le purta. Îi întinse mesajul lui Moraven, apoi parcurse celelalte documente. După o a doua lecturare, i le dădu lui Keles. El le citi, se încruntă și se sprijini cu spatele de bordajul ambarcațiunii.

– Va fi foarte greu.

Moraven zâmbise.

– Valabil pentru orice misiune de aici. Face doar ca totul să fie şi mai ciudat.

Mesajul Prinţului extinsese misiunea lui Keles, prin adăugarea a două sarcini suplimentare. Prima era să-l ajute pe Moraven să depisteze posibile ascunzători de arme de dinaintea Urgiei. Urma să facă hărţi detaliate ale localizării lor şi să nu comunice informaţiile nimănui, nici măcar bunicului său. Ultima precizare îl băgase în ceaţă, însă fusese de acord şi cu asta, notând că „înseamnă că va trebui să-i oferim mult mai multe lucruri, să nu înceapă să le caute el".

Al doilea lucru pe care i-l ceruse Prinţul era să dea o mână de ajutor la găsirea lui Borosan Gryst. Ştia cine era şi se însufleţise la ideea că l-ar putea întâlni. Începuse să explice puţin despre ce-ar fi putut avea Gryst, apoi tăcu. Toţi cei din grup remarcară reţinerea lui în a deschide subiectul, însă nimănui nu-i mai păsa, pentru că, fără îndoială, îşi dăduseră seama că s-ar lămuri pe deplin dacă l-ar găsi vreodată pe Gryst.

Mesajul pentru Moraven, scris de Prinţ însuşi, fusese sigilat separat de restul documentelor.

„Gryst este cel mai important, restul nu contează." Moraven citise mesajul şi-l arsese, spunând:

– Prinţul ne urează mult noroc. Am să-i las pe zei să desluşească mesajul său în fum şi ne vor ajuta pe drum.

Ceilalţi înţeleseseră că nu-i putea lăsa să citească şi ei mesajul. Nu-i plăcea deloc faptul că Prinţul Cyron le dirija eforturile în găsirea unui singur om, însă conducătorii puneau întotdeauna pe primul plan problemele lor. Implicațiile din mesaj nu fuseseră deloc subtile: ceilalți puteau muri în orice fel, dar Borosan Gryst trebuia adus la Moriande.

Moraven simți fiori alunecându-i pe șira spinării. Mai trecuse, odată, printr-un moment când privise viața celorlalți cu o asemenea nepăsare și fusese bucuros că totul se schimbase până la urmă. Uciderea bărbaților la Asath fusese necesară datorită faptului că supraviețuitorii ar fi chemat ajutoare. Puteau fi urmăriți până în Solaeth, sau, mai degrabă, ar fi atras o atenție nedorită asupra lor.

Moartea celor din Asath de-abia dacă merită pomenită Prințului. Moraven ar fi vrut ca Cyron să aibă ocazia să vadă adevărata valoare a vieții individului, însă se îndoia că ar fi avut vreo importanță pentru el. Amploarea problemelor pe care le avea Prințul și faptul că miniștrii îl izolaseră de sălbăticia realităților vieții însemnau că n-ar fi putut avea niciodată această șansă. Era păcat, însă mai putea fi și singura cale prin care Prințul s-ar fi putut achita de responsabilitățile față de țară.

Moraven se gândea la asta și la multe altele pe când galopau pe drum. *Mulțumesc zeilor că nu m-au adus în aceleași restriști.* Tocmai când își spuse asta, croncănitul strident al unei ciori răsună batjocoritor.

Solaeth fusese dintotdeauna o provincie de graniță, fără să facă niciodată parte cu adevărat din Imperiu. În arhitectura clădirilor sau în păienjenișul de alei și drumuri care străbăteau orașul se vedeau foarte puține influențe imperiale. Căpeteniile militare împărțiseră demult țara, deși își trimiteau reprezentanții într-un consiliu de conducere la Eoloth, menținând aparența unei națiuni și a domniei Înaltului Guvernator de acolo.

Indiciul cel mai frapant al despărțirii de influența Imperiului era omniprezența dispozitivelor create de *gyanri*. Moraven mai văzuse luminile albastre care ardeau în noapte și în alte orașe mai mari și știa că sunt foarte costisitoare, însă aici aceleași lumini albastre sclipeau pe broșe sau pe mânerele săbiilor decorative. Nu avea nici o îndoială că luminile nu vor dura foarte mult, pentru că *thaumston* pentru alimentarea lor se găsea cu dificultate, însă acești oameni foloseau ca simple ornamente lucruri la care cei mai aleși oameni din Moriande nici măcar nu visau.

Cantitatea imensă de produse *gyanri* deschise imediat o discuție. Moraven și ceilalți nu aveau nici un fel de probleme să-și afișeze surprinderea față de ceea ce vedeau. Cu grijă, putură să abată turnura discuției spre Gryst, iar după o zi reușiră s-o orienteze în direcția cuvenită. Plecând din Eoloth, ținură aproape numai nordul, îndreptându-se spre orășelul Telarunde.

Cei de aici trimiseseră oameni în capitală după ajutor. Localitatea se întindea la picioarele unui munte unde străjuiau ruinele unei vechi citadele. O dihanie, despre care se spunea că provenea din Ixae Yllae, se oploșise printre ruine și vâna adesea vaci, capre și oi, ba chiar și câte un păstor. Vara uscată părea să-i fi oferit condiții ideale și ataca mai feroce decât înainte. Localnicii se temeau că era perioada de hrană a creaturii.

După ce-și încărcase într-o căruță invențiile *gyanri*, Borosan Gryst plecase să distrugă bestia. Se spunea că oricum era în drum spre Dolosan și că fusese încântat să dea o mână de ajutor. Plecase însoțit de reprezentanții orășenești și toți din Eoloth care le povestiseră tărășenia erau siguri că finalul nu va fi unul de baladă, când toată lumea trăiește fericită până la adânci bătrâneți.

Cât de adevărate le-au fost prezicerile. Moraven zâmbi, în pofida a ceea ce simțea, privindu-i pe localnici lucrând cu sârg în piața orașului. Adunau grămezi de vreascuri, baloți de paie, chiar și o piesă ruptă de mobilier, pe care o puneau în vârf. Mormăiau în timp ce munceau, izbucnind uneori în accese de furie sălbatică, urmate de o tăcere tulburată doar de murmure aprobatoare.

În centrul acestui morman, legat de un stâlp gros, cu funii puternice, zăcea Borosan Gryst. Cel puțin, lui Morven așa i se păru, că era Gryst, după părul castaniu-roșcat și ochii bicolori, albastru și căprui. Nu-i fusese descris ca fiind prea înalt, iar funiile, deși erau bine strânse în jurul lui, lăsau să i se vadă burdihanul. Se potrivea atât de bine cu descrierea, încât Moraven era sigur că-l identificase, iar când bărbatul începu să vorbească, orice îndoială îi pieri.

Fiecare cuvânt al său mustea de exasperare.

– Nu, nu, de ce nu mă ascultaţi? *Grămezile* de vreascuri ar trebui să fie mai aproape de rug şi orientate în sus. Puneţi-le la genunchii mei. Văpaia se aprinde sub ele. Luaţi de acolo bucăţile alea mari, ard mai greu, e numai lemn tare. Vor arde încet. Trebuie lemn mai moale, să ardă mai puternic. Ascultaţi-mă! Vreţi un foc eficient sau nu?

Răspunsul mulţimii arăta că dorinţele oamenilor erau total opuse. Peroraţiile sale îi făcură să lucreze cu şi mai multă râvnă, aşezând lemnele şi mai sus, tot la voia întâmplării. Indiferent cu câtă ardoare i-ar fi rugat, refuzau să-i acorde orice atenţie.

– Cruţă-ţi forţele, ca să poţi să urli, smintitule! strigă un bărbat.

– V-am spus că ar fi trebuit să-i puneţi întâi un căluş la gură, se băgă un altul.

Moraven îşi îmboldi calul înainte şi ridică vocea:

– Oameni buni din Telarunde, tovarăşii mei şi cu mine suntem curioşi. Ce faceţi acolo?

– Încropesc un rug total ineficient. Le va lua o oră să facă treabă de zece minute, cu mult mai puţin lemn irosit.

Spadasinul ridică mâna.

– Dacă nu vă este cu supărare, Maestre Gryst, vă înţeleg ideile. Dorinţa mea este de a afla cum aţi ajuns să-i sfătuiţi pe oamenii de-aici cum să ridice un rug.

Un bărbat mai vârstnic, cel care amintise necesitatea căluşului, îi aruncă o căutătură lui Moraven.

– Am să-ţi spun eu, bucuros. A venit şi a spus că a ucis monstrul din munţi. A pus un lucru aici, altul dincolo, până le-a împrăştiat peste tot, apoi le-a adunat în ceva rotund, ca un ceaun. L-a îndreptat spre fortăreaţă şi l-a trimis într-acolo, ca pe un câine gonind după vulpe. Ne-a zis că este suficient, iar noi am sărbătorit.

Arătă spre o casă alungită, spre marginea de nord a oraşului. Colţul dinspre miazănoapte al acoperişului de paie lipsea, iar Moraven ghici că la fel şi mare parte din peretele din spate.

– Stăteam aici, mulţumindu-i şi preamărind zeii pentru norocul nostru, când monstrul a venit şi a spart casa lungă. A apucat trei bărbaţi în toată puterea, nu ţâncii de pe câmp, şi i-a dus la vizuină. Acum spune că va mai trebui să treacă ceva timp, şi i-am oferit destul, dar a fost hotărât un răgaz, iar acum pregătim focul.

Morven clătină din cap.

– Eu n-aş aprinde încă rugul, dacă aş fi în locul vostru, pentru că Borosan Gryst nu v-a înşelat.

Faţa bătrânului se încruntă încet.

– Nu eşti de pe aici şi nu ne place să fim traşi pe sfoară de străini. Am fost păcăliţi o dată. Vorbeşte deslușit. Să ştii că avem lemn destul.

Spadasinul îi pironi cu o privire tăioasă pe Gryst, reuşind să-l amuţească.

– Dispozitivul pe care l-a folosit lucrează în multe feluri. S-a dus la fortăreaţă. A găsit bestia. Şi-a dat seama că bestia este mai mult decât poate dovedi el, aşa că mi-a trimis un mesaj. Am venit împreună cu tovarăşii mei să terminăm treaba.

Localnicii strânşi în jurul bătrânului priveau, pe când el şovăia între a-i da dreptate sau nu. Frânturi de emoţii i se oglindeau pe chip şi, pentru o clipă, Moraven crezu că reuşise. Apoi expresia bătrânului se întunecă şi deschise gura.

Nu ajunse să scoată nici un cuvânt, deoarece Keles Anturasi sări din şa şi arătă spre fortăreaţă.

– Fără nici o îndoială, asta-i Cetatea Xoncyr. Este aşa cum spune celălalt. Acolo-i sora lui.

Bătrânul clipi nedumerit.

– Care celălalt?

Tyressa călări până la ei şi se lăsă în faţă.

– Cealaltă creatură pe care am distrus-o. Borosan este cercetaşul nostru. Doar nu vă închipuiţi că am venit fără un cercetaş, nu? Ajungeam mai repede, însă celălalt era fratele ei mai mare, iar mireasa lui tocmai amenajase un cuib cu câteva zeci de ouă, aşa că amândoi erau foarte aprigi.

Sătenii începură să şuşotească între ei, însă bătrânul refuza să se lase prostit.

– Voi nu arătaţi de parcă aţi fi dat vreo luptă.

Ciras grăi cu blândeţe:

– Nu lupta ne-a întârziat pe drum, ci îngropăciunea pe care am săvârşit-o pentru cei cinci tovarăşi ai noştri care au pierit. La început am fost nouă.

Invocarea numărului nouă avu efectul dorit. Câţiva dintre cei prezenţi îl traseră pe bătrân, iar alţii începură să desfacă rugul. Unul se apucă să-l întrebe pe Borosan dacă exista vreo cale eficientă de a înlătura lemnul, și el îi oferi încântat toate sfaturile de care avea nevoie.

Moraven privi spre conducătorul satului.

– Dacă ne arătați distrugerile făcute și ne lăsați să discutăm cu tovarășul nostru, atunci poate vom hotărî cum să procedăm.

– Da, bineînțeles.

Bătrânul își ridică mâinile.

– Așteptați aici, voi pregăti totul.

După ce bătrânul dispăru în fugă, Keles se apropie și privi în sus.

– Îl luăm pe Gryst și plecăm, da?

Moraven clătină din cap.

– Am cumpărat libertatea Maestrului Gryst cu o promisiune.

Keles căscă ochii.

– Glumești, nu-i așa? Ai de gând să urci acolo și să omori știu eu ce monstru?

– Eu? Nu.

– E reconfortant să aud asta, se liniști cartograful și zâmbi.

– Nu, nu am de gând să mă ocup doar eu, continuă Moraven cu un surâs. Ci noi *toți*.

33

Ziua a 5-a, Luna Şobolanului, Anul Câinelui
Al 9-lea an al Domniei Prinţului Imperial Cyron
Al 162-lea an al Dinastiei Komyr
Al 736-lea an de la Urgie
Wentotikun, Moriande, Nalenyr

Prinţul Cyron şedea pe tron, îngreunat din nou de robele sufocante ale rangului. Între el şi pragul uşii era întins un covor roşu, tivit cu purpuriu, însă doar atât de lat cât să permită unui singur om să păşească pe el. Între marginile sale şi şirul de stâlpi era un spaţiu acoperit cu lemn deschis la culoare, motiv pentru care celor doi miniştri care îngenuncheaseră de-o parte şi de alta a sa li se îngăduia să rămână în centrul încăperii. Dacă vreunul dintre ei sau numai robele lor ar fi atins covorul, ar fi putut porunci să fie omorâţi.

Nu-i veni deloc să zâmbească, amintindu-şi povestea unui Împărat care examinase roba unui ministru hrăpăreț, pe care-l ura, în căutarea unor scame purpurii. Că fuseseră sau nu puse chiar de Împărat între firele periei folosite atunci nu știa nimeni. Cyron se îndoia că se va osteni într-o bună zi să scape în acest fel de vreo pacoste de la Curte, însă fusese tentat să procedeze așa de câteva ori.

Ministrul Armoniei, Pelut Vniel, îngenunche la dreapta. Potrivit descendenței și rangului, roba sa albastră avea dragoni brodați cu migală pe spate și piept, fiecare tivit cu purpuriu. Vniel nu era cel mai important ministru, dar se ridicase într-o funcție importantă în cadrul Armoniei folosindu-se de șiretlicuri și îndrăznind rareori să-l contrazică pe Prinț în chestiunea importanței formei față de fond. Oricum, întrevederea era una dintre aceste ocazii, și furia lui Cyron creștea încet și sigur.

De partea cealaltă îngenunchease Ministrul Relațiilor Externe din Helosunde, Koir Yoram. Mai tânăr și decât Prințul, Koir avea firea aprigă a unui refugiat care nu voia altceva decât eliberarea patriei și refacerea națiunii. Fervoarea acestei dorințe îl lăsase pradă tremurăturilor ori de câte ori i se dădeau vești pe care ar fi preferat să nu le fi auzit. De la Festival încoace se întâmplaseră multe lucruri care nu-i plăcuseră deloc și, Cyron era sigur, atât îl sâcâise pe Maestrul său până obținuse permisiunea să se adreseze tronului.

Pelut fusese intermediarul iritării, explicându-i lui Cyron cum stăteau lucrurile, mai puțin ca să-și dezvăluie adevăratele sale sentimente și mai mult ca să-i dovedească de ce audiența era necesară. Birocrații dădeau dovadă de un patriotism ciudat, pentru că luptau în primul rând să protejeze structurile care le asigurau poziţia şi mai puţin să apere naţiunea împotriva jefuirii sau atacurilor. Solicitarea unei audienţe de către Koir survenise mult prea repede şi la un nivel prea înalt, pentru a putea fi tolerată.

Cyron aprobase, în cele din urmă, audienţa, fiindu-i utilă. Era mai mult decât bucuros să finanţeze operaţiunile militare helosundiene, preferând să se verse sângele mercenarilor decât al poporului său. Problema era că mercenarii nu se considerau nişte simplii lefegi. De fapt, erau convinşi că sunt o naţiune şi că aveau un cuvânt de spus în ceea ce-i privea. Mai mult chiar, se considerau aliaţi cu drepturi egale ai Nalenyrului, nu sărăntoci cerşind nişte grăunţe, fiind îndreptăţiţi să-l consilieze pe Prinţ şi să-şi dea cu părerea asupra oricărei decizii politice care-i afecta.

Palmele lui Pelut Vniel erau lipite de coapse.

– Vei afla, Ministre, că nu am intenţionat niciodată să ascundem de voi vestea livrării de orez pentru Deseirion. Subordonaţii dumitale au primit rapoartele necesare. Ne cerem scuze că învelitoarea lor inadecvată a ascuns adevărata lor natură, făcând să fie ignorate. Noi rapoarte, actualizate, au fost deja trimise, învelite adecvat şi purtând sigiliul meu.

Koir se adânci într-o plecăciune. Pe roba lui verde erau brodaţi câini aurii, însă nimic nu indica faptul că vieţuiau pe spinarea dragonului nalenian. *Şi să mai crezi că scamele purpurii ar putea străluci pe aceste mătăsuri de smarald.* Koir se înveşmântase pentru a-şi manifesta lipsa de respect, știau toți trei, însă mai știau că a fi informat și a reacționa era o victorie pentru el.

– Ministrule, atenția dumitale pentru detalii ne încântă. Problema care ne preocupă este acest ajutor acordat dușmanului nostru comun, într-un moment când el este cel mai vulnerabil. Pentru prima oară într-o eneadă suntem în măsură să-l izgonim din Helosunde. Grânele îi vor face pe soldații săi mai puternici. În același timp, ați încetinit livrările către noi. Nu înțelegem această strategie.

Cyron își controla respirația cu grijă. Helosundienii încă mai trebuiau să cadă de acord asupra moștenitorului ultimului lor Prinț, al cărui singur talent, din câte se constatase, fusese să toarne copii oricărei femei în afară de nevastă-sa. *Și când te gândești că m-am întâlnit cu văduva lui și am găsit-o atât de dezgustătoare, încât mai degrabă m-aș călugări decât să stau cu ea.* Birocrații formaseră un comitet pentru a decide care dintre bastarzii Prințului s-ar cuveni să conducă Helosunde, dar și cum să-și mențină funcțiile și să neutralizeze orice pretenții la tron din partea văduvei. Acest lucru o învenină și mai mult, iar un mariaj politic cu ea devenise ceva de neconceput pentru Cyron.

Ministrul de Stat nalenian rosti cu glas scăzut:

– Transporturile de grâne nu sunt pentru trupele deseiene. Ele sunt menite civililor.

– Dar ar trebui să știți că Pyrust ia de la gura oamenilor și hrănește trupele.

– Desigur. Ne-am asumat riscul să se întâmple aşa. Orezul lor fără culoare umple burdihanul trupelor sale, în vreme ce orezul nostru auriu este livrat civililor. Crezi că ei nu ştiu de unde-l primesc? Ştiu şi cui să mulţumească, atunci când bătrânii şi copiii lor vor supravieţui. Vor considera Nalenyrul un tărâm bogat.

– Şi-i va face să i se alăture lui Pyrust, când le va porunci să înainteze spre sud. Vor trece prin Helosunde, ca să ajungă aici. Nu-i putem opri, pentru că războinicii noştri sunt nevolnici. Cererile noastre au fost foarte rezonabile.

Pelut dădu gânditor din cap.

– Da, rezonabile, însă pentru ofensivă, nu pentru apărare. Plănuiţi un atac asupra Meleswinului.

Lui Koir îi tremura buza de jos, trădându-i surprinderea, atât faţă de informaţia de care dispunea Pelut, cât şi faţă de franchețea cu care o dezvăluise. Prin tradiţie, s-ar fi cuvenit să treacă mai mult timp până ce Pelut să desprindă strat după strat de motive şi să ajungă la dorinţa lui Koir de a-i respinge pe deseieni dincolo de cel de-al treilea oraş ca mărime din Helosunde.

– Agenţii noştri au aflat că, drept răspuns la presiunile făcute asupra lui de către Prinţul Cyron, Pyrust şi-a retras trupele din Meleswin. Avem de gând să recuperăm oraşul, eliberându-ne cetăţenii.

Cyron ştia că era o minciună. Meleswin se întinsese cu multă vreme în urmă până la oraşul deseian geamăn, pe malul nordic al Râului Negru. De la ocuparea sa, populaţia helosundiană fusese izgonită, iar conducătorii deseieni îi aduseseră acolo pe oamenii lor. Acum, Meleswin era mai mult un oraş deseian, decât unul helosundian. Orice cucerire a lui s-ar fi terminat cu o vărsare de sânge faţă de care Pyrust n-ar fi putut face altceva decât să răspundă.

– Ministrule Yoram, curtea a studiat această situaţie pe cât de mult a fost posibil.

Pelut îşi împreună mâinile.

– Se crede că orice atac împotriva Meleswinului ar fi o soluţie nerecomandată. Nu putem sprijini aşa ceva.

Koir nu făcu nici un efort de a-şi înfrâna furia.

– Vreţi să spuneţi că nu veţi *permite*.

– Sunt doar cuvintele dumitale. Ale mele au fost alese cu grijă, pentru a exprima ceea ce trebuie.

– Aş putea să-i reamintesc ministrului că Helosunde este un stat suveran, îndreptăţit să se apere şi cu toate drepturile de a-şi urma propriile interese? Recâştigarea prerogativelor sale asupra teritoriului însuşit de invadatorii lacomi este doar una dintre căile noastre de apărare. Totodată, cu cât suntem mai puternici, cu atât scade ameninţarea deseiană asupra voastră.

Cu un gest din încheietură, Cyron deschise evantaiul din mâna dreaptă. Un dragon auriu, pe fond purpuriu, se întinse pe semiluna evantaiului ascunzându-i faţa de la ochi în jos.

– Iar Maestrul a grăit: „Câinele care aşteaptă comenzile stăpânului său este răsplătit. Lătrăturile nevolnice zămislesc numai nemulţumiri.“

Kir înțepeni pe dată, dar Pelut reuși să-și mascheze șocul. Dacă întrevederea s-ar fi desfășurat cum se cuvenea, Cyron nu ar fi spus nimic, rămânând impasibil și neclintit, pe întreaga durată. Ascunzându-se în spatele evantaiului, dăduse semn că nu voia să fie remarcat. Deși auziseră citatul urmyrian, manierele de la curte le cereau să pretindă că nu glăsuise deloc. În același timp, erau nevoiți să-i acorde întreaga atenție.

Ochii albaștri ai helosundianului scăpărau de furie, însă nu spuse nimic până când Cyron nu închise evantaiul.

– Helasunde consideră că datoria sa față de Nalenyr este una sacră, precum cea pentru proprii săi cetățeni. Nu am uitat multele daruri trimise de poporul nalenian. Suntem gata să ne punem între nobilul popor nalenian și sălbaticii deseieni, precum gărzile keru, care se interpun între Prințul Cyron și dușmani.

Pelut își îngădui să-și închidă ochii pe jumătate.

– Nalenyr nu va interzice niciodată Helosundului orice acțiuni pe care Prințul său le va crede necesare, dar această chestiune a Maleswinului este una care pretinde o maximă prudență și deliberare.

Scăpărarea ochilor lui Koir îi trăda gândurile. Pelut îi spusese că Nalenyr va susține orice decizie a unui prinț helosundian. Aceasta ar obliga birocrația să ajungă la o decizie privind moștenitorul rangului princiar, înainte de a putea autoriza vreun atac. Ciorovăielile asupra moștenitorului vor dura luni de zile, dacă nu cumva ani, iar necesitatea atacului va dispărea.

Ori asta, ori totul va decurge pripit și se va termina cu un dezastru.

Cyron își înfrână dorința de a clătina din cap. Dacă în locul lui ar fi fost Pyrust, acesta ar fi erupt de pe tron și ar fi șters insolența lui Koir. *Probabil omorându-l.* Deși o lovitură, două ar fi fost satisfăcătoare, Cyron i-ar fi mituit mai degrabă pe Koir și pe miniștri să nu facă nimic. Din nefericire, i-ar lua aurul, apoi l-ar folosi să-și finanțeze planurile, conspirând în același timp cu propriii săi miniștri să păstreze secretul asupra rezultatelor dezastruoase.

Koir făcu o plecăciune, dar nu destul de adâncă pentru ca fruntea să-i atingă covorul.

– Înțelepciunea și prietenia dragonului sunt cele mai neprețuite comori ale poporului helosundian. Mă voi retrage acum, să le împărtășesc asta și celorlalți lideri ai noștri. Fie ca Puterea lui Nouă să continue să fericească Dinastia Komyr.

Ministrul helosundian se ridică și se retrase din încăpere. Pelut îl privi plecând. Apoi se întoarse spre Cyron și făcu o plecăciune.

– Se duce acolo unde dorim noi.

Cyron pufni.

– Hotărât să nu facă nimic, ori grăbindu-se pe un drum care-i va aduce și mai multe probleme? Meleswin este un dezastru în devenire. Dacă nu pot vedea că este o capcană a deseienilor, sunt proști. Nădăjduiesc, doar, ca însuși Koir să fie în fruntea hoardei când vor intra în oraș.

– Puțin probabil, Alteță.

– Ştiu, înseamnă că numai cei bravi dintre ei vor pieri, în timp ce idioţii rămân.

Cyron zvâcni din încheietură, deschizându-şi din nou evantaiul şi retezând orice şansă de continuare a discuţiei.

– Un dragon nu plânge din dezgust, ci pentru curajul risipit fără noimă.

34

Ziua a 5-a, Luna Şobolanului, Anul Câinelui
Al 9-lea an al Domniei Prinţului Imperial Cyron
Al 162-lea an al Dinastiei Komyr
Al 736-lea an de la Urgie
Lupul furtunii, pe Mările Sudului

După nici o săptămână de la plecarea din Archurko, Jorim îşi dăduse seama că învăţase mult mai multe despre seminţia fennych decât din orice altă sursă din lume, cel puţin cele omeneşti. Nu avea nici o îndoială că virukii ştiau mult mai multe despre ei, însă nu putea să se aştepte ca rapoartele lor să fie nepărtinitoare. Examinase creatura cu mare atenţie, menţinând-o constant în preajma sa în primele trei zile, apoi lăsând-o să rătăcească fără el, odată ce Căpitanul Gryst se convinsese că nu va provoca nici un dezastru.

Jorim mai întâlnise tot felul de vietăţi, precum şopârla-curcubeu, capabilă să-şi schimbe culoarea pentru a se potrivi cu mediul ambiant. Fennii păreau să-şi poată modifica înfăţişarea şi chiar personalitatea. Izolaţi de specie, fennii începeau imediat să se adapteze vieţii în preajma oamenilor. Exemplarul său luase proporţii apropiate de cele umane, deşi capul, ochii şi urechile rămăseseră mari. De fapt, potrivit măsurătorilor făcute de Jorim, capul său, orbitele, ochii crescuseră, de fapt.

Îi explicase toate astea lui Iesol într-un mod cât se putea de simplu:

– Prezintă un anumit grad de neotenie, se adaptează după modelul copilului, pentru că această formă invocă instinctele noastre protectoare cele mai acute.

– Dar nu avem copii la bord.

– Asta-i adevărat, însă capul supradimensionat şi ochii mari sunt caracteristici comune puilor multor specii.

Jorim dădu din cap când fennul sări de pe vine la un capăt de frânghie, balansat în joacă de un marinar.

– De asemenea, comportamentul jucăuş este şi el comun. Încet, încet, se adaptează social în felul în care o fac oamenii, iar fiind isteţ încearcă să capteze atenţia, evită să fie lovit şi este hrănit.

Însă comportamentul său depăşea sfera imitativului, pentru că, destul de repede, fennul începu să vorbească. Dovedi o abilitate extraordinară pentru deosebirea şi filtrarea sunetelor, iar Jorim se gândi că putea fi unul dintre motivele pentru care urechile se măriseră, chiar dacă nu erau, în mod vizibil, omeneşti. Sintaxa i se părea irelevantă, însă îşi dezvoltă o dorinţă insaţiabilă de a cunoaşte „numa“ fiecăruia şi a tuturor lucrurilor. Cuvintele „Jrima numa", urmate de sunetul labei bătând în ceva, deveniră atât de comune, încât Jorim se trezi răspunzând şi în somn.

Învăţarea limbajului era, în mod clar, o abilitate adaptivă, iar faptul că fennul era capabil să alăture înţeles unor cuvinte mai degrabă abstracte oferi o dovadă importantă a nivelului său de inteligenţă. După mai multe zile, fennul îşi oferise propria sa „numa" prin bătaia în piept şi anunţând „Shimik". Adesea, mormăia pentru el într-o limbă melodioasă, însă rezistă oricăror încercări ale lui Jorim de a schimba vreo vorbă.

Shimik învăţa foarte repede ce comportament era permis şi ce nu, precum trezirea oamenilor dintr-un somn adânc sau deranjarea lor când lucrau. Altfel, îşi însuşea limbajul celor de pe punţile de jos şi-l încorpora în vocabularul său. În acest fel, tot ce era defect sau rău deveni „dreu". Fiind capabil să provoace râsul, fennul era răsplătit imediat, aşa că deveni un fel de clovn, deşi renunţa imediat la bufonerii când i se alătura lui Jorim în cabină, şi era nevoie de linişte ca să facă măsurători, să înregistreze datele sau să comunice cu Qiro.

În pofida faptului că avusese la dispoziţie mai puţin de o săptămână să-l studieze pe Shimik, Jorim ajunse la unele concluzii despre creatură, care explicau de ce putea fi atât de docilă când se afla departe de restul speciei, atât de inteligentă şi, cu toate astea, să devină bestială în grup. Cât timp era singur, Shimik era atât de docil, încât Jorim îi putea deschide gura să-i studieze dinții, sau să-i scoată ghearele, fără să provoace vreun mârâit. Armele cu care fennii erau capabili să atace și să omoare un războinic viruk erau la locul lor, însă nefolosite.

Decisese că erau nemăsurat de inteligenți și foarte dotați pentru a trăi în societate. Când se aflau departe de semeni, se simțeau foarte vulnerabili și erau pașnici, din moment ce unul singur n-ar fi putut răpune mai multe creaturi deodată și, cu siguranță, nu un viruk. Însă, în grup, nu se temeau de nimic. Puteau copleși numeric aproape orice, iar șansele ca vreunul dintre ei să fie izolat și ucis scădeau cu fiecare nou individ adăugat mulțimii. Când se adunau în grup, nevoia de inteligență dispărea și acționau și reacționau la unison.

Pe Ethgi presupunea că se întâmplase ceva simplu. În circumstanțe normale, fennii aveau, probabil, teritoriul lor și rămâneau într-o relativă izolare. Evident, găsiseră membri ai sexului opus și începuseră să se înmulțească, iar el își punea întrebări referitoare la mărimea și aspectul puilor. Când creșteau destul, puii se desprindeau de grup și-și stabileau propriile teritorii, iar pe măsură ce se înmulțeau, populația se multiplica, obligându-i să accepte compania celorlalți. Astfel se forma o haită care se deplasa și omora tot ce întâlnea în cale, forțând cucerirea altor teritorii unde să se așeze și fiecare își găsea locul. Întregul proces se declanșa din nou, cu perioadele dintre năvăliri determinate de rezervele de hrană, animalele de pradă ale locului și alți factori capabili să limiteze expansiunea populației. Pe Ethgi, nu mai era nici un alt loc, în afară de sat, și nici o altă pradă în afară de localnici, ceea ce dusese la situația în care intervenise *Lupul furtunii.*

Studierea lui Shimik și descifrarea coordonatelor pentru navigație îl țineau pe Jorim ocupat. Dacă nu ar fi avut un fenn de îngrijit, și-ar fi ieșit din minți, pentru că nu-i rămânea mai nimic de făcut la bord. *Lupul furtunii* naviga spre sud, încercând să prindă un curent care ducea spre est. În timpul deplasării se uitară după insulele din arhipelag, însă fără vreun succes. Asta-i provoca anumite frustrări, pentru că harta din Soth păruse atât de promițătoare. Dăduseră peste Ethgi și atât.

Căpitanul Gryst era mai degrabă înclinată să treacă ușor peste absența insulelor. Stătea împreună cu Jorim lângă balustrada de la pupa, pe puntea de comandă, studiind luminiscența vagă a siajului lăsat în lumina crepusculară a soarelui gata să apună.

– Există mai multe explicații pentru faptul că insulele nu sunt aici. Harta aceea are peste două mii de ani vechime. Ceea ce-a fost indicat ca insulă s-ar putea să fi fost atoli, ieșiți din apă într-o vreme când nivelul mării era scăzut. În afară de asta, nu avem nici un indiciu că virukii înțelegeau noțiunea de longitudine mai mult decât noi, așa că s-ar putea să fie la câteva leghe distanță de locul unde ne-am aștepta să le găsim.

Jorim clătină din cap.

– Ați putea la fel de bine spune că vreun zeu s-a coborât până aici, le-a săltat din mare și le-a mutat în altă parte. Ar trebui să fie aici. Arcul de cerc era chiar acolo, pe hartă, format dintr-un lanț de insule. Poate că nu erau decât vulcani vechi sau așa ceva.

– Poate că erau doar legende ale virukilor, tot așa cum sunt Munții de Gheață pentru noi.

– Nu asta am vrut să spun.

Jorim își înălță o sprânceană spre ea, apoi se întoarse să privească spre sud, dincolo de provă.

– Sunt chiar acolo.

– Cum de știi asta, Maestre Anturasi?

– Pentru că are sens. Dacă cineva o ia spre nord, prin Pustietățile Turca și dincolo de ele, va ajunge la un tărâm al gheții. Are sens, pentru că aceleași condiții ar exista și în sud. Acest lucru, împreună cu legendele, indică existența acolo a Munților de Gheață.

Shimik, a cărui blană crescuse scurtă și dobândise nuanța gălbuie ca mierea a punții de lemn de stejar, se rostogoli pe spate, apoi își întinse labele spre Jorim.

– Jrima, uppa uppa. Își frământa degetele mici, iar Jorim îl ridică, să nu-și scoată ghearele și să înceapă să se urce pe el.

Anaeda zâmbi când fennul îi făcu semn cu mâna.

– Cred că ești destul de ciudat, Maestre Anturasi. Ești aici ca să faci măsurători, să putem defini lumea și s-o cunoaștem mai bine. Îl studiezi cu foarte mare atenție pe acest fenn și notezi ceea ce afli. La fel, faci desene cu peștii pe care-i prindem, desenezi păsările pe care le vezi, faci hărți ale constelațiilor imposibil de văzut din Moriande şi, cu toate astea, îţi permiţi să crezi într-un tărâm unde munţii sunt de gheaţă, bazându-te doar pe istorisirile fanteziste din vremea eroilor. Cum este posibil?

Briza mării îi răscoli pletele, iar Shimik încercă să prindă o şuviţă cu laba.

– Nu sunt sigur, Căpitane, că ar trebui să mă împac doar cu un anumit tip de informaţii. Sunt mulţi oameni care trăiesc în văile munţilor, convinşi, din tot sufletul lor, că pământul e plat şi că cerul este un capac aşezat deasupra lui. Pentru ei, am căzut dincolo de marginea lumii. Însă cred că munţii sunt acolo şi ştiu de ce. Parţial, este vorba de poveştile pe care le-am auzit. Toate vechile hărţi îi indică. Aşa cum am spus mai înainte, dacă avem un tărâm al gheţurilor în nord, de ce n-ar fi şi în sud? Iar măsurătorile făcute de mine arată că se face tot mai frig. Multe dintre păsările şi peştii pe care i-am văzut seamănă cu cei din climatul mai rece, din nord. Sunt argumente pentru existenţa Munţilor de Gheaţă.

– Îţi accept raţionamentele, dar unde tragi linie? Un zâmbet îi curbă buzele. Alţii cred că, dincolo de munţi, se află o gaură, intrarea în Lumea Subpământeană. Dacă te aventurezi acolo, ai putea afla întreaga bogăţie trimisă ca sacrificiu pentru strămoşii noştri. Dacă vom găsi munţii, poţi fi sigur că vor fi destui doritori pentru o expediţie dincolo de ei.

Jorim clătină din cap.

– Cunosc şi eu legenda, dar cred la fel de mult în ea cât în ideea că Împărăteasa Cyrsa se va întoarce dinspre apus, dacă Tărâmul celor Nouă Prinţi ar fi ameninţat. Convingerea că ea şi eroii ei supravieţuitori sunt doar căzuţi într-un somn adânc nu are nici o noimă. Nu există nici o informaţie care să susţină aşa ceva. Văzând că nu se mai întoarce, oamenii au început să ţească poveşti ca să se simtă ei mai în siguranţă. Vremurile erau atât de grele, încât au avut nevoie de puţină speranţă, aşa că şi-au închipuit un salvator care ar veni să-i ajute dacă lucrurile s-ar fi înrăutăţit.

Ea dădu din cap.

– S-ar putea să fie şi aşa. Sau ea chiar *este* acolo şi aşteaptă.

– Mă întrebam, Căpitane, cum vă permiteţi să credeţi în astfel de superstiţii?

Ochii Anaedei se îngustară.

– Nu te limita doar la izbânda de a câştiga o dispută. Erai destul de sigur că adunaseşi destule dovezi pentru a ajunge la concluzia că Munţii de Gheaţă există. Sunt mai multe aspectele capabile să sugereze că Împărăteasa Cyrsa a existat sau s-ar putea să existe. Ştim amândoi că despre *jaecai* se spune că trăiesc mai mult. Mai ştim că ea şi războinicii ei erau de faţă la declanşarea Urgiei, odată cu care a fost dezlănţuită o mare cantitate de energie magică. Ai văzut schimbările provocate în toată lumea. Mai gândeşte-te, Maestre Anturasi. La marginea multor sate sunt cercuri în care se duelează spadasinii şi unde s-au întâlnit doi *jaecai*; energia magică este eliberată. În unele dintre aceste cercuri nu se văd niciodată vitregiile iernii, iar în altele, unde zăpada se depune, nu se mai topeşte niciodată, nici chiar în plină vară. Astfel, magia poate într-adevăr să conserve, dar și să distrugă, deci de ce n-ar fi de acceptat că și ea a supraviețuit?

– Este o întrebare foarte bună, Căpitane.

Jorim privi spre Shimik.

– Sunteți foarte dură, iar dovezile indică necesitatea de a vă exercita autoritatea. Du-te, prinde, Shimik.

Cu un țipăt de încântare, fennul sări din brațele lui, o luă la fugă săltând pe punte și dispăru prin cel mai apropiat hublou, îndreptându-se spre măruntaiele navei. Unul dintre motivele pentru care Căpitanul Gryst permitea să fie lăsat singur era că avea o plăcere nețărmurită de a vâna șobolani și se dovedise mult mai eficient decât oricare dintre câinii aduși la bord pentru acest scop.

– Insist, ați pus bine problema. S-ar *putea* ca ea să fie acolo.

Jorim își încrucișă brațele pe piept.

– De ce-ați deschis subiectul?

Ea se aplecă pe balustradă și rosti cu glas scăzut:

– Ți-am citit rapoartele și am adăugat unele pasaje din ele în jurnalul de bord. Am văzut măsurătorile pe care le faci și le-am comparat cu ale mele. Suntem amândoi de acord cu majoritatea lor. Din cât pot să-ți spun, incapacitatea noastră de a găsi insulele nu înseamnă mai nimic. Însă văd ceva îngrijorător în toate astea.

– Adică?

Anaeda expiră încet.

– Insulele nu dispar, pur și simplu. S-ar putea să fi trecut pe lângă ele, navigând noaptea, însă nu ne deplasăm atât de repede încât să nu putem vedea nici o urmă de ele. Am zări nori deasupra lor, bucăți de lemn plutind pe apă. Ceva, ceva tot ar veni de-acolo. Deci, nu avem nici o dovadă empirică a faptului că le-am fi ratat, însă asta nu înseamnă nimic.

Jorim vorbi încet.

– Este altceva, nu-i așa? Ceva ce nu este atât de concret.

– Sunt pe mare de mai bine de optsprezece ani, aproape douăzeci și șapte. Am văzut multe și mi se pare că se petrec lucruri ciudate. E ceva cum nu trebuie pe-aici. S-ar putea să fie Munții tăi de Gheață, dar s-ar putea foarte bine să fie și altceva.

Jorim se încruntă.

– Credeți că am ajuns într-o zonă unde, să spunem, s-a dat o uriașă bătălie navală în timpurile străvechi și totul mustește de magie?

– Nu știu. Asta ar putea fi o explicație. La fel de ușor ar fi ca vrăjile să curgă în curenți, precum cei marini, iar noi să fim prinși într-un fel de contracurent.

Anaeda ridică din umeri.

– S-ar putea să fie ceva cu totul diferit. Nu am observat nici un fel de efecte negative asupra echipajului și avem rezerve din belșug, iar măsurătorile noastre ne indică faptul că ne deplasăm constant spre sud. Este însă ceva ce nu-mi pot explica, iar în consecință reprezintă o amenințare pentru flota mea. Iar mie nu-mi plac astfel de primejdii.

– Nu vă învinovățesc pentru asta.

Jorim tăcu, căzut pe gânduri, apoi dădu din cap.

– Nu cred că bunicul meu ne-ar fi de vreun folos dacă l-aș ruga să ne ajute. E păcat că fratele meu nu-i aici. El ține minte toate legendele din vremurile străvechi. Ar ști dacă s-a întâmplat ceva aici.

– Vezi ce-ți poți aminti. Ți-aș fi recunoscătoare pentru orice idei posibile.

Se ridică și-l privi direct în ochi.

– Nu mai este nevoie să spun că nu trebuie să vorbești cu nimeni despre lucrurile astea. Nici măcar cu Iesol.

Jorim zâmbi.

– N-ați dori să beneficiați de înțelepciunea lui Urmyr în acest caz?

– Încă nu-s atât de disperată. Vom vedea ce se întâmplă mai departe, înainte de a extinde cercul celor implicați. Orice ciudățenie ar putea neliniști echipajul, iar dacă ne paște necazul, aș prefera să fie de partea noastră.

Jorim își compuse un surâs vag.

– De aceea-l lăsați pe Shimik să bântuie peste tot, pentru a le distrage atenția?

– Nu, de fapt, îmi place că omoară șobolanii. Și prefer ca echipajul să-l considere un semn bun. Oamenii cred în aceste talismane aducătoare de noroc și înainte de sfârșitul acestei călătorii convingerile lor vor fi serios puse la încercare.

35

Ziua a 5-a, Luna Şobolanului, Anul Câinelui
Al 9-lea an al Domniei Prinţului Imperial Cyron
Al 162-lea an al Dinastiei Komyr
Al 736-lea an de la Urgie
Telarunde, Solaeth

În timp ce înaintau pe versantul muntelui spre ruinele Fortăreţei din Xoncyr, pe Keles Anturasi îl urmărea ironia faptului că fratele său ar fi pornit bucuros să-l distrugă pe monstru. Lui Jorim nu i-ar fi trebuit însoţitori şi s-ar fi întors după ce-ar fi răpus creatura la fel de lesne precum cade o frunză din copac. *Ar fi încă una dintre marile lui aventuri, dintre cele care-l enervează pe bunicul şi-i aduc admiraţia florii nobilimii.*

Zâmbi, opintindu-se în urma lui Ciras. Că era total nepotrivit unei astfel de expediţii, fusese un punct asupra căruia Tyressa îi atrăsese deja atenţia lui Moraven Tolo ceva mai devreme, dimineața. Arătase spre Keles și Borosan spunând:

– Ei doi ar trebui să rămână aici, până ne ocupăm noi de creatură.

Borosan, care-și petrecuse mare parte a dimineții meșterind o mică bilă de metal, alcătuită din resturi și bucăți culese dintr-o tașcă mare de piele, își ridicase capul clipind nedumerit.

– În nici un caz.

Femeia keru îi zâmbise, îngenunchind lângă el.

– Prețuiesc faptul că ai venit până aici, încercând să scapi Telarunde de monstru, însă eforturile tale au dat greș.

– Nu, nici pe departe. Borosan puse jos ceea ce meșterea și arătă spre ruinele numite de localnicii Dorunkun. *Thanatonul* meu e deja acolo. Dacă n-a omorât încă dihania este pentru că n-a descoperit cum.

Înainte să întrebe cineva de *thanaton*, Borosan ridică din nou bila, dădu la o parte o clapetă și răsuci ceva din interior, aruncând-o pe neașteptate în mijlocul podelei de pământ a colibei. Săltă o dată, apoi patru picioare metalice țâșniră din ea. Bila țopăi spre stânga, se întoarse, apoi în ea se deschise cercul unei diafragme. Se auzi un sunet ascuțit, apoi un șobolan chițcăi azvârlit la perete, străpuns de o săgeată de lungimea unui deget.

Ciras sări în sus și aproape că-și trase sabia. Mica mașinărie își retrase picioarele și rămase acolo, inertă și inofensivă. Moraven studie bila un moment, schimbă câteva priviri cu Tyressa, apoi făcu o plecăciune spre *gyanridin*.

– *Thanatonul* trimis sus e mai mare?

– Mult mai mare. L-am construit din piesele pe care le aveam în căruță. Șoricarul ăsta e doar o machetă. Cel adevărat este acolo și studiază creatura, gândindu-se cum s-o ucidă.

Keru trecu o piatră de ascuțit de-a lungul tăișului suliței luate de la un localnic.

– În mod sigur funcționează bine împotriva șobolanilor, însă nu așa ceva ne așteaptă.

Comentariul ei amar fu primit în tăcere. Keles simți din nou că fratele său ar fi fost mult mai priceput să afle cu ce se confruntau. Într-un efort de a obține cât de multe informații, Keles discutase cu toți cei care văzuseră creatura sau se aventuraseră până la fortăreață. Cei din urmă erau mult mai mulți decât primii, însă îi crezuse pe unul sau doi dintre cei ce dăduseră cu ochii de lighioană. Cea mai bună descriere o înfățișa ca pe un șarpe uriaș, capabil să azvârle vapori otrăvitori. Avea blană și o coamă și putuse să înșface trei bărbați puternici în noaptea în care atacase satul.

Keles nu auzise niciodată de o astfel de creatură, dar dacă venea din Pustietățile din Ixyll sau Dolosan, fusese zămislită din vrăjile cele rele. Așa cum remarcase Borosan, creatura ar fi putut avea o piele foarte groasă sau să fie vulnerabilă numai când deschidea botul, arătându-și cerul gurii. *Thanatonul* său, primiră ei asigurări, ar fi putut descoperi cum s-o răpună, însă asta cerea timp.

Iar timpul nu le mai stătea la dispoziție. Nici unul dintre ei nu dăduse măcar de înțeles că ar fi fost mai bine să dispară, pur și simplu, fără să se mai ocupe de monstru, deși probabilitatea de a-și pierde viața în lupta cu el era extrem de mare. Moraven era hotărât să se țină de promisiune și poate să mai adauge o legendă despre *xidantzu.*

Keles ajutase pe cât putuse de mult la pregătiri. Din discuțiile lui inițiale privind fortăreața, putea acum să schițeze un plan destul de amănunțit al fortificațiilor. De fapt, credea că este vorba de Xoncyrkun, menționată în memoriile lui Amenis Dukao, pentru că forma sa de ansamblu și turnul înalt din inima ei se potriveau foarte bine cu descrierea făcută de el. Localnicii îi spuneau Dorunkun, după un comandant militar care o ocupase în timpurile moderne și din care pretindeau că se trag mai mulți dintre ei. Negau însă că ar fi auzit măcar de Amenis Dukao, ceea ce, într-un fel, îi făcea să fie mai neștiutori decât oile păstorite de ei, considera Keles.

Chiar și așa, ei cunoșteau bine fortăreața. Ruinele datau, în mod sigur, din ultima perioadă imperială și făcuseră parte din lanțul de avanposturi folosite pentru descurajarea atacurilor turasynzilor. Construită pentru a cuprinde vârful dealului și folosind aflorimentul natural ca un ultim obstacol, fortăreața includea tuneluri și încăperi săpate direct în stâncă. Monstrul se ascundea în aceste sălașe întunecate.

Moraven hotărâse că Borosan va însoţi grupul, însă Tyressa tot ar fi vrut să-l lase pe Keles să rămână jos. Deşi nu-şi dorea să fie în apropierea unui monstru care putea târî după el bărbaţi în putere, refuză. Arătă spre unul dintre planurile desenate de el.

– Uitaţi, în timpul perioadei respective au existat mai multe proiecte de bază pentru fortăreţe. Odată ce ajung înăuntru, pot să-mi dau seama pe unde se deschid toboganele pentru gunoi, precum şi alte căi alternative pentru a ajunge la grajduri, unde vietatea asta-şi are bârlogul.

Tyressa clătină din cap.

– E prea riscant.

– Ar fi prea riscant dacă n-aş merge. Am un arc şi pot să trag destul de bine. În afară de asta, chiar dacă mă lăsaţi aici, n-am să fiu în siguranţă. Arătă cu degetul spre uşa închisă a colibei. Am să iau locul lui Borosan, dacă daţi greş.

Tyressei nu-i plăcea să parlamenteze, însă îşi dădu seama că probabil avea dreptate. Nici lui nu-i convenea, însă era bucuros că-l lăsau să meargă cu ei.

– N-am să păţesc nimic. N-a reuşit să mă omoare un viruk, aşa că nu-mi închipui că o va face bestia.

După o noapte cu prea puţin somn, se deşteptară pentru un mic dejun deloc generos. Lipsa de înţeles a risipirii hranei pe oameni ca şi morţi nu era străină sătenilor. Pe Keles nu-l deranja o mică porţie de terci, din moment ce era destul de apos, făcut din grâne purpuriu-albăstrii pe care nu le putu identifica. Adăugând şi faptul că mai multe pisici din sat aveau câteva degete în plus și chiar picioare suplimentare, își reaminti că se aflau pe un tărâm transformat de vrăji.

Simțea că îl ardea stomacul și nu doar de la terci.

Porniră la drum toți cinci. Keles sperase ca soarele să strălucească, încălzindu-i pe parcursul celor trei kilometri prin lanurile aurii, spre fortăreață, însă ziua începuse cenușie, iar curând se porni o ploaie rece în timp ce mărșăluiau. Moraven aprecia ploaia, făcând observația că ajuta la fixarea prafului, însă pentru Keles era un avantaj minor.

Xoncyrkun era apărată de un zid care înconjura vârful dealului într-un oval de numai cincizeci de metri de la un capăt la altul. Zidul, de aproape patru metri pe alocuri, devenise o ruină căzută în uitare, iar localnicii îl folosiseră ani și ani ca sursă de piatră. Clădirile exterioare, joase, unde se adăpostiseră garnizoanele, erau intacte, în afară de acoperiș. Principala fortăreață de pe creasta dealului, înălțată cu alți nouă metri, fusese odată adăpostul ciorilor de câmp. Excrementele lor mânjeau piatra cenușie cu dâre albe și negre, dar Keles nu mai zări nici o dovadă că era ocupată și acum. Presupunea că monstrul băgase groaza în ele și plecaseră, pentru că, să fi fost și de două ori mai mare decât fusese descris, tot nu putea ajunge la ele.

O gaură întunecată din zid, pe la jumătatea distanței dintre poarta principală și fortăreață, marca locul prin care ieșea și intra creatura. Foarte repede, norii coborâră, învăluind fortificațiile, iar lui Keles i se păru un semn bun. Cu fiecare pas mai aproape putea vedea cât de mare era gaura, iar asta însemna că monstrul era mai masiv decât ar fi îndrăznit oricare dintre ei să-și imagineze.

Norii reduseseră vizibilitatea la câțiva metri. Tyressa deschise drumul, trecând printr-o spărtură din zid în curtea principală. Se mișcaseră cu toții cât mai fără zgomot. Keles studie interiorul ruinelor, apoi se lăsă pe vine și arătă spre clădirea cea mai apropiată.

– Asta trebuie să fi fost magazia. Acolo sunt căile de acces spre grajduri, iar dincolo, după garnizoană, chiar la stânga, spre pintenul de piatră, trebuie să fi fost rampa principală, de unde luptătorii se puteau lansa călare în exterior. Probabil că deschiderea este la fel de amplă ca și gaura din zid.

Ciras se ridică și începu să meargă spre magazie. Ocolind un bloc mare de piatră, desprins din zid, un șarpe negru se ridică din spatele bolovanului. Capul cu coamă se undui cu ușurință la vreo trei metri înălțime, iar trunchiul său era la fel de gros ca șoldurile lui Keles. Șarpele șuieră și se trase înapoi, însă înainte de a lovi, sabia lui Ciras țâșni din teacă și se abătu cu o boltă strânsă. Fulgerarea argintie secționă reptila de parcă n-ar fi fost decât un fuior de ceață care l-ar fi ajutat să se ascundă. Jumătatea de sus a trunchiului se prăbuși pe pietre, în timp ce corpul principal se zvârcoli într-un val de sânge.

Cirus se retrase, cu aburi cenușii ridicându-se de pe lama spadei și tunică, acolo unde fuseseră murdărite de sânge. Keles simți o fierbințeală pe obrazul drept și îndepărtă cu degetele sângele șarpelui. Simțea furnicături în degete, însă rezistă tentației de a le duce la gură și linge.

Ciras își scoase tunica și se folosi de un colț al ei să șteargă lama înainte de a azvârli veșmântul. Băgă sabia în teacă, apoi își îngădui să izbucnească în râs.

– Ei, bine, Maestre Gryst, ce probleme a avut *thanatonul* tău în a răpune bestia?

Borosan se încruntă.

– Ar fi trebuit s-o fi făcut deja. Și ar fi pe aici, acum, dacă pe ăsta-l urmărea.

Tânărul spadasin pufni.

– Ar trebui să-ți păstrezi vrăjile pentru șoareci. Monstrul a fost răpus, iar noi ne-am făcut datoria.

Maestrul lui Ciras se lăsă într-un genunchi.

– Aici greșești.

– Cum așa? Este exact bestia pe care i-au descris-o sătenii lui Keles, deși se pare că au cam exagerat. Era destul de puternic să înșface oi și oameni.

– Da, dar uită-te unde l-ai tăiat.

Moraven arătă spre trunchiul retezat, în care se vedea un tub subțire înconjurat de cartilagii. Putea lua oameni, însă nu i-ar fi putut înghiți niciodată.

Ciras se încruntă.

– Poate că se hrănea precum păianjenii. Injectează otravă în pradă, aceasta se dizolvă, apoi sugea conținutul.

– Sau, făcu Moraven încet, ridicându-se în picioare, sugea la țâța cuiva mult, mult mai mare.

Pământul se cutremură sub o vibrație surdă, de parcă o stâncă masivă s-ar fi prăbușit din vârful turnului și-ar fi căzut în curte. O altă vibrație mișcă blocul de piatră, apoi încă una, mai rapidă și mai puternică. Nechemată, în mintea lui Keles se contură imaginea a ceva *mult* mai mare, strecurându-se printr-un pasaj îngust, cu inelele lovindu-se de ziduri. Se uită înainte, acolo unde ar fi trebuit să se deschidă rampa, și se scotoci după o săgeată la șoldul drept.

Timpul încetini, și înregistră fiecare senzație cu o claritate incredibilă. Degetele, încă străbătute de furnicături de la sângele șarpelui, mângâiau pana moale și se strânseră pe lemnul dur. Inelul de jad de pe deget refuză să se încălzească. Vârful argintiu al săgeții scrijelea interiorul tecii, apoi arcul gemu când fixă săgeata în coardă și începu s-o tragă. Umărul său drept începu să-l ardă, iar vârful tremură în șuieratul spadei scoase din teacă de Moraven, iar Ciras sări în picioare.

Thanatonul lui Borosan ieși rostogolindu-se din cețuri și ridicând scântei, cum venea dintre clădirea garnizoanei și colții de stâncă. Picioarele sale ieșiră la iveală cu un scrâșnet metalic, chiar imediat după partea cea mai îngustă a pasajului. Un panou curbat din vârful său se deschise din față spre spate și o arbaletă grea se ivi din interior, răsucindu-se și fixându-se pe poziție. Două brațe metalice, delicate, așezară săgeata, în timp ce un alt braț, greu, trase coarda arbaletei. *Thanatonul* se lăsă în jos, încheieturile picioarelor depășindu-i acum vârful.

Monstrul veni repede, o umbră neagră ondulându-se prin ceață. Se cabră, iar negura se despărți, lăsându-l pe Keles să aibă o priveliște completă a capului acoperit cu solzi aurii, teșit, triunghiular. Nu văzu ochii, ci doar despicătura nărilor. Falca vietății se lăsă în jos, dezvăluindu-i colții albi, zimțuiți. Șuieră, iar Keles îngheță de frică.

Thanatonul nu simțea însă nici un fel teamă. Trase, lovind șarpele în gât, de la mică distanță. Vârful străpunse carnea dihaniei, tăindu-i șuieratul, însă în mod clar asta se întâmplase mai degrabă din cauza surprizei decât a rănii. Săgeata părea ca o înțepătură de viespe pe pielea unui elefant.

Capul șarpelui se repezi înainte, iar șuieratul încetă dintr-odată. Din bot țâșni veninul incolor și năclăi *thanatonul.* Patul de lemn al arbaletei izbucni imediat în flăcări, iar pietrele de sub vânătorul mecanic începură să fumege. Bucăți din *thanaton* prinseră a se topi, fire și sârme rupându-se cu pocnituri. Un picior, apoi un altul se răsuciră dizolvându-se, în vreme ce glasul plângăreț al lui Borosan comenta cum s-ar fi putut simți creația sa.

Keles slobozi săgeata, lovitura fiind mult mai reușită decât s-ar fi așteptat. Își îngădui un freamăt de plăcere la gândul că darul fratelui său funcționase atât de bine, pentru că săgeata zburase direct acolo unde țintise. Oricum, bucuria-i dispăru când vârful ricoșă din căpățâna plată a șarpelui și se pierdu prin coama neagră. Nu clintise nici măcar un solz și, simțind un gol în stomac, își dădu seama că și să fi pătruns prin solzi, ar fi rănit jivina mult mai puțin decât o făcuse *thanatonul*.

Săgeata avu însă un efect neașteptat. Traversând coama, străbătu un alt șarpe, de mărimea celui ucis de Ciras. Mai apărură doi, apoi trei, pentru ca, în cele din urmă, să se adune mai mult de zece, ieșiți din desișul blănii, toți sâsâind furioși și scuipând venin, cum făcuse și mama lor. Pentru a înrăutăți și mai mult lucrurile, săgeata lui nu-l omorâse pe cel lovit, iar după cum se zvârcoleau și săreau, se îndoia că ar mai putea nimeri un altul.

Keles se simți dintr-odată foarte detașat, de parcă ar fi asistat la întreaga scenă de la distanță, privindu-se cum scotea încă o săgeată și dându-i drumul. Observatorul catalogă toate detaliile bestiei, trăgând concluzii și, spera, comunicându-le bunicului sau fratelui, chiar și pe moarte. Puii de șarpe aveau cuibul în coamă și era clar că tot acolo se hrăneau. Oarbă prin conformație, presupuse el, pentru că nu putea vedea nici o urmă de ochi, mama depindea de ei pentru a se putea hrăni, devorând prada și apoi hrănindu-i și pe ei. Spera doar ca șerpii să aibă un dușman natural, căci cu un cuib apucând să crească și să se reproducă, stăvilirea expansiunii lor ar fi fost dificilă.

Moraven, Ciras și Tyressa se aruncară în luptă. Keru își azvârli sulița și lovi șerpoaica în falcă. Vârful suliței se înfipse în cerul gurii și-i produse în mod sigur durere. Veninul vâscos făcuse deja sulița să fumege, amestecându-se cu sângele negru care picura din rană. Trăgându-și spada, garda keru se apropie fără teamă, intenționând să-i provoace și alte răni.

Cei doi *xidantzu* atacară drămuindu-și efortul, ceea ce nu trebuia să-l surprindă pe Keles. Controlul pe care-l aveau asupra trupurilor și asupra armelor depășea tot ce văzuse până atunci, inclusiv lupta lui Moraven la Asath, și nu putea face mai mult decât să se minuneze. Spadele decapitară câțiva dintre șerpii mici, apoi războinicii săriră peste trupurile cuprinse de spasme să-i atace și pe ceilalți.

Pentru o clipă, Keles crezu că ar putea învinge. Șerpii mai mici începuseră să cadă și cei trei atacatori se apropiaseră de pântecul celui mai mare. Cea de-a doua săgeată a sa îl lovise în gură. Nu-i provocase chiar rana lăsată de sulița Tyressei, însă vipera reacționase la durere.

Apoi, unul dintre șerpii mai mici seceră picioarele Tyressei, măturând-o cu coada. În timp ce cădea, Moraven sări lângă ea și omorî șarpele care o lovise. Oricum, în dreapta sa, un alt șarpe împroșca vapori de venin, făcându-l pe Ciras să se retragă. Sabia sa zăngăni pe jos, când își acoperi fața cu palmele, tușind din greu. Keles lansă o a treia săgeată spre șarpele care-l fugărea pe Ciras și rată, condamnându-l la moarte pe tânărul spadasin.

Atunci Borosan se ridică, întinzându-și mâna înainte. Șoricarul se rostogoli prin aer. Șarpele cel mic se repezi la el, prinzând bila în bot. Dintr-odată, picioarele îi țâșniră, străpungând cutia craniană. Șarpele căzu, zvârcolindu-se, dar se dovedi a fi doar un avantaj temporar, pentru că puii erau, cu adevărat, cea mai mică dintre probleme.

Moraven se aplecă s-o ridice pe Tyressa. Mama se înălță deasupra lor în timp ce bucățile nedizolvate de suliță cădeau. Fie că șarpele intenționa să scuipe venin, fie că voia să se arunce asupra lor să-i devoreze, amândoi erau ca și morți.

Apoi un țipăt ascuțit, disprețuitor și extaziat, umplu cețurile și se reverberă din zidurile fortăreței. Ceva dreptunghiular și întunecat coborî din ceață și izbi din spate capul viperei, cutremurând creatura. Atacatorul dispăru imediat în coama șarpelui. Capul bestiei se ridică, cu nasul pe sus, prin cețuri, izbindu-se de turn. Se rostogoli dintr-o parte în alta, încercând să-și desprindă de pe trup ceea ce-i sărise în spate. Șuieră furios un moment, apoi chițcăi jalnic. Era scuturată de fiori pe de-a-ntregul, și lovi cu coada baza turnului. Înțepeni un moment, apoi, ca o bucată de frânghie în cădere, se prăbuși în curte, crăpând mortarul întărit de secole.

Keles se lăsă jos, gemând înăbușit, în timp ce săgețile sale trosniră pe piatră. Ridicându-se în genunchi, apucă una și încercă s-o așeze în coarda arcului. Mâinile-i tremurau, iar stomacul începuse să i se revolte. Săgeata i se împotrivi, refuzând să fie fixată. Privi în jos, s-o pună unde trebuia, apoi privi din nou la capul viperei, aflat la cinci pași distanță, de două ori cât înălțimea lui. În coamă se foia ceva, apoi se opri. Năclăit de sângele aburind al viperei, care i se prelingea de pe coate și de pe umerii cocoșați. O lumină fierbinte îi ardea în ochi, apoi își ridică spre cer degetele cu gheare. Țipă din nou, de data asta plin de triumf, apoi își coborî mâinile. Înaintă și se ghemui pe fruntea aurită a viperei.

– Keles Anturasi. Foarte bine. Cicatricele de pe spatele lui Keles începură să-l doară, când îl recunoscu pe viruk. Călătoria a fost foarte lungă. Am venit după tine.

36

Ziua a 14-a, Luna Şobolanului, Anul Câinelui
Al 9-lea an al Domniei Prinţului Imperial Cyron
Al 162-lea an al Dinastiei Komyr
Al 736-lea an de la Urgie
Anturasikun, Moriande
Nalenyr

Chiar dacă lui Nirati nu-i plăcuse de Majiata, detesta să vadă expresia plină de speranţă de pe faţa Lordului Marutsar Phoesel. Mic şi suplu, purta o mustaţă bine îngrijită şi un cioc vopsit, la fel ca părul, pentru a ascunde semnele vârstei. Pe roba neagră erau brodate berze aurii, pe piept şi pe spate, iar o centură îngustă, aurie, îi încingea mijlocul de două ori până să fie închisă. Mulţi oameni îl considerau arătos şi fermecător, abundau istorisirile despre legiunile sale de amante, dar faptul că ştia că Majiata fusese zămislită dintre coapsele lui îi tăiase orice eventuale dorințe lui Nirati.

Dar se corectă imediat. *Faptul că și-a aruncat fiica în brațele lui Keles îl face hidos în ochii mei.*

Singura concesie pe care o făcuse Lordul Phoesel perioadei de doliu era cămașa albă, purtată sub tunică. Era vizibilă doar la gât și la manșete, sugerând multora că prefera să sufere în adâncul său. Nirati credea că individului nu-i stătea grozav de bine în alb. Deși nu suferea cine știe cât pentru Majiata, considera că tatăl ei ar fi trebuit să facă un efort mai mare ca să-și arate jalea.

Bărbatul ezită o clipă, intrând în anticamera salonului de primiri al lui Qiro. Se mai întâlniseră cu altă ocazie, dar fusese primit într-o altă sală, la un nivel mult mai jos al turnului și nu atât de intimă. Această încăpere, cu pereții ei de un alb strălucitor și podeaua acoperită cu dușumele, ironiza finețea sălilor care duceau până la ea.

Camera avea doar două ornamente și nici unul nu părea potrivit. Cel mai remarcabil era o cușcă semicirculară, cu bare aurite, care se înălța de la podea până în tavan. Ocupa mijlocul încăperii și acoperea peretele opus de la un capăt la celălalt. În perete, era o ușă la fel barată cu zăbrele aurite, de numai un metru și ceva înălțime.

Nirati, așteptând în interiorul cuștii, îl întâmpină de la intrare pe Lordul Phoesel.

– Vă rog să intrați și să așteptați acolo, lângă cealaltă ușă.

Bărbatul dădu din cap şi privi în jur după ce păşi înăuntru.

– N-am mai fost aici înainte.

– Foarte puţini au intrat aici.

Nirati se deplasă în urma lui şi trase după ea uşa cuştii. Se închise cu un clic. Un altul îi răspunse şi mica uşă aurită culisă în sus pe perete.

– Bunicul meu vă aşteaptă acum.

Lordul Phoesel se apropie de canatul jos al uşii şi se aplecă. Se uită înăuntru, apoi privi înapoi spre ea, cu o expresie consternată pe faţă. Ea nu spuse nimic, aşa că porni înainte ghemuit, scâncind când piciorul din faţă rată prima treaptă de jos. Căzu pe burtă, întinzându-se pe podea.

Aşa cum şi dorea bunicul.

Nirati se lăsă în patru labe şi se strecură pe uşă, ridicându-se în încăperea următoare. Cuşca circulară se întindea şi de această parte a peretelui, un cerc complet care-i prindea pe oaspeţi ca într-o capcană. Făcu o plecăciune spre Qiro şi dădu din mână spre tatăl Majiatei, ridicat în genunchi.

– Îl cunoşti pe Lordul Phoesel.

Qiro, care studia un craniu uman suflat cu aur, adus de el din Pustietăţi, dădu din cap.

– Ne-am mai întâlnit. Bătrânul scrută orbitele goale ale hârcii şi-o puse la locul ei, pe un mic piedestal, unde stătea de obicei. Zâmbi şi privi spre negustor, însă nu spuse nimic.

Lordul Phoesel rămase în genunchi, cu capul dat pe spate pentru a putea admira toate comorile etalate în jur. În timp ce el și Nirati erau închiși în cușcă, peste tot în jur, la un braț distanță dincolo de bare, se aflau butoaie de lemn și cufere în doage de fier. Tapiserii uriașe și tablouri acopereau pereții. La colțuri fuseseră îngrămădite arme, iar în încăpere pluteau aromele mirodeniilor, ridicându-se din zecile de cutii așezate una peste alta.

În sertarele întredeschise licăreau bijuterii, iar din sacii crăpați se împrăștiaseră monede de aur strălucitor.

Craniul, deși era un obiect de artă unicat, nu constituia cel mai ciudat articol din încăpere. Capetele a nenumărate animale, de la antilopele cu patru coarne și tigrii-de-nisip, până la fălcile larg căscate ale unui rechin din Marea Întunecată, fuseseră montate pe suporți și agățate de perete. Piei de animale, cu blană groasă, bogată, acopereau tronul așezat în centrul peretelui din spate, iar penaje de o finețe inimaginabilă decorau măștile ceremoniale, armurile și tolbele cu săgeți colecționate.

Încăperea conținea lucruri din întreaga lume și, dacă ar fi fost scoase la vânzare, ar fi adus un câștig demn de un prinț. Însă toate zăceau depozitate la întâmplare, dormitând sub un strat gros de praf, de parcă ar fi fost niște nimicuri. Mai mult decât atât, Qiro se mișca liber printre ele, în timp ce vizitatorul său rămânea închis în cușcă.

În cele din urmă, Lordul Phoesel își regăsi glasul.

– Vă mulțumesc că m-ați primit, Maestre Anturasi... Mărite Maestre Anturasi. Nici nu aveți idee cât de mult apreciez această favoare.

Qiro se aşeză pe tron şi-şi plimbă degetele prin blana dungată a unui animal monotrem.

– I-am făcut un favor nepoatei mele şi am acceptat să vă primesc. Să nu ne îmbătăm cu apă rece în privinţa motivului şi felului în care aţi ajuns aici. Dacă ar fi fost după mine, nu aţi fi fost niciodată admis în apropierea mea.

Tatăl Majiatei începuse să se ridice, dar se lăsă imediat în genunchi şi făcu o plecăciune adâncă.

– Cred că v-am ofensat fără să vreau, Mărite Maestre. Ce-aş putea face să îndrept lucrurile?

– M-aţi *ofensat*, într-adevăr, dar nu doresc să îndreptaţi nimic.

– În mod sigur aş putea face ceva. Ce anume v-a stârnit mânia?

Qiro zâmbi pe îndelete, iar Nirati simţi un sloi de gheaţă trecându-i prin pântec. Intervenise pentru Lordul Phoesel la bunicul ei ca un favor pentru Junel. Însă lui Qiro nu-i plăcea cum se folosise Lordul Phoesel de Nirati ca să ajungă la el, iar pentru asta va plăti.

– Dragul meu Lord Phoesel, aţi făcut un contract cu Casa Tilmir pentru achiziţionarea de hărţi la bordul *Berzei de aur*. Nava se îndreaptă spre Nysant, urmând în mod curios un curs aproape în siajul *Lupului furtunii*.

– Mărite Maestru, nava mea nu urmăreşte expediţia. De la Aefret, *Barza de aur* se va îndrepta spre vest.

– Să nu mai punem la socoteală faptul că aţi făcut contract cu o casă rivală mie. O casă de cartografie inferioară.

Bărbatul se plecă şi mai adânc.

– Da, Mărite Maestru. Am descoperit asta şi din acest motiv sunt aici. Speram să pot obţine de la domnia voastră hărţi noi şi să le trimit la bordul *Lăstunului*. Ar porni după *Barza de aur*.

Qiro îşi examină o unghie.

– S-ar putea să fie posibil. Ar mai fi şi problema plăţii.

– Da, Mărite Maestru. Va trebui să plătesc ceva şi Casei Tilmir, însă voi putea să-mi permit să vă ofer preţul pe care-l cereţi.

Colţurile gurii lui Qiro se curbară în sus.

– Asta va fi treizeci la sută din venit. Cheltuielile pe care le aveţi nu sunt problema mea.

– Trei... treizeci la sută?

Lordul Phoesel scutură din cap.

– Dar de obicei percepeţi numai cincisprezece la sută, şi asta după cheltuieli.

– Acum e vorba de o urgenţă, Marutsar, ştii prea bine. *Pescăruşul de argint* a folosit hărţile Tilmir şi a eşuat pe un banc de nisip la Miromil. N-o să poţi readuce nava pe linia de plutire decât la primăvară. Acolo mai există pericole ascunse şi nu-ţi poţi permite să pierzi şi *Barza de aur*.

– Dar asta-i jecmănire în toată regula!

– N-aş spune, mai degrabă îţi fac un favor.

– Un favor?

Lordul Phoesel se ridică într-un genunchi, întunecat la faţă.

– După ce au însemnat familiile noastre una pentru cealaltă, ăsta poate fi numit favor?

Qiro se ridică din jilț, cu flăcări în ochii spălăciți.

– Nu încerca să mă manipulezi. Am văzut mult mai multe decât tine, mai multe decât ai fi vreodată în stare să vezi. Eu percep lumea. Văd adevărul dincolo de mărunțișurile de aici. Ești un prost, Marutsar Phoesel, dacă nu poți recunoaște un favor atunci când îți fac unul. Sunt tot felul de lucruri nemenționate pe nici una dintre hărțile Tilmir, lucruri înfricoșătoare, care ți-ar putea înghiți cu totul corăbiile. Știu asta, de ani de zile. Știam că faci transporturi fără hărțile mele. Te-ai adresat altora. N-am acordat nimănui o asemenea audiență. *Acesta*-i favorul. Ai făcut deja o greșeală, nu mai face și altele.

Lordul Phoesel se congestionă. Se vedea limpede că ar fi vrut să urle la Qiro, însă strânse doar din pumni într-o furie neputincioasă. Frica îl făcea să tremure, iar privirile agitate îi rătăceau prin întreaga încăpere. În preajma lui se aflau multe din bogățiile lumii, iar lipsa hărților îl împiedica să le înșface, așa cum făceau și gratiile.

Se lăsă din nou în genunchi.

– Treizeci la sută?

– Da, mă simt generos.

Lordul Phoesel își înălță capul.

– *Barza* va eșua?

Qiro își smuci capul spre stânga.

– S-ar putea întâmpla. Roagă-te să fie acalmie la Nysant și să nu aibă vânt în pânze în timp ce *Lăstunul* se îndreaptă spre sud. Ar trebui să ajungă la timp.

Negustorul dădu încet din cap.

– Voi pune să se întocmească imediat hârtiile ca să le semnați. Atunci primesc și hărțile?

Patriarhul Casei Anturasi se încruntă.

– Milord, vă rog să nu mă insultați. Gândiți-vă, în cele din urmă, la legăturile dintre familiile noastre. Hărțile au fost deja copiate și vă așteaptă la plecare. *Lăstunul* poate ridica ancora într-o oră. Puteți trimite hârtiile până la sfârșitul săptămânii.

– Sunteți cum nu se poate de amabil, Mărite Maestre Anturasi.

– Chiar sunt, nu-i așa?

Ochii lui Qiro se îngustară.

– Marutsar, *îmi pare rău* de pierderile dumitale.

Bărbatul îngenuncheat dădu din cap.

– *Pescărușul*, da, ce tragedie.

– Eu mă refeream la fiica ta.

Sângele pieri de pe fața lordului și Nirati se temu că-i venise rău. Se plecă adânc, lipindu-și fruntea de podea, apoi se îndreptă din spate, însă nu cu totul.

– Vă mulțumesc, Mărite Maestre. Fie ca prosperitatea să zâmbească în continuare Casei Anturasi.

– Va zâmbi, milord, în mod sigur va zâmbi.

Tatăl Majiatei se furișă din încăpere mergând în patru labe. Nirati se pregăti să-l urmeze, însă bunicul ridică mâna. Așteptă, și când Lordul Phoesel deschise ușa cuștii de cealaltă parte, gratiile aurite coborâră din nou peste canatul scund.

Nirati își îndreptă bărbia.

– Vrei ceva cu mine, bunicule?

Bătrânul se așeză pe tron și, de astă dată, zâmbi cald.

– Ai făcut asta ca un favor pentru prietenul tău deseian. Merită, oare?

Întrebarea o luă prin surprindere.

– Cred că da. Am devenit destul de apropiați.

– Înțeleg că trăiește din vânzarea mărfurilor, aranjând transporturi, și din administrarea unor acorduri comerciale. Ar considera foarte valoroasă orice legătură cu noi.

– Ar considera, bunicule, însă nu mi-a cerut nimic pentru el. Îi pare rău pentru Lordul Phoesel.

Ochii lui Qiro sclipiră.

– Și ai riscat să atragi mânia mea pentru el. Trebuie să fie, într-adevăr, foarte special. Faptul că a supraviețuit urgiei lui Pyrust și a reușit să plece în sud spune destule despre el. Dar în sforării s-a băgat?

Nirati se încruntă.

– S-a întâlnit cu unii dintre lorzii de pe continent și i-a ajutat să investească în nave. Știu că i-a avertizat să nu intre în afaceri cu aceia care nu folosesc hărțile Anturasi. Cam așa au evoluat lucrurile.

– Îți place de el, Nirati?

Ea ezită, încercând să-și ascundă un zâmbet, dar apoi îl lăsă să-i înflorească cu totul. Junel fusese fermecător și foarte manierat, bucurându-se de compania ei la fel de mult pe cât se bucura și ea de a lui. Nu fusese deloc insistent asupra nici unui aspect, așa că atunci când ajunseră la relații intime, totul decurse natural. Întâlnirile lor aveau calitatea unei povești de dragoste și se înfioră numai când își aminti mângâierile lui.

– Da, bunicule, îmi place.

– Bine. Asta-mi face și mie plăcere.

Qiro dădu încet din cap.

– Am să te mai întreb doar un singur lucru, Nirati.

– Ce, bunicule?

– Îmi ești foarte dragă. Știu că sunt unii care spun că nu faci parte din familie pentru că nu ai nici un talent la cartografie, dar dacă ești fericită așa, atunci și eu sunt, și la fel și frații tăi. Dacă vei fi, vreodată, nefericită, ai să-mi spui, nu-i așa?

– Dacă asta dorești, bunicule.

– Da.

Își deschise brațele.

– Stau aici, în mijlocul comorilor lumii, însă ceea ce prețuiesc cel mai mult stă dincolo de gratii. Aș face bucăți întreaga lume, dacă te-ar răni cineva. Nirati, să nu uiți că ești cea mai prețioasă comoară. Dacă te va lua cineva de lângă mine, te rog să fie cineva care să te merite.

Ea se plecă adânc.

– Da, bunicule. Mulțumesc!

Ar fi vrut să se ridice în picioare și să fugă din turn, să-l găsească pe Junel, dar când se uită în ochii bunicului ei, dorința îi pieri pe dată. O privea cu o nerăbdare pe care nu i-o mai văzuse de când era copilă.

– Aş putea să-ți mai cer un favor, bunicule?

– Bineînțeles!

– Lasă-mă să petrec ziua împreună cu tine. Vreau să vizitez din nou atelierul. Vreau să-ți văd munca şi să văd unde au ajuns frații mei. A trecut mult, foarte mult timp, de când n-am mai făcut asta.

– Da, Nirati, mi-ar plăcea! Se ridică, zâmbind cu o undă de mândrie. Vino la atelier şi-am să împart cu tine lumea mea.

37

Ziua a 25-a, Luna Şobolanului, Anul Câinelui
Al 9-lea al Domniei Prinţului Imperial Cyron
Al 162-lea an al Dinastiei Komyr
Al 736-lea an de la Urgie
Lupul furtunii, pe Mările Sudului

După încă două săptămâni pe mare, *Lupul furtunii* găsi, în cele din urmă, una dintre insulele de pe harta din Soth. Avea un mic golf, în care se aventurară tocmai la timp, pentru că o furtună înspăimântătoare se abătu şuierând dinspre sud-vest. Insula se dovedi a fi un vulcan stins, acoperit de junglă, care de-abia dacă măsura cinci kilometri în lungime, însă oferi protecţie flotei. Una dintre navele mai mici, *Lupul ceţurilor*, se smulse din ancoraje şi fu azvârlită pe mal.

Într-un fel, eşuarea ei era ca un dar al zeilor, pentru că echipajele se grăbiră să folosească bucăţi din ea ca să repare avariile provocate de furtună celorlalte nave ale flotei. Proviziile din cală fură redistribuite, iar nava repusă pe linia de plutire. Cu un singur catarg rămas, nu mai putea continua marea călătorie, și Căpitanul Gryst o trimise înapoi la Nalenyr, cu veștile despre câte văzuseră și realizaseră până atunci.

Jorim fusese tentat să-l trimită pe Shimik înapoi cu *Lupul cețurilor*, să-l distreze pe Prinț, însă echipajul era atât de atașat de fenn, încât renunță. Cel puțin, asta notase în raportul său despre episod, făcând observația că va studia în continuare creatura, precum și capacitățile sale de adaptare. Adevărul era că ținea destul de mult la Shimik și nu dorea să se despartă de micul animal.

Shimik continuă să evolueze, ca răspuns la viața de la bord. Din moment ce petrecea atât de mult timp în cală, vânând șobolani, blana lui se întunecă la culoare, devenind ca mahonul. Degetele i se alungiseră și formaseră muchii osoase pe întreaga lungime și pe podul palmei, acolo unde înainte apăruseră urme de mușcături se șobolan. De asemenea, devenise mai zvelt și se putea cățăra pe scările orizontale de parâme la fel de bine ca marinarii cei mai pricepuți. Își continua numerele de comedie spre deliciul tuturor, dar putea avea și momente sumbre, de parcă ar fi imitat-o pe Căpitanul Anaeda. În mod surprinzător, aceasta nu se simțea deranjată, și nu o dată îi găsise pe amândoi aplecați asupra câte unei hărți, studiind-o.

Deși nici una dintre celelalte furtuni venite dinspre sud nu fusese atât de sălbatică precum cea pe care o suportaseră lângă insula numită acum de ei Byorang, Insula furtunii, flota fu biciuită frecvent de vânt puternic și ploi aprige în drumul ei. Marea devenise suficient de agitată, încât și *Lupul furtunii* se balansa în sus și-n jos, ca o jucărie. În acele momente, Anaeda îi tot amintea că trebuie să te folosești de ambele mâini, să te prinzi bine, altfel riscai să te trezești peste bord. În cea mai mare parte a timpului rămase în cabină, din moment ce norii și ploile făceau imposibilă orice încercare de poziționare prin observarea stelelor.

Când se aventura afară, nu mergea prea departe, privea doar valurile, apa înfățișându-i-se în miriadele ei de forme. Privea o luptă a elementelor, în care vântul și apa făceau tot ce le stătea în putere să distrugă nava de lemn. Privea celelalte vase ridicându-se pe creasta valurilor, apoi dispărând pe coama lor, fără să știe dacă nu cumva, dincolo de cortina de apă, nu-și aflaseră sfârșitul, spulberate, sau vor apărea din nou.

Pânze de ploaie asaltau *Lupul furtunii.* Picături grele se spărgeau de punte, răsunând cu putere, despărțind șuvoaiele de apă care acopereau totul. Valurile se prăvăleau peste provă, apa întunecată împrăștiindu-se ca o spumă. Pânzele rămăseseră înălțate, iar vântul le umfla. Catargele gemeau sub apăsare și Anaeda dădea neîncetat ordine pentru ridicarea unei pânze sau coborârea alteia. O rafală mai puternică de vânt le-ar fi putut sfâșia sau frânge vreun catarg, însă înfruntarea furtunii fără nici o pânză ridicată ar fi însemnat abandonarea oricărei șanse de a cârmi. Vântul ar fi putut azvârli nava pe-o parte, înspre valurile uriașe, iar asta însemna sfârșitul oricărei nave, chiar și a uneia la fel de mari precum *Lupul furtunii.*

Majoritatea echipajului se descurca bine în condiții de furtună, însă nu același lucru se putea spune și despre pasageri. Iesol își petrecea mare parte a timpului bolnav de groază. Când se așternea calmul, își relua febril munca, să nu rămână în urmă, ceea ce-l lăsa frânt de oboseală și chiar mai puțin capabil să suporte o mare agitată. Ceilalți rămâneau la adăpost și-i țineau pe bucătari ocupați cu prepararea de fierturi pentru tratarea răului de mare.

Cea mai rea dintre furtuni îi lovise în cea de-a douăzecea zi a Lunii Șobolanului și durase trei zile pline. Se risipi pe la amiaza celei de-a douăzeci și treia zile, iar norii dispărură atât de repede încât te-ai fi putut întreba dacă pe-acolo fusese sau nu o furtună. Conform ordinelor, flota puse capul compas spre sud, navigând în zigzag, când înspre vest, când înspre est, la fiecare trei ore, și, foarte curând, șapte dintre cele nouă nave rămase se alăturară *Lupului furtunii.*

Două nave nu regăsiseră flota nici în cea de-a douăzeci și cincia zi, și toți cei de la bord presupuseră că *Dragonul lunii* și *Armăsarul mării* nu supraviețuiseră furtunii. Dar, la venirea zorilor celei de-a douăzeci și cincia zile, unul dintre pândarii cocoțați printre oamenii de pe gabie văzu o corabie spre est. Anaeda ordonă ca *Lupul furtunii* să schimbe imediat cursul și să se apropie.

Jorim privea totul de la provă, simţind un gol în stomac. Unul dintre membrii echipajului identificase nava ca fiind *Dragonul lunii*, iar dacă avea dreptate însemna că pierduse două dintre cele patru catarge. Pe cele rămase fluturau resturile pânzelor agăţate de vergi, iar parâmele se legănau în bătaia brizei. În timp ce se apropiau, nu văzu nici un semn de viaţă la bord şi consideră că era de bun augur că nici una dintre bărcile de salvare nu rămăsese pe punte.

Căpitanul Gryst i se alătură în momentul observaţiei, însă ea clătină din cap.

– Nu-i chiar un semn dătător de speranţe. Este posibil să se fi gândit că nava se va scufunda, dar să lansezi bărcile pe o asemenea furtună ar fi fost sinucidere curată, ca şi rămânerea pe un vas care se duce la fund. Da, uite acolo, uită-te în spate, la cârmă.

Jorim se strâmbă.

– Unde e?

– Exact. Nu mai e. Au supravieţuit furtunii, apoi au lansat bărcile, legate de navă cu parâme, ca să poată cârmi.

– Dacă-i aşa, unde-s bărcile, unde-i echipajul?

Ea oftă adânc.

– Nu ştiu.

Se răsuci şi strigă un ordin.

– Locotenente Minan, coborâţi-mi barca. Maestrul Anturasi şi cu mine plecăm pe *Dragonul lunii*. Să ne însoţească un pluton de soldaţi. Trimiteţi încă o barcă, cu un echipaj de schimb care să se ocupe de navă.

Minan începu, la rându-i, să dea ordine. În momentul când ajunseră la mijlocul navei, barca fusese deja lăsată la apă. Anaeda coborî prima pe plasa întinsă pe bordaj, urmată de Jorim, iar Shimik se aruncă după ei, cu capul înainte, ca o veveriță. Anaeda remarcă prezența fennului, dar nu spuse nimic, iar Shimik nu făcu gălăgie când soldații urcară în barcă și marinarii se puseră pe vâslit spre *Dragonul lunii.*

Apropiindu-se, Jorim nu mai văzu nici o avarie semnificativă la bordul navei mai mici. Anaeda le ordonă marinarilor să dea o dată ocol corabiei, apoi se apropiară de babord, unde atârna o plasă de abordaj. Soldații urcară primii, iar după ce unul dintre ei semnaliză că totul era în ordine, urcă și Anaeda. Shimik se agăță de spatele lui Jorim cât urcară, apoi sări, țopăi pe punte și dispăru în măruntaiele navei.

Căpitanul Gryst străbătu puntea, mergând spre cabina care aparținuse Căpitanului Calon, cu Jorim la doar un pas în urmă. Cabina părea să fie în ordine, fără stricăciuni din cauza furtunii.

– Au trecut prin furtună și s-au putut reorganiza.

Se duse la micul pupitru lipit de peretele despărțitor de la babord și deschise jurnalul de bord la ultima pagină.

– Cursul, viteza estimată și continuarea rapoartelor privind avariile în dimineața celei de-a douăzeci și patra zile. Calon a lansat bărcile, însă numai două dintre ele. Nu există nici o indicație potrivit căreia celelalte două au fost pierdute în timpul furtunii. Nici un semn de panică, iar ea n-ar fi lăsat jurnalul la bord dacă ar fi abandonat nava.

Jorim privi spre lampa cu ulei, agățată de un lanț subțire, legănându-se lângă cușeta căpitanului.

– E goală, iar uleiul s-a terminat. E rece, dar cred că ardea de ieri.

– Da, nu poți să pui mai mult ulei decât pentru o zi în lămpile astea, în plus, ar fi fost reumplută în timpul cartului de dimineață. Anaeda închise jurnalul și-l puse sub braț. Să continuăm, să mergem să verificăm cambuza.

Locotenentul Minan și oamenii săi sosiseră și se îndreptau spre cambuză. Căpitanul Gryst le ordonă să curețe puntea de resturi și să fie gata să ridice pânzele. Se apucară de treabă, nu fără să mormăie. Jorim pricepu, din comentariile auzite pe jumătate și ocheadele lor, că nici unui marinar nu-i plăcea să se afle la bordul unei nave de unde dispăruseră toți camarazii lor.

– Căpitane, cât de mare era echipajul corabiei?

– Două sute de oameni.

Își lăsă capul jos și coborî treptele spre cambuză. Deasupra focurilor din bucătărie, acum stinse, stătea o oală neagră, uriașă, conținând o masă de orez legat, cu o lingură de lemn înfiptă în ea. O apucă și încercă să tragă lingura, însă nu reuși decât s-o rupă în două.

Rămase o clipă cu privirea ațintită asupra mânerului frânt.

– Orice s-a întâmplat aici, a fost ieri-dimineață. Hai să vedem mai departe.

Jorim se întoarse și se deplasă dincolo de trepte, în zona spațioasă de sub puntea principală. Acolo se legănau o sută de hamace goale, ușor, ca și atunci când le ocupau marinarii. De unele atârnau pături, altele căzuseră pe podea. La prima privire, părea că echipajul tocmai fusese chemat la posturi și se putea întoarce, dintr-o clipă în alta, să-și adune așternutul, să-și așeze mesele și să se bucure de micul dejun.

Jorim răscoli cu vârful piciorului una dintre pături, însă pânza era rigidă și rămase grămadă pe podea.

– Nu-mi place.

Anaeda se întoarse spre el.

– Sânge?

– Cred că da.

Ea dădu din cap.

– De acord. Poți să-i simți izul în aer.

Anaeda se strecură printre hamace spre pupa navei. Acolo cercetă cabinele, una după alta. Zăvoarele de lemn ale ușilor și canaturile erau crăpate, iar în cabine existau semne că avusese loc o luptă cruntă. Cabinele ofițerilor inferiori erau literalmente năclăite de sânge. Pe podeaua celei în care stătuse preotul din Wentiko se afla o robă însângerată, sfâșiată în bucăți.

Se lăsă jos lângă robă, iar Jorim examină tambuchiul.

– Uitați, chiar aici, unde cineva ar fi pus umărul dacă încerca să forțeze intrarea în încăpere... Se întinse și desprinse un solz de mărimea unghiei de la degetul mic. Provine de la un pește, însă n-am văzut în viața mea un asemenea pește.

Anaeda se ridică în picioare.

– Nici eu nu știu de prea mulți pești care să aibă gheare. Să mai căutăm.

Tambuchiul care ducea spre infirmeria navei rămăsese intact, dar acolo erau lipiți solzi cam la înălțimea umerilor. Anaeda scoase un pumnal de la centură și-l introduse între șipcile ușii, desfăcând zăvorul. Deschise tambuchiul cu forța, împingând în lături un cufăr care-l bloca, și pătrunseră prin canatul îngust.

Infirmeria fusese o cabină suficient de mare, destul de spațioasă pentru două cușete destinate pacienților și una pentru medic. Cufere de diferite mărimi erau lipite de peretele interior, iar pupitrul medicului era împins într-un colț. Cele două cușete de la peretele opus rămăseseră neocupate, însă nu și cea a doctorului.

În ea zăcea un trup, al unui bărbat corpolent. Limba umflată îi ieșea din gură, iar buzele se albiseră din cauza dârelor de salivă uscată. Resturile unei cupe de lut zăceau lângă pat, iar o pată întunecată colora podeaua, acolo unde se vedeau cioburile.

Anaeda îi atinse obrazul cu dosul palmei.

– E mort.

– Se pare că de mâna sa.

Ea ridică o cutie de carton de pe biroul doctorului și citi ce scria pe ea.

– Întăritor pentru inimă.

– S-ar putea să-l fi folosit împotriva răului de mare. Tot asta ia și Iesol.

– Da, însă diluat foarte mult. Jumătate din cutia asta s-a dus. Voia să fie sigur că moare, și încă repede.

Căpitanul răsfoi jurnalul medical, apoi îl închise brusc și bombăni.

– Era destul de îngrozit încât să se omoare, dar nu a înregistrat nimic aici.

În afara încăperii se auzi un duduit rapid, iar Shimik sări și se prinse de muchia tambuchiului. Ghearele sale scobiră așchii de lemn din canat când rămase agățat acolo.

– Viino viino, cappatana naeda! Jrima viino!

Sări, răsucindu-se în aer și o zbughi pe punte, înapoi spre pupa.

Jorim și Anaeda îl urmară pe cât de repede puteau, însă hamacele îi încetiniră. Shimik aștepta la treptele care coborau spre puntea următoare și se ghemui acolo, privindu-i, apoi se uită în jos. Când trecură și de ultimul hamac, fennul țâșni în jos pe scări, iar ei goniră după el. Aruncându-le o ultimă privire, o zbughi spre tambuchiul deschis al armurăriei.

Anaeda ajunse acolo prima și se opri în prag. Shimik se ghemui la picioarele ei în așa fel încât ea s-ar fi împiedicat dacă ar mai fi înaintat. Însă părea destul de mulțumită să se agațe de marginea canatului și să stea acolo. Se aplecă ușor în față, apoi se întoarse și privi spre Jorim.

– Maestre Anturasi, cred că numai tu ai putea să-mi explici asta.

Se dădu la o parte, iar el privi în interior. Singura sursă lumină era o rază de soare strecurată printr-un hublou deschis. Putea vedea clar două cadavre întinse pe podea. Unul, un bărbat chel, în robă de marinar, avea un ciocan de fierar strâns în mâna dreaptă. Avea aproape toată fața zdrobită. Ochiul stâng atârna de un nerv. Roba îi fusese sfâșiată până la gât, iar balta de sânge închegat în care zăcea se scursese din carotida tăiată.

Însă ceea ce-l omorâse îl opri pe Jorim să facă vreun pas în interior. Creatura părea vag umanoidă, prin faptul că avea brațe și picioare, deși erau mai degrabă romboidale în secțiune decât rotunjite, precum membrele omenești. Aceeași formă romboidală o aveau coada lungă și trupul, care se îngusta spre piept. Forma precisă a capului era dificil de întrevăzut, din pricina faptului că ciocanul îl zdrobise. O parte dintre solzii care acoperiseră trupul creaturii se desprinseseră și luceau în lumina soarelui.

Mâinile viețății aveau membrane între degete. Se terminau cu gheare ascuțite și cu ele îi venise de hac fierarului. De asemenea, erau vizibili și dinții ascuțiți, triunghiulari, câțiva pierduți în urma loviturilor de ciocan.

Jorim arătă spre creatură.

– Solzii se potrivesc. Are caracteristicile unui pește. Cred că deschizăturile acelea sunt bronhii.

– Înțeleg. Deci, ce-i asta?

El clătină din cap.

– N-am nici o idee. Nici măcar nu-mi amintesc ca o astfel de jivină să fi fost pomenită în poveștile populare sau legende. E adaptată pentru viața acvatică, indiferent ce-o fi. Oare din cauza asta navele care se îndreaptă spre sud rareori se mai întorc? Posibil, dar nu sunt convins.

– De ce, Maestre Anturasi?

Se ridică şi-i susţinu cu încăpăţânare privirea directă.

– Dacă presupunem că o haită din aceşti oameni-rechini a măcelărit echipajul şi a luat cadavrele, atunci mai trebuie să facem câteva presupuneri. Una ar fi că o vânătoare cu atât succes presupune antrenament. Asta înseamnă că au mai vânat oameni şi înainte. Consideră atacarea navelor un mod eficient şi mulţumitor de a trăi.

Anaeda dădu din cap.

– Sună logic.

– Dacă fac asta de multă vreme, şi-au extins raza de acţiune. Stabilirea unei baze precum cea de pe Ethgi ar fi ceva simplu. I-am vedea ajungând până în deltele şi în zonele populate. Ar fi existat, deja, relatări şi dovezi ale existenţei lor.

– S-ar putea, Maestre Anturasi, dar dacă nu pot rezista decât în apele mai reci?

– S-a spus, cândva, că turasynzii nu pot vieţui decât în câmpiile lor reci şi uscate, însă când creşterea populaţiei i-a obligat să se extindă, au făcut-o.

Jorim scutură din cap.

– S-ar putea să nu fi auzit de astfel de jivine înainte, dar sunt dispus să pun rămăşag că vom mai vedea în viitor.

Anaeda îşi şterse fruntea cu palma.

– Au pierit două sute de suflete, iar noi am ucis doar unul dintre ei?

Jorim făcu semn cu capul.

– Am fi putut omorî mai mulți, însă au luat trupurile.

– Deci sunt și canibali?

– Nu știu. Dacă-l disecăm pe cel rămas aici, s-ar putea să aflăm.

Căpitanul își înfipse pumnii în șoldurile înguste. Strânse din ochi.

– Fă-o. Vreau să știu ce sunt și în ce ne-am băgat.

Shimik, ridicându-se din poziția ghemuită, îi imită atitudinea. Privi în sus, spre ea, apoi spre cadavre, și clătină din cap.

– Dreu. Dreu.

38

Ziua a 17-a, Luna Ursului, Anul Câinelui

Al 9-lea an al Domniei Prinţului Imperial Cyron

Al 162-lea an al Dinastiei Komyr

Al 736-lea an de la Urgie

Dolosan

În cele cinci săptămâni şi jumătate de la uciderea şarpelui cu coamă şi a odraslelor sale, la Telarunde, grupul înaintase lent spre apus. Keles Anturasi îşi asumă întreaga responsabilitate pentru ritmul lent, fiind incapabil să se deplaseze mai repede. Graba ar fi făcut ca studiile sale topografice să nu fie complete. Moraven căzuse de acord că, deşi misiunea sa de localizare a sursei comerţului cu arme străvechi constituia o urgenţă, ridicările topografice erau cheia izbânzii. Acceptul său de-abia dacă-l domoli pe Ciras, care în mod vizibil avea dureri, însă refuza cu încăpăţânare să recunoască.

Pur şi simplu, după luptă, toţi şase avuseseră nevoie de timp să se refacă. Deşi nu fusese vătămat fizic, Borosan ieşise cel mai rău din confruntare. Jeluia distrugerea *thanatonului*, de parcă acesta ar fi fost căţeluşul familiei. Ceea ce-l durea mai tare era că *gyanrigotul* nu-şi îndeplinise misiunea şi îşi ceruse iertare pentru că eşecul său îi pusese pe toţi într-o situaţie grea. Nici chiar sugestiile lui Moraven, cum că nu atacase pentru că şarpele şi puii lui constituiseră o multitudine de ţinte care-l zăpăciseră, nu reuşiră să-i aducă alinarea. Jură că va construi un *thanaton* şi mai bun, iar ceilalţi îl tachinau, însă nădăjduiau că nu vor da peste alt şarpe cu coamă, pe pielea căruia să-l încerce.

De asemenea, ridicările topografice trebuiau să fie făcute în mai multe trepte, îngreunând deplasarea. Primul pas era vizitarea aşezărilor din vestul ţinuturilor Solaeth şi Dolosan. Vorbiră cu localnicii şi adunară informaţii despre regiunile înconjurătoare. De câte ori puteau, angajau pe câte cineva să-i conducă spre următoarea aşezare sau alt punct de interes. Tot avansând, aşezările deveniră din ce în ce mai rare, iar punctele de interes mai multe, fapt care îi încetinea din nou.

Odată ce adunau informaţiile preliminare despre o regiune, o explorau cu grijă. Keles făcuse excelente estimări despre viteza de deplasare şi distanţele acoperite. Având un ochi exersat, putea măsura distanţa doar punând-o pe Tyressa să plece călare şi urmărind cât de repede se micşora imaginea ei. Fiecare informaţie, de la localizarea pâraielor și peșterilor, până la felurile de pește disponibile și aproximarea copacilor de pe fiecare acru, era trecută în carnetul lui Keles.

Când Borosan Gryst își reveni, deveni foarte util acțiunii de prospectare. Meșteri la șoricarul său și reuși să încropească un al doilea *thanaton*, mai mic, de mărimea unui lup. Le măsură pașii exact, apoi îi trimise în anumite puncte și înapoi, oferind măsurători foarte precise ale distanțelor. *Gyanrigotul* putea chiar să se cațere în copaci și pe versanții stâncoși, aducând informații despre înălțimea lor.

Chiar și virukul îl ajuta. Rekarafi îi dădu numele în virukiană ale munților și râurilor. Arăta spre locurile unde ceea ce păreau mormane de roci fuseseră, cândva, avanposturile lor. Putu chiar să arate cum fuseseră tăiate pădurile și apoi replantate după ocupațiile virukiene și umane din regiune.

Când Keles îl văzuse prima dată ridicându-se peste cadavrul șarpelui cu coamă, Rekarafi îi spunea *etharsaal* în virukiană, inima-i urcase până-n gât. Era sigur că virukul venise să-l omoare pentru cele întâmplate în capitală sau să-l răzbune pe cel ucis de fratele lui. Simțise un gol în stomac și se aplecase să vomite.

Războinicul venise, într-adevăr, pentru el, dar nu cu gândurile de care se temea. Le explică lui Moraven și Tyressiei că fusese trimis de consoarta sa pentru a-l proteja pe Keles. Ambasadoarea apreciase corect că n-ar fi ajuns în Pustietăți, dacă n-ar fi fost incidentul de la petrecere; de aceea, protejarea lui devenise o chestiune de onoare pentru viruk. Rekarafi le anticipase sosirea la Eoloth și așteptase ca să-i urmeze, deși nu le explicase niciodată cum de ajunsese atât de departe și atât de repede. Keles presupuse că era vorba de magie, și asta-l făcu să se întrebe cum de reușiseră oamenii să se elibereze din sclavie.

Cu tot ajutorul său, Rekarafi însemna și un mare impediment în calea deplasării. Keles nu putea rămâne în apropierea lui mai mult de câteva minute. Odată, făcu greșeala de a bea apă în aval, după viruk. Apa care-l atinsese pe Rekarafi îl îmbolnăvi foarte tare, atât de tare încât nu putuse fi mișcat timp de două zile și rămase letargic preț de o săptămână întreagă. Visele-i fură bântuite de coșmaruri și din ce în ce mai des se trezea obosit, simțindu-și trupul de parcă ar fi fost frământat de copitele cailor.

Durerile de cap și boala influențară și modul în care-i trimitea informații bunicului. Mai multe zile nu se putuse concentra suficient de bine ca să realizeze legătura, iar când reușea, transmitea lucruri nesemnificative și vagi. Era obișnuit cu pretențiile bunicului, însă bătrânul îi cerea din ce în ce mai puține. Keles ajunsese la concluzia că în momentul contactului îi trimitea bunicului atâtea informații deodată, încât tot ce mai putea face bătrânul era să aștepte până putea digera totul. O altă posibilitate era că mintea lui se degrada odată cu vârsta, însă Keles nici măcar nu voia să se gândească la asta.

În loc să se concentreze asupra bătrâneții bunicului și la problemele pe care le-ar fi putut provoca asta, îi trecu prin minte că dificultatea trimiterii de informații putea fi din cauza naturii ținutului. Dolosan primise primul val de energie magică eliberată în urma bătăliei de la Ixyll. Dovezile erau de netăgăduit. Pământul se crăpase și se modificase, platouri vaste de piatră se ridicaseră din pământ și se avântaseră spre cer. În afară de asta, marginile superioare se rotunjiseră, de parcă s-ar fi topit. Valul magic se rostogolise mai departe, trecând prin văi, acoperind munții, erodând piatra și transformând tot ceea ce atingea.

N-ar fi crezut în ruptul capului că unele lucruri se întâmplau, dacă nu ar fi făcut măsurători. Pe alocuri, stânci uriașe se mișcau între apusul și răsăritul soarelui, alunecând din aliniamentele trasate cu o zi înainte. Când se ducea să vadă dacă nu cumva se rostogoliseră într-o parte, prin ce mijloace, nu-și putea imagina, nu găsea nici o neorânduială. Însemnă cu cretă unul dintre pietroaie, pe partea dinspre nord, iar în dimineața următoare descoperi că semnul era orientat spre sud. Migrase, însă nu și suprafața pe care desenase.

Dolosanul fusese copleșit de violența magiei și, chiar dacă aceasta se diminuase cu trecerea anilor, efectele sale erau inevitabile. Într-o vale, o întreagă suprafață împădurită fusese transformată într-o pădure vie, de cupru. Chiar și mai ciudat, copacii se legănau cu mișcarea unduioasă a ierbii-de-mare fremătând sub valuri. Grupul se opri la marginea văii, nehotărât să meargă mai departe, pentru că s-ar fi putut îneca într-un lichid nevăzut. Când intrară, simțiră o presiune în creştere şi trebuiră să se deplaseze şi mai încet. Vorbele ieşeau mai greu, iar Keles percepu mângâierea curenţilor prin haine şi păr.

Căută plante şi animale, să vadă ce efecte avea asupra lor vieţuirea într-un astfel de loc. Oare păsările scuipau foc, să poată modela frunzele în cuiburi? Sau poate deveniseră la fel ca peştii, înotând prin aer? Peştii puteau să înoate afară din apă? Nu văzu nimic şi nu găsi răspuns la întrebări, însă tot căutând, începu să înţeleagă curiozitatea fratelui său în privinţa lumii. Pentru el, întotdeauna aceste lucruri se găsiseră dintotdeauna *pe* pământ, dar pentru Jorim ele erau *ale* pământului.

Mergând mai departe spre vest, intrară cu adevărat în Pustietăţi. Ziua, pământul licărea, de parcă din el s-ar fi înălţat fierbinţeala, totuşi, o vale era destul de îngheţată încât să le aburească respiraţia, iar următoarea înfierbânta orice bucată de metal prea tare ca poată fi atinsă. Dealurile se unduiau încet, de parcă erau pături sub care se foiau copiii. Din loc în loc, putu recunoaşte multe dintre plante, însă păreau mai mari sau mai mici decât era normal, iar adesea inflorescenţele erau disproporţionat de mari faţă de plantă şi în culori nemaivăzute de el în natură până atunci.

Pătrunderea în Pustietăţi îl făcu pe Borosan Gryst mai fericit, iar pe Rekarafi şi Ciras mai mohorâţi. Pentru *gyanridin*, era un tărâm însufleţit de energia magică, unde putea găsi *thaumston*, cu care să dea viaţă creaţiei sale. Însă Rekarafi îl privea ca pe un pământ unde domniseră, cândva, ai lui şi-l găsea de nerecunoscut. Pentru Ciras, era pântecul unde se zămislea magia nouă, amenințând arta în care se străduia să se perfecționeze.

Într-o seară, iritarea lui Ciras crescu deoarece soarele zilei îi înroșise pielea atinsă de venin. Cu o lovitură de picior azvârli șoricarul într-o parte.

– Ține monstruozitatea asta departe de mine.

Borosan clipi nedumerit cu ochii săi mari.

– Monstruozitate? A hăcuit unul dintre șerpii mai mici la fel de ușor ca tine.

Spadasinul scutură din cap.

– L-a ucis fără nici o onoare, fără să știe ce făcea. Este o monstruozitate, pentru că face totul fără nici o considerație.

Moraven înteți focul cu un băț.

– Să nu fie adevărat, *Liserrdin* Dejote, că există considerație în creația Maestrului Gryst, a unui *gyanrigot?*

– Ca să fiu de acord cu asta, Maestre, ar trebui să admit că prestigiul fierarului care a făcut spada este mai mare decât al meu, cel care-i folosește unealta. Poate că fierarul a dorit ca arma să ucidă fără discriminare, însă eu sunt cel care decide când și cum s-o folosesc. Eu îmi asum responsabilitatea pentru aceste acțiuni.

– Și nu crezi că Maestrul Gryst face la fel? Amintește-ți că și-a cerut iertare pentru eșecul *thanatonului.*

Ciras își așeză o bucată de pânză rece pe partea dreaptă a feței. Veninul îl arsese, răsucindu-i carnea în colțul gurii și ochiului, de parcă fusese atinsă de foc.

– Îmi amintesc. Maestrul Gryst și-a cerut iertare, însă sunt alții care n-ar face-o. Ați văzut *thanatonul*. Imaginați-vă o companie de *thanatoni* patrulând printr-un castel sau, mai rău, trimiși să-i izgonească pe săteni din casele lor. Ar face asta fără nici o rațiune. Nu ar asculta de nimic, n-ar putea fi convinși că stăpânul care le-a dat ordinele greșea sau este nemernic.

Tyressa își desfăcu pătura.

– Deci te temi că acești *gyanrigoți* i-ar putea înlocui pe *xidantzu*?

– Nu, asta nu s-ar putea întâmpla niciodată.

– Atunci de ce te temi?

– Nu mă tem de nimic. Problema cu *gyanri* este că li se conferă abilități pentru care oamenii obișnuiți trebuie să se antreneze ani de zile. Vor eroda respectul datorat celor care au acumulat îndemânarea. Munca asiduă va deveni ceva de domeniul trecutului. Oamenii nu vor mai respecta magia sau nu se vor mai teme de ea și vor pava drumul spre revenirea *vanyeshilor*.

Keles, obișnuit cu discuțiile avute cu fratele și sora sa, ridică mâna.

– Iartă-mă, Ciras, dar ai luat-o razna. Să pui un *gyanrigot* să lucreze pentru cineva nu înseamnă că și-ar dori să devină magician.

– N-am spus așa ceva.

– Dar ai sugerat. Eliberat de nevoia de a ara pământul și a planta recolta, un țăran ar putea să învețe multe alte lucruri. Ar putea deveni un mare poet sau artist, un olar priceput ori chiar spadasin.

Ochii lui Ciras se micșorară.

– Sau poate magician?

Keles dădu din umeri.

– Ar putea fi orice. Acordă-i suficient bun-simţ încât să nu-şi dorească să fie magician.

– Ai mai multă încredere în bunul-simţ decât mine, Maestre Anturasi.

Ciras arătă spre şoricar.

– Acum se deplasează şi face măsurători pentru tine. Nu a avut nevoie să fie instruit. Legătura dintre autodisciplină şi abilitatea de a controla magia s-a rupt. Dacă vor vedea că magia poate fi atât de simplă într-un domeniu, o vor aplica şi în altă parte. Tot aşa cum *gyanrigotul* străbate drumurile pentru tine, vor fi alţii care vor deschide drumul spre nebunia care a distrus lumea.

Moraven Tolo se încruntă.

– Ideile tale sunt interesante, însă gândirea lasă de dorit.

Ciras se ridică în picioare.

– Cum aşa, Maestre?

– Îi consideri pe *vanyeshi* întruchiparea răului, pentru că aşa ai fost învăţat să-i vezi. Au luptat alături de Nelesquin, însă la fel au făcut şi mulţi *serrdini.* Au fost spadasinii de partea răului pentru că au luptat împreună cu el?

– Trebuie să fi fost.

– Şi dacă au fost înşelaţi?

– Şi asta este posibil.

– Ceea ce-ar însemna, Ciras, că unii dintre *vanyeshi* s-ar putea să nu fi fost răi, ci doar induşi în eroare.

Moraven arătă spre șoricar.

– Oamenii pot fi la fel ca unealta asta. Diferența este că ei au posibilitatea de a-și controla comportamentul. Preocuparea ta nu trebuie să fie ce comportament să fie permis și care nu, ci cum să încurajezi oamenii să fie responsabili pentru comportamentul lor. Interdicția va eșua la un moment dat. Responsabilitatea n-are voie să facă asta.

Ciras ezită, apoi își lăsă capul în jos.

– Îmi cer iertare pentru lipsa mea de chibzuință.

În părul negru al lui Moraven juca lumina focului, iar el își înăspri privirea.

– Lipsa de chibzuință îți va fi iertată de data asta. Ai ajuns lipsit de minte ca un *gyanrigot.* Te face la fel de periculos pe cât îi consideri tu pe ei. Singurul mod de a te dovedi stăpân pe tine însuți ar fi să gândești cu adevărat. Prea adesea oamenii confundă noțiunea de *a fi* capabili să gândească și a proceda astfel. Nu există o greșeală mai periculoasă.

Călătoria lor îi duse până în inima Dolosanului, la marginea de miazăzi a unui bazin enorm, măsurând cel puțin trei sute de kilometri dinspre sud-vest spre nord-est, și peste două sute de la est la vest. Vegetația alcătuită din arbuști de-abia dacă oferea un adăpost și vreo pată de culoare. Fiecare dintre nenumăratele ravene mici, săpate în peisaj, era teritoriul unei adevărate izbucniri vegetale.

Rekarafi străbătu în tăcere mai mulţi kilometri în timp ce coborau o pantă.

– Aici a fost Isdazar.

Keles scuipă saliva acrită.

– Apele strălucitoare?

Războinicul virukian dădu din cap.

– Un lac întins. Am navigat pe aici cu Ierariachul meu, în vremurile de demult.

Moraven se răsuci în şa, privind înapoi spre virukul cu mers săltăreţ.

– A existat o populaţie virukiană numeroasă pe-aici?

– Cândva, da.

Întinse un deget cu gheară spre nord.

– Tavliarch a fost căminul multora. Când a venit *tavam alfel*, apa a dat în clocot. S-a ridicat într-un nor fierbinte, de unde a revenit pe pământ ca o ploaie neagră. Tot ce-a atins a murit. A topit Tavliarch. Apa s-a scurs înapoi în bazin şi a dat în clocot din nou şi din nou. În cele din urmă, a fost absorbită de pământ.

Borosan dădu din cap.

– Procesul continuu al absorbţiei în sol şi ploile au permis mineralelor să formeze sedimente. Unele sunt simple geode, în vreme ce altele s-au depus în straturi întregi. Aici, în această regiune, se găsesc depuneri abudente de *thaumston*, deşi capacităţile lor magice sunt adesea istovite.

– Cum ar putea fi istovite?

Keles se înălţase în scări şi arăta spre o plantă cu un mănunchi de fructe acoperite cu penaj.

– Ne aflăm în apropierea Ixyllului. Ar trebui să fie mai puternice aici.

– Nu, Keles. Vezi tu, apa de aici, probabil din cauza mineralelor, a fost un rău conductor de energie magică. A colectat-o, însă a transferat puţină din ea celorlalte lucruri. Până acum am văzut doar semne ale magiei *însăşi*, care a afectat mediul. Aici a atins apa, care izola terenul de dedesubt. La vest de aici, spre zonele mai înalte, veţi vedea lucruri din ce în ce mai ciudate, mai ales acolo unde magia a continuat să curgă, însă ce-a ajuns aici sunt doar reziduurile. *Thaumstonul* de aici are avantajul că se află în stare concentrată şi este capabil să absoarbă o mare cantitate de energie magică. Oamenii sapă după el şi-l aşază în locuri unde ar putea fi încărcat. Odată ce s-a energizat, posibilităţile sunt nelimitate.

Keles se strâmbă.

– Şi cum se încarcă?

– Este relativ simplu. Pui eşantioanele într-o cutie metalică şi ridici un stâlp deasupra ei, sau trasezi canale de scurgere în jurul ei, tehnicile diferă. Apoi aştepţi.

– Ce?

– O furtună foarte specială. Ideală este una moderată. Suficientă cât să încarce *thaumstonul*, dar nu mai mult. Din fericire, bazinul are tendinţa de a atrage furtunile.

– Şi dacă furtuna-i prea puternică? se arătă Moraven curios, înălţând o sprânceană.

– Ne-ar ucide, îi răspunse Borosan cu un zâmbet. Dar nu vă temeți. Sunt sigur că ar fi cel mai spectaculos fel de a muri.

39

Ziua a 3-a, Festivalul de Anul Nou, Anul Șobolanului
Al 9-lea an al Domniei Prințului Imperial Cyron
Al 163-lea an al Dinastiei Komyr
Al 737-lea an de la Urgie
Meleswin (Helosunde)
Deseirion

Prințul Pyrust își înfipse muchia scutului de fier în fața helosundianului, făcându-l să se răsucească. Arma omului zbură și Prințul deseian înaintă, lovind adânc în alte părți vitale. Sabia ieși cu un plescăit umed. Îl împinse din fața lui, apoi continuă.

În jurul lui, Șoimii Aurii se deplasau pe strada principală din Meleswin, hăcuind și străpungând tot ce mișca. Majoritatea helosundienilor din oraș erau beți și epuizați. Când ocupaseră Meleswinul, nu cruțaseră pe nimeni. Bărbații fură uciși, femeile siluite, iar copiii trimiși mai departe, ca sclavi. Delasonsa prevăzuse cu mare acuratețe ce avea să se întâmple, însă nici chiar Pyrust nu se așteptase să vadă străzile ticsite de cadavre. Șobolanii și câinii se înfruptau din ele chiar și când de la ferestrele cu obloanele trase din cauza frigului mai răzbătea câte-un râset răgușit.

Planul de a învrăjbi și măcelări conducerea helosundiană nu avusese nevoie de prea multă osteneală. Consiliul de Miniștri fusese profund divizat în privința numirii unui nou prinț și-l aleseseră pe Eiran, un nobil mărunt, cu ambiții la fel, și o soră arătoasă, pe care mulți o priveau ca pe o trambulină spre putere. Eiran se considera un geniu militar, după ce dusese multe războaie cu soldații de jucărie. Trupele deseiene în retragere opuseseră mai puțină rezistență decât o făcuse oricare dintre armatele sale imaginare, așa că el și o hoardă de trupe nedisciplinate intraseră în oraș.

Pyrust plănuise contraatacul pentru ultima parte a Festivalului, însă veștile despre luptele dintre diferitele facțiuni îi oferiseră impulsul de a lansa operațiunea mai devreme. Generalul Pades, care avea un statut ca de prinț, ocupase depozitele de lângă râu, blocând accesul la magaziile cu bunuri. Ca să le recupereze, Eiran trimisese trupe din garnizoana Porții de Sud.

Băieții pe jumătate instruiți și ologii lăsați acolo nu fuseseră în stare să dea nici alarma. Șoimii Umbrei îi măcelăriseră, apoi ocupaseră cartierul sudic. Trecură din casă în casă, tăind gâtlejuri până ce nu mai întâmpinară nici o rezistență. Șoimii Aurii, Șoimii de Munte și Șoimii Argintii intrară atunci în oraș și se răspândiră peste tot. Șoimii Aurii, împreună cu cei Argintii, pătrunzând în oraș pe ambele flancuri, năvăliră direct asupra centrului și palatului primarului, iar celelalte două unități se răspândiră spre est și vest, să-l înconjoare pe Pades și oamenii săi, la nord.

Pe măsură ce deseienii se apropiau de palat, începură să apară luptătorii. Majoritatea, din câte se părea, de-abia dacă avuseseră timp sau prezență de spirit să pună ceva pe ei și să-și tragă sabia din teacă. Nu aveau nici o idee cu cine luptau sau de ce, iar câțiva urlau că fuseseră trădați de Pades. Alții, șontâcăind în retragere din luptele de la nord, lăsară armele jos așteptându-se la milă.

Nu avură parte de ea.

Pyrust străbătea străzile. Scutul fusese fixat atât de strâns la jumătatea antebrațului, încât n-ar fi putut să-l dea jos decât cu tot cu mădular. Pe platoșa armurii sale negre fusese gravat un Șoim Auriu și dăduse instrucțiuni să fie zugrăvit cu două pene retezate. Consilierii săi credeau că asta nu era deloc ceva înțelept, însă știa că helosundienii n-ar fi fost în stare să priceapă semnificația blazonului. Dar era încântat să vadă că mai mulți dintre Șoimii săi Aurii își modificaseră armurile ca să ascundă aceleași două pene, oferind dușmanului o mulțime de ținte false.

Pe străzi își făcură apariția și mai mulți războinici, pe jumătate goi și cu ochii încețoșați. Celor mai isteți dintre ei le trebui doar o privire spre batalionul de soldați deseieni în armuri, care umpleau străzile, ca s-o ia la goană. Îi vor ajunge din urmă Șoimii Umbrei. Ceilalți helosundieni, având convingerile tipice asupra virtuților cauzei lor, slobozira un strigăt de luptă și șarjară.

Strigătele lor deveniră scâncete, apoi horcăituri și tăcere.

O mână dintre ei rămăseseră pe treptele palatului, agitând sulițe și săbii. Se pregătiră pentru luptă, însă tremurau precum căţeii care se înfruptau din cadavre. Dacă ar fi avut coadă, și-ar fi încolăcit-o strâns în jurul mădularului și pântecului.

Pentru o clipă, lui Pyrust îi fu milă de ei. Vinovat de moartea lor era numai Prințul Cyron. Poate că, înfricoșați de atacatori, își dăduseră și ei seama. Soldații tocmiți de Cyron rămăseseră în Nalenyr. Cei mai buni dintre ei, gărzile keru, nu intrau niciodată în luptă. Dacă prințul nalenian i-ar fi trimis să lupte, atunci s-ar fi dat o adevărată bătălie pentru Meleswin.

Și poate chiar mi-ar fi fost teamă de ce mă așteaptă.

Pyrust lovi cu sabia de muchia scutului.

– Nici un prizonier.

Dăduse ordinul cu glas scăzut, iar porunca fu transmisă din om în om în rândul trupelor. Încă o lovitură îi făcu sabia să vibreze, apoi începu să alerge.

În timp ce gonea, sulițele helosundiene se înălțară. Câteva, aruncate fără vlagă, se înfipseră înaintea lui. Una îl zgârie pe unul dintre războinicii care alergau împreună cu el. Restul zburară inofensive pe deasupra. Cei ce le lansaseră începură încet să-și dea seama, pe când Șoimii se apropiau nevătămați, că sulițele ar fi fost mult mai eficiente dacă le-ar fi folosit ca să lovească.

Pyrust își ridică scutul pentru a para o lovitură de sus în jos. Îi făcu brațul să se cutremure și-i crăpă o parte din scut, însă muchia blocă lovitura. Războinicul își retrase sabia, dar când sfârșise mișcarea, spada Prințului îi despicase în două fluierul piciorului stâng. Bărbatul urlă și căzu, trăgând după el încă unul. Lovituri repezi îi terminară pe amândoi. Trupurile moi se rostogoliră pe treptele de marmură, pictând un covor roșu în cinstea sosirii lui Pyrust.

Soldații care flancaseră pâlcul de helosundieni dădură la o parte porțile palatului. Arcuri zbârnâiră din interior, iar oamenii se răspândiră care încotro, cu săgeți înfipte în gât, brațe sau picioare. Însă alții năvăliră în clădire și când Prințul Pyrust își croi drum spre intrare, vreo jumătate de duzină de arcași zăceau morți.

Pyrust îl ajută să se ridice pe unul dintre oamenii săi loviți la picior. Războinicul se aplecă și smulse săgeata, aruncând-o cu dispreț.

– Nu-i nimic, milord.

– Este un blazon al onoarei.

Pyrust porni pe scări în sus, încet, potrivindu-și pasul cu cel al rănitului. Alți Șoimi Aurii năvăliră pe treptele de marmură, luându-i-o înainte, și se postară de ambele părți ale ușilor de bronz ale intrării în principala sală de audiențe. Prințul ridică o mână, iar cei care se pregătiseră să deschidă ușa se relaxară.

Se apropie și lovi în ușă cu mânerul spadei.

– Prinţe Eiran, sunt Pyrust, am venit pentru oraşul meu. Deschide uşa şi nu ţi se va face nici un rău.

Nu auzi nici un răspuns şi se încruntă. Se răsuci, apoi îşi agită spada ca soldaţii de lângă uşă să elibereze culoarul direct spre intrare. Nu faceţi nimic. Întorcându-se spre uşă, se dădu la o parte, îşi băgă spada în teacă şi făcu semn spre soldaţii care aşteptau acolo. Deschideţi acum.

Traseră de frânghiile legate de clanţe, iar uşile se deschiseră încet, retrăgându-se precum cortina de pe scena unui teatru. Un stol de săgeţi ricoşă în uşi şi podea. Pyrust se aplecă şi culese una dintre săgeţi, apoi izbucni în râs. Ţinând-o în mâna dreaptă, păşi în prag şi intră.

Sala de audienţe era prea mică pentru a putea fi măcar considerată spaţioasă, însă marmura şi granitul încastrate în podea, alcătuind şi podiumul din spate, erau importate. Fuseseră aranjate în aşa fel încât să formeze blazonul helosundian, cu câinele, lăsat intact de tatăl lui Pyrust, din moment ce lucrarea de artă conferea încăperii o anumită prestanţă. Frescele de pe pereţi fuseseră pictate din nou, pentru a ilustra diferite scene glorioase din istoria deseiană, iar pe Pyrust îl distră să vadă că îi devastaseră portretul de pe peretele estic. Faţa sa fusese ştearsă prin lovirea repetată cu o urnă de aramă, ciobită.

Grămada de tineri şi foarte beţi nobili helsondieni, îngrămădiţi între blazon şi podium, reflecta imaginea de afară, a străzilor ticsite cu cadavre. Acolo, hoiturile zăceau în bălţi se sânge, urină şi excremente, în timp ce înăuntru, nobilii erau prăvăliți în vinul vărsat pe jos și propria lor vomă. Armurile, nici una cu urme de luptă, fuseseră aruncate de-o parte. Indiferent ce robe vor fi purtat pe dedesubt, ofereau acum o pavăză iluzorie femeilor tupilate după ei și privindu-l pe Pyrust cu ochi îngroziți. O mână de nobili, printre care și noul Prinț, reușiseră să rămână în picioare și să tragă cu arcul, însă nici unul nu pusese o altă săgeată în coardă și numai doi dintre ei își pipăiau tolba.

Pyrust ridică săgeata luată de jos.

– N-ați vrea să mai încercați o dată?

Drept răspuns, arcurile zăngăniră pe podea. Arcașii le urmară curând, iar paloarea lor cenușie se accentuă. Numai Eiran rămase în picioare, însă dădea din mâini și înghițea cu noduri. Pyrust îl pironi cu privirea, avansând spre el, răsucind încet săgeata între degete. Cu fiecare pas, tremuratul helosundianului se intensifica.

Pyrust privea dincolo de el, spre femeia care stătea în fotoliul primarului. Putea fi o keru, dacă ar fi fost mai înaltă și mai solidă, pentru că avea părul blond, privirile de gheață și duritatea izvorâte din ura în stare pură. Mări pasul, trecând de Prinț și de cele trei trepte spre tron. Aruncă săgeata și o apucă pe femeie de gât, ridicând-o brutal, însă ea nu scoase nici un sunet.

Sângele de pe mănușă îi mânji gâtul. Ea înghiți și el simți asta. Simțea că viața ei era în mâinile sale, îi simțea bătăile inimii. Numai faptul că i se micșoraseră pupilele și vibrația fină a nărilor îi trădau adevăratele sentimente.

Îl scuipă.

Pyrust îi dădu drumul, își șterse saliva de pe obraji și o lovi cu dosul palmei. Îi izbi capul într-o parte, azvârlind-o cu spatele de tron, însă ea nu căzu. O roșeață tot mai puternică îi acoperea obrazul drept. Se îndreptă din spate și ochii-i deveniră ca două fante.

Pyrust își puse mâna pe fața ei.

– Nu mai scuipa. M-ai dezamăgi dacă nu te-ai putea gândi la o nouă insultă.

Se răsuci, întorcându-i intenționat spatele, și coborî treptele spre fratele ei. Pyrust își lăsă mâna grea pe umărul Prințului. Cu cea mai ușoară apăsare l-ar fi putut arunca în genunchi. În loc de asta, strânse și mai tare și-l ținu pe Eiran drept.

Șopti în urechea helosundianului:

– Sora ta ți-a salvat viața. Ea este, nu-i așa? N-ai putea seduce niciodată pe cineva atât de curajos, indiferent ce coroană ai purta. Jasai, începu să spună Pyrust, răsucindu-se pe călcâie spre fată, când l-au ales pe fratele tău Prinț, te-au făcut și pe tine prințesă?

Ea-l înfruntă cu privirea.

– Nu.

– Atunci am s-o fac eu.

Eiran scutură din cap.

– Nu.

Pyrust întinse brațul cu scutul, îl apucă pe tânărul Prinț și-l răsuci. Rosti cu o voce joasă și rece:

– Pricepe odată, Eiran. Eşti un prost şi un laş. Spui nu, însă nu poţi face nimic pentru a impune asta. De fapt, dacă aş vrea s-o batjocoresc pe sora ta chiar acum, pe tron, ai ţine-o pentru mine. Uită-te, ştie şi ea asta.

Eiran ridică fruntea, iar privirea surorii sale îl străpunse. Se prăbuşi în genunchi şi vomită pe cizmele lui Pyrust.

Prinţul deiesan îl azvârli într-o parte, mai puţin ca să-l scoată din băltoacă şi mai mult să-şi şteargă cizmele. Urcă din nou treptele spre tron.

– Tu, Jasai, ducesă, contesă, orice te-au făcut ei în sminteala lor, vei fi de-acum Prinţesă de Deseirion. Primul lucru obţinut deja de tine: viaţa fratelui tău. Am să pun să fie readuşi în simţiri toţi curtenii săi, urcaţi în şa şi escortaţi spre sud, de unde se pot duce spre Nalenyr fără nici o opreliște. Al doilea lucru îl primeşti la căsătorie: încetarea ostilităţilor în această provincie. Nu vor mai fi nici un fel de raiduri împotriva poporului tău. Nici deportări forţate.

Jasai îl pironi cu privirea arzătoare, iar Prinţul ezită o clipă. Furia întipărită pe faţa ei avea o expresie inconfundabilă, însă scăpărările ambiţiei erau şi ele acolo. Smintitul ei frate se îmbătase cu succesul şi răsfăţul luptei, însă ea rămăsese lucidă. Se pregătise pentru ascensiunea spre putere.

– Nu crezi că poţi avea încredere în mine. Aşa arăţi că eşti înţeleaptă, însă vei învăţa că te poţi încrede. Pyrust se întinse şi-i luă mâna într-a lui. Vei mai putea obţine încă ceva. Dăruieşte-mi un fiu şi el va domni în Helosunde, aşa cum ar fi trebuit s-o facă fratele tău. Vei fi regenta lui.

Fruntea ei se încreţi o clipă.

– De ce mi-ai oferi Helosunde?

– Dacă n-aş face-o, m-ai urî pe veci.

– Te asigur, milord, că *întotdeauna* te voi urî.

– Însă mă vei tolera, ca să-ţi salvezi poporul. Viaţa poporului meu va fi ceva mai bună. Nu este cine ştie ce dotă, însă am s-o accept.

Jasai îşi ridică bărbia.

– Cred, milord, că nu ai menţionat darul cel mai de preţ pe care ţi-l voi face.

– Şi anume?

– Domnia mea în Helosunde îţi va îngădui să-ţi urmezi celelalte ambiţii.

Îi zâmbi.

– M-ai făcut prinţesă, mi-ai dat Helosunde, însă eu te voi face Împărat.

Pyrust îşi muşcă buza în interior, ca să-şi înfrâneze zâmbetul.

– Într-un Festival al noului început, acesta ar putea fi cel mai bun început dintre toate. Noul an are, într-adevăr, semne bune.

40

Ziua a 3-a, Luna Tigrului, Anul Şobolanului
Al 9-lea an al Domniei Prinţului Imperial Cyron
Al 163-lea an al Dinastiei Komyr
Al 737-lea an de la Urgie
Lupul furtunii, pe Mările Sudului

De la găsirea *Dragonului lunii* şi a ciudatei creaturi aflate la bordul navei, expediţia nu mai cunoscuse prea multe bucurii. În parte, asta se putea datora continuării drumului spre sud, împinşi de curentul dominant. Marea deveni mult mai ostilă, iar vremea se răcise semnificativ. Shimik reacţionă printr-o blană groasă, iar gheaţa înşelătoare de pe punţi se adăugă pericolelor vieţii la bord.

Căpitanul Gryst era mulţumită să-i cedeze lui Jorim pocitania marină, iar el îi convocă rapid pe savanţii de pe *Lupul furtunii* pentru a studia jivina. O disecară şi conservară bucăţi din ea în diferite borcane. Făcură schițe ale fiziologiei sale. Analizară și ghearele, găsind în interiorul lor un venin despre care credeau că era asemănător cu al războinicului virukian. Paraliza animalele mici, iar investigațiile sugerară că s-ar putea ca majoritatea oamenilor din echipaj să fi fost afectați de el înainte de a avea măcar vreo șansă de a lupta.

Studierea stomacului bestiei scoase la iveală oase de pește și degete, înțelegându-se astfel că restul echipajului de pe *Dragonul lunii* nu va mai fi găsit niciodată. Bucăți din carnea jivinei fură date pisicilor și câtorva șobolani, fără nici un efect negativ. Faptul că pisicile înfulecaseră cu mare poftă bucățile nu-i făcu însă și pe oameni să-și dorească un ospăț din acest fel de carne.

Însă rezultatele întregului studiu nu se dovediră satisfăcătoare. Învățații căzură de acord asupra unui singur lucru, și anume că nu mai văzuseră așa ceva. Explicații erau din abundență, la fel și presupunerile despre cum ajunsese să existe o asemenea creatură. Unii credeau că zeii erau supărați pe oameni și creaseră aceste lighioane pentru a-i înlocui. Alții vorbeau de o situație mult mai sinistră și obscenă, în care marinarii naufragiați comiseseră acte de nedescris împreună cu femeile-pește. Jorim prefera teoria pe care i-o explicase Anaedei, că erau doar o specie nouă de creaturi. Însă lipsa oricăror referințe despre ele îl punea pe gânduri, dar rămase la teoria lui, din moment ce singura alternativă logică era că reprezentau o creație spontană a zeilor. Nu putea accepta cu inima ușoară intervenția divină.

Își aminti de discuția cu Keles, înainte ca amândoi să plece. Fratele său sugerase că Împărăteasa Cyrsa încă trăia în Ixyll, luptând acolo cu ceva ce reprezenta o amenințare pentru vechiul Imperiu. Keles avansase o teorie ciudată, potrivit căreia Urgia deschisese o poartă spre o altă lume, permițând venirea unor forțe încă nemaivăzute de oameni. Deși Jorim o considera extrem de puțin probabilă, putea servi ca explicație pentru lipsa de legende privitoare la acești demoni ai mării.

În cele din urmă, le acceptă pur și simplu existența. Nu era atât de important de știut de unde veniseră, pe cât deveniseră de necesare descoperirea locului unde se aflau acum și aflarea direcției spre care s-ar fi putut îndrepta. Faptul că fuseseră în stare să atace o navă și să o curețe de întregul echipaj, lăsând doar câteva semne ale trecerii lor pe acolo, îl înspăimânta. Nu era atât de îngrijorat pentru *Lupul furtunii*, cât pentru orice mică insulă și din pricina a ceea ce s-ar fi întâmplat dacă dihăniile urcau pe cursul vreunui râu și începeau să devoreze satele.

În luna Ursului, flota localizase mai multe dintre insulele de pe harta din Soth și trimisese echipaje care să le cerceteze. Găsiseră urme de așezări omenești, însă trecuseră ani de când satele nu mai erau locuite. Pe una dintre insule, putuseră să vâneze o mulțime de porci sălbatici, reîmprospătându-și rezervele de carne, și asta le permisese să aibă parte de un ospăț pe cinste cu ocazia Festivalului de Anul Nou. Chiar mai mult, prezența porcilor sugera că demonii marini nu călcaseră pe insule, iar toată lumea se simți mai ușurată.

Festivalul de Anul Nou trecu fără nici un incident, nici măcar o furtună, și toți se bucurară, deși era ceva neobișnuit. Oricum, nimeni nu se plânse, iar petrecerea se desfășură cu un schimb de daruri între echipajele din flotă; nimic extraordinar, toate erau rezultatul muncii făcute în puținele momente libere, avute din când în când. Se schimbară veșminte recent ornate cu broderii noi, se interpretară serenade, spre distracția tuturor, iar bucătarii adăugară în bucatele obișnuite mirodenii păstrate special pentru astfel de momente.

Shimik oferi și el un dar celor de pe *Lupul furtunii*. Alotia, una dintre concubinele care-și făcuse ucenicia în apropierea Doamnei de Jais și Jad, petrecuse ore întregi învățându-l pe fenn un dans. Jorim nu comentase la cererile ei repetate de a sta în compania fennului, din moment ce-l ținuse ocupat în timpul disecțiilor. Numai când îmbrăcase mica vietate într-o robă albastră, brodată cu tigri aurii, se lămurise ce făcuse cu el în tot acest răstimp.

Dansul tradițional, prezentat sub numele *Chadoong-dae*, era de obicei interpretat pentru a saluta noul an de către o femeie tânără, aflată la vârsta măritișului, care-și căuta perechea. Era de multă vreme considerat drept un dans al seducției, cu mișcări mlădioase și fluide, reflectând grația dansatoarei și natura ei senzuală. Jorim văzuse dansul interpretat de mai multe ori în decursul anilor, într-o varietate de stiluri, pe tot cuprinsul celor Nouă Principate şi chiar mai departe. Însă niciodată nu-l văzuse dansat aşa cum o făcuse Shimik. Ceea ce erau mişcări delicate şi graţioase pentru o fată, la el erau aprige şi ţanţoşe. Acolo unde ea era o tigroaică strecurându-se prin junglă, ferindu-se de toţi pentru a se păstra pentru cel ales, Shimik devenise un tigru pornit la vânătoare. Salturile sale deveniră rostogoliri din care ieşea ca o străfulgerare de gheare şi colţi. Devenise numai muşchi şi forţă, cu mişcări hotărâte şi ameninţătoare, iar momentele de vânătoare erau destul de feroce ca să-i facă pe marinari să se tragă înapoi, lăsându-i loc.

Când muzica şi dansul încetară, îşi schimbă atitudinea şi alergă la Alotia să-i sară în braţe, în timp ce oamenii ovaţionau. Urmele naturii feline dispărură într-o îmbrăţişare copilărească, înapoiată de concubină din toată inima, iar mârâiturile se transformară într-un gângurit fericit. Schimbarea aduse un alt ropot de aplauze din partea spectatorilor, făcându-i atât pe dansator, cât şi pe profesoară să se plece cu umilinţă şi să le ureze tuturor bucurie în timpul Festivalului.

Spectacolul fu atât de bine primit, încât Căpitanul Gryst ordonă ca Shimik să fie trimis pe toate navele flotei să distreze echipajele. Grupuri din fiecare navă urcară la bordul *Lupului furtunii* înainte de spectacolele sale. În zorii lunii Tigrului, Shimik primise uniforme de pe fiecare navă, precum şi o mare varietate de daruri, care umpleau o cutie de lemn, fiind răscolite cu veselie ori de câte ori vremea rea îl ţinea în cabină.

Deşi Festivalul le oferise un răgaz de la furtuni şi ghinioane, luna Tigrului se anunţa năprasnică. Chado, zeul-tigru, pândea dintre umbre şi aduse nenoroc printre cei care-l iritaseră. Nori şi ceţuri se anunţaseră odată cu schimbarea anului, făcând imposibil de desluşit până şi felinarele de semnalizare de la pupa, ori prova celei mai apropiate nave.

Informaţiile se transmiteau între nave printr-o procedură laborioasă de semnalizare cu lămpile. Nu numai că se pierdea timp serios la comunicarea oricărui mesaj, însă multe dintre nave nu puteau citi semnalele. Zvonurile ţesute pe marginea acestora abundau, iar ultimele urme de veselie din timpul Festivalului se evaporară.

Flota era urmărită de ceva.

Toţi aflaseră despre demonii marini; nu se făcuse nici un efort pentru a păstra secretul. Din dorinţa de a contracara teama, învăţaţii fuseseră însărcinaţi să încerce să afle despre ce era vorba. Căpitanul Gryst trăia cu speranţa deşartă în găsirea unei explicaţii, care ar pune, astfel, capăt speculaţiilor şi ar reface încrederea oamenilor, clătinată de tot felul de poveşti. Din nefericire, marinarii respinseră la unison toate soluţiile savanţilor, presupunând că, din moment ce erau la ei acasă pe mare, ştiau mai bine. Asta însemna că demonii marini erau periculoşi şi atacaseră o navă, luând cu ei întregul echipaj. Mai însemna că pândeau afară, așteptând să atace următoarea navă imprudentă, și vor face asta în continuare, până la sfârșit.

Jorim își dăduse seama că felul de a fi al marinarilor încuraja poveștile despre urmărirea flotei, situația continuându-se indiferent de explicații. Deși nu voia să ia în serios poveștile, nu exista nici o cale să evite ca relatările să-i ajungă la urechi. Se simțea rușinat că se lăsase pradă superstițiilor și-i dezvălui asta și Căpitanului Gryst la o partidă de șah într-o seară, în cabina ei.

Ea își desprinse privirile de pe tabla de șah și se încruntă la el.

– Nu trebuie să-ți mai spun cât de ciudat poate fi oceanul. Gândește-te la el ca la o ceață groasă întinsă peste o suprafață nemăsurată de pământ. Așa cum văzduhul are păsările sale, oceanul are peștii. Nu avem cum să știm ce se află jos, dincolo de pești, la fel după cum nu știm ce se află dincolo de nori. Dacă te gândești la toate astea un moment, îți poți da seama că și demonii mării au propriul lor imperiu acolo jos, pe fundul oceanului, însă au descoperit o cale prin care pot urca pe cerul lor și afla ce trece în zbor printre norii lor. Așa ne-au găsit pe noi.

Jorim își mișcă umerii de parcă l-ar fi trecut fiori pe șira spinării.

– Nu credeți asta, nu?

– Să cred? Nu, spuse, și mută Maestrul Umbrelor. Nu mi-aș pierde timpul sau energia crezând așa ceva. Însă accept că este posibil. Eu vreau doar un răspuns, pentru că bâjbâiala îmi afectează echipajul.

De undeva de pe punte, o voce dădu alarma. Înainte ca ei doi să apuce să-și tragă scaunele de la masă, Locotenentul Minan deschise ușa cabinei.

– Vă rog să mă iertați, Căpitane. Se văd lămpile verzi în pupa.

– La o parte, Locotenente. Anaeda trecu de el și se urcă pe punte. Continuați-vă toți îndatoririle. Timonier, păstrează cursul.

Alergară pe punte și Jorim căzu pe scândurile înghețate. Se ridică și goni pe scară, să i se alăture căpitanului la pupa. Vântul înghețat îi tăia respirația, însă nu conta prea mult, pentru că nimic nu l-ar fi putut încălzi.

Sus, se deschisese o spărtură îngustă între nori și argintul părea că se scurge peste cețuri. Lumina lunii desenă conturul unei nave uriașe, nu chiar de lungimea și lățimea *Lupului furtunii*, însă la fel de echipată pentru călătoriile îndelungate în largul oceanului. Avea cele nouă catarge obișnuite, însă de ele atârnau pânze sfâșiate. Jorim putu să descifreze blazonul de pe una dintre ele și știu că era naleniană, însă din vremuri de dinaintea domniei Prințului Cyron.

Unul dintre marinarii de la pupa arătă cu mâna.

– Ăsta-i *Lupul valurilor.*

Lui Jorim i se făcu pielea de găină.

– *Lupul valurilor* a dispărut cu optsprezece ani în urmă. Tatăl meu era la bord.

– Nu mai este, Maestre Anturasi.

Lumina lunii cobora peste creaturile care acopereau puntea și se cățărau pe parâme. Demonii mării, toţi. Cel găsit pe *Dragonul lunii* era un pitic, pentru că jivinele acestea erau aproape încă o dată cât un om obişnuit. Lanternele din faţă, de la pupa şi cele atârnate de catarge ardeau cu o lumină verde, care se reflecta în solzii lor, pe când se roteau în dansuri fără acompaniament.

Prin mintea lui Jorim se învălmăşeau un milion de gânduri. Încerca să-şi aducă aminte cum arăta tatăl său. Imaginea bărbatului rămasă în mintea lui fusese zămislită de zeci de poveşti, însă acum se evaporară cu toate, privind nava fantomatică ţinând cursul cu ei. Câte burţi hrănise, oare, tatăl său? Nu-şi putu imagina ce-ar trebui să le spună mamei şi bunicului sau surorii şi fratelui. *O să ajung să le spun sau voi sfârşi ca hrană, cum a păţit şi el?*

Cineva-l trase cu grabă de pantaloni şi-l aduse la realitate. Privi în jos.

Shimik trăgea de arc.

– Twanga, twanga!

Jorim se întrebă o clipă cum ar încorda fennul arcul, însă nu stărui în gânduri, şi întinse mâna să-l ia şi să scoată o săgeată din tolba târâtă de Shimik pe punte. Trase coarda, ţinti şi lansă.

Săgeata se pierdu în întuneric. Jorim se gândi că ratase, dar unul dintre demonii mării se cutremură şi căzu de pe parâmă. Ceilalţi se opriră din dans când căzu pe punte, apoi se aruncară asupra lui, zgâriind şi muşcând. Îi smulseră membrele şi câţiva începură să-i urmărească pe punte încercând să fure o parte din pradă.

Jorim puse încă o săgeată în arc, însă Anaeda ridică mâna.

– Nu-i bine.

– Încă una, Căpitane, vă rog! imploră Jorim, înghițind cu noduri. Încă una, pentru tata!

Ea dădu din umeri și se dădu înapoi. El încordă arcul și ținti. Se abținu să tragă, măsurând distanța, simțind balansul navei în sus și-n jos. Lăsă ritmul să-l pătrundă, apoi trase.

Săgeata își atinse ținta. O lampă verde, ridicată sus pe catargul principal, se avântă ca o stea căzătoare pe puntea principală. Explodă când o atinse, împrăștiind ulei fierbinte peste scânduri și pe catarg. Mai mulți demoni ai mării, trântiți pe jos, se zvârcoleau, transformați în torțe vii. Se răspândiră pe punte, dând foc parâmelor și cablurilor, în timp ce nava se balansa, împrăștiind și mai mult focul lichid. Curând, explodă încă o lampă.

Orice-ar fi mânat *Lupul valurilor* înainte se oprise. Nava în flăcări ieși de sub vânt și norii se închiseră. Dar și fără lumina lunii, nava rămase mai departe vizibilă. Se înclină spre babord, spre apa oceanului, ridicându-se și coborând. O clipă o puteau vedea arzând toată, iar în alta catargele li se păreau flăcările unor lumânări îndepărtate. După o vreme, chiar și lumânările se stinseră, iar *Lupul valurilor* dispăru.

Anaeda Gryst se întoarse spre el.

– Să te felicit pentru cum ai tras?

Jorim clătină din cap.

– Dacă aş crede că a fost pentru ultima dată când vedem demonii mării, ar trebui. Dar nu cred.

– Nici eu, spuse oftând. De fapt, cred că este extrem de posibil să nu fi reuşit decât să-i întărâţi.

41

Ziua a 3-a, Luna Tigrului, Anul Şobolanului
Al 9-lea an al Domniei Prinţului Imperial Cyron
Al 163-lea an al Dinastiei Komyr
Al 737-lea an de la Urgie
Dolosan

Natura dizarmonică a întinderilor, inclusiv drumul spre Ixyll, îl tulbura pe Moraven într-un mod la care nu s-ar fi aşteptat. În viaţa sa văzuse multe lucruri, însă nimic n-ar fi putut întrece Pustietăţile. Găsi că totul era neliniştitor de familiar, de parcă şi-ar fi amintit parţial nişte vise.

Teritoriile din vest păreau să fie pline de locuri care nu făceau parte din această lume. Le trebui o zi întreagă să străbată valea luxuriantă, acoperită cu un covor de plante maro, cu inflorescenţe masive, albastre. Tulpinile şi rădăcinile pulsau şi nici un cal nu se atingea de ele sau de flori. Tyressa culesese o inflorescență și întregul buchet de flori se închisese, fremătând ca un val. Keles săpase în pământ și, din câte-și puteau da seama cu toții, plantele erau legate printr-o rețea comună de rădăcini.

Mai interesant chiar, valea începuse să se modifice. Pământul însuși se mișca, adâncind valea și forțându-i să se grăbească să meargă înainte. Lucrurile nu ajunseseră însă până la punctul în care să fie puși în pericolul de a fi striviți, pentru că unduirea pământului se înfăptuise încet. Moraven simțise doar cum valea îi îmboldea tot așa cum împingeai de pe frunză o omidă.

Privi spre viruk, care galopa alături de ei.

– Nu se poate ca valea să fie vie.

– Nu mai vie decât un *gyanrigot*, însă asta n-o împiedică să se miște.

Lucrurile deveniră și mai stranii, de parcă fiecare vale sau câmpie ar fi fost alcătuită conform unui plan. Una dintre pajiștile pe care o străbăteau îl făcu pe Rekarafi să se oprească deodată ca trăsnit și să îngenuncheze printre flori. Moraven nu era sigur că pricepuse de ce, însă Ciras îl lămuri imediat.

– În Tirat avem niște pergamente. Sunt foarte vechi și pe ele sunt desenate imagini ale unor plante care nu mai există. Seamănă cu astea, spuse și arătă în jur.

Maestrul spadasin o luă în galop spre viruk.

– Putem să mai zăbovim pe aici, dacă vrei.

– Ca să-mi permiți să mă bălăcesc într-un trecut care nu se va mai întoarce niciodată?

– Să te las să-ţi reîmprospătezi amintirile care ţi-au adus, cândva, atâta bucurie.

Rekarafi îl privi cu atenţie.

– Chiar şi amintirile fericite dor. Este vorba de despărţire.

Moraven plecă de acolo, să-i lase virukului un răgaz de meditaţie. Cuvintele străvechi găsiseră ecou în el. Era ceva în aceste Pustietăţi care nu-i plăcea. Ar fi vrut să pună totul pe simţământul constant al atingerii magice, însă asta nu-i prilejuise niciodată vreo experienţă neplăcută înainte. Totuşi, era atât de obişnuit să controleze magia, încât senzaţia îl făcu să rămână tot timpul în gardă, iar asta-l obosea.

Pe cât găsea el de neliniştitor tărâmul magiei incontrolabile, lui Ciras îi plăcea în mod sigur, iar asta-l irita. Nu fusese la fel de tânăr, când simţise prima împunsătură a *jaedunto*, şi avusese norocul de a se fi antrenat într-o varietate de şcoli înainte. Nu-şi putea aminti învăţăturile, însă acestea existaseră, iar instrucţiunile Maestrului Jatan îi readuseseră abilităţile, chiar dacă nu şi amintirea lor.

Experienţa de *serrian* îl disciplinase şi-l pregătise să evalueze experienţele trăite, să poată învăţa din ele. Făcuse asta imediat şi învăţase cum să-şi extindă accesul spre magia luptei cu sabia. Phoyn Jatan îi recunoscuse potenţialul şi poziţia. Luase în calcul maturitatea lui Moraven şi îi explicase, foarte simplu, că se afla la o răscruce a vieţii. Dacă ajungea să considere *jaedunto* o putere, un fel de drept în virtutea căruia putea face ce poftea, puterea îl va zdrobi. Deşi ar ajunge să străbată generații la rând, existența i s-ar transforma într-o eternitate de chinuri. N-ar mai cunoaște niciodată pacea.

Punând la suflet învățăturile Maestrului Jatan, Moraven deprinse, încet, cum să-și controleze puterea. Lecțiile fură asimilate lent, iar perfecționarea veni cu timpul. N-ar fi putut uita niciodată expresia înspăimântată din ochii tânărului Matut, când îi măcelărise pe tâlhari fără să se gândească nici o clipă, pe drumul spre Moriande. Din acea zi, dacă era posibil să evite lupta, o făcea. Dacă era posibil să evite să ucidă, făcea și asta. Iar când trebuia să ia viața cuiva, era o moarte curată și rapidă.

Ciras nu ajunsese încă la punctul în care putea separa dorința de a-și perfecționa îndemânarea de consecințele folosirii ei. Argumenta că uciderea banditilor din Asath contase foarte puțin și că, de fapt, fusese necesară ca să-i împiedice să dea alarma asupra fugii lui Keles. Moraven era de acord cu ambele puncte de vedere. Dacă nu l-ar fi acceptat și pe ultimul, nu i-ar fi doborât pe adversarii săi. Însă prima opțiune nu era chiar atât de limpede. Deși moartea unui tâlhar avea consecințe limitate, era puțin probabil să-l jelească cineva drag, acest punct de vedere nu reușea să ia în calcul efectele asupra spadasinului.

Moraven nu-și putea aminti fiecare persoană căreia-i venise de hac și credea că pacea interioară oferită de *jaedunto* îl ferea de multe asemenea amintiri. Nu-l scutea însă de toate. Ucisese în bătălii, în confruntările de la marginea drumului și în dueluri.

Își amintea cum se simțise când o sabie despicase un pântec, sau urletul celui al cărui membru era retezat de trup. De fiecare dată când lua o viață, îi apăsa spiritul. *Pentru a-mi desăvârși potențialul, îi împiedic pe alții să și-l realizeze pe al lor.*

Moraven era pe deplin conștient că una dintre școlile filosofice despre *jaedunto* sugera că acest lucru era absolut necesar. Presupunea că modul în care ajungea cineva pe o poziție înaltă era captarea potențialului celor măcelăriți în drum. Contradicția evidentă aici era cea a cizmarului priceput, a cărui îndemânare nu ucisese pe nimeni, însă creștea zilnic și-l aducea tot mai aproape de *jaedunto.* Poate că existau mai multe căi spre *jaedunto.* Sau poate că odată cu fiecare capodoperă realizată, altcineva era lipsit de șansa de a o fi creat.

Indiferent de sursa teoretică a puterii, lucrul pe brânci, disciplina și răbdarea erau toate considerate vitale. Prin preumblările lor, Ciras Dejote își dezvoltase o anumită nerăbdare, care, deși nu pătrunsese încă pe domeniul luptei cu sabia, aducea cu sine un dispreț agasant. Nu vedea nici un folos în Borosan Gryst și în *gyanrigotul* său. În vreme ce Moraven fusese impresionat de îndemânarea nalenianului de a crea și recrea mașinării, Ciras îl tot pisa cu observații despre cât de repede se stricau, sau cum prin alte metode, mult mai simple, puteau realiza ceea ce izbutiseră ele.

Moraven încercase să-l abată pe Ciras, dându-i o sarcină simplă. În timpul cercetării topografice, dădură peste semnele lăsate de un grup de tâlhari care bântuiau prin regiune. Găsiră urmele unor jafuri în câteva locuri de odihnă. Prospectorii de *thaumston* fuseseră uciși, iar toate rezervele lor din prețiosul mineral furate. De asemenea, descoperiră un număr de morminte mici, de la vechile mormane de pietre, până la peșteri zidite, care fuseseră deschise, iar conținutul lor răvășit.

Lui Ciras îi reveni sarcina de a înregistra toate dovezile asupra jafurilor bandei. Acest lucru îl ținea ocupat. Ideea de a întâlni și a avea de-a face cu ucigașii și pângăritorii celor morți îl stimula. Îi ascuți capacitatea de observație și chiar îi înflăcără imaginația. Examina pistele atât de îndeaproape, încât putea identifica indivizii numai pe baza urmelor lăsate de caii sau de pașii lor. Le dădu nume și putea spune cum trăiau.

Din nefericire, această sarcină îi alimenta și nerăbdarea. De câte ori dădeau peste semne proaspete, voia să plece imediat în urmărirea bandiților. Moraven îi interzicea întotdeauna, argumentând cu necesitatea de a-l ajuta pe Keles. Ciras îl contrazicea, arătând că misiunea primită de la Maestrul Jatan le cerea să-i intercepteze pe jefuitori și aceasta ar trebui să primeze. Moraven îi reamintea că misiunea îi fusese încredințată *lui*, nu lui Ciras, și el va decide când era momentul să lovească.

În cele din urmă, își încrucișară pașii cu semne care dezvăluiau o poveste ce se cerea cercetată. Deplasându-se prin zonele depresionare, ajunseră la un canion în peretele căruia se deschidea alt drum. Bandiții călăriseră într-acolo, apoi majoritatea dintre ei se întorseseră și-și continuaseră marșul prin canion, spre nord-est. Totuși, trei dintre ei nu mai ieșiseră de acolo, iar Moraven se trezi pișcat de curiozitate.

Decise să călărească el în față și studie pereții de stâncă atât de înalți, încât cerul devenise o fâșie subțire, ca o panglică albastră. Nu văzu pe nimeni la marginea canionului, nici semne de cățărare, însă rămase vigilent. Moraven era destul de sigur că bandiții nu aveau nici o idee că erau urmăriți, așa că șansele ca ei să pregătească o ambuscadă erau minime, iar folosirea a numai trei oameni pentru asta ar fi fost o prostie. Luând totuși în considerare posibilitatea ca oamenii lipsă din grup să fie morți, însemna că cineva îi ucisese. *Indiferent cine sau ce-a fost, reprezintă o amenințare și pentru noi.*

După cinci kilometri, canionul se deschidea într-o vale îngustă, care șerpuia vreo trei kilometri înainte de a de închide din nou. Moraven nu putea vedea capătul celălalt al văii, însă îi fu ușor să-și imagineze că traseul ducea pe coamă. Părea o cale destul de convenabilă de a ajunge pe platou și, fără îndoială, era folosit de oameni și animale deopotrivă.

Însă nu era un drum lipsit de pericole. La trei sute de metri în adâncimea văii se afla un ochi de apă, cu un diametru nu mai mare de zece metri. Nici o undă nu alerga pe suprafața lui, iar soarele se reflecta orbitor. Ținând cont că mare parte din apa din depresiunile Dolosanului era sălcie, balta părea destul de primitoare.

Singurul lucru care tulbura imaginea idilică era cercul de schelete albite și trupuri proaspete, căzute lângă ea. Majoritatea zăceau cu capul spre iaz, însă câteva, între care și unul dintre bandiți, încercaseră să fugă de lângă ea. Cercul se întindea până spre pereții de est și vest ai văii, iar câteva schelete erau lipite strâns de stânci, inclusiv doi războinici în armură.

Moraven își struni calul, iar ceilalți se răspândiră în zona sigură din apropierea canionului, în vreme ce virukul se ghemui într-o fâșie îngustă de umbră înspre est. Caii loveau nervoși cu copitele în pământ și se dădeau îndărăt, nevoind să mai zăbovească într-un loc al morții.

Keles bătu ușor pe gâtul calului.

– Nu te condamn pentru că nu-ți place aici.

Ciras galopă lângă Moraven și arătă cu cravașa spre unul dintre bandiți.

– Ăla-i Picior de Lemn, iar murgul mort era calul său. Ceilalți doi sunt Scâlciatul și Gaură-n Talpă. Primul a căzut Picior de Lemn, iar Scâlciatul a fost următorul, zburat din șa. Gaură-n Talpă a încercat să fugă călare. S-ar putea să se fi aruncat chiar pe calul Scâlciatului, poate că da, însă a căzut, apoi a încercat să se târască înainte de a-și da duhul.

– Cred că ai tălmăcit corect semnele.

Moraven își ridică mâna la ochi, să-i ferească de strălucirea soarelui, și se uită cu mai multă atenție spre bandiți. De unde se afla, nu putea vedea ce anume ucisese caii, însă Gaură-n Talpă avea o gaură în tunică, pe șira spinării. Se părea că era o arsură considerabilă. Unul dintre scheletele în armură avea de asemenea o gaură în platoşă, însă se afla la distanţă prea mare ca Moraven să-şi dea seama ce o provocase.

Se lăsă în jos din şa.

– În mod clar e vorba de un perimetru aici. Rămâi pe loc. Vreau să văd ce se întâmplă când...

– Aş putea face o sugestie, Maestre Tolo?

Ciras îl săgetă pe Borosan cu o căutătură piezişă.

– Ia-o încet, *gyanridinule*, Maestrul ştie ce face.

Moraven râse.

– De fapt, habar n-am. Mi-ar prinde bine orice sugestie.

– Ar fi fost mai uşor dacă n-am fi abandonat căruţa mea la Telarunde, dar mă descurc şi aşa.

Borosan descălecă şi se duse la calul de povară tras după el. Deschise o desagă şi scoase şoricarul la iveală.

– Putem să-l folosim ca să vedem ce-i acolo.

Spadasinul dădu din cap.

– Excelentă idee.

Gyanridinul trimise şoricarul în cerc, iar acesta îşi scoase picioarele în momentul când încetă să se mai rostogolească. Mica minge de metal păşi înainte, apoi o luă la stânga şi la dreapta, apropiindu-se încet de murgul mort.

Iazul reacţionă. O undă se formă la suprafaţă, de parcă un pietroi ar fi nimerit exact în mijloc, formând un cerc perfect. Lovi malul, însă în loc să se reverse, se întoarse şi goni înapoi spre centru. Câştigă viteză şi când ajunse la mijlocul apei, o trombă de trei metri ţâşni în văzduh. O formă sferică se desprinse de acolo, rămânând suspendată în aer și lucind în lumina soarelui, în timp ce coloana de apă se retrase.

Sfera pulsa, modificându-și forma. Se aplatiză ca un disc, apoi se îngroșă la mijloc. Lumina trecea prin ea și, deodată, șoricarul începu să fumege. Micul *gyanrigot* continuă să gonească spre calul mort, iar traseul său în zigzag obligă discul să-și schimbe forma și să se repoziționeze. Câteva urme negre de arsură punctau carcasa șoricarului, însă ajunse la calul mort și se ascunse între crupă și coadă.

Un ultim fuior de fum se ridică din părul încrețit al cozii. Discul devenise din nou sferă și plutea acolo. Luminile o străbăteau cu încetineală, apatice. Părea aproape binevoitoare și, în mod sigur, inofensivă.

Dacă n-aș fi văzut asta, setea s-ar fi putut să mă facă să accept invitația iazului.

Tyressa îngenunche la marginea cercului morții.

– Nu știu ce-i asta. Nu știu dacă trăiește, așa că nu știu cum ar putea fi ucisă. Nu știu nici dacă ar trebui să încercăm, însă m-am obișnuit cu șoricarul acela mic.

– Ar fi păcat să-l pierdem.

Moraven își mângâie bărbia, apoi privi drept spre Ciras.

– Ce faci?

Învățăcelul său își împăturise cu grijă tunica și începuse să-și scoată și cămașa, în pofida frigului.

– Sunt cel mai rapid dintre noi. Am să alerg la șoricar și-l iau de acolo. Dacă gonesc în zigzag ca și el, sfera nu mă va putea ucide.

Să te sacrifici pentru ceva ce disprețuiești? Poate că există speranțe pentru tine, Ciras. Moraven ridică mâna.

– S-ar putea să fie puțin cam prematur. Maestre Gryst, puteți rechema șoricarul?

Borosan se încruntă.

– Mă tem că nu. Ultima dată când l-am folosit, dacă vă amintiți, a fost să-l trimit într-o gaură, să vedem dacă era ceva *thaumston* depus acolo. S-a dus spre cal pentru că, după cum îmi imaginez, desaga de lângă șa este plină cu *thaumston.* Odată ce l-a detectat, va continua să-l caute, iar eu nu am aici o cantitate mai mare, care să-l atragă înapoi.

Dinspre Rekarafi se auzi un zgomot de armuri și oase. Virukul azvârli spre sferă un craniu cu coiful pus, însă nu nimeri. Pe când proiectilul trecu pe lângă ea, apa se lăți într-un disc, iar lumina solară concentrată topi coiful.

– Indiferent cu cât ești mai rapid decât *noi*, Maestre Dejote, trebuie să fii mai iute decât *ea.*

Virukul își scutură capul păros.

– Și nu ești.

Ciras nu-l băgă în seamă și începu să se întindă.

– Nu voi da greș, Maestre.

– Așteaptă, am o idee.

Keles începu să scotocească prin desagii de la șaua sa, apoi descălecă.

– Borosan, drăcovenia aceea a concentrat lumina solară ca să ardă șoricarul, da?

– Cred că da.

Gyanridinul zâmbi larg.

– Da, incredibil de eficient. Atâta vreme cât strălucește soarele, are o sursă nelimitată de energie, iar dacă poate face la fel și cu lumina lunii și cea a stelelor, ceea ce cred că face, din moment ce unele dintre schelete sunt ale unor animale exclusiv nocturne, deci...

Ciras scutură din cap.

– Pe cer nu-i nici un nor. Cheia problemei este viteza.

Keles dădu din umeri.

– S-ar putea să ai dreptate. Totuși, lasă-mă să mă uit la ceva de-aici.

Îi aruncă Tyressei dârlogii calului, apoi merse repede spre vest, la marginea cercului. Se lăsă într-un genunchi, aproape vizavi de locul unde se ghemuise virukul, și studie iazul. Cântări punga de piele din mâna stângă, apoi desfăcu șireturile care o legau strâns. În mod clar, măsura distanța până la iaz, iar Moraven nu avea nici o îndoială că un cartograf ca el putea estima asta până la ultimul centimetru.

Apoi, în loc să se întoarcă la ei și să le spună cât de departe era iazul și să calculeze cât de repede trebuia să alerge Ciras, Keles țâșni în picioare și o luă la goană. Se ducea direct spre iaz, sărind peste mormanele de oase albite și ocolind coiful pe jumătate topit. Picioarele sale lucrau din greu, răscolind nisipul la fiecare pas. Ținându-și capul jos și brațele în balans, alerga mai repede decât și-ar fi putut închipui Moraven că era posibil.

Totuși, viteza lui nu conta.

Mişcările din sferă se accelerară. Pe suprafaţa sa se formară din nou unde, iar lumina se învolbura în ea. Discul apărut se aplatiză, centrul se umflă. Lumina soarelui îi iriza marginile. Deoarece Keles gonea direct spre el, discul nu avea nevoie să pivoteze ca să ţintească. Se orientă în jos, fără nici cel mai mic efort, urmărindu-l cu hotărârea rece şi calculată a unui animal de pradă înălţat deasupra unui iepure.

Moraven ar fi scos un strigăt de avertizare, însă exclamaţia „Genial", ieşită din gura lui Borosan, îl opri. Preţ de o clipită, spadasinul se gândi că *gyanridinul* comenta comportamentul discului, însă văzu încotro privea şi înţelese.

– Mai repede, aproape că ai ajuns!

Keles râse, cu triumf înspăimântat. Direcţia aleasă de el începea în cea a luminii solare, însă îl ducea într-o fâşie îngustă de umbră. Un colţ de stâncă, sus de tot, pe peretele canionului, proiecta o umbră alungită şi subţire până în mijlocul iazului. Încă un minut, două şi deplasarea soarelui l-ar lipsi de acest culoar, însă Keles văzuse asta şi acţionă instantaneu.

Dar ce face când va ajunge la iaz?

Cu pieptul săltând, cartograful se lăsă în genunchi, spulberând un craniu străvechi, aflat la marginea iazului. Azvârli conţinutul pungii de piele în sus, spre cer. Ţâşni un jet negru de pulbere, care întunecă discul, iar acesta începu să fiarbă şi să se înnegrească de-a binelea atunci când Keles goli în apă ce mai rămăsese din conţinut.

– Bineînțeles, praf de cărbune, înțelese Tyressa și bătu din palme.

Keles, cu fața înnegrită toată de praful de cărbune, cu excepția dinților, râse cu poftă.

– Dacă lumina nu poate trece prin el, nu mai poate arde nimic.

– Bună treabă, Maestre Keles, îl lăudă Moraven.

– De unde știai că va funcționa? mârâi însoțitorul spadasinului.

Keles dădu din cap.

– Mi se părea că doar fuga în umbră putea însemna ceva.

Ciras aprobă.

– Știu, mi-am dat seama de asta, dar nu era lângă șoricar. La cărbune mă refer.

Cartograful se așeză pe jos.

– Nici nu m-am gândit dacă merge sau nu.

– Poate că va trebui să ne gândim cât va mai ține trucul. Moraven încălecă din nou și struni calul. Dacă este ceva viu, s-ar putea curăța de cerneală. Dacă este doar o vrăjitorie, s-ar putea s-o facă și mai repede. Vă sugerez să vă grăbiți.

Dând din cap, Keles se ridică în picioare și recuperă șoricarul.

– Vreți și acest *thaumston?*

– Da, vă rog. Niciodată nu-i prea mult.

– Ciras, ia ce poți de la bandiții ăștia, inclusiv orice alte cantități de *thaumston.* Poate că mai sunt și alte indicii, care ne-ar spune cine sunt fârtații lor.

Moraven luă dârlogii calului lui Ciras.

– Mişcaţi-vă repede. Dacă acest canion merge tot aşa, s-ar putea să ajungem pe platou înaintea lor. Ştiind unde se duc şi ce au de gând, călătoria noastră ar deveni mult mai uşoară.

42

Ziua a 10-a, Luna Tigrului, Anul Șobolanului
Al 9-lea an al Domniei Prințului Cyron
Al 163-lea an al Dinastiei Komyr
Al 737-lea an de la Urgie
Wentokikun, Moriande
Nalenyr

Prințul Cyron descifră mânia Prințului Eiran de parcă ar fi fost scrisă cu cea mai neagră cerneală, pe coli imaculate de hârtie, însă nu-i păsa. În timpul zilei ninsese, iar zăpada căzută, pură și albă, nu mai era ceva de speriat copiii. Cyron putea vedea în ea ceva frumos, nu un vestitor al vremurilor grele, și îi făcuse mare plăcere să pășească pe ea, în grădina lui personală.

Luna în urcare făcea să lucească zăpada și-i oferea destulă lumină încât să poată vedea animalele nocturne începând să se agite în țarcuri. Unele nu tolerau prea bine frigul și rămăseseră în adăposturi, până la sosirea îngrijitorilor care veneau să le hrănească, însă favoriții săi îi auziseră pașii și vocea și ieșiseră să-l vadă, în speranța că se vor alege cu ceva.

Cyron trecu prin fața unei cuști mici și zâmbi. În interior, o zibetă pătată se cățărase pe o creangă. Cu blană cafenie, străbătută de dungi groase, negre, și puncte întinse pe întreaga lungime a trupului ei sinuos, îl fascina pe prinț cu aspectul ei hibrid, între pisică și nevăstuică. *Aproape la fel ca tine, Eiran, deși ție-ți lipsesc grația ei, ținuta și șarmul.* Cyron plesni din limbă spre ea și capul îngust al creaturii își făcu apariția.

– Aceasta, Prințe Eiran, provine din capătul cel mai de sud al Ummummorarului. Jorim Anturasi mi-a adus-o, împreună cu perechea ei. Deși acceptă să stea în cușcă, ar prefera mai mult să-i las libertatea de a goni prin grădină. Însă nu pot face asta, pentru că-i place să mănânce ouă de pasăre și ar afecta păsările pe care le dețin.

Eiran, care arăta îngrozitor după goana spre Moriande și pentru că nu fusese primit cu o noapte înainte, nici măcar nu încercă să mimeze interesul.

– Atunci înseamnă că are ceva în comun și cu sora mea.

– Sora voastră bea ouă?

Cyron își desfășură mantia și scoase un coșuleț în care se aflau câteva ouă mici, albastre. Apropie unul de gratiile cuștii, iar zibeta se ridică pe labele din spate. Animalul luă oul cu labele din față, apoi îl crăpă și începu să lingă albușul scurs.

– Nu, Prințe Cyron, și ea este tot o captivă. Prințul Pyrust o ține așa. Probabil că s-au întors în Felarati, trăind ca soț și soție.

– Vă mulțumesc că mi-ați reamintit. Va trebui să le trimit un dar.

Eiran începu să tremure de furie, iar chipul său palid se împurpură. Dacă Prințul Cyron n-ar fi învățat demult să-și controleze mânia, fața sa ar fi fost la fel de congestionată. Nu anticipase faptul că miniștrii din Consiliul Helosundian vor alege atât de repede un prinț care să-i conducă și, cu siguranță, nu s-ar fi gândit niciodată că Eiran putea fi o opțiune. Jasai ar fi fost mai potrivită, dar helosundienii păreau să respecte femeile doar ca mame, concubine sau gărzi keru, iar ea nu intra în nici una dintre aceste categorii. Nu avea nici un dubiu că Eiran fusese împins înainte pentru ca altcineva să poată intra în circuitul succesiunii căsătorindu-se cu ea, iar Pyrust făcea tocmai asta. Singura cale de a contracara pretențiile la tronul helosundian era menținerea lui Eiran în viață, pe când el nu voia altceva decât să-l azvârle pe idiot și pe cei care-l aleseseră în cușca tigrilor.

Cyron se gândise că o soluție rapidă pentru miniștri ar fi fost numirea Generalul Pades. Pregătirea militară îl transforma într-o opțiune logică. Pyrust avusese ocazia să vadă cât era de periculos și, fără nici o îndoială, fusese extrem de încântat să-l pună pe Eiran să-i ducă lui Cyron capul retezat al generalului.

Recucerirea Meleswinului se soldase cu uciderea celor mai capabili comandanți militari, în afară de keru, și-i secerase pe cei mai vajnici dintre helosundieni. Mercenarii, numiți Garda de Onoare, pentru a-i îmbuna pe zei și satisface vanitățile omenești, rămăseseră în fortărețele lor din trecătorile munților. Totuși, Pyrust nu era nici atât de puternic, nici atât de prost încât să se aventureze spre sud, mai ales că venise zăpada, așa că situația din nord rămânea neschimbată, până la primăvară.

Nu pot decât să sper că va fi o iarnă lungă și aprigă. Nu numai că l-ar ține acasă, dar mi-ar oferi și pretextul de a nu mai trimite următorul transport de orez. Cyron oftă, alungându-și gândul. Populația deseiană era la fel de captivă ca zibeta, iar dacă nu-i hrănea, ar fi flămânzit. Nu voia să se întâmple așa ceva.

Clătină din cap și porni înainte, auzind cum scârțâie zăpada sub pașii lui Eiran, pe când îl urma. În baladele eroilor, de obicei câte-un vers sau două vorbeau despre marile nenorociri văzute de erou, care-l determinau să facă multe fapte bune mai târziu. Ca să fie și Cyron demn de o astfel de baladă, bardul ar fi trebuit să născocească un incident justificativ pentru decizia lui de a nu-i lăsa pe deseieni să moară de foame. Putea fi salvarea unui animal exotic din bazarul din Moriande și îngrijirea lui până la recăpătarea sănătății. Ar fi putut vedea în asta un îndemn de a proceda la fel și cu deseienii, poate cu întregul Imperiu.

Dacă s-ar fi petrecut așa ceva, Cyron ar fi considerat asta drept o consolare. Dacă așa ar fi mers lucrurile, ar fi putut gândi în perspectivă, ar fi putut defini problema și analiza limitele. Ar fi putut s-o aplice, dacă ar fi fost necesar. Înfometarea dușmanului constituia un avantaj, însă nu era în stare să facă așa ceva.

Tatăl său sau bunicul său așa ar fi procedat, fără măcar să clipească, însă ei crescuseră în vremuri mult mai grele, când cruzimea era o virtute. În timp ce el, beneficiind de programul de explorări al tatălui său, vedea lumea ca un loc al resurselor în expansiune, nu o sursă limitată, care ar fi necesitat raționalizări. Comerțul îi întărea națiunea și oferea avantaje tuturor, fericindu-i aproape tot poporul, iar ceilalți erau stăpâniți doar de nerăbdare, pentru că bogăția avea nevoie de timp să-și găsească drum spre ei. Dar chiar și aceștia trebuiau să admită că-și cheltuia banii pentru a susține proiecte de care beneficiau și ei, cum ar fi drenarea Râului de Aur.

Pentru că națiunea lui era stăpâna unei lumi în expansiune, avusese vreme să examineze divergențele din trecut, care separaseră teritoriile vechiului Imperiu. În Vremea Gheții Negre, Principatele deveniseră de un naționalism sălbatic. Aveau nevoie ca o percepție de sine să le ofere un scop și să le unească împotriva adversarilor comuni. Zăpada căzută le izolase, așa că existaseră puține informații și contacte cu restul lumii. Oamenii de-abia dacă dispuneau de suficiente resurse ca să supraviețuiască, deci comerțul era considerat un lux, iar lemnul era mult mai folositor pentru încălzit decât pentru construirea navelor destinare explorărilor.

Când ceilalți Prinți se gândeau la vechiul Imperiu, îl vedeau ca pe un tărâm dezbinat de o Împărăteasă războinică, unul care trebuia să fie reunificat prin sabie. Nu exista nici o îndoială că Împărăteasa Cyrsa împărțise Imperiul între familii care se vor lupta între ele pentru putere. Făcuse asta închipuindu-și că nici una dintre ele nu va deveni dominantă și va putea să i se opună la întoarcere. O situație provizorie, de un an, doi se împământenise și devenise nerealistă după Urgie.

Cyron nu înțelegea nevoia de a cuceri totul cu sabia în mână. Helosundienii păreau mulțumiți să fie aserviți. Erumvirine se bucura de extinderea comerțului și nu părea să-i pese că legătura lor cu lumea trecea prin Nalenyr. Climatul lor mult mai temperat impusese un stil de viață care satisfăcea indolența leneșă. Hibernau ca Ursul de pe blazonul lor, iar Cyron se îndoia că Ursul mai reprezenta vreo amenințare, dacă s-ar fi trezit.

Încă o generație și aș putea să unesc națiunile noastre printr-o căsătorie între case.

– Frate, n-ai auzit nimic din ce-am spus mai înainte.

Cyron se opri și-l privi pe Eiran cu răceală.

– Uită-te în jur, *frate*. Ce vezi?

– Zăpadă. O grădină. Cuști. Animale.

– Nu, privește cu atenție.

Eiran își coborî umerii între faldurile mantiei acoperite de zăpadă.

– Văd ceea ce ți-am mai spus.

Cyron dădu din cap.

– Atunci spune-mi ce nu vezi.

– Nu înțeleg.

– Nu, nu pricepi, drept pentru care te afli în încurcătura de acum, iar nepoții și nepoatele tale vor avea un handicapat drept mentor.

Cyron arătă cu mâna spre șirul de cuști.

– Știi ce nu vei vedea aici, Eiran? Nu vei vedea un dragon. În rest, orice altceva. Un șoim deseian, un câine helosundian. Dar știi de ce nu vei zări nici un dragon?

– Pentru că mult lăudatul tău Anturasi nu ți-a găsit încă unul? pufni helosundianul.

– Oh, aș îndrăzni să spun că dacă i-aș cere lui Jorim să-mi găsească unul, mi-ar aduce. Ar găsi vreo duzină și mi i-ar aduce pe toți.

Cyron își coborî mâna și trase mantia mai strâns.

– Nu vezi nici unul pentru că nu aș pune un dragon în cușcă. Un dragon s-ar veșteji și-ar muri într-o cușcă. Un dragon nu poate fi închis, pentru că are preocupări mult mai vaste.

– Tot așa și câinele!

– Ha, ha! Cyron se întinse și-l apucă pe Eiran de pieptul mantiei. Îl făcu să se împleticească vreo zece pași, apoi îl azvârli spre o cușcă. Uite-ți câinele helosundian. E un exemplar magnific. Gărzile *mele* keru au foarte mare grijă de el. Este favoritul lor.

Câinele, cu coada încolăcită spre cap, ca să-i încălzească nasul, se ridică şi îşi scutură blana lungă şi deasă, de iarnă. Negru, cu alb în jurul ochilor şi la capetele labelor, animalul era destul de mare şi de puternic să răpună un lup. Când gărzile keru intrau în luptă, îşi pictau o mască albă în jurul ochilor, pentru a onora blazonul naţiunii lor.

Câinele îl adulmecă pe Eiran, apoi lătră, arătându-şi colţii.

– Singurul lucru pe care nu-l poate tolera câinele helosundian este laşitatea.

Cyrion îşi coborî glasul la numai o şoaptă.

– Dacă ceea ce spui că se petrece între Jasai şi Pyrust este adevărat, atunci ea l-a acceptat ca bărbat fără nici o constrângere. Unii ar contesta asta, spunând că ţi-a răscumpărat viaţa, aşa că vei putea s-o sprijini. Vor transforma captivitatea ei într-o cauză pentru care să aduni ajutoare şi să trimiţi o armată de invazie spre nord.

– Este exact motivul pentru care-a fost de acord.

– Uită-te la el, Eiran, încă mârâie la tine. Ştie că eşti îngrozit de Pyrust. Şi sora ta ştia asta. Mai ştia că n-ai să te întorci niciodată după ea. Ştia că te vei folosi de orice pretext posibil pentru a evita asta. A văzut cum ţi-a fost măcelărită armata.

Nu, a acceptat oferta lui Pyrust ştiind precis ce însemna. Helosunde beneficiază de o anumită autonomie şi scapă de opresiune. Nu vor mai fi războaie. Voi continua să menţin gărzile keru şi Garda de Onoare şi îţi voi permite chiar şi ţie să te făleşti cu ele, nu te teme. Ești un cățel care nu se va duce niciodată la război.

Eiran se desprinse de gratiile cuștii.

– Atunci îmi vei ține poporul zăvorât, așa cum îl ții pe acest câine?

– Într-o cușcă vei fi în siguranță. Ca și animalul de acolo. Am să-ți găsesc o verișoară de-a mea, cu care să te căsătorești și să faci copii. Unul dintre copiii mei, făcuți cu cine decid eu, se va căsători cu una dintre nepoatele tale, unindu-ne casele. Îți voi căsători copiii în cele Cinci Principate. Te voi face să fii de folos, dar nu și o amenințare, așa că Pyrust nu va simți nevoia de a pune să fii ucis.

Helosundianul îl pironi cu privirea, cu ochii măriți de surprindere.

– Nu poți face asta. Nu sunt într-o cușcă, nu sunt animal de companie.

– Nu, nu ești. Tu ești doar cineva care mai umblă, deși ar trebui să fie mort.

Din inima grădinii se ridică țipătul ascuțit al șoimului deseian, cerând să fie hrănit.

– Chiar și ăsta știe că trebuia să mori la Meleswin și așa s-ar fi întâmplat, dacă n-ai fi fost considerat o pacoste pentru mine fiind în viață, nu mort. Dacă Pyrust te-ar fi căsăpit, l-aș fi contracarat, obligând Consiliul de Miniștri să facă o nouă alegere, cineva mai maleabil, sau să nu ia nici o decizie. Trimițându-te înapoi, m-a lăsat să aleg dacă te ucid sau nu. Iar asta-mi amintește să-ți spun ca atunci când mergem la tigri, să nu stai prea aproape de marginea împrejmuirii lor.

Pe Eiran îl scuturară fiorii.

– N-ai îndrăzni.

Dacă ar avea un pic de minte, ar ști să discearnă ceva dincolo de bluful tău.

– Nu astăzi, pentru că tigrii au fost deja hrăniți. Dar ar fi bine să te asiguri că, pe viitor, vei face lucrurile pe care le doresc, altfel mai facem o plimbare prin grădină.

Fața Prințului helosundian se întunecă și privi în jos. Mici rotocoale de abur erau singurele semne că trăia. Apoi, își ridică din nou capul, cu ochii mohorâți.

– Atunci, gata cu viața mea?

Cyron dădu din umeri.

– Spune-mi, la ce te-ai gândit când te-au ales Prinț?

– M-am gândit... m-am gândit că voi arăta foarte eroic în robele funcției.

Oftă, scoțând două jeturi de aburi.

– Nici chiar cele mai strălucite robe nu pot face un prinț. Ai fost ales, Eiran, ca să fii manipulat și controlat. Cei care te-au urmat la Meleswin nu știau. Ți-au acceptat autoritatea.

Ochii lui Cyron se îngustară.

– Am să-ți dau o șansă, mai puțin pentru folosul meu, mai mult pentru că-i va da lui Pyrust ceva la care să se gândească.

Spinarea tânărului se îndreptă.

– Despre ce-i vorba?

– Am de gând să-ți pun la dispoziție destul aur ca să cumperi o sută de mii de *quori* de orez. Vreau să-l folosești pentru lucruri folositoare celor care se așteaptă să-i conduci. Vreau să trăiești împreună cu ei, să înveți de la ei, să vezi ce au nevoie, nu ceea ce spun ei că le *trebuie*. Apoi, vreau să le oferi mijloacele necesare pentru atingerea acestor scopuri.

– Nu înțeleg.

– Dacă așa va fi și peste un an, îți găsesc un turn care va deveni colivia ta aurită. Nu vei avea niciodată nevoie de ceva, nu-ți vei dori nimic, nu te vei teme de nimic în colivie, însă nici nu ți se va da vreodată drumul din ea.

Cyron întinse o mână printre gratiile cuștii și scărpină după urechi câinele helosundian.

– Învață ce ai de făcut, fă ce ai de făcut și atunci vom fi cu adevărat frați. Fă-te folositor mie și vei vedea că resursele mele și recunoștința sunt nelimitate.

43

Ziua a 13-a, Luna Tigrului, Anul Șobolanului

Al 9-lea an al Domniei Prințului Imperial Cyron

Al 163-lea an al Dinastiei Komyr

Al 737-lea an de la Urgie

Lupul furtunii, în apropierea Munților de Gheață

– Vă mulțumesc că v-ați făcut timp să mă primiți, Căpitane.

Jorim făcu o plecăciune în direcția ei.

– L-am rugat pe Iesol să confirme ceea ce-am descoperit.

Anaeda își curăță pupitrul.

– Ai adus hărți, deci este vorba de o problemă de navigație?

– Și da, și nu.

Jorim așeză pe birou hărțile făcute sul și o desfășură pe prima.

– Aceasta-i harta traseului nostru de până acum. Am inclus informațiile pe cât de bine am putut, din ce-am aflat până acum și din harta sothilor. Am trasat, deja, coasta Munților de Gheață, cel puțin cât am reușit să aflu până acum.

Anaeda studie o clipă harta, urmărind cu degetul linia deplasării flotei. Cursul lor îi dusese spre sud, apoi virase spre est, spre marginile pustietății oceanului, pentru a descoperi insulele și a confirma existența Munților de Gheață.

– Mi se pare o hartă destul de precisă. Care-i problema?

Jorim inspiră adânc și încercă să-și potolească senzația de greață din stomac.

– Vă amintiți cum erau insulele trecute pe harta sothilor, ceva mai depărtate unele de altele decât ne așteptam? Vă amintiți și când v-am spus că au desenat Cartayne mai mică decât s-ar cuveni, nu-i așa?

– Ceva pentru flatarea virukilor, nu?

– Da. Cunoștințele despre neamul soth sunt o probă de înțelepciune transmisă mie de către bunicul meu, iar eu nu am nici un indiciu de unde le-a primit, însă știu că este convins că așa este. A lucrat cu hărțile sothilor și, pe baza unor măsurători, a făcut câteva estimări. Știe că lumea are forma unui glob. În urma acelor măsurători, a reușit să calculeze chiar și dimensiunile întregii lumi.

Căpitanul dădu din cap.

– Sunt perfect conștientă de speranțele că, navigând înspre est, am putea atinge țărmurile vestice ale

Aefretului. Logica unei asemenea treceri este imbatabilă, însă problema este de a alege cea mai scurtă cale. Spre est sau spre vest? Când ești de suficient timp pe mare, auzi și poveștile celor care susțin că au găsit locul de unde au plecat Oamenii Adevărați, tărâmul ochilor spălăciți. Unii cred că noi venim din altă lume, trimiși aici să ne împlinim un anumit destin. Alții cred că am fost doar abătuți de la curs. Ținând cont de furtunile de aici, înclin să cred varianta asta. Își încrucișă brațele. Încă nu reușesc că văd unde-ar putea fi dificultatea.

– Problema, Căpitane, este că toate calculele bunicului meu au fost greșite.

Desfășură cea de-a doua hartă.

– Arta măsurătorilor nu este în întregime foarte precisă. Nici pe mare, nici pe uscat. Fiecare dintre Principate folosește sisteme ușor diferite, iar majorității oamenilor nici că le pasă. Pentru ei, orașele se află la o zi de călătorie, o săptămână, ori mult prea departe. Chiar și ridicările topografice făcute de fratele meu și de mine au erori. Cu cât ne îndepărtăm mai mult de Moriande, cu atât sunt erorile mai mari și se amplifică. Dispozitivul creat de vărul vostru ne-a permis să facem măsurători mult mai precise, însă mi-am dat seama că făceam o greșeală de calcul. Am comunicat erorile bunicului meu și, când am făcut corecțiile, dintr-o dată scala sothilor pentru Cartayne a avut un alt înțeles.

Se întoarse și puse o mână pe umărul lui Iesol.

– L-am rugat pe ministru să mă verifice la matematică și le-a dat elevilor de lucru.

Ochii Anaedei se îngustară când se apucă să studieze noua hartă.

– Cât de mare este eroarea?

– De douăzeci și cinci la sută.

Își ridică repede capul.

– Adică, nu știm nimic despre un sfert din lume?

– Da.

Se așeză și se frecă la ochi.

– Deci, dacă o ținem tot spre est ajungem la Aefret, însă va dura mult mai mult decât ne-am așteptat.

Jorim se aplecă peste pupitru, sprijinindu-se pe ambele mâini.

– Dacă vom ajunge vreodată.

Anaeda se lăsă pe speteaza scaunului, încrucișându-și degetele.

– Explică-mi!

– Curenții. Ne aflăm la sud de Ecuator, iar curentul marin circulă de la dreapta spre stânga. Curenții de apă caldă se duc spre Polul Sud. La nord de Ecuator, se mișcă în direcție opusă. Dacă lumea ar avea dimensiunile pe care le-am crezut, atunci circuitul din sud ne-ar duce la Aefret. Curentul superior ne-ar fi purtat spre țărmuri de la capătul celălalt al Drumului Mirodeniilor. Dificultatea pe care o avem este că lumea pare să fie mult mai vastă decât credeam. Știm că apa este mai rece în larg și mai caldă în apropierea țărmului. Dacă nu ar fi nimic în acel sfert necunoscut de noi, curentul de la Ecuator s-ar fi răcit prea mult pentru a avea forţa cu care ajunge pe ţărmurile noastre.

Căpitanul navei zâmbi uşor.

– Sunt bucuroasă că timpul petrecut la bordul *Lupului furtunii* ţi-a oferit accesul la informaţiile pe care le deţii acum. Cunoştinţele tale despre curenţi sunt admirabile, însă greşite. Ar fi suficient ca ţărmul de vest al Aefretului să fie conturat în aşa fel încât să intercepteze curentul polar, să-l încălzească şi să-l direcţioneze înapoi spre vest, de-a lungul Ecuatorului.

Se aplecă înainte şi studie vasta întindere a oceanului, la est de Principate.

– Chiar acum, când îţi spun toate astea, trebuie să-ţi invalidez ideea, pentru că nu cred în ea. În fiecare sfert de lume, aşa cum arată ea în acest moment, apa şi uscatul sunt în echilibru. Presupunerea că nu-i decât apă acolo este la fel de absurdă ca susţinerea existenţei unui zid de piatră ridicat până la stele. Apoi, mai e şi misterul locului din care au venit Oamenii Adevăraţi. Ne-am putea pune aceleaşi întrebări şi despre demonii mării, despre locul lor de provenienţă. Să fie posibil ca o întreagă lume nouă să existe în inima acestei vastităţi? Bineînţeles că da, însă asta ne aduce alte întrebări.

Jorim îşi înălţă o sprânceană.

– Şi care ar fi astea?

– De ce nu apare acest hău sau ce-o fi pe hărţile sothilor?

Iesol se plecă umil.

– Cer permisiunea de a vorbi, Căpitane.

– Vă rog, Ministre.

– Cei din Soth au fost sub stăpânirea virukilor. I-au servit în toate felurile, inclusiv ca educatori și păstrători ai informațiilor. Poate că au preferat să ascundă asemenea cunoștințe, pentru ca oamenii din acel loc să nu ajungă tot sub stăpânirea virukilor.

– Foarte posibil, însă virukii erau marinari foarte abili și au explorat o bună parte a lumii. Ideea că birocrații din Soth ar fi putut ascunde de ei informații despre un sfert de lume este neplauzibilă.

Jorim se îndreptă din spate.

– Am o altă explicație, Căpitane.

– Și care ar fi aceea?

– Poate că sfertul de lume nu exista când Imperiul Viruk a fost la apogeu.

Anaeda se încruntă.

– Deocamdată, mi se pare că ideea cu birocrații sună mult mai bine.

– Nu, gândiți-vă o clipă. Știm cât de mult a schimbat Urgia întreaga lume, dar asta a fost foarte puțin în comparație cu scufundarea capitalei Virukadeen în Marea Întunecată și întâmplările de atunci. Virukii au luptat într-un război folosind vrăjitorii atât de puternice încât nici chiar magicienii noștri legendari nu le-ar fi putut stăpâni. Imaginați-vă, dacă doriți, că războiul a transformat tot ce s-a scufundat în ceva asemănător cu *thaumstonul.* S-ar fi putut întâmpla orice. Am văzut vulcani adăugați liniei țărmurilor. Poate că sute de vulcani au erupt atunci și au putut extinde lumea.

– Atunci ai putea sugera, Maestre Anturasi, că harta sothilor despre Cartayne reprezintă insula mai mică decât în realitate pentru a ilustra faptul că au stabilit că lumea se extinsese?

Jorim clătină din cap.

– Nu știu, Căpitane Gryst. Eu trasez hărți, găsesc animale. Sunt, după cum ați spus la prima noastră întâlnire, un aventurier. Nu-mi pasă ce anume a plasat aici o masă de pământ. Ar putea fi zeii, vrăjitoriile virukilor sau doar nepriceperea cartografilor din Soth. Toate astea sunt nesemnificative. Aș vrea numai să ajung acolo și să văd ce putem găsi.

Anaeda se ridică în picioare și făcu o plecăciune spre el.

– Îți apreciez abordarea înțeleaptă a acestei chestiuni. În mod sigur, avem o îndatorire, iar aceasta este studierea Munților de Gheață. Vreau să spun că ne vom continua misiunea. Unde vom pleca de acolo depinde de răspunsul la o întrebare. Să te gândești bine la răspuns, înainte de a glăsui.

– Da, Căpitane!

– Cunoscând natura relației tale cu bunicul tău, presupun că nu i-ai spus de erorile măsurătorilor.

– Nu, Căpitane!

– De asemenea, mai cred că ai fi încercat să eviți asta până la întoarcere. Descoperind ceva acolo, o nouă suprafață de pământ, căminul Oamenilor Adevărați, orice memorabil, l-ar putea distrage suficient de mult încât să treacă cu vederea erorile. Te-ar scuti de multe neplăceri.

– Adevărat.

– Atunci, iată întrebarea mea. Îl privi cu atenție. Ești dispus și capabil să-l înșeli pe bunicul tău cu privire la ceea ce vom descoperi?

Se cutremură. Jorim n-ar fi avut nici un fel de remușcări în a-și minți bunicul; îl mai mințise el și cu nenumărate alte fleacuri, mai mult prin omisiune, toată viața. Qiro nu știa nimic de fenn sau de întâlnirea cu *Lupul valurilor*. Bunicul său fusese destul grăbit și nu-l sondase, așa că Jorim nu fusese nevoit să se străduiască din greu să ascundă informații. Știa că ar fi putut, însă propriul său entuziasm ar fi complicat mult lucrurile, dacă o asemenea descoperire ar fi fost realizată vreodată.

– Sarcinile mele nu sunt doar spre folosul familiei Anturasi, Căpitane, ci reprezintă ordinele Prințului Cyron. Dacă-l mint pe bunicul meu, îl mint și pe Prinț. Cred că-mi înțelegeți lipsa de dorință în a face asta.

– Da, înțeleg, însă avem o mai mare responsabilitate față de Coroană și Nalenyr. Celelalte Principate cred că dacă avem destul noroc pentru a reveni acasă, în cel mai bun caz vom fi găsit doar o nouă rută spre Aefret. Aceasta reprezintă o amenințare pentru ei, pentru că presupune o creștere a comerțului în favoarea Nalenyrului, însă este o amenințare cu care au început să învețe să se obișnuiască. Dacă însă descoperim un nou continent, avem acces nu numai la bogățiile Aefretului, ci și la cele ale unei lumi inimaginabile. Nalenyr va putea depăși instantaneu orice altă națiune. Asta înseamnă că toți ceilalți vor fi incluși într-un imperiu nalenian. Deseirion nu va putea face față situației și mai mult ca sigur că și Virine va trebui să reacționeze.

Jorim dădu încet din cap.

– Ne-am înapoia într-o țară devastată de război. Nalenyr s-ar putea să nici nu mai existe când ne întoarcem acasă.

– Îmi permiteți?

Iesol privea sfios din scaun.

– Așa cum a spus și Maestrul: „Primejdia visurilor apare atunci când cineva acționează de parcă ar fi niște profeții."

Cartograful se încruntă.

– Explică, te rog.

– Ați vorbit de pericolele externe, însă Naleyrul mai are două alte amenințări, ambele bazate pe visele de îmbogățire. Una este internă, pentru că lorzii de pe continent nu-și vor permite să piardă comorile găsite. Vor face eforturi considerabile pentru a trimite nave care nu se vor mai întoarce. Asta îi va ruina. Țăranii își vor părăsi ogoarele și se vor îmbulzi în orașe, în speranța că vor fi primiți în echipajul vreunei nave sau că vor putea lucra într-un șantier naval, așa că recoltele vor avea de suferit și națiunea se va confrunta cu foametea. Întreaga structură a societății va suferi o ruptură.

Omulețul se înfioră. Ca membru al aparatului birocratic nu putea avea nici o apreciere pentru haosul adus de o asemenea schimbare. Jorim vedea frica oglindindu-i-se pe față și o auzi și în glasul său, în timp ce vorbea, apoi vocea i se schimbă. Frica se diminuă, iar furia crescu.

– Cea de-a doua amenințare o reprezintă miniștrii. Domniile voastre, Căpitane și Maestre Anturasi, mi-ați arătat mai multă amabilitate și respect decât oricine altcineva din aparatul birocratic. Miniștrii proslăvesc ordinea mai presus de orice și le displace faptul că bogăția multă conferă o putere pe care ei nu o pot controla. Sunt capabili de orice pentru a menține ordinea.

Ochii Anaedei se îngustară.

– Chiar și de trădare?

– Mai mult, deși ei nu i-ar spune în acest fel. Dacă s-ar crede despre Prințul Cyron că ar permite puterii să ajungă în mâinile celor nedemni, pentru ei ar fi foarte simplu să găsească un nobil care să gândească la fel ca ei sau care să poată fi controlat. Prin falsificarea rapoartelor, l-ar putea face pe Prinț să nu vadă că mocnește o revoltă, ba mai mult, l-ar putea da pe mâna dușmanilor. Dacă nu cumva nu s-ar decide să-l omoare chiar ei.

Jorim se încruntă.

– Asta e prea mult.

– Luați în considerare ce spune istoria, Maestre Anturasi. Consiliul de Miniștri din Helosunde nu a dovedit nici o dorință de a renunța la putere, iar trădarea de către ei a Prinţului helosundian este acceptată ca un fapt împlinit. Stabilirea unui astfel de Consiliu pentru Nalenyr ar putea fi considerată soluţia unei probleme cu care miniştrii nu s-au mai confruntat până acum.

Iar eu sunt singura legătură cu Nalenyrul. Jorim se întreba dacă asta era, de fapt, adevărat, din moment ce un număr de învăţaţi de la bord erau şi ei capabili să stabilească o legătură cu rudele lor de sânge din Nalenyr. *Atunci, este limpede din nou că nici unul dintre ei nu ştie unde ne aflăm, iar dacă descoperim ceva şi le spunem că este Aefretul de Vest, asta le vor povesti celor de acasă.*

Jorim privi spre cei doi interlocutori ai săi.

– Vă daţi seama că intrăm într-o conjuraţie trădătoare? Când ne vom întoarce, s-ar putea ca Prinţul să ia în seamă motivele şi deciziile noastre. Sau s-ar putea hotărî că timpul pierdut prin expediţia noastră a afectat Nalenyrul şi să pună să fim spânzuraţi pentru trădare.

– Eu cred, Maestre Anturasi, că veţi fi capabil să-l convingeţi că a fost spre binele naţiunii. Ştiţi cât de mult îi plac animalele aduse pentru grădina sa.

Anaeda Gryst zâmbi.

– Vom păstra secretul, aşa că darurile vor fi o surpriză. Cum s-ar mai putea plânge de ceva?

– Nu-i o persoană chiar atât de simplă.

– Nu, dar este rezonabil. În fond, avem un motiv să navigăm spre est. Ruta comercială este valabilă numai dacă ne întoarcem acasă.

Bătu cu degetul în harta lumii noi.

– Să aflăm ce-i acolo. Apoi vom vedea dacă putem ajunge înainte ca toată lumea să fie suficient de extaziată ca să înceapă să se omoare pentru ceea ce-am găsit.

44

Ziua a 17-a, Luna Tigrului, Anul Şobolanului
Al 9-lea an al Domniei Prinţului Imperial Cyron
Al 163-lea an al Dinastiei Komyr
Al 737-lea an de la Urgie
Dolosan

Keles Anturasi se trezi încet, în speranţa deşartă că procedând astfel nu l-ar mai durea capul. Nu voia să-şi deschidă ochii, pentru că şi cea mai mică geană de lumină îi făcea capul să pulseze de durere. Ştia că Rekarafi nu intenţionase să-i producă neplăceri, iar greaţa încercată prima dată dispăruse demult, însă migrenele nu se lăsau învinse. Se declanşaseră pe la apusul soarelui şi nu-l mai lăsaseră să doarmă, lăsându-i o durere surdă pentru tot timpul zilei.

Spera ca ultimele urme de venin să dispară, în cele din urmă, din organismul său. Făcuse tot ce-i sugeraseră ceilalţi ca să-l ajute să scape de el, de la mâncatul a tot felul de ciudățenii găsite prin jur, până la gimnastică. Fructele păroase, odată curățate, fuseseră cele mai eficiente. Aveau un gust acru intens, care, deși nu-l scăpase de migrene, îi distrăsese atenția de la ele.

Ciras își făcuse o ambiție personală în a-i arăta lui Keles cum se folosea o sabie. Cartograful era destul de convins că asta se datora faptului că tiratianul era încă iritat de soluția lui simplă de la iaz. Moraven considerase acțiunea lui Keles un exemplu de folosire a inteligenței în locul acțiunii brute, iar pe Ciras se pare că-l rodea la suflet. Instrucția cu sabia era un mijloc de a plăti o datorie și-l forța pe Keles să se concentreze asupra altor lucruri decât propria sa stare.

Tyressa adoptase o altă abordare, care presupunea să-l ia pe Keles în mici preumblări prin apropiere. Acestea aveau avantajul de a-l ține la distanță de Rekarafi, dar îl și îndepărtau de jurnalele sale și de hărți. Îl instrui cu o răbdare deplină asupra animalelor, a urmelor lăsate de ele, a plantelor și semințelor, a florilor și cum să afle dacă erau sau nu comestibile. Făcu eforturi mari de a separa faptele de speculații, deși ultimele observații asupra diverselor creaturi confirmau, adesea, ceea ce dedusese ea din studierea urmelor lăsate și a excrementelor.

El asculta cu atenție și începu să înțeleagă mai mult de ce fratele său era atât de implicat în studiile lui topografice. Putea măsura și desena terenul, însă asta nu exprima întreaga cunoaștere despre el. Îi făcea bine să-și umple plămânii cu aerul proaspăt și să simtă florile delicate, sau să zărească un smoc de blană agăţat de vreun ghimpe şi să afle de unde provenea.

– E ciudat, Tyressa, însă eu am crezut întotdeauna că voi, keru, sunteţi creaturi citadine. Aceste cunoştinţe pe care le ai nu sunt ceva ce înveţi în Moriande.

Ea râse şi se aşeză lângă nişte iarbă neagră, crescută pe un tăpşan mai ridicat, mângâind cu degetul inflorescenţa purpurie.

– Pentru nalenieni, *suntem* orăşence, însă acolo vezi doar o trupă în uniformă. Am cu zece ani mai mult ca tine, însă sunt în Moriande de numai şapte ani.

– Şi înainte?

Ea făcu o grimasă.

– Nu eram în Moriande.

Keles se apropie şi îngenunche lângă ea.

– Tyressa, îmi amintesc că mi-ai spus, în prima noapte pe *Dracul-de-mare*, că sunt lucruri pe care nu trebuie să le ştiu. Vreau să respect asta. *Voi* accepta asta, însă sunt curios. Presupun că ai învăţat în Helosunde multe din ce mi-ai arătat mie. Nu încerc să-mi vâr nasul unde nu trebuie, încerc doar să găsesc un sistem de referinţă.

Femeia blondă îşi întoarse capul şi-l examină. Privirea ei îl pironi mai rece decât vântul, însă doar pentru o clipită. Apoi, treptat, deveni mai caldă.

– Keles, am ajuns să te respect pentru abnegaţia cu care-ţi faci datoria, chiar şi pentru inventivitatea ta. Tu crezi că doreşti numai un sistem de referinţă, însă experienţa mea anterioară îmi spune că nu este numai atât. Ştiu ce sunt obişnuiţi să creadă bărbaţii nalenieni despre keru. Îmi amintesc remarcile tale și ale fratelui tău la sărbătorirea zilei de naștere a bunicului tău. Da, eram chiar la ușă.

Keles se înroși.

– N-am vrut...

– Nu-ți face probleme. Nu ne-ai privit altfel decât oricare bărbat, iar privirile tale erau mult mai amabile decât ale multor femei. Zvonurile auzite de tine exprimă ceea ce credeți voi despre noi. Ne ținem deoparte, ți s-a povestit. Nu avem iubiți, nu zămislim copii și am trecut prin ritualuri secrete care ne permit să ne tragem puterea din Helosunde. Ai mai auzit că ne plac doar femeile sau că Prințul este singurul bărbat pe care-l acceptăm în pat. Unii chiar cred că l-am sedus pe Prinț și pe tatăl său, înaintea lui, și că avem un moștenitor pentru tronul nalenian, urmând să-l înlocuim atunci când am decide că nu mai este de folos pentru cauza celor din Helosunde.

– Am auzit aceste povești, însă nu le-am crezut niciodată.

Ea se opri, apoi își coborî privirile și dădu din cap.

– Probabil că nu, așa-i? Odată ce-ai abandonat fanteziile adolescentine, nu te-ai mai gândit la așa ceva. Nu-i o surpriză, de fapt, e păcat.

El se ridică și scutură praful roșiatic de pe genunchi.

– Păcat? Cum așa?

– Asta dovedește cât ești de izolat de viața de toate zilele. Ea se răsuci și privi spre el. O iubeai pe femeia pentru care te-ai ales cu cicatricele?

– Da, bineînțeles.

– De ce?

Keles îşi împreună braţele pe piept.

– Ei, bine, pentru că era drăguţă şi dintr-o familie bună şi... vocea îi pieri. Tatăl meu s-a căsătorit cu o femeie dintr-o casă de comercianţi, tatăl său la fel. De la mine se aştepta acelaşi lucru.

– Se aştepta.

Tyressa rupse o tulpină de iarbă neagră şi o puse după urechea stângă.

– O iubeai pentru că te-ai gândit că se aştepta de la tine s-o iubeşti. Se potriveşte cu concepţia ta despre lume, a felului prin care cifrele şi distanţele îţi permit să cuantifici întreaga lume. Cauţi ordinea, iar ea făcea parte din acest eşafodaj. Ea era piesa potrivită pentru mozaicul despre care presupui că ar fi viaţa.

– Nu-i aşa.

Totuşi, nu găsea nici un argument pentru susţinerea negaţiei. Credea că o iubea pe Majiata pentru era de aşteptat s-o iubească. *Trebuia, pentru că aveam nevoie de cineva să mă iubească, aşa cum mama l-a iubit pe tata.*

Ea-şi deschise braţele şi se învârti încet.

– Uită-te la locul ăsta, Keles. Exista mai înainte ca tu să te fi gândit măcar să începi să-l măsori şi să-l defineşti. Va continua să fie ceea ce este cu mult după ce hărţile tale se vor fi transformat în praf.

El se zgribuli.

– Grozav. Mulţumesc. Am început să înţeleg. Nu contează ce fac.

Ea scutură din cap.

– Nu, prostule, ai înţeles pe dos. Nu ceea ce faci tu aici contează. Ci ceea ce-ţi spun ţie realizările tale de aici, asta contează. În clipa asta nu eşti decât o marionetă acţionată de bunicul tău. Mai rău chiar, te-a instruit atât de bine încât şi după ce moare vei continua să te comporţi în acelaşi fel. Un păpuşar nu şi-ar fi putut dori mai mult de la marionetele lăsate în urmă-i. Se pare că nu înţelegi că tot ceea ce faci aici va conta. Hărţile tale vor deschide acest tărâm pentru a fi explorat. Oamenii vor veni, dar până nu pricepi că pământul înseamnă mai mult decât distanţe şi elevaţii, nu vei putea să-i conduci acolo unde ar trebui să meargă, sau să le arăţi cum să se pregătească pentru diverse lucruri.

– Acest loc, Tyressa, este foarte departe de ideea de colonizare. Da, sunt tot felul de manglitori şi căutători de copite de cai morţi care ar putea trăi aici, însă pământul îi schimbă. Asta-i vraja scăpată de sub control.

– Da, Keles, dar te va schimba şi pe tine?

– Nu înţeleg.

Tyressa oftă.

– Nici nu visez că ai putea. Uite, lumea mea era foarte mică. Da, provin din Helosunde, am copilărit acolo. Am ucis câţiva deseieni, iar din acest motiv am fost selecţionată să fiu o keru. De acolo, lumea mea s-a extins, a inclus Moriande. Însă acum sunt aici, privind lucruri pe care nu le-am mai văzut înainte şi mi-am dat seama că întreaga lume nu este doar o naţiune captivă. Poporul meu se agaţă în continuare de o mică porțiune de lume care îi va costa mai mult decât merită. Nu te uita la mine atât de contrariat, știi bine că spun adevărul. În loc să ne petrecem timpul punând la cale tot felul de raiduri și să ne văicărim pentru că zeii și-au ascuns fața de noi, ar trebui să adunăm, să depozităm și să ferecăm totul și să ne îndreptăm spre Solaeth sau Dolosan, sau chiar spre Râul de Aur, locuri unde ne-am putea construi o altă națiune. Așa, lăsăm trecutul și datoria să ne definească. Ele limitează ceea ce-am putea deveni.

Keles încuviință încet din cap.

– Și spui că aderența mea slugarnică la instrucția mea și la dorințele bunicului meu mă limitează într-un fel sau altul?

– Numai în măsura în care te împiedică să vezi lumea așa cum este. Îi zâmbi. Cum te poți gândi să definești lumea când ai o spuzeală de cifre și un maldăr de pergamente care te despart de ea?

– Într-adevăr, nu pot. Se încruntă o clipă, apoi privi în ochii ei. Ce-ai spus tu acum... Nu este doar un rezultat al participării tale la expediție, nu? Aveai aceste idei și înainte, de asta-i fost selecționată.

Tyressa se răsuci și începu să meargă spre locul unde-și lăsaseră caii să pască iarba neagră.

– S-ar putea să fi contat și asta.

– Duci o viață singuratică, nu-i așa?

Privirea pe care i-o aruncă era sfidătoare.

– Te oferi tu să mă scapi de povara asta?

– Nu, nu la asta m-am gândit. El își pironi privirea în jos. Te simți singură pentru că gândurile tale te poartă mai departe decât cele ale tovarăşelor tale. În cazul meu, se întâmplă contrariul. Eu m-am restrâns în lumea mea, iar ceilalţi erau mulţumiţi să mă lase să fiu aşa. Chiar şi aici, eraţi cu toţii gata să mă lăsaţi în pace şi să nu vă legaţi la cap cu mine.

– S-ar putea s-o fi făcut, dar ai rezolvat problema la iaz. Ea-i zâmbi. N-ai sfătuit pe altcineva cum s-o facă, te-ai avântat tu. Ai făcut ceva pentru binele nostru comun. Atunci ni te-ai alăturat. Ne-ai lăsat să aflăm că suntem ceva mai mult decât *gyanrigoţi*.

Keles i se alătură la cai şi sări în şa.

– Dacă asta credeai, îmi pare rău. Nu eram... Nu mă gândeam la lume, mă gândeam numai la ce trebuia să fac.

Ea dădu din cap.

– Înţelegem. Majoritatea dintre noi, oricum. Borosan e mai rău ca tine, iar despre ce gândeşte virukul nu am nici cea mai mică idee.

– Mai rău ca mine? E posibil? întrebă zâmbind. Tyressa, îmi pare rău pentru că am gândit la fel ca toţi despre keru. N-am vrut să te insult.

Ea se întoarse încet să-l privească.

– Vrei să spui că nu ne găseşti mai atrăgătoare decât ar putea fi orice muiere naleniană crescută în perne?

– Da. Vreau să spun... Nu, adică... Umerii lui Keles se lăsară în jos. Omoară-mă acum. Te va scuti mai târziu de necazuri.

Tyressa izbucni în râs.

– S-a trezit dragonul adormit. Încet, încet, dar e, fără nici o îndoială, treaz de acum.

Pe drum înapoi, îi arătă o mulțime de lucruri, inclusiv intrarea într-o peșteră mică, care părea că respiră, iar Keles sorbi fiecare cuvânt. Când ajunseră la locul de tabără ales de Moraven, constatară că li se alăturaseră trei căutători. Unul, un bătrân zbârcit, îmbrăcat în blănuri de animale de culori nemaivăzute prin Moriande, stătea de-o parte, lângă Moraven și Borosan. *Gyanridinul* servea adesea ca tălmaci pentru prospectori și săpătorii de oase. Ceilalți doi, mai tineri și în mod sigur mai sănătoși, se ocupau de foc și perpeleau ceva acolo. Keles prefera să creadă că era un iepure, deși avea șapte picioare.

Ciras stătea cu ei și schimbau tot felul de politețuri, însă conversația se menținea încordată. Rekarafi se cățărase pe o stâncă, în direcția vântului. Adierea rece îi răscolea părul. Își închisese ochii și-și înălțase nările. Despicăturile lor fremătau, de parcă ar fi putut inhala ceea ce prăjeau. Își odihnea mâinile pe genunchi, iar lumina flăcărilor lucea pe ghearele sale.

Ciras își plecă fruntea când cei doi se apropiară de foc.

– Avem oaspeți. Nu au dat de nici o urmă a banditilor, însă vântul a adus unele zvonuri. Se îndreaptă spre Opaslynoti, la poalele trecătorii spre Ixyll.

Keles ar fi vrut imediat să le ceară să descrie trecătoarea, însă se abținu.

– Și ce este Opaslynoti?

Unul dintre căutători zâmbi, dezvelindu-și dinții îngălbeniți.

– O răscruce.

– Cândva, un oraș virukian.

Rekarafi își deschise ochii.

– *Tavam alfel* l-a redus la dimensiuni omenești.

– Mulțumesc, Rekarafi.

Keles zâmbi.

– De-abia aștept să-l văd.

Seara se consumă printr-o cină împărțită între ei, iar Borosan îi distră pe oaspeți cu un duel între șoricarul său și un mic *thanaton*. Ciras cântă o baladă din Tirat, iar Tyressa oferi o lamentație pentru Helosunde cel pierdut. Vizatorii se revanșară cu cântece deocheate, care încălzeau nopțile prin Dolosan. Se încheie cu înțelegerea de a călători împreună până la Opaslynoti, iar Keles se târî în cortul său fără nici un imbold de a-i raporta bunicului său.

Dimineața sosi destul de repede, iar când, în cele din urmă, făcu ochi, capul începu să-i duduie. Simți durerea și zâmbi. În trecut, migrenele fuseseră un impediment în misiunea sa, însă acum erau doar durere. Erau doar o mică parte a lumii lui, așa că era hotărât să o facă pe cât de mică se putea.

45

Ziua a 18-a, Luna Tigrului, Anul Şobolanului

Al 9-lea an al Domniei Prinţului Imperial Cyron

Al 163-lea an al Dinastiei Komyr

Al 737-lea an de la Urgie

Moriande, Nalenyr

Nirati se trezi brusc. Nu se auzise nici un sunet sau mişcare, nici măcar vreo rază răzleaţă de soare nu se abătuse asupra ei ca s-o aducă la realitate din somnul greu ca moartea. Fusese doar senzaţia bruscă resimţită de cineva adormit de prea multă vreme, care, într-un fel sau altul, înţelese că nu mai era cazul să-şi prelungească somnul.

Se trezi cu faţa în pernă. Simţea pe obraz umezeala rece de pe învelitoare. Nu erau lacrimi, deşi era sigură că plânsese în timpul nopţii. De fapt, era saliva scursă din gura căscată în timpul somnului. Epuizarea nu-i permisese nici măcar decența de a-și compune o postură apropiată cât de cât de frumusețe.

Își duse, încet, mâinile lângă trup, dar asta nu era pe atât de simplu pe cât ar fi trebuit. O dureau toate, în special umerii și coatele. Durerea surdă părea o senzație familiară, având caracteristica unei tensiuni rezultate din mișcări repetitive. Când o ajutase pe maică-sa cu plantările de primăvară și toamnă în grădina lor, avusese o durere asemănătoare la umeri și în partea de jos a spatelui.

Se ridică cu lentoare, îndreptându-și spatele, apoi rămase așa, gâfâind din cauza efortului. Știa că era ridicol să fie atât de epuizată în urma unui mișcări atât de neînsemnate, dar se simțea incredibil de slăbită. Păturile i se păreau atât de grele, încât ar fi putut fi foarte bine să fie țesute din fir de plumb. Cămașa de noapte se răsucise pe ea și nu putea să-și elibereze picioarele, deși trăsese. Faptul că era imobilizată o înfricoșă pentru un moment, apoi se forță să-și păstreze calmul.

Atacul de panică îi readuse în minte visele. Începu să reconstituie încet noaptea, în speranța că va putea separa realitatea de închipuiri. Undeva, acolo, credea că se afla ceea ce o lăsase fără vlagă, deși se îndoia că va putea descoperi ce. Nu-i rămânea nimic altceva mai bun de făcut decât să stea și să se gândească. Avea nevoie de acest simulacru de autocontrol dacă intenționa să se mai ridice din pat.

Seara precedentă fusese chiar plăcută. Contele Aerynnor o invitase la teatru, să vadă împreună piesa lui Jaor Dirxi, *Sabia de pană*. Era cea mai reușită dintre satirele sale, despre o gâsculiță atât de pricepută la mânuitul penei, că era capabilă să învingă orice spadasin întâlnit. Faptul că spadasinii purtau costumații care trimiteau la Deseirion sau că pana ei era de aur și că ea era o fată cinstită din Nalenyr adăugau trimiteri la actualitate, salvând o producție mai degrabă mediocră.

De acolo, se plimbaseră prin grădinile publice, apoi reveniseră în apartamentele pe care le închiriase contele, odată ce întrerupsese, oficial, toate legăturile cu familia Phoesel. Acolo băuseră vin și făcuseră dragoste, apoi el o condusese acasă. Cel puțin așa credea ea, pentru că nu-și mai amintea nimic despre asta, însă era aici.

Mama ei știa că se culca cu nobilul deseian, însă în afară de faptul că o preocupa ca nu cumva Nirati să nu rămână cu inima zdrobită, privise întreaga poveste dintr-o perspectivă practică și plină de bun-simț. Îi pregătise tinctura de piciorul-cocostârcului și i-o administrase înainte de fiecare masă de seară. O invitase pe Nirati să i se confeseze în toate și chiar sugerase că ar putea s-o viziteze pe Doamna de Jais și Jad pentru un sfat.

Nirati se opusese ultimei idei. Experiențele sale sexuale anterioare se consumaseră în compania unor iubiți la fel de neexperimentați ca și ea. Nu găsise cine știe ce plăceri în acuplări, în afară de bucuria de a vedea satisfacția partenerilor ei și a se simți dorită. Își subordona lor propriile ei satisfacții, pentru că până la Junel nu cunoscuse extazul care putea fi adus de sex.

Junel se comportase ca un iubit atent și blând. În primul rând se îngrijise de plăcerea ei, dezbrăcând-o lent, studiind-o, mângâind-o și sărutând-o. Căldura respirației sale pe piele, fiorii dați de mângâierile lui, fie că o atingea cu vârful degetelor, cu dosul palmei, sau chiar și când purta mănuși fine de piele, stârneau în ea un foc mistuitor. El îi vorbea, spunându-i cât era de frumoasă și cât de mult o dorea, întrebând-o cum dorea ea s-o facă. Mai repede, mai încet, mai dur sau mai blând; orice-ar fi dorit, îi oferea, iar când făcea el sugestii, deschidea în ea adevărate lumi noi ale dorințelor.

S-ar fi putut gândi, după ce făceau dragoste cu pasiune, că visele ei erau molatice, sau pașnice, ba chiar înfierbântate, însă se dovediseră a fi cu totul altceva. O dureau membrele, de parcă visul fusese adevărat. Se simțise neajutorată, cu mâinile legate la spate, cu picioarele strânse sub ea. Era imobilizată de legături groase. Prima dată se gândise că erau de piele, dar, după ce le studiase mai bine, deveniseră inelele unui șarpe cu blană. Îi putea auzi sâsâitul, iar strânsoarea cărnii lui o înfioră. Se zbătuse să scape, însă șarpele aproape că-i râse în nas, spunându-i că nu mai era scăpare, că nu exista nici un fel de scăpare. Era prinsă în capcană pentru totdeauna.

Apoi venise bunicul ei și o trezise din somn. Era convinsă că și asta era tot un vis, însă își scoase brațele de sub pături și putu vedea urmele roșietice la încheieturi și alte zgârieturi pe brațe. Se luptase cu el, știa, pentru că încă-i mai putea auzi glasul poruncindu-i să stea nemișcată.

Se uitase spre bunicul ei.

– Bunicule?

– Da, copilă. Da, micuța mea Nirati. A trebuit să vin. Se uită în jos, spre ea, cu ochii în flăcări, apoi privirea i se îndulci. Se așeză la marginea patului și-i luă mâinile într-ale lui. Ai avut un coșmar.

– Da, am avut; unul foarte rău. Îl lăsă s-o ridice în șezut. Dar cum de ești aici, este imposibil?

Qiro Anturasi clătină din cap.

– Prințul crede că m-a închis pe veci, însă există pasaje secrete și căi despre care el nu știe nimic. Eu le cunosc pe toate. Să vin la tine n-a fost deloc greu. În plus, ai nevoie de mine pentru motive care sunt suficiente ca să-mi asum orice risc.

Nirati îi strânse mâinile.

– S-a întâmplat ceva rău, bunicule?

Bătrânul îndreptă capul, de parcă numai prin atitudinea sa ar fi putut nega această posibilitate. Apoi oftă.

– Ca să spun adevărul, Nirati, și eu am somnul chinuit. Demoni și monștri îmi bântuie visele, ca și pe ale tale.

Ea vorbi și mai șoptit.

– Este ceva ce nu mi-ai spus despre frații mei? Sunt în pericol?

– Frații tăi sunt bine, așa cum și era de așteptat. Îmi raportează, așa cum sunt instruiți să facă. Jorim se străduieşte să se concentreze. Keles a avut dintotdeauna această abilitate. Aflu multe prin intermediul lor, ceea ce va fi spre folosul tuturor.

– Nu mi-ai răspuns la întrebare.

Qiro aproape că zâmbi.

– Nu, nu ţi-am răspuns. Amândoi încearcă să ascundă anumite lucruri de mine. N-o fac din răutate, aş şti asta. Ascund lucruri de mine pentru ca eu să nu ţi le pot împărtăşi ţie şi mamei tale, însă am aflat unele. Aşa cum era de presupus, Keles întâmpină dificultăţi. Este bolnav, nimic serios, nu ai nici o teamă, copilă. Însă nu doarme prea bine. Din când în când, alunec în vise şi atunci văd unele lucruri. Pustietăţile sunt mai ciudate decât îmi aminteam. Pentru Keles, ele reprezintă o provocare.

Nirati se înfioră.

– Ai şti dacă s-ar întâmpla ceva îngrozitor, nu?

– Da, copilă, aş şti. O privi ţintă. Însă nu te teme. N-am să permit să i se întâmple nimic nepotului meu, dacă-mi stă în putere. Fraţii tăi au resurse despre care nu ştiau că dispun. Se vor descurca.

Strânse puţin mâinile bunicului ei, pentru că nu ştia ce să spună. Glasul său, absent, la fel ca şi privirea, purta în el căldura şi respectul pe care nu le întâlnise când Jorim şi Keles erau aici.

– Îi iubeşti, nu-i aşa?

Qiro se scutură, iar privirea îi reveni la realitate.

– Bineînţeles. Îi controlez pentru că îi iubesc.

Vocea lui începu să urce şi în tonalitatea ei se strecură o stridenţă.

– Lumea este crudă, rece şi dură. Se opune încercărilor Casei Anturasi de a o defini. Ne sfidează, însă va pierde. Eforturile sale ne vor ajuta s-o învingem.

Îi strânse palmele, apoi le lăsă să cadă pe aşternut şi se ridică.

– Însă acum, voi, favoriţii mei, sunteţi principala mea îngrijorare. Nu ţi-aş fi tulburat somnul. Îţi aminteşti jocul pe care obişnuiam să-l jucăm?

Nirati zâmbi, în pofida simţămintelor sale.

– Sigur că da. Cum aş putea să uit?

Când era mică şi nu dovedise nici un talent pentru cartografie, se simţise distrusă. Aşa că, în timp ce Qiro le dădea lui Jorim şi lui Keles mici sarcini de îndeplinit, se aşeza şi desena hărţi pentru ea. Astfel au creat tărâmul mitic Kunjiqui, pe care ea-l descria, iar bunicul adăuga simboluri pe hartă, rafinând şi definind lumea creaţiei ei.

Qiro îi întinse o mână şi ea se strecură afară din pat. O duse la un perete şi-l atinse. O secţiune a zidului alunecă înapoi fără nici un zgomot, dezvăluind un coridor întunecos.

– Pentru tine, Nirati, am găsit o cale spre Kunjiqui. Vino. Te va pune la adăpost de frică.

Ea-l urmă pe coridor şi ajunseră pe o pajişte însorită, care n-ar fi putut exista, din moment ce iarba era mătase, iar păsările care cântau în copaci erau desprinse din broderii. Copacii aveau crengile îngreunate de fructe, toate diferite, fiecare din ele uriaşe şi zemoase. Ea zâmbi, privind o pară cu coaja ca de lămâie și știu imediat că în interior se afla un miez cu gustul amândurora.

Qiro îi dădu drumul mâinii și o lăsă să plutească în tărâmul creat de ei doi.

– Acum ești mai mare, așa că s-ar putea să fie și alte lucruri pe care ți le-ai putea dori. Pâraiele în care curge acum ceai dulce ar putea fi de vin. Stelele vor dansa pentru tine, dacă asta dorești. Fructele vor fi ceea ce tânjești mai mult. Vântul va fi întotdeauna blând și călduț. Când cade ploaia, te va înviora. Așa va fi întotdeauna în Kunjiqui.

Vocea lui pieri și ea se răsuci pentru a-l privi, însă el dispăruse ca o nălucă. Asta o surprinse, însă nu simți nici un fel de teamă, ci, din contră, se simțea în siguranță aici, pe tărâmul propriei sale imaginații. Se așeză pe iarba mătăsoasă și-și lăsă capul jos, ascultând ciripitul ușor al păsărilor.

Și adormi.

Pe deplin trează acum, Nirati își adună toate puterile să-și dea jos cămașa de noapte și se duse la perete. Îi atinse pietrele reci și apoi împinse, sperând că ele se vor da la o parte, dar, desigur, nu se întâmplă așa. Nu numai că era un perete exterior, dar se mai și afla la trei etaje de la nivelul solului. *Am visat totul. L-am visat venind aici, am visat Kunjiqui.*

Apoi își privi din nou încheieturile. Urmele roșietice rămăseseră, la fel și zgârieturile. De ce și cum se pricopsise cu ele n-ar fi putut explica. Începu să tremure. Se întoarse și, cu spatele lipit de perete, se lăsă să alunece pe podea.

Ceva nu era deloc bine, însă n-ar fi putut spune ce. Știu atunci că singurul loc unde și-ar fi putut găsi liniștea era tărâmul imaginar, creat de o fetiță.

– Sper, șopti ea, că asta va fi suficient.

46

Ziua a 27-a, Luna Tigrului, Anul Şobolanului
Al 9-lea an al Domniei Prinţului Imperial Cyron
Al 163-lea an al Dinastiei Komyr
Al 737-lea an de la Urgie
Lupul furtunii, în largul Coastei Interzise

Ridicările topografice de pe coasta Munţilor de Gheaţă continuau de două zile, când o furtună se declanşă dinspre vest şi se năpusti asupra flotei. Cerul se întunecase atât de repede încât până şi Jorim începu să creadă că zeii îi urau. Majoritatea marinarilor presupuneau că erau aproape de poarta spre Lumea Subpământeană şi că furtuna era un efort de a-i ţine la distanţă. Asemenea speculaţii inutile se auzeau numai printre mormăielile de la masa cu hrană rece. Vântul şuierător şi ploile biciuitoare făceau ca orice alt gând în afară de cele necesare supravieţuirii să fie un lux exorbitant.

Pentru Jorim, cele patru zile în care navele fură izbite fără milă și aruncate spre est fură momente de teroare cumplită, înlocuită numai de frustrări. Având puține talente folositoare în astfel de situații, i se ordonase să rămână în cabină. Chiar și cererile sale pentru informații cum ar fi viteza și direcția fură refuzate. Află mai târziu că dispozitivul folosit la măsurarea vitezei fusese smuls și azvârlit în mare de un tânăr marinar nefericit. Funia înnodată legată de el fusese smulsă atât de repede din mâinile sale, încât pierduse un deget.

Urletele furtunii, răpăitul ploii pe punte și scârțâitul fiecărei îmbinări de pe navă îi reaminteau de fragilitatea corabiei. Deși *Lupul furtunii* era cea mai mare navă pe care o construise vreodată cineva, marea furioasă era capabilă s-o zdrobească precum un lampion de hârtie sub roata unei căruțe. Singurele lucruri care împiedicau să se întâmple asta erau priceperea echipajului și îndârjirea celor la de timonă. Ei mențineau nava în direcția vântului, printre valurile uriașe.

Lui Shimik nu-i pria deloc furtuna și se ascunsese într-un cocon de pături, într-un colț al cabinei lui Jorim. Micuța creatură mieuna când tunetul bubuia prin apropiere și gemea în contratimp cu văicărelile navei. Jorim ar fi vrut să i se alăture fennului în siguranța culcușului, însă mândria și mânia față de vreme îl împiedicau.

Misiunea lui, întărită de ordinele Căpitanului Gryst, era să execute calculele pentru determinarea poziţiei. Avea la dispoziţie cronometrul Gryst, care măsura aproape exact timpul, cel puţin atâta vreme cât un cronometru era comparat cu celălalt. Nu putea stabili dacă era amiază sau noapte, nu putea face măsurători după stele, din moment ce furtuna îl obliga să rămână în cabină, iar norii ascundeau soarele, la fel şi stelele.

La fel de iritant ca şi imposibilitatea de a face măsurători era faptul că stihiile îl împiedicau să confirme descoperirea făcută în timpul ridicărilor topografice. Aşa cum steaua polară era folositoare navigaţiei în emisfera nordică, bunicul său îl însărcinase să aleagă echivalentul ei în sud. El hotărâse că Ochiul Cocoşului se potrivea perfect şi intenţionase să-i transmită informaţia lui Qiro imediat ce-ar fi fost sigur. Deşi Ochiul nu putea fi văzut din Moriande, coada constelaţiei era vizibilă şi era cunoscută din vechile texte ale popoarelor viruk şi soth. În regiunile de la sud de Ecuator servea de minune ca reper şi era o descoperire care ar mai fi putut atenua din erorile sale în măsurători.

Într-un fel, urmărirea ceasurilor rămăsese singura sa raţiune de a fi pe navă. Căpitanul Gryst trimitea marinari să-l întrebe cât era ceasul. Iar pe măsură ce furtuna se prelungea, aceste intervale se degradau tot mai mult, la fel ca şi comportamentul tuturor celor de la bord. Marinarii spuneau că o furtună atât de intensă nu putea dura mai mult de o zi sau două, însă aceasta se prelungise deja în cea de-a treia şi a patra zi, iar unii considerau că a ţine socoteala timpului în aceste circumstanţe era o eroare.

După patru zile, furtuna încetă şi oceanul deveni aşa de liniştit cum nu-l mai văzuseră vreodată. Jorim trase cu ochiul afară din cabină şi citi ceasurile. Efectuă calculele pe cât de repede putea şi reverifică totul.

Fluieratul său de surpriză îl trezi pe Shimik, iar acesta se ridică, se frecă la ochi şi aşteptă o explicaţie.

– Mers departem departem.

Jorim se aşeză şi studie linia trasată pe hartă. Furtuna îi aruncase la peste o mie de mile spre est şi încă puţin spre nord. Îi adusese direct într-o zonă necunoscută.

Flotei îi trebui două zile să se regrupeze. Două nave dispăruseră, şi cei rămaşi din flotă nu ştiau sigur dacă ele se zdrobiseră de Munţii de Gheaţă sau fuseseră trase la fundul oceanului. Ultima variantă constituia un mod îngrozitor de a muri. Se dădură asigurări că vor fi căutaţi eventualii supravieţuitori la întoarcere, însă ştiau cu toţii că promisiunile erau deşarte. Curenţii îi purtaseră mai departe spre nord-est, departe de Munţii de Gheaţă, iar întoarcerea ar fi fost imposibilă de aici.

Timp de alte două zile, curenţii şi briza uşoară continuară să se manifeste ducându-i spre nord-est, pe întinderea fără seamăn a oceanului. Jorim era pe cale să abandoneze orice speranţă în găsirea uscatului, când unul dintre pândarii de pe gabie văzu o linie de nori peste linia orizontului dinspre est. La vremea când soarele apuse, văzură linia întunecată de sub nori, ceea ce însemna munţi, iar zvonurile se răspândiră degrabă prin flotă că găsiseră drumul spre Aefret. Vântul potrivit şi marea calmă contribuiră la îmbunătăţirea stării de spirit şi Căpitanul Gryst le îngădui să sărbătorească evenimentul înainte de a spune echipajului:

– Haideţi să navigăm, să nu aşteptăm vreo furtună, să ne împingă din spate!

La venirea zorilor, munţii crescuseră considerabil, iar toţi pricepeau că trebuiau să fie foarte înalţi. Jorim îşi aminti că Anaeda spusese că un perete de piatră era la fel de improbabil ca şi marea deschisă în sfertul necunoscut al lumii, însă după încă o zi se părea că se îndreptau direct spre un zid de piatră. Munţii continuau să tot crească şi nici una dintre liniile coastei nu părea deloc primitoare.

Flota se întoarse spre nord şi navigă de-a lungul coastei. După mai multe zile, avură parte de primul noroc. O despărţitură în munţi dezvălui cursul unui râu, care se vărsa într-un golf natural. Chiar mai important decât ideea ancorării în siguranţă şi posibilitatea de a găsi apă de băut, era faptul că *Dragonul lunii* zăcea eşuat pe plajă. Se crezuse că pierise în furtună, iar marinarii simţiseră că tragedia făcea parte din nenorocirile aduse de blestemul evident care apăsa nava. Era clar că fusese adusă pe plajă pentru reparaţii. Supravieţuirea ei îi făcu pe mulţi să-şi reconsidere credinţa în blestem.

Însă asta nu dură decât până în momentul când oamenii îşi dădură seama că pe navă nu era nici urmă de echipaj. Când restul flotei li se alătură, Jorim urcă lângă Căpitanul Gryst pe puntea timoneriei. Nu putu vedea nici un semn de așezare omenească, focuri sau corturi. La fel ca toată lumea, se gândea la tot ce putea fi mai rău, că demonii mării măcelăriseră echipajul și că tocmai se ospătau cu el.

– Demonii mării vi se vor părea blânzi în comparație cu ce-am să vă fac eu vouă, zbieră Căpitanul Gryst. Stați cu ochii-n patru după ei și nu vom avea și alte probleme. Locotenente Linor, adună două escadroane de soldați pentru o misiune de recunoaștere pe plajă și asigurarea ei.

– Cer permisiunea de a merge cu ei, Căpitane.

Ea se răsuci și-l pironi pe Jorim cu o privire dură.

– Nădăjduiești să fii mâncat de demonii mării, Maestre Anturasi, sau să-i omori?

– Nici una, nici alta. Dacă sunt demonii pe acolo, vom găsi imediat semne. Știm că se folosesc de nave, așa că-mi închipui că dacă despre ei este vorba, vor repara *Dragonul lunii.* Motivul pentru care vreau să merg este să arunc o privire prin jur. M-ați luat la bord pentru explorări.

– Aș prefera ca soldații noștri să asigure întâi plaja.

– Nu doresc să ne certăm, dar vă rog să luați în considerare un lucru, înainte de a stabili decizia finală. Dintre toți cei de la bordul acestei nave, eu am cele mai multe șanse de a afla ce se petrece. M-am aventurat dincolo de Principate, în locuri încă nenumite.

Buzele ei se strânseră, formând o linie, apoi dădu din cap.

– Dacă ieşi din raza mea vizuală, dacă pleci de pe plajă, să nu te mai întorci. Te las aici.

– Cum ordonaţi, Căpitane.

Jorim făcu o plecăciune şi se retrase spre cabina lui. Se încinse cu sabia, apoi îi urmă pe soldaţi pe când coborau în cele două bărci ale navei. Căpitanul Gryst privea de la timonă şi Shimik se zgâia din spaţiul dintre picioarele ei şi balustradă.

– Locotenente Linor!

Femeia care comanda soldaţii privi în sus.

– Da, Căpitane!

– Ascultă de Maestrul Anturasi, însă nimeni nu pleacă de pe plajă decât la ordinele mele.

– S-a înţeles!

Jorim îşi luă locul său obişnuit, la prova bărcii, iar soldaţii se puseră pe vâslit spre ţărm. Studia vegetaţia, luxuriantă, verde, abundentă şi înaltă. Munţii, care se înfigeau în nori, lăsau mai puţin de doi kilometri de pământ între ei şi ocean, iar copacii ocupaseră cu agresivitate semiluna îngustă a ţărmului. Se aşteptase ca apa oceanului să fi răpus orice urmă de vegetaţie, însă în mod clar furtunile azvârliseră cantităţi incredibile de apă peste stânci şi apa dulce colectată astfel fusese suficientă pentru a hrăni copacii.

Şi râul de asemenea. Marinarii se puseră pe suduit când trebuiră să manevreze împotriva curentului creat de el. Jorim bănuia că apa din golf era mai mult dulce decât sărată şi se întreba ce peşti ar putea găsi aici. Ar putea fi de râu, de mare, hibrizi ciudaţi?

Barca atinse plaja pe coama unui val, şi Jorim sări pe ţărm înainte chiar să fi fost ridicate vâslele. Se lăsă într-un genunchi şi luă un pumn de nisip, lăsându-l să-i alunece apoi printre degete. Îl simţi la fel ca orice alt nisip, recunoscând atingerea bucăţilor de scoică şi a ierbii-de-mare. Chiar şi ţipătul păsărilor i se păru vag familiar.

Se ridică şi se alătură Locotenentului Linor în timp ce străbătea perimetrul de ţărm din apropierea navei.

– Nici urmă de demonii mării.

Ea dădu din cap.

– Nimic care să arate că a avut loc o luptă.

Mergând de-a lungul plajei, ea arătă spre o cărare desenată spre interiorul teritoriului.

– Au descărcat cât de mult au putut şi s-au dus spre interior. Poate că au găsit o cavernă sau vreun deal, unde să construiască un adăpost.

Se opriră pe malul râului. Peşti argintii înotau în curentul apei şi păsările se avântau în picaj pentru a-i pescui cu ciocurile ascuţite ca nişte pumnale. Jorim îngenunche şi luă apă în căuşul palmei. O mirosi, apoi o vărsă. Îşi picură puţin pe buze, însă nu simţi nici o furnicătură acolo sau pe mâini.

– Nu cred că sunt probleme cu apa. Dacă n-ar avea penajul albastru, pasărea aceea ar putea fi o Barză Imperială. Bea şi se hrăneşte: acest loc este, probabil, sigur.

Se ridică şi privi înapoi spre nava trasă la mal.

– Au ajuns în acest golf acum patru sau cinci zile. Au descărcat nava, au tras-o la mal şi au început să facă reparaţii. Să spunem că asta le-a mai luat două zile. Atunci s-a întâmplat ceva. Ceva ce i-a făcut să înceteze lucrul şi i-a împiedicat pe mulţi dintre ei să se mai întoarcă. Ce-ar putea fi?

Locotenentul Linor privi dincolo de el, iar faţa i se albi toată. Jorim se răsuci şi văzu răspunsul.

Un bărbat cu pielea arămie stătea la capătul cărării. Era imposibil de înalt şi mai musculos decât orice alt om văzut vreodată de Jorim. Partea de sus a trupului era protejată de o armură confecţionată din fibre groase şi o apărătoare de brâu din fibre mai fine. Ambele fuseseră decorate cu motive geometrice desenate în galben strălucitor, verde şi albastru. Fluierul picioarelor şi antebraţele erau protejate de platoşe şi apărătoare de cupru. În mâna stângă avea un scut mic, rotund, iar în cealaltă o ghioagă de luptă. Din câte putea observa Jorim la o primă privire, în ghioagă fuseseră prinse lame de piatră neagră.

Îşi notă în minte să studieze arma mai târziu, însă numai pentru că masca gigantului îi solicita acum atenţia. Nu-i împiedica deloc părul lung şi negru să-i atârne liber până pe umeri. Masca fusese confecţionată din aur, cu inserţii de jad pe întreaga suprafaţă; de asemenea, ceva ce părea jais îi înconjura deschizăturile pentru gură şi ochi. Trei pene lungi, verzi, ţipătoare, cu câte un ochi galben, se ridicau la un metru deasupra capului, făcându-l de trei metri înălţime.

Jorim ridică mâna, oprind încercarea Locotenentului Linor de a trage sabia. Dându-și seama că s-ar putea să comită actul final, cel mai prostesc din viața sa, Jorim făcu o plecăciune lungă, apoi o trase de braț pentru a o face și pe ea să se plece. Ridicându-se, zâmbi cu mult mai multă seninătate decât era cazul.

– Pacea zeilor fie cu tine.

Gigantul înclină din cap, apoi vocea lui bubui din spatele măștii.

– Fie ca zâmbetul lor să vă încânte viața.

Jorim clipi nedumerit.

– Ai accent nalenian.

Bărbatul dădu din cap.

– Veniți. Prietenii voștri vă așteaptă.

47

Ziua a 27-a, Luna Tigrului, Anul Şobolanului
Al 9-lea an al Domniei Prinţului Imperial Cyron
Al 163-lea an al Dinastiei Komyr
Al 737-lea an de la Urgie
Opaslynoti, Dolosan

Pe drumul spre Opaslynoti, Keles Anturasi hotărî că numele locului era suficient pentru a inspira nenumărate poezii romantice. Era destul de departe de Moriande ca poeţilor să nu le pese de realitate. Magia scăpată de sub control care bântuia prin regiune putea permite să se întâmple absolut orice, iar numele însuşi era un amestec de terminologie virukiană şi imperială sugerând istoria măreaţă îngropată sub straturile de mister.

Însă orice noţiune de romantism începea să pălească în faţa concluziei că nu exista, de fapt, nici un drum spre Opaslynoti. O rută comercială pleca din portul Sylumak, înspre nord-nord-vest, însă peisajul schimbător al regiunii din vestul Dolosanului însemna că ruta era arareori aceeași la a doua trecere. Dealuri întregi se puteau topi sub ploaia neagră, transformând văile în câmpii pe care puteau răsări păduri de copaci spinoși. Crengile măturau cârduri întregi de păsări de pe cer, iar plantele le devorau. Cei care alegeau să intre în astfel de locuri mergând pe jos nu se descurcau nici ei mai bine, iar *thanatonul* lui Borosan avea zgârieturi adânci pe carapacea sa, urme ale unor încercări eșuate de a explora aceste desișuri.

Călătorii prin regiune rămăseseră foarte puțini, majoritatea venind de sus, din Sylumak, sau dinspre Dolosan, așa cum făcuseră și ei. Spre sud, se întindea Irusviruk, însă virukii nu voiau să aibă de-a face cu oamenii, mai ales cu cei destul de smintiți încât să locuiască în Dolosan. Dacă scăpa cineva din Ixyll, nu se știa, deoarece nici unul dintre căutători nu vorbea despre asta, sugerând că drumul rămăsese la fel de inaccesibil cum era și când bunicul său încercase să-l străbată cu ani în urmă.

Rekarafi îi urmărea pe căutători cu prudență, neavând nici un pic de încredere în ei. Preferau să fie cunoscuți drept thaumstoneri, ori thaumstonieri, o separare bazată pe generațiile din care făceau parte, se părea, însă el le spunea *talkiegio.* Le spuse că asta însemna scotocitori, însă părea să o facă în așa fel încât Keles era convins că voia să spună *păduchi*, iar thaumstonerilor nu le pica bine. Ripostară, sugerând că el nu putea fi decât un răufăcător, din moment ce singurii viruki din Dolosan erau numai răufăcătorii.

Keles puse capăt oricărei dispute afirmând că Rekarafi fusese trimis să aibă grijă de siguranța sa. Acest lucru era fără precedent și le oferi scotocitorilor altceva despre care să discute. Făcură asta mormăind și discutând în argou, ceea ce-l făcu pe Keles să-și dorească să fi avut abilitatea fratelui său în materie de limbi.

Drumul spre Opaslynoti îi duse spre partea de vest a Dolosanului, la baza ridicăturii care marca marginea platoului Ixyll. Pe măsură ce se apropiau și se lăsă noaptea, era din ce în ce mai ușor de văzut cortina magică, licărind de-a lungul înălțimilor, deși luminile purpurii și cele de un albastru-închis nu luceau atât de tare. Mai degrabă, reușea să ascundă stelele și colora Lunile în drumul lor prin pâcla ei, însă numai vederea ei îl făcu pe Keles să-l treacă fiorii. Pentru a pătrunde în Ixyll, trebuiau să treacă prin cortină și numai zeii singuri știau ce se întindea *dincolo.*

Într-o seară, se despărți de grup, mergând pe un deal scund, privind cortina de lumini schimbându-se, de parcă ar fi fost unduită de adierea nopții. Cât de mult stătuse acolo să privească nu avea nici o idee, însă, dintr-odată, își dădu seama că tremura. Chiar atunci pătura lui făcută sul îl atinse pe latul spatelui.

Se întoarse și-l văzu pe viruk ghemuit lângă el, cu fața spre vânt. Asta-l înfioră în cu totul alt fel.

– De cât timp stai aici?

Rekarafi, conturat ca o siluetă vagă, dădu din umeri.

– De suficient timp ca să-mi dau seama că ți-e frig.

– Pe mine mă priveai?

– Adică, dacă te urmăream? Am observat că începuseşi să tremuri. Ți-am adus pătura.

Se întinse şi arătă spre Ixyll.

– La asta mă uitam. *Tavam eyzar.*

Keles desfăcu curelele de piele care țineau pătura sul, apoi se înveli cu ea.

– *Tavam* înseamnă vrăjit. *Eyzar* nu mai ştiu.

– Voal, în limba ta, însă ceva mai mult de o podoabă. Un voal acoperă.

Îşi puse mâna pe genunchi.

– Acest văl a dispărut rapid. Voi vă bizuiți pe cifra nouă, datorită zeilor voştri, iar noi pe zece.

– Aveți zece zei?

Keles privi spre cer, pentru a localiza cea de-a zecea constelație.

– Nu. Sclavii noştri aveau zece degete. Nu voiam să facă vreo confuzie, când numărau.

Virukul înaintă, tot în direcția vântului.

– Acum şaptezeci de decade, s-a dat bătălia care a ridicat această *tavam eyzar.* În acele zile, putea fi văzută în lumina soarelui. Întrecea soarele în strălucire, pentru că pe Vremea Gheții Negre era foarte puțină lumină de la soare. Voi, în Principate, n-o puteați vedea, însă strălucea în Irusviruk atât de tare încât nu mai exista noapte. Roşie şi galbenă, aurie, argintie, verde şi albastră, lumina se amesteca şi se frământa, apoi vrăjile se avântau dinspre înălțimi şi dezlănțuiau haosul.

Umerii virukului se ridicară, cocoşându-se.

– Nu poţi înţelege cum a fost atunci, Keles. Ce-ai văzut până acum a fost ceva de necrezut, atât de multe lucruri, toate atât de diferite. Când au curs vrăjile, au dizolvat totul, însă au şi *săvârşit* totul. Toate locurile pe care le-ai văzut şi mai mult chiar decât îţi poţi imagina, toate existau aici, în acelaşi timp. Trecutul şi viitorul s-au amestecat, realităţile s-au combinat, plantele şi animalele la fel, tot ce n-a fost protejat cumva a fost recontruit.

Cartograful îşi închise ochii şi încercă să priceapă ceva din cuvintele lui.

– Ai dreptate. Nu-mi pot imagina.

– Gândeşte-te numai la iaz, Keles, şi la ce puteai vedea când apa era nemişcată. Asta era lumea. Apoi gândeşte-te la apa agitată până la spumă. Ceea ce vezi se schimbă. Aici, unde apa era vrăjită, realitatea era distorsionată. Toate lucrurile existau în acelaşi timp, însă unul *persista*, pentru că vrăjile erau prea puternice.

– A continuat să se agite.

– Da, şi putea fi ţinută în frâu numai de o *tavam eyzar*.

Deschizându-şi din nou ochii, Keles se ghemui. Deşi virukul se trăsese mai aproape, migrena nu i se amplifică. Se aşteptase la asta, însă nu-i mai păsa. Rekarafi păstrase distanţa pe tot parcursul călătoriei şi, în vreme ce Keles se temea de el, încercările virukului de a aşeza această distanţă îl obligase la respect.

– Te referi la acest voal într-un fel care mă face să mă gândesc că a mai existat unul.

Capul lui Rekarafi se răsuci spre el și picături reci de lumină stelară i se oglindeau în ochii întunecoși.

– Virukadeen a fost distrus într-o bătălie magică pe care nu ai putea-o înțelege. Urgia voastră a preschimbat ținuturile și a evaporat o mare interioară. Nimicirea Virukadeenului a *devorat* teritorii. Acolo unde se află Marea Întunecată, a fost, cândva, un lanț muntos care se ridica spre stele. Noi trăiam acolo și, indiferent cât de departe eram de casă, îl puteam vedea. Cel mai înalt pisc era întotdeauna acoperit de zăpezi, pentru că se ridica deasupra norilor, însă *tavamazari* au supus vântul voinței lor și au îmblânzit soarele. Casa noastră era la fel de înverzită ca și Ummummorar, la fel de caldă ca Miromil. Era un paradis.

Keles clătină din cap.

– Cum au putut-o distruge?

Virukul scoase un trosnet din gât, de parcă ar fi sfărâmat oase.

– Stăm acum într-un loc distrus de ai tăi și mai întrebi așa ceva? Mai contează motivele, după trei mii de ani? Cei care aveau puterea voiau și mai multă și păzeau cu lăcomie ceea ce aveau. Cei care nu aveau voiau și ei puțină și nu s-ar fi dat în lături de la nimic s-o obțină. N-a fost nicidecum ceva nobil sau măreț, deși părțile implicate s-au străduit să prezinte lucrurile chiar așa. Pe măsură ce evenimentele se desfășurau, erau și dintre aceia care au văzut urmările. Ei i-au adunat pe *tavamazari*, aceștia rămăseseră în afara conflagrației, și au ridicat *tavam eyzarul*, pentru a-l putea controla. Virukadeenul s-a scufundat, iar Perla Neagră s-a înălţat la ceruri.

Cartograful privi în sus. Gol'dun, cea de-a doua lună ca mărime, atârna pe cer: o sferă neagră, cu o strălucire cenuşiu-argintie.

– Gol'dun este comoara zeilor. Trece încet printre ei pentru că nu suportă să fie smulsă din mijlocul lor.

Se auzi din nou zgomotul de oase frânte.

– Aş putea să-ţi vorbesc despre adevărata origine a zeilor voştri, Keles Anturasi. Însă ai refuza să mă crezi. Perla Neagră nu plutea pe cer în vremea tinereţii mele. Numele vostru atribuit ei este un altoi pe cel dat de noi. Noi am numit-o *ghoal nuan.* Cea mai potrivită traducere pentru tine ar fi „piatra sufletului". Cât despre „văl", aici nu există nuanţe.

– Explică-mi, te rog.

Rekarafi îşi închise încet ochii.

– Nu te va ajuta să trasezi harta lumii tale.

– Dar mă va ajuta să înţeleg lumea pe care o cartografiez.

Virukul rămase nemişcat, cu ochii închişi, apoi îşi ridică bărbia. Keles se întreba la ce se gândea Rekarafi. Aproape că îşi îngădui să creadă că virukul dădea ascultare fantomelor sale şi le căuta sfatul înainte de a vorbi. *Poate că vorbeşte cu ambasadoarea, la fel ca eu cu bunicul.*

În cele din urmă, îşi deschise din nou ochii.

– În credinţa noastră, suntem judecaţi după moarte. Când facem rău, în sufletul nostru se creează o piatră neagră, o *ghoal nuan.* Fiecare faptă bună creează o piatră albă, o *ghoal saam*. Judecătorul adună aceste pietre şi le cântăreşte. Când sunt mai multe pietre negre decât albe, sufletul intră în chinurile veşnice. Dacă este invers, sufletul merge în paradis.

– Iar dacă există un echilibru?

Rekarafi dădu din cap.

– *Ghoalul* este aruncat, iar sufletul se întoarce în lume imaculat.

– Deci, tu crezi că...

Keles se opri când mâna virukului se ridică şi ghearele licăriră. Izul vag de venin îl ameţi şi se dădu înapoi.

– Despre ce-i vorba?

– Îţi spun asta din două motive, Keles. Primul este că s-ar putea să găsim mormintele virukilor, iar dacă sunt deschise, vei vedea pietre albe şi negre. Când un trup este înmormântat, adesea, prietenii sau duşmanii vor arunca bolovani în mormânt, să păstreze egalitatea. Ar trebui să te facă să înţelegi.

Keles dădu din cap, în tăcere, dar spera că vor găsi un astfel de mormânt, să poată vedea dovada celor descrise de Rekarafi.

– Al doilea motiv este că atunci când te-am lovit, mi-am creat un *ghoal nuan*. Vreau să echilibrez lucrurile şi am venit să te servesc. Aş putea face multe lucruri, cum ar fi să răpun un *etharsaal*, ceea ce mi-ar aduce un *ghoal saam*, însă te voi sluji până când îmi vei oferi o *ghoal saam*.

Keles se încruntă.

– Cred că am înţeles, mulţumesc.

– Este datoria mea să te slujesc și să te protejez.

Virukul își lăsă capul într-o parte.

– Poate nu va fi împovărător.

Coborâră de pe deal și se întoarseră în tabără, luându-se după strălucirea albastră a unui felinar cu *thaumston.* Keles se târî în cort, gândindu-se la tot ce-i spusese virukul. Înțelesese multe lucruri și erau multe și cele neînțelese. Cel mai important dintre ele era *de ce* se decisese Rekarafi să-i vorbească. Adormi gândindu-se la această enigmă.

Dimineața următoare veni devreme, însoțită de migrena obișnuita, însă Keles se descurcă. Drumeții adunară repede tabăra și porniră la drum peste o câmpie plată, ale cărei pături subțiri de zăpadă neagră fixaseră praful la sol. Toți cei din grup considerau culoarea zăpezii drept un semn rău, iar thaumstonerii îi zoriră să meargă pe cât de repede puteau. Când eforturile de cartografiere depuse de Keles îi întârziară prea mult, scotocitorii îi lăsară de izbeliște.

Luându-se după urmele din zăpadă, cei șase intrară într-un canion care, deși era mult mai lat decât cel cu iazul, le aminti totuși de el. Strălucirea sticloasă a pereților striați îi sugera lui Keles că fluviul vrăjilor săpase și acest canion și că, periodic, inundațiile șlefuiau bine pereții. Reuși chiar să-și vadă imaginea reflectată pe suprafața lor, însă călărind mai departe, surprinse diferite imagini. În majoritatea, era un copil, unul nefericit, iar de câteva ori se văzu aplecat și înfrânt, precum unchiul său, Ulan.

Dar și mai rău, uneori ochii săi îl priveau de pe fața bunicului său. Nici chiar oglindirea unui schelet îmbrăcat în hainele sale, călărind un schelet de cal, nu-l indispuse atât de tare cât imaginea sa ca propriul său bunic. *Trecutul și viitorul nu mai pot coexista, însă aceste reflexii le arată.*

Nimeni nu făcu nici un comentariu, însă ritmul de mers încetini pe când studiau cu toții imaginile. Keles îi văzu pe toți așa cum erau acum, însă expresiile de pe fața lor, trecând de la oroare la încântare, sugerau că se vedeau pe ei înșiși, așa cum se privise și el. Numai Rekarafi se uita aruncând priviri disprețuitoare, deși lăsă dâre cu ghearele pe o suprafață netedă.

Urmară canionul întortocheat într-o vale care se întindea spre nord, sud și mai departe, spre vest, către Ixyll. Semne de așezări umane începură să apară, mare parte sub formă de resturi abandonate. Ici, colo, se vedea că târnăcoapele ciobiseră roca, iar lopețile răscoliseră solul. La un moment dat, Keles surprinse imaginea cuiva care săpa, însă în spațiul real tot ceea ce rămăsese era o gaură scobită demult și o jumătate de coadă de lopată ruptă.

În cele din urmă, urcând o mică ridicătură de pământ, văzură Opaslynoti. Borosan își lăsă ambele mâini pe oblâncul șeii și zâmbi.

– A crescut.

Ultima urmă de romantism pieri din sufletul lui Keles. Opaslynoti era un *oraș*, însă diferit de oricare alt oraş văzut de el vreodată. Nimic nu lăsa să se vadă că avea o obârșie virukiană. Se întreba ce putea vedea acum Rekarafi. *Dacă Moriande ar fi redus la așa ceva, mai bine aş muri.*

Cea mai la îndemână comparație pentru Opaslynoti era cea de groapă de gunoi, cu oamenii mişunând prin oraș precum viermii. Cuibărit acolo, la intersecția a două canioane de patru kilometri lățime, fusese ridicat lângă peretele de sud-vest. În zilele de glorie ale virukilor, ocupase spațiul de la confluența a două râuri. Keles își putea imagina cu ușurință corăbiile care navigaseră pe ele și turnurile ridicându-se semețe, însă adevărul despre Opaslynoti se reafirma acum.

Când așezarea omenească mai era încă mică, peretele de stâncă ar fi putut oferi o oarecare pavăză împotriva furtunii magiei. Dacă prin canion ar curge apă, n-ar fi fost decât o bulboană ușoară. De acolo, se extinsese în jos. Pământul dislocat fusese împins spre nord, prelungind proeminențele rocii pentru ridicarea unui baraj. Felul în care se reflecta lumina soarelui în unele părți ale pereților depresiunii dezvăluia că rezistase unor furtuni magice, însă faptul că partea dinspre aval fusese și ea șlefuită sugera că vrăjile se scurseră și acolo, iar groapa Opaslynoti fusese un bazin perfect de colectare.

Apropierea nu-l făcea pe Keles să se simtă deloc mai bine. Săpăturile fuseseră organizate pe terase, așa că zona locuită coborâse până la platoul de piatră. Sus, de jur împrejurul perimetrului gropii, semănând cu calotele unor ciuperci otrăvitoare, clădiri cu cupole, mari și mici, ofereau adăpost. Cămile și cai stăteau în padocurile de lângă domurile mai mari, iar el presupuse că animalele erau mânate în interior pentru a fi protejate de furtuni.

Lucrul ciudat despre domuri era că fuseseră în mod clar construite din chirpici, însă aveau acoperișuri plate, de piatră, așezate deasupra lor.

– Borosan, pentru ce sunt pietrele acelea?

Gyanridinul își lăsă mâinile la oblâncul șeii.

– Pietrele sunt scoase la suprafață din adâncimea cavităților. Ele conțin ceva *thaumston* și vor absorbi energia magică. După furtună, oamenii coboară scuturile domurilor și vând *thaumstonul*, însă are o concentrație foarte mică și nu este cine știe cât de folositor.

Își îmboldi calul.

– Haide. Am prieteni prin zonele mai de jos. Ne adăpostim caii și ne vor primi înăuntru.

Moraven își drese glasul.

– Jos e cel mai bine?

Borosan dădu din cap.

– Furtunile mătură marginile gropii, însă foarte rar umplu Puțul până la vărsare. Atât timp cât evităm căderile din timpul unei furtuni, jos este cel mai bine. Opaslynoti, în pofida a ceea ce credeți, nu este un loc unde vom avea probleme.

Ciras, care-şi îmboldise calul spre dreapta, pentru a examina un set de urme diferite, care duceau spre oraş, clătină din cap.

– Mă gândesc că nu este obligatoriu să fie chiar aşa, de data asta, Maestre Gryst.

Moraven se încruntă.

– Ce-i asta?

– Urmele duc spre cel mai mare dintre domuri. Le ştiu.

Ciras îşi lăsă mâna pe mânerul sabiei.

– Cumva, jefuitorii au ajuns înaintea noastră aici.

48

Ziua a 27-a, Luna Tigrului, Anul Şobolanului

Al 9-lea an al Domniei Prinţului Imperial Cyron

Al 163-lea an al Dinastiei Komyr

Al 737-lea an de la Urgie

Tocayan, Caxyan

Jorim putu, în cele din urmă, să-l convingă pe războinicul cu mască de jais, jad şi aur să aştepte până trimiteau ei o barcă înapoi, după Căpitanul Gryst. Bărbatul păru să înţeleagă cuvântul căpitan. Jorim o trimise pe Locotenentul Linor înapoi spre *Lupul furtunii.* Ceilalţi din trupa de debarcare ocupaseră poziţii defensive în apropierea *Dragonului lunii* şi priveau bănuitori spre pădure.

Jorim se aşeză pe vine pe plajă, împreună cu gigantul. Deşi acesta reuşise să pronunţe perfect salutul, stăpânea limba naleniană destul de vag. Se prezentă cu numele de Tzihua, şi, la cererea lui Jorim, începu să spună în limba sa natală denumirile comune. În foarte scurt timp, cartograful află că poporul lui Tzihua își spunea amentzutl, iar națiunea lor era Caxyan, și că provenea dintr-un avanpost sudic numit Tocayan. Echipajul *Dragonului lunii* fusese dus în interior pentru propria sa protecție, din moment ce mozoyanii - o seminție vrăjmașă - trimiseseră iscoade prin întreaga regiune.

Jorim începu să asimileze mici noțiuni din limba respectivă. Sufixul „-yan“, spre exemplu, denomina un loc. Mozoyanii erau din afara locului, ceea ce însemna că erau la fel de străini, precum erau turasynzii de Imperiu. Pe Jorim îl încântă faptul că limba amentzutl avea o structură naturală, fiindu-i astfel mult mai ușor s-o învețe.

Într-o oră, Căpitanul Gryst debarcă pe țărm, aducându-i cu ea pe Iesol și Shimik, precum și pe botanistul flotei. Tzihua o salută și fu mulțumit că oamenii flotei rămâneau pe țărm în vreme ce el conduse un mic grup dintre ei spre avanpostul din interior. Îi spuse lui Jorim că nu trebuiau să se teamă de mozoyeni, din moment ce dispuneau de o astfel de trupă. Făcu un semn cu mâna și chemă din adâncul pădurii șase tineri și tinere, lăsându-i în urmă să fie de „ajutor“, însă ambele tabere știau că erau lăsați ca ostatici, pentru siguranța grupului care-l acompania.

Tzihua îl privi suspicios pe Shimik, însă când fennul își ridică brațele și Iesol îl luă ca pe un copil, îngrijorarea sa se domoli considerabil. Îi conduse pe Iesol, Anaeda și Jorim în pădure, și după câtiva zeci de pași, plaja dispăru în întunecimea verde. Nu mult după aceea, li se alăturară și alți războinici pe cărarea șerpuind în jurul trunchiurilor imense ale unor copaci. Maimuțe aurii și surate mai mici țipau la ei din frunzișul des de deasupra, alergând în jos, chiräind, apoi repezindu-se înapoi sus pentru a trăncăni cu tovarășele lor.

Jorim și Anaeda nu vorbiră aproape deloc, însă Jorim se gândea la ce mormăia Iesol în barbă. „Oh, vai, vai, vai“ se auziră atât de des încât Shimik începu să cânte și el „Ovaiavaiavaia“. Fennul se apucă apoi de un soi de pase de vânătoare, reușind să izgonească sutele de maimuțe și deveni suficient de zgomotos ca urmăritorii lor arboricoli să rămână locului și să-și ciulească urechile când Shimik le întorcea urletele.

Jorim considera jungla drept un loc nemaipomenit, plin de plante și animale cum nu mai văzuse niciodată. Era destul de sigur că ar fi putut petrece un an și mai bine și nici măcar să reușească să scrijelească măcar suprafața acestei lumi pe care ar fi vrut s-o descopere. Deja văzuse zeci de varietăți de flori viu colorate, ale unor plante ce creșteau pe crengile copacilor, în timp ce rădăcinile lor atârnau în aer. Maimuțele, precum și urmele de căprioare mici și alte creaturi similare lăsate pe cărare sugerau că existau și animale mari de pradă prin apropiere, însă el nu văzu nici unul. Asta-i produse un fior de teamă, deși băgase de seamă că nici Tzihua, nici oamenii săi nu păreau cine știe cât de îngrijorați de vietățile pândind din spatele zidurilor verzi din jur.

Cărarea se întindea paralel cu cursul râului. Jorim aprecie că se deplasaseră spre est cam cinci kilometri, înainte ca râul să facă un ocol spre sud, în jurul unui deal. Jungla făcea imposibil de văzut cât era de înalt dealul, însă cărarea se lățea ușor pe măsură ce urcau. Alte cărări se alăturau și, deodată, cărarea se termină. Ieșiră din junglă în cercul unei câmpii întinse, verde, de mai bine de opt kilometri în lățime. Marginea îndepărtată consta într-o porțiune defrișată, pentru a fi cultivată, întinsă până la marginea junglei. Jorim nu putu recunoaște ce se cultiva acolo, iar celelalte parcele erau năpădite de buruieni.

Practică recolta alternativă. Făcu observația și își dădu seama că asta îi deosebea de populația din Ethgi. Amentzutlii aveau destule cunoștințe științifice ca să știe că lăsând ogoarele să se odihnească o dată la fiecare cinci sau șapte anotimpuri, nu le epuizau niciodată. Ajunse la această concluzie într-o clipită, iar asta-i sugeră mai departe un nivel de sofisticare ridicat, în pofida lipsei armelor de oțel, remarcată la Tzihua. În momentul următor, pe când privirile sale se concentrară dincolo de ogoare, băgă de seamă că ceea ce luase de la distanță drept dealuri golașe nu erau formațiuni geologice naturale, iar estimările sale privind sofisticarea amentzutlilor se măriră exponențial.

Tzihua folosise cuvântul nalenian „avanpost" pentru a descrie Tocayanul, însă cuvintele nu reușeau să cuprindă cu totul ceea ce însemna, în realitate. De la distanță văzu patru piramide în trepte, ridicându-se din inima platoului. Era destul de limpede că piatra fusese extrasă din munţii din apropiere, dar asta mai însemna că fuseseră transportate de la o distanţă de minimum cinci kilometri, spre locul unde se construiau piramidele. Mai mult chiar, cărarea, devenită între timp un drum în toată regula, nu avea nici urmă de şanţuri săpate de roţile căruţelor. Dar Jorim nici nu văzu vreun cal, deşi oamenii care lucrau câmpul foloseau nişte animale de tracţiune asemănătoare cu nişte cămile mici, fără cocoaşe însă.

În afară de piramide, cu o înălţime de aproape treizeci de metri, se mai vedeau şi un număr de clădiri circulare, pe un sfert din înălţimea piramidelor, punctând peisajul. Şi acestea aveau o structură solidă de piatră. Deşi le lipseau ornamentele arhitectonice ale construcţiilor imperiale, erau suple şi solide. Puţinele decoraţiuni de care dispuneau se prezentau sub forma unor blocuri de piatră sculptate cu imagini ale unor păsări şi şerpi, amintindu-i lui Jorim de unele dintre cele mai sumbre simboluri naleniene şi deseiene.

– Tzihua, câţi amentzutli sunt în Tocayan?

Războinicul îşi ridică mâna dreaptă, deschizându-şi cele cinci degete. Apoi îşi închise pumnul şi se apucă de încheietură cu stânga şi din nou de cot.

– Pricepi? Zece în mână. Apoi încă zece şi încă o dată zece.

Jorim ştia că treizeci n-ar fi putut fi răspunsul corect.

– Nu sunt sigur.

Atunci glăsui Iesol:

– Maestre Anturasi, ei folosesc sistemul virukian, numărând din zece în zece. Încheietura înmulțește numărul cu zece, iar cotul de încă zece ori. Umărul de încă zece ori, cred. El vă spune că acolo se află o mie de oameni.

– O mie de oameni într-un avanpost?

Jorim clătină din cap.

– De când se află aici Tocayan? Locul lui Tocayan?

Degetele lui Tzihua se desfăcură, iar mâna apucă.

De o sută douăzeci de ani? Jorim privi în urmă la Anaeda.

– Au putut ei să facă asta în numai o sută douăzeci de ani?

– Nu cu o mie de oameni, numai dacă sunt mult mai industrializați chiar și decât nalenienii. Ochii ei închiși la culoare se îngustară.

– Asta, ori poate Ministrul Iesol ne oferă el un răspuns?

– Poftiți?

– Dacă numără în maniera virukiană poate că s-au folosit de magia lor.

– Asta nu-i... Jorim tăcu și încercă să împace două idei despre care credea că erau două adevăruri la fel de valabile. În primul rând, știa că virukii folosiseră magia, care putea fi foarte puternică. Ambasadoarea îi vindecase fratele și nici unul dintre medicii nalenieni n-ar fi putut face ce reușise ea. În vreme ce oamenii lucraseră, cândva, din greu să-și perfecționeze abilitățile care le-ar fi permis accesul la magie, virukii se jucaseră cu asta la modul cel mai natural.

Vanyeshii căutaseră să folosească vrăjile în maniera virukiană, însă demersul lor se dovedise a fi un dezastru. Jucându-se cu magia, declanşaseră Urgia. Era de neconceput, într-un mod cât se poate de clar, că oamenii nu puteau să practice magia şi să fie constructivi, fără nici un fel de efecte secundare.

Însă Jorim ştia că vrăjitoria era o abilitate care putea fi perfecţionată. *Vanyeshii* avuseseră, iniţial, un oarecare succes. Iar virukii erau la de pricepuţi. Poate că amentzutlii descoperiseră o ştiinţă capabilă să ofere accesul la magie în circumstanţe controlate. Dacă era aşa, atunci cei mai puternici dintre magii lor erau Misticii, iar asta era ceva demn de luat în seamă.

Descoperirea unei asemenea discipline ar valora mai mult decât tot aurul şi bijuteriile pe care le-am putea duce în Nalenyr. Dacă era folosită magia aici, avanpostul şi ogoarele sugerau că efectele sale secundare vătămătoare erau ţinute sub control. Numai posibilitatea de a face asta, de a struni vrăjile sălbatice, ar permite deschiderea Drumului Mirodeniilor spre vest.

Jorim deveni tot mai entuziasmat de perspectivă, aşa că se stăpâni imediat. Speculaţiile erau cu toate foarte atrăgătoare, însă nu avea nici un fel de dovadă că aceşti oameni controlau vrăjile. Tot ceea ce văzuse până acum ar fi putut fi realizat de armate întregi de sclavi, iar trupurile lor moarte ar fi putut îngrăşa ogoarele traversate. Se putea întâmpla ca amentzutlii să nu-i considere pe sclavi oameni, aşa că era posibil să nu fi fost incluşi în socoteala făcută de Tzihua. Însă indiferent cum fusese creat Tocayanul, faptul că fusese ridicat într-o sută și douăzeci de ani era ceva remarcabil, iar Jorim intenționa să descifreze secretul istoriei sale.

Pe când se apropiau tot mai mult de oraș, Jorim căută urme ale vrăjitoriilor, însă nu văzu nimic. De fapt, ceea ce vedea îi reamintea foarte mult de cei din Ummummorar. Femeile și bărbații purtau veșminte peste șolduri, dar în afară de cei cu armuri, umblau cu toții cu pieptul dezvelit. Părul negru îl purtau lung și împletit într-o singură coadă, cu șnururi viu colorate și cu mărgelele obișnuite. Hainele lucrătorilor pământului nu aveau în compoziție nici una dintre culorile purtate de soldați sau de alți oameni întâlniți în apropierea orașului. Anumite culori păreau să precizeze casta, verdele fiind comun soldaților, roșu predominant la negustori, galbenul pentru muncitori, negru pentru oficiali, iar purpuriul se aplica persoanelor despre care Jorim presupuse că făceau parte din preoțime. Deși predomina o anumită culoare, anumite nuanțe păreau să indice alte afiliații și ornamentele țesute în haine sau bătute pe apărătorile pentru brațe, încheieturi, brățările, apărătorile pentru gât intrau în clasele Șarpe, Pisică și Vultur.

Tzihua îi conduse spre una dintre clădirile mari, rotunde, care făceau în mod clar parte dintr-un complex de locuințe. Intrând în inima lor, se îndreptă spre o încăpere centrală și deschise ușa.

– Aici este echipajul vostru de pe *Dragonul lunii.*

În interior îi găsiră pe marinarii de pe corabie arătând puțin trași la față, însă păreau bine hrăniți și odihniți. Încăperea circulară avea un bazin în centru, pentru spălat, și compartimente pentru gunoi în afara perimetrului. Echipajului i se dăduseră saltele țesute, folosite pentru dormit, și destulă hrană, încât fructe și pâine rămăseseră depozitate într-un colț.

Locotenentul Minan își netezi uniforma, se apropie și se plecă înaintea Căpitanului Gryst.

– Mă predau în custodia voastră, Căpitane, pentru orice măsuri disciplinare veți considera necesare.

Anaeda îi întoarse salutul, împreună cu Iesol, Shimik și Jorim. Ea se îndreptă prima.

– Pentru ce să te pedepsesc?

– Pentru pierderea navei mele.

– Cred că o vei găsi acolo unde ai lăsat-o. La întoarcere, reparațiile ar trebui să fie aproape gata.

Aruncă o privire în jur.

– Se pare că întregul echipaj este aici.

– În afara a patru oameni pierduți în timpul furtunii, Căpitane, spuse Minan, lăsând capul jos. Și doi dintre oameni, găzduiți în altă parte. La un moment dat, l-am văzut pe unul dintre ei, dar nu știm nimic de celălalt.

Anaeda se întoarse spre Tzihua, apoi privi spre Jorim.

– Vreau să știu unde sunt oamenii lipsă.

Jorim începu să-i traducă cererea războinicului amentzutl, însă din spatele său se strecură în sală unul dintre cei doi. Dirhar Pelalan se lăsă într-un genunchi înaintea Căpitanului Gryst și făcu o plecăciune adâncă.

– Am venit, Căpitane, să dau o mână de ajutor.

Jorim se întoarse aproape cu totul spre Minan.

– Cealaltă persoană absentă este Lesis Osebor?

– Da, cum ați știut?

Anaeda se încruntă.

– Ai cu dumneata doi lingviști, Locotenente. L-au luat pe Maestrul Pelalan ca să învețe limba noastră. Maestrul Osebor a fost trimis spre nord, presupun.

Tzihua făcu semn din cap.

– Nemehyan.

– Adică? întrebă, privind spre Dirhar.

– Maestrul Osebor a fost trimis spre capitala amentzutlilor, Nemehyan. El trebuie să-l învețe limba noastră pe Regele-Vrăjitor.

Jorim înălță din sprâncene.

– Regele-Vrăjitor?

– Titlul în amentzutl este *maicana-netl*. *Maicana* sunt casta conducătoare, moștenitorii tradițiilor magice ale măreței puteri antice. Regele este cel mai puternic dintre ei. Se spune că poate îngheța soarele pe cer și poate sfărâma munții cu un singur cuvânt.

Jorim zâmbi.

– Chiar că aș vrea să văd asta.

– Și veți vedea, răspunse Tzihua, dând scurt din cap. Acum că a venit prințesa voastră a mării, ne vom deplasa spre nord, la *maicana-netl*, înțeleptul peste înțelepți, care va decide ce să facă cu voi.

49

Ziua întâi, Luna Lupului, Anul Şobolanului

Al 9-lea an al Domniei Prinţului Imperial Cyron

Al 163-lea an al Dinastiei Komyr

Al 737-lea an de la Urgie

Opaslynoti, Dolosan

După o săptămână de stat în oraşul căutătorilor, Moraven Tolo nu se simţea mai bine decât în primele momente după ce păşise în el. Îşi dăduse seama că deşi avea o existenţă îndelungată, experienţele sale erau limitate, în mare parte, între frontierele vechiului Imperiu, de obicei în Erumvirine, Nalenyr, ori cele Cinci Principate. Ştia multe despre oameni, iar experienţa sa îi spunea multe despre modul în care vor reacţiona în anumite situaţii. Însă acele circumstanţe fuseseră totdeauna limitate la un spaţiu care ar fi putut fi descris drept o zonă civilizată.

Chiar și numai apropierea de oraș îi pusese în alertă simțul primejdiei. Văzuse oglindiri ciudate ale propriei sale persoane în pietrele netede. Uneori, apăruse ca un copil, însă nu se putuse recunoaște. Alteori, purta o armură completă, tivită cu purpuriu, însă nu văzuse niciodată un astfel de material, darmite să-l fi și folosit. Se văzuse cu o barbă lungă, străbătută de șuvițe albe și apoi ca un trup putrezit, cu o rană adâncă acolo unde se întindea cicatricea.

Nu era sigur ce văzuse și nu avea nici o cale de a determina dacă avea sau nu vreo semnificație. Ar fi vrut să ignore totul, însă ceva din el îl împiedica. După vindecare se simțise altfel, într-un mod aproape imperceptibil. Viziunile rezonaseră cu acea senzație și i-o alimentaseră.

Dacă de o idee de normalitate avea nevoie pentru a-și reprima fiorii dați de neobișnuit, Opaslynoti nu era locul cel mai potrivit. Cei care locuiau acolo simțeau o mare încântare în a fi antiteza estului civilizat. Cei șase băteau destul de tare la ochi pe aici, iar cei din Opaslynoti băgaseră de seamă și nu voiau să aibă de-a face cu ei. Dacă n-ar fi fost Borosan cu ei, ar fi fost trimiși înapoi în Pustietăți și nimănui nu i-ar fi păsat dacă n-ar mai fi fost văzuți vreodată.

Însă prezența lui Borosan le aduse o anumită toleranță din partea localnicilor. Deși majoritatea spuneau că părea prea normal pentru a putea fi unul dintre thaumstoneri, îndemânarea sa la *gyanri* îi aduse respectul lor. În vreme ce manierele lui se potriveau cu cele ale locuitorilor, chiar și Moraven era de acord cu asta, din punct de vedere fizic Borosan era mai normal decât ar fi putut spera să fie oricare dintre ei.

Prietenul lui Borosan, Writiv Maos, le oferi găzduire în locuința sa, aflată la al treilea nivel dintre cele opt ale orașului. Cel de-al nouălea nivel era Puțul, însă nu locuia nimeni acolo, din câte știa toată lumea. Nivelul al treilea era al doilea în materie de confort. Părțile superioare erau destinate oaspeților și noilor veniți, cu toții priviți cu suspiciune. Sub nivelul patru trăiau vechii locuitori, care nu aveau noroc sau ambiție. Erau mulțumiți să ducă o existență mizerabilă și dificilă lucrând în Puț sau în întreprinderile auxiliare, apărute precum ciupercile după ploaie pentru a susține trebuințele *gyanridinilor*.

Puțul era punctul principal al orașului și era atât venerat, cât și temut. Când furtunile magice se abătuseră dinspre Ixyll, o parte se scurseseră pe gaură în jos, în inima orașului. Nimeni nu știa cât era de adâncă și unele relatări dădeau de înțeles că ducea într-un complex vast de caverne subterane, în vreme ce alții susțineau că gaura se deschidea spre altă lume. Tot ceea ce știa Moraven era că Puțul era încărcat de magie: un ochi de apă, cu unde violete și albăstrii, în continuă mișcare, potrivită cu cortina care înconjura Ixyllul însuși.

Lucrătorii din Opaslynoti se ocupau de trei activități importante. Minerii săpau după *thaumston* brut, de la bucăți mari cât capul unui om, până la găleți cu praf. Mulți dintre mineri lucrau chiar în Opaslynoti, însă un număr important munceau și pe parcelele independente, din afara oraşului. Prospectorii bântuiau peste tot în căutarea locurilor unde *thaumstonul* se acumulase deja, sau era relativ lipsit de impurităţi.

O a doua clasă de lucrători curăţa şi fărâmiţa minereul brut, amestecându-l apoi cu apă şi nisip, pentru a obţine şlam, pe care îl împachetau în calupuri. Fâşiile erau lăsate la soare să se coacă. Mărimile variau de la un deget până la plăci potrivite pentru construirea unei clădiri. De cele mai multe ori însă, erau turnate în forma unor cărămizi de câte douăzeci şi doi de centimetri lungime, şapte lăţime şi cinci grosime.

Lingourile de *thaumston* erau încărcate apoi pe paleţi sau în coşuri şi coborâte cu macarale sau scripeţi în Puţ. Moraven urmărise oameni efectuând acea parte a operaţiunii timp de două zile. Lucrătorii erau îngrijoraţi de temperatura din timpul zilei, de adâncimea la care-şi lăsau încărcătura şi păreau să vocifereze neîncetat că putea fi ultima tranşă până la începerea sezonului furtunilor.

Muncitorii artizani erau preocupaţi de fabricarea diferitelor dispozitive care foloseau energia magică din *thaumston.* Multe erau obiecte simple, asemănătoare cu lămpile aprinse pe cele mai arătoase clădiri din cele Nouă Principate. De asemenea, foarte populare erau mici animale mecanice, de tablă şi vopsite ţipător. Dintr-un anumit motiv, când Moraven trecu prin piaţă împreună cu Rekarafi, nenumăraţi oameni le oferiră astfel de mici jucării.

Rekarafi respinse toate ofertele cu o zvâcnire a degetelor sale cu gheare şi vorbi numai o singură dată:

– Nu vă daţi seama că virukii nu mai au copii care să fie captivaţi de asemenea lucruri?

Remarca îl zguduise pe Moraven. Fusese separat de trecutul său, însă mai avea un viitor. *Dacă nu mai pot avea copii, sunt separaţi de viitor.* Se întrebă dacă asta se întâmplase pentru că nu se mai puteau reproduce sau fusese decizia lor. *Aş face eu o asemenea alegere dacă poporul meu ar fi pierdut gloria?*

Resursele de *thaumston*, uşor de dobândit, făceau ca lumina artificială să fie disponibilă peste tot. Asta permitea ca mare parte din existenţa celor din Opaslynoti să aibă loc în adâncimea pământului. Piaţa, cu deschiderea sa la suprafaţă sub unul dintre domuri, cobora până la nivelul cinci. Terasele ofereau un spaţiu permanent pentru comercianţii vechi, în vreme ce negustorii aflaţi în trecere se luptau pentru un spaţiu pe platoul central. Mulţi investeau în etajere meşteşugite în care să-şi etaleze mărfurile pentru a atrage oamenii spre standurile lor, etajere care puteau fi considerate adevărate lucrări de artă.

Lumina nu era însă întotdeauna de folos, pentru că mulţi dintre cetăţenii din Opaslynoti suferiseră oribil din cauza expunerii, ani de-a rândul, la vrăjile sălbatice. Asta nu rămăsese fără efecte, unele ascunse, însă nici cele mai voluminoase dintre robe sau măştile nu puteau ascunde schimbările majore suferite de ei. Chiar mai rău, mulţi dintre ei păreau să fie încântaţi de ele.

Totuși, unii le căutaseră în mod clar. Așa cum turasyndul își înfipsese pene în carne, pentru a face parte din el, unii dintre oamenii de aici făcuseră lucruri și mai bizare. Membrii unei familii aveau patru brațe, o pereche crescute sub cele normale. Se povestea că în urmă cu câteva generații, doi frați plecaseră în prospectări. Unul dintre ei își rupsese picioarele în urma unei căderi, iar celălalt îl ducea în spate când o furtună magică s-a abătut asupra lor. Cei doi bărbați se topiseră unul într-altul, devenind un singur om, iar schimbarea se propagase mai departe în familie.

Alții, se spunea, își cususeră pe piept brațele unor cadavre în speranța că vrăjile i-ar putea afecta și pe ei în același fel. Au dat greș, însă oamenii cu antene de insecte crescute pe frunte, sau blănuri cu dungi, ca de tigru, să le țină cald, sugerau că unele experimente reușiseră.

Moraven găsea că aceste schimbări, provocate deliberat, erau mai dificil de acceptat decât cele întâmplătoare. Considera asta drept ceva curios, pentru că și el, prin disciplină și studiu, încerca să se perfecționeze. Își aminti de comentariile lui Ciras despre dezastrul care s-ar produce dacă magia ar deveni ceva simplu. Ceea ce vedea sugera că Ciras s-ar putea să aibă dreptate.

Căuta tipare în efectele haotice ale magiei. Văzu mulți oameni târșâindu-se, pentru că nu-și mai puteau îndoi picioarele în mod normal, sau târându-și câte-un braț crescut mai lung decât celălalt. Unii dintre ei de-abia dacă mai puteau fi recunoscuți ca ființe umane. Cazurile cele mai tragice erau ale celor surprinși afară de o furtună magică sau căzuți în Puț. Din câte se părea, unii încercaseră să se sinucidă aruncându-se acolo, și cu toate că Puțul nu-și ceda niciodată morții, îi lăsa pe cei vii să ajungă la suprafață, din când în când. Deși fuseseră salvați, nu era nici o îndoială că și-ar fi dorit să nu fie niciodată.

Nu întrevăzu nici o schemă conform căreia fuseseră modificați oamenii, însă își dădu seama că aflarea uneia era imposibilă. Așa cum le spusese lui Nirati și Donos, vindecarea lua ceva timp. Dar aici, vrăjile foloseau ca bază ceea fusese omul până în momentul transformării. În cazul fraților, să-i fi ajutat să supraviețuiască așa cum reușiseră dragostea lor fierbinte unul pentru altul și sacrificiul făcut de unul pentru celălalt? Să-i fi crescut bărbatului un braț mai lung decât celălalt pentru că era lacom și hrăpăreț?

Și mai important, putea autodisciplina de spadasin să-i permită lui Moraven să controleze magia și modificările făcute lui? Furnicăturile începuseră să-l distragă. Se simțeau de parcă ar fi fost ars de soare. Detesta senzația. Când nu o mai putea suporta, căuta să-și distragă atenția de la ea, iar Opaslynoti avea multe posibilități în acest sens.

La fel ca în alte orașe, munca grea și banii de cheltuială însemnau că multe meserii destinate distracției înfloriseră peste noapte. Fuseseră săpate în pământ o mulțime de taverne. Nici una nu se apropia măcar de eleganța simplă a celor din Principate, însă asta nu părea să-i deranjeze pe cei care le umpleau la orice oră din zi și din noapte. Orașul era deservit și de două fabrici de bere, care transportau butoaiele pe spinarea unor *gyanrigoți* de mărimea unor cai de povară. Casele pentru plăcerile carnale nu părea însă să se bazeze pe *gyanrigoți*, deși Moraven nu excludea așa ceva. Nu cercetase și casele, însă presupunea că fiecare accepta un anumit tip de clientelă și nu avea nici o dorință de a vizita cele mai venerabile dintre aceste stabilimente.

Cele mai mari locuri de distracție erau arenele, care treceau ca dimensiuni de la o groapă mizerabilă, săpată în spatele vreunei taverne, până la mari amfiteatre, unde se puteau așeza sute de oameni. Prezența lor nu-l surprindea pe Moraven, din moment ce duelurile dintre bărbați atrăseseră deja o mulțime. Când Ciras auzi de asta, își dori să primească învoire să meargă să lupte și el, iar Moraven fu aproape tentat să-l lase s-o facă.

Totuși, aici arenele nu erau locuri unde-ți puteai pierde viața. Singurii combatanți acceptați erau *gyanrigoții*. Mari sau mici, clasificați în funcție de greutate, mașinăriile se luptau spre deliciul spectatorilor. *Gyanridini* din tot orașul defilau mândri cu creațiile lor. În arene se acceptau rămășagurile și sume mari de bani își schimbau stăpânii printre spectatori. Combatanții și creatorii lor se alegeau cu faima și mici câștiguri, pentru eforturile lor.

În vreme ce părea ceva natural ca toți hidoșii să se bată între ei ca animalele, tocmai acesta era motivul pentru care n-o făceau. Deși locuitorii poate că evitau unele forme ale civilizației, ei nu aveau nici o intenție de a abandona ceea ce era omenesc. Decizia lor de a nu se ucide unii pe alții îi unea, iar crima era pedepsită prin gonirea ucigașului afară, în furtună. Magia capabilă să-i modifice pe toți îl judeca, găsindu-l vinovat sau nevinovat, iar el va suporta consecințele. Borosan Gryst făcuse o nouă versiune a celui mai mare dintre *thanatonii* săi și nu-i trebui mult până să găsească un loc unde să lupte. Moraven, Ciras și Rekarafi îl acompaniară până la o arenă de mărime medie, la nivelul al treilea. Keles căzuse lat din cauza uneia dintre migrenele lui năucitoare, iar Tyressa rămăsese să aibă grijă de el și amândoi le urară distracție plăcută. Cei patru își plătiră intrarea cu aur, ceea ce i se păru destul de ciudat omului de la intrare, pentru că majoritatea spectatorilor își achitau locul cu nouă granule de praf de *thaumston*.

Se îndreptară spre rândurile de sus, unde găsiră un loc potrivit să privească lupta. În centrul suprafeței de nisip roșiatic se afla un *gyanrigot* cu un aspect de scorpion, care zăngănea mișcându-se pe îndelete în cerc. Șase picioare subțiri îi săltau burta la un metru de sol. Cele două picioare din față, mai mari, se terminau cu clești masivi, cu suprafețe zimțate în interior. O coadă arcuită, terminată cu un ac periculos de ascuțit, se ridica până la jumătatea sa.

Adversarul său era un *gyanrigot* cu o formă de cupolă, marginile sale arând nisipul în timp ce se deplasa. Urmele lăsate de el dezvăluiau că mobilitatea-i era asigurată de un fel de roți, însă nu se mișca prea repede. Ţepi ascuţiţi îi împodobeau domul, iar unii se puteau roti. Cu ajutorul unui mecanism, vârfurile se puteau extinde, străpungând duşmanul dacă se afla aproape de el. Mai multe vârfuri fuseseră retezate, probabil de cleştii scorpionului.

Borosan vorbi cu glas scăzut:

– Ambii luptători sunt construiţi pentru confruntări corp la corp. Aţi văzut *thanatonul* meu. Este destul de agil să se menţină în afara razei de acţiune şi, totuşi, să provoace daune inamicilor. Este suficient de precis să nu ierte nimic de la o asemenea distanţă, ceea ce înseamnă că ar trebui să câştig.

Moraven dădu din cap.

– Aţi petrecut ceva timp studiindu-i pe aceşti luptători, nu-i aşa?

– Da. Scorp ar trebui să iasă învingător şi va fi mai greu de învins, dar m-aş descurca şi cu Ţepilă.

Ciras se forţă să îndepărteze orice urmă de dezgust din glasul său.

– Ciudate nume. Cum v-aţi denumit propriul *thanaton?*

Gyanridinul clipi nedumerit de parcă n-ar fi înţeles întrebarea.

– Denumit?

– Ca să putem pune rămăşaguri pe lupta lui, Maestre Gryst.

– Rămăşaguri?

Moraven îşi puse o mână pe umărul lui Ciras.

– Poate ar trebui să-i spuneţi Moartea Şerpilor.

– Pre... presupun că aş putea, dar l-am prezentat doar ca *thanaton* Numărul Patru. Adică, ştiţi că este, de fapt, al treilea, dar a fost modificat atât de mult încât simt că a devenit un nou *gyanrigot*.

Virukul îşi lăsă mâna pe umerii lui Gryst.

– Poate că mă vei onora numindu-l *Nesrearck*.

Borosan zâmbi.

– Acesta-i echivalentul în virukiană pentru Moartea Şerpilor?

– Similar şi foarte potrivit.

– Atunci aşa va fi.

Borosan îşi întoarse capul spre locul acţiunii.

– Mai bine mă duc jos, *Nesrearck* aşteaptă şi trebuie să-l mai reglez puţin ca să-l pot înfrânge pe câştigător.

În vreme ce se îndepărta, Moraven privi spre viruk.

– Să mă ierţi, Rekarafi, însă te-am mai auzit folosind acest cuvânt şi altă dată, ca un blestem, cel puţin mie aşa mi s-a părut. L-ai folosit faţă de lucrurile oferite de negustori. Am înţeles eu greşit?

Râsul virukului răsună ca trosnetul oaselor frânte.

– Permite-mi gluma asta. Înseamnă „jucărie de nimic".

Ciras pufni.

Moraven privi cum Scorp se feri spre stânga, apoi o zbughi spre dreapta şi-l prinse pe Ţepilă cu unul dintre cleşti. Se repezi imediat şi-şi înălţă cleştele. *Gyanrigotul* cu cupolă căzu pe spate, cu ţepii înfipţi în pământ şi rotiţele gonind nebuneşte.

Fără nici o părere de rău, Scorp se răsuci şi începu să-i smulgă roţile cu cleştii. Coada îi zvâcni şi toţi cei din arenă își ţinură respiraţia, aşteptându-se ca el să-i străpungă platoşa pântecului. Însă înainte de a se întâmpla asta, un lanţ zăngăni în arenă, aruncat de la margine, apoi răsunară clopotele şi Scorp se retrase în partea cealaltă a ringului.

Învăţăcelul lui Moraven se uită întrebător spre el.

– Maestre, este evident că maşinăriile sunt o imitaţie a vieţii. *Thanatonul* Maestrului Gryst are întrebuinţările sale, nu neg asta. Şoricarul a ajutat şi la studiile topografice, însă nu-i bine. Ciras îşi agită mâna dreaptă spre ring. Nu vedeţi că astea toate sunt o batjocură la ceea ce domnia voastră şi eu încercăm să perfecţionăm în timpul vieţii? Priviţi, avem doi combatanţi într-un ring. Luptă, însă pentru ce? Pentru plăcerea gloatei şi câteva zeci de grame de praf magic?

– Sunt unii, Ciras, care intră în cerc şi luptă de plăcere, îi răspunse Moraven cu un zâmbet. Este o distracţie destul de obişnuită şi uneori duce până la moarte.

– Dar, Maestre, noi luptăm să ne perfecţionăm abilităţile. Dacă reuşim, devenim mai mult decât am fost. Dacă ăştia reuşesc, li se ascut din nou zimţii şi se întorc la luptă fără nici un alt obiectiv real.

Virukul îşi lăsă capul în jos.

– Vreţi să spuneţi, Maestre Dejote, că este mai bine ca oamenii să facă vărsări de sânge şi să moară decât să fie puţin îndoit metalul? Este mai lesne să torni din nou o carcasă de metal, decât să aduci mortul la viaţă. Nu ar fi de preferat războaiele purtate de armate formate din acești *gyanrigoți*, decât un conflict de genul celui care a provocat Urgia?

– Doar nu-ți imaginezi că aceste mașinării n-ar lupta și împotriva oamenilor?

Ciras își cobori glasul.

– Îi știm pe cei care bântuie prin regiune și acum se află în Opaslynoti. Trebuie că și ei văd aceste lupte și și-au dat seama de potențial. Cu suficient *thaumston*, oare n-ar putea fi creat un Scorp suficient de mare să transporte oameni? De ce n-ar fi cleștii adaptați să fie folosiți împotriva caselor, vitelor și oamenilor? Dacă vrem ca lumea să fie în siguranță, ar trebui să măcelărim orice *gyanridin* întâlnit în cale.

Virukul se apleca înainte, sprijinindu-se în pumni.

– Noi avem o vorbă: „Apa mării nu se poate întoarce la munte." *Gyanri* sunt o realitate și n-o vom distruge. Mai mult, cred că ar trebui să ne bucurăm de ea.

Ciras își căscă ochii.

– Cum poți spune asta?

– Te tot plângi că mașinăriile nu au abilitatea de a lua decizii, așa cum poți tu. Aceasta-i slăbiciunea lor. Studiază-le așa cum ai face-o cu orice alt dușman. Exploatează-le slăbiciunile.

Se auzi un dangăt de clopote, atrăgându-le atenția din nou spre arenă. Un bărbat înveșmântat în robă roșie se deplasă spre centrul arenei și glăsui cu voce tare, să fie auzit de toți:

– În această luptă avem un participant de departe, din Nalenyr. Borosan Gryst ni-l aduce pe *Nesrearck*, Moartea Șerpilor.

Se auziră câteva aplauze anemice, însă Moraven nu era surprins.

Nesrearck zăcea în nisip ca o bilă insipidă. Se gândi că Borosan nu voia să dezvăluie nimic adversarului despre capacitățile *thanatonul* său, însă *gyanridinul* nu era chiar atât de subtil. Pur și simplu, nu avea nici un simț teatral. Proprietarul lui Scorp, pe de altă parte, știa exact ce avea de făcut. Când crainicul îl salută pe campion, scorpionul țâșni spre centrul arenei, cu cleștii ridicați și clămpănind zgomotos. Apoi se retrase încet, pășind aproape cu trufie, cu cleștii și coada sus. Mulțimea începu să scandeze: „Scorp! Scorp!"

Crainicul se grăbi să iasă, folosind o ușă decupată în pereții de lemn ai arenei, apoi clopotele răsunară din nou. Scorpi goni din nou spre centrul ringului și, pentru o clipă, Moraven se temu că *Nesrearck* suferise o defecțiune, pentru că sfera rămase inertă. Apoi, panourile se traseră înapoi, picioarele ieșiră la iveală, iar vârful zimțat al harponului părea să fie ațintit asupra *gyanrigotului* advers. Înainte ca Scorp să fie capabil să recunoască vreo formă de amenințare, harponul țâșni și străpunse botul scorpionului, ieșind în apropierea ultimului șir de picioare.

Scorpi se rostogoli înapoi, iar picioarele cedară sub el. Se surpă într-un zăngănit metalic, ridicând un norișor de praf roșu, care-l ascunse privirii. Cleștii păcăneau la întâmplare, iar coada se zbătea. Cleștele drept se strânse de coada harponului, însă nu făcu aproape nici un progres în încercările lui de a trage de ea.

Nesrearck îi dădu de două ori ocol lui Scorp, deplasându-se lateral pentru a menține următorul proiectil, un harpon mult mai mic, orientat spre țintă. În afară de faptul că zgâriase coada harponului, campionul nici măcar nu părea conștient de prezența adversarului. Picioarele i se mișcau, însă la întâmplare.

Nesrearck îi mai dădu ocol încă o dată, apoi harponul se retrase. Panourile care mascaseră mecanismul arbaletei se închiseră cu păcănituri sonore. Pentru o clipă, lui Moraven i se păru că aude un ecou și observă că Scorpi reușise, în cele din urmă, să rupă coada harponului.

Campionul se ridică repede. Țâșni înainte și aproape fără nici un efort apucă în clești două dintre picioarele lui *Nesrearck.* Smulse picioarele ca un *bhotcai* scuturând un copac, răsturnând spre dreapta *gyanrigotul* sferic. Deși era grav lovit, *Nesrearck* nu se dădea bătut. Se puse în mișcare folosind picioarele din stânga și încercă să scape de pericol, dar Scorp se apropie prea repede, apucându-l de cioturile picioarelor cu cleștele din dreapta, săltându-l pe *Nesrearck* pe spatele său. Panourile arbaletei se deschiseră din nou, iar harponul ar fi trebuit să treacă prin *gyanrigotul* mai mare, însă singura problemă era că arbaleta se baza pe forța gravitației pentru a menține săgeata la locul ei. Așa că, deși mecanismul funcționase impecabil, harponul căzuse inofensiv la pământ.

Cleştele stâng al lui Scorpi se ridică şi pătrunse adânc în pântecele lui *Nesrearck*. Picioarele sale fură cuprinse de spasme, apoi se pliară. Lanţul zăngăni pe nisip, nu departe de locul unde stătea Borosan. Cineva îl aruncase, pentru că surprinderea era clar întipărită pe faţă.

Moraven îl bătu pe Ciras pe umăr.

– Du-te şi ajută-l. Adună-i maşinăria şi trimite-l înapoi acasă.

– După cum doriţi, Maestre.

Aplauzele răsunară în toată arena, iar Scop şontâcăi, dând un ocol ringului în vreme ce slujitorii adunară piesele rupte ale lui *Nesrearck* şi-l rostogoliră de pe câmpul de luptă. Scorp se reîntoarse acolo unde aşteptau creatorii săi. Scoaseră harponul din el cu un scrâşnet metalic. Azvârliră harponul în mulţime şi un bărbat îl ridică triumfător, în pumnul strâns.

Crainicul reveni în centrul ringului.

– Doamnelor şi domnilor, mi s-au dat asigurări că Scorp este încă în măsură să lupte, însă nu mai avem alţi combatanţi înregistraţi pentru această seară. Dacă cineva vrea să-l înfrunte pe campionul nostru, îl rog să vină acum. Dacă nu, vom trece la o categorie mai mică de *gyanrigot*.

Rekarafi se ridică cu totul.

– Eu îl voi înfrunta pe Scorp.

Capetele se întoarseră spre el, când glasul de bas al virukului străbătu şuşoteala. Oamenii se traseră înapoi, făcându-i crainicului un culoar liber de vedere până la rândul de sus.

– A trecut mult timp de când un viruk ne-a oferit un combatant. Adu-ți *gyanrigotul* aici și vom...

– Nu ofer un *rearck.* Eu voi lupta.

Crainicul ezită.

– Nu lăsăm oamenii să lupte...

– Eu nu sunt om.

Vizavi de arenă începu să se ridice o scandare: „Mori, mori, virukule!“ care luă amploare tot mai mare, în timp ce se răspândea pretutindeni. Crainicul se uită spre creatorii lui Scorpi, iar aceștia dădură neînduplecați din cap. Bărbatul în robă roșie făcu un semn cu mâna.

– Vino jos, virukule.

Moraven îl apucă de braț pe Rekarafi.

– De ce?

Virukul râse.

– Învățăcelul tău se teme de jucării, dar eu nu. Se răsuci și galopă în mâini și picioare pe treptele înguste și sări peretele de aproape trei metri. Ateriză pe vine, iar nisipul roșiatic se ridică ușor pe lângă picioarele sale. Rekarafi își întinse o mână și-și îndoi un deget.

Crainicul fugi din ring. *Gyanrigotul* campion se apropie de el, încet și cu prudență. Era limpede că virukul nu se număra printre adversarii săi obișnuiți. Faptul că se *orientase* spre el, cu cleștii larg deschiși, coada ridicată, confirma previziunile lui Ciras că aceste mașinării puteau fi folosite și vor fi folosite împotriva oamenilor.

Ciras i se înfățișă pe partea stângă.

– Ce face?

– Tocmai îți dovedește ceea ce a sugerat mai înainte. A descoperit o vulnerabilitate și o va exploata.

– Și dacă greșește?

– Atunci vei putea vedea ce culoare are sângele de viruk.

Rekarafi rămase chircit, deplasându-se pe vine de la dreapta spre stânga. Îl lăsă pe Scorpi să domine centrul arenei, acesta părând a fi obiceiul *gyanrigotului*. Își întinse prima dată mâna stângă, apoi dreapta și privi cum se înălțau cleștii, pentru a se feri de ei. Fugi spre dreapta mai repede, de parcă ar fi vrut să profite de unghiul mort al mașinăriei. Scorp se răsuci și el rapid, menținându-l pe viruk în spațiul dintre clești.

Virukul își coborî ambele mâini, punându-le pe genunchi. Își cocoșă umerii, apoi își ridică șezutul împingându-și capul înainte. Își deschise și închise fălcile, iar mașinăria îi răspunse pocnind din clești. La fel ca el, și ea se întinse ușor înainte, apoi, cu o rapiditate năucitoare, se lansă în atac.

Rekarafi sări în sus și înainte, picioarele sale foarte puternice propulsându-l mult deasupra cleștilor și dincolo de raza lor de acțiune. Se închiseră cu zgomot, în gol, iar el depăși chiar și coada și spinul. Coborând, își întinse piciorul drept răsucindu-l în aer.

Mâna stângă biciui aerul în spate, iar el se întoarse și-l apucă pe Scorpi de coadă, chiar sub bulbul îngroșat de unde ieșea acul. Cu un zvâcnet al încheieturii, virukul răsturnă *gyanrigotul* pe spate. Punându-și piciorul stâng pe el, își încheie mișcarea întinzând mâna stângă şi blocând coada. Piciorul său drept lovi într-un punct unde coada se îmbina cu corpul *gyanrigotului* şi rupse apendicele cu totul.

Izbi cu dispreţ coada de corpul lipsit de viaţă al *gyanrigotului.*

– *Nesrearck!*

Victoria sa fu salutată cu o linişte mormântală, însă virukului nu părea să-i pese. Se deplasă spre perete şi sări peste el cu aceeaşi uşurinţă cu care-l zdrobise pe Scorp. Îi făcu pe spectatori să fugă din calea sa, râzând de ei aproape cu veselie.

Ciras se încruntă.

– Cum a făcut... ce-a făcut... nu înţeleg.

Moraven zâmbi.

– A descoperit slăbiciunea. *Gyanrigotul* semăna cu un scorpion, aşa că Borosan i-a atacat capul cu o lovitură care ar fi ucis un scorpion. A ratat. Astfel, orice îl guverna pe Scorp nu se afla în corp. Bulbul de pe coadă, pe de altă parte, rămăsese neatins şi n-a fost niciodată folosit aşa cum se cuvenea.

– Acum înţeleg asta, Maestre.

– Atunci ar mai trebui să înţelegi ceva, *Lirserrdin* Dejote. Moraven arătă spre *gyanrigot* şi spre oamenii care-l trăgeau din arenă. Dezgustul şi negaţiile te-au împiedicat să-ţi înţelegi duşmanul. S-ar putea ca *gyanrigotul* să nu fie vreodată un inamic cu care să trebuiască să lupţi, însă dacă-i înţelegi, pe ei şi limitele lor, poţi fi sigur că nu te vor învinge niciodată.

50

Ziua a 2-a, Luna Lupului, Anul Şobolanului
Al 9-lea an al Domniei Prinţului Imperial Cyron
Al 163-lea an al Dinastiei Komyr
Al 737-lea an de la Urgie
Wentokikun, Moriande
Nalenyr

Soarele ajunsese la zenit, însă Prinţul Cyron tot nu putea scăpa de visul care-l trezise din somn cu nouă ore în urmă. Avea rareori coşmaruri şi nu crezuse niciodată în puterea profetică a viselor, însă acesta îl tulburase. I se usca gura numai la amintirea unor frânturi, iar picioarele i se muiau.

Se făcea că era dragon şi se aşezase, încolăcindu-şi inelele, pe pământ. Era un peisaj stâncos, dezolant, crăpat sub căldura soarelui sau, poate, în urma impactului căderii sale, nu ştia sigur. Fiecare oscior din trupul său părea la fel de frânt şi, când încercă să se mişte, durerea năucitoare provocată de frecarea şi reaşezarea fragmentelor de oase îi paraliza mintea. Frustrarea de a fi beteag îi provoca o durere mult mai mare decât suferinţele îngrozitoare provocate de mişcare.

Trupul zăcea sfârtecat şi însângerat. Uitându-se de-a lungul său, îşi putu vedea membrele străpunse de pietrele ascuţite. Sânge negru se adunase în jurul lor şi curgea peste el. Se gândea la Râul Negru şi încercă să-şi amintească geografia deseiană pentru a-şi da seama dacă el, dragonul, zăcea cu spinarea frântă pe malul Râului Negru sau dacă nu cumva acolo exista un simbolism care îi scăpa. I se părea ironic faptul că era stăpânul celei mai mari puteri din lume, asta din cauza hărţilor Anturasi şi, cu toate astea, cunoştinţele sale despre geografie erau atât de sărace, încât nici nu putea identifica unde se afla în vis.

Deşi semnificaţiile locale îi scăpau, nu şi restul. Un şoim uriaş ateriză pe pieptul său şi-şi înfipse ciocul ascuţit în măruntaiele sale. Îl sfârteca, ciugulindu-i ficatul. Aripa din stânga avea două pene retezate, însă asta nu stânjenea pasărea. Mai jos, sub ea, un câine lipăia din balta de sânge negru. Ursul virinian muşca leneş din coada lui.

Aceste simboluri nu aveau nevoie de nici o tălmăcire, însă altele da. Mişunând în jurul său şi al ursului, un adevărat covor de furnici negre se pusese în mişcare, avansând neînduplecat. Fără nici o raţiune, necruţătoare, furnicile devorau totul în calea lor şi, cumva, înţelegea că dezolarea dimprejur era cauzată de ele. Atacară ursul şi acesta scoase un urlet prelung când oasele albe ieşiră la iveală, curăţate de carne şi zgârciuri. Câinele lătră şi bătu în retragere, iar şoimul îşi luă zborul.

Furnicile negre se apropiară dinspre coadă, însă nu le putea urmări avansul prea bine pentru că vulturii i se aşezaseră pe bot. Şi-ar fi putut clămpăni fălcile, pentru a-i goni, însă nu suficient de repede pentru a prinde şi zdrobi vreunul. Ei însă ţinteau spre ochii şi urechile lui. Îi sfâşiară bucăţi din limbă. Îl orbiră. Îl făcură surd. Îl reduseră la tăcere, aşa că nici măcar nu mai putu să urle când furnicile începură să-l devoreze de viu.

– Sunteţi bine, Alteţă?

Cyron clipi năuc şi lăsă lumea reală să i se reaşeze sub priviri. Stătea pe tron, în timp ce Pelut Vniel era îngenuncheat la dreapta sa. Amândoi purtau glugile albe de doliu, însă lăsate pe spate suficient de mult încât să nu le stânjenească discuţia.

– Da, Mare Ministru, sunt bine.

– Ştiu, Alteţă, că moartea Marelui Maestru Lynesorat este o adevărată surpriză, ne aşteptam cu toţii să mai trăiască mulţi ani. Şi ar fi fost respectată perioada corespunzătoare de aşteptare până la alegerea mea, să vă servesc în funcţia în care-a fost el învestit, deşi, la cererea văduvei sale şi date fiind momentele grele, convenţiile nu mai pot fi respectate.

Cyron dădu dun cap. *Da, mai bine să crezi că-l jelesc, decât să mă vezi pierdut în meditaţii pe seama unui vis.*

– N-am nici o îndoială, Mare Maestru, că veți servi cu cinste în locul său. Ba chiar cu măreție, pentru că mă cunoașteți mai bine. În plus, sunteți mult mai la curent cu necesitățile statului.

Bărbatul făcu o plecăciune și își lipi fruntea de podea, înainte de a-și ridica din nou capul.

– Singura mea dorință este să vă eliberez de obligațiile zilnice, astfel încât deciziile pe care numai Domnia Voastră le puteți lua să devină singura preocupare.

Și sunt multe din astea, în mod sigur. Vniel se referea, fără doar și poate, la problema helosundiană, care devenise un nod foarte încâlcit. Prințul Eiran pusese la suflet ordinele lui Cyron și era pe cale să câștige simpatia poporului său. Dar, pe măsură ce-și asuma responsabilitățile, șansele de a fi asasinat creșteau. Pyrust n-ar face asta niciodată, însă rivalii helosundieni ai lui Eiran, da, la fel și nemulțumiții nalenieni.

Însă Cyron avea o îngrijorare mult mai acută. Qiro Anturasi continua să fabrice hărți, însă rapoartele de pe *Lupul furtunii* și expediția spre Ixyll deveniseră scurte și concise. Ca lucrurile să stea și mai rău, din regiunile de coastă veneau rapoarte privind raiduri ale unor nave-fantomă. Flota nu putuse să depisteze nici una, darmite să le și atace. Comercianții nu voiau să-și trimită navele în larg fără nici o protecție, iar perturbările rezultate în activitatea comercială amenințau să-i destabilizeze guvernul. Fără bani, nu s-ar mai putea dezvolta și, în cele din urmă, ar cădea pradă Deseirionului.

Vniel se încruntă.

– Sunteți preocupat, Alteță?

Prințul ezită un moment, apoi dădu din cap.

– Da, sunt îngrijorat. Spuneți-mi ce știți de visele profetice.

Pe ministru îl cam trecură fiorii, însă reuși să-și ascundă reacția.

– Există unii care pun mare preț pe simboluri. Din câte știți, Prințul Pyrust este unul dintre aceștia. Nu m-am gândit că și Domnia Voastră credeți în așa ceva, Alteță.

– Nu cred, Ministre. Nu vă temeți pentru sănătatea mea mintală.

– Nu, nici vorbă de așa ceva. Vă preocupă unul dintre vise, Alteță? întrebă bărbatul, zâmbind.

Cyron își închise ochii pe jumătate și izgoni sugestia.

– Da de unde. Mă întrebam doar dacă Prințul Pyrust n-are cumva coșmaruri.

– Aș putea să mă interesez, Alteță.

Marele Ministru Vniel își lăsă zâmbetul să se mai lățească puțin.

– Cred însă că Prințul Pyrust va primi în curând vești care-i vor tulbura somnul. De aceea, speranța mea este că veștile acestea vă vor face să dormiți și mai bine.

– Mulțumesc! Sper să aveți dreptate.

Cyron îi zâmbi scurt și speră că reușise să-și acopere șiroaiele înghețate care-i alunecau pe spinare. *Ești unul dintre acei vulturi, nu-i așa? Aud ce spui, văd ceea ce ai vrea tu să văd, iar ceea ce spun trece prin tine.* Îl copleși un simțământ liniștitor, de parcă o parte din mister ar fi fost lămurită.

Acum, cine sunt furnicile și de unde au venit? Privirile sale se ascuțiră. *Și când vor veni, voi putea să le opresc?*

51

Ziua a 2-a, Luna Lupului, Anul Şobolanului

Al 9-lea an al Domniei Prinţului Imperial Cyron

Al 163-lea an al Dinastiei Komyr

Al 737-lea an de la Urgie

Thyrenkun, Felarati

Deseirion

Un fum cenuşiu, dulceag, se ridica pe faţa prezicătorului. Lumina slabă permitea ca strălucirea roşiatică de la capătul beţigaşului parfumat să aducă puţină culoare trăsăturilor sale zbârcite, dar îi transformase faţa într-un păienjeniş de dâre întunecate. Ochii pe jumătate închişi, de un alb lăptos, cu totul orbi, luceau umezi în fum. Faldurile pielii îi atârnau în voie, de parcă ar fi fost, demult, corpolent, însă, după nenumăraţi ani, se uscase cu totul.

Pyrust şedea răbdător, învăluit în bezna glugii. Prezicătorului i se spuse doar că era unul dintre sfetnicii Prinţului. Îşi luase chiar şi o mănuşă cu două degete false, să-şi ascundă beteşugul. Aroma beţişorului îl calma, chiar dacă fumul îi adusese usturime-n ochi. Îşi ţinea respiraţia când fumul aluneca spre el şi inspira aer proaspăt când se ivea ocazia.

Glasul ghicitorului răsună adânc, vibrând cu un timbru impunător.

– Fereşte-te, Prinţule-Şoim, de urletele căţelei în călduri. Te va împiedica să zbori. Cuibărindu-se într-o vizuină pe pământ, te va ţine departe de cuib şi de la înălţimi, aşa cum ar trebui să fie orice şoim. Şoimul crede că-i înţelege scheunăturile, însă urechile lui sunt făcute pentru lucruri mai bune.

Bărbatul descărnat se întinse pe sub măsuţa aşezată între ei şi scoase un bol de alamă şi un ou. Prezicătorul plimbă oul prin fum, lăsând ca vaporii cenuşii să-l învăluie. Îl ridică, ţinându-l în vârfurile degetelor, apoi îşi deschise palma lăsându-l să se odihnească în podul ei. Cu cealaltă mână, trase de marginea bolului. Zdrobi oul cu mâna şi-l aruncă înăuntru.

– Acolo! Vezi? Vezi?

Bătrânul înlătură coaja oului şi ţinu bolul în sus, cu ambele mâini, pentru ca Pyrust să se poată uita înăuntru. Lumânările agăţate deasupra şi în spate aruncau destulă lumină ca să vadă gălbenuşul pătat cu sânge. Se dădu înapoi, iar bătrânul lăsă bolul în jos.

Glasul său reveni la o şoaptă.

– Oul e al unei găini din Thyrenkun. Găina a băut urina Prinţesei Jasai. Umorile ei rele sunt astfel dezvăluite. Este un semn pe care Prințului nu-i este îngăduit să-l ignore. A-i acorda prințesei întreaga atenție înseamnă dezastru.

– Așa o fi?

– Da.

– Eu n-aș fi de acord cu asta.

– Ați văzut oul. Este un semn al zeilor.

– Eu n-aș zice. Zeii nu s-ar folosi niciodată de trucuri rudimentare.

Pyrust dădu din cap.

– Ești bătrân, încet. Am văzut bășica cu sânge în mâna ta stângă.

Bătrânul clipi.

– Nu trebuie să mă folosesc de nici un fel de trucuri ca să văd în viitor.

– Nu? Dar o faci, atunci când ești mesagerul miniștrilor.

Pyrust își lăsă gluga jos.

– Știi cine sunt.

Bătrânul își plecă fruntea.

– Alteță.

– Îți voi mai da o singură șansă să descoperi viitorul.

– Da, sire.

Fără nici o ezitare, Pyrust scoase un pumnal ascuțit, gros. Îl înfipse în burta omului și-o spintecă spre stânga, înainte de a trage lama afară.

– Citește-mi în măruntaiele tale.

Prezicătorul rămase acolo, cu intestinele ieșite într-o încolăceală albă, fierbinte, adunată în poala sa.

– Văd moarte.

Pyrust izbucni în râs.

– Aproape că-mi pare rău că te omor.

Capul bătrânului zvâcni în sus, de parcă era cuprins de spasme. Fața i se contorsionase, apoi începu să vorbească cu un glas hârâit, iar cuvintele-i erau mușcătoare. Nu era o voce pe care s-o mai fi folosit înainte. Nu semăna cu nimic ieșit dintr-un gâtlej omenesc.

– Porțile tărâmului meu se cască larg pentru târgurile cu tine, Prințe Pyrust. Îmi vei oferi ca plată mai mult și mai multe decât oricare înaintea ta. Dacă nu te dai înapoi de la astă înțelegere, năzuințele tale vor avea rod.

Prezicătorul căzu înapoi, bolborosi ceva și rămase nemișcat.

Pyrust ședea acolo, iar pumnalul rămase pe măsuță într-o băltoacă de sânge. *Tărâmul meu?* Luna Lupului: Grija, zeul Morții. *A vorbit zeul Morții prin gura acestui ghicitor? Miniștrii mei l-au transformat în unealta lor. De n-ar face și un zeu la fel?*

Prințul scutură din cap. Lumea știa de credința lui în visele profetice pentru că așa voia. Pe măsură ce oamenii începeau să accepte acest adevăr, îi prezentau lucrurile sub forma unor vise. Astfel, toate încercările lor de manipulare deveneau mai ușor de observat. Adesea, se ținea de ceea ce-i spuneau, și, de multe ori, născocea el câte un vis pentru explica unele decizii sau victorii. Oamenii știau deja că o visase pe Prințesa Jasai înainte de bătălia de la Meleswin.

– Oare și zeii sunt la fel de ușor de înșelat asupra mea, precum oamenii, sau Grija chiar mi-a vorbit?

Mortul nu-i răspunse, însă Mama Umbrelor apăru în dreapta sa și se plecă.

– Zeii vorbesc arareori. Iar atunci când o fac, pretențiile lor sunt dificil de ignorat. Sunt chiar și mai greu de slujit.

Alte două siluete în negru apărură din spatele ei și traseră afară trupul prezicătorului. În cel mai scurt timp, orice urmă a crimei va fi înlăturată, iar cei care ar fi putut bănui ceva vor păstra tăcerea, ori vor trece chiar ei printre porțile lui Grija.

– Ai auzit și tu?

– Nu, milord, nici nu doresc să știu nimic.

Pyrust zâmbi și se ridică.

– Ți-e teamă de zei?

– De unul singur.

Silueta în mantie îl conduse afară din clădire, în noapte.

– Dacă îmi porunciți, voi intra pe tărâmul zeilor și-l voi ucide pe Grija.

– N-a fost chiar atât de obraznic.

Pyrust i se alătură.

– Știi care dintre miniștri i-au băgat în cap omului propria lor profeție?

– Da, Alteță. Moartea se va abate asupra lor mai iute decât șoapta prin care o veți porunci.

– Abține-te. Voi face să se afle că am avut un vis oribil și că m-am dus la ghicitor, însă a dispărut, la fel ca în visul meu. Miniștrii se vor întreba dacă nu cumva există vreo facţiune disidentă în mijlocul lor, care şi-a propus să-mi ascundă mesajul. N-au decât să se omoare între ei şi să mă scutească astfel de probleme.

– Cum doriţi, Alteţă.

Pyrust dădu din cap.

– Mă voi gândi la ce-am auzit acolo. S-ar putea să nu vrei să ştii, Delasonsa, însă o parte din mesaj te privea pe tine. După cum porunceşte zeul, nu vei duce lipsă de activitate.

52

Ziua a 2-a, Luna Lupului, Anul Şobolanului
Al 9-lea an al Domniei Prinţului Imperial Cyron
Al 163-lea an al Dinastiei Komyr
Al 737-lea an de la Urgie
Nemehyan, Caxyan

Înainte să plece la drum spre capitala Caxyan, Căpitanul Gryst negociase eliberarea echipajului de pe *Dragonul lunii.* Tratativele se dovediră nesperat de simple. Nu numai că echipajul se întoarse la navă şi începu lucrările de reparaţii, însă artizanii din Tocayan îi însoţiră pe marinari pentru a învăţa ce puteau de la ei şi pentru a-i ajuta să obţină provizii din produsele locale.

Nu erau necesare prea multe suplimentări, din moment ce flota avea rezerve importante, însă Anaeda acceptă binevoitoare produsele alimentare. Artizanii îşi petreceau mare parte din timp observând, iar nalenienii aflară că amentzutlii nu aveau nici un fel de tradiție navală de care să se poată vorbi. Deși pescuiau în râuri și pe lângă țărm, își considerau teritoriul drept cornul abundenței.

De aceea, când Tzihua și anturajul său urcară la bordul *Lupului furtunii* pentru călătoria spre nord, acest lucru nu se petrecu fără anumite emoții. Nemehyan fusese construit la înălțime, pe un deal care domina golful natural, iar motivul pentru care amentzutlii nu plecau pe mare părea să fie pierdut între cețurile trecutului, un trecut evitat în discuțiile tuturor. După revizuirea hărților și calcularea distanțelor, s-a decis că drumul pe uscat ar fi durat o săptămână și jumătate, în vreme ce pe apă ar fi luat numai o treime din acest timp.

Jorim îi întâmpină pe războinic și pe oamenii săi la bordul navei și-i conduse sub punte, la cabinele lor. Aflase destule despre sistemul lor de caste pentru a ști că războinicii ocupau o poziție importantă. Pregătind expediția spre nord, tâmplarii navei rearanjaseră pereții despărțitori în așa fel încât cei zece oameni aduși de Tzihua vor împărți spațiul cu trupele de la bordul *Lupului furtunii.* Cât despre Tzihua, el va sta în cabina lui Jorim, considerată acceptabilă de către toți.

Gigantul fusese nevoit să se aplece, ca să poată intra în cabină, și să-și strângă umerii, ca să se poată deplasa prin ea, însă făcu toate astea cu bunăvoință. În mod sigur îl intriga faptul că, pe parcursul călătoriei, Shimik îi studia masca, iar blana de pe capul fennului arboră nuanţe verzui spre auriu. Şi mai interesant era că pe frunte-i crescuseră smocuri de blană care imitau penele.

Jorim şi Tzihua îşi petrecură mare parte a călătoriei închişi în cabină. Motivul iniţial fu dorinţa amândurora de a-şi lărgi cunoştinţele despre limba celuilalt. Tzihua se dovedi a fi receptiv şi foarte dornic să înveţe. Nu avea abilităţile lui Jorim, dar, fără îndoială, era inteligent. Castele războinicilor aveau propriile dialecte, iar Tzihua trebuia să exerseze dialectul *maicana*, pentru că tocmai fusese ridicat la casta respectivă.

Această veste îl surprinse pe Jorim.

– Poate că nu înţeleg corect cum funcţionează societatea voastră. La noi, schimbarea de castă nu este posibilă. Un ţăran nu ar putea deveni birocrat, după cum nici artizan sau războinic.

Ezită.

– De fapt, un ţăran ar putea deveni războinic, dar numai după antrenament îndelungat. Iar asta se întâmplă rar, deci o astfel de trecere este puţin probabilă.

Tzihua dădu din cap.

– *Maicana* este ceea ce cred că voi numiţi *jaecai*. Când cineva dintre noi învaţă destul, fiind binecuvântat cu priceperea de a cotrola magia, atunci devenim *maicana*, cu toate drepturile, privilegiile şi responsabilităţile.

– Iar *maicana* domnesc peste amentzutli?

– Aşa cum se cuvine. Ei ne apără de mânia zeilor.

– Zeii noştri nu sunt atât de răzbunători.

Gigantul lăsă un zâmbet să-i lumineze fața.

– Voi aveți nouă zei, noi avem șase. Ai noștri au mai multe de făcut și atunci sunt mai furioși.

– Ai noștri nu se preocupă prea des de problemele muritorilor.

– Atât timp cât le aducem sacrificii, nici ai noștri. Dacă i-am mulțumit, ei ne apără în vreme de *centenco*.

– Nu mi-e cunoscut cuvântul.

Tzihua strânse din ochii întunecați.

– Nu este căderea mea să-l explic, prietene. Tot ceea ce trebuie să știi este că *centenco* s-a abătut din nou asupra noastră, iar soarta lumii va fi hotărâtă iar.

Al doilea motiv pentru care Jorim și Tzihua rămăseseră sechestrați în cabină era că furtuna pe mare se întețise în cea de-a doua zi a călătoriei. De pe chipul războinicului amentzutlian pierise orice culoare și Jorim era destul de sigur că vomitase jumătate din ce mâncase. Shimik își făcu datoria luând gălețile și golindu-le peste bordul navei, dar începu destul de repede să se facă mic de frică, atunci când pe Tzihua îl apuca râgâitul.

Din fericire, furtuna trecu repede și nici o vorbă despre suferința lui Tzihua nu ajunse la urechile oamenilor săi. Deși nu explicase nimic, Jorim înțelese că asta ar fi însemnat o pierdere a demnității pentru el. Avu o mică discuție cu *bhotcaiul* navei și folosirea unei anumite tincturi îi făcu pe toți războinicii amentzutlieni să vomite în noaptea de dinaintea sosirii navei la Nemehyan. Tzihua putu astfel să coboare la ei și să-i îngrijească, fapt pentru care fu privit ca un zeu.

Dacă avu vreo bănuială cu privire la truc, și-o păstră pentru sine, fără să-i spună nimic lui Jorim.

Cu toate că Jorim văzuse Tocayanul și mare parte dintre capitalele celor Nouă Principate, nimic nu-l putea pregăti pentru Nemehyan. Păstrase în minte imaginea unei piramide singuratice, înălțate pe vârful unui deal, însă nimeni nu-i spusese că dealul fusese, cândva, un munte. Piscul fusese netezit, de parcă l-ar fi retezat o spadă, oferind acum o suprafață de peste opt kilometri pătrați. Piramide și multe clădiri rotunjite se înălțau pe câmpia creată. Un drum șerpuia în interior, întretăindu-se în toate direcțiile într-un mod lesne de apărat. Câmpiile din jurul bazei muntelui și dinspre nord erau presărate cu clădiri rotunde și erau cultivate. Jungla cea mai apropiată fusese defrișată spre nord pe o suprafață de mai mulți kilometri, iar înspre est se afla o mlaștină întinsă, de unde lucrătorii extrăgeau sare.

Dacă Tocayan este căminul a mii de oameni... Jorim efectuă câteva calcule în minte, dorindu-și să-l fi pus pe Iesol să le verifice. Acest oraș ar putea găzdui câteva sute de mii de oameni, ceea ce-i spunea că ogoarele din jur nu erau îndeajuns pentru a-i hrăni. *Asta înseamnă comerț pentru alimente cu regiuni îndepărtate, precum Tocayan.*

Când flota se apropie, oamenii se adunară să o întâmpine. Agitau flamuri de pânză viu colorată și cântau cântece. Jorim nu putea prinde destule cuvinte pentru a înțelege pe de-a-ntregul ce spuneau. Interpreții nu erau războinici sau din castele *maicana*, așa că vocabularul său nu-l ajută foarte mult.

– Din câte pot să spun, Căpitane, este un cântec de întâmpinare a șarpelui, ceea ce mi se pare de înțeles.

Anaeda privi în sus, la pânza purpurie cu blazonul dragonului nalenian.

– Mă bucur că iau asta de bun augur. Sunt sigură că și roba ta va fi percepută la fel.

Jorim dădu din cap.

– Tzihua a insistat s-o port. Altfel, aș fi îmbrăcat uniforma mea de pe *Lupul furtunii.*

– Asta nu contează, Maestre Anturasi, tot te vom socoti de-al nostru. *Lupul furtunii* va rămâne aici, la ancoră. Unele dintre navele noastre cu pescaj mai mic vor efectua o recunoaștere și vom vedea cât de mult ne putem apropia. Acest golf ar fi perfect pentru așteptarea în port. Deocamdată, va trebui să ne descurcăm cu bărcile corabiei. Pleci cu primul grup, împreună cu Tzihua.

– Voi avea grijă să afle că nu căutați decât un loc sigur de ancorare și că nu vă temeți de trădări.

– În oricare alt loc n-ar fi adevărat, însă aceștia sunt unicii oameni pașnici întâlniți. Sunt aproape surprinsă că au o castă de războinici, și încă una suficient de bine antrenată încât să producă un *jaecaiserr.*

– Se cere o investigație. Și, așa cum ne-am înțeles, nu am comunicat nimic din toate astea bunicului meu.

Anaeda își înălță o sprânceană.

– Bănuiește ceva?

– *Întotdeauna* mă bănuiește de câte ceva, așa că am pregătite lucruri pe care mi le poate extrage din minte după un oarecare efort. Pare să fie mulțumit cu asta acum, și-i abate atenția.

Jorim dădu din umeri.

– Îmi închipui că și fratele meu se descurcă bine cu ridicările lui topografice, iar asta-i ocupă bunicului meu timpul.

– O binecuvântare ascunsă, deci. Dacă fratele tău ar fi cu noi, nu sunt sigură că ne-am fi descurcat la fel de bine cu amentzutlii sau că am fi ajuns atât de departe în discuțiile cu ei. Acum, du-te, asigură-te că totul merge și mai bine în continuare.

Jorim făcu o plecăciune spre ea, apoi se întoarse să alerge degrabă spre locul unde grupul Tocayan cobora într-o barcă. Shimik îl ajunse din urmă într-o clipită. Nu numai că avea smocuri de blană pe frunte, dar îi apărură și bucle pe tâmple, să semene cu Jorim. Cartograful împletise niște șuvițe în blana lui Shimik și, având permisiunea lui Tzihua, îl luă cu ei în barcă.

Locotenentul Linor ordonă îndepărtarea bărcii de lângă *Lupul furtunii*, și marinarii începură să vâslească din greu. Marea era calmă în golf, și Tzihua suportă bine traversarea. Pe când treceau prin dreptul flotei, echipajele și pasagerii izbucniră în urale, iar amentzutlii răspunseră făcând semn cu mâna.

Însă onorurile flotei la adresa oaspeților păliră în comparație cu cele rezervate lor de către populația din Nemehyan. Barca alunecă pe plajă și Jorim, aflat la prova, așa cum era obiceiul, sări și o trase pe mal. Tzihua i se alătură și foarte repede scoaseră barca pe uscat. Ceilalți războinici săriră din barcă și se despărțiră în două grupuri de câte cinci, flancându-i pe cei doi bărbați și fennul, care, asemenea unui copil, mărșălui cinci pași înainte și studie totul cu ochii măriți de uimire.

Oamenii de pe plajă se despărțiră făcând un culoar și, la trecerea grupului, se lăsară în genunchi. Se înclinară suficient de adânc încât să rămână cu pietricele lipite de frunte la ridicare. Nimeni nu-i privea pe Jorim sau Tzihua direct în ochi, în loc de asta își ascundeau fețele. În același timp intonau cu toții *tetcomchoa*, la nesfârșit, cu voci șoptite, pline de respect.

Făcând o curbă, spre capătul drumului, Jorim rămase cu gura căscată. Pe întreaga distanță de peste trei kilometri de drum, localnicii erau aliniați om lângă om. Ținuta lor și culorile schimbătoare pe măsură ce drumul urca erau în ton cu castele lor. Indiferent de poziție, toți îngenuncheau și se plecau, murmurând *tetcomchoa*. Nu numai că Jorim n-avea habar despre semnificația cuvântului, dar amploarea primirii îl surprindea. Nimic asemănător nu se întâmplase în Tocayan. *Însă cei din Tocayan îl cunosc pe Tzihua. Aici, el este un nou membru al* maicana *în vizită.* Tetcomchoa *trebuie să fie un fel de titlu de onoare, deși nu-mi dau seama de ce nu mi-a spus asta Tzihua.*

Urcară spre oraş fără grabă, în pas egal. Odată ajunşi pe platou, şirul oamenilor se întindea în jos, de-a lungul unui bulevard lat şi în sus pe treptele care duceau spre o piramidă în trepte, înaltă de aproape cincizeci de metri. Îşi continuară marşul înainte, acceptând salutul celor de pe margine. La baza treptelor, garda de onoare se opri, însă Tzihua urcă mai departe. Cei de lângă piramidă nu se prosternau, însă făcură plecăciuni adânci şi îşi alăturară vocile incantaţiilor.

Jorim urca tot mai mult, împreună cu Tzihua, şi dori să fi rămas jos, cu garda de onoare. *Asta-i numai pentru el, iar eu rămân mofluz*. Pe când se apropiau de vârf, se întinse şi-l apucă pe Shimik de mână. Îl trase pe fenn lângă el şi zâmbi în sus, spre Tzihua, ajungând la capătul treptelor. De acolo, un covor roşu, ţesut, se întindea înspre o deschizătură întunecoasă şi o clădire pătrată, ridicată pe culmea piramidei.

– Tu mergi mai departe, prietene, de aici onorurile sunt pentru tine. Îţi mulţumesc pentru că ne-ai lăsat să te însoţim până aici.

Tzihua se lăsă în genunchi şi-l strânse în braţe, cu blândeţe, pe Fenn.

– Este onoarea mea că am ajuns până aici. Ceea ce s-a pregătit înăuntru este pentru tine. Tzihua se înclină, iar penele lui şterseră pietrele.

Jorim simţi un gol în stomac. *Cam la fel ca al tău, când marea s-a răzvrătit*. Privi înapoi, însă nu se putu îndura să admită realitatea a ceea ce vedea mai jos: zeci de mii de oameni, cu feţele adâncite în praf. Nu avea nici o idee de ce-i arătau atâta respect, însă era sigur că se făcuse o greșeală. Să o înlăture nu va fi deloc ușor, dar se gândea că locul de unde ar trebui să înceapă ar fi coridorul acela.

Decizia nu-i făcu nicidecum intrarea în piramidă mai ușoară. Se opri în umbra holului, să-și obișnuiască ochii cu întunericul, și se delectă cu răcoarea din interior. Prima dată, deveniră vizibile structuri masive, de piatră, urmate de construcții mai complexe. Capătul celălalt al micii încăperi era dominat de un disc uriaș, de cel puțin treizeci de centimetri grosime, inscripționat cu mii de simboluri. Recunoscu în ele alfabetul amentzutl, deși nu avea nici o idee cum să înceapă să le descifreze.

Însă orice dorință de a face asta pieri când o femeie ieși dintre umbrele tronului de piatră și se apropie de el. Înaltă și foarte suplă, cu păr lung și negru, precum pana corbului, prelins până pe vârful sânilor, acoperind aproape pieptarul de aur, se uita spre el cu ochii mari, oglindind mai multă tristețe decât respect sau curiozitate. Apărătoarea de șold pe care o purta era în întregime neagră, dar țesută cu un model în relief și decorată cu nasturi de aur.

După încă vreo câțiva pași făcuți înainte, se opri și-l examină din cap până-n picioare. Privirea stărui asupra robei verzi, unde se aflau dragonii brodați în fir de aur, peste pieptul său. Ochii ei întunecați se strânseră o clipă, apoi pe figura ei se întipări o expresie hotărâtă.

– Este aşa cum aţi prezis deja. Este *centenco.* V-aţi întors.

Îşi înclină capul.

– Spuneţi-mi, Lord *Tetcomchoa*, cum mai salvăm lumea şi de data asta?

53

Ziua a 2-a, Luna Lupului, Anul Şobolanului
Al 9-lea an al Domniei Prinţului Imperial Cyron
Al 163-lea an al Dinastiei Komyr
Al 736-lea an de la Urgie
Opaslynoti, Dolosan

În timp ce-şi trăgea hainele de protecţie primite, Keles Anturasi se întrebă dacă nu cumva era ceva în neregulă cu el. Sezonul furtunilor se abătuse necruţător în Ixyll. Magia neîmblânzită începuse să se acumuleze înspre vest, ridicând ziduri uriaşe de praf cenuşiu, punctat cu purpuriu şi fulgere negre. Chiar dacă furtuna se desfăşura la peste optzeci de kilometri distanţă, bubuiturile tunetelor îi dădeau fiori. Presiunea creştea, iar bucăţile de stâncă şi *thaumston* începură să licărească.

Opaslynoti deveni un furnicar, duduind de activităţi, ajungând să rivalizeze cu foiala febrilă din atelierul Anturasi, când Qiro era furios. Jumătate dintre oameni se apucară să-şi pregătească bunurile şi casele împotriva furtunii apropiate. Prelate de pânză acopereau fiecare uşă sau fereastră, strânse pe cât de tare se putea. Toate aveau acelaşi model pestriţ, cenuşiu şi maro, prezent şi pe hainele purtate acum de Keles, deşi numai veşmintele sale exterioare erau confecţionate din acelaşi material ţeapăn. Orice colţ lăsat pe dinafară era băgat înăuntru sau legat strâns. În timp ce tinerii lucrau cu febrilitate, cetăţenii mai vârstnici, ai căror ochi străluceau în aşteptarea furtunii, chicoteau şi făceau observaţia că „lovitura“ urma să fie cea mai cruntă din câte văzuseră vreodată.

Restul populaţiei, atât muncitorii din nivelurile de jos, cât şi prospectorii, comercianţii sau minerii independenţi, se grăbeau să aşeze capcane. Acestea constau din aproape orice, de la pâlnii şi vechi capcane pentru raci, cu sita refăcută cu sârmă, până la prăjini lungi, de care atârnau cabluri metalice, instalate de-a lungul presupusei rute a furtunii. Fiecare dispozitiv era garantat să reţină cât mai multă magie posibil şi să încarce o rezervă de *thaumston*. În cele din urmă, furtuna va trece de ei şi va reumple Puţul, iar cei care nu voiau să plătească pentru încărcarea cu *thaumston* se foloseau acum de ocazie pentru a-şi aşeza colectoarele.

Singura problemă cu acestea era că trebuiau supravegheate. Dacă cineva le punea prea devreme şi nu se îngrijea de ele, altcineva şi le putea însuşi. Ieşirea din adăpost, imediat după trecerea furtunii, şi înhăţarea eşantioanelor altcuiva era şi asta o idee bună. Însă ambele comportau anumite pericole, pentru că furtunile puteau ajunge mai repede sau puteau reveni, surprinzându-i afară pe cei nepregătiţi. Deşi îmbrăcămintea de protecţie ajuta, sau cel puţin aşa se spunea, era la fel de folositoare ca şi o cămaşă de noapte udă înaintea viscolului, dacă erai prins într-o furtună.

Până la începerea urgiilor, Keles fusese muncit de dureri de cap cumplite. Cu trupul săgetat de durere, deşi mulţi îşi dăduseră cu părerea asupra cauzelor, cea mai năstruşnică fiind ideea că vântul din sud, bătând dinspre Irusviruk, abătuse asupra sa duhoarea vreunui viruk, nimic din ce încercase nu reuşea să-i aline suferinţele. Aproape imediat după primele bubuituri ale trăsnetelor răsunând în depărtare, durerile de cap încetaseră şi se simţise cel mai bine de când Rekarafi îi zdrelise spatele.

Însă apropierea furtunilor părea să aibă efectul contrar asupra celorlalţi din jur. Presupunea că asta se întâmpla cu cetăţenii din Opaslynoti pentru că, dintr-odată, deveniseră atât de ocupaţi. Cei care ridicaseră capcane se pregăteau să se aventureze în Ixyll imediat ce furtuna se oprea, aşa că aşteptarea declanşării cursei sporea şi ea tensiunea.

Unii dintre cei deja afectaţi de magia dezlănţuită se plângeau de dureri şi chiar de alte lucruri mai sinistre. Un bărbat, al cărui trup era acoperit cu o blană de tigru, îşi scoase ghearele şi trebui să fie băgat într-o cuşcă. O femeie însărcinată dădu naştere unui ou de cristal, deşi copilul ei părea să o ducă foarte bine înăuntru. Un bătrân cal de tracțiune năpârli, abandonându-și pielea ca un șarpe, ceea ce produse destulă mizerie, însă bătrânii puneau toate aceste lucruri neobișnuite pe seama ciclurilor naturale ale furtunilor. Ultima oară când se năpustise vreuna cu atâta furie fusese la nașterea lui Qiro Anturasi, iar thaumstonerii relatau că ciclul actual se acumulase de ceva timp.

Moraven și Ciras păreau cei mai afectați din grupul lui Keles. Amândoi deveniseră ceva mai neatenți și mai îmbufnați, de parcă furtunile le-ar fi atins capacitatea de concentrare. Pe de altă parte, Borosan ajunse să fie mai supărăcios, pentru că din cauza fluctuațiilor energiei de fond, toate micile sale dispozitive funcționau ciudat. Le dezasambla repede, cel puțin pe cele care nu se mai puteau mișca singure, și se simțea frustrat deoarece nu-și putea testa noile idei decât după încetarea furtunilor.

Tyressa și Rekarafi suportau cel mai bine situația, însă asta nu însemna că ofereau o companie mai bună. Virukul se ținea mai mult singur, refuzând ofertele repetate, făcute de proprietarii arenelor de a lupta cu un alt *gyanrigot*. Îl momiseră cu adevărate averi în aur și *thaumston*, iar el le respinsese pe toate. În vreme ce nici unul dintre cei care încercaseră să-l angajeze nu putea înțelege, Keles avea unele idei despre cum se simțea Rekarafi. În fond, ei erau odrasle de sclavi, gata să arunce asupra lui ofensa finală: lupta cu jucăriile făcute spre amuzamentul celor biciuiți cu milenii în urmă pentru o asemenea obrăznicie.

În schimb, Tyressa îl uimise. În timp ce ceilalți plecaseră la o arenă să vadă luptând *thanatonul* lui Borosan, ea rămăsese cu Keles și se îngrijise de el. Îi pusese comprese reci pe fruntea aprinsă de febră și-i cântase balade liniștitoare. De-abia dacă mai putea fi luată drept o keru. Se trezi simțindu-se pierdut când ea pleca numai cât să reumple rezervorul cu apă, iar vocea sa, dojenindu-l pentru că nu dormea, era singurul lucru care-i mai alina durerea.

Însă odată ce se înzdrăveni, ea dispăru. Se așteptase să o găsească dormind, însă, când se uită după ea, să-i mulțumească pentru îngrijiri și să o întrebe ce-i putea oferi pentru a o răsplăti, n-o putu găsi niciunde. Numai că în acea dimineață aflase că ea se aventurase prin Opaslynoti și, fără să-i spună nimic, îi depistase pe bandiți.

Când ceilalți veniră să-l viziteze, încercară cu toții să fie veseli, însă toți păreau îngrijorați că el s-ar putea să nu-și mai poată continua misiunea. Cu toate că Moraven Tolo nu fusese atât de ferm cât Ciras cu privire la expediția prin Pustietăți, Keles observase că maestrul spadasin nu uitase scopul. Pe parcursul călătoriei, Moraven fusese cât se poate de atent în locurile despre care se zvonea că erau vechi câmpuri de bătălie și posibile necropole. Răscolirea morților atrăgea anatema asupra oricui. Orice ascunzătoare de arme dintre cele folosite în bătăliile de demult reprezenta o amenințare pentru cele Nouă Principate. În Ixyll ar putea găsi ceea ce căuta Moraven și, mai mult ca sigur, vor trebui să se lupte cu agenții deseieni pentru a putea captura armele. Keles tot mai intenţiona să facă topografie prin Ixyll, însă îşi dăduse seama că însărcinarea lui Moraven devenise mai importantă. *Am să fac tot ce-mi stă în putere să-l ajut.*

Totuşi, apropierea furtunilor îl revitalizase pe Keles şi-l scăpase de durerile de cap pulsatorii, care-l însoţiseră pe toată durata călătoriei. Nu se putea hazarda cu nici o presupunere privind cauza, deşi credea că magia incontrolabilă o revigorase, cumva, pe cea virukiană şi-i săvârşise vindecarea. Se deplasa mai uşor şi era în stare să gândească mai limpede.

Nu ştia precis de ce, apropierea furtunii magice îl făcea să se simtă mai bine. În mod vizibil, asta avea un efect contrar asupra lui Moraven, iar Keles credea că se întâmpla pentru că spadasinul era un Mistic. Întregul concept al atingerii de către cineva al acestui nivel de pregătire era uşor de înţeles când era vorba de ceva atât de evident precum lupta cu sabia sau tragerile cu arcul, însă ce însemna asta în alte domenii? Ce-ar fi fost în stare să facă cineva care era atât de dotat la matematică? Puteau aceşti oameni să facă totul mai repede, sau poate lucrurile mai complexe? Cântăreţii, scriitorii, artiştii, ba chiar şi bucătarii, fermierii şi curtezanele erau uşor de descifrat. Dar cum stăteau cartografii? Puteau deveni la fel de buni şi cum s-ar fi manifestat asta?

El şi fratele său petrecuseră ceva vreme întrebându-se cum ar fi aşa, însă se opriseră întotdeauna asupra altor aspecte ale artei lor. Keles îşi dorise întotdeauna să fie foarte precis, iar din acest motiv cartografierea

Râului Negru fusese o sarcină perfectă pentru el. Lui Jorim îi plăcea să facă descoperiri. Pentru el, ceea ce conținea un teritoriu îl definea mai bine decât orice alte măsurători.

Poate că unui cartograf nu-i era cu putință să ajungă la *jaedunto*, însă perspectiva nu-l descuraja. Într-un fel, poate că era o ușurare, din moment ce candidatul cel mai evident pentru *jaedunto* era Qiro. Deși nu-l voia mort pe bunicul său, găsea ideea că magia ar putea să prelungească viața omului în așa fel încât fiii fiilor lui Keles și stră-strănepoții ar putea ajunge să lucreze tot pentru el îngrozitoare.

Desigur, trebuie să scap cu viață din această expediție și să mă întorc la Moriande înainte de a începe să mă îngrijorez de soarta copiilor mei și alor lor.

Haina protectoare pe care i-o dăduseră pentru incursiunea în Ixyll era interesantă și explica unele schimbări remarcate de el la prospectori și minerii independenți. Era alcătuită din două straturi. Cel interior consta adesea din mătase sau bumbac, în vreme ce exteriorul era confecționat dintr-o prelată groasă, uneori matlasată. Întregul material fusese fiert în nămol de *thaumston*, până ce praful cenușiu se impregnase în țesătură. Asta o făcea să fie țeapănă și să dea senzația de mâncărime, astfel că oamenii purtau adesea un al treilea strat de material netratat, pentru contactul cu pielea, iar Keles le urmă bucuros exemplul.

Îmbrăcămintea interioară consta din ciorapi, pantaloni și o cămașă cu mâneci lungi, cu manșete care acopereau dosul palmelor. Unii purtau mănuși de mătase peste asta. Un coif mătăsos acoperea capul, totul de la ceafă în sus, lăsând doar două despicături în dreptul ochilor. Respirația prin acest material îți aducea în nări un miros de pământ, cu un iz acru, de parcă la vopsire fusese folosită urina. Majoritatea oamenilor purtau cizme normale de piele, în completarea stratului interior.

Celălalt strat începea cu încălțări rigide de prelată, strânse ușor peste încălțămintea existentă. Pantaloni grei, din același material, urcau până la primele coaste și erau menținuți cu ajutorul unor suspensori băgați în cizmele de suprafață. Un alt coif, de prelată, îl acoperea pe cel de mătase, cu deschizături în dreptul ochilor. O robă grea acoperea totul, bine încinsă la mijloc, apoi se trăgeau mănușile, legate până la jumătatea antebrațului. Mănușile lui Keles aveau două despărțituri laterale, permițând introducerea a două degete deodată, astfel că ar fi putut apuca și lansa o săgeată. Moraven și Tyressa purtau mănuși întregi, care nu le stânjeneau mișcările cu sabia.

Ochii, desigur, erau dificil de protejat, iar asta explica de ce atât de mulți oameni prezentau prima dată schimbări în această regiune. Pentru a proteja ochii, toată lumea purta un material transparent, doar cu puțin mai dens decât plasa de păianjen. Permitea o vedere destul de bună, însă se povestea că devenea fierbinte în zilele de vară. Mulți plecau fără el, iar magia reziduală îi afecta ani în șir.

Într-un fel, purtarea veșmintelor protectoare era socotită inutilă de cei care văzuseră grupul expediționar pregătindu-se, Rekarafi părând să alimenteze din plin aceste opinii. El decisese să nu-şi pună nimic altceva decât un veşmânt interior subţire, şi, probabil, n-ar fi purtat nici atât dacă n-ar fi fost preocupat să se ferească cât de cât de frigul iernii. Experţii în Ixyll făcuseră observaţia că pentru o scurtă recunoaştere nu vor avea nevoie de protecţie, iar dacă ar fi surprinşi de furtuna magică, nici toată protecţia din lume nu i-ar mai fi ajutat. Cei care erau de acord cu observaţia se trăgeau din rândul creaturilor lumpene, ceea ce-l convinsese pe Keles să se echipeze complet, din cap până-n picioare.

În vreme ce alţii căutau protecţia cavernelor adânci, a nivelurilor de jos, când năvăli prima furtună, Keles se aventură la suprafaţă şi o privi sosind. Nu făcuse asta singur, pentru că mulţi mineri independenţi zăboviseră până în ultima clipă, asigurându-se că nimeni nu se atinsese de capcanele lor. Rekarafi se alătură şi el, fapt la care nu se aşteptase, însă se simţi mai încurajat de prezenţa virukului.

Furtuna alesese să se dezlănţuie dinspre Ixyll şi să se scurgă în canion cu puţin înainte de apus. Soarele lumina din spate norii de praf ridicaţi de furtună, adăugând tonuri de purpuriu şi roşu unui tablou pictat cu fulgere negre. Keles ar fi vrut să o asemuiască unei furtuni obişnuite, însă fulgerele se produceau orizontal şi vertical, deşi uneori scăpărau în zigzag, iar alteori se învârteau în jurul coloanelor de praf, înconjurându-le în rotocoale de foc. Descărcările de energie se acumulau, plesnetele tunetelor răsunau ascuțit, pe măsură ce furtuna se apropia de cortină, apoi aceasta se evaporă, iar furtuna pătrunse în vale.

– Propun să plecăm acum, Keles.

Dădu din cap și Rekarafi îl conduse înapoi în domul unde așteptau și ceilalți. În preumblările sale, Tyressa dăduse peste mai multe grupuri despre care credea că sunt bandiții. Cu ajutorul lui Ciras se opri în cele din urmă la unul singur și încercă să afle despre el tot ce putea. Își lăsaseră animalele în alt dom, însă se pregăteau să plece spre Ixyll imediat ce furtuna trecea de Opaslynoti.

Din câte se putuse constata, nu aveau vreo hartă care să le indice direcția, iar asta îl liniști pe Keles. Nici el nu se pregătise de plecare cu mai mult decât propriile lui cunoștințe despre legendele vechi și o varietate de zvonuri în care avea prea puțină încredere. Jorim ar fi putut să extragă adevărul de la localnici, sau ar fi izbutit să scoată ceva din poveștile lor, un detaliu, două. Keles se bizuia pe un anumit număr de istorisiri din care putea trage asemănările cuvenite.

Chiar și în dom, hainele de protecție dobândiră o lucire albăstruie nepământeană, palidă, de culoarea focului din inimă. Caii, încălțați în pânză și acoperiți cu pături, fremătară speriați când vântul începu să urle și praful scrâșni, frecându-se de exteriorul domului. Borosan ținea un dispozitiv în palmă, al cărui rost Keles nu reușea să-l priceapă, dar *gyanridinul* îl studia cu atenție, apoi își ridică privirile.

– Se amplifică dincolo de orice măsurătoare. N-am mai auzit niciodată de aşa ceva.

Keles se uită spre el.

– Bătrânii spun că anul ăsta ciclul a ajuns la maximum.

– Da, însă creşterea de intensitate este aritmetică. Furtuna asta se amplifică geometric. E rău, foarte rău.

Deodată, urletele vântului se intensificară, urcând până la un ţipăt dureros de ascuţit, apoi deveniră insesizabile. Vibraţia foarte înaltă îl făcea pe Keles să-i clănţăne dinţii în gură, dar nu simţea nici o durere. Privi în sus, spre cupolă, aşteptându-se s-o vadă tremurând, dar în loc de asta observă că devenise transparentă. Un strat de praf trecu peste ea, ascunzând, pentru o clipă, inima furtunii, apoi se limpezi din nou.

Keles studia furtuna, aproape fără să-şi dea seama că Ciras trăgea de coifuri, aplecându-se ca să vomite. Deasupra, cerul se deschise şi dezvălui o sferă argintie, împestriţată cu negru, scuipând fulgere şi limbi de foc purpurii. Suprafaţa se văluri, devenind o reţea de fisuri, asemenea cojii unui ou crăpat. O minge strălucitoare se desprindea dintre ele, apoi se afunda într-un lichid vâscos, sângeriu, care devenea negru. Fulgerele ţâşneau şi, dintr-odată, suprafaţa redeveni netedă.

Apoi, frământarea suprafeţei mingii se opri şi în ea se deschise o gaură rotundă. Keles avu impresia unui ochi, holbat a mirare. Îl privea cu atenţie, apoi pupila se focaliză. Un fluid roşu ca sângele umplu gaura, apoi arse intens, înainte ca un jet de flăcări să izbucnească și să se împrăștie pe dom.

Flacăra lovi suficient de tare pentru a zgudui pământul și a-l trânti jos pe Keles. Tunetele bubuiau prin vale și începură să cadă bucăți din interiorul domului. Keles privi în sus și descoperi că domul devenise din nou opac și desenă repede în minte rețeaua de crăpături. *E doar suprafața interioară care se desprinde.* Nu era însă nici un pericol ca domul să se surpe și nici o șansă de supraviețuire dacă se întâmpla asta.

Ecourile tot mai slabe ale bubuiturilor acopereau urletele vântului. Ușile domului nu mai zăngăneau, obloanele ferestrelor nu mai clănțăneau, iar praful începu să se așeze încet pe sol. Tyressa liniștea caii și Moraven îngenunche lângă învățăcelul său plin de greață, iar Borosan studie din nou instrumentul său. Îl lovi o dată cu mâna, apoi clătină din cap.

– Furtuna s-a terminat. Nu pare, însă așa e.

Keles se duse țintă spre cea mai apropiată ușă și o deschise.

Furtuna încetase, nu mai era nici o îndoială, iar domul însuși strălucea suficient de tare încât să facă de ocară soarele muribund. Praful de *thaumston* acoperea totul, plutind spre colțuri și adunându-se în fața ușii precum zăpada. Chiar și mai impresionant, Puțul se umpluse și un amestec de culori fremătătoare se vărsa peste marginile nivelului cel mai de jos, amenințând să-i inunde pe locuitori.

De cealaltă parte a orașului Opaslynoti, douăzeci și patru de călăreți scoaseră afară caii de povară, începându-și drumul spre nord. Printre ei se numărau și tâlharii, aflați în căutarea armelor, cadavrelor și a *thaumstonului.* Mai mult ca sigur că puseseră la adăpost ceea ce furaseră deja, așa că dacă Moraven și Ciras nu-i puteau găsi și opri în Ixyll, mai aveau încă o șansă de a se ocupa de ei, asta dacă reușeau să le ia urma până la ascunzătoare.

Dar îi vom opri noi.

Apoi, Keles își ridică privirile. *Eu am gândit asta?* Era, mai degrabă, ceva la care s-ar fi gândit Jorim. Treaba lui era să găsească o rută prin Ixyll și, dacă era posibil, să găsească și mormintele pe care ceilalți le jefuiseră. Aventura nu era pentru el.

Dar de ce nu? Ryn fusese atât tatăl său, cât și al lui Jorim; în venele lor curgea același sânge. *Poate că mi-am îngăduit o arie prea îngustă de interese. Poate că ceea ce am eu nevoie și ceea ce are lumea nevoie este ceea ce face Jorim, la fel ca tatăl nostru înainte.*

Cu aceste gânduri înflăcărându-i-se proaspete în minte, se întoarse și le zâmbi tuturor.

– Concurența noastră se îndreaptă deja spre Ixyll. Dacă este ceva acolo, vom afla primii, vă garantez.

Moraven dădu din cap.

– S-ar putea să trebuiască să ne grăbim mai tare decât ar permite studiile tale.

– Nu are nici o importanță, Maestre Tolo.

Keles își agită mâna înmănușată spre nord-vest.

– Din moment ce v-ați străduit să mă aduceți până aici, va fi o plăcere pentru mine să vă ajut în misiune. Cred că există un precedent, deși bunicului meu nu i-ar plăcea, iar eu sunt în totalitate la dispoziția voastră.

54

Ziua a 3-a, Luna Lupului, Anul Şobolanului
Al 9-lea an al Domniei Prinţului Imperial Cyron
Al 163-lea an al Dinastiei Komyr
Al 737-lea an de la Urgie
Anturasikun, Moriande
Nalenyr

Trebuia să înceteze. Nirati ştia că lucrurile nu mai puteau continua aşa cu Junel. Se uită la încheieturile mâinilor, urmele purpurii începând să se îngălbenească. Semnele îi rămăseseră, deşi el era plecat de la jumătatea săptămânii. Le acoperise, însă era sigură că servitorii le remarcaseră.

Le-au văzut. I-au spus mamei.

Rezultatul nu se lăsase aşteptat. Mama ei se arătase gata să asculte orice-ar fi avut ea de spus. Invitaţia la confesiuni survenise deschis şi chiar firesc. Discutaseră adesea foarte deschis despre multe lucruri, chiar şi despre sex. Mama fusese cea care pregătise poţiunea care o ajutase să nu rămână însărcinată. Chiar şi aşa, Nirati nu putea discuta cu ea ce făcea acum.

Oricum, nici n-am nevoie.

Siatsi nu fusese niciodată o femeie proastă, iar priceperea ei la *bhotadina* nu era ceva de ignorat. Dedusese cu uşurinţă că Junel îi picurase leacuri pentru a o seduce, iar Siatsi adăugase unele lucruri în propriile sale poţiuni pentru a contracara lucrăturile deseianului.

Asta face parte din joc, însă nu cred că ceea ce mi-a dat nu mai are efect. Trupul meu este atât de obişnuit cu asta încât sunt necesare doze din ce în ce mai mari pentru a mă menţine sub influenţa lui.

Nirati ştia că licorile lui Junel îşi pierdeau puterea asupra ei, însă îi plăcuse asta. Nu drogurile pe care i le turnase îi creaseră dorinţa de a fi cu el; acestea îi insuflaseră doar senzaţia că nu se putea controla. Astfel, era liberă să cedeze dorinţelor lui.

Iar dorinţele lui au devenit şi ale mele.

Junel îşi menţinea un şarm hipnotic asupra ei, care se acumula în vreme ce latura lui mai întunecată se dezvăluia treptat. Putea fi respingător şi chiar distant, disciplinând-o acolo unde alţii ar fi încurajat-o. Îi arătase limitele propriei sale răbdări. O adusese până la margine şi o ţinuse acolo, lăsând-o să se bălăngăne în pragul neantului, apoi o trăsese înapoi. În ocazia următoare o aducea şi mai departe, propulsând-o spre noi piscuri, de unde prăbuşirea ar fi fost şi mai grea dacă ar fi căzut, iar ea începuse să caute fiorii acestor expediţii.

Atinse cu degetul julitura de la încheietura mâinii stângi, apăsând tot mai tare până când începu s-o doară de-a binelea. O durea, însă nu atât de mult pe cât ar fi crezut. Desigur, nu era nimic în comparație cu ceea ce se știa capabilă să îndure. Junel o lăudase pentru rezistența la durere, remarcând că adevăratul ei talent în viață nu fusese dezvăluit decât după ce începuse să și-l exploreze. Sugerase chiar că ea ar putea deveni o *jaecaixar*, capabilă să pătrundă pe tărâmul magiei prin durere.

Miriade de gânduri îi goniseră prin minte când îi spusese asta. În primul rând, simțise un val de bucurie cuprinzând-o. Tămăduirea ei dăduse roade. Își *găsise* talentul și voia să meargă mai departe și să descopere și mai multe. Dacă era bună la ceva, voia să afle cât de bine se pricepea.

Însă, depășind destul de repede bucuria, îndoielile începuseră s-o asalteze. Și dacă el greșea? Nu cumva se agățase de primul lucru care i se păruse a fi un talent și pusese capăt, prematur, căutărilor ei? Își petrecuse întreaga viață respingând posibile talente, iar dacă durerea nu era darul ei adevărat, va fi, din nou, bună de nimic.

Ar putea să-l încânte pe Junel, la fel cum se dovedise o mângâiere pentru bunicul ei. Îi oferise un scop, dar la ce bun toate astea dacă însemna că nu-și aflase, cu adevărat, vreun talent?

Întrebarea cerșea un răspuns. Junel simțea nevoia s-o controleze, s-o determine să facă ce dorea el, să fie capabil să facă *ce* voia cu ea. Îi plăcea să-l lase în voia lui. Îi oferea plăceri prin faptul că se dăruia cu totul controlului lui. Îi arătase lucruri despre ea pe care nu le știa, iar ea nici măcar nu ceruse asta. În mod sigur, nu le-ar fi putut descoperi niciodată fără călăuzirea lui.

Dar Junel m-a condus spre destinul meu sau m-a lăsat oare de izbeliște?

Crezuse că viața ei era una simplă. Junel îi arătase că asta era o iluzie. Era o muritoare ca oricare, însă avea o forță interioară. Putea îndura mai mult decât alții și ar fi putut ajunge la magie prin asta. Se putea foarte bine ca ea să fi ajuns la mijloacele prin care să-și folosească întregul potențial. Ar putea deveni o *jaecaixar!*

Totuși, mândria ei în fața acestei realizări părea absurdă. La ce bun să devină cineva Mistic al durerii? Ar putea-o folosi Doamna de Jais și Jad în relațiile ei cu patronii dificili? Ce alte întrebuințări posibile ar mai putea avea ea? Nu ajungea niciunde. Poate, dacă ar exista o cale prin care să poată prelua durerile altuia, ar fi de folos, însă n-ar face decât să trateze simptomele, nu și bolile. Talentul mamei sale cu tincturile putea ameți durerea și chiar să înceapă vindecarea, însă chiar și la apogeul puterii ei, *dacă* ajunsese la astfel de culmi, nu putuse face nici una, nici alta.

Un alt gând întunecat i se strecură în minte. Cum ultimele răni stăruiau mai mult, Junel îi dăduse mai puțin din leacurile sale pentru a-i mări abilitatea de a suporta durerea, așa că nevoia lui de a i-o provoca atinsese un nou vârf. Rămânea la fel de tandru după aceea și se ocupa de trebuințele ei, tratându-i rănile și având grijă de ea. Blândețea lui se manifesta invers proporțional cu duritatea lui. La un moment dat, ar fi putut face ceva ce nu putea fi domolit. Își putea pierde controlul, controlul cedat lui, și provoca o vătămare ireparabilă.

Din acest motiv totul trebuie să înceteze. Pentru că exista ceva ce drogurile nu puteau tempera, și asta era frica. Fusese capabilă să-l suporte fiind dur și chiar crud, însă când fața lui se transformase într-o mască bestială, nu mai păruse deloc uman. Se întreba dacă nu cumva el era un *jaecaixar*, maestru în arta de a provoca dureri. O trecură fiorii pe șira spinării numai gândindu-se.

În plus, sminteala a ceea ce îndurase aducea o altă formă de nebunie. Adesea, la sfârșit, și mai ales după ultimele întâlniri cu Junel, o parte din ea se refugia la Kunjiqui. Propriile scâncete deveneau din ce în ce mai stinse, pe măsură ce se afunda și mai mult în paradisul ei. Ape răcoroase îi alinau durerile cărnii, iar când adierea blândă nu-i mai aduce la urechi rugămințile de îndurare, corpul său fizic amorțea și rămânea acolo, în vise.

Uneori, Qiro i se alătura, însă nici unul dintre ei nu avea nevoie să vorbească. Kunjiqui devenise, într-un fel, refugiul lor din lume. Amândoi se simțeau trădați: ea, de Junel și de nedreptățile vieții, el, de către fiu, nepoți, Prinț și, în orice zi, de nenumărați alții. Uneori, în timpul vizitelor, când amândoi își răcoreau picioarele în pâraie reci și lăsau peștii multicolori să le alunece inofensivi pe la vârful degetelor, paranoia lui incipientă dispărea cu desăvârşire.

În lipsa suspiciunilor şi urii care-l mânau, devenea un biet bătrân obosit. Nu era vina lui că lumea-l încărcase cu responsabilitatea pe care o avea. Cele două expediţii în curs de desfăşurare extindeau şi redefineau lumea, permiţându-i să umple uriaşele pete albe de pe hartă şi din cunoaşterea sa, dar mai rămâneau atâtea lucruri neaflate.

Ajunsese să înţeleagă că nu din ură sau teamă se purta Qiro atât de rece cu Jorim şi Keles, ci din cauza temerilor că presiunile la care era supus vor sfârşi prin a-i zdrobi iremediabil. Pentru a-i proteja, se purta dur. Această dragoste forma miezul fiinţei sale, însă îndepărta straturile de protecţie numai în Kunjiqui. Doar ea ştia adevărul.

Trebuie să le spun. Trebuie să ajung să le spun. Nirati se decise să-l înfrunte pe Junel, când acesta se întorcea de la tratativele cu nobilii din interiorul teritoriului. Nu-i mai putea suporta prădălniciile asupra ei şi nu mai conta dacă n-avea să mai afle niciodată dacă durerea era sau nu talentul ei.

S-ar putea să am un talent, însă am şi responsabilitate. O responsabilitate faţă de familia mea. Îşi ridică mâinile şi sărută încheieturile. *Ai mei fac totul pentru mine şi n-am să fac mai puţin pentru ei.*

55

Ziua a 6-a, Luna Lupului, Anul Şobolanului
Al 9-lea an al Domniei Prinţului Imperial Cyron
Al 163-lea an al Dinastiei Komyr
Al 727-lea an de la Urgie
Nemehyan, Caxyan

Mă consideră un zeu. Jorim dădu încet din cap, gest imitat de Shimik cu întreaga uimire simţită de Jorim.

– Mă consideră un zeu.

Rostit cu voce tare, gândul nu suna mai bine şi nu se schimba nimic, indiferent de câte ori o spusese. Amentzutlii aveau un zeu numit Tetcomchoa. Simbolul său era un şarpe cu pene şi trăise printre ei cu mai bine de o mie patru sute de ani în urmă. Îi condusese în ceea ce numeau ei Războiul Ansatl. Pe cât putea Jorim să-şi dea seama, fusese un război împotriva unor creaturi reptiliene. La sfârşitul unei perioade denumite de ei *centenco*, după ce războiul fusese câştigat, zeul urcase la bordul unei corăbii şi plecase înspre apus.

Jorim ar fi vrut să fie şi Keles aici, pentru că el ar fi putut înţelege totul, ar fi găsit o cale de a explica reprezentantei *maicana*, Nauana, cât de mult greşea. Jorim, găzduit în încăperea de la vârful piramidei lui Tetcomchoa, păşi peste roata uriaşă şi urmări cu degetele unul dintre cercurile cu cifre, inscripţionate pe suprafaţă. Shimik se căţără pe tronul mare, de piatră, şi se ghemui lipit de spetează.

Nauana făcuse eforturi uriaşe să-i explice totul lui Jorim, deşi n-ar fi putut spune dacă era convinsă că trebuia reeducat în această încarnare, sau voia doar să-şi testeze propriile sale cunoştinţe. Amentzutlii foloseau un calendar ciclic, bazat pe fazele lunii şi interacţiunea dintre lunile roşie şi albă. În vreme ce luna neagră, Gol'dun, nu figura în calculele lor, Nauana îl asigură că timpul începe odată cu zămislirea lunii negre, fapt care-i dezvălui cât de mult difereau interpretările despre lume dintre poporul amentzutl şi Imperiu. Lucrurile continuară aşa pentru o perioadă de şapte sute treizeci şi şapte de ani, printr-o progresie simplă, foarte uşor de înţeles. Însă, la sfârşitul unui ciclu, pe măsură ce zilele se scurgeau în jos în centrul roţii, intrau în perioada *centenco.*

Era începutul sfârşitului tuturor lucrurilor. Anunţa crize majore, cataclisme şi orori. Anterior, adusese ani fără veri şi ierni sinistre. Un val năprasnic măturase de pe mare întreaga flotă a amentzut-lilor, punând capăt unei mândre tradiţii maritime, cu ajutorul căreia putuseră să-i învingă pe ansatli cu un *centenco* mai înainte. Cel anterior acestuia adusese o molimă cumplită, cauza morții a sute de mii de oameni. Iar înainte de *asta*, fusese nașterea lunii negre, când începuse timpul.

Lui Jorim i-ar fi plăcut să poată respinge totul ca pe o prostie, însă după ce făcuse o convertire brută a datelor în sistemul imperial îi îngheță sângele în vene. Anii lor în care lipsise vara se potriveau cu perioada de după Urgie. Războiul cu seminția ansatl corespundea destul de mult cu ridicarea Dinastiei Taichun, rămasă la putere până când Împărăteasa Cyrsa creease cele Nouă Principate și plecase să lupte cu turasynzii. *Centenco* de dinainte se potrivea cu sosirea Oamenilor Adevărați, învingătorii virukilor și întemeietorii primului Imperiu, iar data nașterii lunii negre a amentzutlienilor corespundea cu momentul când dispăruse Virukadeen, iar Imperiul Viruk intrase în declin.

Și, ca să fie și mai rău, se presupunea că ridicarea Dinastiei Taichun fusese inițiată de un bărbat care luptase sub flamura dragonului. Înainte de asta, nici unul dintre comandanții militari sau prinți nu îndrăznise să folosească vreun blazon al zeilor, iar mulți spuneau că Taichun pretinsese a fi zeu, sau fiu al unui zeu. Se credea că sosise dinspre est, cu o navă, și se înconjurase cu un grup de războinici cu pielea arămie.

Desigur, istoricii ulteriori explicaseră că totul trebuia considerat drept o hiperbolă. Venirea lui dinspre est trebuia să arate că era extraordinar, pentru că soarele răsărea din acea direcție și că era lumina care să curețe barbaria care mușca din Imperiu în acele vremuri. Se presupunea că paza sa de corp era formată din turasynzi, iar principalul talent al lui Taichun părea să fie capacitatea de a încheia alianțe cu căpeteniile războinice, apoi să le trădeze dușmanilor, rămânând însă cu fidelitatea popoarelor. Așa reușise să întemeieze un nou Imperiu, să creeze o nouă birocrație și să dicteze o carte de înțelepciuni populare care guvernase viața multora de atunci și până în prezent.

Cartea Înțelepciunii provocase cele mai multe probleme, pentru că Nauana îi oferise una cu maximele lui Tetcomchoa, iar Jorim o terminase la fel de repede precum Iesol putea rosti un citat din Urmyr. Nauana luă asta drept încă un semn al faptului că își recupera natura divină, în vreme ce el avea probleme cu revizuirea totală a istoriei, așa cum era ea cunoscută.

Jorim oftă și Shimik chicoti, un obicei enervant, pe care-l deprinsese de la hoardele de copii amentzutl, încântați de compania lui. Jorim se încruntă privind spre fenn.

– Nu-mi ești de nici un ajutor, știi? Pe jumătate este chiar vina ta.

Ochii lui Shinik se măriră și zâmbi, arătându-și toți dinții, însă nu păru deloc cuprins de remușcări.

– Jeluita jeluita trist.

Cartograful mormăi spre el. Jorim încercase să-i explice Nauanei că nu era zeu și nici de natură divină, însă ea se mulțumise să arate spre Shimik, ca dovadă evidentă a divinității sale. Amentzutlii nu știau de fenni, așa că simpla lui apariție însemna pentru ei că Jorim trebuia să fie cineva special. Shimik mai speculase, de asemenea, și faptul că dragonul era important, așa că atunci când pe blana lui apăru un tipar șerpuit, toți cei care-l vedeau erau convinși de originea sa divină.

Într-un fel, s-ar fi putut bucura de experiența de a fi luat drept zeu. Existau locuri în Ummummorar unde era venerat, mai ales după răpunerea unui viruk. Fusese sărbătorit și ovaționat, i se oferiseră soții cu zecile, să zămislească și alți războinici puternici ca el. Refuzase, dar numai pentru că avea o pasiune pentru descoperiri, nu și pentru putere.

Problema cu amentzutlii era că ei se așteptau ca el să facă *ceva* pentru că lumea era pe moarte. Numai el i-ar fi putut ajuta să treacă prin noul ciclu *centenco*. Amenințarea la adresa lumii era acum aceeași ca înainte: niște seminții străine îi invadau și amentzutlii nu erau siguri cum i-ar putea opri fără ajutorul său.

– Stăpâne Tetcomchoa, vă rog să mă iertați!

Vocea Nauanei rămăsese calmă, însă umpluse încăperea de piatră, rotunjind toate marginile și aducând lumină chiar și în cel mai întunecat colț al inimii sale. Ea rămăsese la aceleași convingeri, având o încredere totală în el, în pofida celor mai aprige încercări ale sale de a-i risipi impresiile. Îi umpluse capul cu predicțiile sumbre ale ridicării celui de-al șaptelea zeu, care ar fi putut fi al zecelea, din moment ce trei dintre zeii lor aveau caracteristici tripartite. De-abia putu înțelege ceea ce Keles ar fi priceput într-o clipită, iar acest gând îi oferi un prilej de a se mai aduna.

Se întoarse și se întinse ca să-l scarpine pe Shimik pe după ureche.

– Ridică-te, Nauana. N-aș vrea să pui jos nici măcar un genunchi în fața mea.

– După cum doriți, Stăpâne. Femeia cu părul negru ca pana corbului se ridică încet, iar respirația îi era încă puțin întretăiată, ținând cont de câte trepte urcase. Am venit să vă spun că s-a arătat Hoarda Mozoyană.

– Dinspre nord-est? Așa cum ne-am așteptat?

– Așa cum ați *prezis*, Stăpâne.

Jorim dădu din cap și-l luă pe Shimik în brațele sale.

– Foarte bine. Cheamă oamenii.

Nauana făcu un semn cu capul și privi în sus. Întrevăzu frica în ochii ei întunecați și, pentru o clipă, se temu că-i era frică de el.

– Stăpâne, veți vrea să vedeți asta. Sunt precum ceața.

Clătină din cap, apoi se strecură pe lângă ea, spre acoperișul plat al piramidei. Privi spre nord. Dinspre nord-est, ieșind cu încetineală din junglă și umplând câmpia, își făceau apariția sute de mii de creaturi mărunte. Nu putea vedea flamuri sau blazoane, nimic să aducă a organizare, nici conducători călare, să ofere direcția de marș. Îl consola doar faptul că printre năvălitori nu se aflau uriași sau alte monstruozități, însă hoarda de creaturi de statul unui copil era destul de înspăimântătoare.

Mozoyenii nu erau, aşa cum crezuse prima dată, nişte barbari, ca şi turasynzii. „Mozoyan“ nu însemna ceva dintr-un alt tărâm, ci de pe nici un tărâm. Amentzutlii nu aveau nici o idee despre originea lor, deşi refugiaţii din Iyayan, un oraş din nord, la fel ca şi Tocayan, au relatat că apăruseră din mare aproape ca broaştele ţestoase venite să-şi depună ouăle.

La cererea lui Jorim, Tzihua plecase în larg, la bordul uneia dintre navele mai mici ale flotei, strecurându-se printre valurile străbătute de mozoyeni, aducând înapoi cadavre. Nu trebuise să ucidă pe nimeni, culesese doar cadavrele de pe ceea ce fusese ruta de marş a mozoyenilor. Le adusese cu două zile înainte, apoi Jorim şi câţiva dintre învăţaţii flotei făcură disecţii.

Chiar de prima dată Jorim îşi dăduse seama că nu erau demonii mării pe care-i văzuseră ei, însă nu putea respinge cu totul vreo legătură între ei. Aveau branhii rudimentare, iar pielea, deşi nu era acoperită de solzi, semăna cu cea de rechin. Capetele nu erau înguste, precum ale demonilor mării, însă gura le era plină cu dinţi ascuţiţi, dispuşi pe mai multe straturi, gata să se refacă, dacă pierdeau vreunul. La mâini şi la picioare aveau degete unite prin membrane, deşi picioarele erau mai potrivite pentru deplasarea pe uscat decât ale demonilor mării.

I se păreau nişte rubedenii îndepărtate ale demonilor mării, de parcă aceştia s-ar fi împerecheat cu rechini şi broaşte, iar odraslele lor ar fi crescut apoi împreună. Martori oculari relataseră că puteau sări la înălţimi impresionante, chiar şi la ieşirea lor din pădure se puteau vedea asemenea dovezi. Degetele se terminau cu gheare, însă testele de zgâriere pe animale mici nu dovediră urme de venin, dar era clar că dinţii puteau muşca destul de urât. Se foloseau de arme, într-o anumită manieră, însă numai de pietre sau beţe. Plecau la luptă fără armuri. Tăria lor stătea în mulţime.

Ce-l intriga cel mai tare pe Jorim era faptul că-i reaminteau de creaturile care obişnuiau să-i bântuie coşmarurile pe când era copil. Avea numai doi ani când tatăl său s-a pierdut pe mare. Când adulţii discutau de faţă cu el despre dispariţie, nu spuneau cine ştie ce, însă un băiat isteţ poate auzi lucruri pe care se putea să le înţeleagă doar parţial.

Iar acestea bântuie prin coşmaruri.

Scăpase de ele de ani de zile. Mama îl liniştea când era mic, ascultându-i bâiguielile fără noimă de parcă musteau de înţelepciune, apoi se culca lângă el, ţinându-l în braţe până adormea. Mult mai târziu, se trezea singur, năclăit de transpiraţie şi se ghemuia în pat implorând venirea zorilor.

În cele din urmă i se confesase lui Keles, după ce, la vârsta de zece ani, adormise în grădina Anturasikun şi se trezise brusc după ce o broască prinsese cu limba o muscă de pe faţa lui. Odată ce reuşise să se oprească din râsul provocat de groaza lui totală şi Jorim îi spuse tot, Keles se comportă aşa cum ar fi trebuit s-o facă un frate mai mare.

– Jorim, ești puternic și rapid, iar ei sunt amfibieni. Sunt familiarizați cu apa și cu înotul. Pe uscat îi vei doborî. Cât pot ei rezista? Mai deloc.

Keles îi ciufulise părul.

– Fă tot ce poți tu mai bine și-i vei învinge, Jorim. Îi vei învinge în vise și nu te vor mai tulbura.

– Aici n-ai dreptate, Keles, pentru că mă tulbură acum enorm, murmură el.

– Ați spus ceva, Stăpâne?

Jorim zâmbi și se întoarse.

– Nu-i nimic. Vorbeam cu fratele meu.

– Înțeleg.

Vocea ei avea tonul convingător al cuiva care își exprima acordul doar de dragul politeții. Ea înțelesese că avea un frate de sânge și acceptase asta, însă mai știa că nu era un frate divin. Toată lumea știa *asta.* Din moment ce fratele său era muritor, nu i-ar fi putut auzi vorbele, așa că era vorba de un alt obicei de-al lui, cu care trebuia să se acomodeze.

– Nauana, trebuie să înțelegi ceva.

Jorim arătă spre linia de tranșee, întinsă dinspre marginea de nord-vest a junglei până jos, înspre sud-est și la baza pantei abrupte.

– Consilierii mei și cu mine am pus la punct cea mai bună apărare la care ne puteam gândi. Războinicii voștri vor lupta din greu și mai știu că *maicana* vor face tot ce le va sta în putere spre a controla *oquihui.* Însă nu există nici o garanție a victoriei.

Ea zâmbi într-un fel care-l făcu să-și dorească să-i ia chipul în palme și s-o sărute nebunește. Încrederea ei nu putea fi zdruncinată, şi când îl accepta în acest fel nici n-ar fi vrut să fie.

– Se va face voia voastră, Stăpâne.

Jos, răsunau cornurile de luptă şi cei câţiva rămaşi pe platouri, în afară de soldaţi, se retraseră pe drum şi începură lunga ascensiune spre înălţimi. Ultimii care plecau dăduseră foc clădirilor, golite de orice provizii înainte de retragere. Briza venită dinspre ocean aducea fumul spre mozoyani şi Jorim spera că nici branhiile lor, nici plămânii nu se simţeau prea bine sub acest asalt.

Hoarda avansa, dând ocol în jos pentru a ajunge la parapetele din mijlocul liniei. Tranşeele fuseseră excavate cu ajutorul magiei, *maiacana* lucrând noaptea pentru ca iscoadele duşmane să nu-i vadă şi nici ca oamenii lor să nu fie înspăimântaţi de puterile pe care le stăpâneau. Vrăjile lor ar fi fost îndeajuns pentru a-i arunca înapoi în mare pe mozoyeni, şi poate suficiente pentru a azvârli întreaga hoardă drept pe Munţii de Gheaţă, însă nu se foloseau de ele în acest fel. Războiul era problema Castei Războinicilor, iar dacă *maicana* le-ar fi uzurpat locul în acest fel, asta ar fi însemnat distrugerea totală a culturii amentzutl.

Războinicii avuseseră suficient timp să se pregătească pentru atac. Pe fundul tranşeelor şi pe crestele parapetelor se aflau ţepuşe ascuţite. Mai important, războinicii studiaseră câmpul de bătălie şi cunoşteau reperele care le-ar fi indicat că mozoyenii intraseră în raza aruncătorilor de suliţe. Folosind prăjini grele, pentru a mări raza de acţiune, războinicii amentzutl lansau suliţe şi săgeţi cu ţepi spre masa cenuşie, tot mai aproape de ei.

Suliţele, cu vârf de obsidian, pătrundeau cu mare uşurinţă în carnea mozoyenilor. Creaturile se prindeau de cozile lor şi cădeau la pământ, zdrobite de cei veniţi din urmă. Ploaia de săgeţi cu ghimpi tăia brazde adânci în rândurile lor. Pete purpurii se lăţeau pe pielea cenuşie când mozoyenii cădeau la pământ. Însă golurile căscate se umpleau pe măsură ce veneau alţii. Războinicii amentzutl îl impresionaseră pe Jorim prin disciplină. Dacă linia de tranşee ceda, hoarda se va strecura pe acolo fără întârziere. Cei aflaţi la nord-vest de breşă s-ar putea retrage în junglă, însă sanctuarul nu ar rezista prea mult. Deşi hoarda ieşise cu totul din junglă pentru a ocupa câmpiile, vor trimite în mod sigur o parte a forţei lor pentru a-i vâna pe cei fugiţi. Războinicii aflaţi între breşă şi drumul de acces ar putea să-şi croiască drum până sus, însă n-ar fi decât o ariergardă, măcelărită şi ea în cele din urmă.

Linia trebuia să reziste şi va rezista. Deja, câteva companii de războinici amentzutl se deplasau spre sud-est pentru a-i sprijini pe soldaţii rămaşi fără prea multe suliţe şi săgeţi. În timp ce alte proiectile urcau cu boltă deasupra lor, bravii războinici se duseră la parapete imediat ce primii mozoyeni săltară pe ele. Mulţi săriseră prea scurt şi, cu bufnituri umede, sfârşiră străpunşi de ţepuşe. Alţii, loviţi de săgeţi în plin salt, căzură în groapă să moară. Iar cei care reuşiseră saltul cu succes nu avură nici ei o soartă mai bună, pentru că ghioage de luptă, cioplite în piatră, îi sfârtecară mai adânc decât oțelul. Tzihua azvârli un mozoyan în groapă. Alți broscoi infernali săltară dincolo de el pentru a fi dezmembrați de războinici acolo unde aterizară.

În ciuda eroicului efort al amentzutlilor, hoarda continua să preseze. Mozoyenii pe moarte umpleau deja tranșeele cu carnea lor cenușie, sângerândă. Un covor de trupuri va acoperi, în curând, parapetele și țepușele, iar mozoyenii vor putea să pășească în liniște peste trupuri și peste crestele lucrărilor de apărare. Deși amentzutlii vor putea să-i împingă înapoi o dată, poate de două ori, uzura luptei se va întoarce în favoarea dușmanilor.

Jorim se uită după semnalizatorul nalenian, staționat sub el, pe trepte.

– Lansează primul semnal, te rog.

Marinarul duse cornul la buze și scoase un sunet jos, vibrant, care se reverberă între clădiri și munți. Jos de tot, la marginea pantei abrupte, soldații naleneni avansară peste margine, potriviră săgețile în arcuri și lansară la comandă. Sute de săgeți umplură văzduhul și căzură printre mozoyeni. Tot așa cum făcuseră înainte sulițele și săgețile cu ghimpi, șiruri întregi de broscoi infernali fură secerate. Arcașii se concentrară asupra mozoyenilor cei mai apropiați de pantă pe când hoarda se grăbea să umple golurile, întreaga lor linie se abătu lateral. Fără nici o chibzuială, scurtară linia pe care amentzutlii trebuiau s-o apere, oferindu-le timp să-și concentreze forțele.

Jorim dădu din cap.

– Ei, bine, asta ajută. Întrebarea este dacă va fi suficient.

Nauana zâmbi din nou.

– Stăpâne, ați pus o întrebare la care deja cunoașteți răspunsul.

Jorim dădu din cap.

– Aș vrea să ai dreptate.

Se ghemui și-l lăsă pe Shimik jos, arătând spre semnalizator.

– Du-te și spune-i. Ochii fennului străluciră.

– Doooi?

– Doi.

Shimik o zbughi imediat, coborând câte trei trepte o dată. Urlă.

– Doooi! Doooi! Dooi! cu un entuziasm care îi smulse semnalizatorului un zâmbet.

Ridică din nou cornul și lansă un alt sunet, acesta întretăiat și repetat, parcă potrivindu-se cu incantațiile lui Shimik.

Jorim privi spre ea.

– S-ar putea ca nici asta să nu fie destul, însă este tot ce avem mai bun.

56

Ziua a 6-a, Luna Lupului, Anul Şobolanului

Al 9-lea an al Domniei Prinţului Imperial Cyron

Al 163-lea an al Dinastiei Komyr

Al 737-lea an de la Urgie

Ixyll

Frica-l înşfăcase pe Moraven Tolo, spre surprinderea sa. Nu-şi putea aminti când se mai simţise cu adevărat înspăimântat, însă izul vag de cupru din gură era ceva ce mai simţise şi înainte. Recunoscu setea devastatoare. Îi era foarte frig şi numai gândul la mâncare îl făcea să-i vină greaţa.

Ceea ce-i amplifica frica era imposibilitatea de a-şi aminti ultima dată când mai trăise o astfel de teroare. O găsea prea familiară şi voia să-şi aducă aminte când mai fusese atât de înspăimântat, însă nu reuşea. Se strecura pe sub vălul amneziei sale, uluitor de aproape, însă nesemnificativă. *Iar dacă n-are formă, nici substanță, nu pot lupta cu ea.*

Începuse să-i fie teamă după ce plecaseră din Opaslynoti, dar amețitorul entuziasm de la început, cu care goniseră prin vale și apoi în Ixyll, înainte să se închidă din nou *tavam eyzarul*, îl ajutase să țină frica sub control, dar încă îi rodea sufletul precum hainele-i frecau pielea până la sângerare, iar fiorii magiei se transformaseră într-un chin.

Nu erau singuri în această expediție, și studierea celorlalți îi mai abătea oarecum atenția. Rekarafi nu era cea mai neobișnuită creatură din întreaga gloată aflată în drum spre Ixyll, deși era singurul viruk pe care-l văzuse. Oamenii urmăriți de ei goneau înaintea lor, dar, după spusele lui Keles, nu aveau vreo idee despre locul spre care se îndreptau. Thaumstonerii veterani sugerau că, după o asemenea furtună puternică, tot ceea ce fusese știut mai înainte s-ar putea să fi fost șters, așa că toată lumea se deplasa într-un teritoriu virgin.

Pericolele erau din abundență și nenorocirea-i lovise pe unii dintre thaumstoneri în momentul când puseseră piciorul în Ixyll. Ici, colo, mici turbioane de praf țâșneau în sus și dansau jucăușe, la fel ca demonii de praf din cele Nouă Principate. Unul aprinse un om. Altul îl transformă pe un căutător într-o masă de gândaci, care reuși să se mențină, timp de câteva ore, ca o comunitate de forma unui om. Ar fi putut supraviețui mai mult, dacă n-ar fi fost felicitat din inimă, printr-o bătaie pe spate. Moraven nu se îndoia că gândacii vor reuși, într-un sfârșit, să-și reconstituie forma.

Asta dacă nu vor fi din nou împrăștiați de furtună.

Destul de repede, hoarda se fărâmiță tot așa cum pățise și omul-gândac. Keles le indică însoțitorilor săi direcția nord-vest. Alegerea avea sens, pentru că spre nord-vest era vechiul Drum al Mirodeniilor, din care nu se mai vedea nici o urmă. Traseul lui Keles îi duse printr-o formațiune de dealuri încrețite, cu unele înălțimi mai mari în spate. Singurul avantaj era că dealurile ascundeau un număr de peșteri suficient de mari cât să adăpostească întregul lor grup, inclusiv caii. Căutătorii recomandaseră găsirea unor adăposturi sub pământ, deoarece, deși furtunile puteau muta munți întregi dintr-un loc în altul, rareori magia neîmblânzită penetrase scoarța pământului.

Pământul însuși purta semne despre cât de puternică putea fi furtuna. Stânci uriașe fuseseră rostogolite în jos pe deal, uneori chiar în *sus* pe deal, apoi șlefuite mai fin decât obrazul unui copil. Copacii aveau frunze din care picura nu sevă, ci sânge, și crengi care se răsuceau în jurul păsărilor, pentru a le devora. Alte plante creșteau, înfloreau, lăsau semințe și mureau în răstimp de o oră, trimițând valuri circulare de flori de forme și culori ciudate, cu dungi și pete modificându-și forma precum uleiul pe apă. Ar fi fost frumoase, dacă n-ar fi duhnit a gaze de mlaștină și carne putredă.

Magia sălbatică din Ixyll nu răpusese absolut tot ce atinsese. Ceea ce creștea părea să prospere. Locurile unde furtunile dezgoliseră o palmă de pământ erau cucerite repede de plante sau de insecte care ridicaseră movile uriașe ce pulsau de viață. Rekarafi arătă spre una mai deosebită, înălțată ca un vulcan, cu valuri de furnici galbene alergând în sus și-n jos pe laturi. Spuse că astfel de furnici nu mai fuseseră văzute pe lume de sute de ani. Erau considerate o delicatesă în Virukadeen, însă nimeni nu vru să se oprească pentru a le încerca.

Astfel de lucruri țineau în frâu frica lui Moraven, pentru că-i ofereau repere din realitate, de care se putea agăța. Nu-l surprindea că insecte dispărute de atâta vreme apăruseră dintr-odată în ajunul furtunii. Nu numai că avea senzația copleșitoare că se afla *altundeva*, dar și *altcândva*. De parcă mergeau printr-un teritoriu care se modifica și lua forme impuse de mintea lor acolo. Moraven văzuse ceea ce Rekarafi numise movilă, dar el folosise o anumită definiție când o numise așa și insectele ieșiseră la iveală când virukul arătase spre ele.

Ar fi văzut același lucru ca mine, dacă aș fi arătat eu primul într-acolo? Se înfioră. Nu era sigur ce văzuse, însă simțea că era ceva apăsător de recognoscibil. Amintirile reveneau, croindu-și drum prin mintea lui ca dintr-un abis. Scrâșnetul ghearelor lor rezona cu frica sa.

Unde suntem? Stomacul i se strânse. *Când suntem?*

Călăriră timp de trei zile prin Ixyll, într-o căutare fără de succes a mormintelor sau urmelor vechiului Drum al Mirodeniilor. Deși găsiră peșteri din belșug, și unele urme de așezări, nu dădură nici măcar peste o necropolă virukiană, darămite de catacombe pline cu războinici imperiali căzuți. Dezamăgit, Moraven nu era cu adevărat sigur că știa cum arătau astfel de morminte, însă faptul că nu găsiseră nimic de dinaintea Urgiei îl umplea de frustrări.

Dacă aș ști ce căutăm, aș ști și că am găsit.

Mai rău, nu dădură peste nici o urmă a bandiților care-o luaseră înainte. Logica lui Keles, să mărșăluiască spre nord-vest, fusese impecabilă, bazată pe istorie, precum și pe legendele unora ca Amenis Dukao. Drumul spre nord-vest era bine cunoscut; Imperiul avusese avanposturi de-a lungul lui, așa că atragerea turasynzilor pe acel drum ar fi oferit trupelor Cyrsei mai multe șanse. Însă dispariția bandiților sugera că s-ar putea să fi avut alte informații. Asta însemna că se îndreptau spre un complex de morminte, în vreme ce Keles și ceilalți orbecăiau fără rost.

Expediția și natura Ixyllului îi marcară pe toți. Rekarafi deveni hipervigilent și părea să meargă înainte fără să mai doarmă. Ciras ajunse să fie și mai irascibil și dormea prost, la fel și Tyressa. Keles, care părea să-și fi revenit din plin de pe urma migrenelor, aborda încă totul cu multă prudență. Borosan deveni neobișnuit de taciturn și obsedat de modificarea șoricarilor și a noului său *thanaton*, Numărul Cinci, pentru a-i păzi. Chiar și mașinăriile acționau ciudat, cele mai mici agățate în spatele celor mai largi, pe când galopau pe lângă cai.

Cu toții păreau să aștepte ceva și, din acest punct de vedere, Moraven nu se deosebea de ceilalți. Însă în el simțea ceva diferit. Cu toții se confruntaseră cu senzația necunoscutului și chiar a insondabilului. El simțea că era ceva acolo, știa ce este, însă nu-i putea pronunța numele. Acest simțământ familiar aduse cu sine o prevestire, apărută deoarece știa că îl aștepta ceva pe *el*.

Dar ce?

În cea de-a treia zi, începu să se lase bezna, deși, atât de departe în nord, amurgul mai zăbovea. Coborâră versanții din nord-vest ai unor dealuri și o luară peste un platou vast, prăfos, care ar fi putut fi, cândva, un lac. După aproape doi kilometri, deja învăluit în umbre, îi aștepta un deal striat. În pofida faptului că soarele apunea dincolo de el, Moraven surprinse o sclipire scurtă, de genul celei produse de o oglindă de semnalizare. Arătă într-acolo, dar Tyressa și virukul o văzuseră deja.

Au văzut lumina mea, sau au creat-o ei deja?

Keles nu dăduse cu ochii de ea, nici Borosan, dar asta se întâmplase pentru că studiau amândoi dispozitivul folosit de *gyanridin* pentru măsurarea nivelului de magie incontrolabilă. În vreme ce Moraven arăta spre nord-vest, Keles se răsuci în șa, indicând nord-estul.

– Acolo-i, Borosan. Ai dreptate. Este o furtună și încă una puternică.

Moraven se întoarse și o putu vedea printre faldurile voalului. Majoritatea furtunilor văzute de ei în Ixyll fuseseră mici și îndepărtate, dar asta nu era nici una, nici alta. Norii cenușii-purpurii erau absorbiți în pâlnia spiralată a unui vârtej care cutreiera peisajul. În el se zbăteau focuri roșii-aurii, iar fulgere negre erupeau în afară. Tunetele bubuiau și mugetul furtunii îi vibra în coșul pieptului. Ciras gemu și Moraven se întinse spre el să-l calmeze în șa.

Keles prinse ideea din zbor.

– Trebuie să găsim repede un adăpost.

Tyressa arătă spre nord-vest.

– Pe dealul de acolo erau lumini. Din nou, vedeți? Străfulgerări.

Cartograful dădu din cap.

– Nu reflectă furtuna, asta-i sigur. S-o luăm din loc. Cred că am putea reuși să ajungem acolo înainte de venirea furtunii.

Călăreții își înghiontiră caii, însă pe sub păturile lor, cu care erau acoperiți, animalele nu simțiră nimic. Însă cailor nu le trebuia nici un imbold ca s-o ia la goană din fața furtunii. Din fericire, suprafața lacului secat nu era accidentată, așa că bidiviii puteau să gonească cu toată viteza.

Moraven își depăși frica pe cât putea de bine pentru a-l putea ține pe Ciras în șa, însă furtuna nu putea fi ignorată. Vântul pe care-l stârnise începu să urle. Se acumulase o căldură dușmănoasă, care-l făcea să-și dorească să-și smulgă toate hainele de pe el. Peste tot în jur, vraja făcea ca țesătura de *thaumston* să lucească. În timp ce călăreții săltau în șa, iar caii galopau, pânza forma încrețituri, iar marginile și încrețiturile izbucneau în străfulgerări argintii sau albastre, în timp ce irizări violete umpleau cutele mai întunecoase.

Furtuna îi va ucide, nu exista nici o îndoială în privința asta. Însă, în pofida acestei certitudini, nu de moarte se temea el. Era altceva. Provenea din cotloanele cele mai adânci ale minții lui, o creatură neagră, greoaie, duhnind a putreziciune. Purta o armură care zăngănea și o mască. O mască de bătălie, metalică, cu solzi de dragon. Gura ei se căsca dezvelind dinții ascuțiți, iar din gâtlej scotea un hohot gutural, amestecat cu hăulitul lupesc al vântului...

Duduiturile potcoavelor se luau la întrecere cu tunetele. Iluminată de scăpărarea fulgerelor furtunii, calea deveni vizibilă. Nu prea abruptă și destul de lată, era tăiată în deal, ducând spre o deschizătură întunecată, prin care puteau trece fără să descalece. Calul lui Borosan intră primul, iar ceilalți îl urmară. Rekarafi o luă la dreapta și evită versantul, strecurându-se pe sub marginea crevasei în timp ce *thanatonul* goni și ultimul cal înăuntru.

Moraven trebui să lase capul în jos ca să poată intra în cavernă, apoi sări din șa. Ciras se depărtase, însă reuși să rămână în șa. Înainte să cadă, Keles și Moraven îl culcară încet la pământ. Tyressa mână caii mai adânc în cavernă, conducându-i spre stânga, după un colț, iar potcoavele lor păcăneau și sunetul se reverbera între pereții a ceea ce părea să fie o incintă masivă de piatră.

Moraven își smulse vălul și strânse coifurile într-un sul gros în jurul gâtului.

– Trebuie să-l ducem pe Ciras și mai departe în peșteră. Ajutați-mă!

Keles dădu din cap și-l luă pe tânăr de subsuori, în vreme ce Moraven îl prinse de glezne. Se deplasau încet prin pasaj, bazându-se numai pe ce auzeau, din moment ce lumina dinspre intrare se diminua pe măsură ce înaintau. Umbra virukului aluneca pe pereți, blocând mare parte din lumină. Moraven putea înțelege fascinația față de furtună și știa că virukul nu putea fi atât de prost încât să mai zăbovească pe acolo când se va declanșa.

Ajungând lângă intrarea în următoarea incintă, Borosan aprinse lanterna *gyanrigot*, pe care o adusese cu el. Lumina albastră se înfipse adânc în întunecimea încăperii, iluminând intrarea înaltă, arcuită, care dădea într-o altă incintă, însă nu pătrunse mai departe. Pe când *gyanridinul* o plimbă înspre dreapta, împrăștiind lumina pe pereții înconjurători, deveni tot mai clar că adăpostul fusese, cândva, o formațiune naturală în stâncă, dar fusese prelucrată din greu de mâna omului.

Moraven lăsă gleznele lui Ciras și se îndreptă în tăcere. Ar fi vrut să vorbească, însă cuvintele nu-i veneau. Considera că tot ce lumina scotea la iveală era atât impunător, cât și terifiant. Știu într-o clipită că își descoperise sursa spaimei. Aflase ceea ce căutaseră de zor, ceea ce *jaecaiserrul* Jatan îi spusese să găsească. Genunchii îi tremurau.

Lumina lui Borosan alunecă pe peretele șlefuit, apoi nișe pătrate, de înălțimea, lățimea și adâncimea potrivite omului, li se înfăţişară ochilor. Fiecare dintre ele fusese acoperit cu o lespede de piatră cimentată. Pe fiecare fuseseră cioplite numele şi faptele de vitejie ale celor îngropaţi. Literele fuseseră suflate în aur, aşa că numele şi legendele licăreau la lumină.

Keles suspină.

– Acela de acolo. Este mormântul lui Amenis Dukao. A murit cu Împărăteasa.

Înainte ca vreunul dintre ei să poată comenta ceva, virukul urlă.

Moraven se întoarse, incapabil să-i priceapă vorbele, însă nu mai conta.

Furtuna ne-a ajuns din urmă.

Silueta virukului umplea intrarea. Rekarafi se prinse de ambele margini ale coridorului de intrare şi rămase neclintit când furtuna lovi. Prima dată, un nor de praf năvăli înăuntru, ridicându-l pe viruk de la sol. Picioarele lui se legănau prin aer, apoi o flamă aurie-roşiatică izbucni din afară, învăluindu-l. Piatra din mâna lui dreaptă se sfărâmă. Rekarafi, încă ancorat cu mâna stângă, fu azvârlit înapoi şi se izbi de zidul de la intrare.

Fără a mai fi blocată de prezenţa virukului, o minge strălucitoare de vrajă săltă în încăpere. Pluti o clipă, apoi trimise tentacule de fulgere negre în patru direcţii. Furcile lor pocneau şi se zbăteau, mişcându-se precum braţele şi picioarele, pe când mingea se târa înainte. Preţ de o clipă, Moraven se gândi că luase forma *thanatonului* Numărul Cinci. *Sau am făcut-o noi aşa, cu minţile noastre.*

Apoi, o gaură întunecoasă se căscă în centrul mingii și se umplu cu magia topită. Punctul roșu se zbătea înainte și înapoi, în timp ce mingea avansa. Privea. Căuta.

Se opri asupra lui.

Apoi explodă.

Un uragan de argint îl pocni pe Moraven, ridicându-l în aer. Durerea îl cuprinse în timp ce zbura prin văzduh. Fiecare mușchi intră în spasme, se încordă și apoi se relaxă. Când se prăvăli, se rostogoli moale, fără să încetinească. Alunecă pe podeaua încăperii, apoi se izbi de peretele criptelor.

Era doar vag conștient de ceea ce se petrecea cu trupul său, însă nu mai avea nici o importanță. Când îl lovise magia, ceva intrase în mintea lui. Pătrunse adânc, sfâșiind totul în jur, și-i umplu rana cu dispreț.

„*Tu ești. Te-ai întors. Bine.*“ Percepția lui Moraven asupra realității se spulberă, până nu mai rămase decât vocea aceea. „*N-ai să mai scapi niciodată.*“

57

Ziua a 6-a, Luna Lupului, Anul Şobolanului
Al 9-lea an al Domniei Prinţului Imperial Cyron
Al 163-lea an al Dinastiei Komyr
Al 737-lea an de la Urgie
Thyrenkun, Felarati
Deseirion

Prinţul Pyrust o găsi pe Jasai din Helosunde aşteptându-l în camera de audienţe. Căminul conţinea doar cărbuni sfărâmaţi şi nu producea prea multă căldură. În pofida acestui lucru, nu purta nimic în picioare, doar cămaşa de noapte, care să-i acopere goliciunea. Ţesută din lână groasă, cămaşa nu era chiar atât de grea încât să nu poată vedea prin ea conturul avântat al sfârcurilor întărite. Veşmântul îl primise, însă ea preferase dintotdeauna culorile vesele, obişnuite în Nalenyr. Acum îmbrăcase straiul neboit, aşa cum făceau muritorii de rând din Deseirion.

Îngenunche la apropierea lui și își lăsă capul. Părul lung și blond alunecă, ascunzându-i fața, dar el nu simți nici o teamă sau căință în atitudinea ei. Nu dorea nimic, în nici un caz iertare, și nu avea aerul că ar fi fost cuprinsă de remușcări. Asta-l surprinse, însă își mască reacția, întinzând încet mâna pentru a desface catarama mantiei sale negre, de lână, tivită cu o fâșie de blană de lup.

Îi dădu drumul la picioare.

Ignorând-o pentru moment, Pyrust se aplecă să arunce câteva surcele peste cărbuni. Aterizară cu un bufnet plăcut, împrăștiind un nor de scântei care porni în sus pe horn. Un val de căldură țâșni afară, apoi se ridicară flăcările, adăugând puțină lumină în încăperea întunecată. Focul trimise o lucire aurie în părul lui Jasai.

Își scoase mănușile și le aruncă peste mantie. Ținându-și mâinile deasupra focului, privi cum flăcările dansau printre degetele rășchirate. Își frecă palmele una de alta, apoi rosti cu voce joasă.

– E mai cald aici. Nu-ți refuz dreptul la căldură.

Asta provocă replica așteptată. Jasai căzuse de acord să se mărite cu el și să-l însoțească în Felarati de dragul fratelui, însă i se împotrivea în nenumărate feluri. Primul era să se plângă de frig și să țină în permanență un foc aprins în camera ei, zi și noapte. Pyrust îi explicase că națiunea lor era săracă și o astfel de risipă de lemn nu era permisă.

Asta însă n-o împiedică să continue.

O lăsă cu foc neîncetat timp de patru zile, apoi nu i se mai dădu lemn. Când se plânse, îi spuse că își consumase deja rația. El, pe de altă parte, folosea mai puțin decât majoritatea oamenilor, așa că avea rezerve mai mari de lemne. Îi spuse că i se putea alătura în camera sa de noapte și că i se va ține de cald, însă ea răspundea că prefera să-i fie frig.

Fermitatea ei mai ținu doar o zi și o noapte, ar fi putut rezista mai mult, dacă el ar fi înlocuit mobilierul pe care-l arsese. Până la urmă venise la el. În pofida noii rații de lemne puse la dispoziția ei, la începutul săptămânii, ea decisese să rămână.

Pyrust nu era prost. Se căsătoriseră în grabă la Meleswin și el consumase uniunea în aceeași seară. Îl acceptase atunci pentru că făcea parte din înțelegerea lor, dar de atunci îl respinsese până în noaptea când lipsa de căldură o făcuse să intre în patul lui. Dar chiar și atunci știu că o făcuse de nevoie. Însă nu conta absolut deloc *de ce* intrase în patul lui, ci doar că o făcuse. Ura, apatia, dorințele imposibil de satisfăcut, se putea descurca cu toate astea. Însă nu și cu nesupunerea.

Jasai nu-și ridicase capul.

– Mi-ai explicat, soț al meu, că resursele valoroase nu pot fi risipite aici, în Deseirion.

– Dar mi-ai ars din lemn până ai aflat că mă supun acelorași reguli ca și poporul meu.

– Am fost smintită.

– Iar acum ești înțeleaptă?

– Mai înțeleaptă, milord. Își ridică fața și lumina focului licări în urmele de lacrimi de pe obraji. Am vești pentru tine, Prințe Pyrust.

Lacrimile nu aveau nici o noimă. Se întoarse să se uite la ea și făcu câțiva pași înainte, pentru ca flăcările să-i lumineze silueta.

– Ce vești?

Ea-și strânse brațele în jurul mijlocului subțire.

– Moștenitorul tău crește în pântecul meu.

Pyrust își împreună mâinile la spate, cea stângă în cea dreaptă, dintr-odată conștient de beteșugul său. *Ce-ar crede copilul meu de asta?* Acest gând îi venise de parcă ar fi fost un alt mesaj trimis de zei și-l făcu să se înfioare. Ceea ce văzuse el până acum drept viața și viitorul său se proiectau acum și mai departe, prin generațiile care vor veni. El fusese întotdeauna un *sfârșit*, însă de acum era o verigă din lanț, iar responsabilitatea sa era să facă lanțul puternic.

Își miji ochii.

– Moștenitorul *meu*, sau al helosundienilor?

Ochii lui Jasai se măriră, apoi își lăsă privirea-n podea.

– Nu mă surprinde că mă întrebi asta. Mi-ai promis un moștenitor al tronului în Helosunde și că voi fi regenta lui. Aceasta-i înțelegerea acceptată de mine. Acesta a fost scopul meu, când m-am culcat cu tine. Știam că voi face ca orice copil de-al meu să te urască, așa cum te-am urât eu, și că recolta vieții tale va fi acră și plină de amărăciune.

Vehemenţei din glasul ei îi lipsea ascuţişul de dinainte. Ceva o înmuiase.

– Dacă asta ne-a fost înţelegerea, de ce este acum moştenitorul *meu?*

Ea oftă încet.

– Îţi sunt soaţă de o lună şi jumătate. Mi-ai spus că voi învăţa să am încredere în tine şi asta s-a şi întâmplat. Eşti crud şi capabil de multe lucruri, inclusiv de crime fără nici o milă, însă nu eşti ipocrit. Îţi ţii promisiunea. Înduri acelaşi frig ca şi poporul tău, aceeaşi foame, aceleaşi primejdii. Eu mi-am petrecut viaţa în Nalenyr, ascultându-i pe lorzi şi pe doamne promiţând multe, însă faptele lor nu au urmat niciodată cuvântul dat. Ei doresc să conducă, dar metoda lor de a o face este supravegherea oamenilor, urmăresc direcţia spre care se îndreaptă, apoi ţâşnesc înainte şi trâmbiţează că sunt ascultaţi. Fratele meu nu avea nici o cădere să fie prinţ helosundian şi toată lumea ştia asta, inclusiv el. I s-a spus ce se aştepta de la el şi s-a conformat acelor aşteptări.

– Însă acum se descurcă mai bine, pentru că Cyron a stabilit noi aşteptări pentru el. Asta ar trebui să-ţi dea speranţe pentru naţiunea ta şi pentru revenirea ei la putere.

– Însă asta nu se va întâmpla niciodată, nu? Fără să mai aştepte vreo invitaţie, se ridică în picioare şi-i luă mantia, pe care şi-o puse în jurul umerilor. Nu-ţi poţi permite vreo răscoală în Helosunde, sau Deserion va fi slăbit şi Cyron nu se va mai simţi ameninţat. Nici Cyron nu poate accepta o revoltă în

Helosunde pentru că se teme să nu piardă controlul acolo. Copilul nostru pe tronul helosundian ar fi coşmarul său cel mai cumplit, din moment ce el ar uni naţiunile noastre şi lăsa frontiera lui descoperită.

Pyrust se întoarse şi se duse în spatele ei, aşezându-şi mâinile pe umerii ei.

– Analiza ta este foarte bună, dar ai uitat să adaugi că fiul tău, în calitate de Prinţ de Helosunde, ar fi rivalul fratelui tău, iar rezolvarea acestei situaţii va duce, fără îndoială, la asasinarea unuia sau altuia.

– Mai degrabă a amândurora, milord, din moment ce Consiliul de Miniştri nu-i va controla pe nici unul dintre ei.

Se uită înapoi, spre stânga, apoi îşi înclină capul şi-i sărută mâna betegită.

– De asta copilul nostru trebuie să fie Prinţ de Deseirion. Înţeleg asta şi o accept. Accept şi alte lucruri.

– Cum ar fi?

– Trebuie să devin deseiană. Consiliul de Miniştri spera să mă mărite cu cineva, oricine. Pentru mine nu conta. Acum, fiind măritată cu tine, am ieşit din discuţie şi din orice planuri în ceea ce priveşte Helosunde. Devenind deseiană, poporul tău ar putea avea şansa de a ne iubi copilul, copiii noştri. Pentru asta, voi adopta îmbrăcămintea deseiană şi obiceiurile locului. La fel ca tine, mă voi mulţumi cu puţin, pentru ca alţii să aibă mai mult. Cu permisiunea ta, voi face unele lucruri spre a le ruşina pe celelalte prinţese, ca şi ele să facă mai mult pentru oameni. Dacă eşti de acord, aşa va fi.

– Să aprob, da.

Pyrust își coborî gura spre urechea ei stângă și glasul i se schimbă într-o șoaptă tăioasă.

– Însă rapiditatea deciziei tale nu sugerează și intenția de a o respecta. Cred că poți să-mi înțelegi scepticismul.

Ea dădu încet din cap.

– Oh, să nu mă înțelegi greșit, milord. Te respect și chiar te admir, dar încă te mai urăsc. Îi voi aduce pe lume pe copiii noștri fără să te iubesc vreodată. Însă îi voi iubi pe ei, lor le va fi destinată dragostea mea. De fapt, pe tine te urăsc mai puțin decât pe cei care m-au adus în această situație. M-au dat ca pe ceva de nimic, au scăpat de mine. Vreau să apuc să-i văd cum își regretă nebunia. Aici cred că suntem uniți.

El își permise să chicotească.

– Și cum se potrivesc astea cu darul pe care mi-l faci? Promisiunea că-mi vei îngădui să fiu Împărat?

– Toate acestea sunt unul și același lucru.

Ea se înfioră și se lipi cu spatele de el.

– Copiii noștri ar trebui să fie mai mult decât oricare dintre noi și merită mai multe decât a avut oricare dintre noi. Vei deveni Împărat, iar ei vor avea un imperiu. Va fi cel mai bine pentru ei și pentru întreaga lume.

Pyrust o sărută pe ceafă.

– Sunt bucuros că odraslele mele au o mamă atât de deșteaptă.

Se aplecă și o bătu ușurel pe fese.

– Acum du-te, soață a mea, și încălzește-ne patul. Am să vin și eu într-o clipă.

– Da, soțul meu. Apoi vom înfierbânta foarte tare patul.

Jasai ieși din încăpere lăsându-i mănușile, una întreagă și cealaltă deformată, să zacă flasce pe podea. Pyrust le azvârli între umbre, apoi păși înainte ca să-și încălzească mâinile.

Nu fu deloc surprins când Mama Umbrelor ieși din întuneric, aducându-i mănușile cu mâna ei chircită.

– Vă sâcâie ceva, Prințul meu?

Pyrust se holba la flăcări, știind prea bine că de-abia ar fi putut s-o vadă, chiar dacă ochii săi puteau privi și în beznă.

– În mai puțin de o lună și jumătate e deja însărcinată?

– Ați putut vedea că era fecioară când ați luat-o în noaptea nunții.

– Sângele apare în ouă și pe cearșafuri prin tot felul de mijloace.

Se încruntă puternic.

– N-o fi fost deja însărcinată?

– Interogatoriile nu au scos la iveală nici un fel de zvonuri cum că ar fi avut vreun iubit.

Umerii Delasonsei se ridicară și coborâră.

– Pe drumul până aici a sângerat, apoi n-a mai sângerat deloc. Este extrem de probabil că este însărcinată, a căzut grea numai cu Domnia Voastră.

– Deci, dacă este însărcinată, atunci copilul este al meu?

– Da.

– S-ar putea ca aflând că este lăuză, asta să fi declanșat schimbarea ei?

Mama Umbelor chicoti.

– Nu a fost atât o schimbare, cât o acceptare a realității. Ea încearcă să aranjeze ca lucrurile să fie cât mai bune pentru copiii ei. Este tânără, da, însă nu și frivolă. Maternitatea schimbă arareori o femeie în acest fel; mai degrabă stârnește în ea pornirile adevăratei sale firi.

Pyrust dădu din cap.

– Zugrăvește un viitor foarte interesant.

– Da, milord, însă unul încă nerealizat.

Vocea Delasonsei ieși cu blândețe din adâncimea glugii.

– Ar putea pierde sarcina, sau copilul n-ar apuca să trăiască. Deși nici un asasin n-ar putea ajunge la ea, vor exista încercări și cea mai mică încurcătură ar putea declanșa un dezastru.

– Bineînțeles că ai dreptate.

Se întoarse spre ea, apucând mănușile cu mâna beteagă.

– Zvonurile despre sarcina ei trebuie sugrumate în fașă, iar cei ce le răspândesc, uciși. Cyron n-ar pune să fie ucisă, dar Consiliul de Miniștri Helosundian, da. Amintește miniștrilor mei că sănătatea lor depinde de a nevestei mele, cu care sunt foarte grijuliu. Vor trebui să se întreacă pe sine pentru a o face fericită.

– Vedeți foarte clar lucrurile, milord.

Pyrust oftă, băgându-și mănușile la centură.

– Bastardul fratelui meu mort va deveni o problemă odată cu naşterea copilului.

Ea încuviinţă solemn din cap.

– Mă voi ocupa eu de Thyral.

– Să nu-l ucizi.

– Nu?

– Delasonsa, s-ar putea să mă crezi nebun, însă nu sunt lipsit de suflet. Tatăl lui a murit pentru că a îndrăznit să dea ascultare agenţilor nalenieni şi a complotat împotriva mea. A fost nevoie să fie ucis, la fel şi odraslele lui mai mari. Băiatul era în scutece pe atunci şi acum are şase ani. Nu ştie cine este şi acum a venit vremea să-l antrenăm. Spune-i că l-am ales pentru o treabă foarte specială. Va fi învăţăcelul tău, apoi garda fiului meu. Va ajunge garda Împăratului.

Mama Umbrelor făcu o plecăciune adâncă, rămase aşa o vreme, apoi se ridică încet.

– Mă onoraţi, încredinţându-vă în mine ca să-i antrenez pe cei de-un sânge cu Domnia Voastră.

– Îndrăznesc s-o fac, Delasonsa, numai pentru că ştiu că vei sta între ambiţie şi sângele meu.

Pyrust zâmbi încet.

– Acest viitor va ajunge să existe. Zeii îl vor, la fel şi eu.

58

Ziua a 6-a, Luna Lupului, Anul Şobolanului
Al 9-lea an al Domniei Prinţului Imperial Cyron
Al 163-lea an al Dinastiei Komyr
Al 737-lea an de la Urgie
Nemehyan, Caxyan

Sunetul trompetei se rostogoli peste câmpiile înecate în fum, apoi din junglă, dinspre nord-vest, se auzi semnalul de răspuns. Deşi pâcla şi distanţa îi făceau dificil de observat, cinci sute de războinici nalenieni, purtând uniforme de un roşcat aprins, goneau prin junglă pe caii lor. Dragoni mari, aurii, li se încolăceau pe piept, iar flamurile roşii fluturau sub vârfurile lăncilor uşoare. Fiecare om purta un scut rotund, cu acelaşi blazon cu dragonul, iar de ţepuşa de pe vârful coifului atârna o flamură colorată, câte o culoare diferită pentru fiecare dintre cele cinci companii.

Nauana suspină, iar dintre amentzutlii adunați acolo se ridică un murmur difuz. În nici una dintre conversațiile cu ei Jorim nu găsi nici un indiciu că știau ce erau caii. Animalele de povară folosite de ei, *cunya*, și verișorii lor mai mari, *ayana*, le dăduseră învățaților nalenieni impresia că erau mai apropiați de cămile decât de cai. În vreme ce *ayana* putea, uneori, să fie călărit, amentzutlii nu avuseseră nici conflicte și nici tradiții marțiale legate de lupta călare.

Pe măsură ce companiile înaintau, se despărțiră, două la stânga și trei la dreapta, formând un spațiu de manevră pentru o duzină de care de război. Trase de câte patru cai fiecare, carele aveau un conducător în centru și câte doi arcași așezați pe mici postamente, care le permiteau să tragă pe deasupra lui și a cailor. Trei lame curbate periculos, de peste un metru lungime, ieșeau de pe butucii axei, strălucind puternic în lumina soarelui când se răsuceau.

Nauana privi spre Jorim cu ochii măriți de uimire.

– Stăpâne Tetcomchoa, ați făcut o minune. Animale ciudate și lucruri chiar și mai ciudate. Ne-ați dăruit victoria.

Jorim clătină din cap.

– Doar o șansă. Cât de bună, Nauana, vom vedea.

Ea își întoarse privirile spre câmpul de bătălie în vreme ce murmurul crescu între ai săi. Nu numai că nu știau nimic de cai, dar nu aveau nici o cunoștință practică despre roată. Ținând cont că trăiau într-o țară muntoasă, unde transportul bunurilor pe spinarea animalelor era mult mai practic decât construirea de drumuri pentru căruțe, folosirea roții în calendar sau la jucăriile copiilor îi conferea un sens ciudat. *Caii și carele sunt, pentru ei, stricătoare de lume, tot așa cum este pentru noi descoperirea acestui continent.*

Cavaleria se puse în mișcare la galop, traversând rapid câmpurile cultivate. Datorită felului în care se risipise fumul peste ogoare, cavaleriștii apăreau și dispăreau din vedere. Jorim era destul de sigur că nici războinicii amentzutlieni, nici mozoyenii nu puteau vedea trupele naleniene. Însă le puteau auzi. Ropotele potcoavelor cailor răsunau precum tunetele.

Săgețile continuau să cadă ca o ploaie, ucigând sute de legiuni cenușii, iar amentzutlii mențineau linia de apărare în pofida presiunii înspăimântătoare exercitate de dușman. O parte din formațiunea mozoyenilor aflată cel mai departe de pantă se despărți, luând-o spre nord și vest. Prima dată Jorim se temu că aveau de gând să se regrupeze și să înfrunte cavaleria, dar în loc de asta, ei doar se aruncară asupra liniilor amentzutliene. Se îndreptau spre un punct unde apărarea slăbise și cadavrele cenușii umpleau șanțul. Fie intenționat, fie din întâmplare, asaltau cel mai vulnerabil punct al liniei de apărare, și încă suficient de numeroși încât să-i copleșească pe războinicii care li se opuneau.

Șuvoiul cenușiu șarjă, însă nu mai apucă să-și atingă ținta. Lăncierii nalenieni țâșniră din fum și loviră flancul. Rapizi și puternici, caii zdrobiră trupurile goale, smulgând membre și azvârlindu-i prin aer pe mozoyeni. Lăncierii trecură vârfurile groase de oțel prin trupurile subțiri, apoi își aruncară armele, îngreunate de câte o jumătate de duzină de broscoi demonici. Săbiile apărură în mâinile goale, abătându-se în cercuri largi asupra dușmanilor și retezând membre și capete. Scuturile îi loviră din zbor pe mozoyenii care se aruncau asupra lor, iar copitele cu potcoave de oțel îi tocară pe sol.

Mozoyenii se repeziră în breșele apărute între companiile de lăncieri doar pentru a se trezi înaintea unei alte urgii. Carele de război se repeziră asupra lor. Arcașii trăgeau pe cât de repede puteau și fiecare săgeată își găsea ținta. În unele cazuri, săgețile străpungeau un trup și se înfigeau în următorul. Însă mozoyenii care căzuseră răpuși de săgeți erau mai norocoși decât supraviețuitorii, pentru că roțile cu lame se dovediră a fi și mai îngrozitoare. Retezau picioare și ciopârțeau trupurile deja căzute. Roți, copite și picioarele mozoyenilor frământară pământul, transformându-l într-un noroi însângerat care se împrăștie peste tot, acoperind laturile carelor de luptă și trupurile cailor.

Dezorientați și fără nici un conducător, mozoyenii din flanc intrară în panică și o luară la goană urlând, încercând să se alăture corpului principal. Spaima se răspândi în rândurile întregii forțe invadatoare. Se refugie din fața cavaleriei, ca un banc de pești fugind de un prădător, apoi țâșniră înapoi spre nord. Rândurile din spate se desprinseră și fugiră cât de repede puteau. Dispărură în fum, iar călăreții se repeziră după ei.

Șirurile cenușii aflate cel mai aproape de tranșee se întoarseră și încercară să fugă, însă nu aveau loc de manevră. Săgeți, țepușe, sulițe îi secerau pe capete. Războinicii amentzutl se lansară în luptă, trecând de parapete și-i atacară pe mozoyeni. Tzihua conduse un mic grup de luptători peste șanțul umplut cu cadavre direct în masa colcăitoare a dușmanilor. Ghioagele lor de război se ridicau și cădeau, iar sângele se împrăștia formând cercuri roșietice, tăind un culoar lat în rândurile trupelor mozoyene.

Centrul formației acestora rămăsese în plin haos. Unii se retraseră spre nord-est și cavaleria trecu printre ei măcelărindu-i cu sutele. Carele de luptă făceau ce puteau, dar în cele din urmă trebuiră să fie retrase. Noroiul însângerat devenise prea gros și amenința să blocheze roțile, iar trupurile mozoyenilor ofereau prea puțină aderență. Arcașii încă mai alegeau ținte individuale și, spre sfârșitul luptei, se întrecură în lansarea unor lovituri din ce în ce mai dificile. Amentzutlii începură să cânte. Jorim nu putea înțelege nimic din ce spuneau, pentru că dialectele se amestecau, însă războincii păreau să fie îmbărbătați de acele cuvinte. Și alți războinici, la fel de masivi precum Tzihua, își conduseră companiile în vâltoare. Bătălia se transformă în măcel, iar amentzutlii se avântară în el cu un zel pe care Jorim nu-l mai văzuse nicicând și spera să nici nu-l mai vadă vreodată.

Mai repede decât ar fi crezut că este posibil, dar nu chiar atât de curând, bătălia se termină. Terenul cel mai apropiat de pantă era acoperit cu un strat gros de până la un metru de trupuri cenușii. Căzuseră și unii luptători nalenieni și amentzutl, iar și mai mulți erau răniți, unii foarte grav. Însă pierderile lor erau nesemnificative în comparație cu cele ale inamicului, care erau fără număr.

Clătină din cap.

– Mă întreb câți trebuie să fi fost.

Nauana privi spre el.

– Cred că știți în mod sigur, Stăpân al meu.

– Nu știu. Aș vrea să facem o numărătoare.

– După cum este voia Stăpânului Tetcomchoa.

Nauana se duse până la marginea piramidei, își mângâie gâtul cu mâna și apoi glăsui cu o voce care umplu întreaga vale. Jorim nu putu înțelege toate cuvintele, deoarece se exprima într-unul dintre cele mai comune dialecte, însă cei de dedesubt înțeleseră și cântecul încetă. Ceea ce părea a fi întreaga populație începu să se deplaseze pe calea de acces spre câmpul de bătălie.

Pe când coborau, războinicii amentzutl se traseră din nou în spatele parapetelor și se așezară în formație. Își așezară morții și răniții în fața lor, apoi își înălțară fețele și vocile spre ceilalți oameni. Intonară la unison o incantație ritualică, repetând-o din nou și din nou. „Timpul nostru s-a sfârșit, al vostru începe."

Oamenii ajunseră pe câmpul de bătălie și se răspândiră în grupuri. Lucrătorii și sclavii începură să adune cadavrele și să le mute de colo-colo, fără a încerca să se eschiveze de o astfel de îndatorire morbidă. Mulți se opriră să-și vopsească fețele sau să-și înmoaie părul în sângele duşmanului. Asta i se părea ciudat lui Jorim, nu numai pentru că socotea că era o barbarie, dar şi pentru că activitatea lor avea să-i acopere oricum de sânge din cap până-n picioare.

Mutară cadavrele în zone unde membri ai claselor de artizani şi negustori începură să le ciopârţească. Cu o eficienţă incredibilă jupuiau pielea şi o depuneau într-un loc. Alţii curăţau carnea de pe oase. Acestea erau despicate, însă nu aveau măduvă, aşa că sfârşeau prin a fi aruncate în grămezile cu gunoaie. Viscerele erau de asemenea sortate şi adunate, revărsându-se în şanţurile golite de cadavre şi curăţate de ţepuşe.

Mai ciudată decât toate se dovedi a fi îndatorirea politicienilor. La baza pantei, pe o suprafaţă uriaşă, curăţată în mare grabă de sclavi, ei începură să adune capetele. În foarte scurt timp, apăru o mare piramidă de cranii şi nu avu nici un dubiu că se făcea o evaluare foarte exactă a materialelor de construcţie.

Va avea, deci, parte de numărătoarea cerută.

Armele erau, de asemenea, sortate. Amentzutlii îşi recuperară armele, apoi se retraseră ca să le curețe şi să le repare. Armele rudimentare folosite de mozoyeni fură aruncate într-o grămadă, dar amentzutlii refuzară să se atingă de săgeţile şi lăncile de origine naleniană. Lui Jorim îi trebui un moment pentru a-şi da seama de ce, apoi concluzionă că numai războinicilor le era permis să pună mâna pe arme. Îi transmise un mesaj Căpitanului Gryst, iar ea dădu ordin oamenilor să-şi adune armele şi să le curețe, aşa cum făceau şi amentzutlii.

Cavaleria și carele de luptă se retrăseseră spre nord-vest și erau gata să intervină dacă mozoyenii ar mai fi revenit, însă păreau să fie puține șanse să se întâmple așa ceva. Pe la mijlocul amiezii, războinicii amentzutlieni se organizară în patrule și pătrunseră în junglă. Trupele naleniene se folosiră de ocazie ca să se reîntoarcă la bordul navelor și să se îngrijească de animale. La căderea serii, primele patrule se întoarseră și raportară că mozoyenii dispăruseră, ceea ce dădu prilejul începerii unor incantații de mulțumire, toate înălțându-se până spre vârful piramidei și la zeul care privea în jos.

Jorim petrecu ceva timp privind cum amentzutlii se descurcau după bătălie. Apărură oale și grătare. Fâșiile de carne erau puse la fiert sau lăsate să se usuce. Pielea era fiartă și întinsă. Oasele, odată uscate, vor fi folosite ca îngrășământ. Chiar și intestinele erau uscate și apoi utilizate la corzile de *peptli,* bețe curbate, cu o plasă la unul din capete, pentru un joc ciudat cu mingea.

Se părea că nu se risipea nimic.

Amentzutlii râdeau și cântau în timp ce lucrau, iar hăcuirea era considerată o sărbătoare. Chiar și Nauana coborî pe câmpul carnagiului și dădu o mână de ajutor la recoltări, revenind în amurg, acoperită cu sânge și aducând carne de mozoyan prăjită, pentru el.

Jorim scutură din cap.

– Noi nu avem obiceiul să ne mâncăm dușmanii.

Ea se încruntă.

– Nu suntem canibali, Stăpâne. Nu am consuma carne de om, dar să risipim carnea de mozoyan sau de ansatl ar fi o prostie. Aţi văzut cum au devastat jungla şi câmpiile. Ne-au luat ce ne trebuie ca să trăim. Acum, vigoarea lor ne aparţine.

Se gândi o clipă şi găsi că logica ei era inatacabilă. Nu mâncase virukul omorât de el, carnea acestuia l-ar fi îmbolnăvit, iar mozoyenii, în mod cert, nu erau oameni. Mâncase cot la cot cu nenumărate triburi sălbatice în decursul călătoriilor sale, care credeau că prin consumarea inimii unui animal curajos, această calitate le va fi transmisă lor. Deşi nu-şi dorea nimic de la mozoyeni, consumarea unei bucăţi dintr-unul ar fi victoria supremă

Sau poate mă va feri să am coşmaruri cu ei la noapte.

Acceptă o bucată mică de la ea şi o mestecă. Nu era chiar rea. Îi amintea de broască, şarpe şi broască ţestoasă. Dându-şi seama că mozoyenii mâncaseră în mod sigur oamenii măcelăriţi de ei, simţi un val de greaţă prin stomac însă îl ţinu sub control. Desigur, dacă ar fi aruncat carnea de-o parte şi ar fi declarat-o rea la gust, toţi cei de sub el ar fi făcut la fel, chiar dacă asta ar fi însemnat să flămânzească pe viitor.

Jorim zâmbi.

– Aşa se petrece după bătălie?

– Avem doar câteva bătălii. Când luptăm cu oamenii, războinicii au grijă de ai lor. De două ori pe an avem migraţiile de *tohcho*, care se duc spre nord şi sud. Războinicii mână o parte dintre cirezile lor spre cel mai apropiat oraş şi le sacrifică. Alţii ies şi le prelucrează. Însă mozoyenii nu necesită aducerea lor aici.

– Nu aţi mai avut de-a face cu mozoyenii până acum, nu?

– Nu i-am mai văzut înainte de anul acesta. Ea zâmbi şi o fâşie însângerată de pe obrazul ei crăpă. Am rămas aşa cum ne-aţi cerut, Stăpâne Tetcomchoa, mereu vigilenţi. Ne-aţi dăruit victoria asupra ansatlilor şi acum asupra mozoyenilor.

– Şi astfel se termină *centenco.*

Zâmbetul Nauanei dispăru.

– Nu, Stăpâne, aşa începe. Prima noastră întâlnire cu ansatli a fost şi o mare victorie, însă de-abia dacă a prevestit războiul. Mozoyenii sunt vestitorii celui de-al şaptelea zeu.

– Ce ştiţi voi despre acest al şaptelea zeu?

Ea se aşeză pe vine lângă el, picioarele lui legănându-se la marginea piramidei. Shimik veni lângă ei şi se aşeză încercând s-o imite, însă asta nu-i lumină expresia.

– Trebuie să înţelegeţi, Stăpâne Tetcomchoa, că puterile noastre de a face prevestiri au avansat foarte mult de când aţi fost aici prima dată, însă vremea lui *centenco* aduce multe viziuni. Sunt multe lucruri pe care nu le înţelegem şi nu le putem descifra.

Jorim dădu încet din cap.

– Accept asta şi nu este vreo greşeală de-a voastră. *Centenco* are darul de a complica totul.

– Da. Cel de-al şaptelea zeu are două nume. Primul este Mozoloa.

– Mozochoa aş mai înţelege, pentru că ar însemna „zeul străin", ori „zeul de nicăieri", dar de ce –loa în loc de –choa?

Ea oftă.

– „Choa" înseamnă zeu. Omchoa este zeul jaguar, iar domnia voastră sunteţi Tetcomchoa. „Loa" ar însemna că zeul este mort. Omchoa l-a mâncat şi ucis pe Zochoa, geamănul său din umbră, aşa că are două aspecte. Zochoa este acum Zoloa, dar nu este pomenit, din moment ce face parte din Omchoa.

– Înţeleg. Deci Mozoloa ar însemna „zeul mort de nicăieri".

– Da. Este un zeu mort, nu un zeu al morţii, precum Omchoa. Nauana se frecă la obraz, înlăturând sângele uscat. Cel de-al doilea nume al său este Neletzatl. Asta înseamnă că face lucruri noi. Adică „cel ce dă nume", pentru că ceea ce numeşte el se şi arată.

– Un zeu fără casă, care este mort şi un creator. Acum înţeleg confuzia. Jorim îi întinse îmbucătura de carne lui Shimik, să se înfrupte din ea. Ce altceva mai ştiţi?

– Mozoloa are o ură foarte mare şi se crede că prin ură puterile sale cresc. Este şi foarte furios. Este mort, însă urăşte să fie mort. Aşteaptă să vină vremea reîntoarcerii sale şi acest lucru este posibil numai prin *centenco*. Puterea sa este în creştere.

Jorim înălţă din sprâncene.

– Dar nu s-a reîntors încă?

– Nu.

- Îl putem opri?

- Acum mă tachinați, Stăpâne. Când ați plecat, ați luat-o spre vest, pentru că de acolo ați spus că va veni Mozoloa. Își întinse mâna stângă arătând spre șesurile de jos. V-ați întors ca să ne salvați de mozoyeni ca să vă putem servi. Dacă Mozoloa trebuie înfrânt, ne veți conduce în orice trebuie întreprins pentru asta. De asta v-ați întors, nu?

Jorim se înfioră. Descoperi că era extrem de ușor să uite că-l considera un zeu, iar întrebările sale nu făceau decât s-o încerce. Încrederea ei în el, credința în destinul poporului ei, mai ales în vreme de *centenco*, cerea să nu încerce să-i deschidă ochii asupra acestei noțiuni.

- Să spunem, Nauana, că este suficient că sunt aici, cu voi.

Jorim își trase picioarele spre el și le strânse la piept.

- Știu multe despre apus. Dacă acolo se află Mozola, și dacă acolo trebuie noi să mergem pentru a-l înfrânge, știu cum să fac să ajungem acolo.

Nauana făcu o plecăciune adâncă înaintea lui.

- Este suficient, stăpâne. Amentzutl v-au așteptat mult timp întoarcerea, ca să vă putem sluji. Conduceți-ne oriunde veți dori și vă vom urma. Vă vom sluji până la ultima picătură de sânge și nu vă vom lăsa.

59

Ziua a 6-a, Luna Lupului, Anul Şobolanului
Al 9-lea an al Domniei Prinţului Imperial Cyron
Al 163-lea an al Dinastiei Komyr
Al 737-lea an de la Urgie
Moriande, Nalenyr

Hotărârea de a-i spune lui Junel Aerynnor că natura relaţiei lor trebuia să se schimbe se risipi în focul emoţiei lui de a se fi întors din interiorul teritoriului. Nu venise direct la ea, ci trimisese un mesager cu un mesaj prin care o ruga să vină la un han numit Kitorun, pe la apusul soarelui. Sosi acolo înveşmântată într-o pelerină roşie, aşa cum îi ceruse să poarte, şi i se servi un pocal cu vin, un sortiment roşu, din regiunea de sus. Nu era tocmai bun, însă ea mai ştia că era mai bun decât poşirca servită de obicei la Kitorun.

Hangiul îi luă pelerina când se așeză și, după ce-și termină primul pocal, îi aduse o mantie neagră, cu glugă. Începu să protesteze, însă mantia avea un mic buzunar interior, iar în el găsi un alt bilet. Conținea noi instrucțiuni, urmate de ea întocmai, urmând un traseu peste râu și spre est, într-o parte mai veche a orașului. În pelerina roșie ar fi devenit o țintă, însă în negru se potrivea perfect.

Pe când se îndrepta spre punctul de întâlnire, Junel apăru din spate. Își ținu vocea coborâtă.

– Nirati, este ceva foarte important. Ia-o spre stânga și apoi din nou la stânga, ocolind cvartalul. A treia la stânga este o alee. Du-te pe acolo și bate la a doua ușă de pe dreapta. Vei fi lăsată înăuntru. Mergi sus, prima ușă la stânga. Să nu începi să tremuri.

– De ce nu pot să merg împreună cu tine?

– Șșșș... Mă voi îngriji să mă asigur că nu ești urmărită. Nu vor ezita să te rănească pe tine ca să dea de mine.

Șoaptele sale răgușite o făcură să se înfioare. Făcu așa cum îi ceruse, păstrându-și ritmul de mers. Blestemă gluga, pentru că nu-i permitea o vedere periferică și rezistă tentației de a se răsuci pentru a vedea dacă era sau nu urmărită. Nu avea nici o idee despre ce se petrecea, însă era de presupus că *ei*, asupra cărora o avertizase el, erau agenți deseieni. *Tot* ei *au ajuns și la Majiata?*

Perspectiva aceasta o făcu să simtă o strângere de inimă. Nimic nu era exclus cu deseienii, după ce auzise de istorisirile despre atrocitățile comise în

Helosunde. Chiar și așa, ceea ce i se întâmplase Majiatei era dincolo de orice auzise ea mai înainte. *Asta să fie și soarta mea?*

Bazându-se pe Junel pentru a fi în siguranță, traversă aleea, ocolind băltoacele și căutând un semn al trecerii lui pe acolo înaintea ei. Nu văzu nimic, însă în întunecimea tot mai intensă a nopții nu avea nici o lampă pentru a vedea ceva, orice. Găsi ușa și bătu. Se deschise, și un pitic strâmb o lăsă să intre. El nu-i spuse nimic, dar arătă spre scară, care trepidă sub pașii ei. Era sigură că se va prăbuși cu fiecare scârțâitură, dar reuși să ajungă la capătul ei și intră în cameră.

Nirati nu se așteptase la prea mult, ținând cont de împrejurimi, dar încăperea fusese transformată cu ajutorul unor legiuni de lumânări, groase și subțiri, lungi, scurte, aromate, care pâlpâiau de pe orice suprafață plată disponibilă. Două ardeau în sfeșnice plasate de-o parte și de alta a unei oglinzi cât un stat de om. Patul din încăpere cunoscuse și zile mai bune, însă așternutul și cearșaful erau curate. Un urcior cu vin și două pocale, precum și niște brânză și pâine, erau așezate pe o noptieră.

Nu-l vedea niciunde pe Junel, așa că aproape că-i sări inima din piept când îi simți mâinile atingându-i coatele. Brațele sale o cuprinseră și o aduseră cu spatele lipit de el. Din reflex, ea-l apucă de mâini și le strânse, uitând, pe moment, că trebuia să aibă o discuție serioasă cu el.

El o răsuci și-i zâmbi.

– Oh, Nirati, atât m-am gândit la tine de când am plecat. Ești chiar mai frumoasă decât îmi aminteam. Mult prea frumoasă pentru un asemenea loc, și-mi cer iertare. Însă trebuia să te văd și a fost singura cale posibilă.

Ea pufni, îi era puțin teamă, și era și mai îngrijorată. Junel arăta la fel de chipeș, dar cam tras la față, cu cearcăne negre sub ochi. Pierduse și din greutate în timpul călătoriei și nu-și prea putea permite așa ceva. Ochii deveniseră mai neliniștiți, iar umbra omniprezentului său rânjet dispăruse.

– Ce s-a întâmplat, Junel, care-i problema?

– Ia loc, draga mea. O conduse înapoi la marginea patului și paiele proaspete pârâiră când se așeză.

– M-am dus să vorbesc cu lorzii din interior și se petrec multe lucruri. Mai multe decât credeam eu, mai mult decât bănuiai și tu, sunt sigur. Nu pentru că ai fi proastă, nici pe departe, ci pentru că multe lucruri nu mai ajung în capitală.

Se duse la noptieră și-i turnă un pocal cu vin. Își turnă și lui unul și i le prezentă pe amândouă, lăsându-o să aleagă. Îl luă pe cel din mâna stângă și adulmecă înainte de a sorbi. Și acest vin provenea din interior, însă de la sud de Râul de Aur, și era de cea mai bună calitate. Cel mai bun chiar, aroma sa delicată n-ar fi putut ascunde nici un fel de tincturi, așa că știu că nu o droga.

Junel se lăsă în genunchi în fața ei și apoi pe călcâie.

– Sunt atâtea pe care aș vrea să ți le împărtășesc.

– Mai întâi spune-mi cine te urmărește. A pus Prințul Pyrust agenții pe urmele tale?

Exilatul deseian zâmbi.

– Oh, a avut oameni care m-au supravegheat încă de când am ajuns aici. În Moriande, ei au fost mai greu de depistat, însă în interior a fost simplu să-i găsesc. Reprezintă cea mai mică grijă pentru mine. Sau, cel puțin, așa cred.

– Nu înțeleg.

– Ai văzut cum lorzii din interior mă tot curtau. A fost încântător cum m-ai izolat de ei și mi-a plăcut. Oricum, faptul că am acceptat invitația de a-i vizita a fost cel mai bun lucru pe care l-am făcut de când mi-am părăsit țara.

Vocea lui scăzu la o șoaptă.

– Nobilii din interior sunt foarte porniți împotriva Prințului Cyron. Nu primesc nici un sfanț din comerțul extern și li se cere să plătească tot felul de taxe. Cyron trimite banii înapoi în vest, să finanțeze proiecte, cum ar fi drenarea râurilor, însă cei de acolo iau banii fără să-i cheltuiască pentru asta. Nobilii consideră aceste proiecte drept metode pentru îmbogățirea celor din Moriande, așa că, după ei, Prințul ar trebui să le finanțeze din comerț.

Nirati clătină din cap.

– Însă astfel de proiecte le vor ușura transportul mărfurilor către piețele disponibile pentru ei prin activitatea noastră comercială.

– Da, desigur, însă ei nu văd lucrurile așa, scumpa mea. Lăcomia i-a orbit.

Ochii-i scăpărau în timp ce vorbea.

– Voiau să mă pună să văd dacă n-aş putea aranja să facă şi ei investiţii în transporturi, livrări care să scape de ochii oficialităţilor, pentru maximalizarea profiturilor. De asemenea, au mai lansat şi unele aluzii destul de străvezii cum că dacă aş fi un agent deseian, ar privi foarte favorabil o alianţă cu Pyrust, interiorul Nalenyrului şi Deseirionul uneltind împotriva Moriandei şi a exilaţilor helosundieni.

– Dar asta-i *trădare*.

– Chiar aşa.

Junel sorbi din vin.

– Dacă ar avea mai multe forţe sub drapel sau mai multe arme din Ixyll, care ar garanta superioritatea luptătorilor, ar declanşa o revoltă. Însă, după cum stau lucrurile, au nevoie de bani ca să procure arme şi mai au nevoie şi de un conducător. Câţiva chiar au sugerat că *eu* aş putea juca acest rol, însă mă flatau doar, într-un mod destul de evident. Fiecare din ei ar vrea să fie prinţul din fruntea unei noi dinastii.

– Asta ar fi oribil.

– De acord, draga mea.

Nobilul deseian puse cupa jos şi răsuci inelul din aur şi jais de la mâna dreaptă.

– Prinţul Cyron se află într-o situaţie foarte delicată. Erumvirine este un gigant adormit, cu o populaţie aproape încă o dată ca a Nalenyrului. Dacă recolta lor ar fi compromisă, o hoardă flămândă ar năvăli în nord şi nici chiar tot aurul câştigat de Cyron din comerţ n-ar putea să le cumpere orez. Deşi Nalenyrul s-ar putea să ajute economia Erumvirinilor prin negoţ, nu-i destul să-i oprească să acţioneze în cazul unui dezastru. Deserionul şi Helosunde creează o altă problemă. Cyron îi finanţează pe exilaţii helosundieni şi foloseşte mercenari pentru a-şi asigura frontiera sa nordică, dar dacă negoţul lui se prăbuşeşte, nu va mai avea suficient aur să facă asta. Dacă Helosunde şi Deseirionul şi-ar aplana divergenţele şi s-ar alia, Nalenyrul s-ar confrunta cu o ameninţare de netrecut.

Privi în sus, spre ea, iar un zâmbet îi înflori pe faţă.

– Da fapt, numai familia ta, Nirati, este cea care-l scuteşte pe Cyron de un dezastru. Toată lumea aşteaptă rezultatul expediţiilor fraţilor tăi. Dacă dau peste noi comori, atenţia întregii lumi va fi abătută spre asta *şi* Nalenyrul va avea destul aur ca să poată cumpăra pacea. Ar putea chiar să-i cumpere şi pe lorzii din interior, sau pe cei care-i înlocuiesc. Totul se află într-un echilibru stabilit cu o precizie aproape absurdă, iar toate astea se vor bulversa dacă fraţii tăi eşuează.

Ea zâmbi.

– Dar uiţi ceva care face ca echilibrul să fie mai puţin periclitat, Junel. Ştii cine sunt lorzii din interior. Dacă te duci la Prinţul Cyron şi-i dai numele lor, îi poate neutraliza. Nu s-ar mai teme de o alianţă dintre ei şi Deserion. Aici au greşit. Credeau că eşti un agent deseian, iar această greşeală le-a scos sminteala la iveală.

– Dar nu sminteala *lor* este cea expusă.

Junel bătu ușor, cu dreapta, pe gamba ei stângă. Simți o înțepătură acolo unde o atinsese mâna lui și se smuci înapoi.

– Este sminteala ta, Nirati. Vezi tu, chiar *sunt* agent deseian. Se ridică încet, în vreme ce amorțeala cuprinse piciorul ei stâng. Mai precis, sunt agentul unei umbre, *vrilcai*.

– Poftim?

Junel izbucni în râs.

– Chiar așa, Nirati, ar fi trebuit să fii în stare să pătrunzi dincolo de masca mea. Ia gândește-te. Cei care n-au crezut că virukul a omorât-o pe Majiata erau convinși că au făcut-o agenții deseieni, în încercarea de a ajunge la mine. Dar ar fi permis Prințul Pyrust, care i-a lichidat pe absolut toți membrii clanului Aerynnor, să rămân în viață? Bineînțeles că nu. Numai dacă n-aș fi fost, deja, creația lui, cel care-a trădat pentru el trădarea propriei sale familii. Continuându-mi serviciul în slujba lui, am fugit în sud, ca ultim supraviețuitor al unei familii măcelărite, iar aici am fost acceptat fără rezerve. Această mărinimie mi-a oferit intrarea în societatea din Moriande și acces în familia Phoesel. Majiata a murit nu ca să se ajungă la mine, ci ca să ajung eu la tine. Zâmbi, când amorțeala se răspândi spre pântecul ei și-i făcu picioarele să zvâcnească. Ți-ai jucat minunat rolul. Dorința ta de a mă salva de Majiata, tot așa cum ți-ai salvat fratele, te-a adus la mine.

Nirati căzu pe spate în pat, incapabilă să mai stea sus. Pocalul ei cu vin i se rostogoli dintre degete, pătând cearşaful.

– Tu... ai omorât-o?

El dădu solemn din cap.

– M-am pregătit pentru tine, draga mea. Se aplecă peste ea şi îi apăsă cu un degete buzele amorţite. Inelul meu ţi-a injectat venin de viperă cu glugă. Trupul tău va fi complet amorţit şi nu va mai reacţiona nicicum, dar mintea ta va rămâne trează. Ştiu că luai tot felul de tincturi cu extract de fiere pentru a contracara ce ţi-am tot dat înainte, însă nu fac altceva decât să accentueze efectele veninului.

Capul ei căzu pe aşternut. Voia să întrebe de ce, însă limba i se umflase în gură şi maxilarul nu i se mai mişca. *Are de gând să mă ucidă. Tot ce-a fost mai înainte n-a fost decât un preludiu. Tot ce-am îndurat, tot ce-am tânjit, înseamnă că pot să îndur mai mult pe măsură ce mă lucrează. Iar acum, că sunt amorţită, nu voi avea dureri, doar agonia mentală şi oroarea de a fi dezmembrată.*

Junel aduse oglinda pe stativ şi o potrivi în aşa fel încât ea să se poată vedea. Apoi reveni şi o descheie încet la haine, dezbrăcând-o, împături veşmintele şi le puse într-un sertar lateral. Se vedea în oglindă, goală şi frumoasă. Ar fi vrut să-şi închidă ochii, pentru ca imaginea să fie ultima amintire despre ea însăşi, însă trupul refuză să o mai asculte.

El deschise un alt sertar şi începu să scoată un set de cuţite şi un şorţ de piele.

– Cred că vrei să știi cum și de ce. Pe lângă ce-am să-ți fac ție, ce i s-a întâmplat Majiatei o să pară o nimica toată. Voi începe prin a te jupui de piele și a o agăța în cârligele de pe perete, ca pe o pelerină. Vei trăi să vezi asta. Vei trăi și până la scoaterea unora dintre organele tale. Dar mă tem că nu și a inimii. Dar vei ști că am să-ți las capul și fața intacte și te voi poziționa în așa fel încât oglinda să reflecte expresia ta pentru ochii celor care vor intra aici. Întâi te vor vedea în oglindă, apoi măcelărirea ta. Va fi ceva deosebit.

Junel își puse șorțul.

– Cât despre motiv, este evident. Bunicul tău te iubește mai mult decât pe ceilalți și tu ești ultima lui legătură cu societatea. Prin moartea ta, aici, în inima capitalei lui Cyron, devotamentul său față de Coroană va fi pus la grea încercare, mai ales după ce ucigașul tău scapă. Nu va fi găsit niciodată pentru că, vezi tu, eu voi încerca să împiedic uciderea ta și voi fi rănit foarte grav, însă descrierea ucigașului, făcută de mine, va fi inutilă.

Ochii i se îmblânziră.

– Când îmi vor spune de moartea ta, voi fi zdrobit. Sper că apreciezi asta. În durerea sa, bunicul tău nu va mai face hărți, ceea ce va atrage o panică în economie. Va domni haosul, situație de care va profita stăpânul meu.

Junel ridică un cuțit ascuțit. De pe tăișul său alunecau sclipiri de lumină.

– Te voi transforma într-o lucrare de artă. Moartea ta o prevestește pe cea a națiunii tale.

*

Nirati supraviețui până în primele ore ale dimineții, mult mai mult decât ea sau Junel crezuseră că era posibil. În concentrarea sa, el nu observă că leșinase cu mult înainte să moară. Nirati părăsi mizerabila încăpere și se duse pe malul unui pârâu răcoros și cristalin, departe, în siguranță, în Kunjiqui. Se simțea bine că membrele îi funcționau din nou și, după scurtă vreme, chiar uitase de ce nu ascultaseră de ea mai înainte.

Ajunse deasupra unei ridicături acoperite cu iarbă și găsi un bărbat, solid, cu părul negru, ieșind gol dintr-un iaz. Nămolul picura de pe pielea lui. Râse tare, un râs plin de veselie. Își înlătură de pe ochii albaștri părul lung și-i zâmbi. Era clar că nu-l deranja propria goliciune și nici pe ea.

– Milady Nirati, îți urez bun venit și-ți mulțumesc.

Nirati dădu din umeri, lăsând să-i alunece de pe trup veșmântul auriu și mătăsos.

– Pentru ce să-mi mulțumești?

– Acesta-i sanctuarul tău. Bunicul tău ți l-a pregătit, dar mi-a permis să locuiesc aici. Îi întinse mâna și ea o acceptă, pășind în iaz. Îți datorez ceva și am să mă achit cum se cuvine.

Nirati își puse o mână pe pieptul lui lat și în jurul gâtului. Privi chipul puternic.

– Cum vei face asta, milord?

– Ai fost rănită. Voi avea grijă să nu ți se mai întâmple nimic. Voi avea grijă să fii răzbunată. Își apropie buzele de ale ei și o strivi în îmbrățișare. Ea se lipi de el, ridicându-și mâna dreaptă spre părul lui ud, însă el se desprinse din sărut și murmură la buzele ei.

– Eu sunt Nelesquin. Mă întorc din fiecare călătorie. Iar dușmanii tăi și ai mei vor învăța să se teamă de revenirea mea.

60

Ziua a 6-a, Luna Lupului, Anul Şobolanului

Al 9-lea an al Domniei Prinţului Imperial Cyron

Al 163-lea an al Dinastiei Komyr

Al 737-lea an de la Urgie

Ixyll

Explozia magică îl azvârli pe Keles jos. Scăpă trupul lui Ciras şi de-abia reuşi să se ferească de silueta zburătoare a lui Moraven. Caii nechezau, iar potcoavele scoteau scântei pe jos. Borosan căzuse şi lampa lui se legăna pe perete, dezvăluind trupul prăbuşit al lui Moraven, cuprins de spasme, cu părul fumegând.

Keles privi înapoi spre intrarea peşterii, însă nu putu vedea nimic afară. O reţea cristalină închisese caverna cu o structură ca de fagure. Fiecare celulă a reţelei era alcătuită din sute de hexagoane mai mici, fiecare de o altă culoare, sclipind toate. Urletele furtunii continuau să se audă, dar mai estompate. Pe moment, erau în siguranță, dar știa că era mai bine să nu se aștepte să dureze prea mult.

Virukul căzuse pe cărarea pasajului, însă își revenea încet. Se mișca greoi, cu membrele zvâcnind și tremurând, însă le pusese în mișcare prin propria voință. Șuiera, fără să poată scoate nici un sunet articulat.

Keles îl împinse pe Ciras de pe picioarele sale și se repezi spre Rekarafi.

– Lasă-mă să te ajut.

– *Nu!*

Glasul său suna spart, cu inflexiunile unui muget pe care numai focul l-ar fi putut scoate. Își întinse o mână spre Keles, cu degetele rășchirate, și înlăuntrul său începu să lucească o lumină roșiatică. Plăcile osoase ale exoscheletului său deveniseră negre, de parcă ar fi fost făcute din însăși noaptea, iar totul din jurul lor era de un roșu aprins, roșul cărbunilor încinși, crescând în intensitate. Ochii i se colorară la fel, apoi fulgere aurii izbucniră în ei, de parcă gândurile lui s-ar fi transformat în lavă topită.

– Dă-te înapoi. Nu sunt sigur câtă magie din asta pot să țin sub control. Ia-i și pe ceilalți de aici.

Keles se retrase încet și-l târî pe Ciras după el. Îl duse la baza peretelui unde Tyressa îndrepta membrele lui Moraven.

– Ciras este în viață. Cum e Moraven?

– Trăiește, dar cu chiu cu vai. Respirație slabă, un puls și mai slab.

Borosan se apropie și îngenunche lângă ei. Își ținea dispozitivul pentru detectarea magiei sălbatice în așa fel încât Keles să se poată uita la el. Înainte, dispozitivul pătrățos părea să aibă câteva firișoare de nisip roșu rămas între două cadrane de sticlă subțire. Cumva, nisipul adoptase ale culori, de la oranj la violet, pe măsură ce magia se intensifica. Acum nu mai arăta nimic altceva decât câteva fuioare de albastru și violet, rotindu-se foarte rapid în jurul aceluiași punct central.

Gyanridinul clătină din cap.

– Ne aflăm în inima furtunii. Centrul este chiar pe noi și, probabil, ne-a dus la mulți kilometri distanță de locul unde ne aflam.

Keles se încruntă.

– Asta nu-i posibil, nu-i așa?

– Am tot auzit povești.

– Borosan, luminează cu lampa spre culoarul de dincolo.

Keles se ridică și arătă departe, în încăpere. *Gyanridinul* se ridică și el, alăturându-i-se, proiectând lumina spre boltă, pe când se apropiau de ea.

– Aș putea să jur că era deschisă când am intrat.

Borosan dădu din umeri.

– S-ar putea să fi fost. Acum nu mai e. Întinse mâna și și-o plimbă peste stânca din pasaj. Este altfel decât piatra de aici. Probabil că suntem îngropați în interiorul vreunui munte.

Keles atinse stânca rece.

– Calcar. Este peste tot, iar asta este destul de șlefuită. S-ar putea să nu ne fi deplasat deloc.

Virukul se târî până la limita încăperii.

– Ne-am mişcat. Nu simţi, Keles?

Cartograful încercă să vadă dacă simţea, într-adevăr, ceva, dar nu era cazul.

– Nu simt, Rekarafi. Dar nu contează, nu-i aşa? Nu ştim nici măcar unde se află acest loc, cu atât mai puţin unde am fost mutaţi.

Borosan lumină din nou peretele.

– Este o necropolă. Inscripţiile sunt vechi.

Tyressa se ridică.

– Este scriere imperială. L-ai pomenit pe Amenis Dukao. Spuneai că a murit împreună cu Împărăteasa.

– Am citit istoriile lui Amenis Dukao încă de când eram copil. Ştiu că a existat cu adevărat, însă poveştile lui nu erau reale. Nu mă aşteptam să-i găsesc mormântul aici.

Keru îşi încrucişă braţele sub sâni.

– Mormântul îi aşteaptă pe toţi oamenii în viaţă, indiferent cum le sunt răstălmăcite vieţile după ce mor.

Keles dădu din cap şi se lăsă pe vine.

– Părerea ta este bine argumentată, Tyressa. Acceptând că Amenis Dukao se află aici, înseamnă că mormintele datează din vremea Urgiei. Cred că ştiu ce s-ar putea să găsim aici. Vedeţi vreun nume cu titluri ereditare?

Borosan şi Tyressa începură amândoi să studieze inscripţiile pe care le puteau vedea în lumină, însă nici unul nu anunţă găsirea vreunui nobil printre nume. Tyressa se încruntă.

– Este ceva semnificativ?

– S-ar putea.

Keles netezi praful de pe podea și desenă o schemă a micului pasaj de la intrare și a camerei mortuare. O termină cu o linie dreaptă, acolo unde stânca închisese intrarea. Noi ne aflăm aici. Bunicul meu a comentat o dată că speră ca Prințul să înnobileze familia; în acest fel nu va trebui să fim îngropați „afară". Pe vremurile imperiale, acest tip de încăperi erau o anticameră a mausoleului nobililor. Slujitorii credincioși și vasalii curajoși erau îngropați aici, în vreme ce nobilii erau înmormântați în spații mai mari. Acum nu mai este o practică obișnuită, cu excepția prinților și a unor familii, dar pe atunci asta era regula. Se uită înapoi spre umbre. Acum Rekarafi spune că am fost mutați, iar Borosan este de acord cu asta, însă eu nu. Cred că dincolo de lespedea aceea de calcar se află o cameră mortuară imensă. Desenă încăperea în praf și șterse din linia pasajului pentru a o face foarte subțire.

Moraven și Ciras tresăriră. Rekarafi slobozi un hohot scrâșnit.

– Ne-am mișcat, Keles.

– Greșești, Rekarafi. Arătă înapoi spre intrare. Ai uitat de străfulgerarea de lumină care ne-a adus aici? Cred că oricine sau orice a făcut-o se află dincolo de lespede. Furtuna a slăbit-o, probabil. A fost concepută să-i țină afară pe jefuitorii de morminte. Sunt sigur de asta. Trecem de ea și suntem înăuntru. Probabil că nu are mai mult de un metru grosime, iar calcarul poate fi scobit foarte ușor,

Femeia keru dădu din cap.

– Se poate, însă nu avem unelte de pietrari.

Lui Keles i se opri inima-n piept.

– Borosan, poate *gyanrigoții* tăi?

Inventatorul clătină din cap.

– Cu o furtună deasupra noastră, n-aș putea spune ce vor face. Dar mă îndoiesc că am destul *thaumston* ca să-i pot pune să sape, și după ce trece urgia.

Virukul se agăță de perete cu ghearele și se puse pe picioare.

– Să nu mă atingeți, nici unul dintre voi, dacă vreți să trăiți.

Se uită spre Keles cu ochii arzători.

– Un metru spuneai?

– Dimensiunea standard pentru un mausoleu imperial.

Virukul dădu din cap, apoi străbătu camera mortuară, îndreptându-se târșâit spre coridorul boltit. Aerul se încălzi la trecerea sa, de parcă ar fi ars cu flăcări invizibile. Strălucirea roșiatică a pielii ilumină lespedea de calcar pe când degetele sale o pipăiră tot mai sus. Își lipi palmele de piatră cam la trei metri înălțime față de podea. Glasul său, încă spart, se ridică și coborî ritmic rostind cuvinte de neînțeles, intense.

Lumina de sub palmele sale se modifică din roșu în galben, apoi trecu în alb strălucitor, revenind din nou la culoarea sângerie. Lumina de sub fiecare palmă pulsa la unison, la început, apoi se strecură prin rețeaua de mici crăpături de la suprafața pietrei. Acestea se măriră pe măsură ce luminile își pierdură sincronizarea, iar energia roșie le străbătea, doar pentru a fi izgonită de cea aurie. Izbucniră străfulgerări albe, apoi pieriră. Impuls după impuls lovi roca, trimițând în aer un huruit jos, făcând caii să se foiască neliniștiți.

Începură să cadă așchii și bucăți de piatră. Pietricele ricoșau din capul virukului, căzându-i pe umeri. Praful de calcar îi albi părul. Bucăți mai mari îi loveau umerii și săreau de pe mâini. Cascada de pietriș zornăitor ascunse prima pocnitură a crăpăturii, însă în piatră apăruseră fisuri adânci. O bucată mare, de forma unui pumnal, se puse în mișcare, apoi începu să se răsucească. Rămase așa un moment, apoi se desprinseră și mai multe bucăți și începură să se disloce.

– Rekarafi, *mișcă-te!*

Un fragment masiv de piatră, cam la fel de înalt cât Keles, se prăvăli și se spulberă pe podeaua de marmură. L-ar fi zdrobit pe viruk, însă el o împinsese cât acolo și sărise în spate. Alunecă de-a lungul podelei, cu o dâră de praf de calcar după el. Două bucăți mai mari de calcar căzură în alte direcții, lăsând o gaură zimțată de jumătate de metru în diametru, la nivelul unui om.

Keles alergă la Rekarafi, însă se feri să-l atingă. Strălucirea murise, însă respirația încă-i era întretăiată.

– Cum te simți? Cum pot să te ajut?

Virukul se rezemă cu spatele de perete.

– Nu poți face nimic, dar lasă-mă să mă odihnesc un moment.

Keles se uită la deschizătura în stâncă.

– Ce-ai făcut?

– Inversul a ceea ce-am săvârșit dincolo.

– Cristalele? Ai făcut tu asta? Cum? Ești doar un războinic.

Rekarafi tuși.

– Acum sunt un războinic, însă nu asta am fost întotdeauna.

– Dar ce-ai făcut tu este vrăjitorie, numai femeile viruk folosesc magia.

Keles se încruntă.

– Iartă-mă, de fapt, nu știu mai nimic despre viruki, nimic mai mult decât ceea ce mi-ai spus. Vrei să-mi explici?

– Mai mult, altă dată. Începu să se ridice încet. Este suficient să spun că nefiind *permis* să faci ceva, asta nu înseamnă că-ți lipsește *abilitatea* de a o face.

Borosan scoase o altă lanternă din geanta de la șa și i-o întinse Tyressei. Apoi examină dispozitivul de detectare a magiei, îl lovi încă o dată de picior, apoi dădu din umeri.

– Orice-ai făcut, Rekarafi, nisipul s-a înnegrit. E defect.

Virukul se scutură de praf.

– Vei realiza altceva, mai bun. Haideți, să vedem ce-a găsit Keles pentru noi.

Tyressa făcu un semn cu capul spre cei doi spadasini.

– Vor fi în siguranță?

– Din toate punctele de vedere, în afară de fantome.

Rekarafi își îndoi brațele și își strânse încet coatele la loc, până când ceva pocni în regiunea șirei spinării sale.

– N-au de ce se teme. Veniți!

Toți patru se apropiară de gaură, iar Keles constată că avea un gol în stomac. Fusese sigur că încăperea era acolo și, privind înăuntru, o văzu, aproape la fel cum o schițase în praf. Era ca și cum magia îi transmisese abilitatea de a vedea camera și a o desena cu precizie, fără măcar s-o fi văzut cu adevărat. Bunicul său ar fi fost convins că era o prostie, însă el privi dovada în lucirea luminilor albastre.

Tyressa intră prima, apoi Keles, Borosan, cu *gyanrigotul* în urmă, apoi virukul se strecură și el ultimul prin gaură. Rămase în spărtură la fel cum se ghemuise și pe coridor, adulmecând.

– Închisă demult, locuită demult.

– Locuită?

Borosan ridică lanterna și lăsă lumina să pătrundă în încăpere.

– Nu trăiește nimic aici, din câte pot eu să văd.

– Nici eu nu *văd*.

Își mângâie nasul.

– Atât de slabi, oamenii.

Keles se încruntă privind în jur. Încăperea nu numai că avea locuri de îngropăciune scobite în pereți, dar și sepulcre verticale, aranjate în șir. Toate fuseseră cioplite în calcar și mai multe aveau efigii ale războinicilor din interiorul lor sculptate. Războinicii stăteau în picioare țepeni, cu trupurile intacte, însă albi ca oasele.

Apoi, unul dintre ei mişcă. Keles se dădu înapoi, lovindu-se de piciorul lui Rekarafi.

– O fantomă!

Virukul scutură din cap.

Palidă precum fildeşul şi de mărimea unui copil, creatura ieşi la iveală într-o poziţie aşezată, cu genunchii osoşi înconjuraţi de braţele subţiri, scheletice. Capul părea prea mare pentru trup, cu orbite supradimensionate, iar pomeţii grei coborau abrupt. Cei doi ochi normal plasaţi aveau aceeaşi dimensiune ca un al treilea, aşezat în frunte. Deasupra şi dedesubtul celor obişnuiţi se aflau ochi mai mici, aceştia de culoare aurie, cu punctul negru al pupilei, un contrast faţă de ochii mai mari, care păreau să fie negri, cu scântei aurii scăpărând în ei.

Keles se cutremură. *Şapte ochi, spre viitor trag hoţeşte, ochi de iscoadă gloon, viaţa ţi se isprăveşte.* Rima era una ştiută de orice copil şi însoţea istorisirile despre eroii care se aventuraseră în locuri întunecate pentru a-i înfrunta pe gloonii soth. Foarte preţuiţi de Imperiul Viruk, sothii treceau prin mai multe stadii de viaţă, iar gloon era ultimul şi cel mai puţin obişnuit, cel puţin, din câte ştiau oamenii. Ochii lor în plus se spunea că le permiteau să privească în viitor, iar dacă întâlneai vreunul era un semn al unei nenorociri apropiate.

– Un viruk aici? Asta nu s-a mai pomenit vreodată.

Rekarafi se strecură prin spărtură.

– Ochii voştri sunt prea mici pentru a putea privi viitorul virukilor.

– Virukii nu au nici un viitor de privit.

Gloonul clătină din cap, închizându-şi ochiul central.

– Eşti într-un anturaj bun, cu aceşti oameni. Viitorul lor este la fel de gol. De fapt, moartea-l atinge pe unul dintre ei chiar *acum*.

Keles deschise gura ca să protesteze, însă durerea îi invadă centrul minţii. *Nirati? Nirati, nu!* Simţi cum cade şi încercă să se prindă de orice pentru a se sprijini. Însă nimic nu-i fu de ajutor, iar lumea se prăbuşi în jur.

61

Ziua a 7-a, Luna Lupului, Anul Şobolanului
Al 9-lea an al Domniei Prinţului Imperial Cyron
Al 163-lea an al Dinastiei Komyr
Al 737-lea an de la Urgie
Nemehyan, Caxyan

Jorim privi spre oraşul de dedesubt şi simţi că-i vine greaţa. Nu era doar carnea de mozoyan pe care o mâncase, sau celelalte bucate consumate. Amentzutlii organizaseră un ospăţ măreţ cu supe şi tocane, alternând felurile cu hălci de carne friptă. Flota oferise orezul şi alte bunătăţi, toate la fel de miraculoase pentru amentzutli, ca şi caii şi carele de luptă. Chiar şi din vârful piramidei, Jorim putea auzi zarva cântecelor şi veseliei celor de jos, pe când soarele se iţea peste orizontul de la răsărit.

Anaeda Gryst privi spre zorii zilei.

– Cerul roşu dimineaţa, marinaru-i prevenit.

– Nu cerul sau vremea mă îngrijorează pe mine. Nici măcar faptul că sunt luat drept zeu nu mă pune pe gânduri.

– Nu? se miră Anaeda, zâmbind dintr-odată. Pe mine cred că m-ar preocupa. De-abia dacă accept răspunderea pentru o flotă, dar tu o ai pe cea pentru toți acești oameni.

– *Nu* sunt zeu.

– De unde știți?

Iesol îngenunchease pe vârful piramidei, la douăzeci de pași în stânga lui Jorim.

– Există destui care presupun că atunci când cineva ajunge la *jaedunto*, poate că există un scop dincolo de asta, divinitatea.

– Afirmația ta îți invalidează întrebarea. Nu am ajuns la *jaedunto*, așa că divinitatea nu este pentru mine.

– Aș îndrăzni să nu cred, Maestre Anturasi.

Ministrul își lipi palmele de coapse și glăsui moale.

– După cum spune Maestrul: „Nu se poate să nu fie nici o destinație la capătul mai multor cărări.“ Afirmația mea nu face decât să descrie o modalitate prin care oamenii cred că divinitatea poate fi accesibilă. Mai mult ca sigur că greșesc. Ceea ce ne-ați spus sugerează că divinitatea *este* ceva ce poate fi atins.

Jorim se încruntă.

– Nu înțeleg.

– Este ușor, Maestre. Prima oară, Tetcomchoa a navigat spre vest, și credeți că s-ar fi putut să fie Taichun, cel care a fost Maestrul lui Urmyr. Dacă admiteți că Tetcomchoa a fost un zeu aici, și om al Imperiului, atunci calea de la zeu la om este deschisă.

– Dar asta nu înseamnă că reciproca ar fi valabilă, precum nu înseamnă nici că ar fi renunțat, cumva, la divinitatea sa pentru că noi l-am acceptat ca om.

Iesol zâmbi.

– Dar asta ar sugera că datorită faptului că v-am acceptat ca om, nu vă împiedică să fi fost dintotdeauna un zeu.

Jorim ridică mâna.

– Nu mă deranjează jocurile semantice, dar nu acum; am dormit mult prea puțin și mintea mi-e un talmeș-balmeș.

Anaeda se lăsă pe vine la dreapta sa.

– Nu cred că Iesol se joacă doar cu cuvintele. Nu vrei să accepți posibilitatea că ești un zeu, ori că ai putea deveni unul. Înțeleg asta și chiar îți aplaud umilința. Dar fapt este că acești oameni cred că ești zeu. De asemenea, ei mai au convingerea că acest Mozoloa se ridică spre vest. Așa cum am înțeles din legende, Mozoloa este cel care inhalează soarele în fiecare noapte și expiră stelele. În fiecare noapte tu trimiți un șarpe care-l strânge atât de tare încât, în cele din urmă, scuipă soarele și acesta răsare din nou.

– Știm că nu este adevărat.

– Nu contează ceea ce știm, Jorim. Problema este simplă. Pentru acești oameni, Tetcomchoa este un zeu care face ca toate formele de viață să fie posibile. Tetcomchoa se află în centrul realității lor, tot așa cum cei Nouă Zei sunt pentru noi. Problema ta este că ei te consideră Tetcomchoa *şi* se aşteaptă ca tu să-i conduci acolo unde să-l înfrângă pe Mozoloa.

Jorim oftă.

– Asta este total exclus. Nu numai că nu au mijloacele pentru a ajunge acolo, dar ar fi o forţă de invazie. Din câte ştiu eu, l-ar identifica pe Prinţul Cyron drept Neletzatl şi vor porni un război în patria mea.

– Ciudat.

Cartograful privi spre Iesol.

– Poftim?

– Nu se poate să fi trecut vederea că Neletzatl şi Nelesquin au nume cu rezonanţe asemănătoare.

Anaeda privi în sus.

– Prinţul dispărut împreună cu Împărăteasa Cyrsa?

– Prinţul care a fost rivalul ei, da. Există legende, arareori povestite şi aproape niciodată în Principate, care rivalizează cu cele despre Împărăteasa Adormită. Se spune că Nelesquin este şi el adormit, în mormântul său, dar nu-i deloc în pace. Se mai spune că se va întoarce, însă nu ca să ajute.

– Se va întoarce în cele Nouă Principate?

– În locul cunoscut, cândva, drept Imperiu, unde credea că va domni.

Iesol dădu din cap.

– Dacă s-a întors, poate că este şi timpul revenirii lui Taichun.

Jorim se încruntă.

– Şi cine altcineva se va mai întoarce? Nu, nu răspunde la asta, Iesol, am devenit prăpăstios.

Cartograful gemu.

– Nu cred că sunt Tetcomchoa. Cu toate astea, fiecare *centenco* anterior a produs probleme şi acestea se potrivesc cu aspecte din istoria noastră. Să fie posibil ca ei să aibă dreptate? Există vreo ameninţare care se conturează dinspre vest? Trebuie să acceptăm că de aici şi până-n Moriande vestul se tot întinde şi mare parte este umed. Jorim privi în jos, spre umbrele care înconjurau baza piramidei. Dacă admitem ca adevărată noţiunea de *centenco*, atunci ştim că există o ameninţare. Amentzutlii ştiu de ea, însă cei de acasă nu.

– Poţi lua legătura cu bunicul tău?

– Nu. Am mai încercat. Nu ca să-i spun de amentzutli, am căzut de acord că nu voi face asta, însă am încercat să ajung la el ca să-i comunic nişte informaţii de bază despre vreme. N-am primit nimic.

– Cum adică „nimic“?

Se uită spre ea, incapabil să spună ceva. Fusese întotdeauna capabil să-l contacteze pe bunicul său şi să-i transmită informaţii. Nu putuse aproape niciodată să-l oprească să extragă orice ar fi vrut el, deşi reciproca nu era niciodată valabilă. Anumite părţi din bunicul său fuseseră întotdeauna inaccesibile, iar Jorim învăţase să-şi apere amintirile sale personale cu straturi de informaţii banale pe care bunicul său le detestase întotdeauna.

Odată cu distanța, intervenea o slăbire a contactului, însă întotdeauna exista *ceva*. Totuși, de la bătălie încoace, nu mai primise nimic. Încercările de a-l contacta pe bunicul său eșuaseră într-un hău, iar când îl căutase pe fratele său, lucrurile nu stătuseră mult mai bine, deși continua să-l simtă pe Keles undeva.

– Parcă bunicul meu ar fi căzut dincolo de marginea lumii.

Își miji ochii.

– A murit?

– Nu, cred că aș ști asta, afirmă pufnind. Există momente când mi-am dorit atât de mult, încât anumite părți din mine s-ar bucura de moartea lui. Acum doar mă simt izolat. Keles este tot pe acolo, pe undeva, însă nu-mi poartă mie grija, așa că nu comunicăm.

Anaeda se ridică și începu să meargă înainte și înapoi, cu cizmele zgâriind piatra.

– Dacă admitem că există un pericol, avem obligația de-a avertiza Nalenyrul.

– Avem, de asemenea, obligația de a-i ajuta pe amentzutli.

Căpitanul navei zâmbi în jos, spre el.

– Asta a fost spusă ca de un zeu care-și asumă responsabilitatea celor ce-l slujesc.

– N-a fost deloc elegant.

Jorim se ridică în picioare, în vreme ce Shimik venea săltând pe treptele piramidei. Fennul sări în brațele Anaedei, apoi arătă înapoi spre trepte.

– Nauana vinni.

Venea, într-adevăr, şi încă în fruntea unei procesiuni formate din zeci de oameni. Fiecare dintre ei purta o mantie de pene şi ornamente de aur pentru cap, cu pene lungi înălţându-se de pe frunţi. Fiecare arăta mai bătrân decât Nauana cu cel puţin câteva zeci de ani, înaintaţi tot mai mult în vârstă. Bărbatul zbârcit care încheia procesiunea ar fi putut avea uşor peste o sută de ani şi s-ar fi putut să fie de faţă când Tetcomchoa păşise ultima dată printre amentzutli.

Procesiunea ajunse la vârful piramidei şi se răspândi în linie. Nauana era în fruntea lor şi făcu o plecăciune în stilul nalenian.

– Aceştia, Stăpâne Tetcomchoa, sunt Bătrânii *maicana*.

Bătrânii se plecară împreună şi se ridicară numai după un răgaz plin de respect.

Jorim le răspunse tot cu o plecăciune, menţinută tot atâta timp. Iesol şi Anaeda se înclinară şi ei, însă rămaseră mai mult timp aşa. Aceste gesturi aduseră zâmbete pe feţele bătrânilor *maicana*, probabil pentru că erau încântaţi să practice noul obicei.

Nauana se ridică ultima, dar zâmbi cu prudenţă.

– Această dimineaţă este momentul pentru multe decizii importante.

Arătă spre nord şi spre lunile care luceau printre constelaţii.

– Avem multe să vă spunem.

Jorim dădu din cap.

– Cum şi noi avem multe să vă împărtăşim.

Nauana îşi plecă fruntea.

– Vă rog, Stăpâne Tetcomchoa, spuneţi-ne ce doriţi.

– Venim dinspre vest, acolo unde Mozoloa reprezintă o ameninţare. Trebuie să-i prevenim pe oamenii noştri de asta şi să aducem ajutoare pentru a-i apăra pe amentzutli de el. Privi spre Căpitanul Gryst, iar ea dădu din cap. În cele din urmă, ne vom întoarce cu flota noastră spre vest.

Tânăra femeie *maicana* traduse solemnă cuvintele sale pentru bătrâni, însă ele nu avură efectele anticipate de Jorim. El se aşteptase ca ei să fie necăjiţi că pleacă, însă în loc de asta, cuvintele păreau să smulgă zâmbete şi murmure aprobatoare. Chiar şi Nauana zâmbi când privi din nou spre el.

– Asta este aşa cum ar trebui să se întâmple, Stăpâne Tetcomchoa.

– Ştiţi că voi pleca cu ei? întrebă încruntat.

– Cum era de aşteptat.

– Vom pleca într-o săptămână.

Nauana se încruntă la rândul ei.

– Nu credem că este posibil.

– Nu există nici o alternativă aici, Nauana.

– Hotărârea Stăpânului face ca lucrul să fie evident. Atunci vom lucra din greu. Ea dădu din cap solemnă. Vom începe chiar de acum, nu, Stăpânul meu?

Jorim îi privi chipul, încercând să descopere vreun semn de înşelătorie, dar nu află nimic.

– Nauana, trebuie să-mi spui ceea ce voiaţi să-mi spuneţi venind aici cu toţii.

Ea dădu din cap.

– Când ați fost aici ultima oară, Stăpâne, și ați plecat, ne-ați împărtășit din puterea voastră. Ați creat *maicana*. Ne-ați spus să vă menținem puterea și arta sacre. Noi trebuia să învățăm și să ne perfecționăm, să creăm lucruri noi și să întărim pe cât putem ceea ce ne-ați dăruit. Ați spus că este necesar, pentru că într-o bună zi vă veți întoarce și va trebui să vă arătăm ce-am reușit să facem, dându-vă înapoi vestigiile puterii.

Nauana își deschise brațele și mantia îi alunecă pe după umeri.

– Când ați venit acum, am fost sigură că sunteți Stăpânul Tetcomchoa și pe deplin îndreptățit să primiți înapoi învățăturile cedate. Alții nu credeau asta. Miracolele săvârșite pe câmpul de bătălie nu au mai lăsat loc la îndoieli. Bătrânii au confirmat și au căzut de acord să vă dea înapoi ceea ce vi se cuvine.

– Ceea ce mi se cuvine?

– Da, Stăpâne Tetcomchoa. Deși ne-ați dăruit numai o săptămână, vă vom antrena în calea *maicana*.

Pe chipul Nauanei se așternu o expresie de încredere, care-i făcu inima să bată mai repede.

– Ați venit la noi ca un zeu cu puterile omului. Vă veți confrunta cu Mozoloa având puterile unui zeu. Când vă vom înapoia ceea ce ne-ați împrumutat, nimic din cer sau de pe pământ nu vă va putea sta împotrivă.

62

Ziua a 7-a, Luna Lupului, Anul Şobolanului
Al 9-lea an al Domniei Prinţului Imperial Cryon
Al 163-lea an al Dinastiei Komyr
Al 737-lea an de la Urgie
Ixyll

Keles se trezi simţind o apăsare pe frunte şi o durere care-i zvâcnea în cap. Deşi nu-şi putea aminti nimic din ce visase cât zăcuse fără cunoştinţă, fragmente de teroare se strecuraseră în starea sa de mulţumire. Era ceva în legătură cu sora sa, însă pasajele care păleau tot mai mult nu aveau nici un sens. Durerea îi goli gândul din minte şi neantul îl pândea din nou, însă îl contracară.

Îşi deschise ochii şi îi luă doar o clipă să-şi amintească unde se afla. Cele două lanterne ale lui Borosan luminau doar o mică porţiune din încăperea vastă. În lucirea uneia dintre ele îi putea vedea pe Moraven și Ciras odihnindu-se în tihnă, cu *thanatonul* stând de strajă în apropiere, iar virukul dormea sprijinit de un perete.

Tyressa îi zâmbi.

– El a spus că te vei trezi acum.

– El?

Keles încercă să se ridice, însă îl cuprinse amețeala. Lăsându-se la loc, își dădu seama că era întins pe una dintre lespezi, iar asta îl făcu să se înfioare.

Tyressa arătă spre locul unde se chircise gloonul soth, lângă Borosan.

– Îl cheamă Urardsa.

Keles dădu din cap o dată, apoi se opri.

– Cât timp am zăcut leșinat?

– Mare parte a nopții. Ai dormit liniștit, la fel și Borosan. Furtuna s-a terminat, dar Ciras este epuizat. Moraven nu reacționează deloc, iar Rekarafi spune că trebuie neapărat să se odihnească.

– Dar tu? Ai dormit?

Ea clătină din cap.

– Nu, dar mă simt perfect.

– Lucrătura ta? o întrebă, atingându-și copcile de pe frunte.

Tyressa făcu semn cu capul.

– Vei rămâne cu o cicatrice pe frunte, să se potrivească celor de pe spate.

– Mulțumesc!

Gloonul se ridică, lăsându-l pe Borosan să-și meșterească *gyanrigotul*.

– Ar trebui să-ți fi revenit deja în fire.

– Îmi revin.

Keles se ridică în coate.

– Îți mulțumesc pentru că ne-ai salvat.

– Ce te face să crezi asta?

Creatura albicioasă își smuci capul spre dreapta.

– Semnalul luminos din timpul furtunii. Ne-ai condus la adăpost.

Urardsa își deschide brațele și se răsuci, arătându-se vederii, precum și zdreanța murdară care-i încingea șoldul.

– Vezi ceva la mine care să strălucească?

– Nimic.

Keles începu să se frece pe frunte, însă Tyressa îl prinse de încheietură.

– Negi că n-ai salvat?

– Ai vreo dovadă că am făcut-o?

– Nu.

Cartograful își lăsă mâna în jos.

– Ai de gând să-mi răspunzi la toate întrebările cu alte întrebări?

– Iar tu ai de gând să-mi pui numai întrebări unde există răspunsuri?

Keles se uită spre Tyressa.

– Cât timp ai îndurat așa ceva până ce te-ai decis să mă lași să mă trezesc?

– Cam cât crezi? îi întoarse întrebarea cu un zâmbet.

El gemu și ea râse. Keles își desprinse privirea de la ea și se uită din nou spre gloon.

– Cum se face că ești aici?

– Am fost îngropat aici împreună cu ceilalți.

Se săltă pe lespede și se ghemui la picioarele lui Keles. Arătă în sus, spre unul dintre pereții camerei.

– De-abia dacă ai putea vedea de aici unde m-au pus.

Zeci de întrebări urgente se buluciră în mintea lui Keles, însă se gândi bine înainte de a deschide gura. Dacă sothul fusese îngropat aici, în mod clar fusese luat drept mort. Din moment ce mormintele de afară datau de pe vremea Împărătesei Cyrsa, ar fi fost logic să presupună că plecase din Imperiu odată cu forța expediționară. *Iar dacă n-a plecat de aici de la zidirea lui, înseamnă că așteaptă aici de peste șapte sute de ani.*

– Te-au crezut mort. Cine-a făcut asta?

Urardsa dădu din umerii înguști.

– În acel moment, nu mai eram în măsură să gândesc. Acum sunt gloon, dar înainte de asta, mă aflam în stadiul de viață numit myrkal. Eram mai masiv decât acum, deși nu tot atât de masiv pe cât eram ca anbor. Atunci am ajuns să-i cunosc pe unii dintre cei mai mari luptători ai Imperiului și, deși devenisem myrkal, ei m-au invitat să mă alătur lor. Încă mai puteam să lupt, dar nu asta mi se cerea.

– Totuși, ai fost crezut mort și îngropat împreună cu ceilalți luptători. Ce s-a întâmplat de-a provocat atâtea victime?

Gloonul zâmbi, iar cei patru ochi mici de aur mijiră.

– Consider asta ceva fascinant, Keles Anturasi. Sunt capabil să văd în viitor, nu în trecut, așa că nu știu detalii despre modul în care am ajuns aici. Îmi sunt cunoscute împrejurările care au dus la asta și am să ți le împărtășesc, însă prima dată...

Urardsa întinse o mână cu degete groase și o trecu prin fața lui Keles, peste cap, în jos, peste umeri, fără să-l atingă deloc. De parcă încerca să prindă o insectă inefabilă. Expresia de pe fața lui, pe când făcea asta, nu se schimbase deloc, însă cei patru ochi de aur clipeau repede, adesea cătând în direcții diferite.

Gloonul își lăsă mâna în jos.

– Când te-am văzut prima dată, viitorul tău s-a întunecat. Când ai căzut și te-ai lovit la cap, ar fi trebuit să mori, dar nu s-a întâmplat.

Privi în sus, spre tavanul încăperii.

– Poate că magia sălbatică are un amestec aici. Nu mai contează. Acum ai mai multe linii ale vieții înaintea ta.

– Îmi vezi viitorul direct?

Gloonul își închise toți ochii și clătină din cap.

– Ești doar o perlă din șirag. Trecutul tău formează legături ușor de văzut. Pentru majoritatea oamenilor, există un singur lanț spre viitor, iar lungimea lui corespunde cu cea a vieții lor. Există un număr infinit de posibilități, însă numărul la care poate participa cineva este finit. Fiind aici, ai deschis mai multe viitoruri pentru tine, când n-ar mai fi trebuit să existe nici unul, unele sunt mărețe, altele jalnice. Spre deosebire de alții de aici, s-ar putea să trăiești mai mult.

Keles se încruntă cât putu, ținând cont de copcile de pe frunte.

– Greşeşti în privinţa mea, greşeşti şi într-a lor. Însă ne spuneai cum ai ajuns aici.

– Nu doreşti să-ţi cunoşti viitorul? întrebă, zâmbind cu uşurinţă şi larg, aproape cum ar fi făcut un copil.

Keles îi întoarse zâmbetul.

– Deja ai admis că viziunile tale nu sunt fără cusur, aşa că de ce-aş vrea asta?

Gloonul îşi redeschise ochii.

– A trecut multă vreme de când nu m-am mai confruntat cu cineva. Companionii mei şi fantomele lor nu sunt prea inventivi. Da, circumstanţele. Îmi amintesc. Nu ştiu ce ţi s-a spus ţie despre războiul împotriva turasynzilor. În ţinuturile Deseirion, Solaeth şi Dolosan se desfăşurau tot felul de lupte de hărţuire. Împărăteasa continua să-l atragă pe duşman spre vest, sperând că dacă marea confruntare declanşa un val de magie, destul de departe de Imperiu, ai ei vor supravieţui. Prezenţa ta aici sugerează că a avut dreptate.

Tyressa dădu din cap.

– Vremea Gheţii Negre nu a fost deloc uşor de îndurat, însă am supravieţuit. Asta a fost acum şapte sute de ani.

Gloonul asimilă vorbele în tăcere, apoi dădu din cap.

– Fantomele discută numai despre trecut şi nu bagă de seamă trecerea timpului. Împărăteasa, care nu este aici, şi nici nu ne-a vizitat fantoma ei, voia să se asigure că turasynzii nu se vor întoarce spre Imperiu. Şi-a împărţit forţele, lăsând o treime din trupe în Dolosan, ascunse. Planul era ca atunci când turasynzii o vor urmări pe Drumul Mirodeniilor, această forță le va sări în spate și-i va lua prin surprindere. Barbarii ar fi fost zdrobiți între cele două armate.

Keles privi spre Tyressa, care dădu din cap.

– Îi înțeleg intențiile.

– Foate bine, Maestre Anturasi. Nu ești singurul, pentru că toți am înțeles și am aplaudat. A fost sfătuită să-l pună pe Prințul Nelesquin la comanda acelei forțe, dar ceea ce n-a înțeles ea a fost asta: în calitate de Prinț de sânge imperial, Nelesquin nu-i tolera prezența pe tron. Pentru el și familia lui, ea era un nimic, doar o concubină care și-a ucis soțul și i-a luat locul. Faptul că soțul era incompetent și paralizat de frică nu a fost niciodată crezut de cei cu sânge imperial.

Keles dădu din cap. Istoria acelei ere sublinia cât de hotărâtă și curajoasă fusese Împărăteasa. Deși era cunoscut că-și ucisese soțul și se înfățișase înaintea gărzilor sale cu un pumnal însângerat ținut în mână, asta nu prea era admis. Mai mult, pentru că ea întemeiase toate cele Nouă Principate și unele erau conduse încă de familiile alese de ea, birocrații și guvernele aveau interesul constant de a susține că acțiunile ei erau justificate și legitime. Însă opinia separată a lui Nelesquin era de înțeles, mai ales că el îi fusese contemporan.

Gloonul sări de pe o lespede pe alta și se ghemui pe pieptul larg al efigiei unui războinic.

– Nelesquin a intrat în negocieri cu turasynzii. Ei erau conduși de un preot-zeu cu o putere considerabilă. Nelesquin i-a urmat până în Ixyll, sperând să vadă cum ambele părți se epuizează reciproc pentru ca el să-i poată distruge și să se întoarcă să preia tronul imperial. Împărăteasa, îngrijorată de lipsa veștilor despre el, i-a trimis pe cei înmormântați în jurul tău să vadă dacă nu cumva avea nevoie de ajutor. Sub comanda lui Virisken Soshir, noi l-am găsit în pline negocieri cu dușmanul. I-am lovit, pe el și pe conducătorul turasynd. Eram depășiți numeric cu mult, însă am luptat cu vitejie. Nu-mi imaginez că trupurile noastre au fost recuperate de Nelesquin și înmormântate cum se cuvine. Așa că presupun că Împărăteasa a ieșit victorioasă și că atât turasynzii, cât și Nelesquin au fost zdrobiți.

Își deschise brațele.

– Aceast mausoleu este construit în stil imperial, deci trebuie să fi fost supraviețuitori care s-au ocupat de noi. Tot progeniturile sale conduc acum Imperiul, nu?

Keles clătină din cap.

– Cele Nouă Principate încă mai există. Noi suntem din Nalenyr și am fost trimiși să căutăm vechiul Drum al Mirodeniilor. Cel puțin eu. Spui că au avut loc lupte de hărțuire. Morții au fost îngropați cu armele lor. Știi, cumva, unde sunt acele necropole?

– Pot fi găsite, dar de ce?

Keles se răsuci și puse picioarele pe podea. Genunchii săi nu se îndoiră, însă se sprijini de lespede, iar Tyressa alergă să-l ajute.

– Armele lor au mare valoare, acolo, în cele Nouă Principate. Și mai credem că sunt și cei care ar folosi cadavrele pentru praful de mort.

– Pot să-ți arăt ceea ce știu, însă n-ar fi nimic în comparație cu locul unde au fost îngropați cei căzuți în bătălia finală. Va trebui să vă aventurați și mai mult spre vest ca să-l găsiți.

Keles se desprinse de lespede și se ținu pe picioare.

– Atunci trebuie să ieșim de aici. Ai spus că nu ai mai fost niciodată afară, însă ai supraviețuit. Ce folosești în loc de apă și mâncare?

Gloonul arătă spre firidele mai întunecoase ale cavernei.

– Acolo poți găsi infiltrații care oferă apa. Mai există și o colonie de lilieci. Eu nu mănânc prea mult, iar ei îmi ajung, atunci când îmi trebuie.

– Dacă există lilieci, înseamnă că este și o cale de ieșire de aici.

Urardsa dădu din cap.

– Undeva, în tavan, se află o crevasă prin care ies în fiecare noapte. Nu-mi plac înălțimile, așa că nu m-am aventurat până acolo.

– Mă duc să arunc o privire.

Mâna Tyressei ateriză pe umărul lui.

– Nu singur.

Keles dădu din cap, apoi se uită după Borosan.

– Tyressa și cu mine mergem să căutăm o cale de ieșire. Ne întoarcem repede.

Borosan își desprinse privirile de la meșterit și dădu din cap, însă nu spuse nimic.

Keles înșfăcă una din lanterne și o luară din loc. Partea finisată a complexului se îngusta în adâncime, însă pasajul rămase destul de larg ca să se poată deplasa fără să fie nevoiți să se aplece prea mult. Keles plecase neînarmat, dar Tyressa se încinsese cu centura sabiei. Teaca se lovea de pietre și se și agăță de câteva ori, însă asta nu-i încetini.

După o ascensiune abruptă, terminată într-un pasaj îngust, Keles se așeză.

– Trebuie doar să mă odihnesc o clipă.

Tyressa îngenunche lângă el și ridică lanterna, să-i examineze fața.

– Sângerezi puțin, nu-i cine știe ce.

– Nu-mi intră în ochi. Privi în sus, spre ea. Ce spui de povestea lui Urardsa?

Ea dădu din umeri.

– Pare să fie reală și nu am motive să mă îndoiesc.

– Însă există unele implicații care mă pun pe gânduri. De exemplu complexul mortuar nu a fost ușor de construit. Presupunând că Împărăteasa a supraviețuit, trebuie să fi avut la dispoziție un număr considerabil de oameni să poată face asta.

– De acord.

– Atunci de ce nu s-a întors cu ei?

Tyressa căscă.

– Nu știu.

– Crezi că aşteaptă pe undeva, aşa cum pretind legendele?

– Mai contează?

– Nu, într-adevăr, nu. Cred că, pe măsură ce înaintăm mai mult spre vest, vom afla.

Se ridică din nou.

– Hai, să vedem dacă putem ieşi de aici. Sper să găsim o altă intrare, pentru că nici caii, nici Rekarafi nu pot merge pe aici.

Îi croiră drum de-a lungul unui pasaj foarte strâmt, care ulterior îi duse pe o pantă abruptă, la treizeci de metri mai sus. Prima oară, Keles se bucură, dar apoi îl izbi duhoarea. La jumătatea drumului, excrementele de liliac acopereau rocile şi se îngroşau pe măsură ce urcau. Acolo unde pasajul se lăţea, mizeria se lipea de încălţăminte. Larve de insecte şi lilieci pe moarte se zbăteau în ea şi când Tyressa înălţă lanterna tavanul cavernei păru să tremure şi să se unduiască de atâtea trupuri.

Amândoi se mişcară pe cât puteau de repede, însă nu era destul. Găsiră, în cele din urmă, o bordură care se curba în sus şi dădură cu ochii de o fâşie roşiatică despre care credeau că era cerul la amurg. Priveliştea îi îmbărbătă şi se mişcară şi mai repede. Fiind mai mic de stat, Keles putu să se târască repede spre fisură şi să iasă în răcoarea serii. Însă aerul proaspăt era tonifiant.

Peisajul se întindea cât vedeai cu ochii, colorat în tonuri sângerii de soarele amurgind şi i-ar fi captat întreaga atenţie, dacă ceva mult mai urgent nu i-ar fi solicitat-o. Când ieşi, trei bărbaţi se ridicară. Doi ţineau arbalete aţintite spre pieptul său. Se adăpostiseră într-o mică adâncitură de după o stâncă şi aprinseseră un foc prăpădit.

Keles îşi ridică mâinile.

- Uşor, nu sunt o ameninţare pentru voi. Eu sunt Keles Anturasi, iar ea este Tyressa.

Se întorsese spre ea când mâna ei dreaptă se întinse să apuce o piatră.

- Am rămas prinşi aici în timpul furtunii.

Bărbatul fără arbaletă dădu din cap.

- A fost cumplit. Anturasi, spui? Din Nalenyr?

Keles dădu din cap.

- Te cunosc cumva?

- Nu, nu, deloc.

Arătă spre Tyressa, pe jumătate ieşită din crevasă.

- Omoar-o, am obţinut ce voiam.

O arbaletă zbârnâi, iar Tyressa gemu. Keles se răsuci şi o văzu dispărând înapoi în cavernă. Căpetenia mârâi.

- Asigură-te!

Cei doi arbaletieri înaintară, însă până ca ei să ajungă la crevasă un nor de lilieci ţâşni spre cer. Aripile de piele se zbăteau, însoţite de chiraituri ascuţite. Norul de lilieci deveni o suprafaţă ceţoasă, maronie, ţâşnind în sus, zburând în cerc, ridicându-se pe cer. Arbaletierii icniră şi se aruncară la adăpost.

Keles se întoarse şi începu să fugă, însă un pumn îl lovi în dosul urechii stângi şi-l prinse în plin. Se răsuci spre dreapta, încercând să evite să se lovească cu capul de pietre. Reuşi, dar numai cu preţul unei clavicule, care se frânse. Se rostogoli pe spate şi urlă, apucându-se de fractură cu mâna stângă.

Căpetenia îi puse o cizmă pe piept.

– Ţine-ţi gura! Vei fi îngrijit, spuse bărbatul, zâmbindu-i. Prinţul Pyrust ar fi foarte supărat dacă ţi s-ar întâmpla ceva, Maestre Anturasi. Acum eşti în siguranţă, sub protecţia lui. Şi înainte să-ţi dai seama, vei putea să-i mulţumeşti chiar tu.

63

Ziua a 9-a, Luna Lupului, Anul Şobolanului

Al 9-lea an al Domniei Prinţului Imperial Cyron

Al 163-lea an al Dinastiei Komyr

Al 737-lea an de la Urgie

Anturasikun, Moriande

Nalenyr

Prinţul Cyron simţea apăsarea mantiei albe, grele, de doliu; i se agăţa de picioare în timp ce mărşăluia spre Anturasikun. Mantii asemănătoare învăluiau siluetele gărzilor keru din faţa şi din spatele său. Pe pereţi, bucăţile de pânză albă acopereau tablourile şi frescele, ascundeau mobilierul, de fapt, acopereau orice urmă de culoare, care ar fi putut atrage atenţia.

Nu numai că predomina albul doliului, însă durerea ocupase întregul turn. Siatsi rămăsese imposibil de contactat şi nu răspunsese nici acum mesajului de condoleanţe trimis de Prinţ imediat după ce aflase vestea uciderii lui Nirati. Îl pusese însă pe mesager să-i mulţumească.

Qiro Anturasi nu făcuse nici măcar atât.

Lui Cyron i se spusese de crimă şi plecase imediat la locul grozăviei. Chiar dacă ar fi fost un Prinţ călit în bătălii, era sigur că nu s-ar fi putut opri să nu vomite. Doar la vederea încăperii şi a capului unei tinere femei frumoase, înfipt în mijlocul unui morman de carne era o incongruenţă care ofensa chiar şi înainte de a-ţi da seama că mormanul de carne era ce mai rămăsese din ea. Fusese tăiată în bucăţi cu un talent incredibil. Lordul Umbrelor al lui Cyron estimase că erau necesare cel puţin cinci ore pentru terminarea masacrului, deşi era dincolo de înţelegerea lor cum ar putea rămâne cineva sănătos la minte după cele cinci ore.

Pentru a completa tabloul, Contele Junel Aerynnor fusese găsit pe aleea din apropiere cu un pumnal înfipt în spate. Un deget sau două mai la dreapta şi lama i-ar fi tăiat o arteră. Ar fi sângerat până la moarte dacă n-ar fi fost găsit. Îşi recăpătase cunoştinţa în cea de-a opta zi şi povestise că fusese răpit şi dus la locul crimei. Fusese forţat să privească la ceea ce-i făcuseră femeii Anturasi. Se smulsese din mijlocul răpitorilor săi, agenţi ai Deseirionului, după cum spunea, şi fusese lovit prin aruncarea unui pumnal. De ce nu-l uciseseră şi pe el, nu ştia, însă, din punctul său de vedere, ucigând-o pe Nirati îi luaseră şi lui viaţa.

Cyron îşi comunicase imediat regretele clanului Anturasi, oferindu-se să facă tot ce putea pentru ei.

Promise că oamenii săi îl vor găsi pe ucigaşul lui Nirati, însă de la uciderea Majiatei Phoesel, crimă încă nesoluţionată, promisiunea sună găunos chiar şi în urechile sale. Cyron mersese însă atât de departe încât îi făgăduise lui Qiro Anturasi că va putea pleca din Anturasikun ca să ia parte la înmormântarea lui Nirati şi deschisese cripta familiei sale ca să permită înhumarea ei în celelalte încăperi.

Prinţul se aşteptase la o formă de răspuns din partea lui Qiro, însă nu primi nimic. Nu era nici o îndoială că omul era copleşit de durere. Mai probabil era să încerce să comunice cu nepoţii, să le spună de moartea surorii lor. Sperase că oferta de libertate va smulge un răspuns, la fel şi onoarea de a permite ca Nirati să fie înhumată în cripa Dinastiei Komyr, dar încă nu primise nici o veste. Nici chiar trimiterea de cioplitori în piatră, să întrebe ce fel de piatră doreau să folosească pentru monumentul lui Nirati, nu spulberase tăcerea lui Qiro.

Cyron fusese înţelegător şi era dispus să-i permită omului să mai jelească o vreme, însă imediat apăruseră proteste din partea comercianţilor care aşteptau hărţile Anturasi. Veneau cu mare încetineală sau chiar deloc. Mai mult, căpitanii începuseră să se plângă că hărţile nu conţineau nici o informaţie nouă. Dacă nu primeau ultimele actualizări ale hărţilor de navigaţie, voiau să scadă procentajul plătit familiei Anturasi; însă nici chiar cererile lor de renegociere a înţelegerilor nu primiră răspuns.

Gărzile keru se despărţiră în faţa intrării zăbrelite înspre interiorul turnului. Dincolo de ea aştepta forma gheboşată a unchiului Ulan, cu umerii căzuţi şi cu gluga ascunzându-i faţa în întregime. Puse jos un genunchi, în spatele gratiilor, însă se trăsese suficient de mult în spate ca Cyron să nu se poată întinde după el şi să-l înşface.

– Bună ziua, Alteţă.

– Deschide imediat această poartă, Ulan Anturasi! Trebuie să-l văd pe Qiro chiar acum.

– Deschiderea porţii nu duce la nimic bun, Alteţă.

Cyron îşi desprinse catarama mantiei şi lăsă veşmântul ca neaua să alunece pe jos. Pe dedesubt, purta o tunică purpurie cu dragonul de aur încolăcit pe piept.

– Uită-te la mine, Ulan Anturasi. Ştii cine sunt şi ce reprezint. Nu te juca cu mine. Fă cum ţi-am spus. Deschide poarta!

Bătrânul de cealaltă parte a grilajului se ridică încet din genunchi. Din interiorul mantiei apărură mâini tremurătoare scotocind după chei.

– Nu va fi bine, Alteţă. Qiro nu este aici. Nu am deschis poarta pentru el. Nu mi-a luat nici cheile. A dispărut. Nu ştiu unde, dar nu mai e.

Groaza din glasul lui Ulan îl şocă pe Cyron mai mult decât vestea dispariţiei lui Qiro Anturasi. Informaţia despre dispariţia sa fusese livrată aproape cu indiferenţă, nefiind pentru prima oară când Ulan îi pierdea urma.

Cyron avu o presimţire.

– De cât timp lipsește de astă dată?

Capul bărbatului se ridică și ochii injectați se opriră asupra feței Prințului.

– Știți?

– Nalenyr este domeniul meu. Nu există nimic de care să nu aflu. De cât timp lipsește acum, Ulan?

– De alaltăieri noapte. Din noaptea în care ea...

– Din noaptea în care a fost ucisă Nirati. Cyron smulse cheile din mâinile bătrânului, o introduse în zăvor pe cea potrivită și o răsuci. Broasca se deschise cu un clicăit. Cyron trecu de poartă, o încuie la loc, apoi azvârli cheile uneia dintre keru. Nu intră nimeni aici. Aduceți o companie keru și înconjurați și împrejurimile. O alta va căuta orice urmă a trecerii lui Qiro.

– Da, Alteță!

Cyron începu să urce rampa circulară.

– Nu a auzit nimeni nimic, n-a văzut nimic?

Ulan respira greu chinuindu-se să țină pasul.

– Nu, Alteță, nimic! Ultima informație despre el era că lucra ceva. Uneori doarme în atelier. L-am strigat, însă nu am primit nici un răspuns.

Prințul se încruntă.

– Ce-ați găsit după ce ați percheziționat atelierul?

– Să-l percheziționăm? Alteță? Ulan îl privi stupefiat. N... n... nimeni... Nu intrăm acolo decât dacă ne cheamă el.

– Și dacă a murit acolo, Ulan?

Falca bătrânului rămase deschisă și tremurătoare.

– Nu-i mort. E doar dispărut.

– De ce nu mi-ai spus mai devreme? De ce nu m-ai chemat?

Glasul bătrânului deveni un scârțâit strident.

– Sunteți Prințul Cyron, însă el este Qiro. A mai dispărut și înainte, însă întotdeauna s-a întors. N-am vrut să-l înfurii. Nici nu știți cum e când se înfurie.

Cyron ieși chiar în centrul atelierului. Anturasii se opriră din lucru, privindu-l. Cu toții păreau înspăimântați, însă Cyron se gândi că erau așa mai puțin din cauza posibilei sale mânii decât a reacției lui Qiro dacă un vizitator era găsit printre ei în absența sa.

Asta-i, în cea mai mare parte, dar mai e ceva. Unii dintre ei se temeau și de dispariția lui Qiro, pentru că asta-i lăsa fără nici o conducere. Poate că-l urâseră sau se temuseră de el, însă le dădea o direcție.

Cyron dădu încet din cap, știind ce avea de făcut.

– Sunt Prințul Cyron. Știți cu toții asta. Până apare Qiro pentru a-mi anula autoritatea în această chestiune, veți primi ordine de la Ulan Anturasi. Trebuie să înțelegeți ceva foarte important. Qiro nu ar fi plecat dacă n-ar fi avut încredere că veți putea și veți continua misiunea Anturasi. Nu-l dezamăgiți.

Prințul îl înșfăcă pe Ulan de umăr și-l împinse spre sanctuarul lui Qiro. Trecură de faldurile draperiei albastre, apoi Ulan își ridică mâinile și-l atinse pe Prinț. Bătrânul se lăsă în genunchi și se aplecă atât de mult încât nu mai părea decât o mantie aruncată și mototolită pe podea.

– Iertaţi-mă, Alteţă, pentru că v-am atins. Omorâţi-mă dacă trebuie, dar nu pot intra acolo.

Cyron rezistă tentaţiei de a-l lovi. Strânse din pumni, apoi îi deschise din nou. Se aşeză pe vine şi rosti cu glas neutru:

– Ulan Anturasi, m-ai auzit spunând celorlalţi că eşti la comandă aici, acum. Aşa că n-am să te ucid. Am *nevoie* de tine. *Nalenyrul* are nevoie de tine.

Bătrânul tresări puţin, încă-l traversau toţi fiorii.

– Chiar este adevărat, Alteţă?

– Bineînţeles.

Tremuratul din glasul lui Ulan îl făcu pe Cyron să se întrebe dacă bătrânul va fi în stare să se achite de sarcină.

– Qiro putea comunica direct cu Keles şi Jorim. Poţi şi tu asta?

– Puteam, pe vremuri, însă a trecut mult timp de atunci. Qiro mi-a interzis să mai încerc.

– Poţi comunica şi cu Qiro?

Ulan îşi ridică fruntea, iar Prinţul trase de glugă în jos, să-i vadă faţa. Îngrijorarea îi transformase chipul într-o mască cenuşie.

– N-am mai făcut asta de foarte multă vreme, Alteţă. Ştiu că încă mai trăieşte, însă îl percep foarte slab şi la mare distanţă.

– Cât de departe? Deseirion?

Bătrânul clipi, apoi privi în jos.

– Nu cunosc direcţia, Alteţă, însă aş spune că se află mai departe de-atât. Mult mai departe.

– Încearcă să faci ceva. Încearcă să contactezi pe oricare dintre ei. Acum.

Cyron se ridică și făcu semn spre draperia interioară.

– Mă duc să văd dacă găsesc indicii ale dispariției sale.

– Da, Alteță.

Cyron se pregăti pentru orice și se strecură dincolo de draperie. Încăperea rămăsese, în mare parte, așa cum o văzuse ultima dată, cu excepția unui aspect foarte important. Harta de pe perete fusese modificată substanțial. Un lanț de insule se arcuia prin mările sudului, spre Munții de Gheață. În nord-vest, fusese adăugat un număr incredibil de detalii, împreună cu Drumul Mirodeniilor. Din câte putea vedea, vechiul drum rămăsese disponibil în Dolosan și numeroase alte rute se dezvoltaseră prin peisajul transformat. Atât Keles, cât și Jorim avuseseră succes în expedițiile lor.

– Iar eu nu aveam nici cea mai mică idee cât de multe au descoperit. *Ești* un ticălos, Qiro.

Schimbările pe harta lumii ar fi trebuit să-i încălzească sufletul, pentru că descoperirile garantau dominația economică a Nalenyrului încă din timpul vieții sale și celei a nepoților și strănepoților săi și a nepoților lor până la cea de-a noua generație. Va putea să reunifice Imperiul și să-i confere o putere și mai mare decât avusese vreodată. Îl va transforma pe Pyrust în căpetenia sa militară, iar domeniul său se va extinde pentru a include tot ceea ce era cunoscut din lume și mai departe.

Unul dintre detaliile hărţii îi îngheţă însă sângele în vene. Acolo, într-un sector pustiu din Marea de Răsărit, spre nord, înspre Munţii de Gheaţă, se afla o insulă-continent. De forma unei lacrimi, de parcă s-ar fi prelins de la gurile Râului de Aur, se întindea acolo, înspre sud-est. Suprafaţa sa ar fi putut cu uşurinţă să cuprindă cele Cinci Principate şi Erumvirine în acelaşi timp. Cyron se holbă la ea şi imaginea dobândi tot mai multe detalii, de parcă un cartograf invizibil le adăuga pe parcurs. Crescură munţi şi râurile prinseră a curge la vale. Apărură noi oraşe, înfloriră şi se prăbuşiră, iar ciclul se porni din nou. Creaturi ciudate decorau locurile geografice, iar numele *Anturasixan* se scrijeli singur pe suprafaţa continentului, în grafia sigură a lui Qiro.

Iar toate acestea erau desenate cu sânge, care curgea încet, în jos, pe perete. Cyron crezuse că picura în şiroaie spre podea, însă sângele curgea în direcţii diferite, de parcă ar fi avut o voinţă proprie.

Chiar are, precum locurile pe care le-a desenat. Cyron privea cum literele formau cuvinte. I se uscase gura.

Sub noul continent apăru o legendă simplă, aşa cum era pe majoritatea hărţilor Anturasi. Un avertisment scris clar şi apăsat, cu scrisul lui Qiro Anturasi. Un avertisment care nu putea fi ignorat decât periclitând întreaga lume.

„Aici sunt monştri.“

ANTOLOGIILE GARDNER DOZOIS

THE YEAR'S BEST SCIENCE FICTION
vol. I

Ian McDonald • Alastair Reynolds • Michael Swanwick • Robert Reed • Ken MacLeod • Bruce Sterling • David Gerrold • Stephen Baxter • Vonda McIntyre • Gene Wolfe • Neal Asher • Joe Haldeman • James Patrick Kelly

„În compendiul lui anual, Dozois prezintă spectrul amețitor al genului SF... Diversitatea povestirilor arată că literatura SF încă nu cunoștea înțelesul cuvântului «granițe»."

Publishers Weekly

„Pentru o largă și eclectică trecere în revistă a SF-ului și a varietăților sale, uriașa antologie a lui Dozois rămâne esențială."

New York Times Book Review

„Cea mai prestigioasă dintre antologiile ce cuprind cele mai bune povestiri fantasy și SF ale anului arată întotdeauna adevăratul vârf de lance al literaturii SF. Scrierile de înaltă calitate literară ale veteranilor, ale stelelor în afirmare și ale novicilor constituie o combinație echilibrată de idei și de glasuri."

Booklist

Antologiile Gardner Dozois

THE YEAR'S BEST SCIENCE FICTION
vol. 2

Paolo Bacigalupi • Daryl Gregory • William Sanders • Mary Rosenblum • Chris Beckett • Jay Lake • Ruth Nestvold • Liz Williams • Hannu Rajaniemi • Steven Popkes • Alastair Reynolds • Harry Turtledove • David Moles • Dominic Green • Chris Roberson • Gwyneth Jones • Peter Watts • Derryl Murphy • Elizabeth Bear

PREMIUL LOCUS 2007

Pentru cea mai bună antologie a anului

Perfect cunoscător al numeroaselor direcții incitante de expresie pe care literatura science-fiction le îngăduie celor mai talentați și imaginativi scriitori ai săi, Gardner Dozois a publicat rareori un text care să nu respecte definiția cea mai comun acceptată a SF-ului. Selecțiile i-au fost aprobate nu doar de numeroșii cititori ai revistei și antologiilor editate de el, ci și de mai vasta comunitate SF, care l-a răsplătit cu cincisprezece premii Hugo pentru „cel mai bun editor al anului", un record pentru cei treizeci și patru de ani de când se acordă acest premiu. Antologiile Dozois au devenit aproape un canon al acestui spațiu literar, demonstrând cu fiecare număr că literatura SF, departe de a-și fi epuizat resursele, nu încetează să se autodepășească.

„Eternul campion la categoria supergrea în rândul antologiilor anuale de pretutindeni."

The Magazine of Fantasy & Science Fiction

ANTOLOGIILE GARDNER DOZOIS

THE YEAR'S BEST SCIENCE FICTION
vol. 3

Pat Murphy • Benjamin Rosenbaum • David Moles • Christopher Rowe • Nancy Kress • Paolo Bacigalupi Michael F. Flynn • M. John Harrison • Terry Bisson • James Patrick Kelly • Kage Baker • Vernor Vinge • Mary Rosenblum • Vandana Singh • Brendan DuBois

PREMIUL LOCUS
Pentru cea mai bună antologie a anului

„Antologia anuală Gardner Dozois reprezintă festinul absolut al genului scurt SF, adunând într-un singur volum cei mai buni stiliști și povestitori. Celor mai străluciți debutanți în afirmare, ca Benjamin Rosenbaum, David Moles și Christopher Rowe, li se alătură veteranii necontestați ai genului, de la Nancy Kress și Vernor Vinge, la Pat Murphy și Terry Bisson."

Booklist

„Ca întotdeauna, antologia ce oferă cititorilor cartografia definitivă a tărâmului SF. Povestirile selectate acoperă toate direcțiile, dovedind că nu există alte granițe decât cele ale imaginației. Scriitura este desăvârșită, într-o abundență fermecătoare de stiluri și subgenuri."

F & SF Magazine

George R.R. Martin

ÎNCLEȘTAREA REGILOR

Premiul Locus 1999

traducere din limba engleză de Laura Bocancios

Timpul și-a ieșit din matcă. Vara de zece ani, liniștită și îmbelșugată, își anunța sfârșitul, iar răceala dură a iernii se apropia ca o bestie înfuriată. Cei doi conducători care asiguraseră liniștea tărâmului, Lordul Eddard Stark și Regele Robert Baratheon, au căzut pradă intrigilor și trădării. De la fortăreața Piatra Dragonului până la tărâmurile amenințătoare din Winterfell, haosul a pus stăpânire pe toată suflarea, iar pretendenții la tronul Celor Șapte Regate s-au hotărât să își impună voința prin foc și distrugere.

„Atunci când regii se înfruntă, întreg pământul se cutremură – continuarea regalului fantasy început cu *Urzeala tronurilor*."

Publishers Weekly

Golem	Gustav Meyrink	19,90
Paşi pe sticlă	Iain Banks	23,90
Natură moartă	A.S. Byatt	39,90
Un barbar în Asia	Henri Michaux	19,90

NEMIRA CLASIC

Bilanţ	W. Somerset Maugham	18,90
Sandra Belloni	George Meredith	34,90
Vrăjita. Cavalerul Des Touches	Barbey d'Aurevilly	22,90
Faunul de marmură	Nathaniel Hawthorne	29,90
Jonathan Wild	Henry Fielding	19,90
Micile ironii ale vieţii	Thomas Hardy	22,90
Povestiri despre Bunul Dumnezeu	Rainer Maria Rilke	12,90
Ultima zi a unui condamnat la moarte. Bug-Jargal	Victor Hugo	19,90
Jurnal	Jules Renard	29,90
Corsarul. Falk	Joseph Conrad	24,90
Sub ochii Occidentului	Joseph Conrad	24,90
Povestea unei coroane de oţel	George Coşbuc	18,90
Craii de Curtea-Veche	Mateiu Caragiale	19,90

COLECŢIA NAUTILUS

Dune	Frank Herbert	39,50
Canonicatul Dunei	Frank Herbert	35,00
Copiii Dunei	Frank Herbert	29,50
Ereticii Dunei	Frank Herbert	35,00
Împăratul-Zeu al Dunei	Frank Herbert	29,50
Mântuitorul Dunei	Frank Herbert	19,50
Efectul Lazăr	Frank Herbert, Bill Ransom	29,90
Factorul Înălţare	Frank Herbert, Bill Ransom	27,90
Incidentul Iisus	Frank Herbert, Bill Ransom	29,90
Copiii minţii	Orson Scott Card	24,90
Jocul lui Ender	Orson Scott Card	19,50
Vorbitor în numele morţilor	Orson Scott Card	24,50
Xenocid	Orson Scott Card	34,50
Umbra lui Ender	Orson Scott Card	24,90
Umbra hegemonului	Orson Scott Card	24,90
Umbra marionetelor	Orson Scott Card	23,90
Umbra uriaşului	Orson Scott Card	24,90
Fluviul vieţii	Philip José Farmer	14,90
Planul misterios	Philip José Farmer	29,90
Vasul miraculos	Philip José Farmer	18,90
Labirintul magic	Philip José Farmer	29,90
Furnica electrică	Philip K. Dick	23,90
Visează androizii oi electrice?	Philip K. Dick	19,90
Omul din castelul înalt	Philip K. Dick	17,90
Timpul dezarticulat	Philip K. Dick	19,90
Ubik	Philip K. Dick	18,90
Cele trei stigmate ale lui Palmer Eldritch	Philip K. Dick	19,90

Substanța M	Philip K. Dick	21,90
Contact	Carl Sagan	29,90
Inițiatul	K. Kurtz, D.T. Harris	22,90
Lordul Luminii	Roger Zelazny	22,90
Mâna stângă a întunericului	Ursula K. Le Guin	18,90
Lumea lui Rocannon	Ursula K. Le Guin	12,90
Ghidul autostopistului galactic	Douglas Adams	49,50
Timperfect	Gregory Benford	27,90
Vatican, ultimul conclav	Robert Silverberg	18,90
Răbdarea timpului	John Brunner	14,90
Zanzibar	John Brunner	34,90
Marte roșu	Kim Stanley Robinson	34,90
Marte verde	Kim Stanley Robinson	42,90
Marte albastru	Kim Stanley Robinson	44,90
Magicienii	Christopher Priest	24,90
Lumea inversă	Christopher Priest	19,90
Negurile, vol. 1	Marion Zimmer Bradley	36,90
Negurile, vol. 2	Marion Zimmer Bradley	36,90
Sanctuarul	Marion Zimmer Bradley	27,90
Replay	Ken Grimwood	22,90
Omul demolat	Alfred Bester	17,90
Carantina	Greg Egan	19,90
Scara lui Schild	Greg Egan	24,90
Camuflaj	Joe Haldeman	22,90
The Year's Best Science Fiction, vol. 1	coord. Gardner Dozois	45,90
The Year's Best Science Fiction, vol. 2	coord. Gardner Dozois	49,90
The Year's Best Science Fiction, vol. 3	coord. Gardner Dozois	59.90
Urzeala tronurilor, 2 vol.	George R.R. Martin	63,90
Încleștarea regilor, 2 vol.	George R.R. Martin	84,90
Spectrul lui Phlebas	Iain M. Banks	34,90
Foc în Adânc	Vernor Vinge	49,90

COLECȚIA SUSPANS

Pasăre de pradă	Michael Ridpath	24,50
Eroare fatală	Michael Ridpath	24,50
Lovitură virtuală	Michael Ridpath	24,90
Stăpânul jocului	Michael Ridpath	24,90
Tranzacții sângeroase	Michael Ridpath	24,50
Casa intunericului	Stephen King, Peter Straub	63,90
Jocul lui Gerald	Stephen King	39,90
Misterul regelui. Despre scris	Stephen King	24,90
Salem's Lot	Stephen King	49,90
Povestea lui Lisey	Stephen King	45,90
Mobilul	Stephen King	33,90
Colorado Kid	Stephen King	10,00
Apocalipsa, 2 vol.	Stephen King	89,50
Carrie	Stephen King	13,63
Christine	Stephen King	34,50
Cimitirul animalelor	Stephen King	35,00

Misery	Stephen King	19,62
Orașul bântuIT	Stephen King	59,50
Shining	Stephen King	27,25
Bărbații sunt niște porci	Rodica Ojog-Brașoveanu	19,90
Grasă și proastă	Rodica Ojog-Brașoveanu	19,90
Necunoscuta din congelator	Rodica Ojog-Brașoveanu	22,90
Ochii jupâniței	Rodica Ojog-Brașoveanu	19,90
Răzbunarea sluților	Rodica Ojog-Brașoveanu	22,90
Să nu ne uităm la ceas	Rodica Ojog-Brașoveanu	17,90
320 de pisici negre	Rodica Ojog-Brașoveanu	24,90
Agentul secret al lui Altîn-Bey	Rodica Ojog-Brașoveanu	29,90
Vulturul dincolo de cornul lunii	Rodica Ojog-Brașoveanu	27,90
Logofătul de taină	Rodica Ojog-Brașoveanu	33.90
A înflorit liliacul	Rodica Ojog-Brașoveanu	24,50
Cianură pentru un surâs, 2 vol.	Rodica Ojog-Brașoveanu	39,50
Coșmar	Rodica Ojog-Brașoveanu	24,50
Întâlnire la Elysée	Rodica Ojog-Brașoveanu	29,50
Letopisețul de argint	Rodica Ojog-Brașoveanu	19,50
Poveste imorală	Rodica Ojog-Brașoveanu	29,50
Telefonul din bikini	Rodica Ojog-Brașoveanu	29,50
Al cincilea as	Rodica Ojog-Brașoveanu	24,50
Anonima de miercuri	Rodica Ojog-Brașoveanu	29,50
Dispariția statuii din parc	Rodica Ojog-Brașoveanu	29,50
Caraliii	Ed McBain	19,90
Cifrul	Ed McBain	14,90
Ascultă și mori!	Ed McBain	22,90
Codul Bibliei	Michael Drosnin	23,00
Codul Bibliei 2	Michael Drosnin	24,90
Codul lui Nostradamus	Michael Rathford	13,90
Comedia rataților	Tonino Benacquista	12,90
Malavita	Tonino Benacquista	19,90
Coșmar de închiriat	Serge Brussolo	16,90
Crucifix	Serge Brussolo	16,90
Haita	Serge Brussolo	15,90
Cu frica în sân	Ann Granger	19,50
Cu ochii în patru	Ann Granger	17,50
Totul pe o carte	Ann Granger	19,50
Cazul Lauren Szabo	Ann Granger	4,00
Misterul morții din strada Jubilée	Ann Granger	14,50
Duffy sau cu stângu-n dreptu'	Dan Kavanagh	15,00
Duffy sau cum se taie cașcavalul	Dan Kavanagh	15,00
Duffy sau praf în ochi	Dan Kavanagh	15,00
Duffy sau os de ros	Dan Kavanagh	16,90
Contesa Dracula	Javier García Sánchez	25,00
Indiciu fatal	Patricia Cornwell	24,90
Rațiuni criminale	Patricia Cornwell	24,90
Legile crimei	John Sandford	24,90
Crima din umbră	John Sandford	24,90

Gărzile morții	John Sandford	24,90
Masca Lui Atreus	A.J. Hartley	19,90
De profundis	A.J. Hartley	29,90
Nopțile bestiei	Chelsea Quinn Yarbro	24,90
Hotel Transilvania	Chelsea Quinn Yarbro	24,90
Povestiri incredibile, #1	***	39,50
Povestiri incredibile, #2	***	27,90
Striptease	Carl Hiaasen	29,90
Ultimul templier	Raymond Khoury	27,90
Sanctuarul	Raymond Khoury	29,90
Amurgul templierilor	Hanny Alders	33,90
Un glonț, un mort	Elmore Leonard	22,90
Hot Kid	Elmore Leonard	19,90
Viu sau mort	Peter James	24,90
Să mori frumos!	Peter James	24,90
Aproape mort	Peter James	27,90
Numele meu a fost Iuda	C.K. Stead	18,90
Crimele lui Van Gogh	José Pablo Feinmann	19,90
Ultimul Jihad	Joel C. Rosenberg	24,90
Mânuitorii de bani	Arthur Hailey	33,90
Codex Siracuza	Jim Nisbet	24,90
Arginții lui Iuda	Scott McBain	24,90
Din ordinul președintelui	W.E.B. Griffin	34,90
Cercul crucii	Iain Pears	39,90
Graalul măsluit	D.L. Wilson	21,90
Al 13-lea apostol	Richard & Rachael Heller	19,90
Barcelona Connection	Andreu Martín	18,90
Omul cu briciul	Andreu Martín	23,90
Ucigașul din umbră	Mathew Scott Hansen	27,90
Piramidele lui Napoleon	William Dietrich	29,90
Manuscrisul lui Fulcanelli	Scott Mariani	24,90
Cavalerii în alb și negru	Jack Whyte	34,90
Cinci piste false	Dorothy L. Sayers	29,90
O moarte suspectă	Dorothy L. Sayers	29,90
Crima din Lost Lake	Phillip Margolin	21,90
Obsesia Caravaggio	Neil Griffiths	27,90
Cheia labirintului	Howard V. Hendrix	27,90
Arrivederci amore, ciao	Massimo Carlotto	15,90
Fugarul	Massimo Carlotto	18,90
Șobolanii	James Herbert	17,90
Oscar Wilde și crimele la lumina lumânării	Gyles Brandreth	29,90
Christine Falls. Dosarul unei morți suspecte	Benjamin Black	29,90
Inelul regilor	Marco Buticchi	49,90
Labirintul rozelor	Titania Hardie	44,90

NEMIRA DAMEN TANGO

Vanilie și ciocolată	Sveva Casati Modignani	27,90

Roşu-coral	Sveva Casati Modignani	29,90
Anti-Lolita	Emily Tanimura	14,90
Vanille	Mari Akasaka	13,90
Dincolo de bine, dincoace de rău. Despre iubire	Aurora Liiceanu, Alice Năstase	18,90
Vieţi încercate	Nicholas Evans	24,90
Plagiatul	Camilla Baresani	18,90
Iubire la imperfect	Camilla Baresani	16,90
Sezonul otrăvit	Tasha Alexander	19,90
Pe tocuri	Mihaela Nicola	29,90
Nopţi cu ploi şi stele	Maeve Binchy	19,90
Fântâna Sfintei Ana	Maeve Binchy	24,90
Iubirea din nou	Philippe Forest	18,90
Madonele din Leningrad	Debra Dean	21,90
Iubire la distanţă	Maggie O'Farrell	29,90

COLECŢIA BONTON

Bomba sexy	Laren Stover	16,90
Bucătăria lui Antonio Passarelli	Antonio Passarelli	24,90
Bunele maniere	Asfa-Wossen Asserate	29,90
Ce este cultura?	Jérôme Clément	10,00
Femeile şi dragostea	Jérôme Clément	24,90
Ghid Gourmet	David D'Aprix	15,00
Ghidul ipohondrului	John Naish	18,90
Ghidul leneşului	Tom Hodgkinson	19,90
Cum am ales libertatea	Tom Hodgkinson	21,90
Poţi să nu ai o familie perfectă	Libby Purves	15,00
Poţi să nu creşti un copil perfect	Libby Purves	15,00
Poţi să nu fii o mamă perfectă	Libby Purves	15,00
Viaţa ca o ţeapă	Alan H. Cohen	17,50
Butoiul lui Arhimede	Sven Ortoli, Nicolas Witkowski	14,90
Singură şi nu regret	Marjorie Hillis	14,90
Ghidul misoginului	***	12,90
Cartea ignoranţei	John Lloyd, John Mitchinson	24,90
Cum m-am lăsat de gândit	Hannes Stein	18,90
Enciclopedia lucrurilor care mă sâcâie zilnic	Hannes Stein	23,90
Cum să fii o lady	Candace Simpson-Giles	29,90
Cum să fii un gentleman	John Bridges	29,90
Manual de stil	Dana Budeanu	49,90
Manual de stil. Gentleman	Dana Budeanu	49,90

COLECŢIA TOTEM

Prăbuşirea Satanei	René Girard	22,90
Despre cele ascunse de la întemeierea lumii	René Girard	48,90
Dezvrăjirea lumii	Marcel Gauchet	29,90
Dimineaţa magicienilor	Louis Pauwels, J. Bergier	38,50
Erotismul	Georges Bataille	25,00
Insem(i)nările magistrului din Cajvana	Luca Piţu	30,00

Metanoia	Aimé Michel	24,90
Misterul catedralelor	Fulcanelli	25,00
Omul și sacrul	Roger Caillois	24,90
Tentația inocenței	Pascal Bruckner	30,00
Tratat despre banalitate	Nicolas Grimaldi	19,90
Adevăr și existență	Jean-Paul Sartre	14,90
American Vertigo	Bernard-Henri Lévy	34,90
Cufărul lui Newton	Loup Verlet	44,90

PORTA MAGICA

Căi de acces la esoterismul occidental, vol. 1	Antoine Faivre	45,90
Căi de acces la esoterismul occidental, vol. 2	Antoine Faivre	45,90
Stăpânii lumii	Juan Carlos Castillón	27,90
Patruzeci de secole de esoterism	Gerald Messadié	45,90
Iezuiții și Compania	Hervé Yannou	39,90

BIBLIOTECA DE PSIHOLOGIE

Satisfacția: arta de a găsi adevărata împlinire	Gregory Berns	22,90
Revolta trupului	Alice Miller	12.90
Mușchiul mental	David Gamon, Allen D. Bragdon	39,90
Creierul pe cont propriu. Cum deformează și înșală creierul nostru	Cordelia Fine	22,90

BIBLIOTECA DE ISTORIE

Arhivele Securității vol. 1	***	49,50
Arhivele Securității vol. 2	***	45,00
Dosarul Ana Pauker, 2 vol.	***	78,90
Jurnale din Rezistența anticomunistă. Vasile Motrescu, Mircea Dobre	***	24,90
Ortodoxie și putere politică în România contemporană	George Enache	39,50
Partidul, Securitatea și Cultele	***	34,90
Nicu Steinhardt în dosarele Securității. 1959-1989	***	27,50
Intelectuali români în arhivele comunismului	***	49,90
Ion Flueraș (1882–1953) Social-democrație și sindicalism	Sorin Radu	15,00
Partiturile securității	***	49,90

DICȚIONARELE NEMIRA

Dicționar cultural al Bibliei	Danielle Fouilloux ș.a.	34,90
Dicționar de științe ale limbii	Angela Bidu-Vrânceanu ș.a.	59,50

IDEI POLITICE FUNDAMENTALE

Noua Atlantidă	Francis Bacon	19,90

Amintiri	Alexis de Tocqueville	39,90
Despre contractul social	Jean-Jacques Rousseau	22,90
Răzbunare împotriva tiranilor	Antologie autori francezi	35,00
BIBLIOTECA DE POLITICĂ		
Animalul politic	Jeremy Paxman	39,99
Conştiinţa conservatoare	Ioan Stanomir	24,50
Din Ţara Măgarilor. Însemnări	Ştefan Zeletin	19,90
Politica pentru barbari	Daniel Barbu	19,99
Manifestul Partidului Comunist	Marx, Engels	19,90
Spectatorul angajat	Raymond Aron	39,90
Raţiunea naţiunilor	Pierre Manent	16.90
Liberalism şi democraţie	Norberto Bobbio	14.90
Tsunami. Scurtă metafizică a catastrofelor	Jean-Pierre Dupuy	12,90
Privire asupra secolului	René Rémond	15,90
COLECŢIA ALFA ŞI OMEGA		
Axiologia teologiei fundamentale	Preot Petru Răzuş	15,00
Gâlceava dracului cu lumea	Răzvan Codrescu	15,00
COLECŢIA UTIL		
Cartoful. Tehnici de cultivare	Ştefan Victor	15,00
Căpşunul, zmeurul, murul, coacăzul	Dorel Hoza	17,50
Citrice de apartament	Dorel Hoza	15,00
DIVERSE		
Singur pe stradă	Fabio Geda	24,90
Maria Magdalena în evanghelii şi texte apocrife	Marvin Meyer	15,90
Tehnica loviturii de stat	Curzio Malaparte	24,90
Kaputt	Curzio Malaparte	49,90
Cartea cărţilor pierdute	Stuart Kelly	39,90
Evreul din Linz	Kimberley Cornish	39,90
Memorii	Casanova	29,90
102 minute	Jim Dwyer, Kevin Flynn	49,90
Imperiul deschis	Mark Taplin	34,90
Ocultismul în politică	Gérard & Sophie de Sède	21,90
Texte esenţiale	Marshall McLuhan	39,90
Codul Zambaccian	Adrian Năstase	15,00
De ce Biserica?	Luigi Giussani	16,35
Eul, puterea, operele	Luigi Giussani	19,00
Poftele	Dan-Silviu Boerescu	19,90
Povestea poveştilor	Ion Creangă, Mircea Nedelciu	10,00
Proza	Vasile Voiculescu	49,90
Singur sub duş	Dan Chişu	24,90
Timişoara, mon amour	Tudor Eliad	25,00
Conservatorismul românesc	Laurenţiu Vlad	25,00
Confesiuni	Sfântul Augustin	44,90
Mai jos de Figueras	Valentin Nicolau	9,90

Prieteni şi duşmani	Catherine Hapka	12,90
Greu găseşti un rege bun!	Catherine Hapka	12,90
Şi regii greşesc	Annie Auerbach	14,90
Povestea Fionei	Annie Auerbach	14,90
Povestea filmului	Alice Cameron	24.90

SERIA „BEE MOVIE – POVESTEA UNEI ALBINE"

Cine bâzâie aici?	Judy Katschke	9,90
Cartea tânărului cititor	Susan Korman	12,90
Barry în lumea zum-zum	Jenifer Frantz	12,90
Alertă în lumea mierii	Jenifer Frantz	12,90
Prima zi în afara stupului	Scout Drigs	14,90
Barry cunoaşte o domnişoară	Scout Drigs	14,90
Povestea filmului	Susan Korman	19,90

SERIA „KUNG FU PANDA"

Cei cinci furioşi	Scout Driggs	15,90
Un maestru al dezastrului	Scout Driggs	15,90
Să-i cunoaştem pe maeştri	Catherine Hapka	14,90
Un antrenament intensiv	Catherine Hapka	14,90
Cartea tânărului cititor	Susan Korman	19,90
Secretul pergamentului	G.E. Bright	14,90
Povestea filmului	Catherine Hapka	29,90
Dă-i bătaie, Po! (carte de colorat)	***	18,90

Gălăgioasa Lily	Sofie Laguna	22,90
Vrăjitoare mari şi mici şi... vrăjitoare-pisici	Nicoletta Costa	24,90
Odrin în Ţara Fiburnuţelor	Dan Vasile	12,90
Sora cea mică	Jessica Meserve	24,90
La cumpărături în lumea zânelor	Sally Gardner	24,90
Inimă de sticlă	Sally Gardner	24,90
Aş vrea să am un dinozaur	Ian Anggabrata, Minga Anggawan	22,90
Animale din poveşti cum la zoo nu găseşti	Gianni Rodari, Anna Laura Cantone	24,90
Cum iubeşte mami puiul?	Leslie Kimmelman, Lisa McCue	24,90
Ghici cine vine în vizită	Sonja Bougaeva	24,90
Bronto, un dinozaur neastâmpărat	Valentin Nicolau	24,90
Zina Benzina	Valentin Nicolau, Valeria Moldovan	24,90
Sus, printre nori	Paul McCartney, Geoff Dunbar, Philip Ardagh	34,90
Aventurile unui fir de nisip	Anamaria Constantin Lembrău	24,90
Ziua în care a fugit somnul	Victoria Pătraşcu	33,90

MANGA OTAKU

TITLUL CĂRȚII	AUTOR	PREȚ (TVA INCLUS)
Agentul Boo. Agentul cel mai mic	Alex de Campi, Edo Fuijkschot	14,90
Neîndemânaticul Kung Fu și Superkarateka	D.J. Milki, Mark Seidenberg	14,90
Războinicii. Războinicul pierdut	Erin Hunter	14,90